スーパービジョンイン ソーシャルワーク 第5版

SUPERVISION IN SOCIAL WORK FIFTH EDITION
ALFRED KADUSHIN　DANIEL HARKNESS

共　著 ｜ アルフレッド・カデューシン
　　　　　ダニエル・ハークネス
監　修 ｜ 福山 和女
監　訳 ｜ 萬歳 芙美子／荻野 ひろみ
責任編集 ｜ 田中 千枝子

中央法規

Copyright© 2009 Columbia University Press

Japanese translation rights arranged with
Columbia University Press
through Japan UNI Agency, Inc., Tokyo

はじめに

　本書は1976年の初版発行に続き，1985年に第2版，1992年に第3版，2002年に第4版が発行された。2002年以降スーパービジョンへの関心は続き，多くの書籍や論文が発表されてきたこの時期に，第5版を発行する必要があると考える。いくつかの観点はすでに過去のものとなっているが，新しい課題も見えてきた。

　本書は，最先端のソーシャルワーク・スーパービジョンの概要を述べている。スーパーバイザーやスーパービジョンを行うための訓練を受けている人たちなど，どの教育的背景をもつ人をも対象にしている。また，ソーシャルワーク・スーパーバイジーや学生，現場スタッフにもスーパービジョンを生産的に活用してもらえるようにと考えている。

　本書は，社会機関でのスーパービジョンの位置づけ，機能，過程，そして現状で注目されている問題などについて，読者が理解できるよう意図したものである。どの文献も技術を発展させることはできないだろうが，本書はスーパービジョンの仕方を学ぶための前提条件である知識基盤を提供する。本書では，トレーニング・プログラムの講師が，スーパービジョンについての歴史的背景を要約することなどの負担を軽減し，実践資料や最近の議論の的となっている見解などを考慮することに時間をかけられるようにと意図した。

　社会福祉・保健の政策や実践での発展において，この10年間，スタッフの調達やクライエントの人口規模への関心が強まってきた。人員のトレーニングや確保がスーパーバイザーの果たすべき重要な役割であるとしながらも，一方でソーシャルワーク・スーパービジョンの有用性が狭められてきた。政策停滞や失業者数の拡大のもと，もろくかつ不活発な経済的背景に，アメリカはヘルス・ヒューマン・サービスの規模，範囲，セクターを的確に分割した。現状では，スタッフの削減とプログラムの縮小がその特徴であるが，機関や施設は，明確な将来像をもたずに，しかもあまり費用をかけずに，なおスタッフから多くを得ることと闘っているといえる。

　難しいことではあるが，一つの可能な解決策は，一人ひとりのスタッフの生産性を向上させることである。生産性の向上には，マネジメントの効率性と具体的な組

織管理が求められる。資源の限界のもと，実践は時間の制約があるなかでの成果重視となる。これには，説明責任が要求されると同時に，効率と効果を提示することで，機関の合法性を正当化することも求められる。

組織の存続のためには，機関のパフォーマンスを微調整するために，また効率性を高め，限られたスタッフをより効率的に配置するために，運営管理的スーパービジョンの力量発揮を条件とするかもしれない。スーパービジョン人材は，機関の説明責任の要求に早期に応じるとともに，スタッフの効率性と生産性を扱ううえで重要な役割を果たすことになる。

資源の限界や納税者の反感と連動して出てきた要求は，これまでにない大きな関心事として説明責任という課題を生み出した。機関の説明責任は，直接サービスを提供するスタッフの業務についてスーパーバイザーが振り返ることや評価から始まるのである。このような課題がスーパービジョンの可視性や意義を高めるといえる。

Managed Care アプローチがヘルスケアを支配するようになり，ヒューマン・サービスの「新しく公共性のあるマネジメント」が，サービスの効率性や説明責任の必要性を強化することになった。またクライエント人口が変化するにつれ，スタッフがスーパービジョンの多様性からの諸問題に注目する必要が高まってきた。ヘルス・ヒューマン・サービスの民営化と信用に基づくプログラム展開への政府からの財政支援とは，ソーシャルワークの教育や実践での伝統的価値観と矛盾することが多い。

機関が公的財政基金や第三者機関による支払い，および立法規制への依存度を高めることは，機関に対する外的制約が増える結果をもたらす。定期的報告書など機関活動の書類作成には，そのような情報が入手可能であることを保証するために運営管理的スーパービジョンの必要性がますます高まっている。また Medicaid と Medicare, Social Security Act 第20章（Title XX）といった，基金源に関する外的規制要件のコンプライアンスも，スーパーバイザーに対してその必要性を付加させることとなった。

この10年間における展開過程は，あらためてソーシャルワーク・スーパービジョンの重要性と意義を高めてきた。2012年にコロンビア特別区で制定された法律に影響を受けて，いまや50州すべてが有資格者，免許取得者，登録者に，スーパービジョンへのアクセスを義務づけた。特に Managed Care の組織や保険業者による第三者還付制度でのヘルスケアの供給に関しては，高レベルのソーシャルワーカーライセンス取得者に制限し，その成果を出すために集中的・長期的なスーパービジョ

ンを受けることが求められた。また例外的に，ソーシャルワーカーは支払いに対する第三者の条件として，公認スーパーバイザーからのスーパービジョンを受けることが求められている。

　ソーシャルワーカーにとって利用可能なサービスや資源が削減されたことで，業務や限界のある資源配分の決定にまで優先順位をつける必要性が生じた。以前にもましてスタッフは，何から始めるべきか，何を無視するか，誰にサービスを提供するか，クライエントの誰がサービス拒否をするだろうかについて，難しい判断を迫られている。援助というよりも，多くの傷病者分類のようなサービス仕分けの決定には，マネジメントの長としての責任を共有することが求められている。このような状況は，スーパービジョン人材のニーズを高めることになる。

　スーパービジョン，施設内研修，スタッフの育成においては，業務を効果的に遂行するために，スタッフが何を知っておくべきかについての学習を援助する責任を共有する。機関におけるエビデンスに基づく実践を採用し，実施するためには，スーパーバイザーの重要な役割が注目されてきた (McHugh & Barlow 2010)。たとえば，法に規定されている Managed Care 実践基準について学校教育では教えることがほとんどないことから，臨床実践の書類作りについては，スーパーバイザーが自ら新規のスタッフに教えなければならない（Kane 2002）。機関予算の削減により，施設内研修やスタッフ育成プログラムの打ち切りを余儀なくされることがある。機関がスタッフを全国規模のワークショップに参加させるための予算配分は，困難になってきている。その結果，スーパービジョンは，ますますトレーニングの資源として重要になり，スタッフのスキルを高めるための唯一利用可能な資源となる。

　社会的プログラムの発展を縮小・除外することや資源へのアクセスを制限することを模索しているのが現在の政策の方向性である。このような政策の方向性のなかで，より人道的なソーシャルワークを展開できるように守る必要があり，その意味でスーパービジョンの重要性が増している。ソーシャルワークの目標や価値観に矛盾するようなこのような方向性は，法規制の変更だけでなく，社会機関に経営管理の技術を課することの根拠を与えることになる。たとえば，管理職に経営学学位取得者（MBA）を精力的に求めることから，機関が彼らを任命するという傾向も強まってきている。

　ソーシャルワークの価値を擁護する立場からすると，そのような賦課を拒みたいのであれば，自身の運営管理の実践において効果を上げることを考慮しなければな

らない。スーパービジョン実践を向上させている社会福祉の領域の機関は，運営管理の方針に外部から異議を唱えることに関心をもっている。それがソーシャルワークの根底にある価値や倫理，哲学と矛盾するからである。外部の「彼ら」ではなく「私たち」自身が革新的な運営管理の実践について策定し，実現するのである。そのためには，社会福祉の領域の機関の運営が，ソーシャルワークの理念を確実に反映することをめざさなければならない。

ここ数年に見るヒューマン・サービス組織と裁判所との関係の変化は，管理職の意義も高めてきた。この10年でヒューマン・サービス・プログラムに対する訴訟の頻度は高まり，以前は機関の裁量に任せていた分野にも，裁判所がより積極的に介入するようになった。

クライエントの権利意識の高まりが，多くの倫理的，職業的課題を医療過誤訴訟など法的な事案として顕在化させた。機関に対してクライエントや地域団体から法的措置がとられる可能性が増してきている。発展につきものである新しい取り組みがそうしたことのダメージを受けるのを未然に防ぐために，スーパービジョンが必要不可欠であるという認識が高まってきている。

医療過誤訴訟のベースになる怠慢なスーパービジョンについて記した章で，Austin, Moline & Williams（1990）は，スーパーバイザーが正確に，最新のデータを記録するべきであり，部下との話し合いを書類に作成し，クライエントの保険請求書までの書類が的確に記入されているかについて点検するようにとアドバイスしている。リスクマネジメントはスーパービジョンにおける優先課題になったのである（Lynch & Versen 2003）。

初版の出版以降，スタッフのバーンアウト問題が見い出されており，文献レベルでは十分に関心が向けられてきた。この新しい展開のスーパービジョンと関連して，バーンアウト研究において支持的スーパービジョンが予防と緩和の要となると結論づけられている。

この10年でソーシャルワークにおけるスーパービジョンについての調査や研究論文が急増し，同様に支援者への支援・補助・是正についても研究がすすめられた。また既版の指摘内容についての啓発も著しく増加した。カウンセリング心理学や看護学，精神医学におけるスーパービジョンの研究でも更新が加えられている。このように知識が蓄積された結果，テキストを現時点における適正な内容に更新する必要があるという見解に至った。その結果本書における議論の範囲を広げることに

なったが，読者の利便性を考慮し追加内容はオンライン出版される運びとなった。

　読者のなかには，本書は非現実的で絵にかいたようなスーパービジョンを擁護していると非難する人もいるかもしれない。ここで示しているのは現在のスーパービジョンの在り様ではなく，スーパービジョンがどうあるべきかという姿である。ある読者からの手紙には，「ここで見事に記述されている正しい技術と知恵，理解，そして時間と忍耐をもち合わせているスーパーバイザーはいったいどこにいるのだろうかと不思議に思うことを禁じえない。私に言えるのは，私自身そんな人は見たことがないし，ほかの誰一人としてそんな人を見たことがないということだ」と。その通り，あなたは正しい。超過気味の取扱件数を抱え，削りに削られた予算と困難度の増す諸問題に向き合う現実世界では，この読者からの指摘は確かに理にかなっている。本文中におけるスーパービジョンのイメージは，実際に実践されているスーパービジョンの様相よりも理想化されていることが多い。本文中で描かれているスーパービジョンは実際の現場ではどこにもみいだすことはない。読者は，自分の経験したスーパービジョンがここで描かれているイメージに及ばないからといって，罪悪感を抱く必要も心配する必要もない。しかし本書で，ソーシャルワーク・スーパービジョンにおける理想的な組織的統合を提示しているのには理由がある。自分たちの実際の仕事を測定したときに，そこで直面するであろう「進むべき方向をどのように修正または変更するべきか」という問題に対しその理想形を提案しているのである。キケロ Cicero が念を押したごとく「自分がどの港をめざしているかを知らなければ良好な風などあるはずがない」。これを現代訳に直すと，「自分の行く方向を知らなければ，おそらくどこかに流されていってしまうだろう」と言い換えることができる。

謝辞

　半世紀以上に及ぶ私の教育，研究，著述の人生，特に私が渇望した仕事にも，また，ときには生活のためには必要でなかった仕事にも没頭してきた私に，敬意を払い続けてきてくださった，Wisconsin の善良なるみなさまに深く感謝いたします。

　実践や教育，そしてソーシャルワークの調査研究に取り組んできた65年以上もの間，私はクライエント，学生，大学や実践の同僚たちから大いに学ばせてもらった。彼らが私に教えてくれたことに対して，深く感謝します。

　そして何よりも私の人生において助けや支持，安らぎや笑い，友情と愛をくれた Sylvia に感謝します。また Goldie と Raphael は私にとって興味，興奮，プライド，温もり，魅力などを，絶え間なく提供してくれた源です。そして今は亡き愛しい両親 Phillip と Celia に感謝の意を表します。

──A.K.

　私の妻であり，親友である，生涯愛する Harriet に感謝します。私の宝であり，才能ある子どもたち，Julie と Geoff，Nick と Sam にも感謝します。そして今は亡き私の両親 Orlo と Maxine にも感謝します。

　私のスーパーバイザーたち，Bob Dailey, Rea Stole, Sandra Shaw は，よきモデルを私に示してくれました。また，私をトレーニングしてくれた人々──Arthur Katz, David Hardcastle, Arno Knapper, Goody Garfield, John Poetner, Charlie Rapp, Ann Weick──あなた方は教えたとは言わないでしょうが，私はあなたたちから多くを学んだことに感謝しています。

　Cynthia Bisman からは，私の初回のスーパービジョン文献精査についてのご指導に感謝いたします。またソーシャルワーク学科の同僚 Joe Brunson, Milt Klein, Robert Payne, Charlie Pohl に感謝します。私の友人たち，Jack Fitzpatrick, Paul Lehnert, Lorna Jorgensen, そして Rob Turrisi──あなた方の忍耐にも感謝します。

　そして，勇猛な院生である調査スタッフ Catherine Anderson, Ricki Franklin, Lori Henderson, Ashlee Peila, Deborah Proffitt, Marla Van Skiver──あなたた

ちがタカのような眼をもち一生懸命仕事をこなしてくれたことに感謝します。

　ソーシャルワーク教育を支援してくださった，おそらく国内でもっとも保守的な州であるIdahoの善良な人々——牛飼い，木こり，企業家，将軍、農夫，牧場主，移民で原野で働く人，3つの仕事をかけもつシングルマザーたち——に感謝します。

　Dwight Hymans（ソーシャルワーカー連盟会議　連盟会長），Lucinda Branaman Klapthor（Product Manager, NASW Assurance Services）とTracy Whitaker（Director NASW Center for Workforce Studies）に特別の感謝を捧げます。

　最後に特別な感謝をBarbara Glackin（Albertsons図書館副館長），Melissa Lavitt（College of Social Sciences and Public Affairsの学部長）Roy "Butch" Rodenhiser（Boise州立大学社会福祉学部長）の特別な資源確保とたゆまないご支援に対して感謝の意を表します。

——D.H.

目次

はじめに

謝辞

第1章　歴史および概念規定の意義

- 歴史的発展 ………………………………………………………………… 2
- ソーシャルワーク教育の発展 …………………………………………… 9
- 定義の特定化に向けて …………………………………………………… 14
- スーパービジョンの定義 ………………………………………………… 19
- 定義の実証的妥当化 ……………………………………………………… 20
- ソーシャルワーク・スーパービジョンの生態学 ……………………… 24
- ソーシャルワーク・スーパービジョンの人口構成 …………………… 32
- ソーシャルワークにおけるスーパービジョンの意義 ………………… 34
- 要約 ………………………………………………………………………… 44

第2章　管理的スーパービジョン

- 官僚組織 …………………………………………………………………… 46
- 職務 ………………………………………………………………………… 48
- 要約 ………………………………………………………………………… 89

第3章　管理的スーパービジョン　実践上の課題

　代位責任の問題 …………………………………………………… *92*
　権限および影響力の問題 ………………………………………… *98*
　スーパービジョンの権限の実施に伴う問題 …………………… *115*
　規則，不履行，懲戒処分の問題 ………………………………… *131*
　要約 ………………………………………………………………… *148*

第4章　教育的スーパービジョン　定義，形態，内容，およびプロセス

　教育的スーパービジョン・現任訓練および職員研修との違い ……… *153*
　教育的スーパービジョンの意義 ………………………………… *154*
　教育的スーパービジョンとクライエントにとっての成果 ………… *157*
　教育的スーパービジョンと管理的スーパービジョンとの関係 ……… *157*
　教育的スーパービジョンの内容 ………………………………… *162*
　個人スーパービジョン …………………………………………… *171*
　プロセス分析 ……………………………………………………… *197*
　事例紹介 …………………………………………………………… *202*
　要約 ………………………………………………………………… *211*

第 5 章　教育的スーパービジョンの実施における原則と問題点

効果的教育と学びの条件：はじめに ………………………………………… *214*
教育的スーパービジョンにおけるスーパーバイザー―スーパー
　バイジー関係の重要性 ……………………………………………………… *234*
教育的スーパービジョンを実施する際のスーパーバイザーの
　問題 …………………………………………………………………………… *237*
教育的スーパービジョンとセラピーを区別する ………………………… *241*
セラピーと教育的スーパービジョンとを区別して遂行するうえでの
　問題 …………………………………………………………………………… *247*
スーパービジョンとセラピーの違いの容認：実証データ ……………… *250*
教育的スーパービジョンにおけるパラレルプロセスの諸要素 ………… *252*
発達的スーパービジョン …………………………………………………… *258*
要約 …………………………………………………………………………… *262*

第 6 章　支持的スーパービジョン

燃え尽き：定義，兆候，症状 ……………………………………………… *274*
スーパーバイジーの業務にかかわるストレスの源 ……………………… *278*
燃え尽き状態の一要素としてのスタッフの性格 ………………………… *298*
支持的スーパービジョンの実施 …………………………………………… *304*
要約と補足説明 ……………………………………………………………… *320*
支持的スーパービジョンの価値：調査研究成果 ………………………… *323*
スーパーバイジーに対するその他のサポート …………………………… *325*
スーパーバイジーのゲーム ………………………………………………… *328*

ゲームを交わす ………………………………………………… *338*

スーパービジョンのユーモア …………………………………… *340*

要約 ………………………………………………………………… *343*

第 7 章　スーパーバイザーになること，スーパーバイザーであることの課題とストレス

移行期：スタッフからスーパーバイザーへ …………………… *348*

まとめ：スーパーバイザーになるときのストレス …………… *362*

スーパーバイザーであることのストレス：その問題 ………… *363*

スーパーバイザーであることのストレス：人間の多様性への
　チャレンジ ……………………………………………………… *371*

スーパーバイザーが直面するストレス（まとめ）…………… *400*

ストレスへの対処：スーパーバイザーの適応 ………………… *400*

「良い」スーパーバイザー ……………………………………… *406*

要約 ………………………………………………………………… *411*

第 8 章　評価

定義 ………………………………………………………………… *414*

評価の有用性 ……………………………………………………… *417*

評価の目的 ………………………………………………………… *421*

評価に対する反発 ………………………………………………… *422*

好ましい評価の手続き …………………………………………… *428*

評価会議：過程 ………………………………………………………… *438*

　評価の伝達と活用 ……………………………………………………… *444*

　評価のための情報源 …………………………………………………… *447*

　スーパーバイザーとスーパービジョンの評価 ……………………… *450*

　議論の的になる論点 …………………………………………………… *454*

　要約 ……………………………………………………………………… *462*

第 9 章　グループ・スーパービジョン

　定義 ……………………………………………………………………… *466*

　グループ・スーパービジョンの利点 ………………………………… *467*

　グループ・スーパービジョンの不利点 ……………………………… *475*

　個人スーパービジョンとグループ・スーパービジョン：その適切な
　　活用法 ………………………………………………………………… *479*

　グループ・スーパービジョン：過程と役割 ………………………… *479*

　グループ・スーパービジョンにおけるユーモア …………………… *494*

　グループ・スーパービジョンに関する研究 ………………………… *496*

　グループ・スーパービジョンの事例 ………………………………… *501*

　要約 ……………………………………………………………………… *506*

第 10 章　スーパービジョンの課題と刷新

　業務遂行の観察：課題の特性 ………………………………………… *510*

　業務遂行を直接観察すること ………………………………………… *516*

録音・録画：業務を間接的に観察する ………………………… 522
面接の場でのライブ・スーパービジョン ……………………… 532
スタッフのパフォーマンスの観察：要約と補足説明 ………… 545
果てしなく続くスーパービジョンの課題 ……………………… 546
専門職の自律性とソーシャルワーク資格制度 ………………… 557
スタッフの説明責任と自律性のバランスをとるための刷新 ……… 559
果てしなく続くスーパービジョンと脱官僚化 ………………… 562
機関の脱官僚体験 ………………………………………………… 566
マネジド・ケア・コンテキストにおけるスーパービジョン ………… 567
課題：専門職と官僚制 …………………………………………… 578
スーパービジョンにおける倫理的ジレンマ …………………… 582
性差別とソーシャルワークの運営管理 ………………………… 584
スーパービジョン教育の課題 …………………………………… 586
展望：専門職が行うスーパービジョンの肯定的価値 ………… 589
要約 ………………………………………………………………… 593

参考文献 …………………………………………………………… 595
索引 ………………………………………………………………… 643

あとがき

監修・監訳・責任編集・翻訳者一覧

第 *1* 章

歴史および概念規定の意義
History, Definition, and Significance

歴史的発展

　1920年以前にソーシャルワークのスーパービジョンに関する文献はほとんど見当たらない。*Proceedings of Charities and Correction*（慈善矯正会議抄録）の「スーパービジョン」の項目に記されていた多くの文献や古いソーシャルワーク機関誌のなかでは，その後100年間にわたって私たちが議論してきたスーパービジョンとはかなり異なったプロセスが述べられていた。これらの文献は，州ごとの制度に基づく認可権者や官公庁ならびに監査機関によって認可された機関が，公的資金の費目やクライエントへのサービス提供の責任と義務に関する運営管理的なスーパービジョンについて記述したものである。この場合，スーパービジョンとは，州スーパーバイザー協会や慈善組織協会（以下，「COS」とする），監査機構等での統制と調整の機能を意味する。本来「スーパービジョン」という用語は，プログラム遂行中での個々のスタッフへのスーパービジョンというよりも，プログラムや組織の点検，再評価に適用されていた。

　「スーパービジョン」という用語を初めて用いたテキストは，*Supervision and Education in Charity*『慈善におけるスーパービジョンと教育』（Brackett, J.R. 1904）であり，その内容は官公庁や協議会が福祉領域の相談機関・施設に対して行うスーパービジョンであった。ソーシャルワークのスーパービジョンの歴史に関する紹介で Sidney Eisenberg は，Mary Richmond について次のように記している。彼女は「ソーシャルワークの発展に最も寄与した１人であるが，彼女の文献ではスーパービジョンがそれに寄与したことについては触れられていなかった」（1956:1）。

　スーパービジョンという用語は本来，プログラムの個々のスタッフを対象としたスーパービジョンというよりも，どちらかというとプログラムや機関における点検や再評価という意味で使われていたが，歴史的経過とともに徐々に義務が追加され，組み込まれていった。相談機関のサービスの効率的で効果的な運営管理に加え，ソーシャルワーカーへの教育とサポートを行うことで，未確立のソーシャルワーク・スーパービジョンを現代にふさわしいものへと発展させた。それは，スーパービジョンが，相談機関のサービスを運営管理することと，クライエントを援助するうえで，ソーシャルワーカーが実践的な知識と技術を高めるのを助け，感情面で支えるとい

う意味である。

　The Family Welfare Organizing Association of America（全米家族福祉組織協議会）は，1920年代に発行した *The Family*『家族』（後に *Social Casework* と改称され，現在 *Families in Society*）では，私たちが今日，使っている意味でのスーパービジョン，つまりソーシャルワーカー個人を対象としたスーパービジョンについて頻繁に言及されている。Mary Burns（1958）によると，「スーパービジョン・プロセスにおける要素については，1880年と1890年の早い時期に文献に記述されているが，本書で議論しているようなスーパービジョンは見当たらず，明らかな記述がみられるのはかなり後になってからのことである」としている。『家族』の文献には，1925年まで「スーパービジョン」は目次にも含まれておらず，1930年以降までの *Proceedings of the National Conference of Social Welfare*（全米社会福祉会議抄録）の目次にも含まれていなかった（Burns 1956:8）。

　現在知られているスーパービジョンは，19世紀の COS 運動から生まれてきた。スーパービジョンは，限界のある施しによる可能な限りの結果を得るために，合理的根拠にのっとり多くの慈善団体を導いてきたといえる。1878年にニューヨークのバッファローで始まった COS は，またたく間に米国東部の大都市において発展していった。その機関では厳しい審査により経済的支援をしたが，それは提供されたサービスのほんの一部にすぎなかった。重要な支援の1つには「友愛訪問」があった。各家族を担当する友愛訪問員が個人的支援をボランティアとして行い，社会的に望ましい方向へと矯正するための影響力のある行動をした。COS 運動の合言葉は「施しでなく，友情を」であった。

　「友愛訪問員」は直接サービスを提供する人で，COS にとっては「歩兵」ともいうべきものだった。一般的には無給ボランティアであり，彼らが任された家庭の数は限られていた（Gurteen 1882）。限られた取扱件数であるのにボランティアが頻繁に入れ替わることから，COS は常に採用，トレーニング，指導という問題と向き合い続けなければならなかったのである。これは本来，限られた数の有給スタッフしか雇用しない COS の責任であった。この有給スタッフが現代のスーパーバイザーにあたる。各協会のスーパーバイザーは，友愛訪問員に対する多くの責任を負っていた。しかし，クライエントとのかかわりによる負担についての証言は，調査分析されたものがわずかに残っているにすぎない。Burns（1958:16）は「1890年には78の COS があり，174人の有給スタッフと2017人のボランティア友愛訪問員（以

下,「友愛訪問員」とする）が働いていた」と記述している。当初は，有給スタッフがdistrict committee（地区委員会）と一緒に友愛訪問員に対するスーパービジョンの責任をもっていた。地区委員会というのは，実際にはCOSにおける地元の実行委員会に該当するもので，通常は委員会で人員の配置と地元のCOS代表を決定した。

　ある家族が支援を求めると，一人のスタッフが調査を行い毎週開催される地区委員会議で報告をする。委員会でそのケースについて検討し，担当者の配置についての決定がなされた。実際各事例は地区委員会に持ち込まれ，最初にどのような対応をとるかが決められた。つまり機関のスーパーバイザーには実質的に方針の決定権はほとんどなかった。スーパーバイザーと友愛訪問員はどちらも地区委員会の決定に対しては実行者に過ぎなかった。しかし，地区委員会は全体的な機関方針を打ち出し総合的に管理するものへと変わっていった。各事例についての決定権は次第に機関のスーパーバイザーへと移管されていった。友愛訪問員や順次入れ替わった有給スタッフは，決定権および友愛訪問員やスタッフの業務遂行に関する責任をもつスーパーバイザーと共に，担当事例についてスーパービジョンを行った。そのためスーパーバイザーは現場で直接業務にあたるスタッフについて，最も直接的な責任を負う運営管理代表者的な存在となっていった。

　友愛訪問員にとってスタッフは，頼ることのできる運営管理部門との接点であり，コミュニケーションの経路であった。スタッフは常に一定時間その機関に常駐した。その間は地域の仕事の中核的存在として友愛訪問員と地区委員会からの情報を受けとり，一方からもう一方へ的確に情報が伝達されるようにアドバイスを行った（Smith 1884）。Field & Fieldは，最も初期のソーシャルワーク文献の1つである*How to Help the Poor*『貧困者への援助の仕方』のなかで，「スタッフは，毎日アドバイスと援助をもらうためにやってくるボランティア友愛訪問員にとって接続リンクになる」と述べている（Fields 1885:18）。コミュニケーションの経路として機能するスーパーバイザーには，常に「委員会に友愛訪問員のことを取り次ぐ場合やその逆のときも，取り次ぐ側への真摯な態度」が求められるという指摘もみられる（Smith 1887:161）。

　スーパーバイザーの活動について書かれた当時の資料には，現在の管理責任の手続きに関する重要な構成要素のすべてが含まれていた。1843年に設立されたNew York Association for Improving the Conditions of the Poor（貧困者の状況改善のためのニューヨーク協会）は，「ボランティアを訓練し管理する有給スタッフを確保し，

それによって事業の継続性を確保」していた（Becker 1961:395）。次の引用文には，管理的・教育的スーパービジョンの古めかしい歴史が述べられている。

　ボストンCOSの総書記，そして後のスミス・カレッジ・精神科ソーシャルワークトレーニング科の学科長でもあるZilpha Smithは，友愛訪問員のスーパービジョンとトレーニングについて著した最初のひとりである。彼女は地区のCOS機関に「その業務は満足のいくものであるか，あるいは満足のいくものにするためには何か提案できることがないかについて考えるために，訪問した家族の記録にできるだけ頻繁に目を通しなさい」と勧めている（Smith 1901b:46）。ここでは，「業務が満足のいくものである」ことを保証するための管理要件は，スーパービジョンにおける教育面の課題と切り離せないものとして考えられている。

　ボストンCOSの1881年からの記録によれば，機関は，以下の責任を負っていた。

　　ボランティア友愛訪問員の担当事例に対する調査，準備，アドバイス，訪問員の業務の補助である。その訪問員たちは親しくなった訪問先の家族について機関に相談する。機関による調査は，各事例の訪問員の予約日前に行われる。これは，徹底した知識をもって，的確に把握をすることが必要である。そして，その家族を理解できれば，屈せずにやり通せる，役に立つ訪問員を選定することができる（Burns 1958:24）。

　このように，スタッフへの個々のケース配分の管理的な業務は，「アドバイスとサポート」という教育面の業務とは対をなすものである。

　友愛訪問員への教育的スーパービジョンに関してさらに議論すべき事柄について，Tenny（1895-96:22）は次のように述べている。スーパービジョンの話し合いで，「新しい友愛訪問員が，業務を開始するに当たり重要な事柄」として，スーパーバイザーは，友愛訪問員が最初の訪問時にすべきことを1つないしはそれ以上提示するように試み，訪問するようになった家族への接近の方法を示し，「あなたが困っていられると聞いたのですが何か私にできることがありますか」というような言葉かけを友愛訪問員がしてはいけない理由を説明する。ボストン友愛訪問員のトレーニングを詳細に示し，Thwingは訪問員にまず規則と教育のための文献を手渡すべきであると述べている。その後，彼らが週1回のスーパービジョンの会合に出席し，「誰が支援対象者に，基本的な指導をしたのか」についての話し合いを定期的に責任者と行う（Thwing 1893:234）。これによって責任者への報告において，「ミスがあったとしても，すぐに修正できる」（Thwing 1893:235）。これについてはGardinerも，友愛訪問員の「ミスによる悪い結果」は，「適切なスーパービジョンによって容易

に防ぐことができる」と述べている（Gardiner 1895:4）。

　友愛訪問員を採用することはいつも難しく，失うことは簡単というのは当たり前のことで，フラストレーションを感じたり挫折感を抱いたりすることは日常茶飯事であった。そのためにも管理的指示やトレーニングに加えて，スーパーバイザーによるサポートとしてのスーパービジョンが必要なのである。有給スタッフあるいは地区委員会の書記長は，友愛訪問員が自分たちの仕事に対して抱く感情についても配慮する必要があった。担当する家族に会った友愛訪問員は，すぐに戻ってきて，「あの子どもたちは保護しなければいけない。あの家はひどすぎる」と言う。そして友愛訪問員は子どもたちが住めるようにその家を繕うべきだと諭そうとする。これは簡単な例であるが，新人友愛訪問員が自分の経験からあまりにもかけ離れた担当現場の状態を初めて目の当たりにしショックを受けることは珍しくない。しかし支援対象者を安易に決めつけるべきではなく，誰かが手を引いて新人友愛訪問員を導くことが必要である」（Smith 1892:53）。

　ボストンCOSの1889年の報告書には次のように記されている。「スーパーバイザーの1日の大部分は友愛訪問員とのコンサルテーションに充てられる。それは，新人友愛訪問員を援助することで何を得ることができるのか，また援助することで，逆にその家族に悪弊を与えてしまう可能性についての理解を促す工夫と力量を発揮できる機会でもある。また，事態に好転の兆しが見えるまで援助し続けることを躊躇してしまう友愛訪問員が，それを聞いて気持ちを再び奮い立たせることができるように援護する機会でもある」。このように，スーパーバイザーは友愛訪問員の理解を促すために相談の機会を重ねるという責任があるが，それに加えて，落胆した彼らをやる気にさせるというサポートの必要性も付け加えられている。友愛訪問員が落ち込んだときに励ます方法は，担当の家族に改善の兆しが見られたことを褒めることである。

　　ある日，一見優れているように見える女性友愛訪問員が事務所に来て，「ブラウン一家についてはあきらめるわ。あそこで何か役に立てるとは思えないの」と言った。しかし有給スタッフは言った。「先週のことを考えてみたらどうですか。あなたが何と言ったか覚えていますか」「いいえ」「あなたはこう言いましたよ。あの子どもたちの顔が汚れていないのを見たことがないって。彼らの顔，今はきれいですよね。それは小さいけれど確かに前進しているってことでしょう。もう一度行ってごらんなさい」（Smith 1892:57）

初期の文献では，当時のスーパービジョンの主な機能に付け加えられるものとして，現在では認識されている「望ましいスーパービジョンのための諸原則」についての指摘がある。たとえば有給スタッフは，友愛訪問員が必要とするものに注意深く耳を傾けるという，現代でいうところの傾聴の仕事をかなり受けもっていた。

　ある友愛訪問員は独創性や実力をもつが，責任について示されるとたちまち緊張してしまう。有給スタッフはまず支援対象の女性への伝言を託し，その友愛訪問員がその家族に電話したとき，電話に割り込まずに様子をうかがっていた。その状況が3，4回続いた後に「ではあなたをB夫人の担当友愛訪問員にします」と言った。その友愛訪問員はこのような方法で7家族（通常の担当件数よりも多く，スタッフに振り分けられる最大量）の担当を振り分けられ，興味をもち頑張ろうという気持ちになった。これが最初から割り振られたなら，強い責任感に駆られ，すぐには仕事全体に対して尻込みしてしまったかもしれない（Smith 1892:54）。

Gardiner（1895:4）は1世紀以上も前に「友愛訪問員は，サービス申請者と同様，実に多様な性格を備えており，やり方に関する多様な対応を必要とする」と記し，友愛訪問員を個別化する必要性を述べている。また同文献は，有給スタッフが管理的かつ教育的，サポート的な責任を負うことが，良好な人間関係の実現に最も効果的であると強調している。

　友愛訪問員という仕組みを成功させるためには，有給スタッフは友愛訪問員を真の意味で支えることに配慮せねばならない。単に友愛訪問員が依頼したものを与えるのではなく，その友愛訪問員に必要なものは何であるか，どの方向の支援なのか，これを見極めるべく巧みに根気強くかつ簡潔に，そして非公式に探索することに配慮する必要がある。有給スタッフは新しい友愛訪問員を知り理解するために，根気強く学習する必要がある。友愛訪問員が援助する問題やそのために用いる直接的かつ間接的な手段への配慮は，特にその友愛訪問員が貧困家庭と取り組むときに役に立つと思われる（Smith 1901a:159-60）。

Smith（1884:69）は早い時期に，「有給スタッフは他の人を導き喚起させるような人格者であるべきである。たとえそれが正式には友愛訪問員の仕事だとしても，ボランティアの不備や遅れに対しては十分忍耐強く待ったうえで，必要な場合には踏み込んで援助することができなければならない。もちろん友愛訪問員の立場を奪い取ってしまうようなことがあってはならない」と言及している。有給スタッフの行動について次のような原則が記され，友愛訪問員の教育場面において強調される

べきであると指摘している。

　教育の大きな力を駆使することで，友愛訪問員の意味を正面から正しく論じることができる。友愛訪問員について話したり書いたりする際，その業務内容だけが取り上げられ，友愛訪問員としての原則が見失われるようなことがあってはならない。原則そのものについてスーパービジョンをすることが大切なのである。初めてスーパービジョンに出席した新しい友愛訪問員に説明するように，幾度となく繰り返されてきた道理や新しい知識が必要になる。それによって，さらにそこから新しい変化がもたらされるはずである（Smith 1887:160）。

　グループ・スーパービジョンは友愛訪問員のニーズに合わせて頻繁に行われていたが，ケース記録をトレーニングのテキストとして用いて，個別スーパービジョンも，友愛訪問員に対して行っていた。

　すでに初期の発展段階において現在のスーパービジョンの機能やアプローチが暗示されていただけでなく，ヒエラルキーは暗黙にも明白にも存在していた。有給スタッフがボランティア友愛訪問員に対してスーパーバイザーとして振る舞っていたが，その有給スタッフであるスーパーバイザーは，各ケースに対して最終的決定権をもつ地区委員会からのスーパービジョンを受けていた。初期のCOSの記録によると，本部の上部理事会メンバーが「機関に対して仕事に関する相談やアドバイスをしていた」（Becker 1963:256）。つまり有給スタッフであるスーパーバイザーは，今日のスーパーバイザーと同様に中間管理職の立場にあり，直接支援業務を担当するスタッフにスーパービジョンをしていた。しかも，managed care マネジド・ケアをはじめとする広範囲に及ぶ重責を，機関の管理者や認可を与える組織，そしてその他の規制団体などの権威のもとで担っていた。

　トレーニングを受けて十分な経験を積んだ少数のスタッフの影響力を拡張することに，スーパービジョンが貢献できることは，初期から認識されていた。「スタッフの知識や経験は，一人で賄える以上の広い領域をカバーできるように増幅された。未経験のスタッフは実際の支援業務を通して訓練を受け，プロセスのなかで受益者を傷つけないようにした。そして訪問を受けた家族は，機関が提供する専門知識や訪問スタッフとの親しみのある友情という2つの恩恵を受けたのである」（Conyngton 1909:22-23）。

　20世紀に入ると，機関やスタッフの構成は次第に変化し，スーパービジョンのあり方もその影響を受けていた。機関の拡張に伴い，絶えず人材を獲得し，トレー

ニングし，再トレーニングをする必要のあるボランティア友愛訪問員のみに依存しつづけることが困難になった。19世紀後半のアメリカにおける産業化と都市化，そして移民の増加に伴って有給スタッフへのニーズが高まった。その結果，有給スタッフに対するボランティア友愛訪問員の割合が徐々に減少していった。このようなスタッフは初期には機関の熟練したスーパーバイザーからトレーニングを受ける必要があるが，経験を積んだ幹部がある程度の期間留まるようになったことから指導層が形成され，スーパービジョンの教育やサポートを受けることをそれほど煩わしいと感じないようになっていった。そして同時に，スーパービジョンのコンテキストを教育するスタッフの負担が部分的に他の資源を使うことで軽減されてきた。

ソーシャルワーク教育の発展

　COS運動が始められた当初から，友愛訪問員とスタッフによるグループ・スーパービジョンが推奨されていた。夜の読書会では時事的な文献について討論し，互いの経験を共有した。ボルチモアCOSの1892年の年次報告書によると，友愛訪問員会議での次のような討議報告の要約が提出されている。

　　「無職の人をどのように支援するか」
　　「飲酒者のいる家族の取り扱い」
　　「貧困者の住宅の衛生」
　　「生活費」
　　「夫に捨てられた妻たち」
　　「料理と買い物」

　ボストン・サウス・エンド地区の友愛訪問員とスーパーバイザーは，貧困者の住宅事情やボストンのSweating system（労働者搾取制度），労働組合，サウス・エンド地区における社会状況についての講義，およびウィスコンシン大学教授 John R. Commonsによる友愛訪問員のトレーニングについての講義を聴いたという記録がある。

再設立された COS では，選ばれた有給スタッフのための公式のトレーニング・プログラムを徐々に増やし，教育を体系化していった。たとえばボストン COS では，新規スタッフを対象とした職場内トレーニング・プログラムを1891年に開始している。新人スタッフは経験のあるスタッフに「見習い」として付き，組織の代表者が実施するグループ・スーパービジョン・セッションに参加した。さらに，スタッフ用の整備された図書館で文献を読むように割り当てられた。一方，スーパーバイザーとして経験を積んだスタッフは定期的に組織代表者と会い，教育的スーパービジョンの問題について議論を重ねた。1896年にはボストン COS は以下のような年次報告をした。

> 私たちはスタッフの基準を高く設けている。この協会が誕生したとき，この仕事にはエキスパートは存在していなかった。スタッフと組織委員会はともに自分たち自身のトレーニングを受ける努力をしなければならなかった。しかし，現在はよく整備されたスタッフ・トレーニング・システムが構築されているので，スタッフが責任のある立場に就く前に，本部の指示により，代表者会議と本部との2か所で実施されるトレーニングを受けることが求められている。そこで，欠員が発生しそうなところにも常に適任のスタッフが配置されるようになった。私たちは，スタッフが自分たちの仕事をするための準備として予備のトレーニングを約束し，トレーニングを受けないスタッフに起こりうるエラーを未然に防ぎ，スタッフが積極的かつ効果的に働けるように願った。私たちは新規の友愛訪問員を注意深くトレーニングして，寛大で，ときにはあいまいともいえるような目的をもって仲間に加わった人たちを懸命に育てていこうと考えていた。

州単位のあるいは全米規模の会議は，福祉団体や機関で働く人々にとって情報やアイデアを交換できる場となる。そこで得られる諸々の情報は，実際のところトレーニングの資源なのである。第1回 National Conference of Charities and Correction（全米慈善矯正大会）は，1879年にシカゴで開催された。1882年にはウィスコンシン州で最初の全米慈善矯正大会が開かれている。このような会議の抄録には，教育とトレーニングに関する資料が掲載された。その後，現場で働く人たちの関心を取り上げる定期刊行物が次々に補充されていった。慈善団体における人事関係の業務に特化した書籍や小冊子も発行されている。さらに付け加えれば，当時ボルチモア COS の事務局長であった Mary Richmond は，1899年に *Friendly Visiting Among the Poor:A Hand book for Charity Workers*『貧困者への友愛訪問：慈善活動者の手引き』を出版し，続いて1901年にはニューヨーク COS の総主事，Edward Devine が *The Practice of Charity*『慈善の実践』を出版した。1887年のブルックリン COS 支

部の年次報告書には,「図書館の中核となるものが本部に設営され,慈善活動の方法や原則に関連した約2500冊の書籍や冊子,論文などが収められ,これらの蔵書はこの分野に興味・関心をもつ人にとっては注目に値するものである」と記されている。

　次第に実践知の主要部分が発達し,体系化されるにつれ,出版されたものを通じてより鮮明に多くのコミュニケーションを図ることが可能になった。ある実践家のグループは,究極的にはソーシャルワークとして知られるようになったself-identification(自己意識)という特別な現象に関心をもった。さらに知識基盤が発達し,哀れみと関心だけではよいスタッフを育てるには不十分であるとする認識を深めていった。第22回ボルチモアCOS大会(1903年)の年次報告書は,「今では,善きことを為すという姿勢だけが社会事業に必要な資格であるという考え方は通用しない。家計が破たんした家族への援助を成功させるためには,高いレベルにおける知性と技術が求められる」と述べている。専門職が出現するための前提条件が,次第に明らかになってきた。

　知識基盤が形成され,大学や短大ではソーシャルワークの内容に関するコース:初級専門職教育は社会学部や経済学部で提供可能なものとなった。当時これらの学問分野は「ソーシャルワーク」と密接に関連づけられており,応用社会学としてみなされていた。また,教育現場ではCOSを学生教育のための社会実験室として利用した。1894年の調査によると,146校の大学や短大のうち,21校が慈善・矯正についての講座を開設していた(1904:158)。たとえば,ウィスコンシン大学では,1890年代に実践慈善活動という講座を開講した。Richard T.Ely教授は,このプログラム開発の責任者であり,Amos G.Warner博士がこの慈善に関する講座の講義項目を作成し,経済学部・政治学部の図書館が*American Charities*『アメリカの慈善活動』を出版し,普及させたが,これが,この講座の最初の標準教科書となった(Brackett 1904:162)。

　このような専門職の誕生に向けた人材育成のためのさまざまな取組みは,専門教育の正式な包括的プログラムの開発への動きをもたらすことになった。Anna L. Dawesは,「新しい職業のためのトレーニングスクール」の必要性を最初に提案した人物として評価を受けている。彼女は1893年にシカゴで開催されたInternational Congress of Charities(国際慈善事業会議)において,「このスクールは,この仕事に就く人々にとって専門職として学ぶ場になるに違いない」と主張した。このよう

なトレーニング・スクールの学生には，「慈善の科学の"いろは"としての基本的な考え方や，何をしようとしているのか，慈善として盲目的に提供するのではなく，信頼すべき方法，貧困者の生活水準改善向上のための数々の工夫にはどういうものがあるか，モデル長屋から幼稚園の砂山についてまであらゆるものを，その対象として教えるべきである」(Dawes 1893)。1897年に開催された第24回全米慈善会議で，Mary Richmond は博愛事業に応用するためのトレーニング・スクールの必要性を主張し，支持を受けた。Richmond は各地の COS で次のように報告した。協会の有給スーパーバイザーが，地区委員会やその活動を通して友愛訪問員とスタッフのトレーニングに対してある程度の責任を負っているというのは事実だが，このような教育は特定の機関中心になりがちで偏りがみられた。「このトレーニングが，特化されるにはまだ早すぎる。救貧院や少年院，障がい者のケアやこの全米会議に代表として出席している各支部のすべての機関におけるリーダーたちは，彼らにとってなじみのある共感できる知識を求めているだけなのである。機関にとって最も役に立つトレーニング・スクールとはより広い視野に基づいて設立されるべきである」(Richmond 1897:184)。

　1898年6月，ニューヨーク COS により27人の学生を対象とした6週間の夏季トレーニング・プログラムが開講された。このプログラムはソーシャルワークにおける専門教育の始まりとして位置づけられている。この夏季コースは数年にわたって繰り返し開講されたのちに規模が拡大され，ソーシャルワークの最初の大学であるニューヨーク博愛大学へと成長した。現在のコロンビア大学ソーシャルワーク学部である。ソーシャルワーカーのための学部は1904年にシモンズカレッジとハーバード大学に創設され，1907年には School of Civics & Philanthropy（現在のシカゴ大学福祉行政学部の前身）が設立された。

　1910年には米国で5つのソーシャルワークの学校が設立されている。ソーシャルワーク専門職の幹部を養成するための主要な責任はこれらの学校に委ねられ，機関内のスーパービジョンは補助的な教育資源となった。しかし学校数は限られており，過半数を超える有給スタッフが（後に慈善ワーカーとなり，最終的にはソーシャルワーカーとなった），機関で，経験豊富なスーパーバイザーによる教育システムのもとでの見習い制度をとおしてトレーニングを受けた。有給スタッフは教育的スーパービジョンの責任を負わされていたにもかかわらず，どのスーパーバイザーも正式なスーパービジョンのトレーニングを受けていなかった。それは，この正式なスー

パービジョン・トレーニングを利用できなかったのである。ラッセル・セイジ財団の慈善事業部の後援によりスーパービジョンについての短期コースが初めて用意されたのは、1911年になってからであった。当時の慈善事業部の長は Mary Richmond であった。

このようにして COS 運動は1880年代から発展し、スーパービジョンは COS 活動の必要な側面としてその機能を果たしてきた。機関のスーパーバイザーは友愛訪問員と有給スタッフの仕事を体系化し、方向づけ、組み合わせた。また、彼らの活動についての説明責任を負った。スーパーバイザーは、友愛訪問員や有給スタッフの仕事にアドバイスを与え、教育し、トレーニングを行い、彼らが失望し、落胆したときには彼らを支え励ました。現代のスーパービジョンの３つの管理的，教育的、そして支持的要素は、当初の機関のスーパーバイザーが果たしていた任務にも確認できる。ケース記録は、グループ・スーパービジョンや個別スーパービジョンにおいてはその実践のコンテキストと同等の重要な手段として認められていた。

20世紀初頭には、専門職のための教育機構が組織され、トレーニングについての主たる責任を担っていた。スーパービジョンは教育的機能を果たしてきたが、いまでは一般のトレーニング機関の補完的なものとして用いられることが多い。スーパービジョンは時間の経過とともに機関の管理的構造のなかでより可視性が高く、そのプロセス自体は次第に体系化されていった。スーパービジョンの話し合いの時間、場所、内容、手続き、そして期待は明確に規定されるようになった。ソーシャルワークがその領域を広げていくにつれ、スーパービジョンはその原点であった家族援助機関だけでなく矯正施設、病院、精神科クリニック、そして学校にも根づいていったのである。専門職教育の主な責任は、徐々に機関から大学へと移行されていったが、機関では依然としてスーパービジョンの管理的、支持的側面が主要な責任を果たし、その他では補完的に教育的スーパービジョンが行われていた。

21世紀になった今では、別の変化が生じているが、ソーシャルワークの学位取得をめざす学生に対する専門職教育の主たる責任を、もともとは大学が担っていたのである。しかし、卒後の継続的および大学院教育の責任は、ソーシャルワーク実践を規制する州単位の委員会が引き受けた。この委員会は、臨床ソーシャルワークの実践のための資格をめざす、何万ものソーシャルワーカーに対する教育的スーパービジョンの責任を果たしていた。当時、同僚の47％がすでにその上位資格を取得していた（Center for Health Workforce Studies 2006）。

定義の特定化に向けて

　スーパービジョンという用語はラテン語の *Super*（英語の Over）と Videre（英語の to watch または to see）から派生したと考えられている。そのため、スーパーバイザーとは監視人のことである。すなわち、他者の仕事の質に対して責任をもって監督する人をいう。スーパービジョンのこのような定義は、冷笑的に「snooper vision（内偵監視）」（訳注：snooper vision は、社会福祉分野においては諸手当の不正受給調査員という意味もある）と揶揄されることもあった。本来の定義はスーパービジョンの管理という側面を強調している。すなわち、量的にも質的にも実際の業務が遂行されているかに関心を向けることである。

　スーパービジョンの定義を発展させるためには、種々の構成要素を1つずつ考察することで、結果として、包括的定義を生み出すことができる。それには、スーパービジョンに関する、機能や目標、ヒエラルキー上の位置、間接的サービスとしての機能、そして相互作用のプロセスが含まれる。

▎スーパービジョンの機能

　ソーシャルワークについての先行研究では、スーパービジョンについてはまず管理機能と教育機能を強調した定義づけがされており、著者や時期により強調のされ方はさまざまである。スーパービジョンの内容に関する最初の教科書は、Robinson による *Supervision in Social Casework*『ソーシャル・ケースワークにおけるスーパービジョン』であった。ここではスーパービジョンは、「教育的プロセスであり、確かな知識と技術をもつ人が、責務をもって、それらが不足している人にトレーニングを提供することである」と定義されている（1936:53）。*Encyclopedia of Social Work*（1965）の初版では、スーパービジョンを「教育的プロセス」と定義している。教育的プロセスとは、つまり「すでにトレーニングを受けた人からまだ受けていない人へ、ソーシャルワーカー経験者から未経験者や学生へ、ソーシャルワークの実践技術や知識を伝授すること」と記されている（Stein 1965:785）。*Encyclopedia of Social Work*（16th 1971; 17th 1977）によると、1965年 War on Poverty（貧困撲滅運動）が展開した社会福祉、保健および一般対人援助プログラムが急速に拡大された

ことで，スーパービジョンが，「仕事を遂行し，組織的管理と説明責任を維持するプロセスである」と規定されて，管理的機能を強調した（Miller 1977:1544）。状況によって，ソーシャルワークのスーパービジョンの教育的機能や管理的機能の両方を含んだ定義づけがなされていることもある。S. Towle は，ソーシャルワーク・スーパービジョンについて「教育的目的を伴った一種の管理上のプロセス」であると定義している（1945:95; Burns 1958:6）。グループワークについての標準的なテキストには，「スーパーバイザーの責任は，管理的であり教育的である。スーパービジョンが最終的にめざすものとして，スタッフの効果的な努力を通して機関のサービスが質的に改善され，その核となる目的を達成するように仕向けることである。」と書かれている（Willson & Ryland 1949:587）。

しかし，ここで提示したそれぞれの定義は部分的には正しいといえる。スーパービジョンが管理的かつ教育的プロセスであるというのは事実である。ソーシャルワークのスーパーバイザーは，スーパーバイジーとのかかわり場面においてこの両方の機能を遂行する責任をもっている。だが，スーパービジョンの定義にもう1つの責任を追加することが必要である。それは，感情表出をサポートするリーダーシップである。スーパーバイザーは，スタッフの士気を維持させ，業務での挫折感や不満に対応し，そしてスーパーバイジーには専門職としての価値観，機関への帰属意識，業務遂行上の安心感を与える責任をもつ。スーパーバイザーはこの機能を果たすことでスタッフをサポートする。

Encyclopedia of Social Work（19th 1995; 20th 2008）では，ソーシャルワークのスーパービジョンの定義については，管理，教育，支持の相互補完的特徴に取り組むものとして規定している。スーパービジョンの究極の目標達成にはこれらの3つすべてが必要になる。確かに，スーパービジョンにおける管理的，教育的，支持的機能には互いに重複するところがある。しかし，問題や目標によって，それぞれの機能は異なる。管理的スーパービジョンの主な問題点は，運営方針，手続き，規則，法令の履行の改正や妥当性にかかわるものである。管理運営方針や手続きの遵守と合法的準拠がその主な目標である。

教育的スーパービジョンでは，スタッフの知識や態度，そして業務に求められるスキルについての無知と不確さ（もしくはそのどちらか）が一番大きな問題として捉えられ，無知を払拭しスキルを向上させることが主な目標となる。支持的スーパービジョンではスタッフの士気と業務への満足感が主要な課題となり，士気の保持と

業務満足度を向上させることが主な目標となる。ここに挙げた要素は，ソーシャルワーク・スーパービジョンの機能の規定に含まれるべきものである。

スーパービジョンの目標

　ソーシャルワーク・スーパービジョンの目標には短期的なものと長期的なものの両方がある。教育的スーパービジョンにおける短期目標は，スタッフが職業上の成長をとげ業務を効果的にこなせるように能力を伸ばすこと，そしてスタッフが自主的に活動しスーパービジョンから独り立ちできるところまで，臨床現場の知識やスキルを最大限に引き出すことである。管理的スーパービジョンの短期目標は，効果的に業務ができるように働く環境を整え提供することである。支持的スーパービジョンにおける短期目標は，スタッフが業務から満足感を得られるように援助することにある。

　しかしこれらの短期目標はそれだけが単独で実現されればいいというものではなく，むしろスーパービジョンが長期的にめざすものを達成するための手段と考えるべきであろう。この目標は，委託を受けた特定事業者が，クライエントに対して効果的かつ効率的にサービス提供を実施するための目標である。つまり，効果的で効率的かつ適切なソーシャルワークサービスをクライエントに提供することを最終的にめざしている。機関内でスーパーバイザーがスタッフの業務をまとめ，調整し，業務に高いスキルを発揮できるように教育し，さらに熱意をもって業務を行えるように支持すること，そのすべてがこの目標を達成させるためのものである。

スーパーバイザーのヒエラルキー上の地位

　アメリカ合衆国では有資格のソーシャルワークのスーパーバイザーの約85％が，機関に所属し，管理責任をもつ上司として，部下にスーパービジョンをしているとの報告がある（NASW Center for Health Workforce Studies 2004）。つまりソーシャルワークのスーパーバイザーの大半は中間管理職として彼らの役割が規定されており，機関のヒエラルキーの一部に組み込まれている。彼らはスタッフの業務遂行に対して責任があり，それに関しては，ヒエラルキーの上層部への説明責任をもつ。

　ソーシャルワークのスーパーバイザーのほとんどが中間管理職であるにもかかわらず，免許交付を受けている人たちの約15％は自分の部下についての報告をする上司など，その対象者をもっていない。個人開業，営利団体，そして医療機関で仕

事をする概算2万1000人のスーパーバイザーは，グループや個人での開業の場で，あるいは管理的な監督やその責務を果たす「上司のいない」職場で，自律して管理責任の業務を行っている（NASW Center for Health Workforce Studies 2004）。しかし誤解を招くかもしれないが，この規模のスタッフを抱えた組織の管理責任者たちは，官僚的監査からは免除されているが，管理的な事柄には特権をもつ。すなわち，組織内部では官僚制の負担がないので，機関内では誰にも報告する必要がない。これは，自分たちの業務についての支持を得られるという組織内部での官僚的な利点がなく，「自律的」なスーパーバイザーとして管理的緩衝をもたないことから，財政的，法的，社会的，そして政治的な官僚環境であるとして外部当局に直接報告をしなければならないということを意味する。

　歴史のある機関では，スーパーバイザーは時には「板挟み」役として表現されることがある。Austinは，「一方の足は現場に，もう一方は管理運営の領域においているが，互いの関連性については明らかではない」として，スーパーバイザーの立場を的確に記述している（1981:32）。彼らは部下にとっては指導者であるが，上層部には部下の立場である。スーパーバイザーはときに，「最高位の従業員で，最下位の管理運営者，つまり副管理運営者でかつ上級専門家である」と表現される（Towel 1962）。管理職と現場で働く人たちのグループとの両方に所属するため，スーパーバイザーはその両者の架け橋として働いている。

　機関の上層部は，プログラムや方針を作成し，機関の資金調達や地域連携に重要な責任をもつ。重要な管理的マネジメントは，プログラムの運営と実施に責任がある。スーパーバイザーとは異なり，管理者は，外的指向をもち，広範囲にわたる展望をもつ。管理者は，地域や立法委員会，外部監視団体，そしてクライエント群のもつ機関のイメージに視点を向けている。管理者は，仲介者として他の組織との間で活動を調整したり，機関間における説明手続きを調整するために合意を取り付け，交渉するといった機能を果たす。管理者は，組織の安定と存続のために，外的施策や寄贈者もしくは財政基金の提供者に関心を向けている。それとは対照的に，スーパーバイザーは内的指向をもち，業務環境と遂行すべき業務に焦点を合わせる。スーパービジョンは，内的な指向に焦点を当てるのに対して，上層部の管理者は外的指向を重視する。管理者は機関方針や計画の領域をコントロールするのに対して，スーパーバイザーはマネジメントの領域を，そしてスタッフは業務領域をコントロールするといわれている。

Talcott Parsons（1951）は，3つの組織的ヒエラルキーを提示した。それらは，施設レベル（組織をより大きな社会に関連づける），運営管理レベル（組織と業務環境の仲介をする），そして技術レベル（組織のクライエントへの直接サービス）である。他に類似した3つのレベル，すなわち運営方針，マネジメント，サービス業務がある。伝統的にいえばスーパーバイザーは自分たちの持ち場が管理レベルにあるとみなしている。規模の大きな組織では，スーパーバイザーが現場サービス提供者に日々かかわる唯一の管理者である。第一線で働くスーパーバイザーは，組織の業務が実際に遂行されているコンテキスト，すなわち業務の現場に密接なかかわりをもっている立場にある。

▍間接業務としてのスーパービジョン

機関のスーパーバイザーは，組織構造上の立場にいて，スーパービジョンを間接業務として規定している。スーパーバイザーによるクライエントとのかかわりは，スタッフを通した間接的なものである。つまりクライエントを援助するために，サービス提供者であるスタッフを助ける。間接的な役割の例示として，スーパーバイザーは「クライエントについて語るが，クライエントに向かって話すことはない」という表現がある。最近の労働力調査によればこの表現はもはや真実ではない（NASW Center for Health Workforce Studies 2004）。

▍相互作用プロセスとしてのスーパービジョン

スーパービジョンはプロセスであると規定できる。スーパービジョンの機能を遂行するうえで，スーパーバイザーは熟考し，意識的に選択した一連の業務行動を果たしている。スーパービジョンのプロセスには，開始期，展開期，そして終結期がある。それぞれの時点で取り組む業務は，他の時点での取り組む内容とは少しずつ異なる。

スーパービジョンのプロセスは，関係性というコンテキストにおいて展開される。スーパーバイザーであると認められるには，スーパーバイジーをもつことが必要条件となる。それは，子どもがいる人を親と認めるのと同じである。一人もスーパーバイジーを受け持たないスーパーバイザーは，あなたの兄は一人っ子だと意味のないことを言うようなものである。少なくとも2人の人間がかかわっているので，彼らの相互作用はスーパービジョンの重要な要素となる。スーパーバイザーとスー

パーバイジーは，理想的には協力的，民主的，参加的，相補的，尊重し合う，開放的な，相互連結の小さな社会システムを作り上げていく。

目的達成の手段としてのスーパービジョン

スーパーバイザーは，ソーシャルワーク専門職の価値と目的に順応し，同様に，他の人をも順応させる。スーパーバイザーは，教室から始まったプロセスを続けて，スタッフがソーシャルワーク実践への志を内在化できるように援助する。同時に，機関の効果的で効率的なサービス提供，現場スタッフの知識とスキルの向上，そして困難な挑戦をするスタッフの人間性の保持は，クライエントの成果を改善することが目標であり，これは，NASW（2005a, 2006b）のスーパービジョンの実践基準に適合している。

スーパービジョンの定義

ソーシャルワーク・スーパービジョンの定義は，上記の5つのセクションのすべての要素を組み合わせて，より包括的に規定することを試みている。したがって本書での用語のスーパーバイザーとは，有資格ソーシャルワーカーのことである。この人は，スーパーバイジーの業務に関する説明責任をもつことから，業務遂行を指示し，調整し，その質を高め，評価する権威を委譲されている。

この責任の遂行とは，スーパーバイザーが，良好な人間関係のコンテキストにおいてスーパーバイジーとかかわり，管理的，教育的，そして支持的機能を果たすことである。スーパーバイザーの究極の目標は，機関の方針と手順に従って，クライエントに対し量および質ともに可能な限り最善のサービスを提供することである。スーパーバイザーはクライエントに直接サービスを提供しないが，そのサービスを提供するスーパーバイジーに影響を与えるので，提供されるサービスレベルに間接的に影響を及ぼすといえる。

定義の実証的妥当化

　私たちの使う定義はソーシャルワーク・スーパービジョンについての一般的解析から生まれた。どのくらいの範囲でスーパービジョンについての実証的研究を行えば定義の妥当性が支持されるのか。この定義はソーシャルワーク・スーパービジョンの現実をどの程度まで映し出すのか。この質問に答えるには，実証的データに限りがある。1977年に Wisconsin Department of Health and Social Service（ウィスコンシン保健福祉局）は，ソーシャルワーク・スーパーバイザーIの資格保持者の業務遂行調査に関する助成金を提供した。この調査では，一般にスーパーバイザーが行うとされている574業務からなる尺度を開発して，スーパーバイザーたちに実際に自分たちが実施していると識別したものを尋ねた結果，38人のスーパーバイザーから有効な回答が得られた。回答者の50％以上の人たちが574業務のうち20％だけを識別可能として選んだ。この事実は，ソーシャルワーク・スーパーバイザーIの資格保持者の場合も同様に実際の業務内容が多様であることを示している。

　この調査では，スーパーバイザーが実施していた業務内容のうち最も多いものは，当然のことながら本質的に管理的なものであった。すべての業務内容の約60％には，業務配分や指示，振り返り・調整・評価等，採用・昇任・解雇などの人事決定，プログラム計画や予算編成，コミュニケーションに関する機関内・機関間の方策，さらには苦情への対応などが含まれていた。教育的スーパービジョン関連の業務（人材開発とトレーニング）は実際の業務の10％を占めている。スタッフに必要なトレーニングの検証，トレーニングの実施，助言・指導・実技指導・新人スタッフに対する業務のオリエンテーションと就任，そして必要な情報の提供などがその業務である。支持的スーパービジョン関連の業務として明示されているものはあまりなかったが，選択された業務項目のうちのいくつかは生産的な士気レベルの維持というスーパーバイザーの責任が示唆された。

　Patti（1977）は社会福祉経営者90人に，典型的な週単位の活動内容について書き出すように依頼した。回答者には管理者や部局長，そしてスーパーバイザーが含まれており，書き出された活動の違いはマネジメント・レベルの違いと関連してい

た。上層部の管理者たちは地域社会に対して機関を代表することやグループや組織との交渉，機関目的と目標の設定にこだわっていたが，スーパーバイザーレベルによる回答では，「週の業務の大部分を部下の業務への方向づけや助言，振り返りに費やす」とあった（Patti 1983:45）。スーパーバイザーは，日々現場スタッフと接触し，業務の流れを維持し，業務の委任や配分を行い，一貫した方針や手続きに基づきサービスが提供されるように監視することや，ケースごとの決定に関して現場のスタッフへのコンサルテーションを実施し，業務の技術面についての助言や支持をし，知識と技能の向上の機会を提供し，不備を指摘し，個人の業務遂行を評価するものとみなしていた（Patti 1983:44）。スーパーバイザーの管理的，教育的機能と活動は，その調査結果に明らかに示されていた。

　Shulman（1982）は，スーパーバイザー109人に対する「さまざまな業務に振り分けられた時間の割合」についての調査報告をしている。20％の時間が管理業務に費やされ，調整に18％，人事関係が約11％となっている（これらはすべて管理的な業務として考えることができる）が，これらの結果からは，スーパーバイザーのおよそ49％の時間が管理的スーパービジョンに費やされているということになる。おおむね40％の時間は，「スーパービジョン・コンサルテーション」に費やされていたが，これは，教育的スーパービジョンとして解釈可能である（Shulman 1982:22）。

　Poertner & Rapp（1983）は大規模の児童福祉の相談機関におけるスーパービジョンの業務分析を実施した。選定されたスーパーバイザーとの面接をとおして，スーパーバイザーにより実施される業務を確認した。スーパービジョンを35の業務に精査した35の業務リストが120名のスーパーバイザーと227名の現場スタッフに送られた。スーパーバイザーへの質問は「リストに挙げられた業務を行うか」どうかというもので，スタッフは「スーパーバイザーがそれを実施していると思うか」という質問を受けた。回答では，スーパーバイザーは主に管理業務を行うことが示された。業務遂行の約80％を占めていたものが，担当ケース数のマネジメント（部局の方針に準じたケース計画の評価，ケース配分とサービスニーズの計画，ソーシャルワーカーとのケースプランの精査），スタッフの管理（新規ケースの分配や書式の的確さや完成度を見直す作業，そしてチームの目標達成をモニターする作業），組織の維持管理（本部からの指導や要請への対応，記録管理の手続きの決定，書類のチェックと承認），そして地域社会との交流（業務プランについて検討，地域の関係機関との会合，新たなサー

ビスの優先順位を特定し明確にするための地域の関係集団との連携，部局の目標達成に向けた地域協力を得るための会合）であった。残りの20％の業務は，支持的スーパービジョンと教育的スーパービジョンに分けられている。支持的なスーパービジョンの実施においては，スーパーバイザーは，スタッフがケースについて心配していることを，励まし，耳を傾け，対応すると報告した。教育的スーパービジョンの実施では，スーパーバイザーは，少年裁判所の役割についてソーシャルワーカーに教育し，裁判所での手続きを教えたと報告した。このスーパーバイザー業務についての実証的研究は，管理的，教育的，支持的要素がその職責であるということを再確認することができた。改めて重点配分の順位をつけるならば，あきらかに管理的スーパービジョンが優先される。

1989年に Kadushin（1992a）は無作為に抽出した1500人のソーシャルワーク・スーパーバイザーに対し，スーパーバイザーの機能についての質問を配布した。508人のスーパーバイザーから得られた回答は，管理的，教育的，支持的な機能が果たされていることを裏づけるものであった。順位面では，44％のスーパーバイザーが教育的機能を最も重要なもの（問題解決と実践スキルの向上，自己認識の発達，指導や助言，異なる視点によるケース理解への提案と介入）として挙げた。次いで約32％の管理責任者が管理的スーパービジョンを最も重要な業務（スタッフに仕事を振り分けそれを査察して評価，仕事と予算を単位ごとに計画し該当単位の仕事について調整）として挙げ，一方で24％の人が支持的機能こそが最も重要（スーパービジョン対象者のモティベーションや士気を高め，献身的な姿勢を維持，不満と苦情の解決，仕事のストレスを軽減，疲れて燃え尽きてしまうことへの予防）であるとした。

Elena & Lazar（1994a）は，この3つの機能定義を運用可能なものへと変換し，ソーシャルワーク・スーパービジョンを試験運用するという研究をイスラエルで行った。まず，調査員はスーパーバイザー業務の「行動項目」について完全なリストを文献から抽出する。第二段階では，調査員は独立した審査員に，選りだし精査するためのものとして行動項目が妥当かどうかを見てもらう。第三段階では，毎日の業務のなかで39の行動項目それぞれをどの程度の頻度で実施するかを調べ，その設定頻度により機関を3つのタイプにグループ分けしたうえで，233人のスーパーバイザーを雇用した。最後に，ソーシャルワーク・スーパービジョンの根本的構造を決定するために，管理責任者の報告書についてその要因を分析した。福祉事業局，社会保障移民事業局，精神保健クリニック，依存症リハビリテーションセン

ター，保護観察所，そして総合病院で実施されたソーシャルワーク実践業務から，次のような7つの明確なスーパービジョン要因が姿を現した。すなわち，(1)方針の修正変更，プランニング，予算案作成，(2)品質コントロール，(3)地域サービスとの接触，(4)職業的スキルとテクニック，(5)職業境界，(6)知識と情報，(7)支持，の7つである。最初の3つの要因は当然のことながら明らかに管理的なもので，次の3つの教育的機能をもっているのも明らかである。支持的な機能はそれ自体が挙げられている。

　学際的な研究者であるMilne（2007）は，スーパービジョンはそれを効果的なものにする有効成分によって明らかにされるべきであると唱えた。その出発点としてMilneは，効果向上のためにデザインされたスーパービジョンの介在を含む24の実証的研究を挙げ，臨床実践という現場状況のなかであらゆる職業もしくはあらゆる理論的取組みに見られるスーパービジョンの効果を評価した。スーパーバイザーとスタッフの行動は記録され，効果的に証明され，そして1986年から2005年までの査読つき科学誌に掲載された。Milneはこの手順を用い，スーパービジョンは認可されたスーパーバイザーによる正式な規定条項であり，集中的で対人関係に基づいたケース重視型の教育およびトレーニングとして，対象スタッフを支持しながら方向づけし導いていくものと定義した。

　Milne et al.（2008）は引き続き行われた調査研究で，効果的なスーパービジョンとはどのようになされるのかという基礎モデルを構築するために，「最良のエビデンスの統合」を行った。100以上にのぼるスーパービジョン研究を評価し，規範とする24の最良エビデンス研究一式に編集した。スーパーバイザーは，スタッフが711人の患者に対して行う臨床での介入が望むような成果を挙げられるよう，26の異なる介入を行った。教示や指導，補正フィードバック，ライブおよびビデオ撮影による観察，モデリング，プランニング，目標設定，質疑応答，復習と反省，協働作業，スーパービジョン，不一致，自己開示，自信の構築，そして支持。これらが最もよく用いられた介入方法である。

　スーパービジョンを明らかにする鍵はその業務を形づくっているものは何かという疑問であるというMilneの考え方と同じように，Mor Barak et al.（2009:3）はスーパービジョンにおける有効な要素を挙げた。これは，1990年から2007年の間に発表された27の「有効な」研究論文についてのメタ分析により，1万867人のソーシャルワーカーにとって有益な結果をもたらしたものである。彼らの調査結果では，業

務補助や社会的及び感情的なものへの支持，そしてスーパービジョン上の個人的な交流というスーパーバイザーの管理行為はスタッフの良い結果と肯定的かつ特徴的に結びついているが，逆に社会的かつ感情面における管理的支持と個人的交流は，望ましくない結果とともにネガティブな特徴的つながりをもっていることが示されている。要約すると，ソーシャルワーク・スーパービジョンについてのKadushin (1976) の定義は，他の研究により丁寧に支持されているということになる。

ソーシャルワーク・スーパービジョンの生態学

　スーパービジョンは他のプロセスと同様，プロセスに影響を与える要素として，何らかのエコシステムに組み込まれている。図1.1は，エコシステムの重要な要素にかかわるスーパーバイザーとスタッフの現代的な様相を表すものである。拡大していく構成要素のなかの各要素は，たがいに多大な影響を与え合うシステム間に隣り合わせた要素とともに，その先にある要素に対してもなんらかの影響を及ぼす。決まっているのは，より離れた要素どうしは直接的に即座に影響を与えることはあまりないということである。戦争や経済不況，そしてその他の地を揺るがすような出来事は，重要かつ劇的な例外となる。

▍コミュニティ：経済と政治的環境

　通常コミュニティは，決裁や支持，そしてソーシャルワーク職と機関とを動かすコミュニケーション姿勢をとおして，スーパービジョンシステムに影響を及ぼす。またコミュニティは資金を提供することで，正当性と組織運営方針の決定を行う。正当性が制限され資金が不適切な場合，スーパーバイザーはかなりの制限と限られた資源に向き合わなければならないということになる。

　環境が整っている場合は，コミュニティがソーシャルワーク・スーパービジョンに与える影響はわからないかもしれない。しかし，1980年代以降，ソーシャルワーク・スーパービジョンの風景は，避けることのできない力，あるいは多くの場合は予測できない力によって変化してきている。多くの要因が現場の環境によって形づけられてきた。たとえば，レーガン改革と呼ばれるものやポストモダン保守的政府，

福祉の改革や管理型のケア，個人向けの福祉事業，技術的優位性やグローバリゼーション，および国家の消滅や新興や移民，そして国家の人口統計にみる変化，9.11と「テロとの戦い」，金融危機と石油高騰，そして洪水などである。経済大恐慌と2つの世界大戦がそうであったように，これらの要因と近隣諸国を含むアメリカ国内外からの回避できない力がソーシャルワーク実践とスーパービジョンに影響を与えてきた。

　1980年代にレーガン改革により大きな転換が引き起こされた。政府は，1981年の連邦予算削減一括法により福祉事業に関する連邦政府機関の縮小を求めた。大規模な補助金が交付され各州に振り分けられていたが，国家の保健福祉の支出は急増し，非政府部門と政府レベルの部署に警鐘を鳴らした。公的および民間の医療保険は，医療経済における暴走的な成長を遅らせるためにさまざまな補償基準や品質を付加した。たとえば，医療現場におけるスーパーバイザーは，監査役よりも先にクライエント集計表に目を通すことを強いられた。記録やソーシャルワーク業務における不特定なミスは，機関の収入やソーシャルワーク職，そしてクライエントへのサービスを脅かすことになった。

　1990年代に入り，管理的スーパービジョンの環境面における要求が国中に巻き起こり，福祉改革の力として結集されていった。Stoesz & Karger (1990) が予見したように，「改革」とは，州ごとに資金調達義務を課せられることを意味し，民間部門の競争を奨励するために福祉サービス事業契約への入札制度が導入された。このようにしてクライエントにサービスへの対価を支払わせたのである。1996年8月16日に署名された the Personal Responsibility & Work Opportunity Reconciliation（個人責任及び就労機会調整法）により，組織，サービス事業，そして公共福祉の管理監督責任はほぼ一夜にして変化し（American Public Human Services Association 1998），公共福祉による取扱件数は激減した（American Public Human Services Association 1999）。州および地方における社会福祉への支出は（インフレと合衆国における貧困層の人口に応じて）下降し始めたが，医療支出は減るどころか逆に膨らみ続けた（Gais, Dadayan & Bae 2009）。医療コストの上昇はソーシャルワーク実践の広大な現場にマネジド・ケア改革を引き起こし（Lohmann 1997），それが自らの医療サービス配分システムの指導権を握ることになった（Cohen 2003; Egan & Kadushin 2007）。Carlton & Munson (1998a, 1998b) は，営利企業がソーシャルワークの現場を管理している現状に目を留めている。

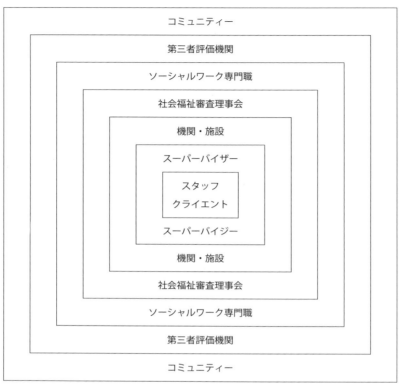

図1.1　エコシステムによるソーシャルワーク・スーパービジョン

　21世紀初頭の米国における金融危機からも明らかなように，営利企業によるスーパービジョンは荒っぽく目先のことだけにとらわれがちで，軽率で露骨なものだった。国内住宅市場が膨らみ経済が成長し続けた時代は，2007年に突然その終わりを迎えた。大規模金融機関が崩壊し始めたのである。株式市場では何兆ドルにものぼる国家の富が一晩にして失われた。金融危機は全世界に広がり，政府は銀行経営の悪化を救済するために，さらに借入金を投じて，経済支援を模索した。企業の倒産，失業とフードスタンプの申請は経済の失速，縮小，崩壊とともに急増した。その対策として，合衆国は新たに生み出される，そして長引く失業者に対して手当と食糧配給券を支給して，国民を救済しようとした。しかし，連邦政府が2009年に緊急対策により補助金を注入したにもかかわらず，州政府は保健福祉サービス費を削減し始めた（Family's USA 2008; Kneebone & Garr 2010）。ソーシャルワーク・スー

パービジョンはこのような力に翻弄されてきたが、これからも同じように影響を受け続けるであろう。

コミュニティー：文化的で人口学的環境

　Tsui（2005; Tsui & Ho（1997）による国際的視点に立った研究では，文化は，ソーシャルワーク・スーパービジョンを包括する環境であると主張している。つまり米国が毎年180万人以上の移民を受け入れる国として十分な考慮をする必要があると指摘している。US Sensus Beaureau（2004）は，現在の割合のまま移民と人口が増加し続けるとすれば，次の半世紀には国内のヒスパニック系とアジア系人口が3倍になり，2050年には非ヒスパニック系白人は米国全人口の約半分になるであろうと予想している。アフリカ系アメリカ人の人口は，2050年には今の3580万人から6140万人になると予測されており，その割合は全人口の12.7％から14.6％に増加することになる。非ヒスパニック系白人の人口は1億9570万人から2億1030万人に増加すると予測されてはいるが，1460万人，7％の増加に過ぎない。このグループについては，2040年代における純減人口も含んだうえで，2050年では全人口の50.1％だけになるだろう。人間の多様性がスーパーバイザー環境を再形成している実態をうかがうことができる。

第三者評価機関

　ソーシャルワーク実践ではソーシャルワーカーとクライエントが主役であるのと同じように，ソーシャルワーク・スーパービジョンにおいて重要な役割を果たす人がスーパーバイザーであり，スタッフであるとすれば，第三者評価機関の利害関係者は，スーパーバイザーとスタッフ，そしてクライエント間の相互作用において本質的，かつ決定的な役割を担う人々である。公的第三者機関には，そこでは，福祉事業を展開しようとする機関や組織が証明書や認可免許発行を受けるために必要な施設の査察を行う。一般に，この用語は，ソーシャルワーク・スーパービジョンと免許交付を含むケアの適正基準を満たして，福祉サービスが提供されていることを確かめる部局をいう。準公的機関であるJoint Commission（医療機能評価認証）（www.jointcommission.org）は，医療におけるスーパービジョン業務について厳しいガイドラインをもつ認定団体の1つである。民間の第三者評価機関には，Blue Cross（民間非営利入院費給付健康保険）やBlue Shield（民間非営利医師治療費給付健

康保険),メディケイド(公的医療保険),メディケア(高齢者および障害者向け公的医療保険制度),そしてソーシャルワークの最も大きな部分を占める精神保健分野におけるソーシャルワークサービスへの援助や支払いをする保険会社であるマネジド・ケアの会社がある(NASW Center for Health Workforce Studies 2004)。これらの組織は,医療福祉サービスに対する支払いを決定する際にケア基準との整合性の観点からソーシャルワーク業務の認定調査を行い,ソーシャルワーク・スーパービジョンに対し影響を与えている。要約すると,第三者調査機関は主にソーシャルワークサービスに対する権限の付与,資格認定,支払いによりソーシャルワーク・スーパービジョンに影響を及ぼしているということになる。

ソーシャルワーク専門職

　ソーシャルワーク専門職は,スーパービジョンをとおして,スーパーバイザーとスーパーバイジーの忠誠と実践技術を引き出し,人の問題を解決するのに役立てるように影響を与える。専門教育を受けたスタッフとスーパーバイザーは,スーパービジョンにおける彼らの姿勢や態度を左右する倫理基準を共有するだけでなく,専門職の社会化によって生じた規範や価値,そして目標についても共有する。専門職へのアイデンティティに基づく考え方と,機関へのアイデンティティをもって行動を決定する考え方とは対立するものである。この専門職は,免許交付を規制する審査委員会の代表としてスーパービジョンに大きな影響を与える。

　NASW(2008)の倫理綱領は,ソーシャルワーク専門職の価値について,スーパーバイザーとソーシャルワーカー,クライエント,そして実践環境との交互作用を支配するものとして,行動上の用語により規定しているものである。倫理基準の根本にある抽象的な価値は普遍だが,実践上の厄介な問題を明確にするときや,新たな実践上の課題に立ち向かうときには定期的に倫理綱領を見直している。2008年には,ソーシャルワーク・スーパービジョンの古く曖昧な要素を見直し新しい業務にチャレンジするために,全米ソーシャルワーカー協会倫理綱領は改定された。スーパーバイザーはスーパーバイジーの行動とサービスの成果に法的責任を負っていることから,その義務を履行するのに相応の権限と資源を要求すると同時に(Reamer 1998),スーパーバイザーはスーパービジョンの対象範囲を専門性に限定し,スーパーバイジーの能力,知識やスキルの更新,二重関係を避けるための明確で適切な対人関係の境界線の構築,そしてスーパーバイジーの専門職的成長の奨励,その業

績評価，そして，職場の倫理性の促進と擁護という倫理的責務を負っているのである（NASW Center for Health Workforce Studies 2008）。これらの目的のために，NASW（全米ソーシャルワーカー協会）は1994年と2003年に臨床ソーシャルワーカーのためのスーパービジョンのマニュアルを出版した。続いて2004年にThe American Boards of Examiners in Clinical Social Work（米国クリニカルソーシャルワーク審査委員会）が臨床スーパービジョンの基準を設け，そして2005年には，NASWが臨床ソーシャルワークと医療ケアの基準にスーパービジョンを盛り込んだ。

　NASWの約70％の会員は民間部門で雇用されており（Whitaker & Arrington 2008），ソーシャルワークのスーパーバイザーは日々，民間部門における価値観と格闘しているといえる。クライエントへのサービスをソーシャルワークの第一の義務として捉えるスーパーバイザーは，たとえば福祉改革における目標と方法について倫理的な緊張感をもつかもしれない。同様に，インフォームド・コンセントとクライエントの守秘義務についても倫理的負託を委ねられたスーパーバイザーは，マネジド・ケア環境における実践が容易ではないことを身をもって感じている（Munson 1998a; 1998b）。余談だが，このような葛藤はスーパービジョンの人間関係に現れている。クライエントの擁護とエンパワメント実践のもとで育てられた新卒者は，定年に近づいた経験豊富なスーパーバイザーが福祉改革に倫理的に準ずることを，懐疑的に見るかもしれない。同様に，経験豊富なスーパーバイザーは，学校を卒業したばかりで利益追求型のケースマネジメント機関を立ち上げた若い企業家たちに対し，その倫理的判断力に疑問をもつであろう。業務環境が変化していくなかで，スーパーバイザーは微妙な差異のある，手触りの悪い，荒削りの倫理的問題と取り組むことになる。

州ソーシャルワーク審査委員会

　1969年，NASWは50州においてソーシャルワークの免許交付を実施することを決定した。合衆国憲法のもとでは，職業を規制する法的権限は州にあり，州はその権限を「市民が正式立法や規定，あるいは州の法的な権限をもって"ソーシャルワーク"という職業の行動や行為を定義・規制」するとき，ソーシャルワーク審査委員会に州は委任する（Hardcastle 1977:14）。NASWはその取り組みを引き継ぎ，免許交付という業務を，米国の各州においてソーシャルワーク実践業務の規制に活用している。NASWが求めた規制には，ソーシャルワーク専門職の発展と利益の保護

という狙いがあり，一般の人々の利益にかなっている（Hardcastle 1977）。免許交付はまさに職業的地位を向上させ，ソーシャルワーク業務に恩恵をもたらしたことが多く示されている（Harkness 2010）。国民を守ることこそが州のソーシャルワーク審査委員会の本来の使命なのである。しかしながら国民を守ることが品質保証となり職業への関心を間接的に向上させることになる。

　国民を守るという意味合いから，ソーシャルワークは，医学の規制に厳密にならって次第に厳格化されてきた傾向がある（Ameringer 1996）が，同時にこれは悩みの種となっている。たとえば，Stoesz, Karger & Carrillo（2010）の見積もりによると，臨床業務のためのソーシャルワーク免許を受けるには3344ドルの初期費用がかかり，毎年の免許更新には推定1410ドルで，これは免許の年単位更新費である。一方で，国民保護の観点から医学分野の厳格な規制になったのは，自己規制では膨大な患者を医療危機から守ることができなかったことによる（Ameringer 1996）。ソーシャルワークでも同様に医学分野とよく似た傾向があることがわかるであろう（Boland-Prom 2009; Harkness 2010; Reamer 2003）。

　州ソーシャルワーク審査委員会は，さまざまな意味でソーシャルワーク・スーパービジョンに影響を与えている。一部の州においては，新規に免許を取得したソーシャルワーカーは，一般に2年ほどの期間，スーパービジョンを受けながら仕事をすることを義務づけられている。臨床業務のための上級資格をめざすソーシャルワーカーは，有資格の臨床ソーシャルワーカーのスーパービジョンのもとで業務を行うことが義務づけられている。その期間はやはり2年ほどであり，多くの場合は，委員会が検閲し，承認したスーパービジョン計画書に従って実施され，それから筆記試験を受験して合格することになる。3段階目として，州委員会の数の増加に伴い，臨床ソーシャルワークのスーパーバイザーの資格認定手続きに，臨床スーパービジョンの正式なトレーニングを義務づけた。ソーシャルワークのスーパーバイザーの登録と免許交付が，全国的な専門職規制の動向の先駆となるのかどうかは，今後の様子を見てみないとわからない。

　ソーシャルワーク・スーパービジョンが，トレーニングや業績，そして有資格実務者の保持率が重要であるという認識の高まりとともに（NASW Center for Workforce Studies 2004），The Association of Social Work Boards（ソーシャルワーク業務を認可するソーシャルワーク理事会。以下「ASWB」という）は，2007年に「免許交付に向けて準備をするソーシャルワーカーにスーパービジョンを行う個人に必要

なコンピテンシーと技術知識，スキル，そして能力（Knowledge, Skills, and Abilities（以下，「KSAs」という））を明らかにする」ために調査研究を委託した（ASWB 2009）。ASWB は，分析を指揮する作業委員会を任命した。その13人のメンバーはソーシャルワーク実践においてかなりの経験をもつ学者や事業管理者，開業医などであった。反復プロセスを用いて，決定的な重要事項について，ブレーンストーミング，分類，精緻化，稼働，そして順位づけと格づけをして，この専門委員会は最良のスーパービジョン実践を規定する43の重要なコンピテンシーと KSAs を明らかにした。実質的に，スーパーバイザーの義務と任務の行動チェックリスト（たとえば肯定的スーパービジョン関係の確立と維持，スーパーバイジーに対する法規制を遵守した倫理的な実践業務の誘導／指揮，ケース・プランニングの追跡調査による業務内容の明確化と，改善のための指導と指示の提供，スーパーバイジーとの協働による学習プランの開発，スーパーバイジーのストレス管理を含む健康的生活のための戦略開発の手助けなど）と，スーパービジョンに不可欠の能力や知識とスキルとが一体になっている。なかでも ASWB 分析は私たちのソーシャルワーク・スーパービジョンの定義にうまく適合している点で重要なものである。

▍機関

　機関のシステムによって，機関内スーパービジョンの構造，機関内における管理責任者担当の資格と責務，そして役割群内の担当者が決まる。機関の気風，そしてその任務と流儀は，スーパーバイザー／スーパーバイジー関係の決定要素である。本書のスーパービジョンの論考は，それが実践される特定の機関のコンテキストを無視した抽象レベルのものである。とはいえ，機関の状況が異なれば，スーパービジョンの適応形態は異なったものになることを，はっきりと理解する必要がある。公的病院と民間の家族サービス提供機関とでは，スーパービジョンの展開が異なるのである。

▍機関内の単位

　機関内でスーパーバイザーを配置した部署は，スーパーバイザーが責任をもつことになる任務を特定し，状況に応じて，スーパービジョンに影響を与える細目，すなわち業務部署の地理，業務部署が利用しうる支持構造と資源などを決定する。加えて，部署の同僚グループは，今日のスーパービジョンの生態学では1つの影響

要因となる。

単位としてのスーパーバイザー―スーパーバイジー関係（スーパーバイジー群）

　スーパーバイザー―スーパーバイジーの二者関係が特定の相互作用システムとなり，スーパービジョンのプロセスが発生する。この相互的二者関係（ときにはグループ）のコンテキストは，上述の主要な生態系が広範囲にもたらす影響をフィルターにかけた結果としてのサブシステムである。ここで起こっていることは（そしてこれは常に本書の懸案事項である），スーパーバイザーの独自性，スーパーバイジーの独自性，そして個々のスーパーバイザーとスーパーバイジーとの間に生じる特定の化学反応によるものである。

ソーシャルワーカー―クライエントという二者関係

　ソーシャルワーカー―クライエントの二者関係は相互作用システムとしてソーシャルワーク・スーパービジョンの主な焦点である。ソーシャルワーカーがクライエントを援助するのは主に相互作用によるものである。ソーシャルワークのスーパービジョンがソーシャルワーカーとクライエント間の相互作用を助けたり妨げたりするその程度に応じて，ソーシャルワーカー―クライエントの二者関係の力動とその相互作用は，スタッフとスーパーバイザーの間で発生する相互の影響力，すなわち，スーパービジョンの環境とシステムに波紋を起こすような相互の影響力を発揮する。

ソーシャルワーク・スーパービジョンの人口構成

　2004年，NASW Center for Workforce Studiesは，48州とコロンビア自治区のソーシャルワーク免許リストから1万名のソーシャルワーカーを無作為抽出して，有資格ソーシャルワーカーの役割と活用に関する調査を実施した。その調査のデータベースを入手し分析して，ソーシャルワーク・スーパービジョンの人口構成の概要を作成した。調査質問は「すべてのソーシャルワーク業務のなかで週に何時間程度，

次の役割をしていますか？　スーパービジョンはどのぐらいですか？」と，ソーシャルワーク・スーパーバイザー群を把握することを目的にした。有資格実践家1377名のサンプルでは，週に1時間以上をソーシャルワーク・スーパービジョンに充てていた。調査対象のスーパーバイザーの割合（有効回答数3597中38.3％）に基づいて推定すると，合衆国内の有資格ソーシャルワーカー39万2274名のうち15万240名もがソーシャルワーク・スーパーバイザーとしてスーパービジョンを行っている（2012年7月11日，Dwighte Hymansとの個人的な会話より）。

　スーパーバイザーの多くは女性で（82.2％），年齢分布は35～54歳（56.4％）であった。人種と民族は，アジア系と太平洋諸島住民（1.5％），黒人とアフリカ系アメリカ人（6.5％），ヒスパニック系およびラテンアメリカ系（4.8％），非ヒスパニック系白人（85.5％），アラスカ先住民を含むアメリカ先住民（0.7％），その他（1.0％）という構成になっている。有資格スタッフは民族や人種，性別に関係なくスーパーバイザーの地位にあることがわかった。

　管理責任者のほとんど（87％）はソーシャルワーク修士号（MSW）を取得していたが，スーパービジョンに携わる人のうち，ソーシャルワーク学士号取得者は9.6％だった。ソーシャルワーク博士号をもつスーパーバイザーは2.3％に過ぎなかった。ソーシャルワーク・スーパーバイザーはスーパーバイジーに比べて高学歴であるが，2つのグループの実務経験年数の平均は15.1年とほぼ等しかった。

　スーパーバイザーの多く（88.7％）は正規雇用者である。大部分（68.9％）は非営利組織（44.7％）と営利組織（24.2％）を含めた民間セクターによる雇用で，次いで州政府（16.5％），地方自治体（11.6％），そして連邦政府（2.4％）の順になっていた。軍部関連に勤務するスーパーバイザーは少数である。雇用者の業種はさまざまで，25以上の事業形態にわたり，その雇用先の3分の2以上を占める主なものは，社会福祉機関（16.8％），個人開業（14.5％），行動保健クリニック（13.2％），病院，医療センター，診療所（16.3％），学校（7.9％），精神保健分野を主にした機関（37.7％），児童福祉（15.6％），そして健康管理分野（10.4％）であった。精神保健分野は，スーパーバイザーの36.8％が担当制雇用形態であり，複数の職場で働いているスーパーバイザーは24.5％，主たる雇用形態を個人開業としたスーパーバイザーは17.6％，副業として個人開業していたのは15.1％に過ぎない。

　どこで働いているにしても，スーパーバイザーは需要が高い職業である。大多数（76.7％）が週に1～9時間のスーパービジョンを実施していた。週10～19時間は

13.3％，20～29時間は4.8％，30～39時間は2.5％，そして40時間以上は2.8％がスタッフのスーパービジョンに充てていた。集団としてみると，ソーシャルワーク・スーパーバイザーは他の同僚管理職や地域のまとめ役，コンサルタント，プランナー，教師，そしてトレーナーに比べてかなり多くの時間を必要としていることになる。それだけでなく，スーパーバイザーの47％は，週の勤務時間のうち20時間以上をクライエントに対する直接サービスの提供に使っていると報告した。スーパーバイザー10名中9名は，スーパービジョンが業務の一部に過ぎないという。

私たちのサンプリングでは，2004年の常勤スーパーバイザーの年収中央値は4万8383ドルであった。平均年収の概算額を5万3211ドルとして，同僚と比べ，年収はおよそ20パーセント程度多かった。Witaker & Arrington（2008）によると，NASW会員の多数は正規雇用スタッフであり，年収は2万ドルから5万9999ドルの間であった。2009年に実施したNASW全会員調査の回答者（Pace 2010:8）は，ソーシャルワークのスーパーバイザーに支払われる年間基礎給与の中央値は5万7000ドルで，スーパービジョンの役割をもたない者に比べて7000ドルほど多いと報告した。

以上をまとめると，ソーシャルワークの有資格スーパーバイザーは，修士号をもつ女性で，15年の業務経験を持ち，民間部門で正規スタッフとして業務を行っている者が多い。概して，このようなスーパーバイザーは複数の職場を掛け持ちし，他の同僚たちよりも長時間働き，収入も多いといってよい（NASW Center for Workforce Studies 2004）。

ソーシャルワークにおけるスーパービジョンの意義

ここまで，歴史的に見て，ソーシャルワークのスーパービジョンは常に重要な要素であったと述べてきた。もちろん，スーパービジョンはソーシャルワークだけに特有なものではないが，その機能とプロセスは他の職業に比べて，ソーシャルワークでは特に重要なものとなった。この卓越性は，サービス提供パターンの性質，かかわる問題，サービス対象者であるクライエントたち，そしてソーシャルワーカーたちの特性といったような，専門職の特徴的側面から説明することができる。

他の職業と比べると比較的新しい専門職として，これまでソーシャルワークは，機関を通してクライエント集団にサービスを提供してきた。これは一時期に比べると真実ではないが，雇用されたソーシャルワーカーの多くは官僚的組織のなかで働き続け（Whitaker, Weisemiller & Clark 2006a），この傾向は続いていくようにみえる。機関というのは複雑な組織であり，それゆえ効果的な運営のためには官僚的な組織作りが必要になる。さまざまな人たちがそれぞれに特別な業務を行う仕事は，調整と統合が必要である。機関にはそのための一連の指揮権を必要とする。いわゆる管理者のヒエラルキーである。ソーシャルワーカーの多くは，機関のなかでその職業上の機能を遂行するため，官僚組織に必要なスーパービジョンを通じて，官僚主義的な組織のなかに存在していることを実感する。ソーシャルワークの分野の新規採用者が組織の諸モデルや価値を理解するために，教育とトレーニングにかなりの努力が払われる。ソーシャルワーカーは，機関方針と手続きへの同一化，承認，遵守という観点から評価を受ける。他の職業では今なお，主に独立した起業家を手本にした職業イメージのもと，新規採用者を教育しているかもしれないが，ソーシャルワークでは常に組織としての機関というコンテキストを，あたかもソーシャルワーク活動の中軸として厳しく強調してきた。その結果として，Scott が述べているように，「ソーシャルワーカーは，自分の業務が所定の階層的スーパービジョンの対象となる組織に入ることを期待している点で，他の職業人たちとは異なっている」のである。（Scott 1969:92）

　機関が社会的活動をする重要な要素の1つには，機関が所有していないサービスを提供・供給することがある。コミュニティの経費計上により充当された機関のもつ資源の相当量が，ソーシャルワーカーの決定により配分される。たった1人の子どもを里親制度に割り振ることは，5年から10年間に何千ドルもの責任を遂行するということである。家庭に対する家事代行サービスの割り振り，地域の経費で賄われているデイケアの提供，脳損傷の子どもや認知症の高齢者を施設に入所させる決定は，実質的に地域の支出の増加になる。その決定が，防止対策の下で何らかの監督や手続きにしたがってなされるものであり，もっぱらソーシャルワーカーの個人裁量に基づいてなされるものではないことを知る権利がコミュニティにはあるように捉えられている。Levy が述べているように，「スタッフメンバーが活用できる組織の資金や備品，その他の資源は，個人の資産ではない。それはコミュニティが信託した資産である」（Levy 1982:51）。コミュニティに対する説明責任もまた，

機関のクライエントがコミュニティの成員であるという事実を根拠に求められるものである。コミュニティにおける特定のプログラムやニーズ規定の資格要件に関する方針設定は，住民を機関に直結させるものである。だからこそソーシャルワークはソーシャルワーク・スーパービジョンを通して，説明責任を求められているという点で，コミュニティからの大きなプレッシャーと直面することになる。

　機関がクライエントを支援するために活用する財源や資源だけでなく，機関が実施する方針が機関以外のところで定められることもよくある。公共社会福祉機関の方針は，公共福祉役員会や委員会のような政治団体によって付与されることが多い。機関はこれらの政治的実体に対して，その方針を正しく実施する責任がある。この状況はまた，機関内のスタッフの活動に関する説明責任という1つの体系が組織に対するプレッシャーを生み出すことになる。

　外部の発言に基づいて作成された機関の方針は，サービスの提供や購入に公的および民間の基金が使われたという事実によって正当化される。が，それだけでなく，福祉機関がコミュニティに危険をもたらす課題にかかわっているという事実によっても正当化される。そのような意味から，コミュニティは，これらの状況に，強い既得権があるということである。精神疾患，犯罪，依存症関係，差別，そして家庭崩壊は，社会にとって殊に財政的負担の大きい，観念的な脅威を与える。これらの問題については，社会のもつ価値や観念的な関与を具現化した対応が求められる。それらの問題は，家族構造，法の順守，性的道徳観，職業倫理，そして人種問題など，慎重に扱う領域である。コミュニティや法人は，社会の方針を明確に表現して契約を管理し，そのような状況への対処方法について提示することが求められる。ソーシャルワークの領域の機関がコミュニティに財政面だけでなく観念上の危険をこうむらせるような問題に関与するという事実がまた，機関の方針に対する外部のコントロールや内部での業務の自律性のコントロールにつながっているのである。住民は，公共政策に影響を及ぼしうる議論の余地のある案件に関して機関がある種の決定を下すことに心配をするが，一方で，ヘルスケアに関する改革が法的に採択されたという事実は，住民にとって，民間セクターがある種の方針決定をすることに対しても同じように心配をしていたという確たる証拠となる。

　専門職の自律の程度は，その専門職の目的や知識，スキルに関して全体的合意が得られているか，機能できているかによって認識される。コミュニティにおいて，ある専門職の自律性が認識されていなければ，その規定やスーパービジョンに対す

るコミュニティの住民たちの理解は得られないだろう。医療は20世紀に自己規制の「黄金時代」を迎えたがそれ以降，たとえば，医師や医事審議会に付与された自律性の一部は，マネジド・ケアの財源力や法的に専門職規制が効力を発動したことで撤退することになったのである（Ameringer 1996）。ソーシャルワークに付与された自律性にも，類似性や矛盾があることは明らかであった。多くの州で有資格臨床ソーシャルワーカーに付与された職業的自律性は，医師の享受した自律性に比肩しうるものであり(Harkness 2010)，この流れは今後も続くだろう。これについては，おそらくソーシャルワーカーの場合，「専門的知識」（Rosen 1994; Rosen et al. 1995）にではなく，個人的な「経験」や「専門職の価値や信念，そしてクライエントの共感的理解」（McLaughlin, Rothery, Babins-Waggner & Schleifer 2010:155）に基づき業務判断を下す傾向があるということがその理由として考えられる。スーパービジョンはソーシャルワーク審査委員会が市民を保護するために用いる規制手段の1つであり，事態が悪化する前に，あるいは悪化した後に専門職の自律性が制限もしくは撤回されたのである（Boland-Prom 2009; Reamer 2003）。これが，ソーシャルワーク・スーパービジョンそのものの規制を強化することになった（2010年5月12日，Kathleen Hoffmanとの個人的会話）。ある職能団体の専門性については，社会からの要請を効果的に実施するものであるとして，コミュニティが認めた場合，信任するという言葉が，自律性の付与には必要な前提条件となる。信頼が失われると，自律性もやがては失われるものである。

　研究調査によると，ソーシャルワークのような専門職が，異質の地域住民とともに拡散した曖昧な目標の達成に向け，不確実でかつ予測不可能なコンテキストのなかで，多様な業務を行うとき，方針決定の分散が生じ，スタッフの自律性がますます必要になるとの示唆がある（Dornbusch & Scott 1975:76-87; Rothman 1974:152-157）。これらの結論は，手続きの成文化や行動基準規則の制定，業務遂行の定式化が困難な官僚的でない構造そのものについての論理的議論の結果である。また，これらの結論は，労苦の少ないスーパービジョン体制について議論しているようにも思われる。しかし，同じ考察から正反対のニーズを推論することもできる。目標が明らかでないとき，物事の進め方が不確かであるとき，介入効果が予測不可能であるとき，また失敗するリスクも大きいとき，スタッフにとって，方針決定の責任を共有し，指示を与え，そしてサポートをしてくれる管理的代表者が必要であり，また，それを求めているのである。その結果，その専門職が業務を遂行するための

条件として，スーパービジョンを担当する幹部がいることが望ましいのかどうかの議論がなされる。

　社会福祉の機関の活動は，定型でなく，標準化もされず，予測もできないが，高度に個別化された特徴をもつがゆえに，どんなに優れた報告書類からも，ソーシャルワーカーの活動に関する重要な情報を収集することはできないのである。結果的に，ソーシャルワーカーの機能や活動の特質から，管理部門は他の経路を使って情報を収集せざるを得ないのである。スーパーバイザーとスーパーバイジーとの話し合いはその1つの経路である。この情報を収集するための個別の，集中的な，柔軟性のある経路の必要性は，ソーシャルワーク・スーパービジョンの価値をさらに際立たせることになる。

　多くの専門職は，業務を公けに遂行し，その業務の評価も公けに委ねるが，ソーシャルワーカーたちもまた，めったに直接観察されることのない条件の下で，その機能を遂行するだろう。医師や歯科医のような他の専門職の場合も，個人開業で機能を遂行するが，その業務の成果は，ソーシャルワークに比べて，より客観的で，しかも観察可能なものである。ソーシャルワーカーは面接を個人開業で行うが，出会いのプライバシーに立ち入るものとして観察を許さず，彼らの実践の直接の観察は効果的なソーシャルワーカーとクライエントの相互作用を妨害するものであると主張する。これこそがソーシャルワークの本質であり，ソーシャルワーカーが行った業務内容を点検するスーパービジョンシステムがなければ，クライエントがダメージを受けるかもしれない実践から効果的な保護もされず置き去りにされるだろう。

　ソーシャルワークの分配システムはさらに2つの側面からスーパービジョンを必要としている。機関はソーシャルワーカーにクライエントという集合体を提供する。その結果クライエントたちは機関の「人質」になりかねない。医師や弁護士といった専門職の個人開業者は，専門的技術の不手際や非効率，そして時代遅れがクライエントの減少を招き，収入の悪化という代償を払うことになる。ソーシャルワーカーの業務は，機関がクライエントを準備するので，自分の業務の検証・修正を求められるような規定違反と向き合うこともない。さらに，クライエントは学校や裁判所といった社会統制機関の命令によって不本意に機関サービスを利用することが多い。そのような公けの命令がないにしても，状況に伴う義務はクライエントの選択の自由を否定するものである。すなわち，その義務は，食糧やシェルター，また

は医療などの機関サービスを利用するためのクライエントのニーズを決定するかもしれない。サービスは機関に事実上の独占を認めたものである。このようなクライエントの裁量権を制限するコンテキストでは，ソーシャルワーカーはクライエントの利害関係に対する無関心さを許容することになる。担当ケース数が許容量を超えて慢性的なプレッシャーがあったとしても，クライエントを失って損をしたとは感じないかもしれない。組織は，自由市場においてクライエント群を獲得しなければならないのに比べて，福祉機関はクライエントから利用辞退の評価を受けても，あまり影響を受けずにきた。クライエントに機関利用を強制するのは，ニーズを供給してクライエントを保護することを目的としているのであり，クライエントがサービスに満足しなければその機関利用をやめるという選択肢があることを考慮したものではない。

　コミュニティが供給しうる資源を利用すること，機関外の公的機関が制定した方針を遂行すること，代替オプションをもたないクライエントのために非公式に課題を遂行すること，客観的な識別や評価の難しい成果に関与していること，これらをソーシャルワーカーが実施していることは事実である。しかし，スーパービジョンでは，説明責任のチェックやコントロール，クライエント保護は本当に必要なのだろうか。ここにとりあげた条件のすべてがソーシャルワークを正確に描写しているとしても，スーパービジョンを必要とする理由としてはまだ十分ではない。専門職のソーシャルワーカーであれば，クライエントの擁護に個別に関心をもち，明らかに責任ある態度で，機関方針の遂行に期待してよいだろう。ソーシャルワーカーが自律的に業務をすることにより，自分自身のためにスーパービジョンをコントロールする権限をもつことになる。しかし，自律的に仕事をするソーシャルワーカーが，セルフスーパービジョンを行い，機関方針を忠実に守り，クライエントのニーズを擁護することを保証することだけで，ソーシャルワークという専門性の条件を満たしていると考えてよいのだろうか。これらの条件には，広範囲の専門職教育や遂行すべき業務への強い関心，これらの業務が最終的にめざす目的に対する責務，そしてこれらの目標の特質と正当性を強化するために機関が定期的に行う意識教育などが含まれている(Kaufman 1960)。これらの条件がソーシャルワーカーを社会化し，個人的選択や職業的良心を専門職が要件として，また行為として実行することになる。ソーシャルワーク機関のスタッフは，今も昔もこれらの条件を満たすように努力してきた。これらの条件が整っていない場合，スーパービジョンによる管理シス

テムを構築するようにプレッシャーが加わり，職業上望ましいとされる規範に則った業務遂行が保証されるのである。

　専門職の募集，人選，教育のプロセスから，スーパービジョンシステムが専門職の確立に影響を与えていることが分かる。職業選定が慎重に行われ，トレーニングのプログラムが長期的に行われるのなら，労を要する管理的手続きはそれほど必要ないだろう。別の可能性をも念入りに評価して，特定の専門職を慎重に選択したならその応募者は，当然その職業にコミットメントする気持ちをもっているだろう。まさに応募と人選のプロセスとして，専門職育成を目的とする大学院は，この業務を遂行する人々の共通した価値，前提，傾向を保証しうる適性の選定のためのスクリーニングの役割を果たすであろう。ある意味で，このことが，職業トレーニングの経験を通して強化されるものである。

　職業トレーニングは，新人に適格な業務をしてもらうために，知識や技術そして態度を指導するだけでなく，学生が専門職の考え方や職業的な良心を身につけて社会化するのを促すことをその目的とする。専門職の社会化は，長期間の集中的なトレーニング・プログラムにより入念に進められる。どの専門職であれ，スタッフが自律して業務ができるようにトレーニングを行うが，ソーシャルワーカーは外部からの指示と管理がなくても，トレーニングにより内在化された適性と価値に基づく内的目的意識をもって管理に従って行うようになる。スーパーバイザーは，一般人が専門職になるプロセスで内面化され，その結果，外部からスーパービジョンを押しつけられる必要はなくなる。訓練は自己統制となり，説明責任は専門職となった自分自身への説明責任となる。このような強制力はその後も保持され，職能集団に対する強い所属意識により，たとえその人が正式なメンバーでなくとも，集合的に保持されるものである。また，現職中に行われる定期的なトレーニングや会議，話し合い，そして専門職雑誌などを通しても保持されるものである。

　こうしたことは，ソーシャルワーカーたちの大半が入職する際の特徴的な状況とはかなり異なるものである。それは，ソーシャルワーカーの多くが，一生の仕事としてソーシャルワークに全力を尽くそうと考えて入職したのではなく，しばしば他にもっと魅力のある選択肢がなかったことから限定的に関与することだけを決心したものである。ソーシャルワークに関する事前知識がないままに，この職業，またはその目標，基準や価値などにしっかりとしたアイデンティティもなく，また強い関心ももたずに，多くのスタッフはこの仕事に就くのである。アイデンティティは

長期的な専門職トレーニング中に育成される。有資格の，おそらく強い関心をもっていたと思われるソーシャルワーカーたちのなかでさえ，5％近くが離職して他の職業に就くことを考える。離職を計画する年齢はほぼ26歳から34歳で，最終学歴である BSW のソーシャルワーク学位をもち，いわゆるキャリアの開始段階にいる人たちである（Whitaker et al. 2006a）。

「ソーシャルワーカー」と呼ばれる人のうち，職業人として社会的活動に参加し，ソーシャルワークの専門学校でトレーニングを受けたのは何人か，そして活動していない人とトレーニングを受けていない人は何人なのかについては，推測するしかない（Wermeling 2009）。Bureau of Labor Statistics（労働統計局）による報告では，2010年の労働人口のうち64万2000人がソーシャルワーカーであった。そのうち56％は，ソーシャルワーク教育後に採用された者，そして，ソーシャルワーク委員会の受験者，または資格取得者だったが，多くの州では，公的機関とそれ以外の事業施設のために，重要な資格免除の要件が明文化されている（2010年5月24日，Dwight Hymens との私的な交流にて）。

したがって，スーパービジョンは，2つの異なるスタッフを対象に行われる。十分な吟味と考慮の結果，ソーシャルワーク職をキャリアとして選択したソーシャルワーカーたちがいる。特に努力とお金を長期にわたる職業教育プログラムに注ぎ込み，ソーシャルワーク業務を遂行するための入門的な専門性を習得し，ソーシャルワーク専門職に深いコミットメントをしてきた人たちである。他方，ソーシャルワーカーたちのほぼ半数ないしはそれ以上は，たまたま空きがあったからという理由で運よく仕事に就いたのである。しばしば，大規模な公的福祉機関をとりあげて考えると，それ以前にソーシャルワークの現場に身を置いた経験がなく，キャリアとして真剣に検討したこともなく，仕事についての教育やトレーニングをまったく（あったとしてもわずかしか）受けたこともなく，当然，ソーシャルワークに対する帰属意識の薄い，関心もほとんどない人たちである。この第2のグループは当然のことながらかなり多様であり，労働人口における何百万というヒューマンサービス従事者の下位集団を形成している（Light 2003; Patti 2009）。このように，機関はこれまでと同様，これからも新規採用者を獲得し，トレーニングを実施し，そして社会化の訓練をしていかなければならない。コミットメントが希薄であり，それ以前に経験のなかった新規採用者の側の人たちを，ソーシャルワークの使命をもち，強くコミットメントできるように社会化に向けて育てるために，スーパービジョン

の職務に就く者は教育的そして管理的スーパービジョンの機能を果たすべく任命されてきたのである。

　機関側として，スーパービジョンにおける組織的コントロールが必要とされるのは，専門職側に効果的な組織的コントロールが欠如していることからその緊急性が高い場合である。医師会や弁護士会は，専門職団体への入会と除籍についての決定権をもっている。ソーシャルワークと比較すると，彼らは，専門職の自律性の乱用を制限し，会員を「取り締まり」，専門職の責任ある行動を保証するために法の下での強い権限をもっている。しかし，ソーシャルワークや医学，そして法律分野では，教育や実践において申請者の選別にはそれぞれ異なる方法と基準を適用している（Stoesz et al. 2010）。特に，ソーシャルワーク審査委員会がソーシャルワーカーの業務上の行動やコンピテンスに関する法的効力は，相対的に限定的である。ソーシャルワークは，他の確立されている専門職と比べて，効果的な専門職コントロール機構をもたないことから，機関スーパービジョンのようなコントロールシステムの補てんが必要だとする議論がある。

　スーパービジョンが1つの要素である官僚化は，ソーシャルワーカーという資格をもった大勢の人々へのトレーニングに限界があること，また十分にトレーニングを受けたスタッフにさえも活用できるような知識基盤や技術に限界があることから生じる。ある専門職の知識や技術の向上が専門家として業務を遂行するうえで，自信をもって自ら遭遇する状況に対応できないレベルであれば，ソーシャルワークにおいても同じだが，スーパーバイザーから方針決定の責任を共有するよう求められる傾向が強くなり，スーパーバイジーの業務行動を方向づけるスーパーバイザーからの提案や規則に十分に抵抗できるまでの力がまだ備わっていないといえる。ソーシャルワーカーたちは，自律性に関して積極的にクレームを主張し，それを粘り強く明確にしようと思うなら，自律性を駆使するための能力に自信をもつ必要がある。「セミプロの仕事を管理することは可能である。それは，専門家がコントロールに抵抗するために用いることのできる――知識という――武器をもっていないからである。専門家をして自律性の追求へと駆りたてる原動力には，そのスキルを練習する能力に自信をもち，知識とスキルの専門性を高めるために本来備わっているべき強いコミットメントが必要である」（Simpson & Simpson 1969:198-199）。

　ソーシャルワーク・スーパービジョンの意義を強調するために本書で用いた議論は，あたかも"Theory X"「理論X」の人と組織の行動に関する視点（McGregor

1960）に賛同し，ソーシャルワーク・スーパービジョンはスタッフからクライエントを守るために必要であると主張しているかのような印象を与えたかもしれないが，さらに以下のように，考える必要がある。ソーシャルワークのスーパービジョンは，業務の好ましくない結果を防止し，最小限に抑えるうえで重要な役割を果たしているだけでなく，ソーシャルワーカーにとっても（Mor Barak et al. 2009），クライエントにとっても好ましい成果を達成するうえで意義のある役割を果たしていると主張する一連の研究もあることに留意してほしい（Milne et al. 2008; Milne 2009）。これについてはこの後の章でもとりあげる。

　ソーシャルワーカーが遭遇する問題やその遂行する業務の本質から考えると，支持的スーパービジョンの活用は望ましく，必要でさえある。ソーシャルワーカーは恒常的に感情的負荷の高い状況にかかわっていて，クライエントの利益になるように情動的エネルギーを大いに活用することが求められている。そこで遭遇する問題には，親子間の葛藤，夫婦間の葛藤，病気，死，依存，そして逸脱など……これらは，ソーシャルワーカー自身が自分の人生において何らかの方法で取り組まなければならない問題である。クライエントを援助する主な道具はソーシャルワーカー自身であることから，そこでの援助の失敗は，個人的に自分の失敗として感じてしまうかもしれない。その責任感はすばらしい。利用できる解決策はあるが曖昧で，幸せな解決の可能性には限界がある。罪悪感，不安，失望，フラストレーションなど，リスクは数多くある。またソーシャルワーカーには，サポート，励まし，保証，士気の回復などが必要であるが，支持的スーパービジョンがこのニーズに応えるものである。ソーシャルワークほどこれを必要とする職業は他にはない。

　ソーシャルワークの特性そのものについて議論することが，新規採用者であろうが，豊富に経験を積んだソーシャルワーカーであろうが，スーパービジョンを必要とすることを論じることになる。

　　ソーシャルワークとは，〔中略〕スタッフの人格を道具として用い，人との関係を通して働きかける仕事である。しかし，スキルや経験があっても，誰も，他者との関連性において完全に客観的に自分自身を扱うことはできないといえるだろう。ソーシャルワーカーにとって，その関係から一歩引き下がって，その後にその関係に戻れるようになるには第三者の存在が必要である。そして，そのことがクライエントにとっても助けになるのである。このような主張を受け入れるならば，「すべてのソーシャルワーカーにスーパービジョンは不可欠なものである」というあるソーシャルワーカーのセリフは

理解できる（Parsloe & Stevenson 1978:205）。

要約

　本章ではスーパービジョンの歴史を概観し，ソーシャルワーク・スーパービジョンの定義が多様であることを述べてきた。本書では，スーパーバイザーが間接的サービスを提供するための管理的，教育的，支持的な機能をも包含した管理スタッフの一員であることを明らかにした。

　ソーシャルワークのスーパービジョンは，機関内に立場を確立したソーシャルワーカーが，コミュニティーの決定方針を遂行するために，コミュニティーが供給しうる資源を提供することを可能にするということに，その卓越性をみてきた。しかし，選択肢のないクライエントを援助することは，常にスーパーバイザーからの支持を必要とする，十分にトレーニングを受けていないソーシャルワーカーが，プライバシーの保護を順守し，サービスを提供したとしても，曖昧な成果をもたらすことになるのだということを説明した次第である。

第2章

管理的スーパービジョン
Administrative Supervision

官僚組織

　スーパービジョンには,組織の運営管理という特殊な側面がある。ソーシャルワークのスーパーバイザーのほとんどが,組織という場で働き（NASW Center for Workforce Studies 2004）,雇用契約上の義務を果たしている（Malcomson 1999）。「機関の目標達成に寄与することで方針やルールを遵守する」（Henderson 2009:3）ことは,これらの義務の核心であって,上司に対する義務からするものではない（Hacket 1893）。さらには,ソーシャルワークに従事するためには資格が必要であり（Bibus & Boutte-Queen 2011; Groshong 2009）,スーパーバイザーは「一人ひとりの実践者の業務遂行をコントロールすることに役立つ倫理綱領と資格要件」を遵守する包括的な義務を担う（Vanderst-raeten 2007:625）。ソーシャルワーク審査委員会によって定められたこれらの規約は州ごとに異なるが,実践とスーパービジョンの両方に適用できる（Association of Social Work Boards [ASWB] 2010b）。

　所属機関での勤務と専門職としての実践とを両立させるには負担が伴うが,それはどの専門職にも雇用の際に課せられることである（Blau & Scott 1962; Engel 1969; Hoff 2003）。多くのスタッフが集められ,特定の業務を遂行するための必要なハードウエアが整備されても,グループの目的が効果的達成をめざすのであれば,体系的な協働作業に努力する必要がある。割り当てられた業務を効率的に達成するには,ある程度の期間,体系的・協力的・協調的努力をし続ける必要があり,必然的にその業務を行う正規の組織への発展につながるだろう。Schein（1970:9）は,組織とは,「いくつかの共通する明確な目的や目標の達成にむけて,多くの人々が行う合理的な協働作業であり,作業と機能を分担し,権限と責任のヒエラルキーを活用して,達成されるもの」と規定している。Blaus & Scott（1962:1）はより簡潔に,組織とは「1つの社会的な単位であり,目標を達成するという明確な意図のもとに設立されたもの」と定めている。組織は,意図的に計画され,構造化されることで,組織の目的や目標の達成率を高める。

　官僚制とは,組織のもつ特質の1つである。Charlton（2006:961）は官僚制について,寄生する「ガン」のようなものだと述べているが,ここではこの用語を軽蔑の意を込めて用いるのではなく,独特な組織の形態を示すための記述的かつ中立的

な意で用いることとする。理論上，ある程度の数の人々がそれぞれ業務をして，かつ，組織の共通の目標を達成するために努力をするという意味で，官僚制は最も合理的，効率的で効果的な組織形態である。官僚制については次のような特徴が挙げられる。

1. 組織の部署と部署内のスタッフ同士の「分業」により機能と職務を特定している。
2. 職位が与えられ，相応の責任と権限をもつ人々から成る権力構造のヒエラルキーである。
3. ヒエラルキーのなかで，人々は職位に基づく権限を行使する。
4. スタッフは，人柄や縁故ではなく，組織の目標や個々の技能資格に基づき募集・選定され，配属される。
5. 体系化されたルールや手続きを普遍的に，機械的に適用し，職位に基づき，権利と義務を決定する。
6. すべての組織活動は，目的の達成に寄与すべく意図的かつ合理的に計画される。官僚制は「集団活動を行う合理的組織」として表現されることもある。

　これらは，官僚組織の構造を観念的にみた本質的特徴である。現実には，官僚制の程度に差はあっても，その理念を達成する。結果的には，官僚組織であれば多かれ少なかれ官僚的であるといえる。

　ほとんどの社会機関には，管理的なヒエラルキーのもと特定の業務に従事するスタッフがいる。明確な方針と手続き，役割や責任，機能，これらはすべて特別な目標を達成するために設計されたものである。

　要するに，社会機関は本質的に組織であるだけでなく，ある種の特別な組織，つまり官僚組織という概念に沿ったものなのである。いかなる組織も，とりわけ官僚組織は運営管理が必要である。運営管理とは，組織の目標を実現するためのプロセスをいう。Stein（1965:58）は，「連携と協力に努め，体系化して，組織目標を達成するプロセス」と表現する。高度に分化したヒエラルキーをもつ組織には，最前線で働くスーパーバイザーがいて，現場のスタッフに運営管理上，直接人事責任をもつ。本稿での関心は，現場のスタッフに直接スーパービジョンをするこの最前線にいるスーパーバイザーである。

スーパーバイザーは運営管理の一環に位置づけられ，スタッフに直接かかわりをもつアドミニストレーターである。どちらにおいても機関の方針と手続きに基づき，目標達成を図る義務をもつが，両者の役割は異なるものである。スーパーバイザーは機関のマネジメントに責任をもち，具体的で明確に規定された運営管理の機能を担う。「この機能を効果的に果たすためには，このプロセスに，管理的スーパーバイザーとスーパーバイジーとの互恵的人間関係が必要である」（Henderson 2009:3）。これらの機能は，管理的スーパービジョンの本質である。

職務

スーパーバイザーが管理的スーパービジョンの責任を果たすうえでの職務とは，どのようなものなのだろうか。以下の事項が挙げられる。

1. スタッフの募集と選考
2. スタッフの就任と部署配属
3. スーパービジョンの説明
4. 業務のプランニング
5. 業務配分
6. 業務の委託
7. モニタリング，振り返りと評価の作業
8. 調整作業
9. コミュニケーション機能
10. 擁護者としてのスーパーバイザー
11. 運営管理の緩衝としてのスーパーバイザー
12. 変化をもたらす主体であり，地域リエゾンとしてのスーパーバイザー

スタッフの募集と選考

組織の目標を効果的に達成するためには，個々人の一群からなる集合体を作るこ

とが必要になる（Henderson 2009）。一人ひとりがどのように一緒に働くのだろうか，どのように職務を分担するのだろうか，集合体の他者と作業をどのように調整するのだろうか，については，何らかの合意が得られなければならない。共通の目標に向かい協力・連携して業務をするために一群の人々を活用するには，メンバーの変動性からの影響を制限する必要がある。

　その変動性を制限するためには，組織のメンバーを選考するプロセスが最初のステップになる。スーパーバイザーは，機関で働くソーシャルワーカーの採用を任されているので，その機関にうまく「適応する」者を選ぶように努める。この職務は，応募者を選定することであるが，その基準は，業務をするための価値や知識，技術を有していること，性格や態度，精神的成熟度をもち，職場の皆にとって違和感もなく，組織目標の達成を受け入れていることである。また，スーパーバイザーは意図せぬ差別が発生しないように，職場での積極的な差別是正措置と雇用機会均等という連邦法のコンプライアンスに則って募集や採用にあたらなければならない。遵守すべき法とは，1935年のSocial Security Act（社会保障法），1938年のFair Labor Standards Act（公正労働基準法），1962年のEqual Pay Act（同一賃金法），1964年のTitle VII of Civil Rights Act（公民権法第7編），1967年のAge Discrimination in Employment Act（年齢による雇用関係差別禁止法），1972年のEqual Employment Opportunity Act（雇用機会均等法），1990年のAmerican Disabilities Act（障害をもつアメリカ人法），1991年のCivil Rights Act（公民権法）などである（Pecora 2009; Strom-Gottfried 2006）。U.S. Department of Labor（アメリカ合衆国労働省）が単独で運用する雇用法だけでも25にものぼる。Henderson（2009）はスーパーバイザーに，U.S. Department of Labor のウェブサイト（www.dol. gov/elaws）を確認するよう勧めている。

　他の職業においては，長期教育と資格取得のプロセスを通してその業務に適性のない応募者を選別する仕組みができているが，ソーシャルワークの教育と資格においては，スーパービジョンをする立場は多くあるが，そこに雇うソーシャルワーカーにはその要件を求めていない（Zlotnik 2006）。そのうえ，ソーシャルワークのライセンスについては，ほとんどの州では少なくともソーシャルワーク学士号を要件とするが，なかにはソーシャルワーク教育を受けずにソーシャルワーク実践をするためのライセンスを与える例外規定をもつ州もある（Dwight Hymansとの私的通信にて，2010年5月24日）。この種のライセンスは，その保持者がもつ業務のためのソーシャ

ルワークの価値や倫理，知識や技術を保証するものではないかもしれない。与えられた業務の質が応募者にとってあまりにも曖昧なため，多くは，その業務をしたいのかどうかを決心することさえできない。スーパーバイザーは，運営管理に関するゲートキーパーとして，ソーシャルワークやサービス担当のスタッフを選考するうえで重要な機能を果たすといえる。

　サービス担当者と直にかかわるスーパーバイザーは，スタッフを追加採用することが必要かどうかを見極めるうえで，最適な立場にいる。それは，スタッフの離職と転職を予測できるからである。再度言うが，機関におけるスーパーバイザーの立場が，スタッフの募集と採用において管理的責任を喚起させるものだからである。

　人事募集と選考には，業務への配属を含めるため，それを行うには専門性が求められる。スーパーバイザーはその業務をするうえで必要な方法，態度や技術，知識などの詳細を把握するに最適な立場にいる。そこで，スーパーバイザーは，作業グループを立ち上げ職務の詳細について試行し，精査してから現在募集を提案している部署について，機関の運営部門にアドバイスすべきである。その作業グループでは，日々の業務に関する最も詳細な知識が蓄積され，このプロセスに参加することにより人間関係が深められ，業務に対する満足感が高められうると考える（Pecora 2009）。

　スーパーバイザーは，業務内容を熟知している関係上，スタッフの募集基準と手続きを整理し，応募者の選考と面接にかかわっていくべきである。業務内容を明確化し，応募者のストレングスを見極めることに加え，良識のあるスーパーバイザーは彼らのリスクについても適正評価を実施するだろう。ソーシャルワーカーに対する法的制裁に関する最近の全国調査結果に基づき，Boland-Prom（2009:359）は，スーパーバイザーにソーシャルワーク職，「特に子どもに対するサービス」の場合，応募者の「犯罪歴のチェックと指紋採取」を行うよう奨励している。資格委員会が，社会に危険をもたらすかもしれない行動について自力で明らかにすることはできないからである。

　Sarratt（1999）は，危機管理の視点から，雇用前のスクリーニングについて形式的な方針を打ち立て，従うように雇用主に奨励している。そこには(1)「信用調査書」の取得，(2)刑事事件の前科のチェック，(3)応募者の学歴と居住地，および少なくとも過去5年間の職歴，(4)それまでのすべての雇用者や身元保証人と話すことが含まれている。「雇用者が犯すかもしれない最悪の間違いは，面接のプロセスを

急ぐということである。時間をかけること。一人ひとりのスタッフについての素性と犯罪歴を丁寧に調べること。急場しのぎにやってあなたの考えが曇ってはいけない」（Sarratt 1999:13）。

　スーパーバイザーは応募者を絞り込み，調査し，面接して採用を決める。スーパーバイザーは採用のプロセスに貢献するが，これはさまざまな場面におけるスーパービジョンの二次的な運営管理の機能と言えるかもしれない。大きな組織になると，業務に関する規定や人材募集，採用は人事部の範疇になるだろう。人事部が必ずしも最終的な決定をするのではないとしても，スーパーバイザーの意見については，常に慎重な配慮がなされている。

スタッフの就任と部署配属

　応募者の一人の採用が決まると，その新人が配属されたところのスーパーバイザーは，その人の就任と配属の役割を引き受ける。スタッフたちは組織の枠組みのなかで自分の役割を見つけなければならない。誰に報告をするのか（誰が彼らに報告をするのか）を明確に理解することで，スタッフは，機関の対人関係のネットワークという，「見えない地理のなかの特定の位置」を見出すことができる。Charles, Gabor & Matheson（1992:31）が行った新人スタッフのスーパービジョン・ニーズに関する調査では，スーパーバイジーたちが「組織にうまく溶け込む」援助を望んでいたこと，そして一方では，スーパーバイザーたちが「新人が職場において自らが価値ある一員として受け入れられていると感じられるよう，意識的にも継続的な手助けをしていた」ことを明らかにした。スーパーバイザーという，スタッフたちを直接管理する連結者を通して，彼らを組織全体の装置に取り込むことになる。

　そのような配属や同一化のプロセスは，スタッフが機関に就任するときから始まり，スーパーバイザーが管理上の責任をもつ。スーパーバイザーは新人の導入に向けて準備する。事務所マネジャーや人事担当者が必要な情報や書類を新人のときから入手するように促し，そのスタッフの人事情報を点検し，同じ部署の他のスタッフに新人が採用されたことを伝え，任務と机を準備し，機関やその機能についての文書資料を選択し，新人と今後の業務内容について話し合うためのいくつかの課題を選定する。

　部署に就任するということは，物理的，社会的，組織的に新人がその機関に位置づけられることを意味する。最初の経験は，その人の業務への感情を決定づけるの

で，この導入は重要な職務である。新しく雇われたスタッフとのミーティングでは，スーパーバイザーはその者が配属された部署の機能，機関全体の運営方針との関連性，スーパーバイザーと新人との関係，各々の役割と責任（Freeman 1993），その部署での新人と他のスタッフとの関係，そしてスーパービジョンの複合的な目標について話し合う（Harkness & Poertner 1989）。

　職務内容に関する質問は，求人説明会の段階で話し合われていると思われるが，さらに明確にする必要があるかもしれない。たとえば，試用期間，給与，業務契約料金規定，給料日，勤務時間，健康保険，年金プラン，休暇休日，欠勤，残業，病気休暇，出張旅費・全国大会やワークショップへの参加補助方針，インターネットの使用，そして国内および長距離の電話使用などである。駐車場や地元の食事場所，トイレの位置に関する情報の共有も含まれる。スーパーバイザーはドアや机，郵便箱の名札についても手配を怠ってはならない。家族サービス機関で働くあるソーシャルワーカーは，次のように述べている。

> 　スーパーバイザーが私に机を用意してくれたらよかったのに。私が働きはじめたとき，報告書やメモなどを書く場所はどこにもなかった。私のオフィスは椅子であり，書くのはその上だったり，自分の膝であった。私は組織の一員とはみなされていなかった。私がやっていることは折りたたみの机ほどの価値もなく，私の快適さや帰属感などはどうでもいいのだと，いつも感じていた。勤めてから6か月後，私はようやく机を手に入れた。自分の空間を手に入れ，やっと所属しているという実感が湧いてきた。

　スーパーバイザーはスタッフに名刺や必要書類，事務用品の入手方法や，ファックス，コピー機，プリンターの使い方についても伝えておかなければならない。あるスーパーバイザーは次のように述べている。

> 　こうしたことはどれも大したことではないのだけれど，スーパーバイジーたちが，部署の概要を把握することは，5分おきに私にあれこれ質問せずに自分で対応するうえでとても重要なの。でも，重要なのは，これで，彼らが機関に所属する感覚をもつことができるかどうかなの。事務所の運営についての知識をもつことは，自信，コンピテンス，安心，そして自分が組織の一員であるという感覚をもつことにつながると思うのよ。

　新任者は，職場のみならず地域にもなじみがないのであれば，住宅を探すことや子どものケア，医者や歯医者を見つける手助けがほしいとの申し出をすべきであろう。

　スーパーバイザーは，新人を自分の同僚や一緒に働くことになる事務職員，そし

て管理職に個別に紹介する。新しい組織のなかで新人は孤立しがちである。スーパーバイザーは，同じ部署の経験豊富な職員に，新人の日常的な質問に答えたり，手助けや必要に応じたサポートをするように第1週目あたりから依頼する。また，特に最初の週は昼食時に孤立しないことも極めて重要で，どれかのグループに入れるようにして，新人が職場での安心感をもてるようにする。

　スタッフ募集と選考の過程においては，残念なことに，機関という場で組織的な葛藤が生じるか，激化することもある。職場に新人が加わると，職場のメンバー間のヒエラルキーが脅かされて，変化をもたらすことがある。あるメンバーは新人のソーシャルワーカーが入ってくるのを心待ちにしている一方で，人事異動に不安を感じて，よくないことの前兆と見るかもしれない。結果として，何人かのスタッフが新人を取り込もうとするが，他の者たちは無視するかもしれない。さらに第三の集団が守りを固めるかもしれない。

　新人の採用にあたり，スーパーバイザーが作業グループの言動に反応して，過剰に断固とした態度をとると，作業グループへの合流が難しくなり，たやすくできなくなるだろう。その場合，新人が作業グループに馴染めずにいるのなら，最も望ましいスーパービジョンからいえば，それは公平でしかも節度をわきまえた行為であるといえる。Hurlbert（1992）は，スーパーバイザーが「開かれたコミュニケーション」を志向しスタッフをまとめようとすると，問題を悪化させ，組織の業績を弱体化させるかもしれないと述べた。慎重なスーパーバイザーはタイミングを見極めて，スーパーバイザーとしての干渉的でも回避的でもない行動が要請されているかどうかを注意深く検討する。

　新人の就任の際に生じる危険とスーパーバイザーの対応の仕方については，ある入院施設の臨床ソーシャルワーカーが勤務初日の回想に次のように詳述している。

　　スーパーバイザーは初めから私の側の不安に敏感に気づいていたようであった。彼女は初日，15分早く出勤し，入り口で私を出迎えてくれた。私たちは彼女のオフィスに向かい，彼女は私の上着をとり，コーヒーを勧めてくれた。そして今後，私が利用できるように，給湯室に連れて行ってくれた。そこに行くには鍵のかかったドアを2つ通り抜けなければならなかったため，彼女は今日の業務が終わるまでには私が鍵を入手できるかどうかを確認すると約束してくれた（彼女は実際にそうしたし，他の事項についても迅速に対応してくれたことも後で知った。私が質問をすると，彼女がそれに答えるか，あるいはそれを知っている誰かにすぐ電話をかけ尋ねていた）。これら2つの行動により，私は自分が職場のメンバーの一人として受け入れられていると感じたし，それ自体

が受容的でとても安心できるものだった。

新人はスーパービジョンの目的や内容について，ほとんど何も知らないかもしれない。彼らがスーパーバイジーとしての役割を担えるようにするためには少し準備が必要であろう。スーパービジョンを「受ける」側だと考えている新人には，自分が何を期待できるか，より積極的にスーパービジョンに参加するには何をしたらよいかを理解してもらうことが大切である。

スーパービジョンの説明

スーパーバイザーは，スーパービジョンの基本ルールについて説明する必要がある（Dolgoff 2005）。Langs は次のように述べている。

> スーパービジョンの基本ルールには，スーパーバイザーとスーパーバイジーの役割と責任が定められている。領域や行動の許容範囲，スーパービジョンのプロセス，スーパーバイジーへのサポート，スーパーバイジーがよりよいサポートをスーパーバイザーから受ける方法（たとえば，適切なプロセスノートの準備，定期的にスーパービジョンに参加すること，注意深く耳を傾けること，など），そしてそのほかにもコンテキスト上の考慮事項がある（Langs 1994:60）。

スーパーバイザーはスーパーバイジーに次の事項を伝えるべきである。ソーシャルワーク実践は法律で規制されており，スーパーバイザーは，担当するスーパーバイジーの実践に法的責任を負う立場にある。ソーシャルワーク実践を規制する規則や法律は州によって異なるため，スーパーバイザーは各々，調査や分析を行い，自分が管轄する地域の法に従うことについて積極的な義務をもつ。州が定めるソーシャルワーク免許についても規制されているため，スーパーバイザーはスーパーバイジーにこれらのルールや規制について書かれた文書のコピーを手渡すべきである。このような行為は，スーパーバイジーがスーパービジョンの法的基盤への理解を深めるのに役立つ。そしてこのやりとりはスーパービジョンの記録として文書で残されるべきである（NASW 2003）。専門職の行動規範は常にルールと規制の中核にあるだろう。ソーシャルワーク教育は NASW Code of Ethics（全米ソーシャルワーカー協会倫理綱領）（NASW 2008）に沿っているが，ソーシャルワークのスーパーバイザーにはスーパーバイジーとともに州が定める行動規範を見直すという義務を信託されている。それは，両者がしばしば，内容と影響力において意見を異にしてい

るからである（Caudill 2002）。

　ソーシャルワーク審査委員会が，有資格のソーシャルワーカーに対して職業的行為の専門職行動を左右する州の規約を施行し，守らせる（Boland-Prom 2009; Kurzman 2006）。その一方で，NASW は規約の施行権限を制限している。NASW 会員のみ，つまり少数の有資格ソーシャルワーカーがその権限に従うことになる。

　多くの州では，単独での実践に対する法的要件を満たすまでの間，ソーシャルワーカーがスーパービジョンを受けながら実務に当たることを求めている。また，ソーシャルワークのスーパービジョンについて規制している州も増えている（ASWB 2010b）。スーパーバイザーが適切な資格や経験を有し，必要なトレーニングを受けている旨を証明するのに加え，州によっては，スーパーバイザーとスーパーバイジーが委員会の認可した契約や計画に従ってスーパービジョンを行うことを求めている（ASWB 2010b; Sutter & McPherson 2002）。

　人々を保護する事業では，委員会はスーパーバイザーの業務報告とスーパーバイジーの実績および進捗状況についての評価報告書を定期的に求めることもある。NASW（2003）は以下の項目を提供するスーパービジョン記録の確立と維持を奨励した。

1. 面談で行うスーパービジョンセッションそれぞれの日付と期間
2. 各セッションの概要と焦点，質問と関心，学習目標と進捗状況，提案，社会資源など
3. フォローアッププランとその根拠
4. セッションのキャンセル
5. 連絡をとったすべてのメールや電話のデータとその内容

　スーパーバイジーの資格と損害賠償保険に関する事項は記録に加えられるべき重要な事項で，NASW（2003）もまた，明文化されたスーパービジョン契約やプランを整えるよう推奨している。少なくとも，スーパーバイザー会議の回数や頻度，形式の記録はその代表的なものであり，スーパーバイジーによる直接支援の回数と時間，彼らの行動に関する倫理上または法律上懸念されることを記録するのはもちろんのことである（Falvey & Cohen 2003）。これは，スーパーバイザーがソーシャルワーク実践における委員会の倫理および法的な原則（例：能力，守秘義務，利益相反，ケ

アの継続，書類の整備，二者および複数の人間関係，適正手続き，報告および警告義務，インフォームド・コンセント，自己決定，ケアの基準）を正しく理解し，彼らが行うスーパービジョンの枠組みが倫理的な意思決定や行動に根拠を置くものになることを意図している。もしこの件についてさらに関心がある場合には，Reamer（2003, 2004, 2006）および Bernard & Goodyear（2009）の著作を参照するとよいだろう。

業務のプランニング

　募集・採用を経てソーシャルワーカーが任命され，職場に配置されると，スーパーバイザーは機関の求めることを実行するための計画を練らなければならない。運営管理として全体方針と目標を設定するが，それらは法律上および契約上の第三者としての義務と職責からなる。定められた方針と目標はさらに特定の任務に，最終的には特定の課題に細分化される（一つの部署は業務を一定期間内に終えることができる）。全体の方針に基づく目標は，部署の末端に至るまで徐々に洗練されていき，小さな管理しやすい部署に分割される。ここに，機関の方針と目標を直接サービスというソーシャルワークの課題にわかりやすく言い換えるという，スーパービジョンの最も重要な段階を見ることができる。

　スーパーバイザーは管理運営を担う者として，担当する職員集団が決定から実行までの生産的な業務の流れを維持できるように責任をもつ。現実的にいえば，ここで鍵となるスーパービジョンの管理的責任は「仕事をやり遂げる」あるいは「業務細則を実行する」である。さらにスーパーバイザーは有資格のソーシャルワーカーとして，スーパーバイジーの実践を職務の倫理規定や法律上の職務指針に整合させるという重要な責任を負う。ただしソーシャルワークのスーパーバイザーのうち，上司にソーシャルワークの認定証について報告している者は半数にも満たない（NASW Center for Workforce Studies 2004）のが実際である。

　業務上，担当するクライエント集団にサービスを提供するためには，業務の計画作成と委託が必要である。1つの部署にさまざまな健康上や社会的な問題を抱える300人のクライエントが割り当てられるとする。スーパーバイザーは1人あたり5〜7人程度のスタッフを担当し（Child Welfare League of America 2010; Givelman & Schervish 1997a），各ソーシャルワーカーに業務を割り当て，全体として300人のクライエントに対応できるよう調整する責任がある。スーパーバイザーは人的資源，スタッフ資源，そしてサービス資源を備えている。スーパーバイザーは活用で

きるスタッフ全員をまとめるように業務計画を立て，業務を細分化して振り分け，部署に割り当てられた業務を達成し，職場の使命に貢献するように，スタッフとサービス資源を配分しなければならない。

とはいえ，ケースの配分計画は，機械的で数理的なプロセスではない。すぐれた計画作成には，スーパーバイジーをよく理解し，かつ，そのケースが必要としている活動を熟知していなければならない。さらに，部署の責任となる業務に通じていることは，スタッフが不当な負担や過度の残業をせずに，すべての業務を定められた時間内で終了するためにも必要である。スーパーバイザーには，担当するスタッフが適切に業務を展開するよう計画を立てる能力が求められる。プランニングには，なすべきことを決め，スタッフへの業務の選択的配分と委任をとおして，それをどのように行うのかを決定することが含まれる。プランニングには，業務のスケジュールを立て，優先順位を決めることも必要で，誰がやるのかだけではなく，いつ行うのかも決めなければならない。業務の人的資源の展開においては，スーパーバイザーはスタッフの欠勤や遅刻，休暇，病欠などを観察して，どのような人材であれば与えられた業務をこなすことができるのかについても理解しておかねばならない。したがって，その必要性から，業務のプランニングは，業務配分よりも先行することになる。

部署のスーパーバイザーには，短期的な計画のみならず，長期的な計画を立てる責任も課せられる。長期的な計画においては，機関全体の予算に占める部署の予算を作成することになる。これは，将来的に部署に課せられる業務量を見極めて，それを遂行するのに必要な財政的，技術的，人的な資源を見積もることである。

▍業務配分

部署全体の業務に関するプランを作成した後，スーパーバイザーはそのプランに沿ってそれぞれのスタッフに業務を選定する。業務配分に際して，スーパーバイザーはさまざまな要素を考慮する必要がある。

配分の基準

機関におけるケースまたはグループの配分は，それぞれのスタッフのもたらす能力の限界や長所もさることながら，一般的に，認定資格や経験，関心に基づいて決定される（Hanna 2009; Heppner & Roehlke 1984）。たとえば臨床の現場では，配分の適正さは，ソーシャルワーカーの有する資格や上級の専門的な訓練コースを修了

していることに照らして業務を判断し管理される。したがって，スーパーバイザーはこの責任を遂行するために，個々のスタッフの能力を正確に把握しておかねばならない。それは，あるスタッフにとっての専門知識の有無だけでなく，そのスタッフが臨床現場の要望の複雑さに倫理的にも法律的にもうまく対処できるというレベルを見込むことをも含んでいる（Bogo & Dill 2008）。

業務配分のための選定には，スーパーバイザーが担当するスタッフたちの抱える業務上のプレッシャーが関係してくる。優れた管理者には，資格，役職，給与が同一レベルのスタッフに対して，同等の要求を出すように努めることが求められる。スーパーバイザーは，ケース数，その困難度，新たな業務配分への挑戦を考慮して，それぞれのスタッフの現行の担当件数を考えねばならない。スーパーバイザーは業務負担を公平にするために，新規ケースの配分について話し合うことが必要である。スタッフによってはグループ内であまり業務をしていないとみられ，同僚からよく思われていないと感じることもある。

業務配分の他の基準として，多様性が挙げられる。ある特別な業務，事例，問題に集中しすぎると，多様な業務をこなすことでもたらされるスタッフの満足や自信を打ち消してしまう。この基準については，スタッフの抱負や能力の限界と長所を考え，バランスをとっていかねばならない。スタッフのなかには，高度に集中が必要な業務にうまく対処して，大いに満足している者もいるが，その業務を無意味と感じ，恨んでいる者もいるのである（Coyle-Shapiro 2002）。

スタッフに業務へのモチベーションがあり，専門職としての成長も得られている場合には，業務の多様性とともに挑戦という刺激も必要である。スタッフの能力よりも明らかに低い業務を配分するのは，その逆の場合に比べてあまり望ましくない。もしスタッフが，あるケースにのみ特別な関心がある場合は，できる限り，スタッフの関心を表明する機会を与えるべきである（Latting 1991）。

スタッフの文化的コンピテンスの論議（Constantine 2002; Miville, Rosa & Constantine 2005; Roysircar 2005）や，スタッフとクライエントの適切な組み合わせを，年齢や性別，性的指向，人種，そして民族などの点から検討するという複雑な問題には，繊細な配慮が必要である。簡単に答えは見出せないが，Harbin, Leach, & Eells（2008），Ladany, Friedlander & Nerson（2005），Nilsson, Barazanji, Schale & Bahner（2008），Toldson & Utsey（2008）そして Tsui（2003, 2005）の研究では，この件について深い議論がなされている。

業務配分と担当ケース数の管理には，スケジュール管理がかかわってくる。業務を終わらせるまでの時間枠を理解したうえで，締め切りに間に合うよう業務を分配しなければならない。任された業務を時間内に終わらせることと，法律上必要な実践記録を作成することがプレッシャーとなり（Kagle & Kopels 2008; Reamer 2003），機関は決済や記録を電子化するようになった（Miller & Sim 2004）。

　スタッフ名簿の作成のための勤務時間を生み出す事態が多いということは重大ではあるが，スタッフが退屈でつまらないストレスを抱えることなく（Lloyd, King & Chenoweth 2002），クライエントに効果的にかかわるための時間を十分に確保できるよう，スーパーバイザーは現実的な業務量について経営側と交渉する責任がある。ミーティングやスーパービジョンの話し合い，書類を作成する時間，報告書の締め切り期日などのスケジュール管理は，スタッフに課された業務負担全体と，業務遂行のために与えられた時間を考慮しながら行われるべきである。

　ケースを担当することのスタッフの満足度は，資源をどれくらい利用できるか，スタッフ自身の能力，スーパービジョンによるサポートに影響を受けるが（Juby & Scannapieco 2007），ケース配分について話し合うことでスタッフの主観的な業務負担感は和らげられるかもしれない（Cole, Panchanadeswaran & Daining 2004）。なかには同僚と同じケース数を担当していても，負担が多いと感じるスタッフもいるかもしれない。そのような場合，スーパーバイザーに不満を伝えるのは有益である。それにより，スーパーバイザーはケースの負担を管理する方法について話し合う機会を得られる。全体のケース負担状況が確認されるかもしれない，そして状況が安定していてさほど変化しないケースに関しては，活動を最小にするような判断がなされるかもしれない。そして，さらに集中的な検討が必要なケースが選び出されるだろう。そのようなケースのクライエントは他のケースに比べて脆弱かもしれない，あるいはスタッフが積極的にかかわることにより改善が見込まれるようなクライエントや状況かもしれない。同時に，スーパーバイザーはスタッフに機関としての優先順位を示し，もし時間やエネルギーが限られているのであれば，サービスを受けるべきケースと，時間ができるまで待ってもらっても大丈夫なケースとを明らかにすることができる。

業務配分の手続き

　これは，ある程度は機関の文化，資源，領域，状況の相関関係だといえる。ボランティア機関や公的な福祉機関において，ケース配分手続きを調べた研究では，スー

パーバイザーあるいは他の管理者が「ケースの特性やスタッフの能力や経験などに基づき」ケースを配分するというシステムが最も多かった（Haring 1974:5）。「スタッフが自分たちで定期的な会議を開いたり，インテークの負担を交代制にして業務配分」している機関は，5％のみだった（Haring 1974:4）。かなり多くのスタッフがスーパーバイザーによる業務配分に好意的な反応を示していた。他の場面，たとえば行動科学に基づきヘルスケアを提供する臨床医を雇用しているような場合，業務配分については交渉が基本となっていた。

あるスーパーバイジーは，スーパーバイザーによって配分されたケースについて，次のように記している。

> スーパーバイザーによって配分されたケースと業務は，私自身の好みに応じて選択したものと比べ，私に多くの経験をもたらしてくれたと感じている。私は，もし意のままになるのであれば避けたいと思ってきた状況にたびたび追い込まれた。私は，かなり個人的な成長ができるような環境にいたと思う。自分に合うと思うケースや業務だけを選ぶと，さまざまな問題や人間の多様性に合わせて柔軟に業務をする能力が育たず，停滞してしまう可能性がある。個人の好みは，回避機制や言い訳によく使われる。個人の好みは無条件に無視されたり否定されたりするべきではないが，スーパーバイザーは許可を出す前に，業務配分やケースに対するスタッフの要望を批判的に評価すべきである。それは，クライエントや機関にとって最善の利益であり，単にスタッフにとっての利益ではないということを確認するためである。

ケースや業務の負担を「トップダウン方式」で配分することは対人サービス機関では通例となってきたが（Blosser, Cadet & Downs 2010; Bradley 2008; De La Ronde 2009），スーパーバイザーが単独でケース配分を行う代わりに，部署のスタッフがグループで話し合って配分を行うという方法もある。その場合，ケースの概要が紹介され，スーパーバイザーとスーパーバイジーがともにケース配分を決めていく。これは一見，より民主的な手続きのようにみえるが，ソーシャルワーカーらを対象にした研究によれば，この方法をとるとグループの圧力がスーパーバイザーの権威に取って代わってしまうことが明らかになった。あるスタッフは次のように述べている。「業務配分の会議では，とりあえず民主的な選択をさせてもらえる。でも実際には，意志の強くない人ほど押しつけられることがある……。とはいえ，ソーシャルワーカーは照会ケースを公平に担当し，同僚たちに業務を押しつけてはならないと感じていた（Parsloe & Stevenson 1978:73）。

グループでの配分はスタッフらの時間をかなり費やすことになるが，スーパーバ

イザーがスタッフらの弱点や過度の利己的な要求を補う形で権限を発揮したとき，最高の結果を得ることができた。スタッフらも話し合いによって刺激を受け，全体のケース負担の状況をよく理解し，自分たちが関与する現状を受け入れるようになった。

　ソーシャルワーカーが長く勤められるようにすることは「長年の懸案事項」であり（Lansman 2007:105），「ストレスや燃え尽き症候群，転職などの影響にさらされる」状況にある者には対策がとられなければならない（Stevens 2008:207）。ソーシャルワークが行われている機関を対象にした職業生活の質に関する研究において，Packard（1981）は，ケースの配分へのスタッフの参加は，彼らの業績や業務満足度に影響を及ぼすことを明らかにした。そして，意思決定に加わったと感じているスタッフは，業務に従事し続ける傾向があった（Travis & Mor Barak 2010）。ケースの配分にスタッフの関与を増やすことは考慮されるべきである。

業務配分の問題点

　ケース配分の際には，スーパーバイザーは解決困難な多くの矛盾する問題に直面する。スタッフの希望に応じたいが，スーパーバイザーはすべてのケースにサービスを割り当て（Drake & Washeck 1998），待機リストを確認し（Lindsay & Feigenbaum 1984），あるいはどこか他の機関にクライエントを紹介しなければならない。ある特定のクライエントについて，担当してもよいという者が誰もいない，あるいは皆が担当したくないといった場合でも，スーパーバイザーはそのクライエントにサービスを割り振らなければならない。

　　P嬢は医療ソーシャルワーカーで，小児科病棟に配属されている。子どもたちの多くが障害をもっており，特に施設入所が必要な子どもたちについて心を痛めていた。その病院に勤務し始めて3か月が経過したとき，P嬢は障害をもつ3歳の男の子の担当になり，彼の両親と施設入所について話し合うことになった。両親は施設入所については受け入れているようだった。P嬢はしぶしぶスーパーバイザーにこのケースを担当したくないと伝え，1年前に自分の友だちの子どもが施設に入所したことを話した。P嬢は友だちとその子どもを訪問したが，その施設は気が滅入るようなものだったと話した。

　　スーパーバイザーはその申し出に同意や否定をしたり，職権に訴えてケース配分を指示したりせず，P嬢の気持ちを確認するように努めた。スーパーバイザーは，スタッフには誰でもがまんの限界があり，割り当てられた業務に強いネガティブな感情をもつ場合には担当させるべきではないケースがあるという現実を受け入れたのである。同時に，スタッフががまんの限界を広げるための支援を必要としていることにも気がついた。

P嬢が不愉快に感じるケースの担当をすべて拒むのを認めれば，彼女の成長を阻害しかねない。P嬢とこの状況についての気持ちを話し合うとともに，スーパーバイザーは同様な障害を抱える子どもたちが施設に入所する利点と不利点に関する新たな情報を確認した。そして，スーパーバイザーはP嬢がそこで得た知識を問題としている子どもの両親の状況に応用できるように支援した。

すべてのケースを最も有能で経験豊かなスタッフに担当してもらいたいというスーパーバイザーの希望と，公平にケース配分をする必要性との間には，さらなる葛藤がある。同様に，クライエントをそれぞれ最適なスタッフに割り振りたいという思いと，新人で未熟なスタッフに業務を覚えてもらわなければならないことに葛藤がある (Stevens 2008)。これらは評価の難しい問題であり，決定することは高い賭けをするようなものだ。

スーパーバイザーにとってより包括的なケース配分の問題は，ケースを自分の機関で割り振るのと他機関に紹介するのとでは，どちらが適切かを判断することにある。これは機関や部署，スタッフにケースを課す際に，より調和のとれた状況でサービスを提供するのか，あるいは他の経験者に任せるのかというゲートキーパーとしての機能の発揮である。業務配分の際には，スーパーバイザーはどれくらいの指示を出し，どの程度の裁量を許可するのかを決めなければならないという課題もある。これは，スーパービジョンのもう一つの主要な機能に直接かかわるもので，「業務の委託」という問題である。

▎業務の委託

業務配分の場合，スーパーバイザーは（先述した基準を用いて）業務選択における問題を取り扱うだけでなく，その業務を行ううえで必要な行動についてどれくらい明確に指示をしたらよいのかも考えねばならない。業務配分では，達成すべき業務を示す。業務を委託する場合は，その達成方法を示す。スタッフの自律性および裁量を最大限に尊重した配分が行われる場合には，業務配分の目標を明らかに提示しなければならない。そのうえでスタッフは，いつでも目標の達成に必要と思われる行動をとることを許される。ただし一般的には，ソーシャルワークサービスに支払う第三者機関が支払者権限を行使して，サービスの質や範囲の委託，あるいは賠償についてあらかじめ定めている。

伝統的なソーシャルワークサービスについては，「実践の具体的な基準やスーパー

ビジョンの基準が設けられたことで，実践活動の効果とスーパービジョンの効果をそれぞれ具体的に明らかにすることへの期待が強まってきた」(Munson 2004:86)。たとえば，精神疾患の診断において，臨床スーパーバイザーにはケアの基準に沿ったソーシャルワークが実践されているかどうかを確認する義務があり（Harkness 2010)，スタッフに対するスーパービジョンの自由度は制限されている。さらにソーシャルワーク実践に対する倫理的かつ法的な挑戦がおびただしく増えたことで（例／児童虐待の疑い)，スーパーバイジーがこの倫理的かつ法的な要請に応じられるよう，スーパーバイザーの指導的な働きかけが求められている。このように自律性が制限された条件の下では，スタッフは事前に了承を得た場合にのみ行動し，エビデンスに基づく計画案に沿って実践を行い，あるいは単に何をするかを告げるかたちの職権を委ねられることになるだろう。ある経験豊富なスーパーバイザーは次のような例を挙げている。

　私はある時期，とても聡明で有能なスーパーバイジーを担当した。彼女は仮釈放者や保護観察対象者，通勤刑服役者（受刑者に平日の昼間，通常の勤務につくことを認め，夜間と週末のみ刑務所で過ごすことを命ずる形）に対して，民間営利団体でソーシャルワークのサービスを提供していた。この団体は嗜癖や精神疾患の経歴のある多くの人を「第二のチャンス」のある労働者として，訓練を施し，支援し，彼らを雇い入れていた。
　彼女のクライエントのなかに就学前の子どもたちのいる若い女性がいた。その女性は女児1人，男児1人，そして友人の男性と同居していた。その男性は仮釈放中で，アルコール依存と児童虐待，そして家庭内暴力という前歴があった。スーパーバイジーは週1度のミーティングで，クライエントが職場で定期的に実施されている（薬物の）尿検査に不合格になり，アセスメントが行われることになったと説明した。若い女性のクライエントの目には青アザがあり，男友だちから暴力を受けた後に（薬物使用が）再発したことを報告した。スーパーバイジーは子どものことを心配し，児童保護局へ報告することを望んだ。問題の男性は現在，メチルアルコールの買人かつ依存症で，子どもたちは家にいてクライエントへの暴力を目撃していたのだ。しかし，スーパーバイジーが子どもたちへの心配と児童保護局への報告について話すと，クライエントは激しく泣きじゃくり，児童保護局への通報はやめてほしいと懇願した。スーパーバイジーはクライエントの感情に圧倒され，その嘆願を黙認し，何があったかを誰にも言わないと同意してしまった。その後，スーパーバイジーが最終的に，何が起きたのかを私におずおずと報告するまで，さらに数日を要した。事例の細部に言及するまでもなく，クライエントの子どもたちの安全を気づかう法定の通報義務者としてスーパーバイジーは何をすべきかを示す良い例である。

法的な義務に従ったり，エビデンスに基づくスーパービジョンを行ったりするときであっても（Milne 2009），業務の委託にはさまざまな手続きがあり，自律性の許容範囲を調整できる。業務がどのようになされるべきか，はっきりとした詳細な指示を出すことも，一般的な指示を出すのみで担当者に多くの裁量を与えることも可能である。担当者とどのように業務を行うかを話し合うことも，総体的な目標と時間制限以外に特別な縛りがない業務については担当者任せにすることもできる。スーパーバイザーは直接委託した業務について「もし……すれば役立つかもしれない」「……だったら望ましいかも」というようなアドバイスや提案をする傾向がある。しかしアドバイスや提案，説得などは，担当者にとって直接的あるいは間接的にも十分とはいえないであろう。そのような場合，明確な指示を出すのはスーパーバイザーの責任である。

　一般に，適切な訓練を受けた，経験豊富なスタッフには，担当の業務を実施する際の細部に関する裁量の自由があるといえる。スーパーバイザーは，彼らが担当する業務の履行についてほとんど責任をもたないようだ。ただしあまり訓練を受けておらず，未熟なスタッフに対して，スーパーバイザーはより明確な管理上の責任を負わなければならない。

　スタッフを意思決定に巻き込むことがスーパーバイザーの作業チームづくりに役立つように（Gilley et.al 2010），内的な業務満足，モチベーションの強化，生産性の向上は，配分された業務を遂行する際の自律性と関係する傾向がある（De Varo, Lee & Brookshire 2007）。スーパーバイジーはより多くの裁量を与えられると，自分が信用されていて，そして信頼を受けるに足る存在と感じるようだ。結果として，指示するうえで，スーパーバイザーはスタッフが安全に，かつ生産的に業務に取り組めるよう，できる限りの裁量を与えるべきである（Veeder 1990）。可能であればいつでも，スーパーバイザーは手順を定めない形で，どのような結果が求められているのかを教える。ただしスーパーバイザーは必要なときに，業務を配分するだけでなく，もっと指示的に実行する手順を明確に示すことができるように準備しておくべきである。

　一方で，経験豊富なスタッフであっても，業務を遂行する際に指示的なサポートを求める場合があるかもしれない。この機能――クライエントとスーパーバイジーとのかかわりについての分析とプランニング――は，かなり時間がかかる業務としてスーパーバイザーが認識している（Kadushin 1992a）。そのようなプランニングは，

実際は最終打ち合わせのようなものである。割り振られた業務について説明がなされ，目標が明らかにされ，そしてその実施方法について吟味がなされる。

　スタッフに最大限の裁量が与えられている際にも，ソーシャルワークにおけるクライエントの自己決定と最大の利益への倫理的関心からもたらされる制約に気を配る必要がある。加えて資格に由来する役割と義務，ケアの基準の管理，法律の規定，機関の目的や組織の維持という観点からの制約についても配慮しなければならない。業務を行ううえでの自律性とは，規定の範囲内で，定められた目標に向けて裁量権を行使していくことである。

　ときには，業務の委託が割り振られた業務の域を超えることがある。その場合，スーパーバイザーはスーパーバイジーと自分のもつ権限を共有することで，スーパーバイジーが決定を下すことができ，割り振られた業務を行えるようになる。このように業務の責任と行動を起こす権限はスーパーバイジーに委ねられるが，最終分析ではスーパーバイザーがそれを破棄してはならない（Hurlbert 1992）。

　ソーシャルワークの委託は他の管理的な状況とは異なり，その後のコントロールは限定的で，業務のチェックをするのみだという理由で危険をはらんでいる。もしスタッフが何をしているのかが可視化でき，管理的な観察対象となるのであれば，業務が行われている間，委託決定が不適切だとわかったときに，コントロールを適用することは可能になる。ただしソーシャルワークのスーパービジョンでは，不適切な委託状況を改善するために行使できるコントロールはわずかしかない（Boettcher 1998）。Behavioral Health Care（行動ヘルスケア）においては，スーパーバイザーは業務上の問題点を明らかにするためにカルテの監査をするかもしれないが，結果として示された是正に向けた行動の選択肢は，コスト管理の側面から「遅いうえに不十分」と評価されるであろう（Munson 1998a）。スーパーバイザーらは児童福祉現場のスタッフの業績をフィードバックする情報システムについても試してみたが（Moore, Rapp & Roberts 2000），ほとんど使われることはなかった（Collins-Camargo 2007; Shackelford et.al 2007）。つまり，ほとんどのスーパーバイザーがこれまでの方法，スタッフらと密接に連絡をとり，話をするという方法で，業務のチェックをし続けているのである。

　業務の委託は，相互作用がいくつも影響する複雑な事項である。スーパーバイザーやスーパーバイジーの属性，委託された業務の質，組織や第三者機関などの気風が影響する。それらについては本章の後半で少し詳しく触れる。スタッフが自律性を

行使できる裁量権がどれほど与えられるかは，スーパーバイザーの能力と責任を委託する意志によって決まるが，これらもまたさまざまな要因の影響を受けている。業務を委託する際に感じる不安はスーパーバイザーによって異なる。なかには，自分に説明責任があるにもかかわらず，スーパーバイジーの間違いや失敗を引き受けようとしない人もいる。このような消極的な姿勢は自分への自信のなさに由来するかもしれないし，自らのスーパーバイザーとの不安に満ちた関係から来ているのかもしれない。自分のスーパーバイジーがより自律的に業務ができるようになることを奨めたがらない人もいれば，スーパーバイジーの業務の判断をコントロールすることで依存状態を継続して満足する人もいるかもしれない。なかには実践に直接かかわることで満足を得る人もいる。スーパーバイジーの業務に積極的な指示を出すことで，スタッフとクライエントの関係に関与しているという感覚を覚えるのである。権威主義で，コントロール志向の強いスーパーバイザーは，民主的で平等主義の人と比べると，業務の委託に消極的である。上昇志向が強く管理者を喜ばせようと心を砕くスーパーバイザーは，そのような内面的なプレッシャーを感じない人と比べ，あまり責任の委託をしない傾向がある。つまり「スーパーバイザーが効果的に委託を行う能力は，自分自身の業務や部下，上司，そして自分自身にどのようにかかわっているかによる」(Bishop 1969:112)。

　業務の委託を決定づける他の要因は，スーパーバイザーよりむしろスタッフにある。スーパーバイザーはある時点でスタッフが自律的にかつ確実に業務を行うことはできないと感じとり，委託をためらうかもしれない。一方，スタッフのほうでも成功して賞賛されるのと同様，失敗したときの批難も受け入れなければならないため，責任を引き受けることに対して相反する感情をもつかもしれない。スーパーバイザーはスタッフが業務の責任を引き受けるのをためらったり嫌がったりするのをみて，委託するのをやめるかもしれない。業務の委託に関しては，スタッフの責任を引き受ける意思とスーパーバイザーとして責任を授ける心積もりとが相互に影響し合っているのだ。

　業務遂行の能力に自信がないスーパーバイジーは，自信がある者に比べ，スーパーバイザーに多くの指導と詳細な委託内容を求めるだろう。自律心が強く，失敗のリスクに対しても覚悟があり，組織に多くを求めないスーパーバイジーは，スーパーバイザーによりゆるやかな形での業務委託を求める。明確な取り決めや構造のない曖昧な状況に耐えうる能力はスタッフによって異なる。

そのほかの委託に影響する要因には，業務状況そのものに関連したものがある。可視性が高く，微妙な公共政策の論点になっていたり，あるいは有力な個人や組織に影響する場合は，やっかいなことになり，失敗への法的な責任が強調されるため，委託へのためらいが強まるであろう。

傷つきやすいクライエントの場合（例／虐待やネグレクトに曝されている子ども），希少な資源（例／巨額の公的資金やスタッフの長時間の関与）の投入にかかわる決定を行う場合，あるいはスタッフの判断ミスがクライエントに深刻な結果をもたらした場合には，委託された裁量の縮小が命じられることもある（Reamer 2004, Wimptheimer, Klein & Kramer 1993）。

業務の複雑さと完了までの時間がもたらすプレッシャーもまた，業務の委託に影響を与えている。複雑な業務になればなるほど，委託の際にはより詳細な指示が求められるだろう。時間の制約がある場合には失敗は許されず，試しにやってみることもできないので，誤った業務開始をして結果的にスーパーバイザーの管理を強めることになる。

そのほか，スーパーバイザーの意思と委託への覚悟に影響する要因としては，組織運営管理者の存在がある。もしスタッフがミスをしても，組織運営管理者がスーパーバイザーを激しく叱責するのではなくサポートしてくれるという思いがあれば，スーパーバイザーは責任の委託がしやすくなる。もし組織が活動についてのグループや第三者機関に対する詳細な説明責任を強く求められる場合，スーパーバイザーには業務を委託する際に強いプレッシャーがかかり，委託の範囲を明確にするためにスタッフの裁量を制限することになるだろう。法に規定されたサービスの支給やマネジドケア体制下では，スーパーバイザーは業務の委託に際して裁量の余地をほとんどもたないのである。

現場で他の領域の専門職とともに業務をするときにも委託へのためらいが大きくなる。学校や病院，精神科クリニックでは，スーパーバイザーはスーパーバイジーが他の専門職から細かく観察されているという申し立てに敏感になる。スーパーバイザーは受け入れ現場において，ソーシャルワークの位置づけと特権について他の専門職に理解してもらえるよう努めなければならない。このような現場における業務委託は，ソーシャルワーカーだけの現場と比べて不明瞭になる。

要約すると，業務の委託に関する決定と業務を実行するときにスタッフに与えられる裁量のバランスは，次のような要因によって決定されよう。先進性，業務の複

雑さ、スタッフの技術と関心のレベル、ケースの内容と数を考慮したスタッフの負担、クライエントの脆弱性とリスク、繊細な問題の内容、ミスが発生する見通し、スーパーバイザーとスーパーバイジーがリスクを負うことへの覚悟、管理上の失敗に対する組織運営上の罰則などである。

業務のモニタリング、点検、評価

　この時点で、管理的スーパービジョン過程は、もう1つの職務に移る。スーパーバイザーは適正な判断基準により配分した業務を委託し、決められた時間内で行われているか、機関手続きに従う方法で業務が行われているかどうかをモニタリングする責任を負う。

　ある州で、公的な福祉機関で働くスーパーバイザー20名を対象に聴きとり調査が行われた。その調査において、スーパーバイザーの主要な役割はスタッフの働きぶりをモニタリングすることであると答えた者が55％を占めた（Weatherly 1980）。Noble & Irwin は「ソーシャルワーク分野はより保守的で財政的に制限された環境に対処しなければならないので、スーパービジョンは以前に比べ、効率性、説明責任、業務遂行を重視するようになってきた」と述べている（2009:345）。モニタリングには、スタッフからの口頭による報告や、記録を読むこと、統計的報告の点検などが含まれる。業務遂行のモニタリングや点検の目的は、最低限、クライエントに危害が及んでいないかを確認することである。ただし、それ以外にも肯定的なフィードバックや言語的承認を共有することも含まれるかもしれない。業務点検は業務が計画通りに達成されているかどうかの裁定を必要としている。業務点検にはスーパーバイジーが業務量をこなしているかを見る一般的な責任も含まれている。

　この機能には、スタッフとスタッフの業務の両方のモニタリングが必要である。スタッフのモニタリングは、"snoopervision"（訳者注：不正受給に関して snoop（嗅ぎ回る）と、supervision をかけ合わせた造語）を連想させる。Beddoe（2010）が公然と批判するソーシャルワークの管理的アプローチであるが、Noble & Irwin（2009:345）は、「専門性と実践の発展を犠牲にするものである」として懸念を示している。しかし、モニタリング業務の擁護者は今なお、スタッフに体系的なフィードバックを提供し、援助結果を高めて（Harmon et al. 2007）、カウンセラーの自己効力感を強化するための有益な用法だと信じている（Reese et al. 2009）。さらにモ

ニタリングには，スーパービジョンを通してスタッフに援助関係やクライエントへの実践の成果についてフィードバックできるという利点があることが明示されている（Carlson,Rapp & Eichler 2010, Drake et al., 2010, Reese, Norsworthy & Rowlands 2009）。業績の否定的なフィードバックが，短期的にはスタッフの自己効力感や不安感にマイナスの影響を与えたとしても（Daniels & Larson 2001），体系的なフィードバックはスーパービジョンの礎石とみなされてきている（Cantillon & Sargeant 2008）。それは，スタッフの業務の改善が（Veloski et al. 2006），援助関係（Norcross & Wampold 2011）やクライエントの成果を改善しうるからである（Harmon et al. 2007; Lambert & Shimokawa 2010）。このように，スタッフの業務とクライエントへの成果を体系的にモニタリングすることは，エビデンス重視の実践を維持するうえで中心的な役割を担っている（Carlson, Rapp & Eichler 2010; Drake et al. 2010）。そして，このような考え方は，行政機関のなかで広がりつつある（Lambert & Berlingame 2007）。このような情報システムの費用,煩雑さ,意図しない結果は,ソーシャルサービスの場で支持されるものなのか（Marty et al. 2008; Swain et al. 2010）。そしてモニタリングの技術がもたらす意図しない結果が，マネジド・ケアのなかで，スタッフをバーンアウトさせていないのだろうか，それらは後になってみないとわからない（Acker 2010; Acker 2011; Beddoe 2010）。この点については，第6章，第8章，そして第10章で再度，触れていきたい。

　スーパーバイザーは機関の業務を確実に成し遂げるために，スーパーバイジーの時間とスキルを重要な資源として活用する。スーパーバイジーはある機関のスタッフとして働くことに合意すれば，1日や週のある決められた期間，自分の時間とスキルをその機関に提供することを暗に認めたことになる。したがって，スーパーバイザーは，スーパーバイジーがいつどのような条件で業務に応じられるのかを知っている責任がある。スーパーバイジーの遅刻や欠勤，早退や病欠願い，休暇の予定に関心をもち，急に人が必要となる緊急の残業に対応し，業務を適正に割り振らなければならない。もしスーパーバイザーが最終的な決定権をもたない場合でも，それらの案件に関して断固たる提案の権限をもっている。ただし,スーパーバイザーはスタッフの業務をモニタリングするのにそこまで時間をかけていないのが現実である。スーパーバイザーにとって，スタッフの業務のモニタリングはできれば避けたい，満足度の低い義務的な業務なのである（Kadushin 1992a）。

　遅刻や欠勤があると，スーパーバイザーが活用できる人的資源が減ってしまう。

スーパーバイザーは，これらは常に起こり得ることとして考えておかねばならない。そのうちに，スーパーバイザーはスーパーバイジーの遅刻や欠勤のパターンを見抜いていく。そして，それは避けられることか避けられないことか，管理できることかできないことかを見極める。スーパーバイザーは遅刻や欠勤について，ある程度の言い訳は認めるとしても，スーパーバイジーにはすでに明示されている機関の妥当で正当，公平な方針に従うよう促す。

　管理的スーパービジョンとして業務の分担や委託を責任をもって行うために，スーパーバイザーはサービスの継続性の確保にも配慮する。スタッフは地域社会に対し，職場を代表する存在である。同様に，スーパーバイザーは機関を代表する以上の役割を担う。もし，スタッフが職場を去るような事態が発生したら，スーパーバイザーが介入し，サービスの中断や遅延が多少起るとしても機関としては滞りなくサービス提供を行い，連絡が途切れることがないようにする。もしスタッフが休んだり病気になったりした場合にも，スーパーバイザーは速やかに先方と連絡をとり，業務をいかにカバーするかを考えることになる。

　スーパーバイザーや運営管理の担当者は割り振られた業務が実際に完了したのか（また，機関の方針や手順に則り行われたのか）を確認するのみならず，その業務が最低限，許容されるレベルにあるかどうかについても判断しなければならない。ここでもスーパーバイザーは評価を行う責任がある。スタッフ業務の評価は，運営管理上の行為である。もし機関の効果的な運営を考えるのであれば，スタッフが正しく行っていることだけではなく，間違って行っていることの客観的評価を誰かがスタッフと明確に共有することで，改めるべき行動を指摘する必要がある。

　機関では給与の引き上げや昇格，担当業務の変更などが課題になるが，これらは定期的に行われる正式な評価の場で，かつ合理的な方法で決定されなければならない。評価は管理的スーパービジョンの非常に重要な機能である一方，多くの混乱や困難を引き起こす源でもある。この点は第8章において詳しく考察する。

　モニタリング・点検・評価は管理的スーパービジョンの監査的な側面といえよう。監査的なスーパービジョンが独裁的で過剰なものであったなら，厄介以外の何ものでもない。しかし，それは本質的に望ましくない手続きというわけではない。クライエントに満足のいくサービスを届けるために管理上，必要なものなのである。モニタリング・点検・評価を行う管理的スーパービジョン機能は，サービスが明らかに満足のいくものではないと判断されたときに，スーパーバイザーが速やかに是正

措置をとるということを意味している。

業務の調整

すべての機関目標は処理可能で課題ごとに細分化され，別のユニットに割り振られる。その後，もう一度細分化され，個別のスタッフに割り振られる。組織的な目標が効果的に達成されるためには，すべての分解された業務が調整・統合される必要がある。調整とは，総業務コンテキストのピースを組み立てることである。それは，ひとりのユニットメンバーを他のメンバーと結びつけ，ユニットを他のユニットと結びつけ，ユニットをサポートサービスと結びつけ，この機関のユニットを他の機関の協働ユニットと結びつける。

スーパーバイザーは調整を通じてスタッフ間の関係を構築し，業務遂行における互恵的で支持的，補完的な関係を築き上げる。調整は，機関目標の達成に向けてそれぞれのスタッフの努力を統一していくのである。スタッフやユニットにおける協力は最大化，葛藤は最小化され，より大きな相補性が保証される。

スーパーバイザーは，自分のユニットと機関内の他のユニットとの間を調整・統合するとともに，健康や社会福祉に関する地域のネットワークに属する他の機関との調整・統合も行う。したがって，スーパーバイザーは垂直の階層の地位を占めるだけではなく，同じ階層レベルの他の運営管理を担うユニットと水平の関係を保つことになる。

たとえば，非営利の精神科クリニックの児童サービスユニットのスーパーバイザーは，自らのスーパーバイジーと民間営利プログラムのケース・マネジメントユニットや，公立学校における特別教育プログラム，親向けの課外教育プログラム，地方裁判所から任命された後見人との調整を援助するかもしれない。

また，スーパーバイザーは直接支援サービスを提供する者たちの業務を促進させるために，彼らを支える資源の活性化に努める。スーパーバイザーはスタッフが業務をするのに必要な人的，財政的，物質的資源を活用できるよう調整を試みる（職場の新しいプリンターが他のスタッフのコンピューターとネットワークでつながるようにするなど）。情報テクノロジーの活用，事務的なサポート（正しいインクカートリッジが注文されたかどうか，紙が常にコピーマシンに補充されているかなど），さらには会計業務の担当者と連携（教育的ケーススーパービジョンに用いるデジタルビデオレコーダーの注文に関して許可が下りたか，必要書類は提出されたかを確認するなど）し，スーパー

バイジーの業務をサポートする。また，他と異なる診断やケースプランニングでスーパーバイジーをアシストするために，精神科医のコンサルテーションや心理テストの契約を交わす援助をすることもある。ここでのスーパーバイザーの役割は，スーパーバイジーのために，地域におけるさまざまな機関や社会資源を活用できるようにし，今後の予定が滞らないよう調整することである。

　スーパーバイザーが多数の異なるスタッフの活動を組織化し，調整することにより，彼らの連帯の努力は機関の重要な使命の達成を協力して行うことに向けられる。調整にあたっては，大勢のスタッフたちがそれぞれ機関の目的と目標を同じように理解し受け入れ——少なくとも受け入れたように振る舞い——，自分たちに向けられた期待を理解し，自信をもち，協力しあって業務を行えるようにすることが必要である。そうすることで，それぞれのスタッフは，グループ内の他のスタッフたちとは目的が食い違うことなく一緒に取り組んでいるのだという自信に裏づけられた期待をもって活動することができる。

　またスーパーバイザーには，同じユニット内，あるいは他のユニットとの間で生じた葛藤を調整することも求められる。2人のスタッフ間で同じ業務に関し競いあうかもしれない，あるいは，複雑な問題に共同責任で取り組むようにいわれた場合に，だれが，なにをやるべきかについて意見が食い違うこともあるかもしれない。未婚の母親の担当者は，里親担当の責任である里親たちの調整ができていないことに不満を感じるかもしれない，また家族ケアを担うスタッフは機関の雇用担当や住居担当からの協力をほとんど得ることができていないかもしれない。スーパーバイザーはこのような問題が納得のいく形で解決されるよう，注視する責任がある。そして，機関において調和のとれた業務関係が構築されるよう，内外に対し，積極的に働きかける。もしそれに失敗すれば，組織として成果を上げることが難しくなるであろう（Gilley et al. 2010; Hurbert 1992）。

　また，スーパーバイザーには施設（あるいは設備）を利用できるようにする権限が必要である。力の強い管理者は，施設の割り当てや文章入力者，文書管理者の勤務時間をめぐって力の弱いスーパーバイザーをしばしば抑え込むことがある。機関の組織図上では，スーパーバイザーはかなりの権限を与えられているが，権限はあっても効果的に活用できないともなれば，その人のもとで働くスタッフは業務を効率的にこなすために必要な資源にアクセスできず，不利益を被ることになってしまう。

コミュニケーション機能

　スーパーバイザーは，管理的コミュニケーションの輪のなかで，統合的なつなぎ役として行動する。縦割りの職権構造において，スーパーバイザーは2つの方向と向き合うことになる。階層の上に位置する管理者に向かう方向と，組織においては自分の下に位置するスタッフに向かう方向である。民間を含む小規模な機関であったとしても，スーパーバイザーはこの2つに向き合わなければならない。小さな「上下関係のない」民間団体であれば，内部での管理的コミュニケーションは必要ないかもしれないが（Carzo & Yanouzas 1969），そうであっても常に，スーパーバイザーは上に位置する外部機関とは向き合わなければならない。ソーシャルワーク実践を規制する州委員会や，機関のサービスを契約し支払いをする第三者機関の責任者，第三者機関との契約において法令遵守をモニターする監査役等である。スーパーバイザーは，ソーシャルワーク実践を束ねる指令系統のなかで，上と下から送られてくる情報を集約処理し，発信する「管理的コントロールセンター」として位置づけられる。

　小規模で一つの業務を協力して行うユニットであれば，メンバー全員が顔と顔をつき合わせてコミュニケーションを図ることが可能である。しかし，管理者がスタッフと直接コンタクトをとることのほとんどない大規模かつ複合的な組織では，メッセージが正しく伝達され，理解され，受け入れられるためには他のアプローチが必要になる。公式のコミュニケーションの提供が必要である。そして達成されるべき業務の内容と条件について正確に説明がなされ，明確に規定されることが必要となる。

　コミュニケーションは，情報の流れとフィードバックによってもたらされたつながりを通して，機関業務のより効果的な調整を可能にする。コミュニケーションの量は，社会福祉の領域の機関における多様性の程度によって変わってくる。複合的な組織ではかなりの量のコミュニケーションが必要になる。社会福祉の領域の機関のような組織においては，調整に向けた媒介としてのコミュニケーションは非常に重要である。業務そのものが曖昧で，業務手順を明示することが難しい場合には，特に必要である。管理者はマニュアルや手引に頼るのではなく，メッセージがきちんと理解されているかどうか確認を怠らないことが求められる。

　「ある意味，（組織の）公式の構造は，情報が流れる方向（上下左右），分岐のパター

ンと終点を明らかにする高速道路の標識のようなものである」(Steiner 1977:1980)。スーパーバイザーは高速道路システムにおける重要な監視者の一人であり、ヒエラルキーのなかで、情報を他者に伝えるために、他者から受け取ったこの情報を、集め、整理し、解釈し、評価するのである。

組織的なコミュニケーションのプロセス

　管理者がスタッフに機関の目標や方針、手続きや構造、機関に変化をもたらす情報を流す場合、スタッフの広報担当者であるスーパーバイザーを通して伝えられることになる。「下向きの」組織的コミュニケーションとは、上層部が下の者に望む事項を中間管理職に伝えるということである。

　スタッフから管理者への「上に向かう」メッセージもまた、スーパーバイザーを通して伝えられる。管理者はスーパーバイザーを通し、機関の方針や手続きがどのように受け止められているのか、業務を履行するうえでの成功点や問題点、機関の目的や方針、手続きに対するスタッフたちの率直な感情について把握する。この種の情報は直接サービスに従事する者だけがもっているものだが、運営管理者であれば機関の経営を成功させるために知っておかなければならない情報でもある。しかし、参加方式の対人サービス管理の試みであるにもかかわらず (Pine, Warsh & Mulluccio 1998)、伝統的な設定での指揮命令系統は、スーパーバイザーを通してスタッフから管理者にという、基本的な上方向のコミュニケーションしか存在しない。

　スーパーバイザーにはスーパーバイジーからの適切なコミュニケーションをうながし、彼らの話に耳を傾け、受容する雰囲気をつくりだす責任がある。逆に、スーパーバイザーは、関連する情報についてはスーパーバイジーと共有する心構えがあることを示さなければならない。情報を伝え、質問には十分に応え、間違いは正すつもりであるという意思を示さなければならない。スーパーバイザーは思い込みを捨てるべきである。「スーパーバイジーが知っていると決めつけないで、彼らがどのように感じているかわかっていると決めつけないで、見出しなさい。彼らが理解していると決めつけないで確認しなさい」(United States Civil Service Commission 1955:22)。

　ある大規模な研究によれば、機関における適切かつ効果的なコミュニケーションは、スタッフの満足度を決定づける非常に重要な要因であることが明らかにされている。31か所の機関における職員1600名を対象に行った研究では、「最大の問題は、組織の上層部は通常、スタッフと十分なコミュニケーションがとれていると考える

が，下層部の人たちはそうは思っていないという点である。多くの人たちが，業務を効果的に進めるために必要な情報について，すべてを把握しているわけではないと感じている」（Olmstead & Christensen 1973:13）ことがわかった。

　Gilley et al.（2010）の調査では，さらに管理コミュニケーションのポイントが強調されている。経営学と組織開発を学ぶ全米の大学院生689人に対して行われた調査では，効果的なチームワークが予測される組織内マネジメント行動の範囲について明らかにするよう促された。その結果，スタッフへのコーチングと動機づけ，成長と発達への支援，意志決定に関与することに加えて，効果的なコミュニケーションが重要な能力の1つであることが示された。

　スーパーバイザーの業務にはほぼすべて，コミュニケーションのスキルがかかわってくる。スタッフの就任，業務の振り分けや委託，振り返りと評価，フィードバック，調整などの各場面において，明確で曖昧でないコミュニケーションが求められる。スーパーバイザー―スーパーバイジー間で効果的な意思疎通がなされるためには，そこでのコミュニケーションに意味があり，歪曲されておらず，正確であること，迅速であること，十分に詳細であることが求められる。

　もしスーパーバイザーが管理部からサービススタッフへの直接のコミュニケーションとしての役割を果たすときには，単に情報を機械的に伝える以上の責任を負う。メッセージが理解されたか，受け入れられたか，スタッフがその情報に従い動こうとしているのかについて確認することもスーパーバイザーに課された責任である。

　また効果的なコミュニケーションに向け，管理部からスーパーバイジーへのメッセージをどのように伝えるのがベストかを考えなければならない。スーパーバイザーは，運営管理上の情報を伝えるためのさまざまな方法をとることができる。対面で話す，電話で話す，メモや報告書を渡す，Eメールやテキストメッセージを送付するなどが挙げられる。対面での話し合いは，即座にフィードバックをすることができ，かつ，相手に合わせて話を進めることができる。直接話をすることができるため，より説得力のある形でメッセージを伝えることができる。文章や電話でのメッセージは短く簡潔なものになりがちで，対面に比べ，フィードバックの機会は少なくなる。

　しかし対面，あるいは電話でのコミュニケーションには別の意味での懸念がある。記録がないため，繰り返し読んで確認することができない。また対面や電話の場合，

受け手ごとに何度も同じ話をしなければならないため、時間がかかる。加えて、口頭でのメッセージは伝えられるときに内容が変わってしまう可能性もある。

　文書によるコミュニケーションの場合、スーパーバイザーはより入念になる。文章の吟味が可能だからである。文書の場合、記録として残るため、受け手は都合の良いときに読み返すことができる。同時に複数の受け手にメッセージを届けることもでき、時間の節約にもなる。ただし文書は柔軟性に欠けており、個々の受け手に丁寧に説明したり解釈を加えたりすることはできない。

　Eメールや携帯でのメッセージ送信は、対面、電話、文書によるコミュニケーションの長所と短所を併せもっている。急いでメッセージを送るのには便利だが、言葉では示せないニュアンスや感覚まで伝えることはできない。これらのメッセージは簡単に再送や、他の人に転送することもできる。ただし内容とは別に、急いでメールやメッセージを送ると誤解を招く危険もある。そのほか、公的な機関から送信されたメールやその他の記録は、The Freedom of Information Act（情報公開法）(U.S.Department of Justice 1996) に基づき、一般情報公開の対象になることもある。クライエントを特定する、あるいはクライエントの健康に関する情報を含むネット上のやりとりは、1996年のHealth Insurance Portability and Accountability Act:HIPAA（医療保険の携行性と説明責任に関する法律）の規定に基づき、暗号化が必要な場合もある (U.S.Department of Health and Human Services 2010)。職務を遂行するために用いられたメールやその他の記録の送付、保有、保管については法律で規制されているため、機関の方針や手続きについては定期的に法的なコンサルテーションを受けるべきである。この点に関しては Standards for Technology and Social Work Practice『科学技術とソーシャルワーク実践のための基準』(NASW/ASWB 2005) から読み始めるとよい。

　スーパーバイザーは同じ情報を繰り返し伝えるために、多様な手段を講じることもある。密なコミュニケーションを行うことで、メッセージが歪曲されて伝わる可能性を低減する効果が期待できる。

　職場の人間関係はコミュニケーションに影響を及ぼすため、可能であればスタッフが実際にかかわり合うことができるよう、スーパーバイザーが職員配置を考えるとよい（例／同じ階、連続したオフィスなど）。

組織のコミュニケーションにおける問題点

　先の議論では、管理経路を上下するコミュニケーションの自在な流れに対する障

壁の1つを示す。スーパーバイザーは管理責任がある人たち、あるいは、自分が管理責任を負わなければならない人たちにネガティブな情報を伝えることを気重に感じるであろう。それにより、腹を立てられたり不満をもたれたりすることを恐れるからである。同じように、スーパーバイジーもネガティブな情報をスーパーバイザーに伝えるのは気が進まない。拒否されたり評価を下げられたり、あるいは反応を咎められたりするのを恐れるからである（Bleiweiss 2007）。結果として、サービス提供における不満足や課題を共有するより、むしろコミュニケーションが注意深く制限され、彼らが聞きたいこと、あるいは自分自身のパフォーマンスに関して都合よく考えていることだけを他者に伝えている（Pisani 2005; Pitariu 2007）。最も安全な方法は、あからさまになりすぎない程度に「イエスマン」になり「内に秘める」ことであろう。発言の自由は同意する自由でしかない。このような思考パターンは、スーパーバイザーに認められたい、よい評価を得たいと考えるスーパーバイジーに強く見られる。

　組織におけるコミュニケーションの障壁は、自己防衛と同時に派閥闘争からも生じている（Latting 1991）。スーパーバイジーは自らが関係する同僚やクライエント集団の評判を悪くするような情報の共有を躊躇する（Pine, Warsh & Malluccio 1998）。スーパーバイザーはその後も働き続けねばならない部署に関し、的確ではあるが批判的な評価を管理部局と共有したがらない（Boettcher 1998）。

　情報は力である。「知らなければ害はない」というのは嘘である。効果的に業務を行うために知っておかねばならないことを知らされていないことで、彼らは十分傷つけられている。これらは自由なコミュニケーションに向けてはさらなる障壁があることを示唆している。スーパーバイジーからの情報が、自分に対する依存を増大させると考え、彼らから情報をとることを差し控えようとするかもしれない。情報が自由に流れるのを妨げるこれらの障壁が、本来共有されるべき情報を抑え込んでしまうと、情報伝達における「意図的な強調」と「意図的な省略」が生じやすくなる。コミュニケーションはあるが、伝達者の必要に応じ調整されてしまうことになる。

　機関は漏れなくコミュニケーションの自由な流れの妨害に直面していると考えるのが現実的かもしれない。どんなによい環境にいたとしても、スーパーバイジーが共有しようとする情報に関しては自己防衛的になるというのが現実であろう。しかし、最高のコミュニケーションは望めなくとも、より良いコミュニケーションはと

れるはずである。その点においては，スーパーバイザーがキーパーソンとなる。Olmstead は次のように主張する。

　直属のスーパーバイザーによって作り上げられた環境は，おそらくその人のコミュニケーションに最も重要な影響を及ぼすだろう。スーパーバイジーはスーパーバイザーとともに経験するあらゆる出来事から学んでいく。スーパーバイザーは指示を出し，叱ったり褒めたり，業務を評価し，ミスに対処する。そして，スタッフ会議や他の方法を通じてスーパーバイジーと接触をもつ（あるいは接触を失敗する）。スーパーバイジーは何がしかを学ぶ。彼らは，褒められるあるいは叱られる情報の種類について学び，スーパーバイザーが肯定的，あるいは否定的にみるコミュニケーションの方法を学習する（Olmstead 1973:47）。

　効果的なコミュニケーションに向けて重要となるのは信頼である。スーパーバイジーは自信をもち，スーパーバイザーの動機や誠意を信頼することが必要である（Ramos-Sanchez et al. 2002）。このような姿勢は，スーパーバイザーがコミュニケーションにおいて信頼に足り，言葉と行動が一致したときに培われる。スーパーバイジーはレトリックと現実を見分ける努力をしつつ，常に「どのように行動したらよいか」を模索しているのである。

　一般的に機関におけるコミュニケーションは，下から上方向よりも，上から下方向へと広がりやすいのかもしれない。組織階層におけるコミュニケーションではよく，上に向かう情報は何層ものフィルターにかけられ，下に降りてくる情報は拡声器を通ると表現されている。良いニュースは伝わりやすい。悪いニュース，たとえばスタッフの削減や機関の予算減，クライエントからの苦情などの場合，スーパーバイザーのためらいは強くなる。しかしスーパーバイザーはたとえ悪いニュースでも迅速に，最大限伝える義務があることをしっかり受け入れなければならない。悪いニュースには「知る必要がある」メッセージが含まれている。

　そこまで影響を考えなくてもよい意思伝達システムにおいても，スーパーバイザーにはどのような情報を共有するのか，共有できるのかを決定するという課題がある。管理部門からくる情報をすべて自動的にスーパーバイジーに伝えなければならないわけではなく，スーパーバイジーと分かち合った情報をすべて管理部門に伝えなければならないわけでもない。スーパーバイジーが業務をより効果的に行うのに役立つ情報だけ伝えるべきといった選択の第一原則の適用には，スーパーバイザーはスタッフの業務についての親近感や詳細な知識をもっていなければならない

ということを意味する。そのような知識と理解が根底にあってはじめて、スーパーバイザーはスーパーバイジーにとっての情報の価値を評価することができる。

　人間関係の構築を図ることはソーシャルワークの業界においては資源のようなもの、スーパーバイザーとバイジーの間の効果的なコミュニケーションを構築するうえでの資源と考えられる。敬意のこもった情熱的でわかりやすい指導、耳を傾ける姿勢、受容、非審判的態度は、よいコミュニケーション関係を築くために不可欠なものである。スーパーバイジーの話そうとする意思は、スーパーバイザーの理解しようと耳を傾ける姿勢、特に不快なメッセージに耳を傾ける姿勢を感知する彼らの知覚作用である。

　業務に関連する情報を伝える場合でも、直接サービスの従事者に伝えるのとスーパーバイザーに伝えるのとでは、その方法は異なる。スーパーバイザーは、同じ情報を伝える場合であっても、人によって違った形で受け止められることもあることに敏感でなければならない。例えば、管理者からスーパーバイザーに向けられたメッセージでは、機関は地域社会に対してより説明責任があると要求しているのかもしれない。このメッセージはスーパーバイザーにより、業務の割り振りを行うために「翻訳」される。より客観的に業務量の測定ができる形に言い換えられ、スタッフに伝えられる。彼らはスーパーバイザーのメッセージを、以前よりも大変なケアをしつつ、より多くの書類を記入しなくてはならなくなると解釈するかもしれない。本質的には同じメッセージでも、コミュニケーションレベルが異なるところでは違って受け止められがちなのである。異なるコミュニケーションレベルにおいては、同じメッセージであっても、行動段階において異なる意味をもつからである。

横へのコミュニケーション

　スーパーバイザーは縦の階層におけるコミュニケーションの経路であると述べてきた。しかし彼らは業務上、横へのコミュニケーションも担っている。彼らは機関と他の機関との間、自分の部署と他の部署との間、そして同僚間におけるコミュニケーションも行っている。ある部署のスーパーバイザーから他の関連部署のスーパーバイザーへという横のコミュニケーションは、業務上の対立や重複の問題、より効果的な調整努力に向けた変化、そして調整活動に影響をするかもしれない差し迫った変化に関する情報と関係する。

　このようなコミュニケーションは、サービスの重複の減少、資源の要請、サービス利用の増加、紹介の獲得、不適切な紹介の排除、サービスの統合などを意図して

行われる。コミュニケーションの縦の経路は，階層的な権威に基づいているが，横の経路は連携に向けた協力の必要性に基づいており，階層的なものではない。

非公式のコミュニケーション

スーパーバイザーは，すでに述べた公式組織コミュニケーションに加え，機関で非公式になされている平行型コミュニケーションのネットワークについても認識しておく必要がある。同僚や仲間は組織と業務に関する非常に豊かな情報源である。「話をしているときは働いていない」という格言があるが，スタッフメンバーの間でやりとりが増えると生産性も向上していく（White 1997）。同僚間の非公式のコミュニケーションは，教育と同様に，重要なサポート源である。

このネットワークにはたくさんの悪口や噂が流れるが，スーパーバイザーの上下の階層にわたるコミュニケーションを改善したり，補足説明したり，より精緻なものにするものとしても役立っている。

非公式の情報ネットワークは，状況が曖昧だったり予測不能だったりしたとき，あるいは公式の情報伝達経路からでは十分な情報が得られなかったときに活性化する。そのような場合，悪口や噂が流れることが多い。スーパーバイザーはそれらの噂が志気を損なっていないか気を配らねばならない。著しい事実の歪曲や，一部は正しくてもその他は違っているような事項については正されなければならない。

噂がひどくなるということは，スーパービジョンがうまく機能していないということである。もしスーパーバイザーがスタッフの気にかけていることについて，十分で細かな情報提供をしないでいたなら，噂はもっとひどくなる。管理上のコミュニケーションが適切に図られれば図られるほど，噂が飛び交うことは抑えられていく。

▌権利擁護の担い手としてのスーパーバイザー

権利擁護はコミュニケーションと深く結びついている。スーパーバイザーは縦方向，横方向に広がるコミュニケーションを駆使し，運営管理側や他の部署，地域機関に対してスタッフを擁護する。下向きのコミュニケーションの場合は理解し，受け入れることが求められる。しかし，スーパーバイザーから運営管理側への上方向のコミュニケーションでは同様の指令がない。スーパーバイザーはメッセージを説得力ある形で伝えることで，また管理者側に対して積極的にメッセージを代弁することで，こうした下から上へのコミュニケーションは受け入れられるものとなる。

効果的であるために，スーパーバイザーには事実上，単なる情報伝達者以上の働きが求められる。スーパーバイジーは直接，管理運営側と接することがなく，自分たちの意思を代弁し必要な変化について主張してくれる存在はスーパーバイザーであると考えている。効果的な管理的スーパービジョンを行うためには，スーパーバイザーは組織と現場とをつなぐ仲介者として，スーパーバイジーの関心や視点を積極的に代弁することが求められている（Noble and Irwin 2009）。Blau & Scott（1962:155）は公的な福祉機関において，自立した態度で管理者とかかわり，常に部下を支えるスーパーバイザーには，スーパーバイジーが高い信頼を寄せているということを発見した。なお，NASW Code of Ethics（NASW 2008）には，権利擁護はスーパーバイザーの義務として記載されている。

コミュニケーションというものは，メッセージが伝わることを確信することで成り立つものである。スーパーバイジーのスーパービジョンへの満足感は，スーパーバイザーが運営管理側に対してどれだけ影響力を有しているかに関連しているようである。よく約束をするがほとんど果たさないスーパーバイザーへは不満が寄せられていた。一方，スタッフの要望をよく伝え，実行するスーパーバイザーに対する満足度は高かった。ここから運営管理者として学ぶべきことは，スーパーバイザーとしてスーパーバイジーからのコミュニケーションに誠実に応じる努力をすべきだということである。一方，スーパーバイザーへの教訓は，スーパーバイジーと権限の範囲を分かち合い，上層部とのコミュニケーションの効果についての非現実的な期待をもたないようにすることである。

調査研究では，決定事項について上位の人が異議を唱えた場合に，スタッフはスーパーバイザーがその決定に責任をもつとの確信をもっていないという結果がある（Greenleigh Associates 1960: 133）。Cousins（2004:182）は「スーパーバイザーは運営管理側に対するスタッフの感情のサインを見落とし，代弁に失敗している」と述べた。NASWの会員を対象にしたアンケートでは，スーパーバイジーがスーパーバイザーに対して抱く不満で最も多かったものは「スーパーバイジーが突きつけた要求に関して，スーパーバイザーが機関の運営管理側と対峙することを躊躇する」ということであった（Kadushin 1922a:19）。

　スクールソーシャルワーカーであるE氏は，教育委員会が未婚の母親に特別な学校プログラムへの参加の方針を出したのは，独善的な判断であると憤慨していた。E氏はスーパーバイザーに，学校側は入学に際し，未婚の母親に不要な手続きを押しつけ，彼女ら

の登校するのを思いとどまらせている具体例を話した。E氏は，彼のスーパーバイザーが自分と一緒に教育委員会との話し合いに加わるか，あるいは彼がそうすることを支持してくれると期待していた。だがスーパーバイザーはE氏の教育委員会への「憤り」と「対立」に焦点を合わせ，肝心な学校方針そのものの改革の必要性については無反応であった。

スーパーバイザーは管理者に対してだけでなく，事務職員に対してもスーパーバイジーをしっかりと代弁し護らなければならない。ある大規模な公共の福祉機関で働くスタッフは次のように述べている。

> ある事務職員（はっきりと意見を述べる人）は多数のソーシャルワーカーを担当しており，彼らのスーパーバイザーはその職員を恐れていた。書類はその職員の様式に合わせて提出しなければならず，さもなければ却下される（ひどい場合は「組織」のなかを漂うことになる）。興味深いことに「弱いスーパーバイザー」とその管理下にあるスタッフは自分たちで事務業務を行っていた（時間の無駄であり，ソーシャルワーカーとしての業務をする時間が削られる）のに対し，事務職員にはっきりとものをいう「強いスーパーバイザー」は，彼らの書類の印刷のほとんどをさせていた。

代弁が必要な場では，運営管理者は明確に問題の要点を述べて検討すべき代替案が示されていれば，スーパーバイザーからのコミュニケーションを評価し理解を示すと思われる。この関係における力のバランスは運営管理者次第なので，スーパーバイザーは代弁者として，提案の受け入れに際して，合理的な主張に委ねるか，迎合的になるか，それとも何らかの代替案を交渉するかしなければならない。洗練されたスーパーバイザーとなるためには，最も受け入れやすく，拒まれないような形に提案を練り上げることが求められる。

管理運営の緩衝装置としてのスーパーバイザー

スーパーバイザーは機関のクライエントに対し，緩衝装置の役割を果たす（Mor Barak et.al. 2001, 2009）。運営管理側は，サービスに関する問題の処理を現場の管理者に期待している。結果としてスーパーバイザーは担当者以外と話し合いをしたいとの不満を抱えたクライエントに対応する役割を果たすことになる。子どもの福祉分野で働くスタッフが次のように述べている。

> ある母親が怒って，感情的になって，里親に預けられることになった子どもに会いた

いと希望したが，私は断った。その母親は，私が外出中に，私のスーパーバイザーに連絡をとった。スーパーバイザーは母親の話に耳を傾け，事実を確認したうえで，私の方針を支持してくれた。そして，母親に事務所に来てもらい，スーパーバイザーと私，母親の三者で話し合いをしたらどうかと提案した。

数日後，母親が機関を訪れた。私たちはそこでとても実りの多い話し合いをすることができた。母親は子どもを取り上げられたことに対し，反感と怒りの気持ちを露わにした──その怒りは私に向けられていたが，スーパーバイザーは一貫して私の立場を支持してくれた。そのため，私は過度に防衛的になることなく，母親を支えることができた。その結果，私は母親とよい関係を築くことができ，前より協力も得られるようになった。それは後に彼女が子どもを取り戻すというメリットにつながった。

スーパーバイザーは事例内容を吟味し，私の判断を支持する一方，母親には敬意と礼儀をもって接した。そのおかげで面談の緊張は和らぎ，全員がよい結果を得ることができた。私のスーパーバイザーの，母親を励まし感情を整理する技術のおかげで，母親は私とスーパーバイザーが手を組んでいるとは感じていなかったし，私とスーパーバイザーとを敵対関係に置くこともしなかった。

スーパーバイザーは、スタッフの決定に不満をもち，上の立場の人と話したいと望むクライエントの訴えを受け入れる準備をしておくべきである。そうすることで，不都合な決定をされたクライエントの強い感情にスタッフが対処しなくても済むようになり，恣意的で不適切な決定を防ぐことができる。つまり，スーパーバイザーはクライエントの不満を調整する道筋を提供するのである。それがなければ，直接支援にあたるスタッフはクライエントからの強い反発に対処するために余計な時間と労力が必要になり，業務負担が過剰になるかもしれない。

スーパーバイザーは緩衝装置としての役割を，クライエントの不満と機関との間だけでなく，スタッフと機関との間でも果たしている（Dolgoff 2005）。スーパーバイザーは，たとえば管理運営側が不当な業務負担の基準をスタッフに押しつけないように努める。スーパーバイザーは，当局があまりにも官僚的で，権威的で，非民主的であれば，周囲の状況を修正したり，緩衝装置として振る舞うことができる。このように「保護する傘」を差し出すことで，スーパーバイザーは緊迫した状況を和らげていくのである。

スーパーバイザーが緩衝装置として組織の複雑な状況を乗り越える助けになっていることを，スーパーバイジーは次のように話している。

彼女は複雑な組織の一部であり，そこを熟知していたが，私はそうではなかった。私

はヒエラルキーに関する知識——組織についての知識，そこに存在する人間関係——はとても重要なもので，それらに対処する能力だと考えている。もし私が職場で誰かと衝突したときは，いつも彼女が間に入ってくれた。しかも，彼女が直接何かをしたのではなく，私がその状況にうまく対応できるよう支援してくれたのである（Herrick 1977:128）。

加えて，スーパーバイザーは厄介な逸脱や異論から組織を守ることも期待されている。逸脱とは行動上の違反もしくは機関の規則を覆すこと，異論とはすでに存在する規則が前提とする事項に観念論的に反対することである。カトリックの児童福祉機関で働くスタッフが，未婚の少女の妊娠中絶に手を貸すことは，それはカトリックの教義からの逸脱である。もしもそのスタッフが，未婚の母の妊娠は悪いことではないと主張する立場を擁護し，社会の伝統的な性モラルに従わせようとする機関の方針に意義を唱えたならば，そのスタッフは異端とみなされる。

機関は外部環境と切り離せない形で運営されている。そこには収入や資源を求めて競合する他の機関と同様に，クライエントをはじめ資金源，取り締まり機関，一般の人々が含まれている。機関は，外部環境からの信用と支援を維持することが必要である。機関の正当性とその正当性を与える者を侵害する行為は，機関の存在を脅かすことになる。

機関が自己保全を図ることは，目的として正当であり，日和見的な利己既得権益の防衛をここに含めて考えることは論外である。もしスタッフが機関の使命の価値に真摯な信念をもつのであれば，機関の保全に対する利害関係は，結局のところ，必要とされるサービス提供にかかわる重大事である。もし継続した資金の獲得に失敗すれば，顧客へのサービスを続けられなくなってしまう。

スーパーバイザーは組織方針の守護者としての役割ももつ。スタッフが機関の方針や手続きに関する重要事項に異議を唱えることは組織権力への敵対行為であり，挑戦とみなされる。それは機関の運営において欠かせない「忠誠心と結束を生み出す規則を一時的に停止させる」（Peters and Branch 1972:290）ことになり，機関の運営を脅かす。

その一方で，「ソーシャルワークの従事者は，一般に，雇用者や雇用機関に対する義務を固守することが期待されるが，雇用機関の方針や手続き，規則，または運営管理上の指示によって，ソーシャルワーク倫理に基づく実践が妨げられるようであってはならない」（Reamer 1997:120）。この点が問われる事例の場合，スーパー

バイザーの義務というのは厄介なものになる。

　スタッフと機関との間の矛盾は，最初にスタッフとスーパーバイザー間の関係レベルで現れる。その結果，多くの機関においては，個人と機関との間に立ち，異論上の矛盾のある各業務について，初期段階で緩衝装置としての役割を果たすよう，正式に任命された人が配置されるようになった（Harshbarger 1973:264）。その機能は1つに「危機の吸収性」であり，機関と後援者との関係を脅かす事態を未然に防ぐことである。

　このスーパービジョンの管理的機能により，スタッフはスーパーバイザーと機関の考え方や規則，そして手続きについて疑問に思うことを話し合う機会をもつことになる。クライエントにとっては，スタッフの視点が受容的な雰囲気のなかでオープンに話し合われるので，機関のアプローチの理論的根拠を理解する助けになる。もしスタッフが納得しないとしても，スーパービジョンの機会を通じて，反対の気持ちを安全な形で表現することができる。そのような機会がもたらすカタルシス効果について，Goffman（1952:451）は「対象を鎮める」，つまり憤りという感情が減少し，機関が求めるものに適合する準備が増すと説明する。そのほか，機関への反論をマネジメントするのによく用いられる手続きは，その者の主張を，機関として受け入れ可能な振る舞いに解釈しなおそうとすることである。

　スーパーバイザーにとって，機関の方針を弁護して行動する責任はかなり大きな不満の元になり得る。スーパーバイザー自身，機関の方針や規則，手続きの一部について賛同できないことはめずらしくない。しかし彼らは役割上，スタッフらに方針を伝え，従うよう促さなければならない。スーパーバイザーの立場上，そのような役割を強いられるのは居心地が悪く，偽善的に感じるだろう。ソーシャルワーク領域のスーパーバイザーの短所に関する調査によると，スーパーバイザーとスーパーバイジーが挙げたなかで最も多かった不満は，クライエントに対する業務にあまり意味のない方針や規則を強いられることであった（Kadushin 1992b）。

▎変化の仲介者と地域連携の要としてのスーパーバイザー

　クライエントの不満やスタッフの逸脱，異論を緩和することが，機関の現状維持にスーパーバイザーを利用することの動機となる。組織の安定を維持するのは，実際，管理的スーパービジョンの機能そのものである。しかしスーパーバイザーには同様に重要な，機関の組織的な変革を促進するものとしての管理的な責任もある。

緩衝装置としての役割を果たせば機関の保護には役立つが，もし変革に対し頑なで非同調的な態度をとるなら，それは機関の維持を脅かすものになる。

　逸脱や異論を厳しく管理すると――「抗議の吸収と異論の順化」――機関にとっては逆効果となる場合もある。その自覚のないスーパーバイザーは，逆に機関に損害を与えることになる。機関は，安定性を維持しつつも変化を受け入れることにより，相反するニーズのバランスをとっていかなければならない。機関が必ずしも安定しておらず，事業の予測が立たなければ，効果的な組織運営を行ったり，他機関と効果的な連携関係を築いたりすることはできないであろう。しかし，あまりにも安定を重視すると機関の硬直化を助長する。そうなれば，機関が激動する環境に対応する力を失うことになる。結果として，スーパーバイザーは逸脱や異論から機関を守る一方で，有益な革新に向かう提案についてはいつでも受け入れる姿勢を示さねばならない。Reich（1970:100）が述べるように，組織管理というものは「上部管理者の利益になるよう，常に中立的である」。この視点の偏りは明確に認識されるとともに，柔軟に扱われる必要がある。

　スーパーバイザーは機関の方針の策定や見直しに積極的に関与することができる。直接支援の担当者を通してクライエントや地域のニーズについて知り，業務を遂行する際の機関方針の不備や欠点などを把握することができるので，スーパーバイザーは下から上がってくる情報伝達の経路として，もっと積極的に行動することが求められる。スーパーバイザーは，その状況に付随する知識を活用して機関の方針や手続きを望ましいものに変えていく責任がある。スーパーバイザーは機関の変革を担う者として行動する戦略的な立場にある（Hair & O'Donoghue 2009）。運営管理側とスタッフとの間にあって，積極的に前者に対しては改革に向けた積極的な働きかけを行い，後者に対しては改革を受け入れるように働きかける。

　とはいえ，スーパーバイザーは変革を主張することにためらいを感じているかもしれない。無気力だったり，求められる変化に確信がもてなかったり，日常業務に忙殺されていたり，運営管理側に挑戦することで懲戒処分になるリスクを冒したくないという気持ちが背景にある。一般的に，機関の管理者は受身で従順なスーパーバイザーを望む。一方，スーパーバイジーは押しが強く自分たちの意思を代弁してくれるスーパーバイザーを求めている。

　機関を維持していくためには，直接支援に携わる者たちが，古くて使いにくく，無駄で，非生産的で，不平等，不快な方針や手続きの変更を要望する声に敏感にな

り，かつ，彼らの言い分に耳を傾けることが必要である。スーパーバイザーから見て変える必要があると感じたなら，単なる仲介者としてではなく，実際にスーパーバイジーらを励まし，ともに変化を求めていくべきである。スーパーバイザーは有益な情報を収集・整理し，スタッフたちが改革したいものは何かを確認し，なぜそれが必要なのかをできる限り明確，かつ率直に主張できるよう支援しなければならない。彼らが望む改革が機関やクライエントに利益をもたらし，スタッフからも支持を得られるものでなければ，改革が実行されるチャンスは少なくなる。スーパーバイザーは機関のなかで改革を支持する人たちを動員し体系化して，最大限主張を受け入れやすくなるよう配慮し，運営管理側からの反対と防衛を最小限にしていかなければならない。

　もしスーパーバイザー自身が改革の必要性について確信をもてないようであれば，その必要性を確信している直接支援の担当者と運営管理側との間に立ち，改革にかかわる仲介者としての役割を果たすことになるかもしれない。必要であれば運営管理の担当者をスーパーバイジーらに引き合わせ，説明の機会を設けるとか，スタッフの挑戦を受けて機関の方針を擁護したりする必要がある。

　スタッフと機関との間にある不一致が明らかになるのはこの時点である。不当な法律に従わないのは市民の責務であると考える哲学的論議は，ソーシャルワーカーが圧政的と感じる方針や手続きに従うようにという運営管理側からの要請に直面する場合も適用することができる。スタッフらは組織内で，損害の補償と変革を求めることができる。運営管理側の抵抗や近寄りがたさに対峙して，効果的に機関の方針と手続きに変化をもたらすための戦術は，多くの文献資料で言及されている（Gummer 1990）。機関の外，あるいはスーパーバイザーを含めた相談窓口の外に解決手段を求めることが通常，推奨されている。ただ「内部告発」の例は枚挙にいとまがなく（Peters and Branch 1972; Nadler, Petkas & Blackwell 1974），Hair（2008）が述べるように，社会正義と改革への関心はスーパービジョンにおいて時折，無視されるようである。

　最も怒りが喚起される問題は，スタッフからの改革提案に対する機関の態度の曖昧さやあからさまな拒否であるが，ときには方向性の異なる問題が絡んでいることもある。積極的で革新的なスーパーバイザーの場合，スーパーバイジーに方針や手続きの改革を受け入れてもらえないことがあるのだ。

　このように，改革が受け入れられるまでには多くの要因が立ちはだかっている。

業務上の問題を取り扱う際，慣習的に用いられてきた古い方式を克服し，古いやり方をやめて新しい方式を取り入れるためには，余分のエネルギーが必要である。新しいプログラムや手続きの要請に合わせることができるかどうかという懸念もある。新しいパターンを学んでいる間，依存度が強まるのは本意ではない。改革が価値あるものだという信念が強まる過程に葛藤はつきものである。また，業務手続きの変更に伴い，機関内の人間関係も再編成されるので，この点に関しても不安は残る。

　改革は，次に述べるような状況であれば，最もよい形で達成されることになる。スーパーバイジーが改革の初期段階からかかわる，改革がどのようなものであるかを早い段階で告知されている，実際の改革は試行期間も含めてじっくりと時間をかけて行われる，改革に込められた期待がはっきりとわかりやすく提示される，改革が機関の規範と目的に沿ったものである，改革が予定した効果を生み出すという裏づけがある，スーパーバイザーを含む運営管理側が改革の信念を分かち合っている，スタッフが変化をもたらす難しさを認識し共感的理解がある，改革によってスタッフに生じる負担が軽減されるようあらかじめ準備がなされている。スーパーバイザーはスーパーバイジーの立場から，改革が彼らにもたらす負担と恩恵について理解するよう努力しなければならない。

　スーパーバイザーは自分の組織内の改革だけに責任を負っているのではなく，スーパーバイジーの業務に影響する機関ネットワークにおける改革へのニーズに対しても敏感であらねばならない。振り返り，コーディネート，業務のプランニングを通じ，スーパーバイザーは必要なサービスが地域のソーシャルサービスシステムから欠落していることに気づくかもしれない。スーパーバイザーは地域に必要なサービスの創出を援助することにより，スーパーバイジーのより効果的な業務遂行に貢献できる。そうすることによって，スーパーバイザーはクライエントとスーパーバイジー双方が求める豊かな資源ネットワークを構築していくことができる。

要約

　スーパービジョンの主な管理的機能として，以下の事項を検討した。1)スタッフの募集と採用，2)スタッフの就任と配置，3)スーパービジョンの説明，4)業務のプランニング，5)業務の振り分け，6)業務の委託，7)モニタリング，点検，評価，8)業務の調整，9)コミュニケーションの経路となる，10)権利擁護の実践者となる，11)運営管理の緩衝装置となる，12) 機関変革の仲介者と地域連携の拠点となる。

　スーパーバイザーは運営管理上の責任や役割を果たすために，機関方針や手続きに従い，量と質の両面から職場，機関の設備，人的資源を組織する。

第3章

管理的スーパービジョン
実践上の課題

Administrative Supervision:
Problems in Implementation

代位責任の問題

　第2章では，管理的スーパービジョンの機能，役割，責任について説明した。本章では，管理的スーパービジョンの実施においてソーシャルワークのスーパーバイザーが直面する主な問題を検討する。

　前章で述べたように，スーパーバイザーは配分し，委任した業務の最終的な責任を担う，法的責任者である。「法的規約上の責任 Liability」とは，クライエントに対して負うケアの義務および責務を意味する法律用語であり（Black 1968），クライエントに損害を及ぼすことになるケアの責務からの逸脱は何であれ malpractice（過誤）をもたらすといえる（Kutchins & Kirk 1987）。過誤の申し立てと法的判断はこれまで，スーパーバイザーがスーパーバイジーの判断と行為に対する責任をもつという原則を明確に示してきた（Reamer 1998）。これは，「代位責任」「過失責任」「管理者責任」というさまざまな用語で表される原則によって裏づけられている。この原則は，上司は雇用契約の範囲内で部下の行為の責任を負うことを示している。スーパーバイジーは，法的にはスーパーバイザーの延長とみなされ，両者は単一の人格として扱われる。

　ソーシャルワーカーがなんらかの行動を起こす場合，スーパーバイザーはそのソーシャルワーカーの行動を点検し，承認しているものとみなされる。スタッフが不適切な行為をした場合は，スーパーバイザーがその決定の実行をスタッフに任せたことの責任を負うのは，スタッフが不適格であることを知っているという理由による。「スーパーバイザーは〔中略〕実施されていることを把握している，または把握すべきであり，スーパーバイザーは行われる業務の質に影響を及ぼしているものと考えられる」（Slovenko 1980, p.60）。スタッフの不適格さはスーパーバイザーの責任となるため，スーパーバイザーはスタッフに対する倫理的な不服申立てや過誤の訴訟では従犯とされる場合がある（Harrar, Vande-Creek & Knapp 1990）。これは，「管理者責任」（respondeat superior「主人に答えさせよ」という意味のラテン語）の法的原則の例である。

　Recupero & Rainey（2007:188）は，「スーパービジョンの法的責任に関する判例法と研究のほぼすべてに，たとえば外科学，産科学，心理学，ソーシャルワークに

でさえもこの論争を見ることができる」と指摘した。Reamer（1995:597）は，1969年から1990年のNASW Insurance Trust 保険信託の記録から過誤に対する請求を調査し，ソーシャルワーカーに対する請求の634件のうち12件（1.89％）は「不適切なスーパービジョン」を理由とするものであったと報告している。この調査結果を更新するために，NASW保険サービス Assurance Services は，1990年に「賠償請求 claims-made」制度が開始されてから2008年12月31日までのソーシャルワーカーに対する請求について，American Professional Agency（米国専門職機構）の統計概要の提供に同意した（NASW保険サービス，個人向け通信，2009年11月5日）。「不適切なスーパービジョン」は，制度開始から2008年までの過誤の賠償請求の0.49％であり，これは200分の1にも満たない。だが，このパーセンテージはどのくらいのスーパーバイザーに対する請求件数に相当するのだろうか。残念ながら，一般に保険業者は過誤の賠償請求の詳細情報の提供に消極的で，NASWも私たちにこの情報を提供しなかった。情報の不足を埋めるために，私たちは提供された統計を利用して下方修正を加え，Reamer（1995）の報告に追加した。少なくとも49件の「不適切なスーパービジョン」による過誤の賠償請求がNASWの保険加入者に対して提訴されており，1年に2件未満であると推定できる。私たちはこれをひかえめな推定だと考えている。というのも，「不適切な処遇」から「不適切な照会」に至るまでの報告されたあらゆる行動の原因が，「管理者責任」の下では，ソーシャルワークのスーパーバイザーに対して過誤の訴訟を起こす根拠となるからである。

　ソーシャルワークのスーパーバイザーに対する過誤の請求はますます増加しているが，裁判まで進むケースは少なく，法廷で立証されることはさらにまれである（Corcoran 1998）。5832件の医療過誤の請求に関する調査では，43％が取り下げられ，51％は示談に至り，判決まで進んだのは7％，そのうち原告側が勝訴したのはおよそ4分の1で，全体の1.9％だった（Danzon & Lillard 1983）。また，Public Law 99-660（公法）IV章の下，賠償金の支払いに至った臨床ソーシャルワーカーに対するすべての過誤の請求は，National Practitioner Data Bank（全米医師データバンク）に報告する必要がある（US Department of Health and Human Services 2001）。NPDBの Public Use Data File（公的利用データファイル）から「開示可能」な報告を入手および分析した。そこから，malpractice insurance companies（医療過誤保険会社），state insurance guarantee funds（州保険保証基金）など報告義務のある機関は，1990年9月1日から2009年6月30日までに，233人のソーシャル

ワーカーの過誤に保険金を支払ったことがわかった。これらの支払いの大部分は過誤の示談金であるが，示談と判決を合計した平均支払額は36万7866.67ドル，最低3500ドル，中央値は4万7500ドル，最大195万ドルであった。「不適切なスーパービジョン」は179件の請求のうち3件のみだったが（1.7％），訴訟の原因のどれもがソーシャルワークのスーパーバイザーに対する過誤訴訟をもたらすものとなりうる。

ソーシャルワークのスーパービジョンで過誤があったとする申し立てを最初に受理，調査，判断するのは，state board of social work examiners（ソーシャルワーク資格認定州委員会）であることが多い。また，申し立ての一部はNASW Insurance Service（保証サービス）が代行する請求に含まれている。Boland-Prom（2009:358）は，1999年から2004年に27の資格認定州委員会から処罰されたソーシャルワーカーに関する重要な全国的調査を行い，874件のサンプルのうち処罰理由が「スーパービジョンが基準に満たない」ためだったのは6件（0.7％）に過ぎないことを報告した。

スーパービジョンの過誤の申し立ては，世論という法廷でも裁かれることになる。『NASW新聞』（*NASW News*）は，「テキサス州エル・パソ郡の児童福祉局長を含む人事部の職員は，〔中略〕児童福祉局の監督下にあった1歳2か月の少女が死亡した児童虐待事件の刑事過失の罪で郡大陪審に起訴された。〔中略〕この案件を担当したソーシャルワーカーのスーパーバイザーも起訴された」と報じた（NASW新聞，1982年6月，p.10）。

イリノイ州児童家族福祉局の保護下にあった5歳の少年が虐待により死亡した事件では，州議会議員は「家族福祉部のケースワーカーとスーパーバイザーを捜査終了まで無給停職処分とするよう求めた」（*Capital Times*，マディソン，1981年1月14日）。

もう一つの事例は，短期間里子に出された後，事業所によって元の家に戻された児童が実の両親から深刻な虐待を受けたものである。

> 州児童福祉局最高行政官によって，児童を家に戻す判断に関する調査結果が好意的に公表されたが，ソーシャルワーカーと2人のスーパーバイザーが業務上過失のため公共事業局に解雇された。このニュースは大きな話題となり論争を招いた。〔中略〕スーパーバイザーと組織管理者は，スーパービジョン下のスタッフの臨床的判断を十分に点検しなかったため過失が認定された（Aber 1982, p.217）。

Slovenko（1980:469）は，裁判所から評価のため精神科クリニックを紹介されたクライエントの事例を報告した。

> ソーシャルワーカーは面接を行い，精神症状は見られないと判断した。スーパーバイザーである精神科医は，面接をせずに報告書に署名した。数日後，〔そのクライエントは〕妻と子どもたちを殺害した。スーパーバイザーは過誤の行為で告訴された。

保護観察下に置かれている男性から身体的および性的暴行を受けたというガールフレンドからの申し立てがあったのにもかかわらず，保護観察官が部門の規則に反して自己裁量の判断を行い，この男性の身柄を拘束しなかった。6週間後，男性は10歳の子どもに性的暴行を加え，殺害した。保護観察官は「3日間，スーパーバイザーは5日間の無給停職処分を受けた」（*Capital Times*, Madison, 1982年5月11日）。

心理療法クリニックのスーパーバイザーは，クライエントをひとりのカウンセラーに割り当てたが，申し立てによるとそのクライエントと性交渉をもったという。代位責任の原則の下，クライエントはスーパーバイザーに対して訴訟を起こした。被告席に立たされたのは，カウンセラーではなくスーパーバイザーだった（Cohen 1979）。

Reamer（1998:152-53）は，家族福祉事業所のソーシャルワークのスーパーバイザーの次のような事例を紹介している。

> 〔このスーパーバイザーは〕以前のクライエントから告訴され被告人となった。クライエントは，自殺未遂を犯した際に重度の怪我を負った。クライエントによれば，担当者はクライエントが自殺を試みるリスクを適切に評価できなかったという。代位責任の原則の下，クライエントは担当者のスーパーバイザーにも過失があったと主張した。スーパーバイザーはスーパービジョンのために定期的に担当者と会っておらず，自殺リスクのアセスメント手続きについて担当者に具体的に教えていなかったからである。

2011年，ニューヨーク市の児童福祉担当者とそのスーパーバイザーは，ブルックリン地域の法定代理人から過失致死の罪で訴えられた。法定代理人によると，「過失が4歳の〔少女の〕死亡の原因となった。少女は，繰り返し殴打され，ベッドに縛り付けられていた。死亡時の体重は18ポンドしかなかった」。申し立てによると，児童福祉担当者とそのスーパーバイザーの過失は，「少女の母親に問題があることを読み取れなかった，または見逃したことにある。少女の母親には薬物使用歴があり，少女の世話ができなかった。〔中略〕〔担当者とスーパーバイザーは〕自宅

を訪問したと言っているが,実際には訪問していなかった。〔中略〕また,〔担当者は〕記録を改ざんした」。スーパーバイザーは,担当者の業務を「適切に監督およびチェックしなかった罪に問われた」(Secret 2011:A1)。翌日の *New York Times* 紙の伝えるところによると,いうまでもなく「担当者たちは,少女の死亡で告訴されたことで意気消沈していた」(Buckley & Secret 2011:A21)。

　Beddoe (2010:1280) は,Peach & Horner (2007:229) を引用し,「対人サービス機関の過失は市民の厳しい目に晒されるため,『スーパービジョンの唯一の目的が,実践家と実践の成果のミクロ・マネジメントや,監視によるリスクの除去のみになる恐れがある』」と懸念を示している。それでも,代位責任の原則のためにスーパーバイザーは極めて攻撃されやすい立場にあることには変わりない。Schutz (1982:49) は,「基本的に,〔スーパーバイジーが下す〕あらゆる主要な判断はスーパーバイザーによって検討され,必要に応じて修正されていなければならない」と助言している。Cormier & Bernard (1982) は,管理者責任と代位責任の概念について議論するなかで,これらはスーパーバイザーにとってきわめて重大な意味をもっており,「スーパーバイザーは,スーパービジョンを必ず行い,スーパービジョンの過失を避けるため,すべてのスーパーバイジーのどのケースにも精通していなければならないことを確信している必要がある」と主張した (Cormier & Bernard 1982:488)。さらに,スーパーバイザーは,倫理的,法的,専門実践的ガイドラインと基準を理解して遵守する必要がある (Caudill 2002; Harkness 2010)。また,Henderson (2009) は加えて,この基準についてスーパーバイジーが理解するのを促し,実践するようにしむけなければならないという。同様に,スーパーバイザーは,割り当てたケースが十分に援助を受けられるように,それぞれのスーパーバイジーの適正レベルを把握している必要がある。ただ,Bernard & Goodyear (2009:71) は,「調査が示すところによると,援助職にとって,同僚やスーパーバイジーの能力を評価することはきわめて難しく」,スーパーバイジーの能力不足や把握している倫理違反を「報告することに抵抗を感じるようだ」と述べている。

　Rowbottom, Hay & Billis (1976:130) は,スタッフの行動に対して「スーパーバイザーから事業所管理者に,事業所管理者から議会に,そして最終的に市民への説明責任があるので,スーパーバイザーにはスタッフを指示,指導,点検,評価,および必要に応じて訓練する管理権があるだけでなく,管理義務もある」と考えている。スーパーバイザーがスーパーバイジーの行動を直接観察することはまれであ

り（Ellis 2010; Kadushin 1992a），スタッフがスーパーバイザーに伝えることは非常に選択的（Ladany, Hill, Corbett & Nutt 1996; Farber 2006），または不正確（Bernard & Goodyear 2009）であることを示す証拠があるにもかかわらず，経験的には，ソーシャルワークのスーパービジョンはソーシャルワークの実践における倫理的意思決定に影響を与える最も重要な要素であることが示されている（Landau & Baerwald 1999）。これは資格認定州委員会からの通達を免れず，あらゆる非倫理的および非合法の行動のかどで処罰された者にスーパービジョンを課すのと同時に，「基準に満たないスーパービジョン」を理由に有資格ソーシャルワーカーにも制裁を加える（Boland-Prom 2009:358）。

　この認識に基づき，NASW（2008）はソーシャルワークのスーパービジョンに対する倫理的ガイドラインの基準を設けている。ソーシャルワークの倫理的側面に対して指導を行うスーパーバイザーは，クライエントに提供するサービスのスーパービジョンを行うために必要な特定の知識と能力をもち，自己の専門性の領域に限定して実践の範囲を規定する。Reamer（1998）によると，スーパーバイザーは以下の義務を負う。

・クライエントからインフォームドコンセントを得るためスーパーバイジーに情報を提供する。
・スーパーバイジーの過失を特定する。
・スタッフが包括的な介入計画を開発，実施するようにその取り組みを管理する。
・スーパーバイジーが担当するクライエントの再割り当て，担当者の変更，またはサービスの中止を実施すべきタイミングを把握する。
・スーパーバイジーが相談を要するタイミングを把握する。
・スタッフの能力をチェックし，力量不足，欠点，倫理的過ちに対処する。
・スタッフとクライエントの適切な距離をチェックする。
・スタッフの事務書類とケース記録を点検および批評する。
・定期的に予定を組んでスーパーバイジーにスーパービジョンを提供する。
・提供したスーパービジョンを文書に記録する。
・スタッフ間の dual relationships 二重の関係を避ける。
・スタッフに時宜を得た有益なフィードバックを提供し，業務遂行を評価する。

権限および影響力の問題

権限と影響力の基盤

　これまでの議論から，事業所を効率的かつ効果的に運営するためには，第2章で説明した管理的スーパービジョンの機能を実行する必要があること，さらにそれらの機能が効率的，効果的，倫理的に実施されていることを監督する最終的な責任はスーパーバイザーが担うことに納得していただけただろう。そうすると，スーパーバイザーにはこれらの任務を十分に果たすに足る権限と実行力が与えられる必要がある。Studt（1959:18）によれば，権限が委譲され承認されるのは，「適切に職務を遂行するために，機関のある地位の人が別の地位の人の役割行動を監督する権限が与えられる」場合である。必要な権限を認めずに，スーパーバイザーに管理的スーパービジョンの本質的な機能を実施する責任を割り当てるのは，機関が彼らに準備もせずに仕事に取り掛かるように求めているようなものだ。機関と専門職の原理からいえば，管理責任には権限の委譲が必須である。

　事業所で管理権限が必要であることは，機関の複雑さと任務の分化に由来する。望ましい目的を達成するために個人から成る集団が協力する必要がある場合，その努力は統合されなければならない。管理者，ここではスーパーバイザーには，共通の目的の達成に向けて個人の活動を指示および調整し，成果の点検と評価を行い，スタッフが責任を負うようにする権限が与えられる必要がある。業務の割り当て，指示，評価を行う権限を認められているのは誰か，指示および評価されるのは誰かを明確にする必要があるため，正式な権限の道筋を確立しなければならない。

　共同の取り組みを達成するための指示の遵守は，偶然や個人の希望または思いつきに任せるわけにはいかないため，なんらかの権限管理システムは機関に喫緊の課題である。このシステムの目的は，「主観的考えに基づく裁量を最小化する」（Stein 1961:15）ことである。Vinter は，「あらゆる組織は協力的な活動が確実に望ましい目的に向かうように手段を生み出す。関与する職員の無秩序状態を避けるため，それぞれの社会福祉の領域での機関で権限の明確な構造と責任が定められる。〔中略〕この構造は，スタッフが方針を遵守し，確実に予測可能な行動をとるようにするた

めのものである」（1959:.199-200）という。そうしなければ，Handler（1973:ix）が『威圧的なソーシャルワーカー』（*The Coercive Social Worker*）で描いたような「無法状態」が蔓延するだろう。

ソーシャルワーク専門職の研究で，Toren（1972:65）は「スーパービジョンは，ソーシャルワーカーの態度とパフォーマンスを統制する，制度的に組み込まれた仕組みである」と述べている。スーパービジョンの制御点検システムの目的は，スタッフが機関および専門職の目的を達成するように行動することを保証するものであると説明できる。Weinbach（2003:218）は，「統制はマネジャーとしてのソーシャルワーカーの仕事のきわめて重要な部分であり，最大の受益者であるクライエントに効果的で優れたサービスを提供するうえで欠くことができない」と指摘している。

スタッフの行動を統制し，変化させる手続きに無関心であると，機関の目的や専門職の基準と一致しているかどうかにかかわらず，スタッフが自分の要望や好みに基づいて判断および行動する恐れがある。スタッフの判断と行動が事業所の目的と手続きを遵守した予測可能なものでない限り，あるスタッフのパフォーマンスと他のスタッフのパフォーマンスを調整および統合するのは困難である。同様に，慣例と法によって確立した実践基準からのはなはだしい逸脱は，市民とソーシャルワーク専門職を危険にさらす。

スーパーバイザーに与えられた権限は，根本的には地域社会に由来する。公的事業所の場合，地域社会の意思は事業所を制定した法令に具体的に表現される。民間の事業所と実践では，地域社会の意思は，商業的契約および助成金，サービス料金，寄付金，第三者による支払いを通じて機関が存立と存続のために獲得した支持に表れている。地域社会はまた，ソーシャルワーク資格認定州委員会に帰属する権限の源である。この権限は規制法令および規則として成文化され，契約とソーシャルワーク資格としてスーパーバイザーに委譲されている。事業所と専門職の目的は，地域社会の期待を反映しており，この目的を達成するためにスーパービジョンの権限を利用することは，地域社会の意思を促進するための行為と見なすことができる。

法的権限は，公益を代表していると考えられることから正当性を得ている。同様に，事業所と専門職の目的は，公益を代表していると考えられる。公益を達成するために使用する権限は，正当な権限とみなされる。この最終の権限の正当性をスタッフが疑う場合には，スーパーバイザーの権限の正当性に異議を唱えることになる。このようなスタッフは事業所の方針と手続き，実践手続きとガイドライン，法令と

規則に，地域社会の意思が適切に反映されているとは考えていないのであろう。

　事業所，専門家，市民それぞれの希望と目的の実現は，スーパーバイザーの権限の正当性をスーパーバイジーが承諾することにかかっている。スーパーバイジーが同じ目的に取り組んでいる場合，統制されることが公益の実現に寄与するならば，統制を受ける権利を抵抗なく譲渡するであろう。公益の実現が，権限の承諾を正当化する。

スーパービジョンの権限とパワーの発生源

　権限とパワーを区別する必要がある。権限は，パワーの行使を正当化する権利であり，認可されたパワーの利用，つまり承諾され，有効性を認められたパワーの所有をいう。権限は，指示，統制の行使，遵守の要求を出す権利である。これは，他者の行動を決め，他者の行為を方向づける決定を下す権利である。最も厳密な意味では，「権限は服従を求める権利であり，その支配下にある者は従う義務がある」。

　この権限の権利は，事業所の管理構造を通してスーパーバイザーに与えられる。スーパービジョンの関係は，事業所がスーパーバイザーに権限を与え，スーパーバイジーがスーパーバイザーの権限の資格が正当であると認めることで確立される。スーパービジョンの権限のもう1つの発生源は，ソーシャルワークの実践を規制する州委員会にある。スーパービジョンの権限の第三の発生源は，クライエントである。インフォームドコンセントという倫理的および法的原則が意味するのは，クライエントは個人情報を管理する権利を所有しているということだけではない。つまり，スーパービジョンを伴うソーシャルワークサービスの契約を締結するかどうかを判断するクライエントの権利を保証するものである。クライエントへの情報提供とは，クライエントにスーパーバイザーの資格についての情報，すなわちスーパーバイザーとスーパーバイジーの目的，方法，責任，クライエントの秘密保持の制限を伝達することである（Bernard & Goodyear 2009; Falender & Shafranske 2004）。情報提供されたクライエントがスーパービジョンを伴う福祉サービスの契約を結ぶことで，スーパーバイザーに監督権限が与えられる（Harrar, Vande-Creek, & Knapp 1990）。

　権限はパワーの使用を正当化する権利であるのに対し，パワーは権限を実行する能力をいう。パワー power という単語はラテン語の *potere*（能力がある）から派生している。権限が，指示，命令，処分する権利であるなら，パワーはそれを行う能

力である。この区別は，人が権限をもちながら実行できない状況，またはその逆の状況を考えるとわかりやすい。極端な例になるが，航空機のハイジャック犯人にはパワーはあるが権限はない。囚人によって人質にとられた刑務所長には，権限はあるがパワーはない。

権限とパワーの区別は，次の裁判官と神父の会話によって適切に説明される。神父は，自分は罪人に対して地獄に落ちると宣告できるため，自分の地位の方が重要だと主張した。裁判官は，自分が絞首刑の宣告をすれば，実際に絞首刑になるため，自分の地位の方が重要だと言い返した。神父には地獄に落ちると宣告する権限があるが，その宣告を実行するパワーには大きな疑問がある。「王でさえも潮流を支配することはできない」というカヌート王の法も同様の区別を説明している。権限はスーパービジョンを行う権利であり，パワーはその権利を効果的に行使する能力をいう。権限は委譲できるが，パワーは委譲できない。

スーパーバイザーの権限の発生源は，事業所の管理部門，専門職，ソーシャルワーク資格認定州委員会，クライエントであり，これらは地域社会の意思を代表する。それでは，権限を有効にし，命令権の行使を可能にするパワーの源は何だろうか。スーパーバイザーに与えられた権限の正当性が承認されると，何がスーパーバイジーにスーパーバイザーの指示に実際に従わせるのか。

パワーの源を分類する方法はさまざまに説明できる（Etzioni 1961; Schein 2010; Weber 1946）。そのうち最もよく使用されるものは，French & Raven（1960）によって開発された分類である。この分類では，社会的パワーの基盤を，報酬のパワー，強制のパワー，法定上または職位のパワー，関係性のパワー，専門性のパワーの5つに区別している。ここでは，これらの分類をソーシャルワークのスーパービジョンの状況に適用することを試みる。

報酬のパワー

スーパーバイザーは，スーパーバイジーへの金銭的報酬を管理することができる。たとえば，昇進，昇給，希望に合った業務の割り当て，新しいコンピュータ，事務補助の追加，研修助成金の推薦，カンファレンスやワークショップへの事業所の後援による参加，転職時の良い推薦状や資格認定の推薦などがある。さらにスーパーバイザーは，スーパーバイジーの労働環境を管理し（オフィスの場所と備品），業務の割り当てと業務手続きのレベルを管理する。報酬には，承認，称賛，スーパービジョンでの評価などの心理的なものも含まれる。

昇給や昇進などの報酬はゼロサムである。すべての人に行き渡るだけはあるが，ある人に特典を配分すると他の人には与えないことになる。しかし，ゼロサムではない無制限の報酬も多数ある。称賛，業績の承認，やり遂げた仕事への満足感などは，ある人に提供したからといって他の人に提供できなくなるわけではない。

　報酬のパワーを効果的にするには，報酬を個人に提供するものにし，明確に実績の賃金格差と関連づける必要がある。一律の昇給のように報酬が慣例化した場合，スタッフのパフォーマンスを改善する刺激としてのパワーを失う。そのため，報酬の分配を公平に判断しようとするなら，スーパーバイザーはそれぞれのスタッフのパフォーマンスの質を把握している必要がある。さらに，スーパーバイジーにはスーパーバイザーが実際に報酬の増大を管理しているという確証が必要である。つまり，管理部門がスーパーバイザーに利用可能な報酬の分配に関する重要な決定権を与えていることが，明確に認識されていなければならない。

　他の一部の事業所とは違い，相談機関では管理できる報酬の範囲と種類が限られているため，報酬のパワーは限定的である。生産のインセンティブや自社株購入権などの報酬は利用できない。公務員や組合の規定による均一の給与体系が設けられており，功績に応じて報酬を与えることが困難になっている。

　スーパーバイザーが報酬システムを利用または管理しているのが望ましいが，最低でも報酬の分配の最終的な決定権をもっており，報酬の根拠が明確ではっきりと知らされており，報酬が政治的ではなく事業所の目的に対する専門的な貢献に基づいて提供されること。公式の席で与えられる場合などを除き，報酬は良い仕事が行われた際に良い仕事に対して継続的に与えられる必要がある。

　ソーシャルワークの倫理は，報酬の公平さを尊び，報酬を獲得するための競争には否定的である。そのため，報酬のパワーは懸念されながら控えめに利用されているようだ。

強制のパワー

　スーパーバイザーは，スーパーバイジーに対する処罰を制御することができる。これには，降格，解雇，業績への低い評価，希望に反する業務の割り当て，良くない推薦内容などがある。逆恨みしたクライエントは過誤に対する法的賠償を請求できる。これには，クライエントへの賠償金や実践資格の剥奪などがある。非承認や批判の言葉，冷遇，回避などの心理的な罰もある。報酬を提供しないことは実質的には罰となるため，報酬のパワーと強制のパワーには重なり合う部分がある。

報酬のパワーの場合は，スーパーバイジーは報酬を獲得するためスーパーバイザーの指示とクライエントとの契約に従うように仕向けられるのに対し，強制のパワーの場合，順守は処罰を回避しようとする結果である。強制のパワーの効果は，懲戒処分の可能性がどの程度あると考えられているかに依存する。スーパーバイジーが，真剣に処罰は検討されないだろうと判断している場合，強制のパワーは効果的なスーパービジョンのパワーとはならない。しかし，「有能なスーパーバイザーは，きわめて深刻な状況を除き，強制のパワーを行使したがらないが，部下のほとんどは強制のパワーがいつでも行使され得ると信じて行動するというのは重要な論点である」(Austin 1981:21)。

　しかし，強制のパワーが遍在する場合，スーパーバイジーはそれを「パワーの過剰」(McAdam 2001) と受け取り，反感や抵抗で応酬する場合がある (Murphy 2002)。スーパーバイジーが危険水域を航行していない限り，専門職の価値と倫理は，相互協調の「柔軟性，気配り，洞察力」のパワー (de Boer & Coady 2007:32)，およびスーパービジョン関係のエンパワメントと調和するものである。一般的には懲戒処分の不快感と傷つけたくないという気持ちから，ソーシャルワークでは強制のパワーによる管理的効果は比較的低い。

法定上または職位のパワー

　Holloway & Brager (1989:30) は，職位の権限を「行動の開始，意思決定，他者に対して組織の資源を割り当て，成果の判断をする役割を担うという組織的に認可された権利」と定義している。人は，親，教師，警官，牧師，監視員，スポーツコーチなどとの経験を通じて，職位のパワーを受け入れ，応答するように社会化される。権限のある地位の人に対して，行動の台本を学習し，ほぼ自動的に台本通りの役割を演じるようになる。その地位に就く個別の人をまったく考慮せずに，特定の地位に結びついた権限に反応する。職位の責務はコンプライアンス規範を作動させる。職位は同調の義務意識を喚起し，その義務は守られなければという期待を引き起こす。

　肩書きが与えられることで，スーパーバイザーは地位に伴う権限を主張できる。人は職権を受け入れ，そうすることで，その職にある人の権限が正規のものであることを受け入れる。スーパーバイジーは，事業所に就職することで，暗黙のうちに事業所と専門職の権限を担う者からの指示を受け入れる契約をしたことになる。地位の権限の受け入れには，道義的責任と社会的義務の意識がある。そのため，スー

パーバイジーは、スーパーバイザーの職位を考慮し、スーパーバイザーにはスーパーバイジーが提案と助言や指示に従うことを期待する正当な権利があると感じる。

職位のパワーは、権限のある地位の人びとへの服従が受容と承認を得られるという以前の経験に強化されるだけでなく、職務の遂行を円滑にしたことの効果にも由来し引き出すことができる。Bernard（1938）は、初めに組織の権限を受け入れるという前提があれば、スタッフは個人的な従属意識や同僚との立場関係を失うことなく、スーパービジョンの指示を争点にするのを避けることができると指摘する。

関係性のパワー

スーパーバイザーには、スーパーバイジーに同一化の対象とされ、スーパーバイザーに好かれたい、スーパーバイザーのようになりたいと思われることから生まれるパワーがある。関係性のパワーは、スーパーバイザーとスーパーバイジーの肯定的な関係と、スーパーバイジーがスーパーバイザーに感じる魅力から発生する。これは、関係性のパワーである（Beinart 2004; Frawley-O' Dea & Sarnat 2001; Milne 2009）。実際、スーパーバイジーは「スーパーバイザーのようになり、スーパーバイザーに好かれたいと思う。そのため、スーパーバイザーのように考え、行動したい」「私はスーパーバイザーに似ている。そのため、スーパーバイザーのように行動し考える」と言うのである。スーパーバイザーはスーパーバイジーからソーシャルワーカーのめざすべきモデルのように見られている。

あるソーシャルワーカーは、関係性のパワーの有効性および関連する問題について次のようにわかりやすく説明している。

> スーパーバイザーへの同一化により、私は影響を受けるようになった。同時に、個別面接のセッションでスーパーバイザーが示すモデルや、クライエントへの敬意とクライエントの課題への共感を見て、スーパーバイザーが持つものを自分も身に付けたいと思った。スーパーバイザーと同じようにセラピーを行う方法を知ろうと決意した。スーパーバイザーの能力を習得したいという気持ちや尊敬の念から、助言を信頼し、指示を受け入れようとした。

一度構築された関係は、スーパーバイザーの影響力の基盤となる。関係が緊密なほど、スーパーバイザーがスーパーバイジーの行動と態度に及ぼす影響も強くなる。

緊密な人間関係の結果、スーパーバイザーの側の影響を及ぼそうとする取り組みを、スーパーバイジーが受け入れるようになる。同一化の結果、スーパーバイザーの期待が内面化される。スーパーバイジーは、スーパーバイザーのように行動し、

スーパーバイザーの期待に応えるように振る舞う。

専門性のパワー

　専門性のパワーは，スーパーバイザーがもっており，スーパーバイジーが必要としている特定の知識と能力に由来する。これは，専門的コンピテンスのパワーである。スーパーバイザーから専門性を得るスーパーバイジーは，スーパーバイザーの決定や判断を信じるに違いない。スーパーバイザーには，スーパーバイジーの行動に対する影響力がある。これは，スーパーバイザーには，仕事上の問題に適切に対処するために望ましい，または必要な知識があるためである。

　関係性のパワーには，専門性のパワーよりも幅広い影響力が潜在的にある。専門性のパワーの影響は，専門知識が定義する範囲に限定される。専門性のパワーは，専門知識の根拠を頻繁に証明する必要があるため，目的を達するのは困難である。スーパーバイジーの専門知識がスーパーバイザーのレベルに次第に近づくに従い，このパワーは効果を失う。また，スーパーバイザーが直接的サービスに携わらないことが続くと，技術の退化と，専門性のパワーの低下につながる。

スーパービジョンのパワーのタイプ別相互作用

　パワーの発生源は，機能的パワーと形式的パワーの2つに分類できる。機能的パワーには，専門性のパワーと関係性のパワーがあり，スーパーバイザーの知識，スーパーバイザー自身の在り様，スーパーバイザーの成し得ることに左右される。機能的パワーは，スーパーバイザーの人としての部分に内在する。形式的パワーは，スーパーバイザーのもつ肩書きと，その肩書きに伴う権限に直接的に関係する。形式的パワーには，職位のパワーと報酬および処罰のパワーがある。これらの2つのパワーは，相互補完的である。パワーを行使するために最も望ましいのは，形式的パワーと機能的パワーが一致する状況である。これは，地位的権限とそれに伴う報酬のパワーおよび処罰のパワーを与えられた人が，自分の対人関係のスキルと仕事の知識によって，専門性のパワーを提示することができ，関係性のパワーを発展させることができることをいう。機能的権限は，形式的権限を正当化し，受け入れられるようにする傾向がある。形式的権限をもつ人がスーパーバイジーに比べて知識や経験がない場合，またスーパーバイジーから尊敬を得られない場合には困難が生じる。この場合，スーパーバイザーという人が肩書をもっていても，スーパーバイジーは職位のパワーを認めようとせず，このことで形式的権限が弱められたり傷

つけられたりするだろう。

　形式的パワーはスーパーバイザーの事業所に，機能的パワーはスーパーバイザーの人の部分に，それぞれ関係するものである。そのため，機能的パワーは変動しやすい。同じ事業所内のスーパーバイザー間では，職位，報酬，処罰のパワーに大きな違いはない。だが，専門知識と対人スキルの違いから，権限を行使する総合的な能力には大きな開きがあるだろう。

　スーパーバイジーがスーパーバイザーを専門家として，また同一化と模倣の対象として受け入れようとする態勢は，移り変わるものである。スーパーバイジーが知識と経験を積むなかで，スーパーバイザーの助けをあまり借りずに仕事の問題解決ができたことによって，またスーパーバイザーの助言や提案を実践した結果をみて，スーパーバイザー本人がいうほど，また以前に認知されていたほどの優れた専門家ではないことに気づいた場合，専門性のパワーが低下するだろう。

　形式的権限は，スーパーバイザーに任命されるとその職位に帰属するものとして自動的に受理される。機能的権限は，スーパーバイザーが達成し，継続的に実証する必要がある。スーパーバイジーがスーパーバイザーを専門家と見なさなければ，スーパーバイザーはほとんど専門性のパワーをもたない。スーパーバイジーがスーパーバイザーに魅力を感じず，スーパーバイザーに好感をもたれているかどうかに関心がない場合，スーパーバイザーは関係性のパワーをもたない。

　スーパーバイザーがスーパーバイジーに行動変化をもたらし，その行為を統制するために，複数のパワーの発生源を活用するが，その際さまざまな適用の可能性とコストが関係する。報酬のパワーと強制のパワーは，奨励または阻止の対象となるスーパーバイジーの特定の行動にさかのぼって活用し得る。こうしたパワーの活用効果は範囲を限定する。どちらもタイミングを見計らって定期的に監視する必要がある。これらのパワーを行使できるのは，スーパーバイザーがスーパーバイジーの行っていることと行っていないことを把握している場合に限られる（Holloway 1995）。スーパーバイジーは指示された行動について，スーパーバイザーが知る機会がある場合にのみ，取り組まなければというプレッシャーを感じる。パワーの発生源としての報酬と強制を行使することは，コンプライアンスのみを達成する。

　一方，専門性のパワーと関係性のパワーには，より広範な効果がある。一度これらのパワーの発生源が確立されたなら，スーパーバイザーのあらゆる言葉や要求はスーパーバイジーに真剣に受け取られるようになる。こうしたパワーの効果は，スー

パーバイザーの権限の内面化であり，スーパーバイザーの目が届くか否かにかかわらず，服従へのプレッシャーになる。報酬のパワーと処罰のパワーはコンプライアンスと行動の変化を実現するが，専門性のパワーと関係性のパワーの行使は，影響を内面化し，感情と態度をも変化させる。

関係性のパワーと専門性のパワーは，スーパービジョン関係におけるリーダーシップを定める。スーパーバイジーがスーパーバイザーに好感を抱き，その専門知識を高く評価し尊敬しているなら，スーパーバイザーの権限は自発的に受け入れられて強制されたとは受け取られない。スーパーバイジーはスーパーバイザーから与えられた要求，提案，課題に自発的に従おうとする。その意味では，スーパーバイザーは，スーパーバイジーのコンプライアンスをほとんど抵抗なく獲得できる。スーパーバイジーはスーパーバイザーの助言と，影響を与えようとする取り組みを受け入れ，導かれていると感じるので監督されているとは思わない。しかし，スーパーバイザーに好感をもち尊敬しており，監督されているというより導かれていると感じていたとしても，その影響力には限界がある。専門性のパワーと関係性のパワーは，個人的な問題やクライエントに対する気持ちについてスーパーバイジーが開示することとは密接に関係することを，Bleiweiss（2007）による59人の博士課程の学生を対象とした調査は示している。しかし，これらのパワーでは，スーパーバイザーについて，あるいはスーパービジョン過程についてのスーパーバイジーの自己開示を予測することはできない。Murphy（2002）は，スーパーバイジーはスーパーバイザーのパワーと自分のパワーの釣り合いをとるために情報を制御すると考えている。

Tsui, Ho & Lam（2005:51）は，香港のソーシャルワークのスーパーバイザーと現場で働くソーシャルワーカーの力関係を詳細に描いた。香港では，「ヒエラルキー関係に対する中国人の態度」は「慣行としての権限への従属」であるとしている。スーパーバイザーは意思決定の過程を支配するのに対し，スーパーバイジーはスーパーバイザーに結果についての責任をとらせるような具体的なスーパービジョンの指示を求めることで従う。おそらく負担を軽減するため，スーパーバイザーは頻繁かつ戦略的にスーパーバイジーと話し合い，言外の意味を読み取り，儀礼的な合意に至る。こうして，「両者が〔中略〕示し合わせた通りに振る舞う限り，偽りの協調が維持される」（Tsui, Ho & Lam 2005:62）。

Warren（1968）は，ソーシャルワークに特有の低い可視性の相談業務を条件に

して，事業所の規範の遵守に関係するパワーのさまざまな発生源を分析した。こうした条件下で，専門性のパワーと関係性のパワーは態度や行動（規範を内面化すること）が規定に準じていることを保証するのに最も効果的だった。

スーパーバイジーが感じる職位のパワーの強さは，それまでの社会化の結果であるため，職位のパワーはスーパーバイジーの権限的人物に対する関係性の問題に関して脆弱性をもつ。成育過程で親または親代理に対して反抗や敵意をもった経験があると，スーパーバイジーは職位のパワーに抵抗する傾向が強い（Itzhaky & Ribner 1998）。

スーパービジョンのパワーが発生するコンテキストによって，スタッフの満足度はさまざまであるとの調査結果によると，専門性のパワーと関係性のパワーはスーパーバイジーの満足度と正の相関がある。強制のパワーは，満足度との相関が最も低い（Burke & Wilcox 1971; Okon 2010; Preslar 2001）。

Munson（1981）は，スーパーバイジーにとってのスーパービジョンの満足度とスーパーバイザーの権限の発生源の認識との関係について研究し，スーパービジョンへの満足度は明らかにパワーの発生源としての能力と経験とに関連していると報告した。これに対して，スーパーバイザーがそのパワーをヒエラルキー上の地位に由来すると考えている場合は，親しみやすさ，開放性，寛大さが欠如すると捉えている。

強制のパワーと職位のパワーは，最小限の業務要請に見合った仕事をスーパーバイジーにしてもらうのに適している。これは，業務を引き受ける際に技術的な契約をしたことになる。一方，関係性のパワーと専門性のパワーは，このレベル以上の業務をこなすようにスーパーバイジーを促す。スーパーバイジーが良い業務をしてスーパーバイザーに喜んでもらおうとするのは，関係性のパワーによりスーパーバイザーがスーパーバイジーにとって重要な人となっているからである。スーパーバイジーが良い業務をして満足するのは，スーパーバイザーが専門性のパワーを行使して業務の問題解決を助けているからである。報酬のパワーも，見込まれる報酬の幅がスーパーバイジーにとって十分に魅力的で，良い業務をすれば実際に報われるという確証があるとき，この効果を出すことができる。

パワーのさまざまな発生源は相互に関係している。報酬のパワーは，関係を肯定的なものにする性質がある。肯定的な関係がいったん形成されると，スーパーバイザーから与えられる心理的な報酬（賛辞，承認）の効果を強める。強制のパワーを

行使すると肯定的な関係を形成するのが難しくなり，関係性のパワーを影響力の発生源として利用できなくなる（Brehm & Gates 2004）。

　行使したパワーがスーパーバイジーに受け入れられたとき，行動は変化する。スーパーバイジーは行動を調整するが，その振る舞いは事業所の目的やニーズに沿ったものである。パワーは慎重に考えた意図的な効果を達成するために使用される。パワーを効果的に適用できたなら，その調整の仕方についても話し合うことができる。

　ソーシャルワーカーが自分の振る舞いに影響を与えていると考えるスーパービジョンのパワーの発生源は何だろうか。ソーシャルワーク修士号を取得していない福祉事務所のスーパーバイジーがソーシャルワーク修士号を取得していないスーパーバイザーからスーパービジョンを受けている場合の調査によると，職位のパワーについて最も多く，ついで専門性のパワーについて言及されていた（Peabody 1964）。関係性のパワーは，影響の発生源としてそれほど重要であるとはみなされていなかった。ソーシャルワーク修士号取得のスーパーバイザーとスーパーバイジーに関する別の調査では，両グループともに専門性のパワーと専門職としてのコンピテンスがスーパーバイザーの主な影響源であった（Kadushin 1974）。スーパーバイザーたちはこれをほぼ唯一のパワーの発生源とみなしていた。しかし，スーパーバイジーの多くは，職位のパワーをスーパービジョンの影響力の重要な発生源と考えていた。明らかに，スーパーバイジーたちはスーパーバイザーが意識している以上に，管理的なヒエラルキー上の職位のパワーを認めていたのである。Munson (1997) が主張するように，ソーシャルワークの価値とヒエラルキー上の関係とが相容れないものであるとすれば，スーパーバイザーがもつパワーはコンピテンスにではなくスーパービジョンの職位に由来すると認めることは，スーパーバイザー側にとって認識の混乱を招くことになる。どちらの調査でも関係性のパワー，ないしは対人関係のパワーは，スーパービジョンの影響に関する重要な発生源としてみなしていないことは興味深い。予想どおり，報酬のパワーと強制のパワーはどちらも望ましいパワーの発生源とはみなされず，Munson (1997) は職位に由来するパワーはソーシャルワークの価値と相容れないと主張する。

　508人のソーシャルワークのスーパーバイザーと377人のスーパーバイジーを対象とした1989年の追跡質問票調査でも，専門性のパワーと職位のパワーのみが両グループとも突出していた（Kadushin 1992a）。スーパーバイザーは，専門知識を効果的なパワーの発生源として圧倒的に重視していた。スーパーバイジーは通常こ

れに同意するものの，彼らの大半は，スーパーバイザーが期待する行動に同意する理由を職位のパワーに帰している。ごく少数ではあるが，関係性，報酬，処罰のパワーを重要視する回答があった。

31の福祉サービス事業所とリハビリテーション事業所の約1万6000人のスタッフを対象とした調査でも，重要視するスーパービジョンのパワーの発生源は，同様の順位であった。専門性のパワーは，スーパーバイジーが直属のスーパーバイザーからの提案および要求どおりの行動をとるように促す主な理由となっている。職位のパワーはスーパービジョンの影響の2番目の発生源であった。関係性のパワーは中間の順位になり，報酬のパワーと強制のパワーについては，影響力の発生源としての効果をほとんど認められなかった（Olmstead & Christensen 1973）。

専門性のパワーはソーシャルワークのスーパーバイザーとスーパーバイジーにとって容易に承認できるもので，気楽に活用されるパワーであることは確かだが，ソーシャルワークのスーパーバイザーにとって実行可能で効果的なパワーかどうかという点については疑問が残る。

報酬，強制，職位のパワーの基盤は，事業所を介した地域社会にある。関係性のパワーの基盤は，スーパーバイザーの人の部分である。しかし，専門性のパワーの基盤は専門職である。専門職は，スーパーバイザーを専門家として育てる知識を提供する。そのため，専門性のパワーの有効性は，専門職の最先端の技術に左右される。開発された高度に洗練された技術をもち，その専門職として提供できるための十分な教育を受けているスーパーバイザーの場合，スーパーバイザーと新人のスーパーバイジーとの専門性には大きなギャップがある。しかし，利用可能な専門知識をほとんどもたず，技術も限られているスーパーバイザーの場合は，そのギャップは小さく，短期間で取り除かれるだろう。一般に認められる理論，技術，介入に関して，現場の変化は急速であるため，スーパーバイザーの専門性の権限は弱化する傾向にある。当初のソーシャルワークの見解として社会化されたものであっても，あるいは，最近まで特定のアプローチの技術として使用されていても，現在ではいくぶん時代遅れになっているという意味から，スーパーバイザーはスーパーバイジーほど最新のものを知らないといえる。

客観的にみてスーパーバイザーに実質的な専門性がないのに専門性のパワーに基づく権限を維持するのは難しいが，同様に，専門性の差をあからさまに無視するような観念的な雰囲気の下では，課題は一層難しくなる（Hair & O'Donoguhe 2009 et.al.)。クライエントとスタッフ，教師と生徒，スーパーバイザーとスーパーバイジーの間の対等性が観念的に強調される場合，つまり役割の違いが否定され，全員が対等な同僚となる場合，専門性のパワーに基づく権限はさらに脅かされる。

しかし，ここまでの段落は，専門職の知識とスキル一般に関する専門性のギャップを取り上げていることに留意しておかねばならない。専門性のパワーは，他の種類の情報によって検証される場合がある。スーパーバイザーがスーパーバイジーよりも事業所での経験が長いのは通常のことであるが，専門性の大部分はその特定の事業所の方針，手続き，運用についての特定の知識にのみ由来するものかもしれない。

スーパーバイザーの専門性のパワーの基盤は，事業所の連絡ネットワークに有利な立場を占めることにより補完される。スーパーバイザーは，事業所内または事業所間の豊富な経験に基づいた事業所運営を熟知しているだけではない。スーパーバイザーは管理部門からのそうした情報を最初に入手するので，事業所の方針と手続きについての必要性の高い知識をもつ。

さらに，それぞれの事業所は特定の社会的問題とクライエントを扱っている。スーパーバイザーは，事業所の特定のクライエントと事業所の関心事である特定の社会的問題について的確な専門知識をもち，スーパーバイザーの専門性とスーパーバイジーが知るべきこととの間にあるギャップを計ることができる。

権限の正統性

スーパービジョンの権限，ヒエラルキー，パワーの直接的な行使や表現は，相互性と自己決定というソーシャルワークの価値との間に明らかな緊張を引き起こす（Hair & O'Donoghue 2009）。しかし，こうした言葉へのソーシャルワーカーの拒否感とそれが意味する行動への反発にもかかわらず，ソーシャルワークの権威はスーパービジョンの関係に組み込まれている。これは，スーパーバイザーが「法的事項の最終的な権限と責任（管理者責任）とスーパーバイジーの行為に対する法的責任をもつ」うえ，「クライエントの保護はスーパービジョンの責務の第一である」ことを理由としている（Falender 2010:23）。そのため，Miller（1960:76）は，「スタッフとスーパーバイザーの関係は対等であるとか，たまたま異なる役割と責任を担っている仕事仲間であるというような羞恥心は捨てた方が良い。この種の善意の歪曲は，スーパービジョンの機能に固有のパワーと権威を曖昧にする」と述べている。

これは，協働的なフェミニストおよびポストモダン理論家も同意する思いである（Falender 2010; Frawley-O'Dea & Sarnat 2001）。

Patti（1983:26）は，社会福祉管理の分析で，「権威は組織運営と管理の過程に固有のものである。マネジャーは実際に指示と制御を行っている。この現実をごまかしても得るものはない」と述べた。さらに，次のように指摘している。

> 権威は〔スーパーバイザーの〕役割に本質的なものである。権威を建設的に利用することは，マネジャーとその担当部門のパフォーマンスに不可欠である。〔中略〕マネジャーが，部下の同意が得られない場合に権限の行使に尻込みしていると，結局は活動をまとめて組織の目的を達成することができなくなる（Patti 1983:217-18）。

スーパーバイザーは，防衛的になったり弁解することなく，自分の地位に固有の権威と関連するパワーを受け入れ，隠さないようにする必要がある（Cearly 2004）。権威の行使は，時に避けられないことがある。スーパーバイザーは自分の行動に自信をもち，その自信を伝えることができれば，効果を高めることができる。スーパーバイザーが自信をもち自分の権威が尊重されることを期待して行動する場合，その指示は受け入れられるだろう。

学校のスーパーバイジーは，次のように述べている。

> スーパーバイザーは，私がいつも遅刻することが部門の予定を乱していることを，ごまかすことなく直接的に指摘した。率直で真剣だった。申し訳なさそうにしたり，できるだけ短くしたり，押し付けようとはしなかった。ただ問題点を指摘し，私に答える機会を与え（言われたとおりだったので反論しなかった），その回を終了した。落ち込みはしたが，スーパーバイザーの率直さと正直さに敬服した。

▌非権威主義的な権限

組織目標の達成に必要な機能を遂行するため，スーパーバイザーにある程度の権威とパワーが与えられ，行使するのであれば，どのようにこの権威を示すのが効果的なのだろう。スーパーバイジーがスーパーバイザーの権威を受け入れるのは，特定の利害関係がある場合である。これにより，スーパーバイザーは，高圧的または権威主義的になることなく権限を行使できる。

一般に，スーパービジョンのパワーを利用する上で望ましいのは，「副作用やコンフリクトを最小限に抑えパワーを行使」し，「組織の要求する機能を果たすためにパワーの行使を最小限にして，パワーを行使せずに役割のパフォーマンスを最大

化する」方法を探すことである（Kahn 1964:7）。Bogo & Dill（2008:141）は，これを「綱渡り」のようなものと表現した。

　スーパービジョンの権限へのコンプライアンスが自発的に生じるのは，その発生源が正当であること，行使される方法が受け入れられるものであり，その目的が理解可能で承認し得るもので，しかも妥当な範囲内で行使される場合である。重要なのは，権威の行使に伴う態度と意図である。権威の行使が必要な状況，たとえば，スーパーバイザーとスーパーバイジーが協働で目的を達成しようとする場合にのみ権限を行使するほうが，受け入れられやすい。悪意があるとか，自分の権力拡大や支配欲に駆られて，あるいは自己満足のために権限を行使すると，受け入れられにくい。スタッフやクライエントに対する気づかいや関心の表現として権威を用いるのが最適である。

　スーパーバイザーが権限を行使するのは自己満足ではなく，組織の目的達成のためであることが明白であれば，スーパーバイジーがそれを理解して受け入れるのは難しいことではない。スーパーバイジーが組織の目的達成を託されている場合，権限の受容は自分自身のニーズと希望に一致することになる。

　権限を行使するスーパーバイザーに柔軟性があり，スーパーバイジーからのフィードバックを妥当だと判断して，「命令」を変更するような提案を受け入れる態度であれば，気まぐれとか恣意的とみられることは少ない。権限を行使するとき，スーパーバイザーがスーパーバイジーと指示の理由を分かち合い，指示に対する疑問や話し合いの機会を提供するならば，権限の行使は自分も参加している正当な手続きだというスーパーバイジーの気持ちは強化される。こうした参加を通して，スーパーバイジーは制御を共有する。

　権限が予測可能な方法で行使される場合にも，スーパーバイジーは状況をある程度は制御できると感じる。特定の行為の結果を，自分で明確に予測できる。権限が恣意的に行使されると，スーパーバイジーは予測できず，納得がいかないだろう。

　権限を行使する際は，スーパーバイジーは一人前の大人として，依存，従属，個人の自律性の侵害を暗示する権限の受け入れを快く思わない傾向があることを認識する必要がある。また，権限の行使は非人格化するのが最適である。状況が最適であっても，人は権限に対して嫌悪や抵抗を示すものである。権限の本質は，平等主義に反して，ある人が別の人よりも優位だという考えを示す。権限を行使するときに非人格化することで，こうした感情を緩和できる。この態度は，スーパーバイザー

が個人的優位性の意識からではなく，組織の仲介者として振る舞っていることを示す。スーパーバイジーは，スーパーバイザーを人として優位だと認めることを求められているのではなく，事業所の階層のなかで特定の機能が割り当てられていることを認めるのである。

　反発を避けるには，権限は公平に行使する必要がある。公平というのは必ずしも等しくということではなく，類似した状況においては類似した扱いをするという意味である。理由があって人によって異なる扱いをする場合は，反発は生まれない。あるスタッフに別のスタッフよりもかなり少ない担当件数を割り当てることがある。そこに難しくて複雑なケースが含まれている場合，スーパービジョンの権限を不公平に行使した割り当てとはみなされないだろう。

　スーパーバイザーは，自分の権限が限定的で仕事に関連したものだということを十分に認識しておかねばならない。管理の権限の認可は，特定の義務と任務と対をなすものである。スーパーバイザーが付与された範囲を超えて権限を拡大しようとした場合，権限の正統性は議論の対象となる。たとえば，スーパーバイジーに厳格な服装規定を設けることや，プライベートな仕事外の行動を禁止することが問題となるのは，適正な権限の範囲を超えているためである。

　スーパーバイザーは，基本的な条件が満たされない限り，権限の行使に慎重になる必要がある。Bernard（1938）は，スーパービジョンの指示が反対にあう場合について以下のように述べている。スーパーバイジーが何を行うべきかを理解していないとか，指示がスーパーバイジーの理解している組織の目的と一致せず，スーパーバイジーの個人的関心や信念と両立しないので従えないと考える場合である。同様に，Kaufman（1973:2）は，コンプライアンスを得られない理由として，スーパーバイジーが行うべきことを明確に理解していない，実行する能力がない，実行したくないことなどがあると指摘している。

　権限の行使は最小限にするのが最も効果的である。常に権限を行使すると，スーパービジョンに関与する者の関係性における社交的距離が広がり，その関係性は形骸化したものになる。スーパーバイザーとスーパーバイジーの間で地位の違いの意識が強まり，自由なコミュニケーションの妨げになる。そのため，スーパーバイザーは権限の明示をできるだけ少なくして，必要なときに限る必要がある。

　パワーに代わる他の手段を用いて影響を与えるのが望ましい。スーパーバイザーは，権限とパワーの利用を最小限にしてスーパービジョンの目的を達成するのが最

も望ましい手続きである。何らかの情報提供，モデル提示，共感的理解と受容の表現によってスーパーバイジーを望ましい行動様式に導くことができれば，それが最も好ましい介入であろう。Sennett（1981:174）が指摘するように，「パワーを露骨に行使するとそこに注目が集まる。影響力をもたらすことはない」。パワーはベールで被うことで人間味のあるものになる。

スーパービジョンの権限は，事業所の管理部が必須事項を維持する場合に，効果的に行使できる。最も基本的なことだが，その役割を指名されるのはスーパーバイザーとしての資格をもつ者に限り，任命は公正で無難に行われなければならない。そうして初めて，スーパーバイジーはスーパーバイザーの肩書きとそれと関連した権限を適正な権利と認めるだろう。

管理部は，スーパーバイザーに求める機能を果たすのに必要な権限を，指揮の統一という原則にのっとり委任しなければならない。この原則は，スーパーバイジーが1人のスーパーバイザーからスーパービジョンを受け，それに応えることを提唱する。複数のスーパーバイザーが一連の同じ行動についてスーパーバイジーに指示する場合，権限の行使は困難になる。また，スーパーバイジーが実行すべき一連の重要な職分について，誰も責任をもたない場合にも困難が生じる。管理責任の欠落と重複のどちらもが問題を引き起こす。

スーパーバイザーの権限の直接の発生源である事業所の管理部が，スーパーバイザーの権限を一貫して支持する場合，そのパワーは安定する傾向がある。スーパーバイザーの権限に対する管理部門からの支持が首尾一貫せず，予測できない場合は，そのパワーは低下する傾向がある。管理部はスーパーバイザーとスーパーバイジーに対して，スーパーバイザーに与えられた権限の性質と範囲，権限が適正に行使される条件を明確にする必要がある。

スーパービジョンの権限の実施に伴う問題

理論的には，ソーシャルワークのスーパーバイザーには権限とパワーの一連の発生源があるという印象だが，入手可能で，記述された，経験に基づくデータが以下のことを示している。

1. ソーシャルワークのスーパーバイザーは利用可能な権限とパワーを積極的に行使しない。
2. 特に，スーパービジョンの管理的・道具的な生産性目標（つまり，「仕事をやり遂げる」こと）を実現するためにパワーと権限を行使することに消極的である。
3. ソーシャルワークのスーパーバイザーが権限とパワーを管理的なスーパービジョンの目的で使おうとしても，この目的の実現の可能性はスーパーバイジーの対抗するパワーのために事実上相殺されてしまうことも多い。

スーパーバイザーによる権限とパワーの回避と放棄

Holloway & Brager（1989）が述べるように，パワーと権限の使用は，ある人が別の人に行動を指示し，コンプライアンスを期待する権利があるという想定に基づいている。この想定には優位性の概念が含まれており，これがソーシャルワーカーを当惑させ，気まずい思いになってパワーを行使する力を奪っている。ソーシャルワーカーは，自分の行おうとしていることに躊躇し，申し訳なさを感じながらパワーと権限に訴えている。これが恥と罪の意識を喚起する。

権威とパワーの管理的な行使は，平等，民主的，非強制的，非階層的な関係などを尊ぶソーシャルワークの基本的価値に理念的に反するものだとみなされる（Munson 1997）。スーパービジョンでパワーと権威を行使することは，スタッフのクライエントとの接し方にも転移として影響を与え（Frawley-O'Dea & Sarnat 2001; Nelson, Gray, Friedlander & Gray 2001），援助関係の相互性を脅かすので（Robinson 1949），パターナリズムの表出のように感じられる（Greene 2002）。このような実践的教訓は，スーパーバイザーが管理的なパワーと権威を行使することへの抵抗を理念的に強化している。

Vinter（1959:262-263）は，この問題について，「ソーシャルワークの非権威主義的理念と，管理的コンテキストにおける権威と制御の行使を並置することから緊張が生じている。価値としてのクライエントの自律性と自己決定は，社会福祉の管理構造に行き渡っている」と述べる。実際, Levinson & Klerman（1972:66）は，「精神保健専門領域におけるパワーについての支配的な見方は，〔中略〕ヴィクトリア朝時代の性についての見方とよく似ている。下品で，性格の欠陥を示し，立派な専門家には関心のない，かかわり合うのも卑しいことと見られている」と述べる。

残念ながら，権限，パワー，制御を行使するニーズに，もっぱら機能的な明確さのみで応ずるのは難しいが，仕方のないことである。権威，パワー，制御は組織の目的を達成するために機能として必要だが，威信，自尊心，優越感，劣等感，支配，服従といった感情と混ざり合う。何らかのコンテキストにおけるパワーによる関係は強い感情の流れを引き起こす。これは，親子関係における権威と支配の原体験の記憶が呼び起こされるためである。

福祉事業所の組織体制についての研究によれば，「質的になんらかの点で民間企業に匹敵する管理制御システム」をもつ福祉機関はきわめて少ない（Herzlinger 1981:207）。一部には，福祉機関が民間企業の管理手法を導入しているという報告があるものの（Harris 2003; Poertner 2009），ソーシャルワークでは品質管理と顧客満足の複合的な算定基準が用いられるのはまれである（Lambert & Hawkins 2001; Reese, Norsworthy & Rowlands 2009）。「そうしたデータがあるとしても，管理目的で使用されるかどうかは不確かである」のは，「階層的な企業の管理過程と対照的な規範をもった」専門家によって管理されるからである（Herzlinger 1981:209）。矛盾するようだが，民間企業はソーシャルワークで使用しているものに類似点のある管理実践を採用し始めている（Boettcher 1998）。たとえばイギリスでは，Poole, Mansfield & Gould-Williams（2006:1073）が，管理者の大規模サンプルの長期的なデータから，公的機関と民間企業の管理実践では，民間企業のスーパーバイザーとスタッフの協議を頻繁に行うというような「二者間の収斂」が起きていると報告している。

スーパービジョン関係におけるパワーと権威の問題は，ソーシャルワーク一般における権威の問題の特殊な例に過ぎない。専門書で特に留意している問題である（Yelaja 1971）。スーパーバイザーが権威を行使したがらないことは，イスラエルにおけるスーパーバイザーの経験に基づく調査にも明らかである。

〔中間管理職として，機関の〕スーパーバイザーは，「板挟み」の状況，すなわちスーパーバイジーとの関係に影響を与えるような無防備な立場にいると感じることがあるだろう。このため，システム内に摩擦，抵抗，不要な「干渉」を招く恐れから，（必要だが）否定的なフィードバックを返すことや，直面化を適切に実行することが難しくなる（Itzhaky 2001:82）。

インタビュー調査によると，300人以上のイギリスの直接サービスのソーシャルワーカーは，スーパービジョンの適切な目的は「業務点検」であると認識している。

一方，スーパーバイザーには，この「点検プロセス」を認めることにためらいがあり，「自分の役割の権威主義的側面を避け，スーパービジョンの制御的な側面よりも支援的な側面を重視しているようだ」(Parsloe & Stevenson 1978:202)。スーパーバイザーの行動調査によれば，「スーパービジョン活動としての業績評価とモニタリング」に関連する行動をうまく実行していない (Ladany et al. 1999:457)。標準化調査法による管理様式と管理哲学の調査記録を参照すると，調査の多くは，ソーシャルワークのスーパーバイザーのアプローチについて同様の結論に達している。ソーシャルワークのスーパーバイザーにとっては，任務の達成とスタッフの生産性のモニタリングへの関心は限られており，スーパービジョンの人間関係に大きな関心をもっていることがわかる。

Olyan (1972) は，リーダーシップに関する見解についての質問票 (Leadership Opinion Questionnaire) を用いて，3つの異なる設定で228人のスーパーバイザーの回答を集めた。質問票の尺度の1つは，構造に関するものであり，以下を反映するように設計されている。

> 目標達成に対するスーパーバイザー自身および部下の役割規定および役割の構造化の範囲。この側面のスコアが高いのは，スーパーバイザー個人がグループ活動を管理するのに，プランニング，情報伝達，スケジュール管理，批判，新しいアイデアの試行などにより非常に積極的な役割を果たしていることを示す。低いスコアは，これらの方法を使ったグループ管理に比較的消極的なスーパーバイザーであることを示す (Olyan 1972:172)。

構造尺度のスコアが低いのは，制御と権威の行使に消極的であることを示す。

質問紙の2つ目は配慮の尺度であり，以下を測定するように設計されている。

> 部下との相互信頼，アイデアの尊重，感情の配慮，相互の思いやりのある仕事上の関係の程度。高いスコアは，良好な信頼関係と双方向のコミュニケーションがあることを示す。低いスコアは，グループメンバーとの関係が非人間的であることを示す (Olyan 1972:172)。

ソーシャルワークのスーパーバイザーは，スコアが利用可能な35種の他業種のグループと比べ，配慮尺度で高いスコアを付けたが，構造尺度のスコアは36種の全業種のなかで最下位だった。Olyanは，データから，「この調査グループのスーパーバイザーはプランニング，情報伝達，スケジュール管理，批判などの目標達成のための技術志向ではないことがわかる」(1972:178) と結論づけた。これらは，管理

的スーパービジョンの責任遂行において中心的な活動であり，権威の行使と関連している。

　Granvold (1978) は，リーダーシップの見解に関する質問紙を使って108人のソーシャルワークのスーパーバイザーを調査した結果，Olyan (1972) と同様に，配慮尺度では高スコアだったが，構造の側面では低スコアだった。構造の側面は，組織の目的を果たす責任を反映するスーパーバイザーの態度を測定すると「考えられた」。結果は，「対象グループは配慮下位尺度で比較的高く，構造下位尺度できわめて低い」ものである（Granvold 1978:42）。

　この研究の重要性は，ソーシャルワークのスーパーバイザーが「スタッフの目的を満たすのに適切な一連の態度を示している」ことである。しかし，組織の目的に関して調査結果からいえることは，回答者らはその目的を支持するスーパーバイザーの行動を表していないだけでなく，そうした責任に対する態度が弱いということである（Olyan 1972:44; Cohen & Rhodes 1977も参照）。Patti (1987) はFriesenの博士論文を引用している。それは，地域の精神保健センターの第一線のスーパーバイザーを調査し，課題指向の行動よりも配慮と支援に著しく高いスコアを付ける傾向があるという結果を述べている。Patti (1987:379) は，この論文は福祉機関のスーパーバイザーは「課題指向の行動に低いスコアを付け，配慮を示す行動に高いスコアを付ける傾向がある」ことを示していると指摘した。ここでいう課題志向の行動には「規則，手続き，手法の指定，部下への特定の任務の割り当て」が含まれている。Pattiは，「課題に関連するスーパービジョンの行動は，成果志向の機関においてなお一層強調される必要があるだろう」と結論づけた（Patti 1987:379）。

　スーパーバイザーとスーパーバイジーの質問票調査で（Kadushin 1990），それぞれのスーパーバイザーに「スーパーバイザーの役割を果たす際に表出する最大の長所2つ」と「最大の短所2つ」を簡単に記述するよう依頼した。計483人のスーパーバイザーは，短所について809のコメントを記した。スーパーバイザーがコメントした最大の群は，管理権限の行使に関する短所であった。合計で，スーパーバイザーによる224のコメント（28％）は，業務の点検，評価，割り当ての管理権限の行使の問題と，官僚制的要求に対する中間管理職の一般的反感に言及するものだった。これは，挙げられた短所のなかでも唯一最大の一貫性のある群であった。スーパーバイザーはスーパービジョンでの短所を説明するなかで，次のように話していた。

・やるべきことを伝えるのに苦労する。
・職員に対して業務の問題や不備を指摘しにくい。
・スーパーバイジーに対して叱責や処分をしたくない。
・違反に対処するのが難しい。
・明らかに必要な場合でも職員を解雇するのが難しい。
・うまく制限を設けることができない。
・仕事ぶりの評価を先延ばしにして避ける。
・制限を設け，ノーと言うのが難しい。
・下手なパフォーマンスを指摘することが難しい。
・請求されるモニタリング，書類仕事を処理するのが好きではない。
・あまり意味のない方針や規則をクライエントとの仕事に強いるのがきわめて難しく感じる。
・不愉快だが必要な任務をスーパーバイジーに提案するのに，気の利いた意見を述べることができない。
・能力不足に対して寛容すぎ，厳格さに欠ける。
・記録，品質保証，形式主義を軽視しているのは，私の主な短所の１つである。
・否定的フィードバックを提供したくない。
・評価プロセスを好まず，叱責や処罰をするのが苦手。
・スーパーバイジーへの配慮から業務の割り当てを躊躇してしまい，結局自分で大量の業務を抱え込むことになる。
・必要な任務を（継続的に）実行できていないことをスーパーバイジーにきちんと指摘するのが難しく，先延ばしにしてしまう。

　Copeland, Dean & Wladkowski（2011）は，ソーシャルワークのスーパーバイザーは，パワーと権限の行使に関連する倫理的ジレンマに直面することが多いと指摘した。これに対して，パワーと権限は本質的に中立的だということができるだろう。これらは，強制や支配，社会的に望ましくない目的のために使用することもできるが，非常に望ましい目的を達成するためにも使用でき，すべてのスーパーバイザーが行使したがらないわけではない。たとえばFerguson（2006:56-57）の報告によれば，ミネソタ州の児童福祉のスーパーバイザーが「ケースワーカーの行動と進捗のモニタリング，点検，応答を行い，方針と手続きが守られることを確保する」の

に費やす時間は，「ケースワーカーの話を聞き，補助，支援し，クライエントの問題解決を援助できるようにする」のに費やされる時間と同程度だった。ソーシャルワークにおける最も有益で生産的なパワーの利用は，支配や自分の権力の拡大のためではなく，機関の目的達成のために人的資源を組織化するため，つまりスタッフを援助することでクライエントの援助を可能にするために行われる。

スーパービジョンの影響力と権限を緩和する組織的要素

スーパーバイザーが管理的権限の行使に消極的であるか，または回避するのは，影響力と権限の行使がソーシャルワークの価値観と実践方針に反することだけがその理由ではない。スーパーバイザーには実際にはそれほどの影響力と権限はないという認識にも由来している。

スーパーバイザーは，権限を使って制御するが，同時に権限によって制御されている。任命された権限の性質から，スーパーバイザーが権限を行使する範囲にはっきりとした制限が設けられ，権限には明確な上限が設定される。スーパーバイザーには，特定の処罰や報酬を適用することや，スタッフの行動の特定の側面に干渉する権限が与えられていない。権限とは，規制されていないパワーを同化することであり，パワーの行使における特権と制限とを詳細に説明するものである (Dornbusch & Scott 1975)。

スーパービジョンのパワーを緩和するものは，対人援助機関の組織と構造，およびソーシャルワーカーの業務の本質に内在している要素からもたらされる。スーパービジョンの権限と影響力を効果的に行使するには，特定の前提条件が満たされる必要がある。管理的コントロールには，目的と目標が明確に設定されることが求められ，それにそってスーパーバイザーもスタッフも行うべき業務を理解できる。さらにスーパーバイザーに求められることは，スタッフが何を行っているかを明確に把握し，そしてスタッフがすべきことを適切に行っているかどうかを判断することである。しかし，これらの条件は，ソーシャルワークのスーパービジョンの状況を特色づけるものではなかった。対人援助サービスは，多数の目標をもつが，それらは時には矛盾することがある。このことは，事業所が取り組んでいる問題と援助を受けるクライエントに関して地域社会がアンビバレントな状態であることを示している。

Handler の指摘によると，ほとんどの社会福祉サービスのプログラムを制定して

いる授権法は，曖昧で，不明確な，漠然とした目標や基準に満ち満ちている。「規定上の曖昧な用語は，裁量権の『下降流』を引き起こし，現場担当者レベルでの特定のケースに対する規則やガイドラインの解釈を行わせる結果をもたらす」(Handler 1979:9)。そのため，サービス担当者には，個別ケースにおいても目的を選択できる大幅な裁量権が与えられてきた。

多くの実践領域で，マネジドケア，出来高契約，民営化，福祉改革は，政策目標に優先順位を付けることや，規定の遵守をモニタリングすることで，スーパーバイザーやスタッフの裁量権を実質的に制限するようになった（Cohen 2003; Morgen 2001)。しかし，短期にたてられた機関の目的に対する解釈の余地を減らしたとしても，いずれ機関サービスの申請を個別化する必要に応じてこれらの改革はさらに強いられるであろう。Evans & Harris（2004:871）は，「規則と規制を増やすことが，必ずしも専門職としての裁量をよりコントロールできるということと等しくはない。矛盾するようだが，規則を増やすと裁量も増える場合がある」と指摘している。Lipsky（1980:15）は，対人援助のソーシャルワーク業務の特徴のため，「裁量を大幅に減らすことは不可能ではないにしても困難である。規則，ガイドライン，あるいは指示を苦心して作っても，あらたな策を防ぐことはできない」と述べている。直面する状況は非常に複雑なうえ予測が難しく，個別的で特異的なため，「計画された形式に還元する」ことができない。スタッフが裁量を必要とするのは，「任務の承認済みの定義が，難しい観察と判断を必要としており」，特定の規則，規制，手続きに「還元できないため」である（Lipsky 1980:15)。しかし，それぞれのクライエントは多くの点で個別的なため，状況固有の側面に対応できるように，スタッフに裁量を与える必要がある（Savays & Spiro 1997)。政策の外的な環境とソーシャルワーク実践を個別化するためのニーズとは，不可避的にスーパービジョンの権限という点で妥協することになる。

過去には，対人援助のスタッフは「十分な裁量をある程度楽しんでいた。これは，コンピューター化された公的サービスや基準の厳格な適用によって，社会が個人の状況を犠牲にすることを欲していなかったためである」(Lipsky 1980:23)。これは，近年いくつかの領域で変化しており（Moses, Weaver, Furman & Lindsey 2003)，クライエントにとって意図しない結果をもたらした（McBeath & Meezan 2009)。個別的な状況を詳細に把握できるのはスタッフのみである。ソーシャルワーク業務の特性のため，意図しない結果を生むことなく管理することは難しい。これは，直面する

それぞれの状況が標準化されておらず、つかみどころがなく、不確かで予測困難なうえ、高度に個別化されているためである（Rzepnicki & Johnson 2005）。これらは、実際にクライエントと接する人、すなわちスーパーバイジーにとって広範囲な裁量を分配する必要があるという業務状況の特徴である。関連する調査では、任務が具体的でなく業務が標準化されていないほど、管理が難しくなることが示されている（Litwak 1964）。これは、おおざっぱにいうと、ロボットにも当てはまる基本的規則だと思われる（Jenkins, Nicolescu & Mataric 2004）。

　複雑、曖昧、不確実な状況では、1つの手続きが次の手続きを決めるというように、暫時的に対応するのが最良である。こうした戦略を実行できる立場にいるのは、クライエントと直接かかわり、それぞれの手続きの詳細を把握している担当者のみである。

　スタッフが対処する必要がある状況に加え、適用する必要がある介入技術も標準化されていない。ほとんどの機関が提供するサービスは、定型化されておらず、複雑で、不確実な技術を適用することになっている。

　　クライエントのニーズや要望の多様性や彼らの抱える問題を理解するうえでの困難性が、比較的不明確な特性をもつ技術を採用することと効果の不確実性と組み合わさることで、組織にとって、統一した技術的プロセスを規定することは実行不可能である（Patti 1983:137）。

　ソーシャルワークの活動は、「役割遂行の不可視性」「コンプライアンスの観察可能性の低さ」などさまざまな言葉で特徴づけられている。業務状況に内在するこれらの要素は、スーパーバイザーの管理的なパワーをさらに緩和する。担当者の行動を直接管理し、監視できる可能性は極めて制限されている。そのため、スーパーバイザーは特定の事柄を規定の方法で遂行するように「命令」することができるが、指示が実行されたかどうかを確認する方法はないことが多い。突き詰めていうと、業務が指示どおりに行われたかどうかをスーパーバイザーが知るには、担当者の報告に頼るよりない。Gummer は次のように述べている。

　　サービス機関のスーパービジョンでは、スタッフの仕事ぶりは、スーパーバイザーによる直接的な観察よりもスタッフの業務報告に基づいて判断される。こうした構造をもった組織は、管理と説明責任の大きな問題を抱えている。これは、現場のスタッフは非常に高い自律性をもって仕事をし、管理者の直接的な監視から自分の行動を見られないようにできるためである。こうした構造的な条件は、スタッフの自己裁量に基づく行

動を促進する。プライバシーの守られた面談室では，スタッフは機関の方針と手続きを自分が適切だと思うように自由に解釈して適用できる。秘密保持はクライエントを守るために設けられているものだが，スタッフを守ることにもなる（Gummer 1979:220）。

Handler は，スタッフに自律性を与え過ぎていると主張し，次のように指摘する。

> サービス提供の活動をモニターする（つまり，業務を評価するために判断についての信頼できる情報を入手する）のは，きわめて困難である。活動をモニタリングすることが難しければ，管理のために必要な情報が得られない。このシステムではスーパーバイザーと管理部が利用できる情報量が限られるため，現場の職員に大きな裁量権が与えられることになる（Handler 1979:18）。

スーパーバイザーがもつスタッフの活動についての情報が少なければ，「スタッフをスーパービジョンの制御と規律」に従わせるのが難しくなる（Handler 1979:108）。

Gambrill & Wiltse（1974）は，カルフォルニア州の児童養護施設の調査で，スタッフが広範囲に裁量権をもっていたことを見出した。しかし，スーパーバイザーが責任をもつ担当ケース数が児童245人である状況下では，スタッフの活動を十分にモニタリングできていないことが指摘された。

> スーパーバイザーの意識がきわめて高かったとしても，児童245人に生じている事柄を把握できるようによく計画されたモニタリング・システムが必要だろう。〔中略〕裁量権が広すぎるという問題は，現在のシステムでは十分なスーパービジョンを行うことが不可能なことであり，それは深刻化している（Gambrill & Wiltse 1974:18）。

Hasenfeld（1983:157）は，「これらの特徴から〔中略〕現場スタッフ〔対人援助の担当者〕に大幅な裁量権が与えられている」と結論づけた。

簡単にまとめると，曖昧な目的，不確実な手続き，スーパーバイザーが推測に基づく情報しか得られないままの不確定な介入のため，権限とパワーの効果的な行使が難しくなっている。

制御の問題は，担当ケース数の負担が増すことで深刻化する。膨大なケースロードがスタッフの自律性と裁量に及ぼす影響についての実験的調査で，Brintnall（1981:296）は「担当ケース数の負担から，上司による効果的なスーパービジョンが著しく難しくなり，部下が自立して行動する余裕を生み出す」ことを見出した。

スーパーバイジーの対抗するパワー

　スーパーバイザーの権限とパワーは，理念，行使することへの躊躇，組織的な配慮事項だけではなく，スーパーバイジーの対抗のパワーによっても制限される（Savaya & Spiro 1997）。従来のソーシャルワークの文献では，スタッフのパワーは過小評価され，スーパーバイザーが実際に管理的スーパービジョンの機能を果たすパワーは過大評価されてきた。対人関係における制御は非対称的ではあるが，一方向のものではない。スーパーバイザーは，スーパーバイジーよりも明確で認可された権限とパワーをもつが，スーパーバイジーも形式的な権限は与えられていなくても対人関係のパワーをもつ（Mechanic 1964; Janeway 1980）。スーパーバイザーは管理手段をもつが，スーパーバイジーには対抗する手段がある。権限とパワーは本質的に双方向的なものである。相手（ここではスーパーバイジー）が，スーパーバイザーの権限を認め，スーパーバイザーが行使できるパワーに応答する必要がある。権限には拒否することができ，パワーには抵抗することができる。

　パワーは究極的に依存に基づくものという概念は，スーパーバイジーの対抗するパワーについての分析に有効に適用できるかもしれない。スーパーバイジーは，報酬，業務の問題解決，必要な情報，承認と支援についてはスーパーバイザーに依存している。一方，スーパーバイザーもスーパーバイジーに依存している。スーパーバイザーは，業務配分を指示し，点検する形式的なパワーをもつが，実際に業務を行おうとするスーパーバイジーの意志と意欲に依存している。スーパーバイジーが反抗や抵抗から要求された業務を行わない場合，管理部門は，スーパーバイザーに業務をやり遂げる責任を与えているため，スーパーバイザーは管理部門とのトラブルを抱えることになる。スーパーバイジーが別の仕事を探すことを選択した場合，スーパーバイザーは残された業務の責任をとることになる。そのためスーパーバイジーは，スーパーバイザーを困難に直面させるというパワーをもっている。あるスーパーバイジーは，現在の担当業務についての話し合いで次のように述べている。

　　自分がそうしようと思えばスーパーバイザーを困らせることができるし，実際にそうすることもある。自分は里親の申請処理を担当していた。仕事を遅らせようと思えば単に時間をかけて処理すればよく，父親との面談を約束するのが難しいとか，前回の家族との面談がなんらかの急用で突然キャンセルされた，詳細な調査が必要な特別な問題があるなど，もっともらしい理由をつけることができる。

部門に配属されたばかりのスーパーバイザーは部下のスーパーバイジーたちに特定の業務や責任の遂行を「命令」し，その理由について質問すると「私が言ったからです」と冷たく回答するだけであった，とあるスーパーバイジーは記している。スーパーバイジーらはこのやり方に反発し，スーパーバイザーに対して「ボイコット」をするに至った。つまり，要求された最低限の業務以外は断固としてやろうとせず，スーパーバイザーに「静かな制裁」を加えた。この反応に気づいたスーパーバイザーは，以前よりもコミュニケーションをとり，理解を示し，高圧的な態度をとらなくなった。

従おうとする気持ちは，権限の定義の重要な配慮事項となる場合がある。この視点では，権限はヒエラルキーの上位者から委譲されるものではなく，下位者から与えられるものだと考える。つまり，権限は統治される者からの同意に基づく。ならば，スーパーバイザーの権限の正統性は，実際にはスーパーバイジーによって制御され，引き下げられることがある (Bernard 1938)。機関の管理部門はスーパーバイザーの権限を正当化するが，そうした権限が完全に行使されるにはスーパーバイジーに支持される必要がある。権限の形式的な正当化とスタッフからの支持がどちらも必要となる (Dornbusch & Scott 1975)。スーパーバイジーのパワーは，自分の業務をしないことや（ストライキなど），緩慢または非効率的な方法を採用できることにある。

スーパーバイジーのパワーは，当然ながら理念的な配慮事項によって制約を受ける。職業倫理はクライエントへのサービスに適用する義務が定められており，怠慢，遅刻，欠勤という形のパワーを抑止する。しかし，突き詰めていうと，スーパーバイジーには究極的には拒否権がある。スーパーバイジーは，組織を退職することで制御されることへの同意を拒否することができる。「あなたが私を解雇するのではなく，私が退職する」というわけだ。パワーと権限が実際に有効となるためには，相手がパワーの発生源に応答する必要がある。職員を解雇する権限と関係のあるパワーは，退職してもよいと思っている職員には意味をもたない。ハイジャック犯は生死に無関心な乗客に対してはパワーをもたない。パワーが効力をもつのは，相手がパワーを受け入れる場合に限られる。このため，パワーと権限は強制することはできず，相手から認められる必要があるという論点が成立する。

スタッフには協力しないというパワーだけでなく，過度にまた厳格に遵守するというパワーもある。『善良な兵士シュヴェイク』(*The Good Soldier Schweik*) (Hašek,

Selver & Lada 1962)には，規則のすべての指示を細部までこだわって遵守することから軍隊に問題を引き起こした兵士が描かれている。スーパーバイジーは，すべての方針，規則，手続きを文字通りに適用することで，機関の業務を効果的に妨害することができる。これは，「コントロールのパラドックス」(Miller 2004)や「悪意ある遵守」と呼ばれている。

　クライエントの状況を詳細に把握しているのはスタッフだけである。スタッフはスーパーバイザーには見えないクライエントとのかかわりからこの知識を得る。担当者は，スーパーバイザーが最終的な責任をもつケースの状況についての十分な知識をもつ。スタッフのみが所有できるこうした情報は，スーパーバイザーとのコミュニケーションで，すべて共有することもでき，また部分的，選択的に共有することもでき，もしくは歪曲，隠蔽することもできる。これは，スタッフにはスーパーバイザーとの関係で形式的な権限を与えられていないが，実際には大きなパワーをもつことを意味している。

　そのため，スーパーバイザーは権限を行使するための基盤となる情報についてスタッフに依存している。こうした情報はスタッフから口頭報告や文書記録で提供されるが，その内容を決めるのはスタッフである。ソーシャルワークの記録や口頭報告には，著しい虚偽は例外としてあるだけと信じたい。だが，Dresselhaus, Luck & Peabody (2002)は，医者の医療記録の分析で測定項目の6.4％が「偽陽性」であることを見出し，偽陽性の割合は個人によって大幅に異なることを指摘した。しかし，スーパーバイジーによる報告を確認するための個別の情報源があることはまれである。書面または口頭の記録は，スタッフの判断を支持するものであり，判断に疑問をもたらす情報は含まれていない。記録はスタッフによって書かれるため，「情報に〔直接的サービススタッフの〕判断と矛盾する情報や承認されていない行動についての報告は含まれていないと考えるのが妥当だろう」(Prottas 1979:153)。スタッフはクライエントから得た情報の本質をコントロールし，入手した情報を選択して処理する(Yourman & Farber 1996)。スーパーバイジーの91％もが，「スーパーバイザーが承認しないような方法で患者と接したことを，常にスーパーバイザーに伝えるわけではない」(Farber 2006:186-87)と報告した。スーパーバイジーがスーパーバイザーと共有する情報についての調査(Pisani 2005)では，「スーパーバイザーは，自分自身やクライエントとの相談業務，スーパービジョン関係についてスーパーバイジーが開示していない重要な情報があることを認識する必要がある」とま

とめている（Ladany, Hill, Corbett & Nutt 1996, 22）。虚偽，歪曲，省略が文書に反映される場合，スタッフ，スーパーバイザー，機関は，重大な倫理的および法的リスクにさらされる（Reamer 2005）。スーパーバイザーは，改ざん（事業所記録の故意または不注意による変更，破棄，歪曲，隠蔽，非提出）が非合法であることを認識する必要がある。

Pithouse（1985:78）は，事業所の組織的な相互作用に関する詳細な調査で，スタッフによる「スーパービジョンの相互作用が巧妙に管理されること」を描写した。スーパーバイザーとのやりとりについて説明するなかで，あるスタッフは次のように述べる。

> Louise〔スーパーバイザー〕は素晴らしい人です。彼女は信頼できるので，何でも話せます。ただ，スーパービジョンに関しては，自分のケースのことを把握しているのは私なので，私は実際には自分の視点から伝えます。つまり，彼女に聞いてほしいと思うことしか伝えません。何について話し，助言をもらうかを決めるのは私です。そのため，ある意味ではスーパービジョンとはいえません。そうと望めば，私の話すことで彼女を管理することだってできます。私が操作しているようなものです。でもこれで良いのです。彼女は私のやり方を知っていますし，私は彼女がどう反応するかわかっています。

スーパーバイザーを「知る」ことで，スタッフは共有する情報をうまく集める。「スタッフはスーパーバイザーの不必要な関心や干渉を引き出し得るケースの側面を，取捨選択，振るい分け，除外することができる」（Pithouse 1985:86）。

スーパーバイジー個人がもつ業務の流れ（一定の期間に遂行される業務の量と種類）の管理と，スーパーバイザーに提供する情報を管理するパワーは，他のスーパーバイジーと協力することで増大する場合がある。スーパーバイジーは集団で行動することによって，スーパーバイザーを制御する大きなパワーを得る。スーパーバイジーの同僚集団は助け合うだけでなく，組織的な同盟の基盤となり，団結はパワーの発生源となる。

スーパーバイザーは，ある種の心理的な報酬についてもスーパーバイジーに依存している。スーパーバイジーからの賛辞や感謝の言葉は，スーパーバイザーにとって本質的な業務の満足源である。スーパーバイジーから，役に立ったとか，良いスーパーバイザーだといわれないのは，スーパーバイザーにとって苦痛である。スーパーバイジーは，気を遣って敬意を示すことや，おだてることによって，スーパーバイザーがこうした評価に依存していることを利用する。Blau & Scott（1962）は，スー

パーバイザーにとっての重要な心理的支えは，スーパーバイジーからの忠誠であることを見出した。忠誠心が低下するという恐れから，スーパーバイザーの権限とパワーの行使は制限される。

　スーパーバイジーのパワーも，文献が示すような，またスーパーバイザーが作り上げ維持しようとする自己像でもある「良い」スーパーバイザーだとみなされるスーパーバイザーから生じる。無条件の受容と尊敬の態度を表明し，参加型民主主義や相互性の原則を遵守し，何でも気軽に話しやすいように心がけるスーパーバイザーは，意欲の高い積極的なスーパーバイジーのプレッシャーに左右される。デイケアの機関のスーパーバイザーによって書かれた以下の場面では，対人援助の担当者には形式的な権限が与えられていないにもかかわらず大きなパワーがあることが的確に描かれている。スーパーバイジーのJoanは児童養護施設のスタッフである。

> 　Joanが私の寛容な性質を利用しているように感じることがあった。たとえば，私は，彼女が出勤時間を守り，児童が到着したときにすべての児童に挨拶することは大切なことだと考えていた。そうすれば，児童にとって良い気分で一日を始められ，継続することを感じ，またすべて順調に進んでいるという安心感が生まれるとも思っていた。しかし，Joanはよく遅刻し，たまに早く来ても，それは向かいのコーヒーショップにコーヒーを買いに行くためだった。彼女は言い訳の達人だった。バスが遅れた，空腹に耐えきれなかった，目覚まし時計が鳴らなかったなど，理由を考え出すのに困ることはなかった。Joanの一日のなかで最も創造的だと思えるのは，朝に児童が到着したときに部屋にいない言い訳を考えるときではないかと思ったくらいだ。ついに，「Joan，もういいです。8時40分に教室にいなければあなたの給与から差し引くことにします」と言わなければならなくなった。私はなぜそれまで行動をとらなかったのだろうか。いくつか理由があったが，そのうち最もたわいなく思われるのは，私はJoanに不親切で，他人の気持ちがわからず，思いやりのない人間だと思われたくなかったということだ。これは私の過ちだった（Miller, Mailick & Miller 1973:88）。

　スーパーバイジーは，平等性，仲間意識，専門家としての行動という規範に訴えかけることで，スーパーバイザーのパワーの行使を制御できる。つまり，パワーを行使するのは，人間同士，同僚同士，専門家同士の接し方として適切ではないと訴えるわけだ。こうした規範がスーパーバイザーによって受け入れられているほど，行動が制約をうける。Holloway & Brager（1989:194）は，「対人援助サービス機関の文化」がスーパーバイザーの選択肢を制限することを指摘した。つまり，「自己決定，エンパワメント，他者のニーズと利益の尊重，平等性と相互性〔中略〕など

のソーシャルワークの中心的テーマが，他者とどのように接するべきかを規定する」。これらの価値観は，スーパービジョンにおけるスーパーバイザーの行動に影響するパラメーターとなる。

スーパーバイザーに対抗するスーパーバイジーのパワーは，両者がソーシャルワーク専門職の道徳的権限に従うことによって高まる。こうした道徳的権限は，NASW（Strom-Gottfried 1999），および state licensing boards（資格認定州委員会）（Boland-Prom 2009, Gray 1986）や裁判所（Guest and Dooley 1999）の監視権限によって具体化されている。Strom-Gottfried（1999）は，NASW が記録した1986年から1997年までの894件の倫理違反の訴えを調査した。そのうち，174件はスーパーバイジーからスーパーバイザーに対するもので，多くは「不適切なスーパービジョン」，つまりスタッフと業務遂行基準を共有または維持できないこと，業務遂行の点検の不備，不規則的なスーパービジョン，非効果的または不明確な面談に対する不満だった。Guest & Dooley（1999）は，不適切なスーパービジョンにより，スーパーバイザーはスーパーバイジーの過誤の法的責任を負うことになると主張している。

スーパーバイザーのパワーに対して劣位にいることから，スーパーバイジーは被抑圧者の地位に置かれていると主張することがある。一般に被害者の窮状に繊細になっているスーパーバイザーは，被害者の立場に置かれていると暗示的または明示的に訴える人に対してうしろめたさを感じる傾向がある。スーパーバイジーは，被害者の地位によって与えられたパワーを用い，スーパーバイザーの行動を制御できる。「被害者を非難する」ことは非道徳的であるとする職業的価値観や公正さに訴えることで，スーパーバイジーはパワーを得る。

機関の規則についての知識は，スーパーバイジーがスーパーバイザーに影響を及ぼすために効果的に使用される場合がある。スーパーバイザーは，スーパーバイジーと同じくらい機関の規則に制約される。上方向への影響の手続きに関する研究で，スーパーバイザーに適用される規則をもち出すことは，スーパーバイジーが用いることのできる効果的な技術であることが指摘されている（Schilit & Locke 1982:310）。機関の規則と手続きについての包括的な知識は，スーパーバイジーがスーパーバイザーのパワーと釣り合いをとるために使用できる。

スーパーバイザーに対抗するスーパーバイジーのパワーは，スタッフの自律性やスーパーバイザーによって伝えられる組織の要望に対する議論の中心的なものであ

る。この往々にして矛盾するプレッシャー間の緊張は，組織研究で常にテーマとなっている。これについては，第10章でスタッフのスーパービジョンからの自立性の問題と官僚制における専門家の問題について扱うなかでもう一度議論する。

規則，不履行，懲戒処分の問題

　以上で言及した考慮事項は，スーパーバイジーの判断と行動をモニタリングしたり統制したりする際の権限とパワーの行使に伴う問題を示しているが，だからといってこれらの機能を遂行するスーパーバイザーの責任が免除されるわけではない。スーパーバイザーは，それでもなお事業所の手続きと規則に従って管理的スーパービジョンを実施しなければならない。

▍規則の機能的価値

　機関規則，基準，手続きの準拠をモニタリングすることで，スーパーバイザーは機関が業務を効果的に実行できるようにする。行うべきことと行えないことを規定，禁止，モニタリングすることで，スーパーバイザーは実行の予測可能性と信頼性を高める。異なったことを行っているスタッフには，自分たちの業務を調整してもらう必要があるのだが，同僚の行っている業務がいくつかの一様な予測に従っているということで安心することができる。子どもを養子に出すことに関心がある未婚の母親にサービスを提供する部門に属するスタッフは，自分で直接確認していなくても承認済みの養育家庭の特徴について話し合うことができる。これは，養育家庭を見つける部門の同僚スタッフが，どのような要求と手続きに沿って業務を行っているかを把握しているからである。スタッフは，同僚スタッフが任務を果たす前提として規定の手続きに従うだろうという信頼性に自信をもたなければならない。

　スーパーバイザーは，機関や専門職のルール，基準，手続きを守る担い手として，方針が一律に解釈されていることを見届ける責任がある。それぞれのスタッフが自分自身の方針を確立することや，確立した主要方針を自由に解釈することができるとしたら，最終的にはクライエント間およびスタッフ間の対立が生み出されることになるだろう。あるクライエントを担当するスタッフの自由な方針解釈は，別のス

タッフのクライエントに対して不公平となるだろう。当然ながらスタッフは自分が担当するクライエントのことを最も気にかけているため，自分のクライエントのニーズに応えようと，競い合うように機関の資源を活用しようとするだろう。

　ソーシャルワークで一般に重視されている，自律性，自己決定，個別化は，規則に対する否定的な態度を助長する。規則の下では，人は固有でそれぞれ異なるものとしてではなく，交換可能なものとみなされる。規則や手続きに関する規定行動を公式化することに対する否定的な態度は，当然，それらの適用で生じる本当の意味での否定的結果を裏づける。

　規則と手続きは，スタッフの自律性をかなり制限する。またそれらは主導権を阻止する。さらに，それらは「凝り固まった」柔軟性の欠如，適応力の欠如で，機関を硬直化させる傾向がある。それらはスタッフ行動をルーティン化しやすくする。規則は，組織の目的を達成するための手段ではなく，それ自体が目的となることがある。規則は，特定のクライエントの特定のニーズの充足に関して機関の対応を個別化する自由を制限し，スタッフが規則を「かいくぐる」必要性を感じる故にごまかしや偽りを助長する。

　一般にソーシャルワーカーは，規則の否定的な影響に敏感であり，よく認識している。スーパーバイザーは規則と統一された手続きを伝えることや実施することの責任を受け入れざるを得ないので，いくつかの確信が規則の肯定的な側面を尊重することに発展すれば，彼らの助けとなるだろう。

　確かに，それぞれの規則，基準，規定された手続きが真剣に受け止められれば，たとえ特定の状況でどのように行動するべきかを事前に定めることでスタッフの自律性を制限したとしても，規則は効率的な機関運営を可能にする。規則が適用される反復状況が助長される場合は，点検や意思決定の完全な過程を条件とする必要はない。スーパーバイジーは，その状況についてスーパーバイザーと話し合う必要はなく，手続きに則った判断が機関の承認を受けたものだという確信とともに行動できる。これは，不安を解消し，スーパーバイジーが公式方針では体系化できないクライエント固有の状況に対して自分のエネルギーで自由に取り組むことができるようにする。すべてのケースであらゆることを一から判断しなければならないとしたなら，スタッフは圧倒され身動きがとれなくなるだろう。ソーシャルワークに限ったことではないが，明確に規定された法なくして，真の自由はない。それらは，スタッフが安心感，保証，支援を伴って機能できる構造を提供する。規則は，明確に

体系化された安心を提供する。それらは、繰り返されるさまざまな状況に対してどのように応じていくべきかをスタッフに伝える。この理解は、ソーシャルワークでは特に重要である。これはソーシャルワーカーがかかわるさまざまな集団が、一貫性のない、しばしば矛盾する期待を伝えてくるからである。地域社会はクライエントの問題に特定の方法で対応するように期待するかもしれない。それに対してクライエントと専門職の同僚は別の方法で対応することを期待するかもしれない。「指示されたおよび禁止された最小限の一連の行動」を明確に定義することで、規則は機関がスタッフに期待している対応についてはっきりとしたガイドラインの基盤を提供する。規則は、異なった方法にさらされているスタッフの葛藤を軽減する。

　規則と規定にはスタッフの裁量と自律性を低下させるような否定的な影響もあるが、役割の曖昧さを減らし、明確さを高めるという肯定的な効果もある。公式化された一連の規則と手続き、詳細な職務説明の結果、スタッフは自分が行う必要のあることとその方法をより明確にそしてより大きな確信をもって識別ができるようになる。

　機関がスタッフの積極的な参加とともに規則、基準、手続きを熟慮して公式化するならば、またそれらの定期的な批判的点検をさらに進んで提供するならば、機関は必然的に専門的実践の体系的な分析を行う必要がある。結局のところ、最良の規則とは、特定の状況でほとんどのスタッフが供給してきたものが最善の対応だとする、実践知の明確な成文化にすぎない。したがって、規則と手続きの要求とは、実践の緻密な分析の要求である。

　すべてのスタッフが統一した方法で忠実に実行する手続きは、クライエントへの均質なサービスを保証するので、結局のところ、規則はクライエントを守ることになる。クライエントは、別のクライエントがスタッフに好かれているから優先的に扱われているのではない、あるいは、自分の態度や振る舞いがスタッフの反感を買ったせいで悪い対応をされているのではないということを確信する。たとえば、クライエントが事業所の手続きで成文化された資格を満たす場合、スタッフは何らかの規制の下で、養子縁組の申請を承認したり、特別助成金の要求を承認することになる。規則や規制は一定だが、スタッフは移り気だ。しかし、ある場合、スタッフは機関の規則と手続きを無視することで、より効果的にクライエントのニーズを満たすことが可能である。しかし別の状況で、そのスタッフは、クライエントに対して気まぐれで、不公平な、日和見的な方法で自由に行動するかもしれない。

規則は，スーパーバイザーとスーパーバイジーの間に摩擦が生じる可能性を少なくする。規則は，スーパーバイジーが押しつける異議に，一般的な制限を設ける。また規則は，関係にとって脅威となる決定が下されるなかで，スーパーバイザーを支持および是認する源である。規則は，スーパーバイジーが個人的な侮辱だと憤る判断を一般化する。つまり，「ご希望にお応えしたいのはやまやまなのですが，機関の規則で禁じられているのです」と言うことができる。もう少し肯定的な言い方をすると，手続き上の規範は，スーパーバイザーの下す判断が望ましいことを実証する。「この種の問題では，そうした方法はあまり役立たないことがわかっています。実際，私たちの経験から，スタッフがそのような行動をとらないことを求める手続きを進めてきた」。

規則は，スーパーバイザーの専断的な個人的決定，ひいき，不適切な基準による差別的扱いからスタッフを守る。規則は「それらが適用される人」を抑制するが，「同様に規則適用者の行動」も抑制する。規則はスーパーバイジーに保護を提供する。つまり，規則に従うと，悪い結果でも弁明できる。「規則と規制は誤りを合法化するために用いられる」(Benveniste 1987:16)。規則と職業的基準に従って過誤が起きた場合，機関は革新的な実践を試みるスタッフを擁護する義務がある。

規則は遠隔制御として作用するので，スーパーバイザーとスーパーバイジーの間の摩擦が生じる可能性を少なくする。スーパービジョンは，あることがらを特定の方法で行うことを提案するスーパーバイザーからの直接的，個人的な指示を通してではなく，普遍的に適用される規則を厳守することで人を介さずに行われる場合がある。コントロールはスーパーバイザーのいない，離れたところで行われる。規則は，「予測を定義づけたもの」である。規則の明快さは，必要な行動がとられなかったことや，禁止行動がとられたことを明確にする。その結果，規則は不履行に対するガイドラインをスーパーバイザーに提供し，制裁措置を客観的に適法化する。

Gouldner (1954) は，規則は社会的義務を形成する手段として使用されると指摘した。場合によって規則を実施することを意図的に控えることで，スーパーバイザーはスーパーバイジーの側の義務感を引き出すことができる。スーパーバイザーは，避けられない要求を実施することについて寛大だったので，スーパーバイジーに対してなすべき何かを行うために全力を挙げるようにと気軽に求めることができた。Blau & Scott (1962) は，郡福祉部門のスーパーバイザーが忠誠心と社会的義務の発現効果を達成するために，規則を個別に実施していることを知った。だが，

「運用規則が効果を損なうことなく無視できる判断」が可能となるために，こうしたアプローチを採用するスーパーバイザーは，業務状況に関する高度な知識をもつことが必要である（Blau & Scott 1962:143）。

　　賢明なスーパーバイザーは，スタッフの士気を高めたり，部門の目標を達成するために，どの規則を無視するべきか，または無視できるかを把握しており，違反された際に規則を修正したり，別の方法を探す。規則は，組織的ゲームで役割を果たすスーパーバイザーに組織が供給するチップである（Holloway & Brager 1989:82）。

　スーパーバイザーは，「要求された」行動と「禁じられた」行動に優先権を与える。行動が要求されたものなのか，あるいは禁じられたものなのかを示す根拠は，それらがクライエントを援助する可能性があるのか，あるいは傷つける可能性があるのか，という点にかかっている。したがって，それらは最も注意深くモニターされる必要がある。しかし，「要求された」行動と「禁じられた」行動の間には，スタッフがクライエントにサービスを提供するために実践する課題の効果的実行にそれほど重要でも危機でもない多くの行動がある。したがって，スーパーバイザーはより大きな寛容性と落ち着きでこうした規定された役割行動の修正を見ることができる。

　リラックスしたスーパーバイザーは，機関規則に対して柔軟な態度をとる。こうしたスーパーバイザーは，ある程度の不履行はたぶん避けられないということを受け入れる。スーパーバイザーはすべての手続きが等しく重要であるわけではなく，規則によっては機関やクライエントをリスクにさらすことなく見過ごせることや，そこまで重要視せずにいることができると考えている。

　機関規則の性質と目的をスタッフが明確に理解できるようにすると，儀式主義や過剰な服従の危険性が軽減する。規則，基準，規定，手続きは，クライエントをより効果的に援助するための手段というより，往々にしてそれ自体が目的化する。スタッフが規則と手続きの公式化への参画を促され，規則の公式化を要請した状況を理解することや評価することを助けてもらえれば，厳格な定型化された方法で規則を適用する傾向は少なくなるだろう。スーパーバイジーは，規則をその場に応じた適切な方法で，自信をもって適用できる。さらに，特定の規則の合理性を明確に理解することで，スタッフは手続きが不適切または自滅的に思われる状況でも修正を提案しやすくなる。こうした主導を奨励し，報われるようにするため，スーパーバイザーはスーパーバイジーから伝えられる修正の提案に耳を傾ける必要がある。

　Steggert（1970:47）は，この問題に言及し，「それでは，官僚的な構造のなかで，

〔スーパーバイザーは，〕組織の合法的な予測可能性の必要（さまざまな公式の管理と調整の手続き）と，より自律的な機能に対する依存を認めることで生じる，予測不可能性との葛藤をどのように解決するのだろうか」という問いを提起した。

遵守違反（不履行・服従・不遵守）を理解すること

　スーパーバイザーは，機関の規則，規制，基準の厳守や実行の下に横たわるものを理解する（可能なら，スーパーバイジーが理解できるように援助する）ための取組みをすべきである。ここには，いつものように，行動は意図をもつという仮説がある。スーパーバイジーは，自分に何が期待されているのか，行っていると想定されているものが何かを明確に理解していないかもしれない。そのうえ機関方針によって何が求められているかを明確にすると遵守違反が生まれるのかもしれない。また，スタッフは要求されていることを理解し，それに同意しているが，規則や手続きの要求に応えることができないかもしれない。スタッフは，遵守することを十分に知らなかったり，遵守する力がないことがある。こうした場合，批判ではなく遵守を達成するための教育と訓練が必要である。

　　Fさんは担当の患者のグループ面談を行うことに同意していたが，その面談の計画をうまく理由をつけてはいつまでも先延ばしにしていた。面談の必要性と仮プランについて何度も話したが，それでも面談は行われなかった。スーパーバイザーの我慢が限度に達し，強く指摘したところ，Fさんは，それまではよく知っているかのような口ぶりだったが，実際にはグループ面談をどのように行ったらよいかよくわからないのだと打ち明けた。グループで面談することをひどく心配していたのだという。

　マネジド・ケア，公共政策，大規模で複雑な福祉事業所の規則，基準，規定は，往々にして膨大で矛盾することもある。また，頻繁に改定や修正が行われる。遵守違反は，どの規則を適用するのか，それをどのように適用するのかを十分に知らないことで生じる場合がある。こうした行動は，遵守違反というより実践上の失敗に分類するほうが適切だろう。意図的な逸脱や怠慢によるものではなく，間違いである。

　任務責任を果たす能力は，スタッフ側の力不足よりも，クライエントやクライエントの状況にも関連している場合がある。クライエントが援助を受けることに強い抵抗を示していたり，状況を変えるために利用できる資源がかなり制限されているため，スタッフは家族との接触を避ける。

養護を受けていた児童が，機関の勧告に反して，母親の物理的な保護下に戻すように裁判所から命じられた。機関のスタッフは，この命令以前に，学校への適応や思春期的な葛藤を抱える10代の児童の一人であるSallyを担当していた。Sallyが母親のもとに戻された後，スタッフはSallyとの定期面接の予約を維持することに失敗し，次の予約を入れなかった。スーパービジョンの話し合いで，スタッフはSallyが母親のもとに戻ったことで，自分が助けになれるか自信がなかったと述べた。家の状況を考えると，Sallyの変化のために自分にできることは何もないと感じたという。

遵守違反は，方針や手続きに同意しないことから生じる場合がある。スタッフは，遵守は機関の目的に関する自分の定義づけに反するとみなしているのかもしれない。これは機関の目的についての機関の見解とスタッフの見解を調整する努力のなかで，方針のめざすものについて話し合う必要があるだろう。場合によっては，機関の目的を達成するためには規則を無視し，修正または改定したほうが良いというスタッフの主張は，実際に正しいのかもしれない。たとえば，1960年代に，西海岸の公的福祉部門のソーシャルワーカーは，要扶養児童の家族扶助を受けるクライエントの継続資格をチェックするために「深夜の強制調査」を行うことを拒否し，解雇された。ソーシャルワーカーは，そうした手続きはクライエントの権利や彼らの職業的基準を侵害するものだと強く感じた。

遵守違反は，機関の方針や手続きとスタッフ個人やスタッフの準拠集団の価値観との対立から生じる場合がある（Handler 1973）。

Rさんは，4人の子どもを抱えたアフリカ系アメリカ人の家族を担当していた。問題の一部は自宅に十分なスペースがないことから生じており，Rさんは広いアパートを見つけられるよう手助けしていた。だが，近所の大規模な公営住宅を利用できる可能性を調べようとしなかった。スーパーバイザーとの話し合いで，黒人の家族と白人の家族が同じ公営住宅で暮らすことは賢明ではないと感じ，クライエントの公営住宅への引っ越しを進んで手伝う気にはなれなかったと述べた。これは機関の非差別の方針に反しており，非合法であった。

次の事例も同様である。

Lさんが担当ケースを扱うなかで固執する問題点は，手続きとして情報共有が必要とされているのにもかかわらず，クライエントにさまざまなサービスや経済的支援が受けられる可能性があることを伝えないことだった。Lさんは，多くのクライエントはニーズを満たしており，それ以上の支援を受けているので，こうした情報を伝えるのは郡の

財政の負担になるだけだという確固たる意見をもっていた。

　遵守違反は，官僚主義的要求とケースワークの目標の葛藤から生じる場合もある。それはスーパーバイジーによって認識されている。

　　Bさんは，クライエントから贈り物を受け取った。スーパーバイザーは，クライエントから贈り物を受け取ることは機関方針に反することとして注意を促した。Bさんは，それは知っていたが，贈り物を受け取らなかったらクライエントは拒絶されたと感じるだろうと思ったと応えた。Bさんは，関係が強化できると考えて受け取ったのだった。

　一般論として，これは官僚オリエンテーションとサービスオリエンテーションの昔ながらの葛藤である。

　スタッフは，機関の方針に反していても，クライエントへのサービスのためになんらかの行動が必要だと判断する場合がある。この意味で，遵守違反は革新に近づき，機関の方針の個別化を促し，機関がクライエントに効果的にサービスを提供できるようにする。これは，遵守違反が役立つ場合があるということを示している。イギリスの福祉事業所の参与観察調査で，こうした遵守違反が報告されている。

　　ソーシャルワーカーは，忠誠心と葛藤している状況に気づくことがある。特に，クライエントが体制との葛藤，あるいは潜在的葛藤状態にあるときで，通常クライエントは非合法の何か，あるいはある種の謀略を含む何かを行っている。たとえば，盗品の取引，薬物使用，ガスメーターの細工，保健社会保障省（DHSS）から受給している給付金に関する情報の隠蔽などである。ソーシャルワーカーは，自分自身も「体制」側として，少なくとも原則的には，法を尊重し遵守する立場をとることが期待されていると感じる。だが同時に，クライエントとの関係から，クライエントの味方でいなければならないとも感じる。こうした状況で，ソーシャルワーカーが採用できる戦略の範囲があった。第一に，彼らはクライエントの逸脱行動について知らなくてもすんだ。そしてソーシャルワーカーは，Xさんが薬物を使用しているのではないかとか，Yさんには同居者がいるのではないかと時々同僚に打ち明けても，これについてクライエントと話し合うことはなかった。クライエントはこれに同調するばかりで，自分の行動についてソーシャルワーカーに情報を与えなかった。たとえば，J夫人は警察の家宅捜索を受け，裁判にかけられることになってはじめて，薬物を使用していたことを自分のソーシャルワーカーに告白した。
　　第二に，ソーシャルワーカーはクライエントが行っていることを把握しているものの，クライエントとの関係では中立的な姿勢を維持し，逸脱行動を助長することも，関連当局に報告することもしていない。

一方，ソーシャルワーカーは葛藤が公にならない限り，人目につかないようにクライエントの味方をする。たとえば，認定外の給付金を受給することを後押しし，DHSSに届け出をしない場合がある。基準から外れた行動を「知っている」ソーシャルワーカーにとって，それらは信頼の証だった。そして彼らはそれ自体を誇りとした（Satyamurti 1981:160）。

　Pearson（1975）は，社会福祉機関の「産業的逸脱」に関する調査でインタビューしたソーシャルワーカー65人中，文句なしの大多数が，機関の規則と手続きに反するクライエントの行動に自分も関与したことを認めた。Pawlak（1976）は，同様のスタッフによるシステムの「いじくり」を報告した。

　州公共福祉部の1300人のスタッフのアンケート調査で，「スタッフの3分の2以上が部門の規則を曲解または無視したり，都合の良いように忘れたり，破ったことがあると報告した」(O'Connor & Spence 1976:178)。同様に，362人の臨床ソーシャルワーカーの調査では，「精神障害の診断と統計マニュアルの誤用による，〔中略〕クライエントの過小診断または過大診断は，意図的であることを明らかにした」(Kirk & Kutchins 1988:225)。

　こうした遵守違反は，葛藤的で折り合いをつけることのできない要求を扱ううえで，必要なそして効果的な方便かもしれない。そのようなニーズの充足を難しくさせる官僚的な規則と手続きのコンテキストでクライエントのプレッシャーに曝されたスタッフは，規則を曲げたり壊したりした。こうしたケースでは，スーパーバイザーは遵守違反に寛容であるか見て見ぬふりをする場合が多い（Jacobs 1969）。

　Green（1966）は，大規模できわめて官僚的な組織とシステムにおいて，ソーシャルワーカーがクライエントに過剰同一化する傾向が最も大きいようだと指摘した。多くの場合，クライエントはマネジドケアにおける同じ官僚制の「被害者」として見られている。「そのため，ソーシャルワークの被害者は，無意識的にクライエントという被害者を同一視する」（Green 1966:75）。これは機関の規制と手続きに反してクライエントの味方になろうとする誘惑を導き，機関方針の遵守違反に至る。

　遵守違反は，スーパーバイジーがクライエントからのさまざまな圧力に服従し，精神的満足をクライエントに依存するという現実を生む場合がある。この意味で，クライエントにはスーパーバイジーに勝るパワーがあり，機関や第三者機関の方針に反する行動を彼に強いるかもしれない。スーパーバイジーは，満足，称賛，親しみ，友情などが伝えられることでクライエントから報酬を受ける。敵意，反発，非

難などが伝えられることでクライエントから罰を受ける。スーパーバイジーは，家族にとっても助けられた，好感をもっている，素晴らしい人だ，というふうに言われたがっている。スーパーバイジーは，クライエントに「何もわかっておらず，誰の助けにもならない，役立たず」と言われるような行動を避ける。そのため，遵守違反は機関やスーパーバイジーの職業的良心が必要で望ましいと指示することではなく，クライエントが彼らに望むことを行わなければならないというクライエントから受けた圧力の結果として起こる場合がある。児童養護のスーパーバイジーは次のように記している。

> 機関は，子どもの居場所を変える申請を開始する必要がある状況に関して非常に明確に定めている。もちろん，特定のケースの詳細を把握しているのはスタッフだけなので，スタッフの裁量に任されている部分も多い。片親の家で暮らす4歳の黒人少年（貧困家庭一時扶助（TANF））の事例で，私はその子が虐待されていることを実際に知っていた。だが，機関の方針に従って，子どもを他所へ移す手続きをとることを示唆しただけで，母親は敵対心をむき出しにした。私のことを「おせっかいな白人の人種差別主義者」と非難した。母親は私をどのようにすれば操作できるか知っていた。私を不安にさせ，罪悪感を抱かせ，自信を失わせるのだ。もちろん，これについてスーパーバイザーと話し合うこともできたが，私は子どもを移させるべきという強固な判断に至ることを恐れていた。母親の支配力を考慮すると，私はその判断を実行するために母親と争うべきことを望んでいなかった。

スーパーバイジーの遵守違反は，業務を容易にし，退屈でなく，満足のいくものにしたいという願望によって助長される場合がある。こうした例では，遵守違反は「合わない業務と望ましくない責任を減らす一方，自分のパワーと地位，自由と安全を高め」ようとするスタッフの試みへの応えである（Jay 1967:89）。そこには遵守違反の実用的な報いがある。Levyは，郡福祉部門のスタッフ行動について議論するなかで次のように記した。

> 職員は「システム」の論理に同一化してそのなかで業務をするようになる。これは，高度に入り組んだゲームをこなすことが必然的に伴っている。そのゲームの一般的考え方は，自分の業務をできるだけ簡単にすることだ。このため，統計的な要求を満たして管理部門やスーパーバイザーに干渉されないようにし，必要最低限のことだけをしてクライエントに悩まされないようにし，可能な限り多くのケースを他人に任せ引き受けるケースを最小限に抑えることで担当件数をできるだけ少なく維持する（Levy 1970:172）。

遵守違反は，業務の要求やストレスに対処する努力から生じる場合がある。それは，クライエントへの悪影響を最小限にとどめ，困難を軽減し，スタッフの満足感を高めるように仕事を管理する急場しのぎの適応かもしれない。彼らが行う業務の性質と，支援に力を発揮できなくする厳しい制約は，直接的サービススタッフが職務遂行のためにこうした急場しのぎをとらざるを得なくする。遵守違反または修正された遵守は，また仕事が提起する問題に対する直接的サービススタッフの応じ方だと考えられる。あるスーパーバイジーは次のように記している。

> この業務をある程度続けると，自分を守る術を身につけるようになる。クライエントから負担をかけられないようにうまくかわす方法を習得する。夫婦関係のカウンセリングでの中年女性のケースを思い出す。彼女は大変依存的で，絶え間なく話し，いつも私に電話をかけてきた。これもサービスのうちだと認識していたものの，私は彼女が連絡してきたときにいつも外出中であると「調整」していた。彼女は徐々に，「こちらから連絡しますから，連絡しないでください」というメッセージの意味を了解した。

保護観察のスーパーバイジーは，次のように記している。

> 仮出所の無効を必要とするさまざまな状況がある。しかし，それは仮出所者との厄介なやりとりを意味するので，多くの余分な業務であり難しい仕事である。確かに，非常に深刻なケースでは，規則に沿って対応すればよいだろう。だが，曖昧で，仮に何かが起きたとしても仮出所を取り消さなかったことを正当化できるような場合，「規則にはもううんざりだ。知ったことか」と思うだろう。

遵守違反は心理的考慮から生じる場合もある。たとえば，自己開示に関する不安から，しっかりと詳細な記録をつけないスタッフがいる。同様に，遵守違反は成育歴に関連している場合もある。あるスーパーバイザーは次のように述べる。

> 私が担当していた25歳のスーパーバイジーは，規則に従うことができないようだった。この部門に配属されたとき，彼女は聡明で意欲に溢れ，落ち着いて見えた。彼女の父親が別の州の小都市で裁判長をしていることは知っていたが，これが彼女にどのような影響があるかは，数か月経つまでわからなかった。彼女は緊急の場合の居場所を知らせるための「外出時」の札を使うことをしなかった。ある日緊急の業務で彼女が必要になった。彼女は，外出時の札を出しておらず，自分がどこにいるかについて何の言葉も残していなかった。何度も彼女のオフィスを訪れ，同僚に彼女を見かけたかと尋ねた。しまいに，彼女は私のオフィスに飛び込んできて，秘書と別のスタッフのいる前で私に文句を言い始めた。私は「ちょっと待ちなさい，お嬢さん」と言い，秘書とスタッフはすぐに退室した。部門を効率的に機能させるためには特定の規則と規制が必要であることと，外出

時の札を使うようにといった理由を説明した。私がわかっていなかったのは，彼女の行動は思春期のものと同じだったということだ。彼女はいまだに反抗期で，父親（父と裁判官という2つの意味で権威の象徴）に対する反抗を私と部門（「システム」）に投影していたのだ。

もちろん，このスーパーバイザーの述べていることは推論に過ぎず，スーパーバイジーと話し合って確認する必要がある。確認されたとすれば，この出来事は個人の成育歴の問題に起因する遵守違反を説明することになる。

遵守違反は，スーパーバイザーやスーパーバイザーが代表している機関への反発の行動かもしれない。その場合，スタッフは反発を示すために機関の方針や手続きを意図的に実行しない。こうした隠された反発の表明に個人的満足がある。

遵守違反は，変更する必要がある方針について注意を促そうとする意識的な取り組みの，故意の反抗である場合がある。こうした例では，スタッフはシステムに課題を提示することで変更の必要性を示している（Merton 1957:360）。

遵守違反は業務で直面する実際の危険への対応である場合がある。スタッフ（多くの場合，若い白人女性）は，犯罪率の高い地域のアパートに行くことを余儀なくされる。実際にソーシャルワーカーは仕事中に，強盗，暴行，性的暴力に遭っている。有資格ソーシャルワーカーの労働力研究で，「主な雇用の実務で身の危険を感じますか」という質問に対し，回答者の44％は感じると回答し，30％は雇用者が自分の直面する安全性の問題に十分に対処していないと考えている（NASW Center for Workforce Studies 2004）。ソーシャルワーカーが自分の安全性について不安な場合，クライエントを訪問することに抵抗し，計画しない場合がある（Mayer & Rosenblatt 1975a）。

▌遵守違反の監視：スーパーバイザーの責任

スタッフの行動を理解することは，弁明することと同じではない。遵守違反行動を理解できる理由がある場合でも，クライエントは結果的に害を受けており，機関の目的が実行されていないことに変わりはない。スタッフに対して「治療的」に接し，機関の方針に反する行動を続けることを容認することが，クライエントにとっては反治療的な場合もある。

倫理的観点からいえば，スーパーバイザーは，機関の要求を実行するようにスタッフに求め，機関の方針，規則，手続きを守らせるのに正当な地位にいる。初期の頃，

ミルフォード会議報告書（The Milford Conference Report 1929）は，「組織の方針と規制を」遵守すべきスタッフの職業的義務を強調し，「機関が採用した方針は全職員に拘束力をもつ」とした。NASW倫理綱領（The Code of Ethics of the NASW 2008）では，ソーシャルワーカーは雇用機関へのコミットメントを遵守する必要があるとしている。Levy（1982:48-50）は，「福祉機関に雇用されることの受諾そのものが，組織への忠誠とその目的と機能への献身を約束することであり〔中略〕非管理職員は福祉機関の業務を遂行するために規定されたあらゆる手続きを遵守する義務がある」と述べている。

Compton & Galaway（1975）は，この義務を強く支持し，「機関の一員としての地位を受諾し，機関の資源を利用するスタッフが，個人事業主であるかのように行動できる」とは考えられず，「一職員として，スタッフは機関の方針に拘束される」と明確に述べている（Compton & Galaway 1975:481）。当然ながら，「雇用機関への忠誠と献身は，絶対でも無制限なものでもない」（Levy 1982:48）。NASW倫理綱領（2008）では，クライエントが方針によって悪影響を受ける場合や方針自体が非倫理的な場合に，機関方針への反対（と逸脱）の権限を認めている。逸脱はこのとき，代替の価値として正当化される。

ソーシャルワーク専門職と地域社会は，最前線でクライエント，機関，地域社会を守る役割を担うスーパーバイザーに，クライエント，機関，地域社会に悪影響を及ぼすようなスタッフの行動に対応することを期待してきた。この責任は，管理的スーパービジョンのモニタリング，点検，評価機能として具体化されている。スーパーバイザーが理念的な躊躇，能力不足，無関心などのために管理的スーパービジョンの機能を実行しなかった場合，地域社会は機関に対して外部による点検・管理手続きを義務づけることができる。

児童福祉サービスのシステムは，スーパーバイザーによる管理的スーパービジョンがうまくいかなかった結果を反映したものである。1960年代と1970年代を通して児童養護に対する批判が広まった。児童は不当に配置，再配置され，不十分かつ不注意な監督システムにより行方不明になっていた，児童に危害が加えられたが，状況の点検の怠慢から児童の生存は不確実な状態にあったといわれた。「児童にとっての永遠の居場所」を早急に実現するため，機関外部で手続きが進められ，裁判所による配置の点検と市民による点検の審議会および検討委員会ができた。

多くの州では，少年裁判所，家庭裁判所，部族裁判所に，児童福祉の事例を点検

し，スタッフの判断が児童にとって最良の利益となっているかを審査する権限が与えられている。これは実質的に，機関業務の司法によるスーパービジョンである（Badeu 出版年不明）。1980年までに，ほとんどの州が外部機関を設置し，児童福祉の直接的サービスを担うソーシャルワーカーの判断と業務を監督および点検するようになった。1996年には，児童虐待防止及び治療法（Child Abuse Prevention and Treatment Act）が改正され，各州3つ以上の市民検討委員会の実施が必要となった。この法は，2003年に制定された児童及び家族の保全法（Keeping Children and Families Safe Act）により再度権限が与えられた（Jones & Royse 2008）。現在では，すべての州がスタッフの行動を監督および点検する権限を付与された市民点検審議会（Litzelfelner 2001）または検討委員会（Jones, Litzelfelner, & Ford 2003）を設けて，主に児童に「永久的な居場所を確保する計画を実行するために行われた取り組み」を判定し，とるべき行動を「推奨している」（Conte et.al. 1981）。こうした手続きを最終的に説明および正当化することは，機関内のモニタリングおよび点検システムが機能していない状態，すなわち機関のスーパービジョンの機能不全と判断することである。

以上のように，一般にボランティアで構成される市民点検審議会と検討委員会が設けられ，直接ソーシャルワーカーの業務を監督および査定し，サービス介入の改善を推奨する法的権限が与えられているのは，もともとスーパーバイジーの点検責任を担っていたスーパーバイザーの不備が認識されている証拠である（Conte et.al. 1981）。第一線のスーパーバイザーがスーパーバイジーの業務を十分に点検および監督していない場合，ソーシャルワーク専門職の外部の者がその責任を引き受けることになるのは明白である。

管理的スーパービジョンの本質的な機能の実行をさらに徹底して支持することで，「政策立案者，政府幹部，機関の最高幹部」および市民が抱く「ソーシャルワークは優れた管理の対極に位置するもの」という固定観念を改めるのに役立つと思われる。このように考えると，ソーシャルワーカーは訓練と個人的傾向から，「合理的分析，つまり積極的に非効率的な実践を探り出して，方針と手続きに従わせることを重視する管理の職位に不向きである」と考えられる（Patti 1984:25）。

懲戒処分の行使

ほとんどのスタッフはたいてい，機関方針，規則，手続きに誠実に従っているこ

とを指摘しておかなければならない。遵守違反は例外的である。だが，その限られた数の例外が，スーパーバイザーに膨大な困難をもたらす。頻繁に遵守違反をする少数のスタッフのために，膨大な時間と心理的エネルギーを費やされることになる。

　機関の方針，規則，基準，手続きの守護者として，スーパーバイザーはスーパーバイジーにあることを特定の方法で行わせる，またはあることを特定の方法でさせないようにする必要がある。スーパーバイザーは自分の職位について，機関方針，規則，手続きへのコンプライアンスを得るために処罰し，是正措置をとる必要があるとわかっているかもしれない。スーパーバイザーは，スタッフの仕事がいつも間に合わない，遅刻や欠勤が続く，報告書を提出しない，記録を書いていない，用紙の記入が雑，著しい怠惰がある，うわさ話で他人の仕事の妨げになる，機関の車などの設備を大切にしない，クライエントに対する配慮，礼節，尊敬が欠けている，関係機関やサービス担当の職員との約束を守らないという状況に直面するものである。

　こうした状況は確認しないまま放置されるべきではない。スタッフが機関の要求を知りながら，故意に違反している場合は，スーパーバイザーには証拠書類の活用（Reamer 2005）などなんらかの処分を加えるくらいしか方法がない。一般にコンプライアンスへの抵抗や反発には兆候がある。そうした兆候が見落とされ，スーパーバイザーが「直視しない」場合，徐々に対処することが難しくなるが結局は避けられない。スーパーバイジーは，スーパーバイザーが現在止めてほしいと思っている振る舞いについて，これまで一度も話し合われたことがないと正当に主張できる。スーパーバイザーは，罪悪感と自己防衛のために効果的に状況に対処できなくなる。あるスーパーバイザーは，次のように述べる。

　　その年最後の面談で，Ｂさんがいつも面談や会議に遅刻することを口ごもりながらとりあげた。彼女にこうした問題があることは以前から知っていたが，さまざまな理由で直接対処するのを避けてきた。私がこの問題を指摘すると，〔Ｂさんは〕多くの深刻な個人的問題と家庭の問題があることを打ち明けた。これらにできるだけ適切に対応した後，遅刻などの問題に話を戻した。Ｂさんは，自分の行動の非を認めたが，私がそれまでこの問題を口にしなかったため，何を期待されているのかわからないと述べた。私は同意し，〔中略〕Ｂさんの成長の重要な部分を完全に見落とさずに済んだことに感謝して話を終えた。この問題には，その年のもっと早い時点で対処すべきだったという点で，時宜を得ていたとはいえない。この問題は，〔Ｂさんの〕成長を阻害する重大な個人的問題と関連しているようだった。おそらく，私が「何もしないよりは今からでもしたほ

うがよい」という態度で問題を口にしたことは，Bさんがこれまでしてきたことと同じことをしているのかもしれない。

スーパーバイザーは，叱責を要する問題について，関係者だけで話し合う必要がある。同僚の前でスーパーバイジーを非難すると，行動の改善を助けることが難しくなる。あるスーパーバイジーは，月間統計報告書の提出が遅れたことについて次のように記している。

スーパーバイザーはホールで私を見つけ，他のスタッフの前で私を大声で叱責した。私の報告書の提出の遅れを評価に加味すると脅した。スーパーバイザーは私が返事をする間も与えずにオフィスに戻った。スーパーバイザーは怒りを発散できただろうが，私の報告書をできるだけ早く手に入れることには失敗している。私はつらかった。スーパーバイザーは，他の誰にも関係ないことなのに，人前で私の行いに注意を促した。私には説明する機会が与えられず，求められもしなかった。

叱責は，スーパーバイザーがその問題について動揺していないときに伝えるのが最も効果的である。上記2つの提案は叱責を先延ばしにすることになり，問題についての話し合いは，それが起きてからできるだけ早く行う必要があるという3つ目の提案と矛盾する。冷却期間，プライバシーの確保に必要な時間を調整して，できるだけ先延ばしすべきではない。

次の説明では，スーパーバイザーは仮釈放および保護観察所での遵守違反について，強制的だが必要な措置をとっている。

Helenの部屋の前を通りかかったとき，ちょうどクライエントが帰ろうとしていたところだった。Helenが，自動車運転許可の申請書類の手続き（機関の規定）については心配しなくてよいと言うのが聞こえた。「それほど重要ではないから」と言っていた。私は，Helenがクライエントと協同して機関の重要な規則の遵守を怠っているのだと憤慨した。Helenとの面談を求め，クライエントは保険に入っているのか，運転免許証，保険は確認したのか，クライエントに運転許可を与えることをよく考えたのかと尋ねた。私は非難めいた調子になり，Helenは，大の大人が自分の車を所有して運転するのに我々の許可をもらわなければならないなんて馬鹿げたことだと言った。私は，必要な証明の手続きを完了せず，もしクライエントが車を使って別の違反をしたなら，機関の責任になることがわかっていないのではないかと言った。また，無許可で運転しているところを警察に見つかったなら，刑務所に戻されることを示唆した。私が意図した以上に叱責するような調子になっていた。Helenは，そんなことはまるで知らなかった（これは私のもう1つのミスだ）と言い，クライエントを管理下に置くための抑圧的手段に過ぎな

いと思っていたと述べた。申請書類の手続きは完了しなければならない（これは命令だった），それが機関，クライエント，地域社会，Helen，私を守ることになると述べ，彼女のオフィスを後にした。

最良の方法は，スーパーバイジーへの関心を伝え，起きたことの説明を聞こうとする姿勢，状況をどのように考えているかを理解したいと思っていること，変化するのを助ける準備があることを示すことである。重要なのは行動の変化により機関のサービスの効果を高めることであり，遵守違反の追及と処分ではない。スーパーバイザーが，遵守違反を脅しや敵対行為と考えているなら，出来事についての話し合いは感情的なものになるだろう。スタッフにとっての学習の機会とか，スーパーバイザーとスーパーバイジーの関係を改善する機会とみなすことで，より前向きな姿勢が生まれるだろう。

こうしたスーパービジョンの介入の目的は，処分ではなく予防と是正である。叱責する際は，スーパーバイザーは感情を抑え，事実に限定して，取り組み方に一貫性をもつべきである。スーパーバイザーは，1人を処分することは，全員を処分することであると自覚する必要がある。1人のスーパーバイジーを処分する際のスーパーバイザーの態度は，すべてのスーパーバイジーの反応に影響を与える。

実際，規律を保つには，スーパーバイザーの側に自分の判断が正しく，保身の気持ちがなく，相互作用を穏やかに進められるという自信が必要である。スーパーバイザーは出来事を記録しておくとよい。同じことが再び起こり，より厳しい措置が必要になったときに，記録がその正当性の証拠となる。スーパーバイザーのとる一連の措置は厳しさの程度に段階がある。最初の段階は，スーパーバイザーとスーパーバイジーによる状況の共同検討である。スーパーバイザーはスタッフに警告するかもしれない。行動が続く場合には，口頭で叱責することになる。次に，記録に残る文書による戒告，平均以下の評価，期間限定の停職処分，降格，最終的には解雇と続く。

一定期間の無給停職，降格，解雇などの深刻な懲戒処分には，証拠書類の提出が必要である。こうした処分では，現在ほとんどの機関でとられている不服申請の手続きに応じた，擁護のための文書が必要になることは間違いない。これは特に，公務員や労働協約がある場合に該当する。

個別の遵守違反にスーパービジョンでは効果的に対処できない場合，管理部が機関方針の意思決定の問題として対処することがある。こうした問題は機関方針とし

て扱われることで，直接的サービスの柔軟性を低下させる。少数のスタッフの遵守違反の結果，すべてのスタッフの自律性が損なわれることになる。こうした結末に至る可能性があるため，スタッフはコンプライアンスを得ようとするスーパーバイザーの取り組みを支持しようとする。

それほど頻繁なことではないかもしれないが，仕事ぶりが明らかに不十分な場合や非倫理的な場合，または機関の手続きに明らかに違反した行動を継続的にとるスーパーバイジーに対しては，解雇を検討する必要がある（Rivas 1984）。一般に，スーパーバイザーは機関で解雇の責任が与えられている役職者である。

要約

本章では，管理的スーパービジョンの実施における重要な問題を検討した。スーパーバイザーは，代位責任および管理者責任の原則の下，担当のスーパーバイジーの行為に責任をもつ。スーパーバイザーには，機関，クライエント，資格認定機関，スーパーバイジーからこの最終的な責任を助けるための一定の権限と影響力が与えられている。権限は，パワーの使用を正当化するものと定義する。パワーは，権限を行使する能力と定義する。報酬，罰，地位，参照，専門というパワーの5つの発生源を説明した。さらに，**機能的パワー**（スーパーバイザー個人の属性に関連する）と公的パワー（スーパーバイザーの地位に内在する）の相違を明らかにした。

スーパーバイザーは，与えられた権威とパワーを適切に使う必要がある。パワーと権威は，組織の目的を達成するのに必要な場合にのみ，柔軟かつ公平に，スタッフの反応に配慮しつつ使う必要がある。

権限は与えられているが，スーパーバイザーはその効力を積極的に利用しようとしない。さらにパワーと権限は，ソーシャルワークのもつ使命の性質とスーパーバイジーの拮抗する影響力によって緩和される。スーパービジョンのパワーの利用に消極的であることとその利用が困難なため，児童福祉の分野では外部に抑止機構が設けられている。多くの領域で，マネジドケアの監視は行動の健全さに関して，ソーシャルワークのスーパーバイザーの権限とパワーに譲歩してきた。

管理的スーパービジョンの機能を実施するなかで，スーパーバイザーは規則の効

用を認識し，遵守違反の要因を理解しておかねばならない。遵守違反行動について，スタッフを処分する過程についても検討した。

第4章

教育的スーパービジョン
定義，形態，内容，およびプロセス

Educational Supervision:
Definition, Differentiation,
Content, and Process

教育的スーパービジョンは，スーパーバイザーの第2の主要な責務である。教育的スーパービジョンは，スタッフが仕事を行うために知っておく必要のある事項を教えること，そしてその学習を助けることに関するものである（ASWB 2009; Hess, Kanack & Atkins 2009）。スーパーバイザーの職務内容の説明には，たとえば，効果的なソーシャルワーク技術についてスタッフを指導することや，個人およびグループ・カンファレンスを通して職員の能力を高めることや，特定の職務に関する教育，助言，学習支援というような，教育的スーパービジョンの機能の一覧が必ず含まれている。

スーパーバイザー機能の自己認識に関する調査によると，学習支援，訓練，経験と知識の共有，情報提供，明確化，指針の提示，スタッフが解決策を見出すための手助けと促し，専門職として成長するための支援，助言，提案，スタッフの問題解決への援助というような，教育的活動がある。

教育的スーパービジョンとは，スタッフとクライエントの相互作用を詳細に分析した結果，ソーシャルワークの課題達成に必要な知識，スキル，態度を教えることといえる。スーパービジョンに関する一般的な文献では，この機能は臨床的スーパービジョンと同一であるとみなされている。臨床的スーパービジョンの標準的な定義は，より経験のある専門家が経験の浅い専門家の職業的能力の向上を目的に，その業務を監視するという状況であると定義している（Bernard & Goodyear 2009; Milne 2007）。「臨床的スーパービジョン」は幅の広い一般的な用語であるが，資格認定委員会はその効力のある構成要素を特定し，管理するために相当な労力を費やしてきた（American Board of Examiners in Clinical Social Work 2004; ASWB 2009）。資格認定委員会にとってこの用語を脱構築する必要性は，臨床的スーパービジョンにおいてはスーパービジョンの役割，機能，義務が1つの融合体となっていて，あいまいで扱いにくいからであると考える。標準定義を本書で使用する管理的，教育的，支持的という構成要素にまとめ，教育的スーパービジョンに関して，「上級・有資格の実践者が，集中的かかわりを通して，業務に焦点を当て，スーパーバイジーの業務を管理し，支持し，展開し，評価するなど，正規に行われる教育や訓練」であると，Milne（2007:439）は定義づけた。本書全体を通して，臨床的スーパービジョンではなく「教育的スーパービジョン」という用語を使用する。この用語がより正確でわかりやすいと思われるためである。

教育的スーパービジョン・現任訓練および職員研修との違い

　前述のように，ソーシャルワークの特徴の1つは，非常に多くの機関の職員がほとんどまたはまったく事前訓練を受けずに就業することである（Turcotte, Lamonde & Beaudoin 2009）。さらに，ソーシャルワーク認定校で学士号や修士号を取得した者でさえ，ソーシャルワーク教育で習得した知識や技術と，ソーシャルワークの実践で必要なものとの間に不一致を認めている（Black & Whelley 1999; Perry 2006）。また，離職や機関間の転職も多い。結果的には，ソーシャルワーカーとしての業務を遂行できるように，また業務を特定の状況下で遂行できるように，常に職員を訓練する必要がある（Kleinpeter, Pasztor & Telles-Rogers 2003）。

　職員研修，現任訓練，教育的スーパービジョンの形態を区別する必要がある（Gleeson 1992）。「職員研修」とは，全職員の仕事に関連する知識，スキル，態度向上のために機関が採用する手続きすべてをいい，現任訓練と教育的スーパービジョンを含む。ソーシャルワーカー，管理者，事務職員，スーパーバイザーのために行われるトレーニング・セッション，講義，ワークショップ，講習会，情報誌，ディスカッション・グループは，職員研修活動である。

　「現任訓練」は，より具体的な職員研修の形態である（Clarke 2001）。この用語は，機関職員のうち，同じ業務区分または同じ職責を担う特定の集団に提供される，計画にそって実施される正規の訓練をいう。現任訓練のプログラムは，スタッフの特定の集団に共通する教育的ニーズの観点から事前に計画される。一般的に教える内容は，特定の職員にではなく，集団の全メンバーに当てはまるものである。

　「教育的スーパービジョン」は，個々のスタッフの特定の業務について，一般的な学習を適用して特色をもたせ，現任訓練を補完するものである。教育的スーパービジョンは的を絞った職員研修の形態である。この場合の訓練は，個人化された教育プログラムを必要とするスタッフの特定のニーズに対して，ケース数や問題を特定化して行われる。

　スーパーバイザーは，教育的スーパービジョンの責務を果たすなかで，現任訓練で提供された一般的な学習をスタッフが実行・応用するのを支援する。スーパーバイザーは，「スタッフがクライエントやサービスを特定して支援するために知って

おくべきこと」を教え（Bell n.d.:15），知ることから実践することへのスタッフの学習の経過を後押しする。現任訓練と教育的スーパービジョンは補完し合っている。スーパーバイザーは，計画的に実施する正式な現任訓練のセッションで教える内容を強化し，個別化して，その応用について説明する（Meyer 1966）。

　現任訓練は，状況を問わず，実践一般にかかわるものである。一方，教育的スーパービジョンはコンテキストに関連した特定の状況における実践にかかわる。教育的スーパービジョンは，スーパーバイジーの担当に割り当てられたクライエントや課題に関する個別の学習を提供する。

教育的スーパービジョンの意義

　公的機関のソーシャルワーカーに対する事前訓練の不足への対応策としての教育的スーパービジョンの必要性については，3つの異なる時期に行われた児童福祉に関する全国的調査で指摘されている。第一の調査では，児童局（1976:72）が「しばしば第一線のスーパーバイザーが現任訓練の唯一の提供者である」と記している。第二の調査では，ソーシャルワーカーの大部分（75％）は，「業務に必要な知識と能力の習得を現任訓練とスーパービジョンに頼っている」（Shyne 1980:31）と述べている。第三の調査は，「ケースの人事配置と点検は，児童と家族の安全と福利を守るという点でスーパービジョンの根幹である」（Hess, Knak & Atkins 2009:16）と報告している。

　Shulman（1982）は，スーパーバイザーが実際に遂行したと思われる職務と，遂行したい職務に関して，スーパーバイジーとスーパーバイザーからの報告を調査した。どちらのグループも，スーパーバイザーが莫大な時間を教育やコンサルテーションに費やしていることを示唆した。さらに，「実践で実際に時間を充てたいものとして最も多いもの」では，スーパーバイザーとスーパーバイジーともに，増えた時間を「実践的技能の教育」（22-23）に充てることであった。Shulman（1993）による68人のソーシャルワークのスーパーバイザーを対象に行った調査では，事例相談に費やされる業務時間は全体の40％に過ぎないが，スーパーバイジーと事例相談でやりとりすることはスーパーバイザーにとって最もやりがいのある職務である。

教育的スーパービジョンは，スーパーバイザーの活動と責任において非常に重要な位置を占めている。スーパーバイザーは自分の責務をうまく果たしたいと思っており（Baum 2007），スーパーバイザーの満足感が最も強いもの3つのうち2つは，「スーパーバイジーの専門家としての成長と進歩を支援すること」と「ソーシャルワークの知識と技能をスーパーバイジーと共有すること」である。スーパーバイジーがスーパービジョンに満足する3つの主な理由のうち2つは，教育的スーパービジョンに関連しており，「私のスーパーバイザーは私がクライエントとの業務で抱えている問題に対処するのを支援してくれる」ことと「私のスーパーバイザーはプロのソーシャルワーカーとしての成長を支援してくれる」ことであった。また，スーパーバイザーとスーパーバイジーはどちらも「スーパーバイジーの専門家としての成長を保証すること」が，スーパービジョンの最も重要な2つの目的の1つだとしている（Kadushin 1974; 1990）。

　一方，スーパービジョンがうまくいかなかった場合，その失敗は教育的スーパービジョンの領域で最も深刻に感じられるだろう。Watkins（1997:166）は，効果の出ないスーパービジョンに関する研究を要約し，教育や指導での失敗は，一貫して貧弱なスーパービジョンの否定的側面とみなされているとした。スーパーバイジーが表出する主な2つの不満足の根源は，この機能に関係している。すなわち「スーパーバイザーは私の業務にあまり批判的ではないので，自分の行っていることの何が誤っていて，何を改める必要があるのかがわからない」，そしてまた「スーパーバイザーは私がクライエントと直面している問題にあまり役立つ援助をしてくれない」ということであった（Kadushin 1974; 1990）。認識されず，修正されないかぎり，このような不満足は，他の「スーパービジョンにおける否定的出来事」（Ramos-Sanchez et al. 2002:197）と相まって，次第に蓄積して，「ひどい」スーパービジョン（Bernard & Goodyear 2009）になるだろう。

教育的スーパービジョンとスタッフにとっての成果

　ソーシャルスタッフが実践で用いる知識をどこから得ているかについての調査で，Demartini & Whitbeck（1987）は，教育的スーパービジョンがきわめて重要であることを裏づけた。直接的サービスを担当する修士号をもつソーシャルワーカー90人への質問票による回答では，実践で用いられる知識の主な源として挙げられていたのは，使用頻度の点でも実践での重要性という点においても，スーパー

ビジョンであった。ソーシャルワーク教育は実践に必要な知識の全般的な枠組みを提供するが，スーパーバイザーは（現場での経験，現場での訓練，同僚とともに）スタッフの業務上の課題に必要なものを特定して，その全般的な知識を役立つように解釈する機会を提供する。スーパービジョンは，知識の実際の使い方を判断するうえで，大学院教育よりも重要だとされている。スーパーバイザーおよびスーパーバイジーとのインタビューから，優れた教育・指導は効果的なスーパービジョンと関係している。スーパービジョンは有能な臨床家になるのに必要な指導と学習のプロセスを含んでいる（Henderson, Cawyer & Watkins 1999:67）。

　このことは，私たちが行った1万人の認定ソーシャルワーカーを対象としたNASW労働力調査の分析と一致している（NASW Center for Workforce Studies 2004）。実践的なスーパービジョン（臨床的スーパービジョンを含む）の形態で，継続的教育および訓練を受けてきたソーシャルワーカーたちは，そうではないソーシャルワーカーと比べ，広範囲な心理的，医学的，社会的な課題や，クライエントの生活改善に結びつく重要な問題，および危機的状況をはじめとする，さまざまな問題にクライエントが取り組むよう援助することができたと報告した。スーパービジョンを受けているスタッフは，クライエントとその家族からの数々の支援の要求に効果的に対応できたこと，また，クライエントのために機関のサービスや地域の社会資源（適切な医療ケアを含む）を利用できたことや，クライエントの文化的な違いに対応できたことに満足感を示している。最後に，スーパービジョンを受けているスタッフが，調査を行ったり，臨床やその他のサービスをクライエントとその家族に提供したり，サービス提供の問題に対処したりする時間に満足していることは意義深い。

　1990年から2007年までに発表された27の調査報告書の体系的論評によれば，Mor Barak, Travis, Pyun & Xie（2009）は，教育的スーパービジョンにおいてスタッフの多数の有益な成果を予測した。スタッフが問題解決に取り組むのを支援するスーパーバイザーの能力は，スタッフの仕事への満足度（Gimbel et al. 2002），仕事の資源および業務量（Juby & Scannapieco 2007）と関連していた。スーパーバイザーが能力を引き出す機会を提供しているという認識は，スタッフとしての振る舞いや業績に結びついていた（Hopkins 2002）。スーパーバイザーが個別の学習ニーズについて話し合って訓練内容を調整した場合にスタッフの定着率は高いことが推察される（Curry, McCarragher & Dellmann-Jebkins 2005）。

1万867人のスタッフの合成サンプル調査を平行メタ分析したMor Barak et al.（2007:7）によると，スーパービジョンによる課題支援（「スタッフが業務を遂行するための教育，訓練，能力開発に焦点を当てた具体的で仕事に関連する助言および指導」など）は，児童福祉，ソーシャルワーク，精神保健の現場でスタッフが有益な効果があると報告している。課題支援の効果は「中程度」にすぎないが，スーパービジョンの相互作用または支援の効果はより高く，「中程度の効果」は「実践的（臨床的）な重要性」があると思われる（Hojat & Xu 2004:241）。

教育的スーパービジョンとクライエントにとっての成果

論争はあるものの（Freitas 2002），教育的スーパービジョンはクライエントにとっての効果にも影響を与えるといわれる（Bambling et al. 2006; Callahan et al. 2009）。たとえば，Harkness（1997）は，精神保健クリニックでの実践を通して16週間にわたって，ソーシャルワークのスーパーバイザー1人，スタッフ4人，クライエント161人の相互作用の連鎖について，特にその支援の連結と結果についての因果関係を調査するための横断的研究を企画した。ソーシャルワーカーが，毎週スーパービジョンを受けて「問題解決」をした度合いと，サービスを数週間にわたって受けたクライエントの目標達成の度合いとに，直接の因果関係があり，かつスーパービジョン関係とその有用性に関する別のスタッフのアセスメント結果がリンクしているという結論を見出した。この場合，教育的スーパービジョンは，スタッフが経験したスーパービジョンでの有用性の度合いを上回るクライエントにとっての援助が可能になると思われる。この調査に関する最良のエビデンスを論評したものとして，Milne（2009）を参照されたい。

教育的スーパービジョンと管理的スーパービジョンとの関係

管理的スーパービジョンと教育的スーパービジョンでは，クライエントにできう

る限り最良のサービス提供をめざすことから，究極的には同一の目標をもつ（Henderson 2009）ともいえる。管理的スーパービジョンは，この目標に向けて運営管理の枠組みと資源とを提供する。一方，教育的スーパービジョンは，スタッフがこの目標を達成できるように，訓練と指導を提供する。管理的スーパービジョンと教育的スーパービジョンは，相互補完的ではあるが，それぞれ独立したものである。Erera & Lazar（1994）は，イスラエルにおいて広範囲に及ぶ福祉機関でのスーパービジョン実践の因子分析を行い，管理的スーパービジョンの機能と教育的なスーパービジョンの機能について，経験的に別個のものと捉えられていたことを見出した。

　管理的スーパービジョンは，スタッフに対して実践環境を構造化し，資源を提供して業務を効果的に遂行できるように促す。教育的スーパービジョンは，スタッフの効果的な実践に求められる装置としての知識と道具的スキルとを提供する。管理的スーパービジョンは，組織，専門職，認定機構の各レベルでのヒエラルキーのニーズに応える。これに対して，教育的スーパービジョンは，専門職のニーズに応え，有能かつ専門職的志向をもつ実践家を育てる。スーパーバイザーには，管理的スーパービジョンでは運営管理的技能が求められるのに対して，教育的スーパービジョンでは専門的技能と教育法的技術が求められる。第6章で論じていることだが，支持的スーパービジョンでは人間関係の技術が求められる。

　教育的スーパービジョンと管理的スーパービジョンは，互いに補強し合っている（Tromski-Klingshirn 2006）。教育的スーパービジョンはスーパーバイジーに実践スキルを向上させる機会を提供するのに対し，管理的スーパービジョンはいわば「自動車運転仮免許」「教習車」「交通規則書」を提供する。

　教育的スーパービジョンは，管理的スーパービジョンの効果を高める。教育的スーパービジョンを行うことで，管理的スーパービジョンでの課題が達成しやすくなる。「トレーニングと指導を受ける経験そのものが，詳細で緊密なスーパービジョンと同じくらいのコントロール機能を得るための一助となる」（Olmstead 1973:90）。教育的スーパービジョンを受けたスタッフは，より自律的にかつ独立して行動できるようになるので，管理的スーパービジョンでの負担は軽減されることになる。

　機関の価値観，目標，手続きに対するスタッフのコミットメントや忠誠心は，教育的スーパービジョンによって高められる。教育を通して，機関の目標にそって，機関のやり方で，機関が望むことを行うように，スタッフに教え込むことができる

なら，機関はスタッフにためらうことなく権限を委譲して自律的に業務を遂行させることができるかもしれない。教育的スーパービジョンは，スタッフがこのようにコントロール力を内面化できるように，一連の過程を通じて，運営管理上のコントロール力を提供することになる。

教育的スーパービジョンでは，機関理念の1つである権限構造を正当化しうる信念体系を伝達する。こうした社会化の目的の1つは「同意工作」であり，最終的にはスーパーバイザーの地位に付随する権限の正当性をスーパーバイジーが自主的に支持するようになると考える。

教育的スーパービジョンの機能と管理的スーパービジョンの機能との関係についてのSimonの記述は，説得力がある。

> トレーニングは，「徹底的に」決定権に影響を与える。つまり，トレーニングを受けることで機関の職員は，権限の行使や助言を求めることなく，自分で適切な決定を下せるようになる。トレーニングの手順は，部下にとって決定権に関する権限の行使または助言の代わりとしてのコントロールの手段となる。〔中略〕部下をトレーニングすることで，彼らが少ないスーパービジョンの回数で職務遂行できるようになる。その意味では上司による点検の手続きを最少化または不要にすることも可能になるだろう。トレーニングはそれを受ける人に決定権に必要な事実を提供し，部下は自分で考えるための判断基準枠をもつことになる。つまり，「公認の」決定権について教え，決定権の行使に関する価値観をもたせることになる（Simon 1957:15-16）。

ソーシャルワークの新任職員は，多様な教育背景や経験をもち，各自の学問分野の用語や考え方を習得しているので，共通の判断基準枠，所属の機関の目標に関する見解，職業的な目的に対する統一コミットメントについて教育を受けることが求められる。互いの相違を減らさなければ，職員に一貫性のある方法で業務をさせることはできないかもしれない。スーパービジョンの教育的課題の1つは，機関内の他のスタッフが同意しており，彼らの行動と態度の指針となっている準拠枠，視点，目標を，新任職員が受け入れられるようにすることである。

官僚的管理装置は，管理的スーパービジョンに見るように機関の方針と手続きに従うようにスタッフに外的圧力を加えるのに対し，教育的スーパービジョンは最終的にそれらを内面化させるように促す。管理的スーパービジョンと教育的スーパービジョンは，どちらもスタッフの行動を所属機関のソーシャルワーカーとして効果的な業績を上げるのに必要な方向へ変化させる。管理的スーパービジョンから教育

的スーパービジョンへと移行してこの目標を達成するということは，スーパーバイザーによる管理からスーパーバイジーによる自己管理へと移行するということである。

　職業的社会化には，個々人がもつ特異性を減少させる機能がある。問題に対する素人の姿勢とアプローチはさまざまだが，専門職のアプローチは比較的均質である。職業的社会化とは，専門職としてのアイデンティティと自分の職業について同業者と共有する特定の態度を身につけることである。教育的スーパービジョンでは，スーパーバイジーにこの職業的アイデンティティの感覚を与えることで，素人から専門職へと役割を移行する場を与える。

　管理的スーパービジョンと教育的スーパービジョンはスタッフの業務遂行をコントロールする手続きを補完的に提供するので，一方が多くなると他方は少なくなる。Hall（1968:104）は，ソーシャルワークを含むさまざまな職業を対象とした官僚化と専門職化の関係についての調査で，「専門職化のレベルと官僚化のレベルとの間には均衡が保たれているので，特定のレベルの専門職化は社会的コントロールを維持するためにあるレベルの官僚化を必要とするだろう」と結論づけている。つまり，専門職化と，官僚化のそれぞれのレベルには負の相関があることを指摘した。同様に，Hage & Aiken（1967:90）は16の福祉保健機関の調査で，「専門的な訓練を重ねてきた機関職員には〔中略〕，密度の濃いスーパービジョンはあまり実施されていなかったこと」を見出した。

　教育的スーパービジョンの結果として知識やスキルを向上させることは，管理的コントロールを緩和させる。スタッフが良い仕事をすることに対して個人的に義務感をもつなら，それを達成するための必要なコンピテンスと能力を得ることになるだろう。

　教育的スーパービジョンによって，より円滑な管理的なコーディネーションと効果的なコミュニケーションが可能となる。機関がどのように運営されているのか，機関内の他の職員がどの機能を果たしているのかについて学ぶことで，スタッフは自分自身の職務を他者と協調して調整することができる。機関の専門用語や専門性を学んだスタッフは同僚とのコミュニケーションをするうえで，誤解が生じるリスクは少なくなる。「議論領域」を共有することは，コミュニケーションの一助となる。たがいに共有する価値観，行為の前提条件，知識に基づいて判断することにより，スタッフの行動についての予測性が高まる。教育的スーパービジョンがスーパーバ

イジーに対して，ソーシャルワークの専門職文化に同化させるという社会化の経験を提供することによって，このことは実質的に達成される。スーパーバイジーは，この職業に特有の治療的前提条件，価値志向，考え方と問題解決方法に関する用語によって社会化される（O'Brien & Rosenberg 1998:46）。同僚と類似した考え方をすることで，一人でも同じ結論に達する可能性が高くなる。機関のスタッフが同質の考え方をすると，機関内のさまざまな集団の仕事を調整しやすくなる。

　スーパーバイジーに，機関の他の職員が共有している一致した価値，均一の視点，標準化された用語を教えることで，機関内で摩擦が生じる可能性を低減し，協調を高めることができる。

　教育的スーパービジョンの結果，スタッフは自分の働きぶりを評価しやすくなる立場につく。スタッフは良い実践と悪い実践の違いを学習し，自己批判的に考えるための基準を身につける。そのため，教育的スーパービジョンの結果として，コントロール，調整，コミュニケーション，協力，評価についての管理的スーパービジョンの機能は円滑になる。

　このように教育的スーパービジョンと管理的スーパービジョンには補完的な要素があるが，うまく両立できない側面も存在する（Erera & Lazar 1994b）。これは，2つのスーパービジョンの役割には利害関係がある可能性を示している（Association for Counselor Education and Supervision 1993; Tromski-Klingshorn 2006）。しかし，Tromski-Klingshorn & Davis（2007:294）による調査では，対象者158人の半数近くに，組織管理のスーパーバイザーが臨床のスーパーバイザーを兼任していたことを報告したが，2つのグループ間でスーパービジョンへの満足度に統計的有意差は見られなかった。同じスーパーバイザーから管理的スーパービジョンと臨床的スーパービジョンを受けているスーパーバイジーの大多数は，スーパーバイザーが2つのスーパービジョンの役割を兼任していることを問題視しておらず，回答者の72.5％は特有の利点があると報告した。スーパービジョンの役割の利害関係が生じる可能性は常にあるものの，管理的スーパービジョンと教育的スーパービジョンの利害関係についての懸念はある程度収まっている（American Counseling Association 2005）。スーパーバイザーは，スーパーバイジーに悪影響がないように利害関係を認識し，回避または管理することが期待されている（NASW 2008）。

教育的スーパービジョンの内容

　スーパービジョンの教育内容に関するどの説明も，当然一般的なものとなる。本書のようなスーパービジョンの概説は，多様な機関に勤務するスタッフを対象として，彼らが業務を遂行するために学ぶ必要があるそれぞれの内容を取り上げている。しかし，すべてのソーシャルワーク機関に共通する要素があるため，教育すべき内容もある程度は画一的になる。教育的スーパービジョンの基本的な内容に関する以下の議論は，Helen Harris Perlman が著した文献に基づいている。Perlman（1947）は，すべてのソーシャルワーカーが知るべき事柄は，人々（people），問題（problem），場所（place），過程（process）の4つのPであると指摘した。これに，5つ目のPとしてサービスを提供するスタッフである援助者（personnel）が追加されることもある。

　ソーシャルワーク全般での主な局面は，クライエント（個人，家族，集団，地域社会，すなわち人々 people）が社会的機能に問題 problem を抱え，福祉事業所という場所 place を訪れ，あるいは紹介され，ソーシャルワーカーという人材 personnel による支援を受ける過程 process である。

　どの福祉事業所のスーパーバイザーも，これら5つの内容に関連したものについて教えるだろう。「人々」「場所」「過程」「問題」「援助者」の詳細がどれほど多様であっても，これらが教育的スーパービジョンのテーマとなる（Holloway 1997）。具体的に相違はあるが，どの場合も，特定の人々の集まりである個人ないしは集団が，特定の社会問題を抱えており，特定の福祉事業所に所属するソーシャルワーカーによる特定の支援アプローチを求めている。スタッフは自分の業務を効果的に遂行するために，求めている援助のプロセスについて，サービスを提供する機関について，一緒に取り組む人々について，彼らがもつ問題について，そして支援の主な手段としての自分自身について，知る必要があるだろう。

　人々，問題，場所，過程，援助者というこれらの内容領域それぞれに，知識，態度，スキルに関する目標をもつ。機関がどれほど多様であろうと，スーパーバイザーは，機関（place）に関する事柄，すなわち，目的，サービス提供の種類と条件，方針設定および変更の方法，法定権限の性質，組織化され管理される方法，関係機関

とのかかわりや地域の福祉サービスのネットワーク全体に占める位置などについて教える必要がある。場所（機関）に関する知識には，かかわっている地域の福祉機関間ネットワークや地域社会の地理的知識も含まれる。システムの知識は，たとえば，医療現場における HIV 患者とのソーシャルワーク実践に不可欠である（Itzhaky & Atzmon 1999）。

それぞれの機関が対処する社会的問題がどれほど多様であっても，スーパーバイザーは，この問題に関する原因，心理社会的特性，地域社会の対応およびそこでのさまざまな集団に及ぼす影響，ソーシャルワーカーをも含む人々の生活に及ぼす影響，機関の権限と直接関連する社会的問題と機関のサービスとの関係について教える必要があるだろう。これは，児童養護の業務のスーパービジョンにおいて特に注目すべきことだと思われる（Potter & Brittain 2009）。

クライエントがどれほど多様であっても，スーパーバイザーは特定のクライエント（「人」）が抱えている社会的問題のストレスに対応する人間行動に関する事柄を教える必要があるだろう。ケースワークのスーパーバイザーは，個人や家族が社会的問題に対応し，適応する方法を教えることが中心となるが，グループワークのスーパーバイザーやコミュニティ・オーガニゼーションのスーパーバイザーは，集団または地域社会という集合体のなかで人々が社会的問題に対応する方法を教えることを重視するだろう。社会的ストレスに対する問題を抱えた個人および集合体の対応をスーパーバイジーが理解できるように，スーパーバイザーは「正常の」個人および集合体の発達と行動に関する事柄を教える必要がある。

クライエントに対して，社会的機能をより有効なレベルにまで回復させるために支援すること，あるいは社会的機能不全の改善または予防のための支援において，どのプロセスが採用されるにしろ，スーパーバイザーは支援技術を教える必要があるだろう。たとえば，マネジド・ケアの現場でのソーシャルワーク実践の技術は，一般的に学生が大学院で学ぶものをはるかに超えたものであり（Acker 2010a; Acker & Lawrence 2009），ソーシャルワークのあらゆる領域において，根拠に基づく実践を行うように迫られる（Luongo 2007; Milne & Westerman 2001）。教育的スーパービジョンは，最終的にすべてを統合する場である。人，問題，場所に関する知識について，最終的にスタッフがより効果的に支援できるように教える。スーパーバイザーは，スタッフが行うべきこと，個人，集団，地域社会が社会的問題に効果的に対処できるよう支援する方法を教える必要がある。さらに，スーパーバイザーは機関が

採用するどの支援技術であっても，その特定の技術が改善効果を出すことを説明するための理論を教える必要がある。

あらゆる機関において，支援の方法論が何であろうと，スーパーバイザーは一連の連続した支援プロセスの特性を教える。これは，アセスメント，判断，対応，またはデータ収集，データ処理，介入，さらには情報収集，情報処理，社会的影響の行使といったさまざまな方法で説明される。どれほど多様であっても，これらの説明はすべて，事実に基づいて理解され，援助を展開する過程を意味する。

さらに，スーパーバイザーはスタッフ（personnel）が職業的アイデンティティを形成するように教育する必要がある。これは，クライエントとの効果的な支援関係を開始，強化，維持するためにスタッフの態度，感情，行動をスタッフが発達させることが含まれる。これは，自己決定，秘密保持，非審判的態度に関するソーシャルワークの価値観をもたせるための教育であるのはもちろんのこと，偏見や紋切り型のイメージに基づく年齢差別，人種差別，性差別，および同性愛者を嫌悪する態度を修正する意味もある。つまり，実質的には，ソーシャルワーク職の基準と倫理への社会化をいう。

当然ながら，人は社会的機能の問題に対処するため，相談機関からではなく，相談機関を代表するソーシャルワーカーから支援を受ける。さらに，一般に支援のための主な手段は，ソーシャルワーカー自身である。もちろん，家事代行サービス，里子養育，施設介護，児童保護，医療サービスなどソーシャルワーカーが利用できる公共サービスもあり，これらは支援のための必須の資源である。しかし，ほとんどの場合，人を支援する過程で相談機関が提供する主な資源は，スタッフのスキルとコンピテンスである。グループでのリーダーシップ，地域社会の組織化，擁護者としての言動，支援，支持，明確化，同定のモデルとしての自己提示，行動の評価と形成などを行うのはソーシャルワーカーである。ソーシャルワークにおいては，スタッフ自身が主な手段であり，何をどのように行うかを判断するのはスタッフである。

スタッフの人格と行動は，スタッフとクライエントとの相互作用の決定要因として重要であり，スーパーバイジー自身がその態度，感情，行動とともに，必然的に教育的スーパービジョンの対象となる。ここでの目的は，スタッフの自己覚知を促し，スタッフとクライエントの相互作用において慎重で，しかも制御された，意図的に訓練された仕方でスタッフが振る舞えるようにすることで，クライエントに

とっての最適な支援をすることである。人の言動をできるだけ客観的に認識し，罪悪感や恥じる気持ちや不快感をもつことなく人の感情に自由に近づくコンピテンスは，支援過程に求められる主観性のコントロールのための，十分条件ではないにしても必要条件である（Williams 2008）。支援のために想像力と創造性をもって自在に感情を用いるためにも，十分な自己覚知が求められる。

　Nathanson（1962:32）は，「自己覚知」について「他者と状況に対する自己の反応を現実的に認識し，他者が自己をどのように見ているかを理解する人のコンピテンス」と定義している。Grossbard（1954:381）は，「おおまかに言うと，自己覚知とは人が外部世界に対してどのように応答しており，外部世界が自己に対してどのように応答しているかをある程度正確に認識するコンピテンスである」と述べている。自己覚知は，ソーシャルワーカーの専門職としての発達にとって最も重要である。

　自己覚知には，自分自身を精査するため，客観化が必要となる。自己覚知は，自己を注目，調査，考察の対象とする自己内省の訓練によって深められる。教育的スーパービジョンでは，専門職としての自己を目的をもって，意識的に方向づけて活用する必要があり，その意味では自己覚知は必要条件である。

　スタッフの職業上の関心事である社会的問題は，個人的にも影響を与えるため，スタッフの自己覚知力を高めることが一層必要となる。これは他の多くの専門職とは異なり，スタッフ職の生活と仕事には著しい相互浸透がみられるためである。スタッフは，親子の葛藤，高齢化，夫婦葛藤，逸脱，病気，経済的問題，死，といったクライエントが遭遇する多様な問題にある程度巻き込まれるかもしれない。「生活に緊密に結びついた仕事を生業にすると，仕事を他の生活の領域から区別することが著しく困難になる。ソーシャルワークでは，仕事の課題と生活は同時に経験されることが多いので，他の多くの職業よりも不安は大きくなる」（Babcock 1953:417）。

　自己覚知をより深めるための教育により，スタッフはこれらの事柄について客観的に考えられるようになる。これらの職業上の問題に対するスタッフの個人的な反応が，逆に支援関係に悪影響を及ぼすことはないという意味で大きな保証となる。精神保健クリニックのスタッフは次のように述べる。

　　お金に関するあらゆることで，クライエントとの関係にいつも気まずい思いをしてき

ました。私の家族はお金のことで話し合ったことはありません。話題にしてはいけないことでした。これが今の仕事に影響を及ぼしているのだと思います。家計について両親に尋ねるのにはいつも抵抗がありましたし、クライエントに尋ねるのは一層気まずく感じます。家族内では家計については滅多に話さなかったので、クライエントと自然に話し合うのは難しく感じます。私が気にするとクライエントも気にするので厄介です。ああ、これは新たな自己覚知による発見ですね。

以下の抜粋では、スタッフがセルマという12歳の少女についてスーパーバイザーに話している。スタッフはこの少女のことを、いたずら好きで意地が悪く、生意気で手がかかると描写する。スタッフ自身を含む大人をからかうのだという。

〔スタッフが〕セルマの態度について話し、スーパーバイザーの質問に答えて詳細に説明しているとき、彼女は突然何かに気づいた様子で、「私の彼女くらいの年齢のときに、非常によく似ていました」と言った。〔スタッフは〕中学校の教師を言葉でからかい、教師からの罰を挑発したと話し出した。私はスタッフが重要な何かに気づきかけているのだと感じ、ときおり相づちを打つだけで彼女の話を聞くことに専念した（Gladstone 1967:11）。

類似した生活経験があることに気づくと、スタッフはクライエントの行動を理解できるようになる。

教育的スーパービジョンによりスタッフの自己覚知を促すには、固有の一連の問題がある。あらゆる体系的な教育プログラムは本質的には変化を目論んだプログラムであり、教師が変化をもたらす主体となり、学習者が変化の対象となる。教育には、ある選択した方向に行動を変化させる意図的な取り組みが含まれる。しかし、変化するというプレッシャーが学習の結果生じて、迷いや抵抗を生み出すことになる（Itzhaky & Ribner 1998; Webb & Wheeler 1998）。

学習すべき特定の内容と、変化が必要な態度は、時には学習の障害または問題になる場合がある。人は感情的に受け入れられることのみ学習する。学習の内容が自己肯定感を脅かすものや、核となる態度や信念に挑戦するものである場合、学習は受け入れられない。こうした脅威から自分自身を守る手段として、あらゆる防衛機制がある。自己覚知のための教育は、スーパーバイジーがこうした学習への抵抗を軽減するのを支援する。しかし、学習に対する障害が持続するのは常のことではなく例外だが、こうした問題はすべての学習者がある程度部分的に経験するものである。駆け出しのスタッフは、内省よりも課題に焦点を当てた指示的なスーパービジョ

ンを好む場合があるが(Lazar & Eisikovits 1997)、ある程度成熟したスタッフにとっては、自我の適応機制が防衛機制に勝る。スタッフは職務の要求に応える必要性と願望があるため、抵抗があっても学習を行う。

自由かつ安全に自分を探求することのできるスーパービジョンのコンテキストがあると、健全なスーパーバイジーは内省的な自己分析を受け入れる。自分の応答を内省的に検討することで、スタッフは自己検討の主体であり対象であるという二重の立場をとる。自分がある特定のクライエントには憤慨して、あるいは責めるように対応することや、温かく、あるいは共感的に対応すること、別のクライエントには畏縮するとか、脅威や嫌悪を感じることを認識し、そうした反応の理由を内省的に検討することにより、スタッフの自己覚知が深まる。スーパーバイジーは、人間行動に関する知識を自分自身または自分の相互作用に適用し、より実感を伴って理解する。自己覚知を教える目的の1つは、こうした情緒的な感受性を高めることである。

自己覚知の向上を正当化するこの議論は、自己覚知が教育的スーパービジョンの重要な内容であることを反映している。スーパーバイザーには、スタッフに人、問題、場所、過程について教えるだけでなく、スタッフの自分自身についての理解を促す責任がある。ソーシャルワーカーは、自己覚知のための教育をソーシャルワークのスーパービジョンに特有の側面の1つとして認識する傾向があるようだ。100人のソーシャルワーカーを対象にソーシャルワークのスーパービジョンに特徴的な要素を質問した調査においては、「向上させるべきスキルは職業上の人間関係において制御された方法で自己を利用することなので、客観的スキルに重きを置く他分野のスーパービジョンと比べ、ソーシャルワークのスーパービジョンは人格に多大な影響を及ぼす」(Cruser 1958:23)ことが最も多く指摘された。

自己覚知は、援助職の発達モデルにおける中心的な特徴である(Stoltenberg & McNeil 1997)。対人援助職では自己覚知が重要であることは、精神分析家の資格認定において教育分析が慣行化されていることからもいえる(Mackey 1994)。自己覚知という教育的スーパービジョンの目的が必要とされていることは、援助職に関するいくつかの経験的研究によって裏づけられており、自己覚知のレベルと実践コンピテンスとの関係性が示されている(Bruck 1963; Epstein & Hundert 2002)。しかし、スタッフが自分の相互作用について自己覚知をしたからといって、必ずしもそれだけで行動の変化につながるわけではない。スーパーバイザーは自己覚知を活用して、

スタッフが行動を変化させるのを支援するのである。

　教育的スーパービジョンで近年重要視されるようになったもう1つの側面として，民族性，ジェンダー，性的志向についての内面化された態度への感受性と自己覚知をスーパーバイジーが深められるようにする必要性がある（Falender & Shafranske 2004; Fuertes & Brobst 2002）。文化的要素について深く理解し受容できるようにするというスーパーバイザーの責任は高まるばかりだが，クライエント全体に占める民族的多様性の増大と関係があり，「マイクロ・アグレッション」やソーシャルワークの実践における無意識の差別という形態に対する感受性の増大とも関係している（Rasmussen & Salhani 2010）。多文化的な臨床コンピテンスを向上させるには，クライエントの抱える問題になんらかの文化的要素が影響している場合があることを認識できるような教育が必要である。さらに，介入を最も効果的にするためにも，文化的要素を考慮する必要があるだろう。これには，スーパーバイジーが自分の民族的，ジェンダー，人種的アイデンティティ，微妙な性的志向の差異についての自覚をさらに深め，自分の偏見や先入観をさらに明確に認識できるように支援することが含まれる。ある男性のスーパーバイジーは次のように述べる。

　　私は以前，男性の「意識向上」グループに参加していました。「男らしさ」への社会化により女性の抑圧に関連する態度がどのように作り出されてきたかを認識することに膨大な時間を費やしました。自分でも気づきませんでしたが，女性のクライエントに対して以前よりも気を遣い，丁寧に接するようになりました。ぎこちなかったでしょうが，私は男性が女性にしてきたことを償おうとしたり，自分がどれほど啓発されたかを証明しようとしたりしました。いずれにしても，結果的に私はあまり女性のクライエントの役に立てなくなりました。このことには，女性のクライエントとのかかわり方が以前と異なっていることをスーパービジョンでスーパーバイザーに指摘されて気づきました。

白人女性のスーパーバイジーは，次のように述べる。

　　アルコール依存のアフリカ系アメリカ人男性の担当になりました。その男性とのスーパービジョンで，私は非常に短気で高圧的になっていました。私のスーパーバイザーは，私の様子が変化したことに気づきました。これについて話し合うなかで，そのクライエントへの自分の態度に人種差別と性差別の視点があったことを以前より自覚するようになりました。私はアフリカ系アメリカ人のクライエントには何をしてもあまり効果がないと思っており，アフリカ系アメリカ人の男性は粗野で無責任だというイメージから敵対的な感情をもっていたことに気づきました。

Bruss et al. は，次のように報告する。

　著者の 1 人は，ゲイ，レズビアン，バイセクシャルに偏見をもたないという実習生のスーパーバイザーを務めた。しかし，レズビアンのクライエントを担当し，パートナーとの関係やパートナーの家族がレズビアンの関係性を快く思っていないという問題に取り組むなかで，性的な事柄やパートナーの自宅を訪問した際の寝場所の調整についての話題を避けようとした。そうした質問をするのが自然に思われる状況でも尋ねなかった。クライエントの気持ちを深く探ろうとするのではなく，実習生はすぐに自宅訪問をやめるようにとクライエントに勧めるようになった（1997:70）。

　自己覚知を深められるようにし，態度，感情，行動を変化させるように教えることは，セラピーに似たところがある。教育者とセラピストの二重の役割を担うことを考えると，スーパーバイザーは二重の関係性に関連する混乱，矛盾，倫理的リスクを生む場合がある（Lazarus & Zur 2002）。

　上記のように教育内容が多岐にわたるなか，どの内容を優先すべきなのだろうか。50 人の公的扶助のスーパーバイザーを対象とした構造化インタビューによると，「クライエントとの良好な関係構築，コミュニケーション，傾聴，スーパービジョン，理解」の対人スキルを重視していることが示された（Brennen, Arkava, Cummins & Wicks 1976:20）。最も優先順位が低かったのは，「地域社会との関係や機関に変化をもたらすソーシャルワーカーの役割に関する」内容だった（Brennen et al. 1976:21）。ただし，最近のある研究では，オンタリオ州のソーシャルワーカーは「社会的公正と変革に関するソーシャルワークの使命を意図的に推進する〔中略〕スーパービジョン」を必要としていると述べたことが報告されている（Hair 2008:iii）。

　スーパーバイジーは問題解決の内容を最も重要視する傾向がある。York & Hastings (1985-86) は，職業的発達段階を問わず，すべてのスーパーバイジーにとって，スーパーバイザーによる仕事の支援（すなわちパフォーマンスの改善方法を示す，業務に関係する問題解決の新しいアイデアを提供する）は，スーパービジョンへの満足を大きく左右する要素であることを明らかにした。York & Denton (1990) は，93 人の相談スタッフを対象にスーパーバイザーのリーダーシップ行動を評価する質問紙調査を実施した。調査目的は，スーパーバイザーの仕事ぶりに関するスーパーバイジーによる肯定的評価と最も顕著に関連しているスーパービジョンの行動を判断することである。肯定的評価と群を抜いて明確に関連している行動は，スーパーバイザーが必要なことを教えてくれるということであった。

専門家の意見という規範的視点は、スーパービジョンの教育内容に別の光を当てる。対人スキルの向上とスーパーバイジーの問題解決を重視することに加え、Hawkins & Shohet（2006）が議論しているように、スーパービジョンの教育内容はスタッフ（クライエントに対するスタッフの対応を重視）とスーパーバイザー（スタッフに対する管理責任者の対応を重視）の内的プロセスも扱う必要がある。スタッフとクライエントの相互作用の詳細に加え、Hawkins & Shohetはスタッフとクライエントの関係、そしてスーパーバイザーとスタッフの関係も重要な内容だと考えた。Teufel（2007）は、教育的スーパービジョンには、最優良実践、境界侵犯、顧客開拓、逆転移、倫理的ジレンマ、実践理論、特定の事例、治療方式、治療計画、スーパービジョンの利用、心的外傷の代理受傷、スタッフの個人的問題、システムを伴う仕事についての議論も含める必要があるという。権威ある『ソーシャルワーク資格認定のスーパービジョン分析』（Analysis of Supervision for Social Work Licensure）で、ASWB（2009:1）は、文書化と記録、ソーシャルワークの倫理、学習と働きぶりの測定可能な効果、実践法と規制、リスク管理、安全性など、最優良スーパービジョンの43項目を規定した。

　教育的スーパービジョンの「現実に行われている」内容は何だろうか。これは直接観察しなければ確認が困難である。スーパーバイジーがスーパービジョンでの実践を説明する際に起こったことを歪曲する場合があるのと同様に（Hess et al. 2008; Ladany et al.1996; Noelle 2002; Pisani 2005; Pitariu 2007; Walsh 2001; Webb & Wheeler 1998）、スーパーバイザーもスーパービジョンの内容を説明する際に起きたことを歪曲する場合がある（Lanning, Whiston & Carey 1994）。Henry, Hart & Nance（2004）は、スーパービジョンの自己報告から共通点を見出すため、112人の修士課程の学生と78人の博士課程のスーパーバイザーにスーパービジョンで話し合われた最も重要な内容を質問した。回答の選択肢は、ケアプラン、クライエントとの関係における信頼構築とカウンセラーの感情の使用、独立した適切な判断と介入、ケースの理論的概念化、仕事に影響を及ぼすカウンセラーの個人的問題、スキルとテクニック、スーパービジョンの関係、自己覚知、カウンセラーとクライエントの関係力動、クライエントと担当ケース数、カウンセラーの働きぶりに関する評価的フィードバックであった。スーパーバイザーとスーパーバイジーは、どちらも個人的問題およびスキルとテクニックを最も重要な内容だとしたが、スーパーバイザーのほうが働きぶりの評価を重要視していた。ただし、どちらも働きぶりの評価がスーパービ

ジョンの話題に上ることはまれであったとした。Dow, Hart & Nance（2009）による対象者を変えて行った調査では，スーパービジョンの重要な内容について学生のスーパーバイザーとそのスーパーバイジーの間に統計的に有意な一致が見られた。だが，話し合った内容について両者が一致したのは24.5％にすぎなかった。

一般に，教育的スーパービジョンの中心を占めるのは，ケース管理を扱う「実践的」な内容だということが報告されている（Aasheim 2007）。教育的スーパービジョンに焦点を当てた直接的観察では，こうした報告と一致するものと（Keller, Protinsky, Lichtman & Allen 1996; Teufel 2007），一致しないものとがある。Aasheim（2007）が調査した100人の対象者は，通常のスーパービジョンの90％以上は臨床的課題に焦点を当てていると報告しているが，Harkness & Hensley（1991）は1人のスーパーバイザーと担当の4人のスーパーバイジーのスーパービジョンのテープ録音を分析し，ケースについての話し合いに費やされていた時間は35％であることを見出した。教育的スーパービジョンの実際の内容は，個々の事例によって大きく異なると結論づけられるだろう（Aasheim 2007; Paessler-Chesterton 2009）。

Milne（2009:120）は効果的なスーパービジョンに関する52の研究のシステマティックレビューにより知見を総合し，スーパーバイジーの知識とスキルの習得・向上を支援するためにスーパーバイザーが行うべきことについて，根拠に基づく理解を深めた。それらは，スーパーバイジーの実践の観察，ケースについての話し合い，課題の割り当てと確認，クライエントにとっての効果のモニタリング，実演，リハーサル，ロールプレイによる促しと指導，建設的な批判と賛辞を伴うフィードバックの提供などである。

個人スーパービジョン

個人スーパービジョンは，3つの段階から成る過程である。まず，この過程を開始するため，スーパーバイザーはその枠組みの設計とスケジュール管理を行い，スーパービジョンの準備をする。中間段階では，スーパーバイザーは方針に基づき指導を進め，役立つフィードバックをスタッフに提供する。最後に，スーパーバイザーは次回のスーパービジョンの土台を設定して終える。

スーパービジョンの開始期

構造化とスケジュール管理

最もよくある形式は，個人スーパービジョンである（Grant & Schofield 2007; Milne & Oliver 2000）。グループスーパービジョンなどの他の方法で補完されることが多く，完全に置き換えられることもある（第9章参照）。それでも，個人スーパービジョンは中心的な位置を占め，質問票調査ではスーパーバイザーとスーパーバイジーの82％が自分の経験に当てはまると答えている（Kadushin 1990）。

ASWB（2010a）モデル実践法と多くの州委員会（ASWB 2010b）は，資格認定のためにグループおよび個人のスーパービジョンについて限定的な規定を設けているが，新入職員の場合，週1時間の個人スーパービジョンを実施することで，機関，職員，クライエントに対するスーパーバイザーの義務のバランスをとるために必要な，スーパービジョンのケアの基準を満たせると思われる（Knapp & Vande-Creek 1997; Rubin 1997）。Baretta-Herman（1993）& Veeder（1990）は，過剰なスーパービジョンにより職業的自律性が損なわれることを懸念し，職業的ソーシャルワーカーの個人スーパービジョンに否定的な見解を示したことがある。しかし，スーパービジョンはスタッフが倫理的な実践上のジレンマを解消するための一般的な形式となっている（Landau & Baerwald 1999; Falender & Shafranske 2007）。また，最も熟練したソーシャルワーカーでさえ，「良好な」スーパービジョンでの学習を重要視している（Grant & Schofield 2007; Spence et al. 2001）。さらに，スーパービジョンの失敗は，管理的スーパービジョンが懸念する，ソーシャルワークの倫理違反（NASW 2008）や過誤（ASWB 2010a; Guest & Dooley 1999）につながる場合がある。職業的発達のために自律性を守ろうとして（Itzhaky 2000），または面目を守るため（Yourman 2003）に，スタッフが倫理違反や実践上の過誤を隠すことがあるが，「代位責任」が適用されることには変わりない。

個人スーパービジョンは，管理的，教育的，支持的機能を果たすための基本的に二者間のスーパービジョンであり，教育的な目的をもった個人指導である。あらゆるスーパービジョンと同様に，個人スーパービジョンは特定の形式，構造および異なる役割の割り当てを必要とする。スーパービジョンは双方にとって都合の良い時間に計画して行う必要がある。プライバシーが確保され，割り込みが入らず，身体的に心地よく，話しやすい静かな場所で実施する必要がある。

スーパービジョンの有用性は，定期的に実施されること，予定された時間に従うこと，実施中に頻繁に割り込みが入らないことと関連がある。時間はスーパービジョンのあらゆる課題を遂行するための必要条件である。

　885人のスーパーバイザーとスーパーバイジーを対象とした質問紙調査によると，実施時間はスーパービジョンの問題点として考えられていることが示された。スーパービジョンの問題点を識別するなかで，スーパーバイザーの18％はスーパーバイジーと十分にスーパービジョンできない，スーパービジョンに十分な時間を捻出できない，スーパービジョンに優先的に時間を割り当てられないことを指摘した。スーパーバイザーは，複数の責任を担い，仕事量が多いことがスーパービジョンに悪影響を及ぼしていると述べた。スーパーバイザーはたとえば以下のように指摘した。

・スーパーバイジーが必要とするときにいつもその場にいるわけではない。
・忙しくてスーパービジョンを望ましい頻度で実施できない。
・週1度のペースでスタッフとスーパービジョンをする時間がとれない。
・他の業務で忙しいためスーパービジョンに十分な時間をとれない。
・やるべきことが多すぎ，一度にたくさんのことを処理しなければならないため，スーパービジョンで一貫性を維持することができない。
・忙しさや緊急の業務を理由に，スーパービジョンの時間を減らしている。

　スーパーバイザーと同様に，スーパーバイジーもスーパービジョンに当てられる時間の不足がスーパービジョンの実践における重大な問題点だと認めている。スーパーバイジーによる83のコメント（17％）には，スーパービジョンの時間不足は，スーパービジョンのキャンセル，短縮，中断によると指摘するものだった。スーパーバイジーはたとえば以下のように指摘した。

・スーパーバイザーはスーパービジョンの時間を重要視する必要がある。
・スーパーバイザーが忙しすぎるため，スーパービジョンに割ける時間が短い，または望ましい長さではない。
・中断を避けるためのスーパービジョンの調整が慢性的にできない。

中断が生じるのは，ソーシャルワークのスーパーバイザーの多くは管理的または直接的サービスの職務を兼任しているため両立が難しいからである（NASW Center for Workforce Studies 2004）。しかし，スーパービジョンの中断は，スーパーバイザーとスーパーバイジーの仕事上の関係に否定的な影響を及ぼす場合がある（Angus & Kagan 2007; Shulman 2010）。スーパーバイジーの次のコメントでは，中断が避けられないことと，スーパーバイザーとスーパーバイジーとのスーパービジョンに対する姿勢の違いが影響していると説明している。

　1時間しか時間がありませんし，スーパービジョン中に何度も中断されるのでまるで時間が足りません。スーパービジョンの前に話すべきことを一覧にまとめておくのですが，私が手際よく話を進めなければと思っていてもジョンはそうしてくれません。彼はコミュニケーションのペースが私より随分遅く，じっくりと話そうとするのです。私はすばやく返事をもらって，次の話題に移りたいのですが。〔中略〕今日，彼はいつもの時間にスーパービジョンできず，スタッフ会議の後に30分だけ時間がとれるとのことでした。ただ，話し合いは延び，中断されました。そのため，最も明確で具体的な事柄について十分話せませんでした（Amacher 1971:71）。

正式に予定を立てることが望ましいものの，非公式な突然のスーパービジョンが必要になる場合がある。ソーシャルワークでは，緊急事態が絶えず発生し，定期的スーパービジョンを待っていられない場合も多い。緊急時にはスタッフの学習意欲が最も高まるため，教育に適したこのタイミングを逃さないようにするのが望ましい。

しかし，予定されていない突然のスーパービジョンには固有の欠点がある。急に発生するため，準備する時間がないうえ，選択肢をよく考える機会が十分に与えられないまま判断が行われることになる。家族相談機関のスタッフは，次のように述べる。

　ようやく個人スーパービジョンの時間を約束できてはじめて，「都合の良いときに連絡します」という種類のスーパービジョンの欠点を認識しました。この種のスーパービジョンでは，常に急き立てられているように感じ，できるだけ迅速に，具体的な内容を簡潔に話さなければならなかったことに気づきました。そして，たいていは大事なことを質問し忘れてしまいますし，質問したことを深く探求することもできません。

この種のスーパービジョンは他の定期的な業務の合間に行うため，急かされることが多い。スタッフは，他の業務のためのスーパーバイザーの時間に割り込んでい

ることを申し訳なく感じるだろう。それに対して定期的なスーパービジョンでは，スタッフは負い目を感じることなく堂々と時間を使うことができる。スーパービジョンを計画し，時間と場所を確保することは，スーパービジョンの話し合いが重要であることを象徴的に示す。いつも突然に話し合いを要求するのは，スーパービジョンを軽視することになりかねない。

　個々のスタッフがスーパービジョンを使用するパターンを検討するのは有益だろう。スタッフのなかには，完全に意識しているわけではなくても，正式なスーパービジョンを避けるため意図的にスーパーバイザーに非公式のスーパービジョンを頻繁に強いる者がいる。このパターンは，スタッフのスーパーバイザーに対する過度の依存または反抗を示している場合がある。スーパーバイザーは，本当に緊急なのか，クライエントのニーズというよりはスーパーバイジーが必要としているのではないかを判断する必要がある。

　スーパーバイザーがスーパーバイジーの仕事ぶりを信頼しているため，スーパーバイザーとスーパーバイジーのスーパービジョンが定期的に計画されない場合がある。だが，無関心ではなく信頼のためにスーパービジョンが予定されないのだとしても，スーパーバイザーはそうした信頼の理由を明確化できるだろうか。スーパーバイジーは定期的なスーパービジョンが行われなくても自分の仕事ぶりに同程度の自信をもてるだろうか。

スーパービジョンの準備

　予定された相談は実際に相談を行う前に始まっており，これが予定された相談の最大の利点の1つである。スーパービジョンは，スーパーバイジーとスーパーバイザーの両者が準備するときに始まる。スーパーバイジーは記録簿，録音・録画記録，ケースファイル，業務スケジュール，終結報告書，業務計画などの業務記録を提出する。こうした資料を形式に沿って準備することで，スーパーバイジーは自分の業務を系統的に振り返ることになる。

　良い話し合いには，準備が必要である。「質の低いスーパービジョン」では，スーパーバイザーが「スーパーバイジーとの話し合いの前に十分な準備もせず，〔中略〕特定の目標を描くこともなく，〔中略〕メモを見直すこともせずにスーパービジョンのセッションに望む」という調査結果がある（Magnuson, Wilcoxon & Norem 2000:198）。

　スーパーバイザーによって，点検するケースの決定に違いがある。スーパーバイ

ザーのなかには，スタッフの担当ケースまたは記録の一部を確認して，選択的に点検する者がいる。限られた回数ですべての担当ケースを網羅し，点検する者もいる。スタッフが問題を抱えているまたは問題が生じると予想されるケースのみ点検する者もいる。スタッフが討議のために選択したケースのみ点検する者もいる。スタッフに完全な裁量を与えることや，担当ケースを選択的に取り扱うことにより，十分なサービスを受けていないのに点検されることのないクライエントへの悪影響が及ぶ場合がある。

　スーパーバイザーは話し合いのためにスタッフの仕事ぶりのいくつかの側面を選択した後，スーパービジョンの準備としてこの資料を点検する。教育的スーパービジョンの責務を念頭に置いて資料を点検することで，スーパーバイザーは次回のまたは一連の話し合いのために，教育シラバスを作成する。意識的に努力して指導する情報や概念群を選択する。指導の準備で，スーパーバイザーは自分のメモまたは教えようとしている記録についての関連文献を見直すかもしれない。個人スーパービジョンの準備は，ソーシャルワーク校のセミナーで講義をするのと同じ入念さが必要である。

　提出資料が示すスタッフの活動は，いわば「教育課程」のための「テキストブック」である。これは指導の基本となる資料であり，指導目標をスタッフの実際の業務行動と関連づけて選択する必要がある。そのため，スーパーバイザーは教育内容を把握しているだけではなく，準備段階の点検によってスタッフの行動を熟知していなければならない。

　管理的スーパービジョンでは，ケース記録，スタッフの報告書などの資料は，機関の手続きを遵守してサービスが提供された証拠となる。教育的スーパービジョンでは，同じ資料を，訓練が必要な業務の補充のための証拠として利用する。

　教育資料の内容と背景に加えて，スーパーバイザーはスーパーバイジーについての自分の理解を見直す必要がある。特定のスーパーバイジーの具体的な学習ニーズと独自の学習パターンを考慮すると，選択した教育目標をどのように示すのが最良だろうか。このスーパーバイジーに最適な教育テクニックおよびその取り組みは何か。これらの問いに答えるため，スーパーバイザーは教育診断と，スーパーバイジーの現在の学習段階を再検討する必要がある。準備のなかで，スーパーバイザーはスーパーバイジーから提出された資料と，その資料を提供したスーパーバイジー本人の双方を点検する。

スーパービジョンを行う準備として，話し合いの指導に必要な教材が利用できるようになっていることを確認する。機関の特定の書式の使用法を教える場合，コピーを用意すると良い。機関方針について話し合う場合は，機関マニュアルを手元に置くと良いだろう。参照資料を引用して指導内容を補足し，スーパーバイジーに話し合いの後で読ませたいときには，書籍や論文を事前に準備し，利用できるようにしておくと良い。

　事前の計画と準備によって，スーパーバイザーは要点と枠組みを容易かつ柔軟に定め，話し合いのなかで実際にスーパーバイジーが示した学習ニーズに対応して，不要な内容を取り止めたり変更したりすることが可能になる。教育内容を取捨選択することは，準備の重要な側面である。一度に何もかもを教えようとすると，何も教えられないことになる。スーパーバイザーはスーパービジョンの的を絞って，指導と学習の効果を高める必要がある。

　スーパーバイジーの臨床業務に関する相談には，通常2つの関連した目的がある。1つはケース管理であり，クライエントの置かれた状況の理解を深め，介入のための方策を計画し，サービス提供のモニタリングと調整などを行う。もう1つはスタッフの知識とスキルの研修，スタッフの職業的自己およびアイデンティティの形成である。

　Kalous（1996）を引用するならば，話し合いを計画する際，スーパーバイザーは以下のことを準備する必要がある。

1. スーパーバイジーの学習ニーズを評価し働きかける。
2. 法的問題と倫理的問題を検討する。
3. 実際の仕事の内容を観察して，スーパーバイジーとそのクライエントの進捗をモニターし，記録する。
4. スーパーバイジーの仕事ぶりを評価し，彼らのフィードバックを引き出す。

　これらの根拠はスーパービジョンの計画的な構造が，ソーシャルワークの実践を支持し促進していることを示唆する。

中間段階

指導と学習

　スーパービジョンの開始後，スーパーバイザーはどのように教えるのだろうか。教育的スーパービジョンの出発点は，事前にスーパーバイザーと共有された，またはスーパービジョン中に口頭で伝えられたスタッフの業務活動の報告であることはすでに確認した。「スーパービジョンの事後指導は，相互作用とその互恵的結果の回想的検討である」(Fleming & Benedek 1966:238)。スーパーバイザーは，クライエント個人，家族，集団，地域社会に対して行った業務，あるいは行う予定の業務に関するシステマティックで明確かつ主要な分析にスタッフを引き入れる。この試みはスタッフに「可能性を引き出す過程を通じて，最大限の成長を促進する構造化された学習状況」(Ekstein & Wallerstein 1972:10)を提供する。スーパービジョンは，指導つき自己観察，業務遂行に関するシステマティックな内省的—回想的点検，そして「冷静に回想した」業務考察の機会である。経験は断片的であり，一見混沌としている。スーパーバイザーは，スーパーバイジーが経験したことになんらかの秩序と意味を付与し，行うべき業務を理解するのに役立つ原理を確認できるようにする。

　スーパーバイザーは，スタッフに，問いかけ，明確化，あるいは自由に考えをめぐらすことを要請し，支持し，刺激し，肯定し，方向づけし，挑戦することによって，彼らの考えを補完することができる。スーパーバイザーはスタッフのパフォーマンスの過誤，逸した機会，明らかな考え違い，隔たり，一貫性の欠如について注意を促す。スーパーバイザーは，新しい考えを伝え，関連する知識と経験を共有し，当該事例と他の状況の類似点と相違点について証明・説明をして，スタッフの視野を広げる。スーパーバイザーは，考察を深めるために関連した別の方法を提示する。テープ録音したスーパービジョンに関する調査では以下の記述がある。

　　スーパーバイザーが，「これを知っているかどうか，あなたをテストします」といった質問をすることはなく，「あなたはどう思いますか。どうするべきか一緒に考えましょう」とか「あなたが知っていることを話してください。クライエントをより効果的に支援できるように補足します」と述べた。つまり，［スーパーバイザーは］スタッフの知識の有無を評価するのではなく，スタッフの考えを知り，その考えをまとめることや知識を深められるようにすることに関心をもっているようだった（Nelson 1973:190）。

スーパーバイザーはスーパーバイジーとの話し合いに密接にかかわる必要がある。これは共同探索の航海であり，質問と応答を精査することを通して，スーパーバイザーがスーパーバイジーに対して，クライエントの状況やどのような介入が役立つかについて深く考える機会を提供する。質問と応答は，一点に集中した考えというよりも別の異なる考えを促し，未成熟な終結を防ぐことができる。クライエントの状況についてどのような説明が可能か，スーパーバイジーはその説明およびその他の説明を裏づけるため，どのような観察情報を示せるか，その観察情報からどのような推論が可能か，その推論のために用いる理論は何か，別の推論を導き出すのにどのような理論的仮説が利用できるのかなどである。
　話し合いは説明と理解が支援計画に結びつけられるように行われる。教育的スーパービジョンの意図は，情報を知識に，知識を理解に，理解を行動に変換することである。理論は実践の原理として再編成され，スーパーバイジーが担う課題に適用される。
　スーパーバイザーは，話し合われた担当事例の相互作用について，有能な専門家なら特定の局面でクライエントにどのように対応するか，知識と経験に基づく考えをもつ。有能な専門家の行動についてのイメージをモデルとして用い，スーパーバイザーはスーパーバイジーが特定の状況で実際に行ったことをアセスメントする。スーパーバイザーは少し講義をし，スーパーバイジーをソクラテスの問答法や意見交換に導く。また，モデリングやロールプレイを行うこと，実際の録音をスーパーバイジーとともに聞いて分析すること，読書のための資料を提供することもできる。
　多くのスーパーバイザーは，解説を中心とする説明的教育法と弁証法的・仮説的教育法を組み合わせて使用する。説明的な教育は「一方的に教える」ことになるのに対し，弁証法的・仮説的教育ではスーパーバイジーが自分で考え，答えを見つけるのを助ける質問とコメントが必要である。それは指導つき討論法に似ている。
　スーパーバイザーは，自発的な学習を促す触媒として振る舞う。スタッフはクライエントとの自己体験を分析的に検証することから自ら学ぶ。この種の学習のためにスーパーバイザーのとる最良の方法は，助産師のようになることである。スーパーバイザーは，スタッフが自分の学習を生み出すのを助け，能動的な傾聴，指導的な質問，明確化，言い換え，達成を促す支援をする。たとえば，「そのときどう感じたかもう少し聞かせてくれますか」「それについて説明してください」「どうしてそう思うのですか」「クライエントからそれを聞いたとき何を考えましたか」と尋ね

ることができる。この種の学習は、スーパーバイジーの自己発見を左右するが、スーパーバイザーは自己発見が起こりやすいように働きかける。この手法は古代ギリシャの教育者コメニウス Comenius が推奨する教授法と一致している。Comenius によれば、教育者の主要な目標は「教師があまり教えなくても学習者が進んで学ぶような教育手法を見つけること」だとしている。この言葉は、「教えようとする我々の衝動は、学生が自分自身でよりよく学べることを教えるように我々を導く」と述べるルソー Rousseau に支持された。

　スタッフとクライエントの相互作用の体験について、どれほど鋭く洞察に富んだ考察を行っても、いくつか学習できないことがある。提供しているさまざまなサービスのための機関の資格要件、適用の成功との関連要素についての調査結果、一人親の問題を支援するための利用可能な地域資源などは、説明的な方法で教える必要がある。

　スーパーバイザーが教育的スーパービジョンを行うなかで担う教育の大部分は、教師と学習者の互恵的な相互作用の過程に、両者が能動的に参加し、貢献することによって生まれる。これは、説明的な教育と弁証法的・仮説的な自己発見による学習の組み合わせである。

　いくつかの重要な内容は、説明的な教育、議論、体験的教育のいずれでも教えることができない。そうした内容は、モデリングでのみ教えることができる。ソーシャルワークで最も効果的なことの多くは、クライエントに対する特別な人間的姿勢とアプローチおよび接し方に基づいている。Grotjohn（1949）は、「忍耐と献身、思慮と時宜、礼儀と寛容、共感と直感、謙虚さと正直さ、率直さ、〔中略〕信用と信頼を裏切る危険。これらについてどのように教えることができるだろうか」と述べている。体験的レッスンが「意図した〔中略〕ガイダンスによって強化される」にもかかわらず、これらの事柄は、説明的な教育や議論よりも、こうした態度のモデルとなるスーパーバイザーとの情緒的に満たされた同一化を通じてより効果的に学習できる（Gerdes & Segal 2011:141）。

　モデリングは、教育的な目的で、スーパーバイザーが行動を意図的に選択して提示する。「ロールモデル」という言葉が示しているように、スーパーバイザー自身をモデルとして提示するだけではなく、さまざまな方法で望ましいスタッフの行動を見せることもできる。たとえば、面接記録を読むこと、録音記録を聞くこと、映画や録画記録を見ること、マジックミラーで面接を見ること、面接に同席すること

などである。これらすべての方法は，クライエントとの関係でどのように振舞うべきなのかについてのモデルをスーパーバイジーに提供する。

　意図的な教育には付随的な学習が伴うことも指摘しておかなければならない。明確な教え以外に多くのことが学びうる。そのため，スーパーバイザーは自分自身の対人行動が，自分が教えようとしている対人行動と一致しているかどうかに注意する必要がある。スタッフに対して非受容的に振舞うスーパーバイザーは，受容の概念について適切に教えることはできないだろう。この場合，スーパーバイザーは，自分自身の行動を，スーパーバイジーに教えたい接し方の模範として示すことができない。また，「あなたのすべきことは，クライエントに自分のすべきことを自分で決めさせることです」と述べるスーパーバイザーは，教えようとしているだけで，つまり自己決定について教えていないことになる。スーパーバイザーは，行動のモデルを提示するだけでなく，スーパーバイジーとともに事例を分析することで，問題解決に適用できる方法のモデルとなる。

　優れたスーパービジョンは，優れたソーシャルワークの実践とほとんど変わらない。スタッフとクライエントの相互作用における望ましい行動の大部分は，スーパーバイザーとスーパーバイジーの相互作用の望ましい行動とよく似ている。そのため，優れたスーパービジョンはスーパーバイジーが学習する必要があることのモデルとなり，そうした学習を促進する手段となる。教育的スーパービジョンは，モデルや手法を提示する。

　スーパービジョンは，変化を引き起こすという目的をもち，対人関係的な二者関係のコンテキストで行われることを考えると，スーパーバイザーがスーパービジョンで採用する方法は実際の実践で用いるアプローチを反映していることが多いのも驚くべきことではない（Frances & Clarkin 1981; Woldsfeld & HajYahia 2010）。教育のトレーニングは受けていないが，臨床のスキルを習得している臨床出身のスーパーバイザーにとっての誘惑は，教育で自分の好む臨床的アプローチを利用しようとすることである。

　行動変容のソーシャルワーカーは，行動変容のスーパーバイザーとなる。認知行動のソーシャルワーカーは，認知行動のスーパーバイザーとなる。精神力動的臨床家は，精神力動的スーパーバイザーとなる。家族療法家でさえも，スーパービジョンを家族セラピーのレプリカとして変形させることだろう。

　スーパービジョン相互作用の詳細な調査では，スーパーバイザーがスーパーバイ

ジーと同じ理論的志向であれば「スーパーバイザーはカウンセラーの仕事と同様に，自らの仕事が自分の理論的志向に影響を受ける」(Goodyear, Abadie & Efros 1984:236) という仮説を立証した。McDaniel, Weber & McKeerer (1983) は，スーパーバイザーが自分の理論的志向と一致するスーパービジョンの技術を選択していることを見出した。これは，Wetchler, Piercy & Sprenkler (1989) の研究でも裏づけられている。さらにスーパーバイザーとスーパーバイジーの理論的一致は，クライエントにとっても利点がある。たとえば，Schowenwald, Sheidow & Chapman (2009) は，マルチシステミック・セラピーの臨床的スーパービジョンで，スーパーバイザーがマルチシステミックな支援原理を支持すると，スーパーバイジーの強い支持が予測できるだけでなく，クライエントにとってその効果も高いことを見出した。

　Pashler, McDaniel, Rohrer & Bjork (2008) が文献検討して，教育と学習スタイルのマッチングに関する根拠が不十分だと述べているが，ある文献はソーシャルワーカーがグローバルな「人間中心」または「課題中心」の学習スタイルをスーパービジョンに持ち込むこと，また彼らが学ぶレッスンやスーパービジョン効果の評価方法の双方にそのスタイルが影響を及ぼしていることを示唆している（Itzhaky & Eliahou 2001:19)。矛盾するようだが，常識的にはスーパーバイザーがスーパーバイジーの学習の好みと一致した教育アプローチを選択すると学習の効果が高まると考えるだろうが，Itzhaky & Eliahou (2001:27) によると，「スーパーバイザーはスーパービジョンの効果を高めるため，スーパーバイジーの主要な学習スタイルを診断し，彼らがあまり好まない〔傍点引用者〕スタイルを〔あえて〕採用するように働きかける」べきだと主張している。この主張は，ソーシャルワーカーが自分たちの学習スタイルをスーパービジョンに適用しているようだ（Itzhaky & Eliahou 1999) としている。

　結局のところ，教育スタイルは教育されている内容に適合しているべきである。機関の書類と手続きについては説明的な方法で教え，関連する読書資料を提供する。面接のテクニックはこの方法だけでは効果的に教えることはできない。この種の内容にはロールプレイの方が適している。しかし，アプローチの選択は，教育内容の性質や根拠，またスーパーバイザーの好みのアプローチだけでなく，学習者による学習の好みにも左右される。スーパーバイザーが問答法を用いることで，学習者の自己発見に役立つ内容であっても，説明的な教育方法を好む学習者もいる。あるスーパーバイジーは下記のように述べている。

私はスーパーバイザーが答えを知っていることに気づいています。少なくとも，そうであって欲しいと思っています。おそらく，自分でするほうが良いのでしょう。自分自身で答えを探したほうが学習の効果が高いのかもしれません。ですが，私は自分のことをよくわかっていますし，他の人が考えた答えを教えられたほうがずっと効果的に学習できます。私は彼らの体験や技術知識を使うことができます。

　理想的には，スーパーバイザーの理論的好みよりも，教育内容やスーパーバイジーの学習の好みとの両方に適したアプローチを選択することが基本となる。しかし実践において，特定のスーパーバイザーのスーパービジョン様式は，時がたっても，あるいは一人のスーパーバイジーと別のスーパーバイジーの間でほとんど変わりはないかもしれない（Hart & Nance 2003; Worthington 2006）。

　あるスーパーバイザーは，「スタッフが医学用語をあまり理解していないことについて懸念していた。そこで，医学用語の役立つ情報が載っている本を推薦した」と述べ，教育すべき内容に適したアプローチを説明している。一方，別の状況であるスーパーバイザーは，担当のスーパーバイジーが「子どもたちの里親制度の利用を勧めるか，自宅に家事代行サービスを派遣するかの難しい判断に迫られており，私はそれぞれの利点と不利点について考えるための話し合いを行った」と述べた。どちらのスーパービジョンでも，それぞれの教えるべき内容に適した教育手法が採用されたことになる。

　採用された方法は，実践のための知識を得るという教育的スーパービジョンの最終的な目標に適している必要がある。Rapoport（1954）は，「スーパービジョン」を「原理を実践スキルに変換する制御された教育過程」と定義した。それはこのテーマに明確な注意を喚起している。学校の教師は，生徒が学習内容について知的に獲得したことに満足するだろう。一方，教育的スーパービジョンは，学習内容の情動的吸収をめざすので，行動上の変化が教育の結果として生じるだろう。情報は知識へ，知識は理解に，理解はクライエントとの相互作用での行動の変化へと進展する。新しい行動は，クライエントとの相互作用において試され，変化した行動の効果が確認される。クライエントとスーパーバイザーからのフィードバックにより，スタッフは自分の学習を修正し，行動を改善し，再び試し，次の一連のフィードバックの検証が可能になる。

　学習したことの変換を促すことは，彼らが異なったケースで同じような問題に遭遇したとき再度話し合う必要がなくなることにつながるので，教える側は，ケース

ごとに応用できる妥当性のある一般原理の明確化を学習させる。教える側はケース状況を特定の原理に，また原理を特定のケースに関連させることで，特定から一般へと移行する。特定のケース状況を扱うための技術上の必要性を，状況的に学習することは，スーパービジョンの話し合いのテーマであるが，それは教育内容を概念化および一般化する努力によって補完される。概念的な教育は特定の経験を一般化し，実践的な教育は一般論を特定化する。次のコメントは，スーパーバイジーが実践を概念化できるように個別的なものから一般論へ移行するスーパーバイザーのアプローチについて語られたものである。

スーパーバイザーの教育スタイルに関連して，もう1つ私が気づいたことがあります。私たちが特定のクライエントについて話し合っているときに，最初はそうではなかったのが，この頃よく質問するんだよね。「さて君はそのことを一般的にはどう思いますか」とか。スーパーバイザーは私たちが話し合っていることについて取り上げ，ああそれは非常に言語能力のあるクライエントだとか，あまり言語能力のないクライエントだねとか，あるいは早く終結することができるクライエントだねなどと言うんだ。それからまたね，「この態度は一般にどう思うかね」と言って，このクライエントにだけ関係づけるだけではなく，他のクライエントにも関連づけて話すんだ。それからまたもう終結したクライエントなんだけどね。「もし君がこのクライエントをまた担当するとしたら，別のやり方をするだろうか。もちろんそれは後づけの話なんだがね」という質問は，彼独特の言い方なんです。「さて今は後づけをすることになるんだけれど，別のやり方があったかしらね」これは「まぬけ，このケースはもっとうまく対処できたのではないですか」と言っているのではなく，「すべての情報を集め，振り返って検討しましたが，今はどう思いますか」という意味だと思います。彼は，こうした質問によって，特定の種類の人，特定の種類のテクニックといったもので，なんでもいいのだけれど，セラピーのプロセスをより一般的な方法で考えるように，また今後再びどのように対処するか，つまりそれをどう活かすか考えるように私を駆り立てる。こうした私への質問は，物事をより広いレベルで概念化し，1人のクライエントについてだけでなく広い視野で考えられるようにしているのだと思います（Herrick 1977:143）。

教育のテクニックは，それを用いるときの態度，スキル，信念，適切さによって効果が異なる。「どう思いますか」や「どういう気持ちですか」という質問は，使い古された言葉に聞こえる場合があるが，これらの質問は，学習プロセスにスーパーバイジーがより能動的に参加するのをスーパーバイザーが歓迎していることを示すような調子で尋ねることもできる。これは，関係という相互作用のパターンを展開するためである。関係に相互性の要素があるにもかかわらず，両者が有する知識と

スキルにはアンバランスさがある（あるいは、あるべきである）。スーパーバイザーは、経験が豊富で、深い知識と能力をもち、実践知と問題解決を示す責任を担う必要がある。スーパーバイザーとスーパーバイジーは、仲間同士ではない。Robinson（1949:42）が言うように、「対等であるという前提から出発するのは、学習者の学習プロセスの権利を否定することである」。スーパーバイザーは、教育・学習状況で行われることについての最終的な責任をもつ。

以下の一節で、相互関係のコンテキストにおいてリーダーシップを示しながら、スーパーバイザーが自分に合った教育的スーパービジョンへのアプローチについていかにして見つけたかを説明している。

　私にとってスーパーバイザーの役割で最も難しく感じられたことの1つは、批判と提案を行うことだった。スーパービジョンの理論はすばらしく聞こえるが、実践に移そうとすると難しかった。
　ルースがスーパービジョンの報告をよこしたとき、気がつくと、「……についてはわかりましたか」「これをまだ行っていないのですか」「これを試みようと考えていましたか」と言っていた。これらすべての「しましたか」という質問に対するルースの反応は、当然ながら非常に防衛的なものだった。ほとんどの場合、彼女は非常に冷たく抑揚のない調子で「時間がありませんでした」とか「……するほうが重要だと思いました」と答えた。私は、頼りがいのあるスーパーバイザーというよりも警察官や母親のようだった。
　私は同じことを別の言い方で言うように試みた。つまり、高圧的にならないように同じことを伝えようとした。私が最初に考えたのは、あまり強い調子にならないように断定的な言い方を少なくすることだった。私は、「そうですね。あなたは、このような試みに関心をもったかもしれませんね」あるいは「次のようなことを試してみることもできるかもしれませんね」などと言うようにした。私がこのようなやり方でのらりくらりと口ごもって言うと、ルースはそれほど自己防衛的にならなかったが、期待したような結果は得られなかった。今や彼女は私の言うことを真剣に取り上げない。権威的すぎるというより、私は今ではほとんど権威がないように思われた。ほとんどの場合、彼女はやる気がなさそうに「わかりました。そうします」とか「考えてみます」と言った。この方法もうまくいかないことがわかり、頭を働かせて別のアイデアを考え出した。私はルースが私から学ぶように、自分もルースから学ぶようにしようと考えた。私はルースを尊重し、励ます必要があった。つまり、オープンでしかも非審判的態度で彼女に自分を表現する時間を与える必要があった。
　私は、私自身のテクニック、私のやり方、考え方、集団のまとめ方、ソーシャルワーカーとしてのあり方を教えようとした。そのため、ルースに何かを提案する際には、彼女に私のアイデア、私が考えたこと、私が知らなければならなかったこと、私がしようとし

たことを伝えた。1対1のスーパービジョンは非常に個人的な体験になる。だからこそ，私はこれらのことをそのままルースに伝えれば良いのではないかと考えた。次のスーパービジョンで，私はルースに「私ならこの少女の……について知りたいと思います」「私がまず試みるのは……だと思います」「私ならこうします」というように述べた。

はじめは，「私は」と強調することにルースがどのように反応するか懸念していたが，その懸念もすぐになくなった。非常にうまくいったのだ。ルースは，「なるほど。考えつきませんでした」「ちょっと待ってください。なぜそうするのですか」などと応答した。スーパービジョンの役割を担う1人の人間として彼女に自分の考えを伝えると，彼女は学生の役割を担う1人の人間として私とかかわることができた。

この場合私にとってうまくいったが，このタイプのアプローチは誰にでも適しているわけではないことがわかった。この新しいやり方に相伴って出現した1つの問題は，「なぜそうするのですか」という質問を喚起することだった。彼女が私の考えを知ろうとし，深く話し合おうとしたので，それは喜ばしいものと感じられた。それでも，私は彼女が自分で考えずに，単に理由を話すだけで終わったことに気詰まりを感じた。今でもなお，誰かが私に対して「教師を演じ」ようとして，私は自分の質問に質問で返されることが好きではなかった。「X, Y, Z なので」と答えたくなかったし，「ところで，あなたはなぜだと考えますか」というのに，返事もしたくなかった。

ここでも，以前の適用した考えから解決策を導き出すことができた。つまり，彼女が私から学ぶように，私も彼女から学ぼうとした。次に彼女が私に理由を尋ねたとき，私は彼女にこのジレンマについて話した。つまり，私は彼女にすべての答えを教えたくないし，クイズの出題者のようにもなりたくない，と。そこで，私たちは妥協点を見出した。まず，彼女が自分で考えた理由を話し，私はそこから新しいことを学ぶ。次に，私がそのアプローチをとる理由を彼女に話す，そして彼女は私から新しいことを学ぶ，という具合だった。

おもしろいことに，当時はもちろん今でもこのやり方は本当にうまくいく。ルースが理由を尋ねようとしたとき，彼女は自分でそれをやめて「それはこういう理由からですか」と尋ねるようになった。この質問に対しては，「そうです。それだけではなく……」というようにいつも丁寧に答えた。一種のゲームのようなものだったと思う。だが，このゲームとそのきわめて儀式的な要素は，面接に非常に重要なものをもたらした。スーパービジョン関係のこの側面について，かなりはっきりと詳しく説明したので，私たちは自分の役割をより良く理解することができた。また，セッションにユーモアが加わった。軽く笑って緊張を解くことで，気まずさを解消できた。そしておそらく最も重要なのは，私たちの距離が縮まったことだ。互いに好感を抱き，以前よりずっとうまく協力できるようになった。

教えることと学習することの志向性

　スーパービジョンの過程にはいくつかの明確に異なる志向性があり，それによってソーシャルワーク実践を教えることと学習することのアプローチの仕方がそれぞれ異なっていることが見出されている。経験主義的実存主義的なスーパーバイジー中心志向型では，スーパービジョンをスーパーバイジーの自己理解，自己覚知，情緒的成長に関係づけるものであり，スーパーバイジーの感情が強調される。スーパービジョンでは，学びたい内容の主要な責任をスーパーバイジーが担い，スーパーバイジーが自分の業務を行う「方法」とクライエントとの関係の本質に焦点を置く。

　教育的課題中心志向型では，スーパービジョンを主としてスーパーバイジーの専門職的スキルの向上に関係するものと考える。スタッフの考え方にその重点が置かれる。スーパーバイザーが教育内容の主要な責任を担い，話し合いはスタッフが行っていることの内容，クライエントとの活動，クライエントのための活動にその焦点を置く（適用事例については，Harkness & Hensley 1991を参照）。

　教育的スーパービジョンにおいて経験主義的実存主義的志向型では，スーパーバイジーとの関係を構築すること，つまりスタッフとクライエントとの関係に類似した相互作用が必要である。相互作用の焦点は，スーパーバイジーである。そして話し合いの内容は，ケースの問題に関するスーパーバイジーの感情，クライエントについての自分の反応と感情，スーパーバイジーがそれを知覚するときのスーパーバイジーに対するクライエントの応答，クライエントの応答に関するスーパーバイジーの感情などである。スーパーバイザーは，スーパーバイジーの気持ちをリフレクト，明確化，探査，解釈することでその焦点づけに集中する。特定のスーパーバイジーの行動を奨励または抑制するための提案，助言，評価のコメントは，最小限に留められることが必要である。ここでの教育的スーパービジョンの目標は，スーパーバイジーが自分自身の体験の探究を通して，自分自身の志向型を見出せるように援助することである。スーパーバイザーは挑戦することと支えられることとのバランスを図りながら，スーパーバイジーが自発的な発見を体験するように触媒として行動する。

　これら2つの志向型（教育的と経験主義的）を対極に位置づける尺度を，スーパーバイザーとスーパーバイジーに提示した研究がある（Kadushin 1990）。彼らは，自分が最も効果的だと思う方針を尺度上の点で示すように求められた。スーパーバイザーとスーパーバイジーには共通して中間を示す傾向があり，2つのアプローチ

を組み合わせるのが最も望ましい方針であると示された。だが，全体としては一致しているものの，スーパーバイザーはスーパーバイジーよりも，説明的で課題志向の職業的能力を向上させる方向にやや偏っていた。

スーパーバイザーの志向性は，スーパーバイジーの実践のための学習方法に影響を及ぼす。Lambert & Ogles（1997）は，カウンセラーのスーパービジョンとトレーニングに関する97の研究の包括的レビューをして，2つの重要な結論を提唱した。第一に，事例を読んで考察することは，クライエントとの基本的な面接スキルと目標設定を習得するための最も効果的な方法である。一方，説明的および体験的トレーニングは，共感，マインドフルネス，温かみ，尊敬という対人援助スキルを身につけるために最も効果的な方法である。幸い，スーパーバイザーが支援的であろうと努力していることをスーパーバイジーに認識できれば，特別高レベルのスーパービジョン的共感，誠実さ，無条件の肯定的態度がなくとも彼らはこうしたスキルを習得するだろう。第二に，体系的なトレーニングは面接および対人関係のスキルを向上させるが，教室で学んだそれは実践場面にうまく適用できない場合がある。多くの場合，再トレーニングの期間が必要になる。スーパーバイジーがこのスキルを維持し，さまざまな状況に適用するには，スーパービジョンが役に立つ。高度な対人関係のスキル習得には時間が必要だが，それらのスキルは，モデリング，リハーサル，フィードバックによって改善できる（Gerdes et al. 2011）。

スーパーバイザー，スーパーバイジー，および両者の相互作用には無限の種類がある。そのため，唯一の最高の教え方というものがないように，唯一の最高のスーパービジョンの方法というものもないだろう。それでも，ソーシャルワークの研究全般でますます強く提起されている問いが，ここでも同様に適用できるように思われる。教育的スーパービジョンでは，どのような種類のアプローチが，どのようなスーパーバイジーに，どのような状況下で，どのような実践成果を生み出すのだろうか。Milne（2009:60）は，入手可能な最良の根拠に基づき，教育的スーパービジョンでは「スーパービジョンを効果的にするために，スーパーバイザーとスーパーバイジーの両者が積極的に貢献する必要がある」ということを，二人乗り自転車の比喩で説明している。

有益なフィードバックの話し合いの機会を提供すること

スーパーバイザーが教え，スーパーバイジーが学ぶのは，フィードバックでの話し合いを通じてである。スーパーバイジーは，自分のやり方，適切に行っているこ

と，改善が必要なことを知る必要がある。Milneの二人乗り自転車の比喩に基づいていうと，スーパーバイザーとスーパーバイジーは，方向，道筋，ペースをどの程度調整するかについて十分な相互フィードバックを交換することなく，二人乗り自転車で倒れずに前進することはできないだろう。フィードバックは，「効果をもたらす」レッスンを強化し，誤った学習の修正を手伝う。何が間違いなのかを発見し，分析する機会が得られて初めて失敗から学ぶことができる。Middleman & Rhodes（1985:36）は，決まり文句である「練習が完全をもたらす」を，「練習プラスフィードバック（結果がもたらす知）が完全をもたらす」と改定する必要があると述べている。

臨床での効果的なスーパービジョンに関する52の調査において，フィードバックの話し合いの機会は学習と習熟の鍵であることが確認されている（Milne 2009）。Veloski et al.（2006）による，医療教育での最優秀調査のレビューにおいて，アセスメントとフィードバックのパフォーマンスが与える影響に関する調査では，フィードバックは調査対象者の医師70％に肯定的な影響を及ぼしていた。Kilminster & Jolley（2000:834）によると，臨床での効果的なスーパービジョンについての調査では，フィードバックの話し合いの機会はスーパービジョン関係に次いで2番目に重要だった。そして彼らは，「スーパーバイジーは自分の失敗についての明確なフィードバックを必要としている」と結論づけた。

Goldhammer（1969:344）は，スーパービジョンを受けた学校教師について論じるなかで，次のように指摘している。

> おそらくスーパーバイジーを離反させるのに最も迅速で効果的な方法は，曖昧な返事で煮え切らない態度をとることである。

教師（スーパーバイジー）：それでは，私が彼らに嫌味だったというのですか。
スーパーバイザー：いいえ。そういうことではありません。あなたは若者に対して常に共感的で好意的です。ただ，今日のいくつかのコメントは，以前ほど好意的ではありませんでした。
教師：今日の私の態度に冷たいところがあったというのですか。
スーパーバイザー：ええ，まあ。それほどでもありませんが。

他方で，次のような話し合いもあまり役に立たないだろう。

スーパーバイザー：順調ですね。この調子で頑張ってください。
スーパーバイジー：何をこの調子でやればいいのですか。

スーパーバイザー：今行っていることです。(Ekstein & Wallerstein 1972:145)

スーパーバイザーの明確で建設的なフィードバックは，特にそれがそのまま行動に置き換えられるなら高く評価されるだろう（Cushway & Knibbs 2004）。スーパーバイザーが「ストレングス視点とノーマライゼーションに基づいた主張」（Redmond 2007:ii）であると前置きして，建設的批判をすることに対して，スーパーバイジーは，より受容的かもしれない。それに動揺することなく妥当な批判を真摯に受け止められるような適度に健康的なスーパーバイジーを当てにしている。そのため，あらゆる批判に対して，賛辞でバランスをとる必要はない。これはしばしばスーパーバイザーを誤った立場に置くだけでなく，スタッフの品位を傷つけるものでもある。あるスーパーバイジーは「スーパーバイザーが優しい声で私を褒めはじめたため，何か悪いことがあるのに気づいた」と述べる。あるスーパーバイザーは，このジレンマに関する自分の応じ方を次のように説明した。

> 常に批判を賛辞で和らげる必要があるのだろうか。褒めることが見当たらない場合でも，何か考え出したり，小さな良いところを取り上げる必要があるのだろうか。こうした褒め言葉を本当に思っているかのように伝える必要があるのだろうか。今ではたわいのないことに思えるが，当時は真剣に悩んでいた。到達した解決策は，ただ自然体で行うことだった。偽りの褒め言葉や些細な良いところを取り上げたり，批判的なコメントをするたびに賛辞で和らげたりすることはできなかった。オープンで正直，そして現実的であることを重視した。もっとうまくやる方法があるなら，それをカロルに伝えるのが重要だと思ったし，うまく行われたことがあるなら，もちろんそれについて伝えるのも重要であった。

調査結果は，スーパーバイジーの不満の主な原因に，スーパーバイザーが十分に批判的でなく，スーパーバイジーは自分のどこが悪くて改善すべきなのかがわからないことがあることを示している（Kadushin 1974; 1992b）。スーパーバイザーに不足している点は何かという質問に対するスーパーバイジーのコメントの27％は，批判的フィードバックの不足を指摘するものだった。スーパーバイジーは次のように述べた。

・仕事のパフォーマンスの量と質について定期的なフィードバックが行われていない。改善すべき点を把握するため，もっと建設的な批判を必要としている。

・おだてられているように感じることがある。批判が必要だ。
・スーパーバイザーはお世辞を言いすぎる。私の仕事をあまり事実に基づいて評価してくれていないと感じることがある。誤っていることがわからなければ改善することもできない（Kadushin 1990:191）。

　スーパーバイザーが有益なフィードバックをスーパーバイジーに伝えないのは，なぜだろうか。Ratliff, Wampler & Morris（2000）は，スーパーバイジーの自分の仕事についての思いと，スーパーバイザーの優れた臨床を保証する責任の繊細な関係について調査した。なんらかの補正措置が必要な120の事例について議論し，「スーパーバイザーは非常に遠回しな言い方で提案と評価を行い，（スーパーバイジーは）敬意と協力姿勢をもって応答する」（Ratliff, Wampler & Morris 2000:385）と指摘した。言語療法の学生とスーパーバイザーの録音記録に基づき相互作用に焦点を当て，体系的に機能的言語分析をした。Ferguson（2010:222）は，スーパーバイザーのフィードバックの「肯定的な評価は表現の明確さと関連している（82.4％）のに対し，否定的な評価は表現の曖昧さと関連している（93.5％）」ことを見出した。「ほとんどの言語療法学生は，そうした（否定的で曖昧な）表現で伝えられる「補正的フィードバック」を明確に認識しているだろう（233）」と指摘した。Ferguson（2010:217）は，「フィードバックと対人的協調の維持を相互作用で達成するには，会話を管理する高い能力を必要とする」と結論づけた。スーパーバイザーは，支援的フィードバックを多く，補正的フィードバックを少なくしようとして（Knox, Burkhard, Edwards, Smith & Schlosser 2008），これにより「協働的なスーパービジョンの関係を構築することとスーパービジョンの責任を果たすことの間の緊張」（Falender 2010:22）を管理する。

　スーパーバイザーは，スーパーバイジーの面目を守るためにフィードバックを控える場合がある（Doherty 2005; Hahn 2001）。どれほど善意で提供されたフィードバックであっても，面目を失うことは，フィードバックを受け入れようとする気持ちを減少させる。Hoffman et al.（2005）は，スーパーバイジーに対してフィードバックを提供しやすい，提供しにくい，提供しないとに分けて，相談所の15人のスーパーバイザーにインタビューを実施した。フィードバックを提供しやすいのは，スーパーバイジーにフィードバックを受け入れる姿勢がある場合，またはフィードバックを控えるとクライエントのケアに明らかに悪影響があると考えられる場合であった。

一方，フィードバックを提供しにくいのは，スーパーバイジーが「臨床の職務を妨げる（直接的か間接的かを問わず）重大な誤りを犯している（Hoffman et al. 2005:12）」場合，フィードバックを控えると否定的な結果が生じる場合，スーパーバイザーがフィードバックを提供するメリットよりもデメリットのほうが大きいと感じた場合であった。フィードバックを提供しないのは，スーパーバイザーがフィードバックを提供することは自分の役割の範囲を超えている，スーパービジョンの関係に過度の緊張を引き起こす，スーパーバイジーに悪影響がある可能性を懸念する場合であった。しかし，程度の差はあっても，スーパーバイザーは，フィードバックを控えることは否定的な結果を生み，「できることなら伝えるだろう」と報告している（Hoffman et al. 2005:3）。

「おそらく，スーパーバイザーが肯定的なフィードバックしか返さず，望ましくない行動について実習生に問題を提起することがなければ，実習生は本心ではどう思っているのかを疑い，スーパーバイザーへの信頼が損なわれるだろう」（Heppner & Handley 1981:244）。フィードバックが受け入れられるかどうかは，メッセージの発信者とメッセージの性質によって決まる。フィードバックの発信者が受信者に信頼されている，受信者より立場が上である，専門家だとみなされている場合，フィードバックはより真剣に受け止められやすい。Heppner & Handley（1981:244）は，スーパーバイザーの行動と，カウンセラー実習生のスーパーバイザーに対する信頼感の相関を分析した。その結果は，「支持的な関係のなかで教育に関する率直な評価情報を提供するのが重要であることを示している」と考えられる。

スーパーバイザーは多くの場合これらの条件を満たし，フィードバックが受け入れられやすくする。しかし，いくつかの研究で，自己防衛的なスーパーバイジーは，職員を査定する権限のない外部のスーパーバイザーから補正的フィードバックが提供された場合のほうが，受け入れやすいことが示されている（Webb & Wheeler 1998; Itzhaky 2001）。Sobell et al.（2008）の研究は，動機づけ面接（Rubak et al. 2005）を用いるコスト効率の良いアプローチを提案している。補正的フィードバックの準備のため，スーパーバイザーはスーパーバイジーにクライエントとの相互作用を録音して書き起こし，自分の実践について体系的な自己批判を行うように依頼するのが良いだろう。

スーパーバイザーは補正的フィードバックについて詫びるべきではない。謝罪すると，フィードバックの意義が損なわれ，影響が低下する。スーパーバイジーは，

自分のパフォーマンスの至らない点を克服し，より良い仕事を行うためにフィードバックを必要としている。フィードバックは学習を明示的かつ意識的にするために必要である。スーパーバイザーは，優れたパフォーマンスがどのようなものであるかについての視点，客観性，知識を有している。いわば，「高度な視点」（supervision）である。

スーパーバイザーは，スーパーバイジーの仕事ぶりに最終的な責任をもつが，スーパーバイザーはその業務をやり遂げるために通常スタッフからの報告を必要とする。そして，報告されるプロセスではスタッフの視点で振り分けが行われており，これが懸念材料となる場合がある。これは，スタッフが実践で「出来事を見落とす，意識しない，誤って解釈する，不正確に記憶することが多い」ことを示す証拠が蓄積されているためである（Ellis 2010:105）。スーパーバイザーは，スタッフとクライエントの相互作用の直接的観察に基づいてフィードバックを提供することが望ましい。一方，直接的観察にはスタッフからの報告を利用するより，時間と経費がかかる（Bernard & Goodyear 2009）。また，多くのスーパーバイザーは実践を直接観察することを望まない（Hoffman, Hill, Holmes & Freitas 2005）。「実際に起こっていることには誰も関心がない」という者もいるだろう（Noelle 2002:129）。

実践を直接観察しフィードバックを行うこと（第10章で説明）を避ける場合，スーパービジョンを利用してスタッフからクライエントのフィードバックを引き出すことで，クライエントにとっての効果を改善する学習状況が生まれることを示す証拠がある。たとえば，Harkness & Hensley（1991）が報告した精神保健領域でのスーパービジョンに関する試みでは，クライエントからのフィードバックを引き出すための熟練のスタッフに一連の質問をすることで，スーパービジョンの焦点が変化したことがある。スタッフとケースロードに共通して，「クライエント中心」のスーパービジョンを導入することでクライエントの満足感が高まるいくつかの側面が見出された。スーパービジョンにクライエントからのフィードバックを継続的に取り入れるとクライエントにとっての効果は高まる場合があるが，スーパーバイジーはスーパーバイザーが自分にあまり共感的でないと感じる場合がある（Harkness 1997）。これは，クライエントからのフィードバックを進んで受けようとするスタッフとそうでないスタッフがいるためである（De Jong et al. 2012）。詳細については，第10章を参照されたい。

Ellis & Ladany（1997）は，スーパービジョンはクライエントへの効果によって

その真価が問われると考えた。大規模なサンプルを使った多数の調査では，教育的スーパービジョンにおいて体系的なクライエントからのフィードバックを利用し，指導と学習を触発すると，クライエントに及ぼす効果を改善できることが示されている（Harmon et al. 2007; Worthen & Lambert 2007）。以前，Erera & Lazar（1994b）はクライエントからのフィードバックの利用がいきすぎると管理的スーパービジョンと教育的スーパービジョンの間の垣根が崩れると主張した。さらに，スタッフが抵抗を示す場合もある（Savaya & Spiro 1997）。しかし，Reese et al.（2009）は，スーパービジョンでクライエントからのフィードバックを利用することで，クライエントに及ぼす効果を改善できるだけでなく，スーパービジョンの協力関係を強化し，スタッフの自己効力感とスーパービジョンへの満足感を高めることを見いだした。

フィードバックはスーパーバイジーだけでなくスーパーバイザーにとっても重要である。言語的および非言語的応答を注視し，不十分または曖昧な応答しか返ってこない場合には具体的に応答を要求する。その際，スーパーバイザーは指導が学習に結びついているかどうか継続的に注意する必要がある。入念に教えたことが必ずしも十分に学習されるわけではない。仕事ぶりに関するフィードバックを伝えたからといって，必ずしもパフォーマンスが変化するわけではない。情報は，自分の仕事ぶりの説明としてスーパーバイジーによって受け入れられる必要がある。改善しようとする意欲が必要であり，問題を改善のために受け入れる必要がある。

クライエントや担当であるスーパーバイジー以外に，スーパーバイジーの仕事ぶりを詳細に把握している唯一の他者はスーパーバイザーである。しかし，フィードバックを提供することが認められ，義務づけられているのはスーパーバイザーのみであり，スーパーバイザーはこの責任を明示的に担っている。これを考慮すると，ほとんどの場合，スーパーバイザーはスーパーバイジーへのフィードバックの主な提供者であり，スーパーバイジーはフィードバックを受けることに意欲的である。

フィードバックを提供する際にスーパーバイザーが以下のようなガイドラインに従うと，フィードバックの効果が高まる（Veloski et al. 2006; Wheeler & Richards 2007）。

1. フィードバックは業務遂行の前後にできるだけ早く提供する必要がある。これにより，改善できたであろうことへの学習意欲と関心が高まる。すばらしい業務遂行が行われた後にできるだけ早く褒めることによって，向上の可能性が高

まる。クライエントにもう一度会ってから数時間以内に再度フィードバックを返すことで，実践が変化する可能性が高まる。
2. フィードバックは具体的でなければならない。賛辞または修正が必要な具体的行動，態度，コメント，介入を指摘する必要がある。スーパービジョンのスキルを改善する必要があると指摘する一般的なフィードバックより，質問の仕方がどのように悪いかを指摘することや，ぎこちなく曖昧な進行を具体的に説明することのほうが効果的である。
3. フィードバックは対処可能なものでなければならない。業務遂行の至らない点を説明する具体的行動を指摘する必要がある。その際に曖昧，一般的，全体的な指摘は信頼性を欠く。
4. フィードバックは審判するものではなく説明的でなければならない。たとえば，スーパーバイザーは「あなたのPさんへの返答はあまり良くありませんでした」と言うのではなく，「Pさんは，あなたの返答を聞いて口を閉ざし，話す焦点が変化したことに気づきました」と言う必要がある。
5. 可能ならば，良い業務遂行の効果を強調するのが望ましい。たとえば，スーパーバイザーは「あなたがHさんに対して以前より寛容に接していることを嬉しく思います。Hさんは介護ホームで自分の抱える問題を共有することに以前ほど抵抗を感じなくなったようです」と述べると良い。
6. フィードバックは，スーパーバイジーの人間性ではなく行動に焦点を当てなければならない。たとえば，スーパーバイザーは「あなたのコメントを聞くと，あなたはゲイの人を好きでないか，付き合いにくいと感じるようですね」ではなく，「自分がゲイであると打ち明けられた後，あなたの一連のコメントには責めるような言い方が含まれていました」と言う必要がある。
7. フィードバックは同意と受け入れを強いるのではなく，考察と議論のための暫定的なものとして提供する必要がある。
8. スーパーバイジーに学習してほしいこと，および学習する必要があると思うことに，フィードバックをできるだけ明確に関連づける。
9. 優れたフィードバックは，助言を与えるというより考え方を共有する，そして答えを示すというより別のやり方を探るものである。改善できる行動に焦点を当て，変化のための特定の提案を伴う。
10. フィードバックは相手が消化できる量を考慮して取捨選択する必要がある。提

供できるフィードバックをすべて提供するのではなく，スーパーバイジーが対処できる量に保つことが原則である。

スーパービジョンの話し合いの終了

　スーパービジョンの話し合いは，相談面接と同様に多大な労力を要する。そのため，開始して1時間も経つと，次第に生産性が低下すると考えられる。スーパービジョンは，開始時に終了時を計画し，スーパービジョンのために選択した議題を割り当てられた時間内に終える。

　予定の終了時刻が近づいてきたなら，スーパーバイザーは適切な終了のタイミングを見つける。スーパービジョンは，話の区切りの良いタイミングで終了する。相互作用に情緒的に深く関与しているタイミングは避ける。スーパーバイジーに最も重要なことを質問し，話し合う機会がすでに与えられている必要がある。「スーパービジョンはあと2分で終了します。何か話しておきたいことはありますか」と言われたら，スーパーバイジーは非常に不愉快だろう。

　終了時にはスーパービジョンのまとめを行う。話し合った事項と教育内容を反復する。あるスーパーバイザーは次のように述べる。

　　　最後に内容を振り返ったことで，スーパービジョンはより意義深く感じられた。どれだけたくさんのことを話し合ったかが実感できたためだ。私がスーパービジョンのまとめを行ったことで，終了は予定された自然なものに感じられた。私たちは，まとめをスーパービジョンの終了を示す合図とみなし，緊張を解いた。

　スーパービジョンの話し合いは参加者の気持ちのうえでは，実際に終了するよりも早く終わると感じられるため，スーパーバイジーに明示的な質問をするか，話し合ったことやスーパーバイジーの関心に沿った関連のある特定の参考文献の提示で終了するのが良いだろう。質問は，次回のスーパービジョンへの継続に役立つだろう。提示された質問について考えることで，スーパーバイザーとスーパーバイジーの両者は次回のスーパービジョンに備える。

　一般に，教育的スーパービジョンの優れたスーパービジョンは次の特徴を備えているといえるだろう。

1. スーパーバイザーとスーパーバイジーの双方によって計画と準備が行われる。

2. 共有された，合意に基づく目的がある。
3. スーパーバイジーの臨床的職務に焦点を当てる。
4. スーパーバイジーの自分の仕事ぶりへの批判的自己分析を優先する。スーパーバイザーはガイドとしてこれを補助し，知識を提供することで補完する。
5. 業務遂行の改善に役立つ，わかりやすく，明確で，的を射たフィードバックを提供する。
6. 学習を促進する雰囲気で行う。
7. 学習と指導の望ましい原理に従う。
8. 要約を提供し，次回のスーパービジョンにつなげる。

　スーパーバイザーにはスーパーバイジーの公式な教育についての主な責任と権限があるが，スーパーバイザーはスーパーバイジーの非公式で非公認の重要な教育が同時に行われていることを認識する必要がある。スーパーバイジーは，同僚から業務の仕方を学ぶ。クライエントもスーパーバイジーの実践に応答することで教育に能動的に参加する。介入がうまくいくと，クライエントは助けられ，スーパーバイジーは報われる。そして，スーパーバイジーは，それが良い方法であることを学習する。Langs（1979:205）が指摘するように，「スタッフにとっての最高のスーパーバイザーは患者である」。スーパーバイザーは，こうした二次的な教師に対して競争心をもつ必要はなく，むしろその助けを歓迎すべきである。

プロセス分析

　個別スーパービジョンの話し合いでは実際にどんなことが起こっているのか，ということについて，体系的で詳細な分析を試みた参考にできるソーシャルワークの調査は少ない。Mallinckrodt（2011）およびScheel et al.（2011a, 2011b）は，毎年発表されるプロセス分析の数は次第に減少していると指摘している。

　Nelson（1973, 1974）は，さまざまな相談機関で行われた68の録音されたスーパービジョンの話し合いを分析した。これらのスーパービジョンはソーシャルワーク校の学生と実習指導者（スーパーバイザー）の間で行われたものだが，この調査結果

は一般のスーパービジョンの話し合いに適用できる。「参加者はスーパービジョンの話し合いで実際に何について話したのか」という問いに答えるなかで，Nelsonは以下のことを見出した。

　録音された4つ目のスーパービジョンまで分析した時点で，以下の話し合いのパターンが非常によく見られた。第一に，実習指導者と学生は，学生の提出した文書資料を参照し，ケースごとに検討した。その間，実習指導者の質問を受け，学生が自発的に詳細を説明した。メカニズムと対処に関連する議論も交えられ，時折実習指導者によって学生が知らない理論的またはスキルに関する情報が適宜に提示された。そして，クライエントとの間で起こっていることと次に行うべきことについて最終的には共通認識が形成された。第二に，新しい進展があったが，指示されていない事柄について簡単な話し合いが行われる場合があった（約束が守られず，学生のさらなる行動が必要な場合など）。第三に，学生が適切に記録しているかどうかなどの学習内容，または月間統計，クライエントのために資源を見つける必要性などの機関業務の内容についての通常簡単な話し合いが行われる場合があった（Nelson 1973:189）。

さらに，Nelson（1974:149）は「（話し合いに）実習指導者と学生はどちらも通常は能動的に参加していた。実習指導者は，長々と説明することはなく，教育資料を十分に提供した」と述べている。

スーパーバイザーは，支持的活動（第6章で説明）にも取り組み，スーパーバイジーの特定の行動を求める指示を与えた。たとえば，「ケースごとにソーシャルサービスカードを記入してください」「介護ホームを見つけるため，ベッドに空きがあるかどうか問い合わせてください。空きがない場合は，いつ空きが出るかを尋ねてください。費用を確認してください」などである。指示は，機関の管理手続きおよび具体的サービスと関連していることが多い。指示が与えられる状況は，命令をするというより，ある種の話し合いのまとめを示していた。スーパーバイザーは頻繁に指示を求めるスーパーバイジーに対して多くの指示を与えたことから，スーパーバイザーとスーパーバイジーの相互作用が双方向的であることが示された。

Busso（1987）は，3人のソーシャルワークの大学院生と経験の長い医療ソーシャルワーカーであるスーパーバイザーとの間で，録音された30セッションの教育的スーパービジョンの話し合いを分析した。スーパービジョンの話し合いは，それぞれの学生につき，3人のクライエントとの面接，1度目，3度目，および最後の録音を基に行われた。教育的スーパービジョンの話し合いの内容は，ソーシャルワークの実践について課題中心アプローチの視点を用いて，第三者的立場の評価者に

よって分析された。この話し合いでは他を引き離して多くの時間が「問題の理解」と「クライエントにとっての問題と，置かれた状況下でクライエントをサポートしている人を検討すること」に費やされた（Busso 1987:70）。「戦略の選択：戦略の特定の手順の設計」に費やされる時間は大幅に少なかった（Busso 1987:69）。スタッフを支援するスーパーバイザーの行動はこの分析対象ではなかった。

　密接に関連する分野でのスーパービジョンの話し合いに関する研究は，多くの示唆に富んでいる。Culatta & Seltzer（1976, 1977）は，コミュニケーションに障害のある臨床医へのスーパービジョンの話し合いの内容を，相互作用の出来事から分析する尺度開発をした。6つのカテゴリーはスーパーバイザーの介入に関連しており，別の6つはスーパーバイジーによる同じようなカテゴリーであった。スーパービジョンの話し合いにおける出来事のカテゴリーには，肯定的または否定的な評価の語り（スーパーバイザーに観察された行動やスーパーバイジーの口頭での報告を評価し，言語的または非言語的な承認や非承認を示す），戦略的介入（今後の臨床的介入のために臨床医に提供されるスーパーバイザーによる語り），質問（話題となっているクライエントに関連するスーパーバイザーによるあらゆる疑問形の語り），スーパーバイザーによる観察や情報の語りが含まれている。

　2つの異なる調査で，非常によく似た結果が示されている。スーパービジョンの相互作用における主な活動は，臨床医であるスーパーバイジーが「治療的セッションについての情報」を提供することであり，「スーパーバイザーは基本的にこの情報を用いて将来のセッションの戦略を提案する。つまり，臨床医の1人がスーパーバイザーに生の情報を提供し，スーパーバイザーはそれを使ってクライエントのための全体的なセラピーの戦略を立てる」。これは，スーパーバイザーの「自分自身がスーパーバイジーに知恵を提供する相談役である」という認識と対照的だった（Culatta & Seltzer 1976:12）。この認識は，ソーシャルワークのスーパーバイザーが自分の行っていることについて一般的に抱く認識と近いものである。スーパービジョンでスーパーバイザーとスーパーバイジーの話す長さの違いを分析すると，スーパーバイザーはほぼ常にスーパーバイジーよりも長く話していることがわかった。

　スーパービジョンの方式に関する質問への回答から，スーパーバイザーは3つの異なるグループに分類された。「方法論やクライエントへの業務遂行に関する特定の提案やコメントを提供する指示的な方式をとっていると考えているグループ，

採用した方法論の説明については臨床医に任せる自由な手法を採用しており，非指示的であると考えているグループ，2つの手法を組み合わせることを好むグループ」(Culatta & Seltzer 1976:12) である。しかし，スーパービジョンの内容と経過の分析により，自分のスーパービジョンの方式をどのように評価しているかにかかわらず，すべてのスーパーバイザーが類似したパターンで行動していることが明らかになった。

驚くべきことに，スーパーバイザーからの評価の語りは非常に少なかった。これは，多くの場合スーパーバイジーは自分の行ったことの何が適切または良好であって，何が不適切または至らなかったのかについての明示的なガイダンスをあまり得ていなかったことを示している。

Schubert & Nelsen (1976) は，スーパービジョンでのスーパーバイザーを明示的に分析するために少し異なる方法を使って，Culatta & Seltzer の知見を補完した。スーパーバイザーが最も頻繁に行うことは，意見提供か提案であることを見出した。2番目には，情報提供であった。この調査では，スーパーバイザーのほうがスーパーバイジーよりもよく話すことも示された。

Keller, Protinsky, Lichtman & Allen (1996) は，スーパーバイザーとスーパーバイジーのコミュニケーション内容と相互作用のパターンを描写するため直接的観察を行った。コミュニケーションの中心を占めるのは，知識の伝達，個人的成長と自己理解の達成，階層的なスーパービジョン関係の管理であった。これらが，(1)信頼構築，(2)本題への着手，(3)疑問と選択肢の解決，(4)まとめ，というスーパービジョンの話し合いで共通して見られる4段階のパターンで行われていた。

別の直接的観察に基づく調査では，スーパービジョンで見出される相互作用の様式とパターンについてのいくぶん異なる視点を提示している。Heppner & colleagues (1994) は，(1)指示・指導と深化，(2)認知的明確化と情緒的支援，(3)クライエントに対する課題提示と激励，(4)指導的距離と情緒的関与，(5)スーパーバイジーへの同意と課題提示，(6)方針の提示と受容，という6つのスーパービジョンの介入行動の座標を見出した。スーパービジョンの介入にスーパーバイジーがどのように反応するかについては，今後の研究課題として残された。

Laitinen-Vaananen et al. (2007:95) は，理学療法の実地訓練において臨床指導者，学生，クライエントの録画された相互作用の言語分析を行い，データから「相互作用の管理」「学生への限定的な機会の提供」「学生の参加の奨励」という3つのテー

マが見出されたと述べた。調査者である著者は，学生は臨床スーパーバイザーから「スーパービジョンの実践において同等に扱われることを期待した」が，同時に「自分の学習段階について考慮されることを望んだ。一方，臨床指導者はこれらのスーパービジョンの行動を学生ほど重要視しなかった」ことも指摘した（Laitinen-Vaananen et al.2007:96）。

　Ferguson（2010）は，言語聴覚士の録音されたスーパービジョンの書き起こしを利用し，フィードバックの体系的な言語分析を行った。分析した変数は，対人的およびパフォーマンスの見積もり，判断，評価についての話し手の語りであり，これらの変数は頻度，程度（非常に良い，悪いなど）などの次元によって変化する。さらに，Ferguson（2010:218）は，話し手がメッセージと自分との距離を管理する程度，頻度，方法を測定した。たとえば，「私はあなたが課題を遂行した方法に満足しています」という表現と「あなたはその課題を証拠に基づく研究論文に準拠して行いましたね」という表現の違いを測定した。すべてというわけではないが，多くのケースで，スーパーバイザーのほうがほとんど話すことが多く，「判断を伝えるために比較的多くの資源を使用したのに対し，学生は感情の評価を伝えるために比較的多くの資源を使用した。ほとんどの判断は肯定的なもので直接的に伝えられたが，否定的な判断は暗示的に伝えられる傾向があり」，良好な関係に寄与していた（Ferguson 2010:215）。

　最後に，心理療法のスーパービジョンを対象としたもう１つの一連の重要なプロセス分析を紹介する。これらの研究では，スーパーバイザーとスーパーバイジーがスーパービジョンで伝えることと伝えないことについて調査した。たとえば，Hoffman et al.（2005）は，スーパーバイザーは批判的なフィードバックをスーパーバイジーに伝えないことが多く（後にそれを悔いる），スーパーバイジーは対人的な摩擦，実践上の過誤，評価的判断，性的魅力，スーパーバイザーやクライエントとの関係で強く誘発されたその他の相互作用についてスーパービジョンで打ち明けたがらないことが示された（Ladany et al. 1996; Maroda 2003; Mehr et al. 2011; Pisani 2005; Walsh et al. 2002; Yourman 2003）。これらは，必然的に援助のプロセスとその結果にかかわってくるため，ささいな省略ではない。Weatherford et al.（2008:46）が最近の文献レビューで指摘しているように，ソーシャルワーカーの実践スキルの向上のために「正確で率直」なスーパービジョンの「フィードバックが不可欠」であるなら，「スーパーバイジーがスーパーバイザーに対して関連する情報を開示し

ないことは，学習に悪影響を及ぼす。また，スーパーバイジーが倫理に反する活動や不正な活動にかかわっている場合にはスーパーバイザーが責任を負うため，スーパーバイザーは法的なリスクにさらされる」(Bernard & Goodyear 2009:164)。リスクを管理するため，「監視」するような雰囲気を形成するよりも「反省的」なスーパービジョンの応答が望ましく（Beddoe 2010:1279），スーパービジョンの自己開示が任意で行われることで打ち解けたコミュニケーションを促進することにつながる（Weatherford et al. 2008:46）。スーパーバイザーによる過度な自己開示は避けるべきだが（Ladany & Walker 2003），オープンでバランスのとれたアプローチは学習を促進し，スーパービジョンの関係を強化する（Devidson 2011; Knox et al. 2008; Ladany & Walker 2003; Shulman 2010）。

事例紹介

次の場面は，児童福祉地区事務所のスタッフとの個人スーパービジョンで，養子に出された児童に関する教育的スーパービジョンの責任を遂行するスーパーバイザーを描いている。

Jim はまず Frank について話をしたいと言った。Frank の現在の居場所を守ることが重要だと述べた。Jim は Frank を他所に移すことで問題が解決するとは考えておらず，私はこれに同意した。Jim は自分が Frank の印象に残り，彼を助けたいと思っていることに気づいてくれていると考えていた。私は良かったですねと述べ，Jim が養母のことで非常に難しい状況に直面しており，Frank の行動が変わらない場合はいつでも他所に移す覚悟をしていることを伝えた。Jim はこれに同意し，Frank に仕事を見つけ，昔の仲間にかかわってはいけないことをわからせたと言った。私は，記録から Jim が Frank のことに非常によく取り組んでいることがわかると述べた後，うまくいっていると思うかと尋ねた。

この事例では，スーパーバイジーはスーパービジョンの話し合いのテーマを選択している（「Jim はまず Frank について話をしたいと言った」）。学びが起こるのはスーパーバイジーが能動的に学習プロセスに関与する場合である，という原理と一致している。これは，学習の意欲が高いことも示している。スーパーバイジーは機会が

与えられているので，自分が直面している問題を話し合いの内容として選択するからである。

　スーパーバイザーは，スーパーバイジーが直面している問題の性質を明らかにし説明できるようにする。問題はFrankを他所へ移すことではなく，現在の居場所を守る方法である。

　スーパーバイザーは，ずばりと褒めている（「良かったですねと述べ」）。これは学習の報いが得られる場合に学習効果が最大になる，という原理と一致している。

　スーパーバイザーは，スーパーバイジーの状況について理解と受容を共感的に伝えた（「非常に難しい状況に直面している」）。スーパーバイジーはおそらくこれを情緒的支援と受け取るので，学習に適した雰囲気を形成するのに役立つ。スーパーバイザーが共感的で受容的であるという認識があると，スーパーバイジーは内容を受け入れやすくなる。しかし，スーパーバイザーはスーパーバイジーが「難しい状況に直面している」と述べることで教育にかかわっていることになる。スーパーバイザーは状況を，このケースを担当するソーシャルワーカーの責任の問題として再定義している。スーパーバイザーはFrankの行動に関心があるのではない。それはJimの責任である。だが，スーパーバイザーはJimの行動とケース計画を扱っているのである。スーパーバイザーが直接責任を担うのはクライエントではなくスーパーバイジーである。

　Jimがスーパーバイザーにこのケースで行ったことを伝えた後，スーパーバイザーは「うまくいっていると思うか」という質問によってJimに課題を提起している。この質問は問題を提起するもので守勢を引き起こす場合があるので，情緒的に受け入れやすくするために「JimがFrankのことに非常によく取り組んでいることがわかる」と前置きしている。「うまくいっていると思うか」という質問は，客観的で自己批判的な分析を求めるものである。熟慮してもらうことで，スーパーバイザーはスーパーバイジーの関与を高め，学習への参加を後押ししている。

　「そのやり方は誤っている」とか，もう少しソフトに「もう少し望ましいやり方がある」と教え諭すように言うのは，攻撃と受け取られる可能性があり，Jimが自分の行動を弁明しなければならなくなる場合がある。自己防衛に心理的エネルギーを費やしていると，学習の効果は低下する。自己点検を奨励することで，スーパーバイジーが自分のアプローチの欠点を明白に認識する場合がある。そうなれば，スーパーバイジーは，別の方法を考えやすいだろう。

また，スーパーバイザーは実際に記録を読み，そこから得た知識をスーパービジョンで利用していることも特筆すべきである。これはスーパーバイザーがこの話し合いを重要視しており，スーパービジョンの面接のための準備に関心を示し，相互の合意に従うことがわかるので，スーパーバイジーの意欲を高めている。スーパービジョンで実際に用いられることが記録の目的の1つであるため，スーパービジョンのなかで記録を利用することは，記録を作成したスタッフに報いるものである。スーパーバイザーとスーパーバイジーの良好な関係をさらに発展させる。両者の情緒的相互作用は，スーパーバイザーがスーパーバイジーの成果物である記録を重要視して，スーパーバイジーに敬意を払うことにより，さらに肯定的なものになるだろう。

　ここまで，スーパーバイザーは少なくともあからさまには，あまり多くのことを教えていない。良い人間関係について教えたといえるくらいである。スーパーバイザーは，問題を明確に定義し，可能な場合は分割することが役立つことも暗示的に教えた。スーパーバイザーは，自己覚知を深めるために不可欠な仕事に向き合う姿勢（反省的で自己批判的アプローチ）を奨励した。しかし，基本的には，スーパーバイザーはこの時点ではあまり教えようとはせず，学習に導く雰囲気を醸成しようとしている。

　　Jim は頭を振り，あまり確信がもてない様子だった。そして突然，「Frank には困り果てています。彼は D 婦人が言うようにやる気がなく，仕事を探そうとすらしません」と打ち明けた。Jim は，自分が Frank の年齢のときには，自分で見つけた雑務の仕事で数年にわたって自分の小遣いを稼いでいたと続けた。私は，Frank が自分と同じようにできないことを理解するのは難しいだろうと応じて，Frank と自分とで状況に何か違いがあるかと尋ねた。Jim は少し考え，自分には家族がいたが，Frank は養子であることを指摘した。私は，それによってどのような違いが生まれるのか知りたいと言った。Jim はそれが違いを生むとは考えなかった。結局のところ，Frank が養子になったのはまだ 2 歳のときであり，自分の家族のことを覚えてもいないし，Frank の実母は育児をしなかったから，こうなったのは最善だろうと言った。

　ここでは，スーパーバイザーが心理的に安全な雰囲気を形成したことから，スーパーバイジーはクライエントに対する否定的な気持ちを打ち明けている。スーパーバイジーは，ソーシャルワークが建前として守るべき事柄に反することを述べることも可能になっている。実際，Jim はクライエントはやる気がなく駄目な人間だ，彼が問題を起こしているのは彼自身の責任だ，彼には困り果てている，人は誰しも

自分自身の運命の建築家であり，Frank がもっと頑張れば問題を解決できるはずだ，と述べる。

　スーパーバイザーは，この噴出に十分に理解を示し，ソーシャルワーカーがクライエントに対する拒絶的な態度に失望や無念さを表すのではなく，Frank を理解するスーパーバイジーの苦境に共感した。このように応答することで，スーパーバイザーはたとえば受容の概念を教えている。つまり，クライエントとその行動を道徳的見地から審判すれば気持ちは収まるかもしれないが，あまり役に立たない。問題解決においては，判断するのではなく理解しようとするほうが役立つ。次にスーパーバイザーは，Frank の行動を評価することから行動を理解しようとすることへ焦点を移す質問をしている。つまり，Frank の行動をどのように説明するのか，スーパーバイジーとは異なる行動に駆り立てるものは何かと尋ねる。

　スーパーバイジーは，質問によって考えが方向づけられ，違いの説明を考え出した。この説明では，同じ状況に直面しても人は違う振舞いをするのかがまだ説明されていないため，スーパーバイザーはさらに質問した。これほどスーパーバイザーが鋭くなければ，この答えに満足し，成育歴の違いがもつ意味について簡単な解説を行うだろう。このスーパーバイザーは，成育歴の違いが行動にもたらす影響についてスーパーバイジーの考えを説明するように求めた。繰り返しになるが，これはスーパーバイジーの学習への関与を最大限に高めている。スーパーバイザーの質問には，過去は現在にはっきりと表れている，行動には意図がある，あらゆる一般化は個別化する必要がある，感情が行動を決めるといった，行動的な概念が含まれている。しかし，これらの考えは，明示的には教えられていない。

　スーパーバイジーは，スーパーバイザーが指摘した点について疑義を呈している。家庭環境の違いで Jim と Frank の行動の違いを説明できるかどうかを疑っている。

　　私は事の始まりを振り返って考えてみようと提案した。Frank が両親の下を離れて見知らぬ家に連れて来られたときどう感じたと思うか，幼すぎて何の変化も感じなかっただろうかと尋ねた。〔Jim は〕疑わしげな表情をし，何しろ，2 歳の子どもは話すこともできないと言った。これについてしばらく話し合った。私が，Frank のような，感じているのに，何が起きたかを理解できない幼い子にとっては，年長の子どもよりもつらい出来事だろうと話すと，Jim はそれについて考えた。私は，今私たちは Frank の身に起きたことと，2 歳のときの彼の気持ちについて話し合っていると言った。おそらく，今の話し合いとはあまり関係ないと思われていた。Jim は考え深げに，そうかもしれないと言い，Frank は家族から連絡をもらったこともなく，「小さな子どもにとってはつら

かった」だろうと続けた。私は，Frank と彼自身の人生経験から，過去は現在の気持ちについて違いをもたらすことを Jim は話してくれたのだと言った。Jim は驚いたような表情をして，気の毒なことをした，もう Frank に腹を立てていないと言った。一体どうしたのだろうか。Jim がそう考えたのは，私たちが Frank を理解しようとしていたからだろうか。Jim がそう判断したのであれば，なぜもっと前に考えなかったのだろうと言った。

　スーパーバイザーは，暗黙の「解釈」に対してスーパーバイジーが疑問を呈したことに直接反論していない。スーパーバイザーはスーパーバイジーが考察を深めるように導くが，ここでは Frank の気持ちを理解しようとしている（「Frank がどう感じたと思うか」など）。スーパーバイザーは，スーパーバイジーが理解するための思考の道筋を提示した（「幼すぎて何の変化も感じなかっただろうか」）。こうした方法は，スーパーバイジーの考え方の特徴をスーパーバイザーが気づいていても，関連づける準備ができていないか，説明できるほど明確ではない場合に役立つものである。スーパーバイザーは，スーパーバイジーの考え方を明らかにするなかで，それを掘り起こして話し合えるようにした。ただし，スーパーバイジーがどう考えているのかよくわからない場合は，この種の解釈を行うと，状況についてのスーパーバイザー自身の見解をスーパーバイジーに押しつけることになり，それはスーパーバイジーが自分の目的のために利用する危険性がある。
　いずれにしても，スーパーバイザーは，指導の要点を伝えようとしている。すなわち，2歳の子どもでも「知る」ことができ，「知っている」ことがその後の行動に影響を及ぼすという，スーパーバイジーは同意していない見解を教えようとしている。この時点で，スーパーバイザーがこの見解について重要だと考え，受け入れて良いことを保証する必要がある場合は，この見解を補強する教育的な調査資料を用意すると良い。そのような研究が仮に存在するとして，2歳の子どもが出来事を記憶でき，その記憶が後の行動に影響を及ぼすという主張を裏づけるのは，どの研究だろうか。この主張を裏づける臨床資料は何だろうか。スーパーバイジーには知る権利があり，スーパーバイザーにはこの情報を提供する義務がある。そうしなければ，スーパーバイザーは自分の権威を利用し，証拠の乏しい推論の受け入れを求めることになる。
　しかし，過去はそれ自体ではなく，現在に影響を及ぼす場合に関心の対象となる。スーパーバイザーは，より重要なことに話を戻している。これはある質問により行

われ，もう 1 つの学習原理を示している。つまり，提供される資料が自分にとって重要な問題と密接に関連している場合，学習効果が最大になるという原理である。スーパーバイザーは Frank の過去についての質問を，スーパーバイジーが Frank との関係で直面している問題に関連づけようとしている。スーパーバイジーは，これを関連づけ，スーパーバイザーが過去の影響について教えようとしたことに沿って推論している。

　スーパーバイザーは，相互作用の意味を要約し，筋道を立てて述べている（「私は……ことを Jim は話してくれたのだと言った」など）。要約することで，スーパーバイザーは別の学習原理を利用している。つまり，学習した内容を明確化し，言葉で説明して確認できる場合，学習効果が最大となり，定着するという原理である。

　教える必要があるのは，スーパーバイジーに検討してもらう判断の変更や新たな見解の提供だけではなく（スーパーバイジーの判断に影響を及ぼす場合と及ぼさない場合があるだろう），感情の変化でもある。スーパーバイザーのアプローチは，判断ではなく理解に重点を置いており，感情の変化を導いている。スーパーバイジーは，Frank に対して腹を立てるのではなく，むしろ気の毒なことをしたと感じ始めている。これは，クライエントの助けになる大きな進歩であるが，Frank を理解することには及ばない。スーパーバイザーが教えようとしているのは，この理解である。理解を深めるアプローチは，スーパーバイザーが提起した質問の一部でしかない（「Frank と自分とで状況に何か違いがあるか」「Frank と自分とで状況の違いは何だろうか」「それはどのような違いを生むのか」「Frank が感じたことをどう思うか」など）。これはスーパーバイザーのスーパーバイジーに対するアプローチでもある。スーパーバイザーは，スーパーバイジーと彼の答えを判断するのではなく，なぜそのように答えるのかを理解しようとしている。これによりスーパーバイザーは確認の手本を示し，これをスーパーバイジーは Frank について考えるなかで模倣するだろう。

　次に Jim は，養母の不満と，Frank に仕事を見つけ，「悪い」仲間と手を切るように伝えることでこの問題に対処しようとしてきたことを私に思い起こさせた。私が彼自身に問いかけているようだと言った。彼は，人はやれと言われたことを必ずやると考えているのだろうか。軍隊ではそうだろうが，例外はないのか。無断離隊者はどうだろうか。Jim は，彼らは自分の行動の結果を引き受けたと指摘し，私は皆そうしなければならないと同意した。Jim は，将校によって違い，あまり好かれていない将校の言うことには隊員が従わず，よく問題が起きていたと回想した。私は，部下が上司をどう思っている

かによって態度が変わるということかと言い換えた。Jim は，もちろん信頼し合っていれば問題はなかったと述べた。私はそうだったに違いないと述べ，Frank の話に戻ることを提案した。「Frank についてはまた異なるということですね。私はもう軍隊にはいませんし」。私は，命令をすることや命令を実行することから逃れるのは困難に違いないと考えた。「おっしゃることはわかります。自分のやり方が Frank にもうまくいくとは思いません」。

この話し合いの初期に，スーパーバイジーは Frank に対する養母の見解に同意している（「彼は D 婦人が言うようにやる気がない」）。ここでは，スーパーバイジーは，自分を養母から分離している。この変化は，Frank に対する感情の変化から生じている。

スーパーバイザーは比較と対比を用いて，この状況特有の個別的な側面に対する感度を指導している。スーパーバイザーは，Jim がこの状況と一見類似しているようにみえる Jim の兵役の経験での状況との本質的な違いを抽出するように導いている。スーパーバイザーは，スーパーバイジーにとって重要な状況を利用し，熟知しているものからよく知らないものへ移行するという原則にも従っている。しかし，スーパーバイザーは，比較に用いたこの状況を，Frank に最適な支援法は何かという本題と関連づけることで，話し合いの焦点を維持している。優れたスーパーバイザーにとっては，スーパーバイジーの持ち出すことはどれも関係がある。提示されたことを取り上げ，スーパービジョンの課題に関連づけるのはスーパーバイザーの責任である。

次に，Frank をどのように支援できるだろうかと Jim に質問した。Jim は，良くわからない，以前は簡単なように思え，やるべきことを Frank に伝えるだけだったと残念そうに答えた。今になって，D 婦人がいつもそうやってきて，うまくいかないことが良くわかる。私は，養母が Frank をより良く理解できるように支援してみてはどうかと訊いた。Jim はやってみようと思うと答え，自分がそうだったように養母は Frank を厄介に感じているのではないかと付け加えた。「Frank はどう感じていると思いますか」と尋ねると，Jim はまさにそのことを考えていたと言い，孤独で，誰も心配してくれないと感じており，つらいだろうと述べた。私は同意し，「あなたは Frank のことを気にかけていますし，そのことを Frank に理解してもらえれば，やがて Frank はあなたを信頼するようになるでしょう」と述べた。

Frank に対してこれまでのようなアプローチではうまくいかないという結論に Jim を導き，うまくいかない理由に気づかせた後，スーパーバイザーは Frank をど

のように支援するかという話し合いの課題である根本的な問いに戻った。ここでは，この問いはより明確に，Jim の新しいアプローチを考えようとする強い意欲をもって議論される。これまでの話し合いにより，教育に最適な状況が生まれた。スーパーバイザーは，今はどうすれば Frank の役に立てると思うかと尋ねることで，スーパーバイジーの関与を最大限に高めている。

　スーパーバイザーはこの時点で，新しいアプローチの提案に対するスーパーバイジーの期待を認識し，受け入れている。この要求に応え，スーパーバイザーは，1つのアプローチを提案している（「養母が Frank をより良く理解できるように支援してみてはどうかと訊いた」）。

　Jim は Frank のことを深く理解するようになっただけではなく，判断ではなく理解に基づく一般的なアプローチを適用して，養母にも深く共感するようになった（「自分がそうだったように養母は Frank を厄介に感じているのではないか」）。ここで，スーパーバイザーは，前と同様に（「部下が上司をどう思っているかによって態度が変わる」）関係における感情の重要性について教えている。つまり，人は相手に対する気持ちに基づいて振る舞うものだと（「あなたは Frank のことを気にかけていますし，〔中略〕やがて Frank はあなたを信頼するようになるでしょう」）。スーパーバイザーは，スーパーバイジーがこの複雑な相互作用の一部であること，スーパーバイジーのクライエントに対する感情は関係性における相互作用の決定要素であること（もどかしく感じており，Frank に苛立っているだろう），そして関係に影響しているスーパーバイジーの感情は，認識しさえすればコントロールできることを教えている。

　　Jim は，これが時間のかかることだと理解できるが，以前は一度会って話をすればすべて解決できるものだと思っていたと言った。私は，人が変わるのには時間がかかるということを受け入れるのは難しいと述べた。私は Jim が良いスタートを切ったと思った。また，Jim との面接の終わりには Frank が明るくなり，良く話すようになったことが理解できた。彼もそうであれば良いと言い，次に Frank に会う前にもっと良く考える必要があると感じていた。

　　Jim は，「どうやら考えていたのとは違うようだ，10回の簡単なレッスンでケースワークのすべてを身につけられると思っていた」と述べた。私は笑い，Jim がそれに気づいて良かったと言った。ただ，答えをすべて知りたくてしょうがないときに，これを受け入れるのはつらいこともわかっていた。知りたいのにわからないというのは，もどかしいものだ。そして，これは Jim が Frank に対して苛立つ理由でもあっただろう。Jim は大変思慮深く振る舞い，別の面接で起きたことを理解するのにも役に立つと言った。私

たちはそれについて話し合いを続けた。

　Jim が今まさに経験したことを利用し，スーパーバイザーは変化への期待について指導する。一晩で Frank を変えることなど期待していないし，Jim 自身もそのようなことは期待していないだろうと推論的に述べながら，スーパーバイザーは Jim を励まし，支援している。スーパーバイザーは数回のレッスンでケースワークのすべてを学習できないのは当たり前だと Jim を慰めている。

　スーパーバイザーの全般的なアプローチは，話し合い全体を通して伝えられているものと一致している。受容，理解，支持的態度，評価すべきところでスーパーバイジーを賞賛する姿勢，スーパーバイジーの自律性を尊重し，スーパーバイジーのペースで進めようとする積極性，これらのアプローチにより学習に適した安心できる雰囲気が生まれている。

　しかし，この寛容なアプローチも，まったく心配していないわけではない。スーパーバイザーは Jim の現在の専門家としての至らない点を受容しているが，改善のための学習を期待していることが明らかに見てとれる。この種の心配は，学習のために最良である。つまり，心配は不安からくるものではなく，スーパーバイジーが知る必要があり，おそらく知りたいと思っていることと，実際に知っていることとの違いによる。

　この会話の後も，話し合いは続いている。次の話題もスーパーバイジーによって導入され，今回は関連性のある問題が示されている。これは，自然で望ましい移行手続きであり，スーパーバイジーには学習したことを一般化する能力があることを示している。

　読者のなかには，このスーパーバイザーのアプローチは受動的過ぎる，または問答法に頼り過ぎていると考える者がいるだろう。スーパーバイザーは，このケースのほとんど見落とされている重要な側面について考えるように，より能動的に Jim を導くこともできただろう。変容させるべき対象は，Frank と養母のどちらなのか，または両方なのかを明確化するのが役立ったかもしれない。養母が Frank をより良く理解できるように Jim が支援することを提案しているものの，これをどのように行うかについては何も話し合われていない。養母がどのように感じているかと，この状況における養母の反応の理由についてはあまり検討されていない。Frank の居場所の変更は望ましくないという Jim の意見にすぐに同意するのではなく，スー

パーバイザーはこの特定の状況における移転の利点と不利点について，Jim が自分の考えを明らかにするように導くこともできただろう。Jim に対する Frank の信頼を構築するのが重要だと指摘しているが，スーパーバイザーはそれをどのように達成するかという具体的な方法はあまり示していない。スーパーバイジーは，信頼感を高めるために自分がどのようなアプローチや介入を採用できるのかを，より明確に認識するために助けを必要としている。Frank の雇用と職業訓練の機会に関する一般的な社会状況の性質についてはほとんど触れていない。取り上げられていないことがあるのは，一度にすべてを教えようとしないという原則を反映しているのかもしれない。一度のスーパービジョンで教授する内容には限りがあるため，スーパーバイザーは常に取捨選択して効果を発揮することになる。

　スーパーバイザーの努力は，賢明で意欲をもった有能なスーパーバイジーに助けられていることも指摘に値する。Jim があまり協力的でなく，抵抗を示していたなら，話し合いはこれほど円滑に進まなかっただろう。この記録から，指導と学習には相互作用への全参加者の協力が必要だといえる。スーパーバイザーが優れていても，学習能力の限られた過敏なスーパーバイジーとはうまくいかないであろうし，最悪のスーパーバイザーであっても，非常に協力的で有能なスーパーバイジーとならばうまくやれるだろう。

要約

　教育的スーパービジョンは，スタッフが職務を効果的に行うために知る必要のあることの学習を支援する。教育的スーパービジョンと管理的スーパービジョンには共通の目的がある。教育的スーパービジョンは管理的コントロールの内面化を促進し，専門職の方向づけと同僚間の誠実さを身につけることで，管理的スーパービジョンを補完する。

　スーパーバイザーは，人，問題，プロセス，場所に関する内容をスタッフに教え，明らかに仕事に関連のある機能についての専門職としての自己覚知を高める責任を担っている。

　教育的スーパービジョンの主な形態は，定期的に計画された個別の話し合いであ

る。スーパーバイジーの仕事ぶりが教育内容となり，スーパーバイジーの教育診断に基づいて教育のアプローチを決める。事前の計画と準備は必須であり，話し合いでは，スーパーバイザーはスーパーバイジーが行ったことと行おうとしている業務についての意図的で批判的な分析に取り組む。

第5章

教育的スーパービジョンの実施における原則と問題点

Principles and Problems in
Implementing Educational Supervision

効果的教育と学びの条件：はじめに

　スーパーバイザーは，管理的スーパービジョンでは管理者として，また教育的スーパービジョンでは，教師としての役割を担う。スーパーバイザーが学びを触発するために，前章では，「何を」教えるのかについて述べたが，本章では，「いかに」教えるかを検討する。また，教育的スーパービジョンのプロセス上の問題についても触れる。

　教育的スーパービジョンにおけるスーパーバイザーの最も重要な責任は，いかに仕事をこなすかをスタッフに教えることにある。ここでは，何が効果的に教えることや学ぶことを促進させるのかについて詳しく説明する。教師は教える内容を準備し，学びに適した環境を提供し，学びを可能なものにするが，必ずしもそれを受け入れさせ，活用させることの保証はできない。学びをする者のみにそれができるのである。教えることとは，そもそも他者の学びを助けるためのアートである。Robinson（1936:128）が述べているように，「教えることは，主題，刺激，教材，課題を設定し，条件を規定することである。しかし学ぶことは，それぞれの目的に向かう途上での機会と限界を活用するプロセスである」。学ぶことは，創造的で個人的な経験なのである。

　教育的スーパービジョンを実施するスーパーバイザーは，学ぶべき内容を理解し，効果的な教え方を熟知し，学びを促進する人的環境を創り出し，維持し，管理する責任を負う。良い教師は，教えるべき内容に関する知識に精通し，教えることの動機づけが高く，高度な教授技術をもち，効果的な学習プログラムを考案する能力があり，その主題について情熱的で，学ぶ者を尊重し信頼している。良い教育的スーパービジョンに必要な知識基盤としては，教える内容のテーマを限定しないが，加えるものとして教えるテクニック，学ぶ者である学生についての知識，教える者である自分自身についての知識を含む。

　ここでは，学ぶ者がいかに学ぶかに関心を向ける。スーパーバイザーは，学びを促進する要素と，学びを最大限にするテクニックを意識することが求められる。そこで，学びの一般的原則と，これらの原則から派生したスーパービジョンに適用できるいくつかのテクニックについて以下に述べる。

原則1：学びへの動機づけの高い人は，よい学びをする

この原則を応用するとき，スーパーバイザーは次のようなテクニックを活用する。

1. 教わる内容が役に立つことをスーパーバイジーに説明せよ

スーパーバイザーは，スタッフが効果的に専門的責任を果たすうえで，スーパービジョン内容を理解することの必要性を説明すべきである。教わる内容の有用性が明らかになれば，学びへの動機づけは高くなる。たとえば，新人スタッフは，他機関への送致手続きについて学ぶ必要性を理解しないかもしれない。スーパーバイザーが，適切な調査資料を引用し，送致サービスが必要となる人々が相当数いること，機関それぞれに異なる手続きがあること，これらがクライエントに影響することについて示すことができれば，スタッフはその学習の重要性をより理解できるだろう。「成人教育」での学ぶ者（Goldman 2011; Memmott & Brenan 1998）は，実際に問題を抱えており，その解決策を学ぶ必要性を感じている。そこで，スーパーバイザーは，成人が教わる・学ぶことの環境下では学ぶ内容に有用性と妥当性があるとみなすこの志向性を利用する。

2. 個々のスタッフの動機やニーズにあわせて，学びを有意義なものにせよ

教わる材料が一般的には役に立つもの，重要なものであっても，スタッフには，それが自身にとっての問題や状況に有意義であり，役に立ち，重要であることの明示がなければ，動機づけにつながらない。そこで，そうした一般的な知識の重要性について講義をするよりも，行動の力動をより的確に把握すれば，これまでの面接をいかに改善できたかについて示すことのほうが，スーパーバイジーの動機を高めることにつながるだろう。

訓練がスタッフの業務に近い内容であれば，スタッフの課題に特化することで，スタッフはそれを自身のニーズに合っていると感じ，満足するだろう。この点は，児童福祉領域の現任訓練の調査のなかで，いくたびか確認されている（Britain & Potter 2009）。

3. 動機づけの低い領域と動機づけの高い領域とを結びつけよ

スタッフは，クライエント支援に高い動機をもつが，スーパーバイザーから教わる内容については無関心であるかもしれない（たとえば，ソーシャルワーク実践を評価すること）。スタッフの実践成果をモニタリングすることが，クライエントにとって役に立つことを，スーパーバイザーが具体的に示すことができれば（Worthen &

Lambert 2007），スタッフはその方法を学ぼうとするだろう。

　学びの多様な動機を認識することも必要である。動機づけは「目標を探求することのニーズが引き起こす内的プロセス」である。本来，動機は学ぶ内容それ自体に関連する。人々がその内容を学びたいと思うのは，その題材（material）に興味があるとき，あるいは，その内容に取り組み克服すればそれに見合った報酬があるとき（Csikszentmihalyi & Csikszentmihalyi 1988），職業上の問題解決に役立つ知識を身につけることで喜びを得るとき（Gleeson 1992）である。

　しかし，動機は大部分外的なものである。その内容を学ぶことは，単に次にくる目標を達成するための方法である。その目標は，仲間，スーパーバイザー，両親，自身の職業的超自我からの承認を得られるという精神的見返りである。機関の同胞的仲間よりも競争心をもって学ぶことから引き出される精神的見返りでもある。その内容を学ぶことは，自律・自立への願望に動機づけられるので，スーパーバイザーに助けを求める必要はなくなる。昇給や昇進といった運営管理的見返りを得ることも該当する。

　機関（agency），スタッフにとって目標に向かう責任が増せば，学びの動機も高まる。機関の目標に強い信念をもつスタッフは，その目標をできるだけ効果的に達成したいと願う。動機づけは機関や同僚との一体感により強められる。機関との一体感をもつスタッフは，コミュニティが機関を好意的に受け入れることを願う。同僚に対し誠実で親近感をもつスタッフは，彼らから高く評価されたいと願う。このように考えると，スタッフは可能な限り有能であろうとして学ぶ動機が高まる。

　業務満足度に関する調査が，現任訓練での学習を動機づけるインセンティブを明らかにしている。Herzbergとそのグループは，さまざまな状況下で，職業上の満足感における重要な調査を行った（Herzberg 1968; Herzberg, Mausner & Snyderman 2005）。個人の性格や職業の特徴を考慮すると，仕事そのものが，職業上の満足感を決定する最良の予測変数（Smerek & Peterson 2007）ではあるが，多くの人々が主に働き甲斐を感じる5つの要素が確認された。頻度順に挙げると，達成感（誇れる何かを成し遂げてうれしいと思う），承認（業績が評価され賛辞を受ける），仕事そのもの（仕事がおもしろい，挑戦しがいがある，多様である），責任（その仕事を自主自律的に成し遂げる自由），前進（より責任の高いポジションにつく可能性）である。これらの要素を使って，学びの動機づけが可能となる（Weikel-Morrison 2002）。たとえば，スタッフがより効果的に業務をするにはどうすればよいかを学ぶことで，目標達成

のためのニーズを満たす可能性は高くなる。業務のやり方について学べば，そのスタッフがさらに責任と機会を与えられ，自律して働くチャンスは増える。また業務について学ぶことは，成長の可能性が高まることでもある。

スーパーバイザーは学びを最大限にするためにありとあらゆる動機づけを用いる。もしスタッフが昇進を，学生が優秀な成績をとろうと望むなら，これらの動機とその目標達成のために必要な学びとを関連づけることができる。

動機づけは学びを受け入れやすくし，そのためのエネルギーを高める。こうして学びの舞台は整えられ，学ぶ意欲の高まったときが与えられるが，それ自体が学びにつながるわけではない。スーパーバイザーはその教えやすい状況を利用して，重要な事柄を教えなければならない。動機づけには，学びの機会と方向性が伴っていなければならない。動機が求める学びへのガイドを，スーパーバイザーは提供する。

4. 動機を，守り，刺激し，植えつける

このように動機づけはきわめて重要なので，スーパーバイザーは，動機がある場合これを守り，刺激し，動機がない場合はこれを植えつけなければならない。動機づけは，学びの準備のできぐあいを表す。何らかの学習に際し，動機に欠けるスタッフは，学習の必要性を感じないだろう。スタッフは自分のしていることとそのやり方に満足しており，解決方法を探るため，さらなる学びを必要とするような問題は抱えていないのである。それが正しいこともありうるが，その場合スーパーバイザーには教えるべきことがない。

しかしスタッフがもっている自身の能力についてのイメージが誤りであり，スタッフには学ぶべきことがある，とスーパーバイザーが確信するなら，スーパーバイザーはまず，スタッフの自分の能力に対する不満を刺激すべきである。自身の行っていることと，何ができるか，何をすべきか，何をできるようになりたいかの間のギャップに，スタッフを直面させるのである。スタッフがクライエントに対する新しくより良い実践方法を学ぶためには，スタッフの現時点での能力に対する不満が必須である。スタッフは不安なときほど，動機づけが高まるのである（Stoltenberg & McNeill 1997）。

したがってスーパーバイザーは，思いやりをもって熟考し，学びへの欲求，あるいは興味を引き起こす必要がある。スーパーバイザーは，動機が欠如した状況をそのままにせず，解決すべき緊張を作り出すことで，変化を起こす役割を演じることになる。学びへの感度を刺激しようとするなら，スタッフの心に乱れを生じさせる

必要がある。

ときには「スーパーバイザーは，正当性とそれに固着する防衛を突くことで，不安感を喚起させる必要がある。もしスーパーバイザーが表面的には円滑な，平和的スーパービジョン関係に固執して，衝突を避けるなら，それはスーパーバイジーに対する責任放棄であり，信頼を裏切ることになる」(Mueller & Kell 1972:30-31)。

学びへの動機づけは，あらゆる行動には目的があるという一般原則にならう。人々は学びたいとき，あるいはその必要性を感じるときのみ，学ぶ。これは必要性を刺激することを正当化するが，そうした手続きがなくてもよい場合もある。スーパーバイジーに動機が欠けるように見えたとしても，スーパーバイザーがスタッフのもつ動機に気づくだけの感受性をもちあわせていないのかもしれない。まずは，学習者自身が見せる動機を理解し，利用しようと試みるべきである。

スタッフに動機がないのではなく，異なった動機づけがされている場合もあることをスーパーバイザーは認識すべきである。そうすると問題は，動機の欠如ではなく，動機づけにおける差異にある。これら動機づけの差異の本質を見抜くことで，スーパーバイザーは学びの動機づけを有効に活用できるようになる。

原則2：多くのエネルギーを学びに向けることができれば，人は最大限に学べる

拒絶，不安，罪悪感，羞恥心，失敗への恐怖を防ぐために費やされるエネルギーは，自律を妨げる。明確でない期待は，エネルギーを学びから逸らす。次のテクニックを用いることで，スーパーバイザーは学びのためのエネルギーを最大限活用する。

1. 構造の準備

構造の準備とは，スーパービジョンの時間，場所，役割，制限，期待，義務，目的を明確にすることである（Freeman 1993）。それは学びに焦点を絞り，不安を軽減させる。スーパーバイジーとして何を期待されているのかわからず不安を感じるスタッフは，学びに全力を傾けられない（Costa 1994）。したがってスーパービジョン関係の本質は明確にすべきである。スーパービジョンでの話し合いの頻度，長さ，その準備と進行におけるスーパーバイジーとスーパーバイザーのそれぞれの責任，期待，義務を明確に規定し，相互了解のうえ，受け入れることが必要である。こうした詳細が，はっきりした構造をつくり安心感を生む。

明確さも学習目標と関連する（Cing 1993; Talen & Schindler 1993）。スーパーバイ

ザーが教えようとすることにより、スーパーバイジーが何を知り、どんなことができるようになるのか、どこまで到達してもらいたいと思っているかをスーパーバイザーは認識し、スーパーバイジーと共有する必要がある。目的は、一つひとつの学びを意義あるものにし、スーパーバイザーが進歩を測るときの手がかりになる。Seneca も述べているように「行き先を知らなければ、風が吹いても無意味である」。学びの目的が明確に定められ、何を求めるべきかを把握し、また優先順位を知っていれば、学びは最大限になる。しかし Schulman（1991:166）は、「スーパービジョンワークショップ参加者に、彼らの役割を説明するよう求めても、多くは、目的と役割についてスーパーバイザーから明確にしてもらったことがないと回答する」と報告している。

2. 一定の限度内で、自らの解決法を決定するスタッフの権利を尊重する

　明確な構造は学習を支援するが、硬直して厳しくなりすぎてはいけない。硬直的なスーパービジョンは不十分なスーパービジョン経験につながる（Nelson & Friedlander 2001; Quarto 2002）。子ども扱いされることへの敵意や憤りに折り合いをつけようとして、精神的エネルギーが学習から逸れないよう、スーパーバイジーには適度に裁量が与えられるべきである。特にこの点は成人の学習の場合に当てはまる。学習者は、他の生活の大部分においては、相当の自由と自律を手にしているからである。しかしスタッフは、自分の未だ知らない知識を与えてくれる者に頼らなければならないため、部分的に依存することになる。独立した一般成人である学習者は、依存せざるを得ないことに憤りを感じる傾向がある。この場合スーパーバイザーはできる限りの独立性を与え、クライエントへ損害を与えることなく、学習者がこれを有意義に利用できるようにしなければならない。スタッフの自律と主導権を尊重することにより、自律を守るために学習に必要な精神的エネルギーを、消耗せずに済むのである。

3. 安全安心な雰囲気を作り出すこと

　受容的で心理的に安全な雰囲気、安心できる環境を作り出す（Shulman 2010）。学びには間違いや失敗のリスクが伴い、無知を自認せざるを得ないこともある。失敗や無知を認めることにより、非難され拒否されるのではないかと恐れるスタッフは、こうした攻撃から身を守ろうと精神的エネルギーを費やす。スーパーバイザーはスーパーバイジーを苦しめるのではなく、庇護者であらねばならない。受容的雰囲気によって、自己防衛ではなく、より自由にリスクに立ち向かえるようになり、

学びへの精神的集中もさらに高まる。間違いを大目に見るのではなく容認し，回答のなかにある曖昧さやあやふやさについて議論できるような相互作用において，学びは最大限になる。

スタッフの仕事ぶりを受容するスーパーバイザーの態度がいかに影響するかは，下記のスタッフの言葉に表わされている。

> 自分のしていることが批判されるとは感じなかった。スーパーバイザーから批判を受けることはなかったので，不安感や居心地の悪さはほとんど消えてしまった。そこで，自分自身を厳しく批判しなくて済んだ。より居心地がよくなった。居心地がよくなるにつれさらに居心地の良さは増し，自分のしたことを批判的に振り返れるようになった。自分がそれほど愚かではない，あちらでもこちらでも失態を演じているのではない，その部屋のなかで自分は OK だ，誰かを永遠に傷つけようとはしていない，自分が体現しているのは自分自身であり，スーパーバイザーのためになろうとした何者かではない，と確信できればできるほど，自分自身についての疑問，自分がしていることについての技術的疑問などを投げかけられるようになった。さまざまな感情や心配に苦しめられるようなことはなかった（Herrick 1977:136）。

拒否的な態度をとったスーパーバイザーがスーパーバイジーに及ぼした影響について，あるスーパーバイジーが述べている。

> 自分の内側で怒りが次々と湧き上がり，どんどん固く自分が閉じていった。クライエントについて話すことなどどうでもよくなった。私たちの間に流れる雰囲気は重いもので，何を考えるべきだったかもわからなくなってしまった（Herrick 1977:95）。

学びとは単に，目の前にいる学習者が，知識やスキルを加えるだけではない。新しい学びは，世界や人間に対する見方を修正するので，態度・価値観・振る舞いを変えるリスクを伴う。変わることのリスクは不安を生じさせる。変化がもたらす結果に人々は恐れを感じる。学びから生じる変化への不安について，スーパーバイザーが共感を示しサポートすれば，変化やそれに伴う不安への対抗のために割かれる精神的エネルギーは少なくなる。

しかし受容には期待が伴う。心理的安心とは，スタッフに適切な実践をしていなくても大目に見るという寛容さを意味するものではない。スーパーバイザーはスタッフが学ぶべきことを学ぶよう，しっかりと要求すべきである。しかしこの要求は，傷つけるのではなく助けたいという希望から醸し出されるフレンドリーな方法でなされなければならない。要求により緊張は生じる。しかしスーパーバイジーを学びへと動機づけるには，こうした緊張が必要なのである。

スーパーバイザーはスーパーバイジーから好かれる存在よりも，常に助けになる存在でなければならない。つまり間違いを確認し，無知に対して注意を喚起し，失敗や能力の不足を指摘するということである。スーパーバイザーは刺激とサポートの程よいバランスを提供しなければならない。スーパーバイザーは意欲を高め挑戦を促す緊張の度合いと，定着を促す緊張の度合いのバランスを保つ責任がある。スーパーバイザーは失敗への恐怖ではなく，スタッフの知っていることと知りたいことの不一致から生じる緊張を活用すべきである。それには，最大限の敬意と思いやり，理解を伴った要求が含まれる。安心と緊張という，矛盾する，漠然と定義された変数のバランスをとることは，当然のことながら最大の難関である。

4. スタッフがすでに知っていること，できることを認め，利用する

　このテクニックを使えば，スタッフがすでに知っていることでスーパービジョンの要求に対応できることを示せるので，スタッフの不安を和らげることができる。スタッフが学習の場にもちこむ豊富な知識を肯定でき，利用できることは，成人教育のもつ利点でもある。

5. 身近なものから身近でないものへと移っていく

　身近でないものは不安を起こさせる。スーパーバイザーが新しい素材を身近な素材と関連づけることができれば，新たな学びはそれほど目新しいとも，難しいとも感じられなくなるだろう。

6. スタッフの学ぶ力に対する信頼を示す（保証できるとき）

　スタッフは自分の能力に対し疑いをもつことがある。もしその疑いに対する自己防衛に精神的エネルギーを使うことになれば，学びに向けられなくなる。スタッフの能力への信頼感をもってコミュニケーションすることは（保証できれば），学びを損なうような感情を和らげられる。学習者の能力への信頼は伝染する。信頼の伝達は学びのモチベーションを高め，関心を増させる。

　同時に，学びとは成長過程であり時間が必要であることを，スーパーバイザーは認め考慮に入れなければならない。ほとんど進歩の見られない非生産的で伸びない時期もあるだろう。学びには，振り返り，吸収し，統合する時間が必要である。ジグザグを描くように後退の時期もある。あらゆる成長過程のように，学びは平坦ではなく変則的である。さまざまな種類の内容をそれぞれのスピードで学んでいくものである。

7. 内容を知る，教える準備と意欲がある

　スーパーバイザーには役に立とうという意思だけでなく，そのための能力が必要とされる。スタッフは，自分が何を知らねばならないかを知らず，そのために不安を感じる。しかし，少なくともスーパーバイザーは自分の疑問に対する回答をもっていて，必要であれば，その知識を進んで共有してくれるという事実が，スタッフの不安感を和らげる。スーパーバイザーが知識をもたなかったり，それを共有したくなさそうにみえたりしたなら，スーパーバイジーは適切な力添えが得られない状況を見越すので，緊張が高まる。当然ながら場合によっては，スーパーバイザーは「知りません」と言わなければならない場合もある。しかしスーパーバイザーは，「一緒に見つけましょう」と付け加える必要がある。

　責任ある行動が求められる状況での知識不足は，不安をかきたてる。誰かが知っていて，進んで役に立つ知識を与えてくれると知っていれば，不安が減る。スーパーバイジーが期待するのは，スーパーバイザーが全能であることではなく，ちょっとした能力である。しかし，スーパーバイザーの専門的能力が高ければ，スーパーバイジーの依存ニーズに適度に応えられる。スーパーバイザーはこうしたニーズに応える能力を備えていなければならない（Bennett 2008; White & Queener 2003）。

　依存ニーズが適度に満たされなかったことが，スーパーバイジーにネガティブな影響を及ぼす。スーパーバイジーは次のように語る。

　　ときに彼女の口調は相手を見下すようでした。「Bさん，あなたは素晴らしい。そのことについて自分で考えられますね」と。たとえば何か難しいことがあって，なんらかの助言を求めたときにこういった答えが返ってきたのです。自分自身ですべてやらないのなら，前進するための努力をしていない，と言われているようなものです。「どう思いますか？」という言葉よりも，手助け――直接的な手助け――をときには役立てることもできたはずです。何回か堂々巡りをしたこともあります。驚きですが。助けを求めたときに，彼女が「そうですね，あなたはどう思いますか？」と聞いてくるので，「わかりません。あなたはどう思いますか？」と言いました。彼女はまったく感情を顔に出さずに「そうですね，あなたはどう思いますか？」と返してきます。私は「いいですか，Hさん，私はこのことについて本当に知恵を絞りましたが，何も考えつきません。だからあなたに聞いているんです」と言ったのです（Herrick 1977:154-55）。

原則3：学びが達成できるもので，しかもやりがいが感じられるものであれば，人は最大限に学べる

このテクニックにより，スタッフに満足のいくことを繰り返えさせ，苦痛を伴うことは繰り返えさせない。

1. スタッフのスキルと挑戦とのバランスをとること

スタッフのスキルと挑戦とのバランスを最適にすることで，成功率が高くなるような学びの条件を整えられる（Csikszentmihalyi & Csikszentmihalyi 1988）。本来，実践における一つひとつの成功体験に見返りがあれば，その成功体験に結びついた振る舞いは強化される。

スタッフの能力をはるかに超える要求をすることは，望ましくない。成功率がほとんどなければ，挑戦する意欲も薄れる。学ぶ者は，リスクに挑戦すれば成功できるという保証を必要とする。他方，スタッフの興味を引き，能力を伸ばそうと鼓舞するためには，課題が十分に能力を試せるほどのものでなければならない。課題がやさしすぎれば，達成したときの成功感覚を味わえない。やりがいがありかつ過大ではない課題を選ぶことは難題である。まさに言うは易し行うは難しである。特に，スタッフがどの程度の課題にうまく対応したいのかを計る物差しがないため，なおさらである。

2. 職業上の成功を褒めること

正当な場合にスーパーバイザーが職業上の成功を褒めれば，学習満足感を増大させることができる。称賛は精神的報酬であり，それに結びついた振る舞いを強めることになる。ただ，見境なく褒めることは逆効果である。スーパーバイジーは自分の実践を，自分で批判・評価することのできる成人である。スーパーバイジーが標準以下だと認識している能力をスーパーバイザーが褒めると，スーパーバイザーはスタッフからの信頼を失い，その後の評価も疑われるようになる。スタッフはスーパーバイザーの判断は信頼できないと感じるかもしれない。したがって，客観的に見て，褒めるに値するものを称賛することが重要である。スーパーバイザーは，どのような振る舞いが承認されるのか特定すべきである。「P氏の振る舞いに対してしっかり理解を示しました」といった一般的な言い回しではなく，「彼の……というコメントに対して，あなたは……と答えましたが，これはP氏の振る舞いについてしっかりとした理解を示しています」というように，特定して述べるべきであ

る。そうすると，称賛されて学びに満足が伴うだけでなく，スーパーバイザーが強化したいと思っている振る舞いを意識させ明確にできるようになる。

　喜びと苦痛，報酬と罰は，学習における動機づけの問題と一部重なり合っている。人が学習するのは，実践において，能力のなさからうまく対処できない苦痛を避けるためである。人は，業務を有能かつ効果的にこなすことによる喜びを感じるために，依存からくる罰を避けるために，自律的に行動することで報われるために，といった動機があるから学ぶのである。非難や自責による苦痛を避けるために，自分自身やスーパーバイザーを含む「重要な他者」からの称賛や承認を得るために，という動機から学ぶ。自分が，何をいかにすべきか，明確に把握していない不確実さからくる不満を避けようという気持ちが動機となり学ぶ。自信をもって全体像を知ることにより，安心感という喜びを得るために学ぶのである。

3. ポジティブフィードバックを用いて褒める

　こうした強化は，学習状況が新鮮で生き生きとしている場合，最も効果を発揮する。このことは（1週間に1回程度の）適度な頻度で定期的にセッションをもつ重要性を強調している。そうすればスーパーバイザーは，スーパーバイジーが直近の学習を適用した事例に対する批評ができる。学ぶ者が成功感を得る，つまり報酬を得るためには，結果を評価することが必要である。

4. 時間をかけて成長を評価する

　それほど頻繁にではない（たとえば6か月ごとの）正式評価会議での定期的な振り返りが，学びを満足感に満ちたものにする。長期的な進歩を俯瞰することができるからである。時間をかけた学びによって成長しているという感覚（それが報酬である）をスーパーバイジーが得られる。

5. 学びをパーツに分ける

　スーパーバイザーは学びを分解することで，成功率を上げることができる。「人は一度に仔牛を丸々食べることも，ステーキを1枚食べることもできる」。消化可能な量の学びを提供する。セッションの議題は，明快で受け入れやすく到達可能な学習単位に限定かつ定義されなければならない。

6. 題材は段階を踏んで提示すること

　題材が単純なものから複雑なものへ，明白なものから不明瞭なものへと，段階を踏んで提示されると，学びは成功し，満足のいくものになる。事例についても，具体的な考察から，より理論的な概念化へと進んでいく。

スタッフにとっては，完全に身寄りのない孤児のための住居，というような具体的な状況ニーズを把握するほうが，中年の神経症患者の心理的依存ニーズを把握するよりも容易である。感情は事実であることを理解するほうが，アンビバレントという概念を把握することよりも容易である。内容の複雑さを順位づけする作業は，数学や化学においてよりもソーシャルワークにおいて難しい。単純に見える状況が，思いがけず複雑なことも往々にしてある。しかしスーパーバイザーが教えるべき題材の相対的な難しさを区別できるなら，より単純な内容から先に教えるべきである。

　ソーシャルワーカーの学習状況の難易度を測る一般的な基準はいくつかある。積極的にサービスを利用しようとする，適度に強い自我をもつクライエントで，過度に防衛的でなければ，スタッフはそれほどの困難を感じない。因果関係が明確で，医療的資源とサービスが利用でき，問題の焦点がはっきりしていれば，さほど困難ではない。このような特徴は，対応可能な状況における対応可能なクライエントを表し，学習を適用して成功する可能性がかなり高くなる。

7. 学ぶ者に，失敗に備えた準備をさせる

　スーパーバイザーが，スタッフに失敗への心構えをさせておけば，学びの満足度はさらに高くなる。まだ十分に対処できないような複雑で困難な状況にスタッフをさらす必要が出てくるかもしれない。常にスタッフの能力で何とかなるケースをあてがうわけにはいかない。このような場合，スタッフとともに，出くわす可能性のある失敗を明確にしておくことが有効であろう。すると自責や羞恥心による困惑が軽減し，経験から学ぼうと，オープンになる。

原則 4 ：学習プロセスに積極的にかかわれば，人は最大限に学べる

1. スケジュール作成にスタッフの参加を呼びかける

　スーパーバイジーがスーパービジョンセッションのスケジュール作成に参加するよう促す必要がある。このテクニックにより，スーパーバイジーは積極的に学習環境にかかわることになる。さらに，スーパーバイジーの一番の興味や関心事を話し合えるようになる。

　スーパーバイジーも一緒に学習内容を選べれば，学びの課題により深くかかわっていくだろう。学ぶ者自身がその内容を学びたいと提案したからである。そのため，「学び・教える」という出会いの目的を受け入れやすくなる。

　スーパーバイザーはスタッフのいるところから出発しなければならないが，所属

機関がそのスタッフに期待するところまで，教育を進めなければならない。到達すべき客観的な能力基準がある。スーパーバイザーは，対等であることを示そうとして，教育におけるスタッフの選択を優先してはいけない。スーパーバイザーはスタッフが学びたいと思うことではなく，学ぶ必要のあることを教えなければならない。しかしこの2つは調整でき，個々の学ぶ者が何に興味をもっているかを知ることで，スーパーバイザーは「学びたいこと」と「学ぶ必要のあること」を近づけることができる。

2. ディスカッションを奨励する

スーパーバイザーは，スタッフが質問したり，議論したり，反論したり，疑問を口にしたりするよう促し，機会を提供して，スーパーバイジーとのかかわりを積極的にする。スーパーバイザーはスーパーバイジーの考えをとりかえるよりも，補うべきである。考えることは実験的な行為である。スタッフは実際のクライエントとのやりとりにおいて，教えられたことを活用する。しかしスタッフは，議論を通して学ぶこともある。これは行動よりも認知的な取り組みであるが，学びへの積極的な参加が必要になる。このようなスーパーバイジーのかかわりは，彼がスーパーバイザーに対して質問したり，自分の見方――それはスーパーバイザーに対立するものかもしれない――を示したりしやすい，心理的に安心できる環境においてこそ可能なのである。

3. 知識を利用する機会を提供する

スーパーバイザーは教えた知識を使ったり応用したりできる機会を提供する必要がある。アドボカシーの原則を教えるなら，スーパーバイザーはスタッフにクライエントのアドボカシーに関する課題を与えなければならない。そうすればスタッフは必要に駆られて，積極的に実地に取り組むことになる。人々はやってみることで学ぶ。学びは行動を決定するが，行為の成功が学びを強める。

しかしスタッフの実践がうまくいかないこともあるだろう。したがって，実践経験を提供したなら，その後に，何がなされたかを批判的に検討することが必要である。このようなフィードバックによって，スタッフはどのような修正や変化が必要か明確に把握できる。さらにこの振り返りの後には，修正した学びを実践する機会が必要となる。

原則 5：内容が意味のあるものとして示されれば，人は最大限に学べる

1. 学ぶ者の興味をひく内容を選ぶ

可能な限りスーパーバイジーの興味や関心のあることを，学習内容として選ぶ。学習に対する準備は，特別な状況に関係することが多い。スタッフは，特定のクライエントにまつわる問題を解決するために，何が役に立つかを知る必要がある。これは，関連する内容を教えやすいタイミングといえる。この時点で，その内容はスーパーバイジーにとって意味のあるものとなり，最も有効に教えられる。

2. 理論的な枠組みのなかで内容を提示する

一般理論の枠組みに合致すれば，内容は意味あるものとして示される。エビデンスベースの実践（Howard et al. 2009; Morago 2010）やスーパービジョン（Soltenberg & Pace 2008; Milne 2009）がますます重視されているのに，多くのスーパーバイザーが精神力動心理学，認知行動主義，実存心理学など，それぞれ異なる理論システムに固執している（Calley 2008）。有力な根拠がなければ，システムの選択は，人間行動のミステリーを完全に説明する包括的で一貫した構造があるという信念ほどに重要でないのかもしれない。少なくともその信奉者はそういう構造があると信じている（Frank & Frank 2003）。ソーシャルワークにおいて，主題は人である。スタッフは，人々が何を，なぜ，その方法で行うのかを解明するような，何らかの認識マップ——いわゆる宇宙論のようなもの——を必要としている。

関連のない，ばらばらの行動を学ぶことは難しい。しかしスーパーバイザーがうまく関連づけられた体系を知っていれば，一つひとつの要素を，また複数の要素を系統立てる原則に結びつけることができる。イド—自我—超自我，あるいは衝動—刺激—反応をどう捉えるにしても，これらの概念は，人間の行動について，広範に首尾一貫して説明する枠組みである。人間の状態に関する複数の要素を，意味をもって組み立てるための枠組みになることを理解する必要がある。スーパーバイザーは，教えようとする内容を意義あるものとして体系立てる，適度に包括的で説明的な枠組みを使えなければならない。このような観念的材料は，さまざまな経験に一貫性をもたらし，ばらばらに教えた内容に関連性をもたせる。

Bruner（1963）は「人間の記憶についての百年にもわたる精力的な研究の結果，個々の要素が構造化されたパターンのなかに組み込まれなければ，あっという間に

忘れられてしまうという最も基本的なことが言えるようになった」(24),「原則や概念に従って事実を系統立てるのが,人間の記憶の喪失を緩和する唯一の方法である」(31) と述べている。Bruner はさらに「人間の記憶に関する主要な問題は,保存ではなく呼び戻すことにある」「呼び戻すための鍵は系統立てることである」(32) とも述べている。ばらばらのデータを何らかの統一コンセプト,統一理論枠組みに系統立てることができれば,学びは最大限になる。観念的枠組みを用いれば,馴染みのない一見無関係の,混沌としたデータを系統立てることもできる。

3. 選択しつつ教える

意義ある教えは選択的である。ある事柄は他の事柄よりも重要であり,ある内容はほかよりも,さらなる注意,強調,繰り返しを要する。スーパーバイザーは教えるべき内容を選択するための優先順位をもたなければならない。

4. 想像力に富んだ反復を行う

想像的な反復により,学びは一層意義あるものになる。スーパーバイザーに同一のことを違う方法で教えられるような選択肢が多くあれば,その概念はスーパーバイジーに把握され,受け入れられやすくなる。比較や対比を通して類似や相違が浮き彫りになり,同じ内容でもより意味あるものとして示すことができる。

結局スキルの練習とは,そのスキルを異なる状況で繰り返し実践する機会なのである。しかし,この反復はでたらめではない。原則を系統立てるために,注意深く選択されたものである。Tyler (1971:83) が述べているように,「教育的経験が積み重なって効果を生むためには,互いに補強しあうよう系統立てられる必要がある」。最高の反復とは,かつて学習したことの演習ではなく,学習者の興味を引く新しい要素を加えた応用を含む。素材が,新しく,変化に富んだ,やりがいのあるものとして提示されれば,学びは最大限になる。このような提示の仕方が,学ぶ者を刺激し興味をそそるのである。

5. 教える計画を立てる

継続性(重要な内容を反復する,学びを深める),連続性(より複雑なものへと連続して組み立てる,学びを広げる),そして統合(種類の異なる内容を互いに関連づける)を勘案して計画を立てると,より意味のある文脈で教えられるようになる。効果的な教えのためには,内容を注意深く系統立てて体系的に提示する必要がある。

前述の原則との関連で挙げたテクニックのいくつかは,ここでも有効である。スーパーバイザーが新しい学びとすでに獲得した学びを関連づけて,既知のものから未

知のものへと進んでいけば、また論理的に単純なものから複雑な内容へと提示することができれば、より意義あるものになる。

6. 学びを意識的で明確なものにする

学びは意識的で明確であれば、より意義あるものとなる。人々は常に、学んだことを自覚しているわけではない。学んだことを意識的に明確にし分類することができれば、学びはより意味のある、伝達可能なものになる。定期的に履修した単元の要約が必要であるという点に留意すべきである。

原則6：スーパーバイザーが学ぶ者としてのスーパーバイジーの個性を考慮してはじめて人は最大限に学べる

1. 教育的診断を用いて学ぶ者を個別化する

機関の基準に適うように要求される特定の課題をこなすために必要な知識と技術を正確に把握し、それをどうすれば最大限に学ぶことができるかを理解することを教育的診断という。スーパーバイザーはスタッフがどのように学ぶのかを知るために、そのスタッフについて研究しなければならない（Ladany, Marotta & Muse-Burke 2001）。

教育的診断には、スタッフがすでに熟知していること、学ぶべきこと、学びたいこと、どのように学びたいかといった報告も含まれる。教育を個別化するために、スーパーバイザーはスタッフが今どの地点にいるのかだけでなく、どこに行きたいのかも知らねばならない。こうした教育的診断があれば、スーパーバイザーは学ぶ者を状況にではなく、学習状況を学ぶ者に合わせることができる。スーパービジョンにおける個別指導の利点は、スーパーバイザーが個々のスーパーバイジーの学習ニーズに合わせてアプローチや内容を調整できる点である（Memmott & Brenann 1998）。

スーパーバイジーの教育的診断を行う場合、成人学習者のもつ特徴を考慮する必要がある（Cartney 2000; Tusting & Barton 2003）。成人学習者は長時間集中力を保つことができ、学習を継続し、満足感を長い間持続することができる。成人学習者の場合、最初の学習というよりも「再学習」と呼ぶほうがふさわしい。したがって学習過程のなかで、学ぶ必要のないものがある。しかし成人学習者は、学ぶために必要とされる一時的依存を受け入れるのに抵抗がある（Nye 2007）。当然彼らは多くの場合、何を学びたいのか、なぜそれを学びたいのかをはっきり述べることができ

る。教師と学ぶ者とのかかわりに学ぶ者が最大限参加することは，望ましいだけでなく，適切なことでもある。成人学習者は，今の学習状況に適応できる学びの基礎や人生経験をもっている。

ソーシャルワーカーが学ぶべきことは，多くの職業同様（Polanyi 1966），本質的に経験に基づいている。ソーシャルワーカーの経験に基づく学習パターンと，他の職業グループのそれとの比較分析（Kolb 1981）によると，ソーシャルワーカーの学習志向性は「具体的―能動的」であった。このパターンは，客観的，省察的，分析的な観察よりも，積極的なかかわりを通した学び，経験に没頭し，直感に従って試行錯誤しながら問題を解決する方法が好まれることを示している。「主要な理念は，ワーカビリティーを規定する実践と真実である。探求は，いかに行動が出来事を作り上げるのかという疑問を中心に行われる。事例研究は，探求と分析の一般的な方法である」（Kolb 1981:244）。

Kolbの診断方法は，ソーシャルワーク教育（Anderson & Adams 1992; Cartney 2000; Kruzich et al. 1986; Raschick, Maypole & Day 1998; Tsang 1993; Van Soest & Kruzich 1994; Wolfsfeld & Haj-Yahia 2010）においても，実践（Fox & Guild 1987）においても魅力あるものとして注目を浴びてきた。そのことは，Ing（1990）がスーパービジョン指導にそれを活用するきっかけとなった。Kolbの研究は他の研究者からの挑戦（Koob & Funk 2002）を受けてきた。確かに，成人学習者に対して「学習スタイルのアセスメントを組みこむことが適切であるという根拠」はない（Pashler et al. 2008:105）。しかし，この研究成果は，多様な学習スタイルをもつソーシャルワーカーたちが，業務の需要に適応しながら（Gypen 1981），その考え方に変換しはじめ（Tsang 1993），時間をかけて取り入れることに影響を与えた（Wolfsfeld & Haj-Yahia 2010）。Fox & Guild（1987）やRaschick et al.（1998:65）はスーパーバイザーに対し，「スタッフのいるところからスタートする」ために学習スタイル・アセスメントを用いるよう奨励したが，Wolfsfeld & Haj-Yashia（2010:68）は，多くのスーパーバイザーが「ソーシャルワーカーに典型的に見られるスタイルと一致した（学習）スタイルを提示していたこと」，そして「特定のスーパーバイジーの学習スタイルをも考慮しているが，自分のスーパービジョンスタイルを使っている傾向がある」ことを見出した。調査では，スーパーバイザーとスーパーバイジー間の学習スタイルの合致度と，スーパービジョン（Jacquot 1988）や実績（Epstein 1996）に対する満足との明確な関係は認められなかった。明らかに，スーパーバ

イザーの教育スタイルとスーパーバイジーの学習スタイルの間に，ある程度の対照や緊張があるのは有益であり（Tsang 1993），スーパーバイジーに自らのスタイルを合わせるスーパーバイザーは，「大きすぎない程度の違いを好むようだ」（Wolfsfeld & Haj-Yahia 2010:86）。ソーシャルワーカーとスーパーバイザーは「相互コミュニケーション・支持・感情表現」（Itzhaky & Eliahu 1999:77）を特徴とする，個人中心のスーパービジョンスタイルを好む傾向があるようだ。

　個々の成人学習者の教育的診断は，スーパービジョンにおけるやりとりとアセスメントを通して作り上げられる。スーパーバイザーは，スーパーバイジーのスーパービジョンの活用，意欲レベル，学習における厳密さと柔軟性，カンファレンスのための準備と参加レベル，学習内容や学習状況への取り組みを観察する。スーパーバイザーは，スーパーバイジーの最高の反応を引き出すためのやり方を見つけようと試みる。綿密に計画された状況で学びを伸ばす者もいれば，緩やかな計画でこそ学びが伸びる者もいる。聞くことで学ぶ者もいれば，読むことで学ぶ者もいる。実践状況での行動を通して学ぶ者もいれば，学びが身につくまで行動に移せない者もいる。個別指導で伸びる者もいれば，グループの相互作用で学びを伸ばす者もいる。授業内容を受け入れることで学ぶ者もいれば，内容に積極的に異議を唱えることで学ぶ者もいる。学ぶ準備はあるけれども教えられる準備はできていない者もいる。

　学習への抵抗（Itzhaky & Aloni 1996）は，服従・無関心・横柄・攻撃・自己非難・依存・迎合として表れるのであろうか？　実践におけるどの失敗が，教育や経験で改善可能な知識と経験不足からきているのか，どれが性格上の問題からきているのだろうか？　どのような性格上の欠点が学びを妨げ，学習に向けられるべき精神的エネルギーを奪ってしまうのか？　自己防衛や問題状況の支配のために，学習するのか？　地位向上のために学ぶのか？　スーパーバイジーは問題を通して，自分の方向を考えているのだろうか，あるいは感じているのだろうか？　普遍的概念から特定の状況へと進む演繹的な指導パターンにスーパーバイジーは反応するのか？　あるいは，一般化を把握する前に，類似した多くの状況を経験する帰納的な方法の方がより学べるのか？　スーパーバイジーは常に新しい素材に取り組む用意も意欲もあり，飲み込みが早いのか？　あるいは学びを統合するのに，時間が必要なのか？

　スーパーバイジーは学習不足を自覚して学ぼうという態度を表しているのか，その反応は否定と防衛の表れなのか？　目の前のスーパーバイジーは，自分の学習ニーズに対する責任について，どの程度の覚悟・意思・能力があるだろうか？　ど

の程度まで，学習者は得られる知識の不確定さや曖昧さに耐えられるのか？ スーパーバイジーはどの程度明快な回答を必要としているのか？ 積極的に学ぶ者と学びに抵抗している者とを分けて考える必要があり，学ぶことに気持ちの問題で反抗している者と，状況によって反抗している者も区別しなければならない。

スタッフの興味や行動を引き起こすさまざまな動機をどのように描写すべきだろう？ McClelland & Burnham の言葉によると（1976），人間同士のつながり，課題達成，他者への影響力が欲しくて動機づけられるのか？ マズローのニーズ階層の用語を借りれば（Maslow 1943），所属・愛情・社会的交流，評価や地位，自己実現の必要性から学ぶのか？ Herzberg の言葉を借りると（Herzberg et al. 2005），生活費の必要性・雇用保障・給与・労働環境のために学ぼうとするのか，成長と発展，増大する責任，達成評価のためなのか？ スタッフが状況にアプローチするときの認識はどの程度複雑だろう？ スタッフはどの程度まで問題の多次元な側面をとらえられるのか？

スーパーバイジーを個別化する包括的な教育的診断には，学習問題への注目が含まれる。その問題とは，スーパーバイジーがクライエントとのかかわりで抱える，より個人的な側面にかかわるものである。たとえば，クライエントとのかかわりにおいて，スタッフ個人の発達問題が再燃して起こる学習問題や，事例状況の特定のある側面に同一化するといったものである。転移の結果，自分の過去における重要な他者としてクライエントを見なすので，スタッフのクライエントに対する受け止め方はゆがめられる。発達問題の再燃の結果，重要な内容を避けて，スタッフはクライエントの状況をゆがめて認識するかもしれない。特定の対象への同一化の結果，親子関係問題における子ども側，夫婦問題における妻側の「味方」となることにより，クライエントの状況に対する見方がゆがめられることもある。成長問題だけでなく，成熟問題からくる困難もある。これは，ライフサイクルのある状態から別の状態へ，独身から既婚へ，子どもがいない状態からいる状態へ，中年の危機から定年退職へと移るスタッフに見られる問題である。

教育的診断では，スタッフが効果的にサービスを提供するのをゆがめる，これらの原因への注意が必要である。スーパーバイザーはこのような問題を見分けるために，明らかな症状には気をつけておくべきである。スタッフが，論理的に重要だと考えられることについて議論をいつも避けるのも，1つの症状と診断しうる。問題行動のある子どもの事例で，夫—父について一切言及がない，あるいは夫婦問題

のケースで性的適応に関する情報がないのも，それを示唆している。

　クライエントの状況のなかのある一面に対する，異常に鋭い，度を越した感情反応も，1つのヒントとなりうる。スタッフの反応が大げさなら，その原因は部分的にはクライエントの状況といえるが，それよりもスタッフ自身の抱える問題に起因するものだろう。限られた証拠を元にクライエントを一貫してステレオタイプでしか見られないのも，スタッフのゆがんだ見方を示していることがある。

　個別化とは，学習者がその内容を学ぶことによって，どのようなリスク（内的・外的なリスク）があるのかを理解することも含む。内的リスクはスタッフのセルフイメージ，信念，態度に対して学びがもつ意味に関連する。外的リスクはスタッフとその準拠集団との関係に関連する。たとえば，聖書は一言一句真実なのだと信じる者は，進化論を裏づける証拠を受け付けない。保守的スタッフは，社会保障についてリベラルな考えをする友人と合わないと感じるだろう。

2. 教育的診断を適用する

　セッションに備えてスーパーバイザーは，その時点でスーパーバイジーが何を最も学ばねばならないか，そのスーパーバイジーにある内容を教えるのに，いかなるアプローチが最良か，スーパーバイジーがその指導に対しどのように反応するかなどを，改めて振り返る必要がある。

　個別化は，それぞれに固有で最も良い学び方があるということを示唆している。しかしスーパーバイザーは学習者のニーズにぴったりと合うようにアプローチを常に調整することができるわけではない。それでも，少なくとも学習者の教育的診断の特徴を理解し，これに留意すべきである。

3. 学習者を積極的にアセスメントに参加させる

　自分が何を知っていて何を学びたいのかというアセスメントに，スーパーバイジーを積極的に参加させることは望ましい。繰り返しになるが，これによって個々のスーパーバイジーの学習ニーズを個別化でき，スーパーバイジーを余分な学習に飽きさせることも，教える必要のないことを教える労力を割くこともなくなる。加えて，学ぶ者の職歴や機関の記録から，学ぶ者の教育的・経験的背景について明確な情報を得ることができる。

　成人学習者はすでに学んださまざまなスキルを手にしており，それをソーシャルワークのコンテキストで利用できるように変換する。教育的スーパービジョンを展開するとき，スーパーバイザーは，スーパーバイジーがこれらのスキルを認識して

適切に利用できるよう促す。

4. スタッフの学ぶペースを考慮する

　スーパーバイザーは学習ペースの違いによって，指導を個別化すべきである。新しく学んだことを統合し，先に学んだこととともに吸収し，学んだことを整理して，新たに思考と感覚のバランスをとってそれに慣れるには，時間がかかる。あまりに多くのことをあまりに早く吸収するよう要求されると，内面的な一貫性と安定性が脅かされることになる。

　自分のペースなら，より有効に学べることは事実だが，機関もクライエントもスローペースの学習者には多大な代償を支払っていることを，何らかの形で認識すべきではある。機関もクライエントも，過度にスローペースの学習者を大目に見るわけにはいかない。

教育的スーパービジョンにおけるスーパーバイザー―スーパーバイジー関係の重要性

　これまで，スーパービジョンの学習においてスーパーバイザー―スーパーバイジー関係の重要性を述べてきた。ここでいう「関係」とは，指導する者と学ぶ者の間の業務提携の強さ（Efstation, Patton & Kardash 1990; Horvath & Greenberg 1989）や情緒的相互作用の質（Kaib 2010），彼らの結びつきの強さや弾力性（Fitch, Pistole & Gunn 2010; Renfro-Michel & Sheperis 2009）をいう。対人関係が生涯を通じて神経生物学的に学習に大きな影響があると相次いで報告されている（Latawiec 2008; Cozolino 2010）。Lambert（2001）は，先行研究をレビューして，対人関係が心理療法の成果を決定する最も強力な援助の要素であると述べている。

　学びが最大になるのは，学生と指導者双方が協力して，なごやかに，レッスンやそれぞれの義務，責任，課題に取り組むときである（Tsong 2004）。学ぶ者は学習すべき内容を受け入れるだけでなく，指導者からそれを学ぶことを受け入れ，その準備があるということでもある。スタッフは，好きでもなく，信頼も尊敬もしていないスーパーバイザーが示した指導内容の受け入れに抵抗する。関係がポジティブであれば，指導者から学習者へ素材を伝達する橋渡しをする。ネガティブな関係の場合，コミュニケーションは行き詰る。

ポジティブな関係はスーパーバイザーの教育的努力のインパクトを強化する。スーパービジョン関係の質が，変化に向かわせようとするスーパーバイザーの教育的努力に対するスーパーバイジーのオープンさや受け入れが重要な決定因子となっているという実証的エビデンスは多い（Bernard & Goodyear 2009）。関係が学びを押し進め，内容を受け入れられるものにしている。

スーパーバイザーとの同一化により，スタッフの学びへの意欲が高まる。同一化の結果，スタッフはスーパーバイザーのようになりたい，その能力を獲得したい，学んでスーパーバイザーをみならいたいと考える。ポジティブな関係においてのみ，スタッフはスーパーバイザーと同一化する。

次のスーパーバイジーの記述は，スーパーバイザーを同一化モデルとしてうまく表現している。

> スーパービジョンでは，彼の個性が強く出ていました。温かく，非常にリラックスして，くつろいでいました。彼は微笑み，笑い，椅子に深く腰掛け，じっと私を見て，話を聞いてくれました。とても興味をもって聞いてくれて，次に私が言うことにすぐに答えてやろうと待ち構えている様子はありません。彼はセラピーのときもこんな風なのだと気づいたとき，彼が間接的に私にモデルを示しているのだと感じました。私もセラピーのときにはそのように振る舞いたいと思いました。スーパービジョンで私がこれだけ居心地良いのですから，クライエントもずっと居心地良かったでしょう。「ああ，そうか！これに挑戦すればいい」と私は気がついたのです。非常にリラックスした雰囲気のなかで，語りかけてくれます。支えになるような，後押ししてくれるようなコメントを出してくれますが，高圧的ではありません。私が信用できるちょうど良い程度なのです。彼は決して厳しい批判的なことを口にせず，彼の示唆は常に具体的です。それらを通して何を言いたいのかを説明し，例示してくれます。そもそも，そうすることを知らなかった自分を間抜けだと私に感じさせないやり方で（Herrick 1977:139-40）。

同一化による学習では，スーパーバイザーはスーパーバイジーが利用できるものを受け入れ，適切だと思えないものを却下したり，放棄したりする自由を認める必要がある。そうした自由が許されると，選択的な同一化と学習ができるので，スーパーバイザーを見境なく模倣することはない。

スーパーバイザーとスーパーバイジーの教育的提携は，その意義と重要性において，スタッフとクライエントとの治療的同盟関係に似ている。スーパーバイジーと良好な関係を形成し維持することで，ソーシャルワーク・スキルの本質を伝えることになる。スーパーバイザーはこのような関係を発展させるなかで，スーパーバイ

ジーがクライエントに効果的にかかわるモデルとなっているのである (Bogo 1993; Shulman 2010)。教育的スーパービジョンにおいて支援プロセスを経験したスタッフは，助けを求めて利用するということを理解しやすくなる。Robinson が述べているように，「ソーシャル・ケースワークにおけるスーパービジョンは支援プロセスを教えるのだから，それ自体が支援プロセスでなければならない。〔スタッフは，〕クライエントとの間で活用するために学ぶ必要のあるプロセスと類似したものを，スーパーバイザーとの関係において経験することになる」(1949:30)。

クライエントにとって変化が厄介で痛みを伴うものであるのと同様に，専門職としての成長のための「洞察を深める」レッスンは，スタッフにとって個人的な不快や主観的苦痛のエピソードと「一般的には関連づけられている」(Lombardo, Milne & Proctor 2009:213)。したがって，スーパーバイザーとスーパーバイジーは，スタッフとクライエント同様，彼らの関係を観察し，育て，それに資するよう努めねばならない (Faldender & Shafranske 2004; Gard & Lewis 2008)。たとえ不協和音を回復できても，別のうまくいっている仕事関係に必ず不和は発生する (Bordin 1983)。不協和音とは「知的機能を妨げる厄介な感情的反応」であり，「人が経験を通して知識の統合に至るまでに遍在する知的理解と遂行能力との遅延から生じるものである」(Burns 1958:7)。つまりスーパービジョン関係そのもの，すなわちその性質と利用は，臨床能力を発達しながら，学ぶべき事柄を教育的に例証しているのである。

Ekstein & Wallerstein (1972) がスーパービジョン関係の重要性を指摘して以来，研究者はその関係に大きな関心を寄せるようになった。「スーパービジョン関係の重要性を示す」実証的証拠が不足しているのは意外であるが (Milne 2009:93)，スーパービジョン関係はスーパービジョンのプロセス (Inman & Ladany 2008) と成果 (Bernard & Goodyear 2009) の両方だけでなく，クライエントの成果 (Harkness 1997; Schulman 2010) にも影響していることを示すいくつか根拠がある。こうした調査結果は，スーパービジョン関係の発展や質に影響を与えている付加的要因や追加変数を見極めるための調査の有意性を強調するものである (Jacobsen & Tanggaard 2009)。これには，スーパーバイジーとスーパーバイザー間の個人的および発達的な相異がある。たとえば，不安，愛着スタイル，認知の複雑度と発達，自我の発達，民族と文化，経験，ジェンダー，学習と認知のスタイル，人格，能力，人種，自己効力感と（不安，対人愛着，自己観察などの）自己提示，性的また理論的志向性などがある。Lyon & Potkar (2010) は簡潔な調査レビューを提供し，

Bernard & Goodyear（2009）は，このテーマについて3つの章をあてて考察の幅を広げている。

教育的スーパービジョンを実施する際のスーパーバイザーの問題

　教育的スーパービジョンの過程に示した内容を指導するには，スーパーバイザーはその内容を知っていなければならない。根拠に基づいた実践がますます求められるようになっており，急速に増えた根拠に基づく知識に精通していることが求められている。最前線での効果的なスーパービジョン，特に教育的スーパービジョンには，実践の知識と能力は不可欠である。これらが，スーパーバイザーの管理上の権威の主要な源である専門知識を活性化する。教育的スーパービジョンでは，機関の実践に関係する内容をしっかりと理解しておく責任もある。スーパーバイザーは，同一化の源，敬服すべき実践者，効果的な実践のモデルとして，適性のイメージと現実を生き生きと伝える必要がある。したがってスーパーバイザーは理論的知識と専門知識の査定という課題を直視し，必要ならばそのグレードアップに立ち向かう。

　Scott（1969）の報告によると，専門職志向のスタッフはスーパーバイザーに「専門分野の理論的基礎をもち，ケースワークの方法を教えることに熟練しており，なおかつプロにふさわしい支援を提供することができること」(94-95)を望んでいる。スーパーバイジーは，スーパーバイザーが問題を実践するために，これまでに発達された解決策を豊富にもっていることを期待している。学生の指導に対する評価を調査したところ，良い指導をするには，内容についての詳細な知識が必要であることがわかったが，もちろんそれで十分というわけではない。

　実際，スーパービジョンの主要な「ストレングス」を特定するための質問に対して，スーパーバイザーは臨床的知識，技術，経験に言及した回答が多かった。スーパーバイザーたちは最大のストレングスについて次のように語っていた（Kadushin 1992b）。

・私がもっている豊富な知識と経験を，スーパーバイジーのスキルを伸ばすことに活用できる。

- 私がスーパービジョンをしているのは，実体験とそこから得た知識である。
- その業務をするのにどういうスキルが必要かという知識と，その知識を伝える技量。
- 私のもつ公的福祉サービスの知識は，予算編成から治療方法までを含むものである。

スーパーバイジーに，スーパーバイザーのストレングスをどのように見ているのかを問うたところ，多くは臨床的な専門知識を挙げた。スーパーバイジーの言葉は次のとおりである（Kadushin 1992b）。

- 彼女の主なストレングスの1つが，彼女がもっている理論的知識であり，その知識を快く分かち合おうとする気持ちである。
- 専門的な臨床知識が豊富で，そこから助言をしてくれるところ。
- 理論，応用理論，機関の力関係，ケースワークに非常によく通じていること。

　教育的スーパービジョンを実行する際の課題は，実践的専門知識への要望ばかりではない。スーパーバイザーは教育的スーパービジョンを利用して，それとは気づかずに自らのニーズを満たしていることがある。その場合，成長途上の弟子に機会を与え，そのスタッフをスーパーバイザー自身の専門職イメージに当てはめて仕立て上げようとする。そうなるとスーパーバイザーは同一化の対象ではなくあからさまな模倣対象となる。スタッフの成功はスーパーバイザーの成功，スタッフの失敗はスーパーバイザーの失敗とみなされることになる。スーパーバイジーは独立した存在ではなくスーパーバイザーの延長部分ということになる。
　スーパーバイザーは，クライエント，ソーシャルワーカー，スーパーバイザーという三角形状況のなかで，スーパーバイザーとしてではなく，ソーシャルワーカーの立場から考え，クライエントに過剰に焦点を当てるかもしれない。このようなスーパーバイザーは，スーパーバイジーを通した代理ではあるが，いまだに実践に大きな関心がある。このスーパーバイザーはスタッフからスーパーバイザーへの心理的移行ができていないのである。教育的スーパービジョンに対する影響としては，スーパーバイザーがスーパーバイジーに学ぶ自由を認めないということが起きる。クライエントのニーズを優先するあまり，スーパーバイザーはスーパーバイジーの失敗

をおそれ，過度に指導・管理をしがちになる。スーパーバイザーが導き手というよりも監視役として行動することになる。

　スーパーバイザーは「同胞」意識に由来する競争相手についての不安から，スーパーバイジーとの知識や専門知識の共有を躊躇することもある。スーパーバイザーがスーパーバイジーの依存状態に満足しているのであれば，スーパーバイジーが次の教育ステップに移る「準備がまだできていない」と考え続けるであろう。いずれの状況下でも，スーパーバイザーは教育的スーパービジョン内容を少しずつ，小分けにして，必要以上にゆっくりと教えることになる。スタッフの自立性や能力の成長は不安にこそなれ喜びとはならない。さらに，スーパーバイザーの傲慢な「必要とされたいというニーズ」は，スーパーバイジーが責任をもてる範囲の自律性を認めるという責務と衝突することになる。

　スタッフと過度に同一化することにより，スーパーバイザーは過保護になり，スタッフが起こしそうなミスをしないようにかばい，スタッフが通常の失敗を受け入れられないのではないかと心配するかもしれない。「彼女は学びに必要なリスクをとるのを怖がっていたし，私もそうさせることを恐れていた」というように。

　スーパーバイザーが自分の管理者との関係に不安をもっていると，自分の責任になる失敗をスタッフがしないよう，スタッフを過度に管理することになる。逆に，中間管理職という安全なポジション故に，スーパーバイジーを通して機関に対し反抗的衝動を行動化することもある。

　かなりの治療スキルはあるが教育スキルが十分でないスーパーバイザー，あるいは教師としてよりも臨床家でいるほうが安心していられるスーパーバイザーは，教育的スーパービジョンを心理療法にしてしまう傾向がある。スーパーバイジーを学ぶ者ではなくクライエントとしての役割に当てはめることには大きな満足感がある。スーパーバイジーがスーパービジョンのセッションで質問をすると個人的なものとみなされ，スーパーバイジーが個人の病理学上の問題で助けを求めていると解釈される。

　スーパーバイザーが自分の知識に十分な自信をもっていないため，試みたり学んだりする自由をスーパーバイジーに許すことができないときもある。あるスーパーバイザーは以下のように記述している。

　　スーパービジョン関係において居心地の悪さを感じていたため，自分の選択肢を提示

して意見交換をするリスクを犯すよりも，実務的に単に最終決定を伝えるだけのほうが簡単だと考えました。この「独裁的」な方法に非常に満足していましたが，もしスタッフが私の判断を根拠の確かなものとは考えず，私の選択肢に反論するなら，あからさまな権力の行使をやめて民主主義的な協働の意志決定を採用しなければならないだろうと恐れていました。

このようなスーパーバイザーは防衛的であり，知らないことを認めるのが難しい。教育的スーパービジョンは，知識と技術を見せびらかして自己陶酔に浸る機会にもなり得る。それがスーパーバイジーにとって教育的かどうかは二の次になってしまう。スーパーバイザーの次のコメントは，そのような振る舞いに自分が満足していることの気づきである。

　そのセッションでクライアントについてスタッフと議論したとき，私はもう1つ間違いを犯しました。それは，差し迫った特定の状況とは無関係の，クライアントの行動パターンに影響する心理的，社会的，文化的，経済的要素をスタッフに「講義」したのです。クライアントについて話すと，感情や文化の剥奪が子どもの人生に及ぼす影響，Henryの父が家から出て行ったことの精神分析的含意について講演し始めていました。〔中略〕私はエディプスコンプレックスの話の途中でようやく気づきました。「くだらない話をしてしまった！」と独り言を言い，スタッフが横柄さに気がつかないように，気がついても許してくれるようにと祈りながら，すぐに話題を変えました。そのとき，捕らわれの聴衆がいることで，いとも簡単に調子に乗りすぎてしまうことが良くわかりました。スーパービジョンを「指導する」ということは，簡単には習得できない技巧だといえます。指導であって説教ではないということを肝に銘じておきたいものです。

これに対して，平等主義の考えをもつスーパーバイザーは，自分の知識を示すことをためらうかもしれない。実際にはスーパーバイジーよりも知識があることが明らかになると，見せかけの対等な関係が壊れてしまう。自由に指導するためには，スーパーバイザーは現にスーパーバイジーよりも知識があり，だからこそ指導する資格もあるということを受け入れなければならない。

スーパーバイザーによっては，教育的スーパービジョンにおけるスーパーバイザー——スーパーバイジー関係が，本来不平等であることに気が咎めるかもしれない。スーパービジョンの教育的要素においても，上司・部下の役割関係は持続していることに留意する必要がある。スーパーバイザーは機関から教育活動に従事することを承認されている。第二に，スーパーバイジーは何を教えてもらい，何を学ぶべきかの決定に際して，機関が求める実践のために学んでおく内容に制約されることに

なる。教育的スーパービジョンでは，スーパーバイジーが学びたいことと，学ぶ必要のあることとのバランスを維持することが求められる。したがって，スーパーバイザーは教育プログラムに何を盛り込むかについて，大きな責任がある。第三に，スーパーバイジーが知らなければならないこと，スーパーバイザーに任された指導内容を習得したか否かを評価するのはスーパーバイザーの責任である。これらのことからも，スーパーバイザーとスーパーバイジーは教育的スーパービジョンにおいて対等に振る舞っていないことは明らかである。

スーパーバイザーはそれぞれ，スーパーバイジーの学習パターンについて好き嫌いがある。スーパーバイザーがこの傾向を意識しなければ，さまざまなスーパーバイジーに応じて相違を管理することは難しくなる。教えられたことをすばやく貪欲に吸収する，のみ込みの早い熱心な学習者を好むスーパーバイザーもいれば，挑戦的でない，何度も内容を繰り返す必要のある，スローでコツコツ型の学習者を好むスーパーバイザーもいる。スーパーバイザー――スーパーバイジーの教育関係を仲間の話し合いや同僚関係にしてしまうスーパーバイジーを好むスーパーバイザーもいれば，親子のような関係を受け入れるスーパーバイジーを好む者もいる。活気に溢れた外向的な学習者を好む者もあれば，臆病で内向的な学習者を好む者もいる。個別指導において実力を発揮する学習者に満足する者もいれば，グループ学習に向いた学習者に自信がある者もいる。

教育的スーパービジョンとセラピーを区別する

教育的スーパービジョンにおいてスーパーバイザーがよく直面する問題の1つに，スーパービジョンとセラピー，つまり指導と治療の識別という課題がある（Ganzer & Ornstein 2004; Kernberg 2010）。スーパービジョンのコンテキストと治療のそれは，多くの本質的な特徴が似ている。どちらも，継続的で親密で，心的エネルギーを注入した二者関係が作られ，対人関係の影響によって変化をもたらそうと，片方がもう一方に対して努力を傾ける（Schulman 2005）。スーパービジョンも治療も，自己覚知を高めるために行われる（Frawley-O'Dea & Sarnet 2001; Rosenfelf 2008）。

それでは，スーパーバイザーは「ソーシャルワーカーに対するソーシャルワーク

だ」と非難されずに，どのようにスーパーバイジーに自己覚知をもたらすのであろうか。境界線を踏み越えずに，二者関係の葛藤を回避するように，教育的スーパービジョンとセラピーを区別する必要がある。

スーパービジョンとセラピーの違い

　自己覚知をもたらすような教育的スーパービジョンと，セラピーとの違いは，目的，焦点，役割にある。

目的と焦点

　スーパーバイザーは自らの目的の限界と制約を認識し，わきまえている。スーパーバイザーの責務はスーパーバイジーがより良いスタッフになるのを手助けすることであって，必ずしもより良い人物になるのを手助けすることではない。スーパーバイジーの専門的な活動に関心をもつことは妥当であるが，私生活に立ち入ることは許されない。重要なのは，個人的アイデンティティではなく，職業上のアイデンティティにおける変化である。スーパーバイザーは「どのように手助けしましょうか？」ではなく「あなたが業務を進めるのをどのように手助けしましょうか？」と聞くべきである。Ekstein & Wallerstein (1972) は「スーパービジョンの狙いは，スキルや専門的自己の使い方の修正であるのに対し，心理療法の狙いは個人の全体的な適応能力を包含する変化である」(92) と述べている。

　注目すべきはスーパーバイジー本人ではなく，その業務である。スーパーバイジーの振る舞い，感情，態度により，専門的任務の遂行に支障となる場合のみ，その振る舞い，感情，態度はスーパービジョンの介入の正当な根拠となる。スーパーバイザーはスーパーバイジーの振る舞い，感情，態度について，たとえそれらが問題のある逸脱したものであっても，明らかに業務のやりとりに関連したものでなければ，干渉する権利はない。

　教育的スーパービジョンでは，セラピーとは違い全人格を扱うわけではない。スーパーバイザーはスタッフの全体的なアイデンティティを構成する多くの役割の一部，機関の職員という特殊で限定された役割のみを扱う。セラピストとは異なりスーパーバイザーは，個人的病理の原因を主題にせず，スタッフの業務遂行に問題となる成り行きにのみ関与する。

　このことは専門職としての成長が個人の成長と関連する因果関係を否定するものではない。結局のところ，専門的自己は，個人的自己の全体像の重要な一面を占め

る。しかし，個人的自己が成長と変化を遂げることはあり得ることだが，それが起きるのは，専門職としての成長に重点的に取り組んだ結果，突発的，偶発的に，計画したものを越えた予想外の副産物として発生するものである。

Ekstein & Wallerstein（1972）による精神科研修医のスーパービジョンに関してのコメントが，この議題にはあてはまる。

> スーパービジョンも心理療法も，同じ情緒的要素を扱う対人援助プロセスであるが，大きな違いは目的が異なることである。双方とも援助プロセスだが，その経験の目的は異なる。患者が心理療法士にもちこむ現実問題は何であれ，常に内的葛藤の解決という主要課題の観点から捉えられる。学生がスーパーバイザーにどんな個人的問題をもちこんでも，常に患者と向き合う学生の技術向上につながる主要課題として検討する。〔中略〕主要目的が終始一貫していれば，心理療法と呼ばれる関係とスーパービジョンと呼ばれる関係の違いは一目瞭然である。〔中略〕心理療法では本来患者がゴールを設定する。心理療法士は，変化の度合いや方向性について一切の既得権益をもたない。他方のスーパービジョンでは，臨床現場の代表であるスーパーバイザーが，専門的実践や実際に行われているサービスの基準，および達成すべき基準に関する要求内容とゴールを設定する（Ekstein & Wallerstein 1972:254-55, International Universities Press の許可のもと，復刻版）。

セラピストの機能は，クライエントがどんなゴールをも選択できるように取り組むことである。スーパーバイザーの機能は，スーパーバイジーの振る舞いについて責任をもつことであるが，スーパーバイジーがどんなゴールをも選択できるように取り組むわけではない。機関は，スタッフを有能な職員に育てることをスーパーバイザーに求める。セラピストは，クライエントを援助し，個別化し，満足のいくような問題解決をする。スーパーバイザーは，ソーシャルワーカーを援助し，機関にとって満足のいくような問題解決をする。スーパービジョンは実践技術の向上を目的とするのに対して，セラピストは人格の再構築あるいは治療を目的とする。教育的スーパービジョンとセラピーの目的は異なる。スーパービジョンはクライエントのニーズをテーマとするのに対し，セラピーはソーシャルワーカーのニーズがテーマとなる。

スーパーバイジーがスーパーバイザーのクライエントになり，教育的スーパービジョンが心理療法へとシフトする場合，スーパービジョンの焦点も，機関のクライエントからスタッフへとシフトすることになる。するとクライエントとしてのスーパーバイジーのニーズが，機関のクライエントのニーズよりも優先されることにな

る。これはクライエントに対する機関の主要な責任と義務の放棄である。配慮の焦点をサービスに置く代わりに、クライエントがスタッフのセラピーを進めていくのに利用されることになる。これはクライエントに対する不当な扱いであり、クライエントの許可もなければ、クライエントが機関を訪れた目的にも反している。クライエントは選択の余地なく、スタッフに対するセラピーの補助的参加者となるのだ。

心理療法のためにスーパーバイジーを受け入れるなら、業務基準を修正する必要がある。機関のスタンダードを施行する判断基準が、機関のクライエントのニーズではなく、スーパーバイジーというクライエントの治療ニーズになる。これも機関の主要な責務に反するものである。管理的制裁措置の遂行は適切な基準を維持するのに必要だが、それはスーパーバイジーを名乗るクライエントには反治療的である。スタッフの実績の評価は、スーパービジョンと不可分の職務である（Campbell 2006; Milne 2009）。スーパーバイザーは、同時にスーパーバイジーの心理療法士と機関の基準監視者になることはできない。

治療ではなくスーパービジョンに焦点を置くとき、スーパーバイザーはスタッフの状況や経験よりも、クライエントの状況や経験を中心に議論を続ける。議論は業務中心であって、スタッフ中心ではない。さらに、焦点は行ったことあるいは失敗したことは何かにあり、行ったのはなぜかではない。スタッフの行為を説明する理由を話し合うのであれば、現在の業務状況を中心に行い、生育歴の精神力動的探求をしない。

目の前の現実は、スタッフの問題の解釈として常にまず検討しなければならない。個人的な問題は、課せられた仕事にその兆候が派生したときにのみ議論されるべきである。

セラピーとは違い、スーパービジョンにおいて、スタッフの発達が問題だと示唆されることはあっても、調査されることはない。Towle（1954:89）は、「私たちの任務は教育でありセラピーではない。〔中略〕生徒の感情的問題が学びを妨げる場合のみ、我々はそれを取り上げるべきである」と述べている。セラピーでは問題の個人的な意味合いを探究し、スーパービジョンでは職業的意味を探究する。

役割関係の違い

教育的スーパービジョンから心理療法へとシフトすると、役割も不適切で認められないものにシフトする。Stiles（1963）は、「スーパービジョン関係には暗黙の契約がある。スタッフは自らの業務遂行を最大限にすることに努め、専門職として成

長し続ける責任がある。スーパーバイザーは，スタッフがこれらのゴールを達成できるように助ける責任がある」(24)と述べている。先述したように，契約の範囲はスタッフの「業務遂行」であり「専門職としての成長」である。個人的な成長にかかわることは，この明確な契約の不正かつ不測の拡張である。管理的教育的プロセスに合意したからには，スタッフが心理療法プロセスを強要される正当な理由はない。関係を「セラピー化」することは，スーパーバイザーが機関から承認も権限も与えられていないスタッフの生活エリアに入り込むことを意味する。

心理療法の場合のクライエントとは異なり，スーパーバイジーは自らスーパーバイザーをセラピストとして選んだわけではなく，スーパーバイザーとの関係を自由に終わらせることもできない（Campbell 2006）。したがって教育的スーパービジョンを心理療法に変質させるとすれば，選択の自由がないスタッフの恨みを買うことになるだろう。

教育的スーパービジョンでは，スタッフは知識と指導を求めて契約するのであり，症状軽減のためではない。効果的なセラピーには精神的苦痛が必要なこともあるだろうが，スーパーバイザーがスーパーバイジーにその苦痛を与えてよいという処遇契約はあってはならない。セラピーにつきものの苦痛を受け入れねばならないとスーパーバイジーに思わせるような契約は決してない。

セラピストに対して患者役割を受け入れるということは，何がしかのプライバシー権を放棄することである。治療関係に転じたスーパービジョン関係では，スーパーバイジー側はこうした権利の停止に同意したとはまったく認めていない。

心理療法を装った教育的スーパービジョンは，スーパーバイザーとスーパーバイジーの合意に基づく相互的役割関係に矛盾するだけでなく，効果的なセラピーの条件にも反している。個人セラピーがスーパービジョンや専門的成長を促進する限りでは（Bike, Norcross & Schatz 2009; Gold & Hilsenroth 2009），スーパービジョンとセラピーの混合は，両方を弱めるようである（Rosenfeld 2007; Latawiec 2008）。効果的な治療は，徹底的に詳細な生育歴をとり，問題の明確な診断がされていないところでは成し得ないものである（Harkness 2010）。効果的なセラピーには，スーパービジョン関係で実行可能，もしくは許容範囲にあるよりも，ずっと詳細な生育歴や現在の機能についての調査が必要である。

効果的なセラピーには，クライエントの心理社会的診断と，セラピストとクライエントの治療同盟が必要である。効果的な教育的スーパービジョンには，教育的診

断とスーパーバイザーとスーパーバイジーの間の教師─学習者同盟が必要である。セラピーにおいては，無意識の感情の起原を調べ上げ，解決に向けて取り組んでいく。スーパービジョンでは，無意識の感情が明らかにされることもあるが，調べたり解決したりすることはない。スーパーバイザーはセラピストのような理解力をもって耳を傾け，セラピストとしてではなく教育者として応える。精神分析訓練においてさえ，以下の通りである。

> スーパービジョンは心理療法プロセスになってはならない。この2つを融合すると，スーパービジョンは後退し，スーパービジョンプロセスをぼやけさせ，協働的な関係を妨げるおそれがある。またスーパーバイジーの転移やアクティングアウトを助長することも考えられる（Kernberg 2010:611）。

スーパーバイザーは転移ではなく同一化を促そうとする。セラピーの有効性が転移要素によるのであれば，スーパービジョン状況をセラピー関係に変換すると，セラピーが失敗に終わる可能性が高くなる。通常のセラピー状況では，患者とセラピストのコンタクトは治療セッションの間の交流に限られる。一方，スーパーバイザーとスーパーバイジーは，機関の多くのさまざまなコンテキストでコンタクトし合う。これにより効果的な治療のための転移の有効性は弱まる。

スーパービジョンが本来もっている評価という要素も，効果的にセラピーに携わることを難しくしている。自信喪失のリスク，個人的問題や人間関係の問題を分かち合うときの拒絶や非難というリスクがあるが，それに加えて，スーパーバイジーの専門的実践やその向上の可能性を評価する際に，こうした問題の内容が考慮されるというリスクもある。全面的に，オープンに分かち合うのではなく，選択的に行われるようになる。スーパービジョンの責務が，効果的な治療的相互作用に必要な条件を損なうのである。

しかし生身の人間の実践では，スーパービジョンとセラピーの境界線は見分けにくい。その境界線部分を調査した Frawley-O'Dea & Sarnat（2001）は，より透過性のある，間主観的なスーパービジョン・アプローチについて論じている。そのアプローチでは，スーパーバイザーの力や権威は抑えられ，指導と治療の区別もゆるく，スーパーバイジーとスーパーバイザー両者の無意識の力動が共有され，掘り下げられることになる（Ganzer & Ornstein 2004; Miehls 2010）。Frawley-O'Dea & Sarnat（2001）は「スーパーバイジーの力動をタブーあるいは立ち入り禁止区域」とはみなさないが，「『何でもあり』のアプローチを主張していたわけではなく，注意深く，

省察しながら参加者の人間関係領域を掘り下げること」を「参加者が話し合って共同で構築した境界と制約」を考慮しつつアプローチすることを主張したのである（Miehls 2010:372）。

　スーパービジョンでは頻繁に個人的要素に注目するが（Henry, Hart & Nance 2004; Rosenfeld 2007），臨床家は個人的資源も専門的資源も実践に生かしている（Falendar & Shafranske 2004）。しかしスーパーバイザー――スーパーバイジー関係をセラピー化することにより，スーパーバイザーはスーパーバイジーを不当に扱うリスクが生じる。スーパーバイジーが明確にセラピーを目的とした援助を外部に依頼する意欲を弱めて，セラピーのみに充てられる関係がもたらす恩恵をスーパーバイジーに認めないことになる（Bilke, Norcross & Schatz 2009; Gold & Hilsenroth 2009）。「関係を重視する」スーパービジョンの実践者がグレーゾーンに踏み込む場合について，Miehls（2010:372）は，クライエントと治療のニーズをスーパービジョンの第一の焦点とするべきであると述べて，特にスーパーバイジーが治療を受けたことがない場合には注意を促している。

　要約すると，混乱は，職務に関連した自己覚知をめざす教育的スーパービジョンが，本質的なところで心理療法と類似していることから生じているといえる。いずれも重要な関係における自省を促すものであり，個人的成長や変革をめざしており，不安に駆り立てるものである。2つのプロセスの精神力動や採用される技術は同じである。違いは主に関係における目的，焦点，そして役割という変数にある。

セラピーと教育的スーパービジョンとを区別して遂行するうえでの問題

　すべてのスーパーバイジーが直面する問題の1つは，どのような問題をスーパービジョンに提出すべきかを学ぶことである。「セラピーモデルのスーパーバイザーはほとんど皆，治療セッションや，ケースにまつわる訓練生の内的過程について，包括的かつ詳細な情報を求める」（Farber 2006:181）が，多くのスーパーバイジーはそのような情報をスーパーバイザーに伏せている（Ladany, Hill, Corbett & Nutt 1996; Farber 2006）。Mehr, Ladany & Caskie（2010:103）は「何を彼らは話さないのか」と問いかけ，訓練生は「スーパーバイザーが訓練生の臨床的能力を伸ばせる

ように，クライエントや臨床におけるやりとりについても，スーパービジョン関係における彼ら自身の経験についても情報を明らかにしなければならない」と忠告している。

しかし限界はある。ある優れた心理療法士は以下のように書いている。

> 彼女は，患者が誘惑するように彼女についての性的妄想をあからさまに表わした，と語った。彼女は教養のある，ふだんはしっかりしたオープンな婦人であるが，このときは非常に不安を感じたと語った。この点についてさらに掘り下げると，最後に彼女は，「白状すると，もしこの男性について何も知らずに，夜にバーで出会っていたら，彼とベッドをともにしたくなったでしょう」と言った（Kernberg 2010: 611）。

それに応じて，その心理療法士は以下のように続けている。

> あなたは彼が男性として魅力的だということをはっきりさせたが，彼の何があなたを怖がらせたのか？　と私はコメントした。ここから議論を進め，私は彼女が自分の感じたことについて正直に私に話すことができた点を評価した。しかし患者がこうした感情を引き起こすことの意味に焦点を置き，彼女が特にこの男性に惹きつけられる無意識の傾向については，彼女のプライバシーを尊重した（Kernberg 2010: 611）。

このような問題は「教師以上，セラピスト以下でなくてはならないというスーパーバイザーのジレンマになる。当然ながら，スーパーバイザーには慎重で難しい決断が迫られる。スーパーバイザーは専門的な関心と個人的な押しつけの境界に注意しつつ，継続中のセラピーを妨げる逆転移に直接的かつ現実的に取り組まなければならない」（Gizynski 1978:203）。

さらに「これは，一方では温かく関心をもって人間関係を保ち，他方ではスーパーバイジーが症状を形成することで直接的に，あるいは事例を扱うなかで間接的に現わす治療ニーズに応えないという細心の注意を要する問題である」（Zetzel 1953）。

このため，スーパービジョンセッションにふさわしいガイドラインは，作成は易しくとも適用は難しい（Sarnat 1992）。次の引用では，スーパーバイザーがこのような状況で決断する難しさを内省している。問題は，スタッフの困った状況が純粋に個人的なものなのか，仕事に関するものなのかの見極めにある。

> ヴェラ〔スタッフ〕は今のボーイフレンドと結婚するつもりであるが，2人とも婚前カウンセリングを受けており，そのため彼女自身混乱しているという事実をもちだした。彼女は，自分が経験しているような問題を抱える誰かを助ける能力が自分にあるのかは疑問だと口にした。

私は少し不意をつかれ，さらにある種の混乱のようなものを味わった。あれこれ思いが胸をよぎり，「何もしない」ことで応えた。私は以下のように思いついて，この応えに至った。セラピスト役割を避けること，仕事や学びが妨げられない限り，スーパーバイジーの個人的問題はここでは取り上げないこと，そしてそれが妨げになっているという明確な証拠はまだないことである。ヴェラの仕事について評価し始めたとき，ヴェラは他の領域（住宅供給，親子関係等）では躊躇なく援助を提供しているのに，結婚問題を抱えるクライエントに対しては，援助をためらう傾向があることに気がついた。また，ヴェラは個人的問題に関して援助を求めたことはなく（すでに外部のカウンセリングは受けていた），自分に似ていると感じられる問題をもつ誰かを援助することに対する不安を解消することにのみ援助を求めているということを思い出した。それならば彼女の不安を学習における情緒的側面の現れであると捉えて，今こそスーパーバイザーの責任で対処すべきだと私は考えた。振り返ってヴェラの職務遂行パターンを考えてみると，はじめに思ったよりも，問題は業務に関係していたようだ。

　この問題について別のスーパーバイザーは以下のように記している。

　ディックには繰り返している問題があった。高齢のクライエントに介護施設への入居が明らかに必要であっても，ディックは家族を援助して入居の手はずを整えるのを躊躇していた。ある時期に，ディックの介護施設に対する感情を調べて，個人的偏見が入居を阻んでいるのを確かめなければならないと思った。私は業務に関する意識だけをとりあげるつもりだったが，ディックが，彼の考えは介護施設に父親が入居した経験に大きな影響を受けていると認めた時点で，このセッションでは業務に関連する問題よりも徐々にスーパーバイジーに焦点を当て始めた。ディックの父子関係における心理に熱中してしまったが，結局は注意の方向を変え，何とか彼のクライエントの介護施設の問題に話をもどした。

　この問題については，無関心であっても，過剰な関心があっても，スタッフはネガティブに反応する傾向があるので，難しい。スーパーバイジーが明らかに個人的な問題を語ったのに，スーパーバイザーがそれを無視すれば，スタッフは拒否されたように感じる。スーパーバイザーが問題に過度な興味を示せば，不当な侵害と受け止められるかもしれない。スタッフの述べたことを追及せずに評価するというのが，難しい選択肢への回答といえるだろう。「あなたにとって難しい問題だとは思いますが，ここで私たちが時間をかけてこのことを話し合うのは適当だとは思いません」と，率直にはっきりと，スーパーバイザーがしていることを主張するのが有効であろう。しかし「（スーパーバイジーの）個人生活と職業生活の明確な境界は，

極度に単純化された人為的なものに見える」点をわきまえておく必要はあるだろう (Gurka & Wicas 1979:404; Rosenfelf 2007)。経験を積んだ実践者は「クライエントとの関係に影響するような，個人的問題を検討したいと繰り返し述べる」が (Sumerel & Borders 1996:269)，スーパーバイジーが教育的スーパービジョンに求めること，必要としていることは，時とともに変化する傾向がある（Glidden & Tracey 1992)。Schroffel(1999)は，経験を積んだ実践者が求めている高度な教育内容をスーパーバイザーが提供することは稀で，明らかにスタッフの不満の元となっていると述べている。通常，スーパーバイジーが学生であろうと，新人ソーシャルワーカーであろうと，ベテランであろうと，教育的スーパービジョンの内容は主に「実践的」であると言われている (Charles, Gabor & Matheson 1992; Gray, Alperin & Wilk 1989; Greenspan, Hanfling, Parker, Primm & Waldfogel 1992; Henry, Hart & Nance 2004; Dow, Hart & Nance 2009)。経験を積んだスタッフは，個人的成長を促すようなスーパービジョンの内容を望んでいるのは明らかだが，一方ではスーパーバイザーは職務をやり終えるための内容を重視している。しかしスタッフが経験を積みながらスーパービジョンを受けて個人的に成長すると，さらにやりがいのある業務に意欲を示して，心理療法を望まなくなるだろう（Goodyear & Bernard 1998)。

スーパービジョンとセラピーの違いの容認：実証データ

信頼すべきデータによると，ほとんどのスーパーバイザーとスーパーバイジーは，以下に述べるようなスーパーバイザーの責任についての限定的な定義を理解し，受け入れている。アンケートの回答者853名の多くが，専門職としての成長と個人的成長をはっきりと区別していた。スーパーバイザーもスーパーバイジーも，スーパーバイジーの専門職としての成長を，スーパービジョンの主要目的の1つに選んでいる。逆に両グループとも「成熟した人間としてのスーパーバイジーのさらに全面的な成長を促す」という項目を，重要度としては下から3位以内に置いている。「スーパーバイジーが成長して専門的能力を身につけるのを助ける」ことは，スーパービジョンにおける大きな満足であり，最も多くのスーパーバイザー（88%）がそのように回答した。しかし「スーパーバイジーの個人的問題を支援する」を満足

項目として選んだのは、1％以下だった。同様にスーパーバイジーが不満として挙げたものの最下位は、「自分のスーパーバイザーは、私の個人的問題に関与しすぎる傾向がある」という項目である。ここから、回答者の多くにとってスーパービジョンの心理療法への変質は、現在問題ではないことがわかる（Kadushin 1974）。

スーパーバイザーは「ケースワーカーをケースワーク」する権利はないとする警告に応えて、職業上の成長対個人的成長の二分法を、スーパーバイジーよりも厳密に支持している。それどころか、スーパーバイジーはスーパーバイザーが望む以上に、積極的にスーパーバイザーによるセラピー的侵入を歓迎している。「クライエントとの関係のなかで、自分の個人的問題が生じたなら、スーパーバイザーに望むのは……」という文章完成のアンケートに、スーパーバイジーの48％がスーパーバイザーに「問題を特定し、解決を支援してほしい」と回答しているのに対し、スーパーバイザーではわずか30％がそのようにすると回答している。逆にスーパーバイザーの44％が「問題を特定し、スーパーバイジーが外部の支援を受ける手伝いをする」とし、スーパーバイジーではわずか11％がこの回答をした。スーパーバイジーよりもスーパーバイザーのほうが、業務に関する個人的問題への支援はスーパービジョン関係の外に求めるのが正しいとしている（Kadushin 1974）。Kadushin（1992a）が、スーパーバイザーおよびスーパーバイジーに対して行った最新の調査でも、類似の回答が返ってきた。York & Denton（1990:99）によるスーパーバイザーの行動調査では、93名の直接支援スタッフが、スーパーバイザーは、「個人的問題について助言する」行動はめったにとらず、おそらく「私たちが考えていたほど、スーパービジョンでセラピーを行っていなかった」と、コメントしている。

ソーシャルワークのスーパーバイザーが関係をセラピー化することへのためらいは、精神科医の心理療法訓練でも同様の傾向が見られる。Goin & Kline（1976）は2年目の精神科研修医のスーパーバイザー24名の話し合いをビデオに撮り、スーパーバイザーがいかに研修医の患者についての逆転移に対処したかを調査した。逆転移とは「セラピストの患者に対する意識的・無意識的反応、感情」と定義されている（41）。驚くべきことに、「オープンなコミュニケーションが強調される分野にしては」（42）、どのケースでも逆転移が明らかであるにもかかわらず、24名のスーパーバイザーのうちこの点にともかく触れていたのは12名のみだった。この12名のスーパーバイザーのうち詳しく検討したのは、わずか4名のみであった。教育的状況をセラピーに変えてしまうのが嫌で、そしてスーパーバイジーを不安にさせ

ることにためらい，スーパーバイザーはこのような議論を避ける傾向があった。

逆転移を効果的に検討できるのは，スーパーバイザーの業務に（率直に真摯に）影響する，セラピストの患者に対する感情に注意を促したときである。「研修医の行為や感情の奥にある個人的動機，意識・無意識を探るような試みはなされなかった。ただ，そこにあるのは単に感情を認識しようとする試みだった」（Goin & Kline 1976:43）。このような感情を検討課題にする目的は，研修医にそれを意識させて，「患者との相互作用を,理性的にコントロールする機会」を与えることだった（42）。セラピーによって解決するために，「こうした感情のルーツを掘り下げる」ことが目的ではない（Hunt 1981も参照のこと）。Haley（1977:187）が書いているように，「人間の個人的生活には大切な価値があり，教師（スーパーバイザーも含めて）がそれに手を加えることはできない」（Mayer & Rosenblatt 1975bも参照のこと）。

さらに，他の調査で以下の結果が報告されている。

> 参加者8名のうち4分の3が，全体的に自らのスーパービジョンは逆転移を適切に効果的に処理していると感じていた。参加者が良しとしたのは，スーパーバイザーが難しい逆転移反応は心理療法では当たり前に起こり得る側面であるとみなしていること，そしてこれらの反応についての議論を歓迎し，治療プロセスにおいては重要で価値ある要素であると考えていることだった。〔中略〕しかし参加者の半分は，逆転移について議論をするなかで，結局はある時点からスーパービジョンが曖昧になり，個人的セラピーになると感じていた。回答者のほとんどは，この境界線の曖昧さを，両者の入り混じった経験だととらえていた（Latawiec 2008:iii-iv）。

スーパービジョンの相互作用におけるパラレルプロセス現象を自覚することで，的確な指導―学習の原則の応用についてさらに検討することができる。また，この自覚は，上述の指導―治療のジレンマとも関連している。

教育的スーパービジョンにおけるパラレルプロセスの諸要素

パラレルプロセスは,「リフレクションプロセス」ともいわれるが,スーパービジョンの相互作用に見られる現象として認知されてきたもので，教育的スーパービジョンでは特に重要なものである」（Kernberg 2010; Mothersole 1999）。

パラレルプロセスとは，スーパービジョンのあるセッションでのスーパーバイジーの振る舞いが，ケースワーク面接でのクライエントの振る舞いの再現となり得ることを意味する。

スーパーバイザーはスーパービジョンセッションの「今，ここ」にいながらにして，付加された，経験に基づく要素を利用して，スタッフの仕事ぶりを把握することができる。スーパーバイジーは意識せずに，クライエントの行為を理解しようとするなかで，スーパービジョンセッションで対処のための助言を得ようと，クライエントに同一化しクライエントを模倣して表現する。

こうした，援助サービスやスーパービジョンの異質同型的（isomorphic）な本質は，「クライエントがスーパーバイジーにすることを，今度はスーパーバイジーがスーパーバイザーに行う」と要約できる。このプロセスを通して，クライエントがスーパービジョンに「来ている」といえる。パラレルプロセスで起こることは，システムの境界をまたいだ再生である。問題はスタッフ―クライエントの場からスーパーバイザー―スーパーバイジーの場へと移るのである。

クライエントが無秩序，混乱，困惑をスタッフであるスーパーバイジーに感じさせるようであれば，それと平行して，スーパーバイジーがケースを提示して話し合うときに，スーパーバイザーに混乱，困惑がもたらされる。回避的で抵抗の強いクライエントを経験したスタッフは，ケースの議論をするときに，スーパーバイザーとのやりとりで相似の責任逃れや抵抗を見せる。クライエントがスタッフに無力感，フラストレーション，怒りを生じさせるように，スタッフはスーパーバイザーに無力感，フラストレーション，怒りを生じさせる。スーパーバイザーがパラレルプロセスにおけるこの感情の源を認識していれば，そのクライエントと取り組むスーパーバイジーをより効果的に支援することができる。

伝統的にパラレルプロセスは，同一化，取り込み，投影，投影同一視や，その他関連する精神力動的動詞など，「無意識」を表す専門用語で説明されてきた。近年，Latawiec（2008）はこれが作用する方法に関する重要な論争をレビューしたなかで，ミラーニューロン mirror neurons の発見に根差す神経生物学的な解釈の根拠を指摘した（たとえば Cozolino 2010; Gerdes & Segal 2011）。

ミラーニューロンシステムを通して，たとえば感情を表現したり，身体を動かしたり，触覚を感じたりするときのその人の神経回路の活性化は，同じように感情，動き，感覚を観察しているもうひとりの人の神経回路を活性化させる。このミラーアクションによ

り，観察者は自動的かつ無意識に，相手の感じていること，経験していることを知ることになるといえる（Latawiec 2008:92）。

ソーシャルワーカーが「たんに見たり聞いたりすることで」，クライエントの「情動や意図といった心の状態を経験したり，理解したりする」ことができるならば，ミラーニューロンは，「脳内に共感を媒介する生理的要素」であり（Gerdes et al. 2011:114），スーパーバイザーとスタッフ間の共感的相互作用を媒介する生理機能と同じものだと考えられる。この考えは，間主観的な並行的省察プロセスのダイナミクスに関する神経科学を基盤とする研究へと導いた（Latawiec 2008:92）。たとえば，共感的スーパーバイザーは，スーパービジョンにおいてスタッフがクライエントとの経験を概括しているとき，スタッフの感情移入した経験を自分が反映していることに気がつくかもしれない。パラレルプロセス現象の神経生物学的モデルでは，共感は推移するものである。このモデルは「人間がたがいの経験を理解し合うのは，神経細胞が，他者の振る舞いを観察しているときに，ある種の無意識の神経的『共鳴』を受けていることによる」（Gerdes et al. 2011:114）という考えから来ている。

パラレルプロセスは，これまでアイソモーフィズム isomorphism の実例（システムの異なるレベルで繰り返されるパターンの傾向）として説明されていた。スーパーバイザー―スーパーバイジー―クライエントの相互作用は，2つのサブシステムを含む1つの大きなシステムとして見ることができる。1つはスタッフ―クライエントサブシステム，もう1つはスーパーバイザー―スーパーバイジーサブシステムである。アイソモーフィズムとは，スタッフ―クライエントサブシステムにおけるスタッフのクライエントへのかかわりが，パラレルプロセスとしてスーパーバイザー―スーパーバイジーサブシステムに反映される傾向があり，その逆もあることをいう。援助サービスとスーパービジョンのアイソモーフィズムの特質は，クライエントがスーパーバイジーにする発言，次にスーパーバイジーがスーパーバイザーにする発言に封入されている。クライエントはこのプロセスを通してスーパービジョンに「やって来る」のである。パラレルプロセスの出来事は，システムの境界を越えた再生である。

パラレルプロセスの出来事は，神経生物学やシステム論，あるいは無意識の，いずれの現象として説明しても，それはスタッフとクライエントの現場からスーパーバイザー―スーパーバイジーの場へと移行する。それを見極め管理していくことが，ソーシャルワークのスーパービジョンにおける「重要な能力」であるとされる（ASWB

2009:B-1)。パラレルプロセスの存在により，スーパーバイザーはスーパービジョンの相互作用のなかに再現されるスタッフとクライエントの状態を把握することができるだろう。つまりパラレルプロセスは，クライエントに接するスタッフの実践をスーパービジョンの場で熟慮することにより，間接的な「観察」を可能にする。あるスーパーバイザーは次のように述べている。

　私はある相互作用を経験したときに，それがパラレルプロセスのダイナミクスであることに気がつきました。私のスーパーバイジーであるペニーは，厄介だけれど重要な問題から見るからにあからさまに離れようとして，さして重要でない話題について話していました。彼女がオープンに共有することに満足して，私は話題をそらす彼女に付き合い，話を合わせていました。振り返ってみると，クライエントもペニーに同じことをしたと気づかされました。ペニーが非常に難しい問題を議論しようとすると，無関係ではないけれども，さほど重要でも困難でもないものに，クライエントはうまく話題をそらしました。ペニーはクライエントの脱線に付き合い，すり替えを受け入れていました。そう考えた私は，ペニーが検討すべき難しい問題に注意を向けるようにし，このように支援することで，ペニーがクライエントの言い逃れを受け入れなくなるように計画しました。

　パラレルパラレルプロセスの出来事は，スーパービジョンの診断的・教育的な目的を促進する。パラレルプロセスの出来事を認識すれば，スーパービジョンの相互作用にその出来事は再現されるので，スーパーバイザーはスタッフ―クライエント関係について仮説を立てることができる。これは，1つのコミュニケーション形態であり，これを通して，スタッフはクライエントに同一化して，スーパーバイザーに問題を訴えているのである。クライエントの役割を再演するスーパーバイジーに対して治療的に対応することで，スーパーバイザーは，スーパーバイジーに可能な行動のモデルを示し，スーパーバイジーはそれをクライエントに対して生産的に実行することができる。これには交互作用をパラレルプロセスの出来事として暫定的に「診断」している。たとえば，「今，ここ」で，スーパービジョン関係の省察に参加して協力するよう勧めるとともに，将来の支援者・クライエント関係のモデルにしていくということが挙げられる。このモデルに関しては Cajvert（2011）および Morrissey & Tribe（2001）を参照のこと。

　共感が移行するものなら，パラレルプロセスも逆に作用し得る。つまり「スーパービジョンで起こっていることが，スーパーバイジーとクライエントとの相互作用にも影響する」（Lietz & Rounds 2009:124）。スーパーバイザーが積極的に全力を出し

てスーパーバイジーを援助しなければ，スーパーバイジーはクライエントに無頓着に同じことを繰り返すだろう。スーパーバイザーがスーパーバイジーを支配していると，スーパーバイジーもクライエントを支配するかもしれない。逆パラレルプロセスの例として，スーパーバイザーがスーパーバイジーからの「緊急」会議の要請を拒否すると，スーパーバイジーもクライエントからの「緊急」面接の要請を拒否するということが良く引き合いに出される。これらは実践のネガティブな面についてのものだが，Schulman（2010:14）は，スーパーバイザーたちにパラレルプロセスのダイナミズムを利用して役立てるよう教えている。「スーパーバイザーがスタッフとの援助関係を説明するやり方は，スタッフのクライエントへのかかわり方に影響する」という理由と，訓練すればスーパーバイザーはこの方法論を身につけられることも検証されているからである（Tebes et al. 2011）。

　スーパービジョンのパラレルプロセスと，たがいにかかわり合っている相互作用状況に重なる類似のプロセスとを識別するのは難しい。スーパーバイザー―スーパーバイジー関係に，支援者―クライエント関係に生じるようなことがたくさん起きるのは，コンテキスト，構造，ダイナミズムが似ているからである。支援者とクライエントの相互作用は，成長と変化のプロセスを伴う。これはスーパーバイザーとスーパーバイジーの相互作用においても同様である。どちらにおいても，不安，依存，怒りそして抵抗が生じる。どちらも，力と権威の差があり，オープンさと防衛の問題が生じる。いずれも非常に感情的な二者の関係であり，そのなかで感情の詰まった内容を非公式に議論する。いずれも転移・逆転移を喚起しやすいコンテキストである。2つの状況の類似性や，人間関係の範囲は限られていて，繰り返しであるという現実からすると，どちらの状況でも類似したことが起こるのは当然だろう。

　スーパーバイジーは2つの二者関係サブシステムの核となる要素である。両方に相互作用が起こり，支援プロセスが関係している。類似した精神力動が，両方の関係において作用している。そうすると，当然，1つのコンテキストのなかでスーパーバイジーが引き起こし，感じている情動は，もう1つのコンテキストにおいてスーパーバイザーが感じ，引き起こしている情動に似たものになると考えられる。これがパラレルプロセスの基礎となる。パラレルプロセスの観点から見ると，支援者―クライエントとスーパーバイザー―スーパーバイジーの2つの二者システムが，1つの三角形システムになる。

スタッフがスーパーバイザーから称賛を得ようとする行動は，スタッフに認めてもらおうとするクライエントの振る舞いとパラレルな現象である。しかし2つの状況での「パラレル」な行動は，人生の重要な局面で，強力な地位にある人に対するごく自然な反応である。セラピーとスーパービジョンは構造もダイナミズムも似ているので，パラレリズムを助長する。状況が類似していると振る舞い方も類似したものになる（Geidman & Wolkenfeld 1980）。Frawley-O'Dea & Sarnat（2001:173）が先行文献レビューで述べているように，「分析的プロセスとスーパービジョン過程はオーヴァーラップしており，その意味で面の平行を逆行的にも漸進的にも引き起こす」。

　多くのスーパーバイザー，スーパーバイジーが実践でパラレルプロセスに気づいているにもかかわらず（Raichelson et al. 1997），この現象のエピソードや臨床説明以外には，実証調査として役立つものはわずかしかない。よく引用されるDoehrman（1976）の調査では，4人の心理カウンセラー訓練生が登場する。Friedlander, Sigel & Brenock（1989）の調査では，カウンセラー訓練生は1名である。最近ではGray（2005）が6名のスーパーバイザー，4名の心理療法訓練生，18名の心理療法クライエントによる84のスーパービジョンセッションと182のセラピーセッションにおける，主要な相互作用について調査している。それぞれのセッションの後で，訓練生もしくはクライエントに，セッション中最も役に立った，あるいは妨げになった出来事・考え・感情についてインタビューを実施している。その結果，スーパービジョンセッションに関する質的回答数984，心理療法セッションに関する質的回答数2256を得た。これらは複数の目で判断して分類された。たとえば「理解や洞察が深まった」といったものをコード化し，18の三角形システムに質的に共通する連続セッションに分けられた。全部で216（役に立つが156，妨げになるが60）の主要なパラレルプロセスの相互作用が認識された。そのうちの105は，「二者関係のなかの上位の者」が指示，助言，フィードバック，解決の諸形態で下位の者に，指導 Guidance を提供していた（Gray 2005:112）。

　パラレルプロセスについての2つの大きな調査結果には，事例研究のニュアンスや特質がないので，解釈が難しい。1名のスーパーバイザーと，161名のクライエントを担当する4名のスタッフとのスーパービジョンを調査した。16週間に及ぶフィールドワークでは，スーパービジョン関係についてのスタッフによる評価点数は，実践での関係についてのクライエントによる評価点数とには関連がなかった

(Harkness 1995)。しかし，25名のスーパーバイザー，75名のカウンセリング学生，75名のクライエントを対象にしたPatton & Kivlinghan (1997)の調査報告では，スーパーバイザーとの業務提携に関する学生による評価点数が，カウンセラーとの仕事上の関係についてのクライエントによる評価点数と連動していた。

臨床実践の信頼性に関する論文で，Ellis & Ladany (1997:487)は「セラピーとスーパービジョンとの観察しうるつながりとパラレルプロセスとを推論する」根拠はほとんどないと論じている。Mothersoleは，パラレルプロセスは長い間広く使われてきた概念ではあるが，「その存在を実証するものはほとんどなく，今後の研究に期待する」と結論づけている（Mothersole 1999:116）。

発達的スーパービジョン

教育的スーパービジョンにおける教えることのさまざまな方向性について議論していくなかで，多くは教えることのコンテキストと内容に依存していることから，最良かつ最適なものを選択するのは難しいという結論に至った。ここでは発達的スーパービジョンの困難性に影響する追加すべき変数について検討する。スーパーバイジーは専門職としての発達過程のさまざまな時点で，教えること―学ぶことの原則の適用と修正が必要となることをすでに議論した。これは発達的スーパービジョンに関する調査結果を反映している。その考え方の基本は，スーパーバイジーが有能な専門職として発達するにつれ変化することにある。そして，そのようなスーパーバイジーの変化は，スーパーバイザーのアプローチでの変化を求める。学ぶことのニーズが変化するにつれ，教育的スーパービジョンも変化が求められる。Reynolds（1942）とTowle（1954）は，ソーシャルワーカーになるための学びの段階についての初期の古典的な解説で，発達的スーパービジョンという考えを具体化している。

発達段階の観点から教育的スーパービジョンプロセスを説明する多くの試みがなされてきた。Falender & Shafranske（2004）とBernard & Goodyear（2009）は，発達的スーパービジョンの概念や段階についてテキストに詳述している。Ellis（2010），Milne（2009）およびStoltenberg & McNeill（1997）は，関連の実証調査

をレビューした。

　スーパービジョンの発達的アプローチは，スーパーバイジーの成長を認めること，成長の各段階ではスーパーバイザーのスーパーバイジーへのアプローチに修正を求めることが前提である。この修正は，成長プロセスの異なるレベルにおいてスーパーバイジーの変化するニーズに応えるために必要である。

　こうした論述の中心となる考えは，スーパーバイジーは熟練のソーシャルワーカー，カウンセラーあるいは心理療法士になるための学習において，また専門職としてのアイデンティティを確立していくなかで，一連の確認可能で特徴のある段階を通過するというものである。

　入手可能な調査によれば，発達の初期段階で，スーパーバイジーは高水準の指導，構造，サポートを必要とする。これらはスキル発達に関心をもつ方法・技術志向型である。指導の焦点はスタッフ・クライエント関係にあり，スーパーバイザーの指導的専門家としての役割に強調点が置かれている。スーパーバイジーは専門職アイデンティティに関して多様である。明快な実践理論は，形成途中にある。現実的な限界を受け入れて，期待を修正する必要がある。スーパーバイザーはサポートを保証するというコンテキストのなかで，指示的になる。

　この発達段階にある依存的で，不安で，不安定なスーパーバイジーは，技術的スキルを学ぶことに強い意欲をもっている。学びの多くは，ヒエラルキーに基づく関係の模倣を通して行われ，この場合，スーパーバイザーは，スーパーバイジーの業務の達成に関して，エキスパートの教師であり，刺激を与える存在である。

　発達の初期段階では，スーパーバイジーの実践理論の基盤は分化されておらず，洗練されてもいない。専門職アイデンティティのイメージは明らかに規定されておらず，身についてもいない。スーパーバイジーの第一の関心は自分自身の業務である。スーパーバイジーは，コンピテンスに大きな関心があり，仕事でやっていけるように答えを求めており，リスクを嫌う。彼らはコンピテンスが熟達すれば，必ずすべてのクライエントの役に立てるという素朴な希望をもっている。

　専門職としての発達に伴って変化が起こる。スケジュール，指示，講義中心の指導へのニーズは徐々に少なくなっていく。同一化と内面化による学びが，模倣による学習に取って代わる。独立・自律に対するニーズは，自由さを活用する力が増すにつれて大きくなる。しかし発達の動きは，一律に段階的に起きるわけではない。自信をもつ自立したスーパーバイジーも，難しいクライエントに出会うと，一時的

に依存するかもしれない。

　スーパーバイザー―スーパーバイジー関係のヒエラルキー性は少なくなり，より対等になって，スーパーバイザーはスーパーバイジーに対応するようになる。実践と理論はより統合され，理論そのものはより分化する。転移と逆転移にスーパーバイジーが焦点を当てることで，自己覚知の課題や，スタッフ―クライエントおよびスーパーバイザー―スーパーバイジーの相互作用に表れる力動について，次第に自由に探求するようになる。クライエントの視点から状況を理解する能力とクライエントを個別化する能力が高まる。専門職としてのソーシャルワーカーの自己イメージが明確になり安定し，職業的アイデンティティも強化されて統合されていく。スーパーバイザーの直面化や自己開示を用いるのは，スーパーバイジーの発達がこの段階になってからがよい。専門職が成しうることに限界があることを受け入れ，また特定のクライエントを，特定の時期にのみ援助できるにすぎないという現実を受け入れられるようになる。

　専門職の時系列的発達には，技術的スキルの成長と専門職アイデンティティの成長が含まれている。この発達はスーパーバイジー側の自己への焦点づけと関心に始まり，徐々に自己と他者との交互作用や相互に与えあう影響に気づき，認識するようになっていく。これは問題解決のためにクライエントとの協働を進んで受け止めていくことにつながる。徐々に，人間行動の複雑さ，曖昧さ，複数の因果関係を受け入れ，失敗を避けていては最終的な理解に至らないことを受けとめられるようになる。

　元来，スーパーバイザーとは博識のある，転移の対象となる人物とみなされていたが，次第に絶対的存在ではなく，人間味を感じられるようになった。スーパーバイザーからの個別化と分離が進む(Watkins 1990)。ソクラテス的な一連の問答法は，方向性を示唆し，帰納的推論や自己発見を刺激するアプローチであり，初心者よりも上級のスーパーバイジーに相応しい(Overholster 1991)。Stoltenberg et al. (1987:25)は，これらの変化を要約して，「a) スーパーバイザーに課せられた構造，b) 講義的指導，c) カウンセリング行動に対する直接的なフィードバック，d) スーパービジョンのサポート機能，e) 一般の訓練やスーパービジョンに関する必要性、の増減である」としている。

　専門的発達のプロセスで，スーパーバイザーによる支援や励ましの継続，技術的スキル発達，前向きな関係といったニーズは，いくぶん希薄になるものの，存在し

ている。

　発達的スーパービジョンの概念は非常に実用的で直感的な論理であるが，エビデンスが不足していると考える科学者もいる。たとえばEllis & Ladany（1997）は，スーパーバイジーの発達の調査をしたところ，概念や方法論上の問題が山積していて，うんざりする結果が出たといっている。Ellis（2010:101）は，これらのモデルでは関係要素を無視して，すべてのスーパーバイジーが不安を抱えているという間違った仮説に基づいているとして，「我々のスーパービジョンモデルが，スーパービジョンで起きていることを正確に描写していないことは明らかだ」と結論づけている。これは，大学の実習生を対象にした短期訓練での調査が，機関で実践をする専門職の生涯発達モデルとして，はたして現実に役に立つのかどうかという点が問題である。

　スーパーバイジーの変化に伴い，スーパーバイザーは実際に行動を修正しているかどうかを実証しようとする試みが行われてきた。その結果には議論がある。ある調査では，スーパーバイザーはアプローチを変えて，さまざまな発達段階にあるスーパーバイジーのニーズ変化に配慮しているが，Stoltenberg, McNeill & Crethar（1994）およびWorthington（2006）による広範な論文レビューによれば，実際にアプローチを変えているという見解をサポートするのはわずかである。Shanfield, Mohl, Matthews & Hetherly（1992）が行ったような直接的観察調査では，多様なスーパーバイジーに対するスーパービジョン行動の変化を証明することはできなかった。スーパービジョンが未熟なセラピストを熟練した専門職へとどのように発達させるのかについては十分に明らかにされていない（Bernard & Goodyear 2009; Neufeldt, Beutier & Banchero 1997）。

　発達的スーパービジョンには適用のための前提条件がある。スーパーバイザーはスーパーバイジーの成長段階を明確に特定できなければならない。スーパーバイザーには多様な対応レパートリーを柔軟に適用して，スーパーバイジーのニーズ変化に最適に対応し，実行することが求められる。加えて，スーパーバイザーはさまざまなアンビバレントなプレッシャーに直面しているので，変化をもたらすための動機づけとエネルギーが必要である。Fisher（1989）の指摘によると，発達的スーパービジョンという仮説は妥当であり，その妥当性はスーパーバイザーも認めるところである。「さまざまなスーパービジョン・アプローチを実践することは複雑かつ意欲を掻き立てる課題である」という事実を踏まえて，「スーパーバイザーにさ

まざまな要求をする」とすれば,「スーパービジョンセッションをスーパーバイジーに合わせてカスタマイズするのは非現実的であろう」(71-72)。

　しかし,発達的スーパービジョンに関する先行研究に見る実践的価値は考察すべきである。スーパービジョンの領域では,時間の経過とともにスーパーバイジーが経験する微妙な変化がより明確になり,これをもたらす変数もより的確に規定されるようになってきた。一方,スーパーバイジーの専門職としての発達とは別に,多くの特異な要素や専門職としての成熟を強化するためのスーパービジョン行動にはここに合わせて修正が必要である。スーパーバイジーの専門職としての発達レベル以外の考察すべき要素には,責任を達成するためのスーパーバイジーの動機づけやその責任を受け止めるための意欲が含まれる（York & Hastings 1985-86)。

　教育的スーパービジョンでは,スーパーバイザー――スーパーバイジーの置かれた状況は,発達的で,しかも持続的に相互作用し合うので,教えるためのアプローチを選択するうえで,さらに複雑になる。教室における授業とは異なり,教育的スーパービジョンは主に個別指導として行われる。1対1のコンテキストでは,教える者―学ぶ者の相互作用を個別化することが求められる。スーパーバイザーの努力を受けとる側が,スーパーバイザーの行動に鈍感ではなく,独自の反応をするので,それがスーパーバイザーの対応に影響を及ぼす。これは高度な相互作用の状況である。スーパーバイザーが2人のスーパーバイジーに同じような介入をしたとしても,学ぶことのニーズやスタイル,好みの異なるそれぞれのスーパーバイジーは,別々の応答をするだろう。つまり良いソーシャルワーカー同様,良いスーパーバイザーも自分の介入がどのように受け入れられているかを敏感に察知し,スーパーバイジーの学びを最適化するためのアプローチそのものを修正する。

要約

　次の条件は,肯定的関係のコンテキストでの効果的学びのための状況設定であり,その条件下で,人は最大限に学べる。

1.　学ぶ意欲が高い。

2. 学ぶことにエネルギーの大半を投入する。
3. 学ぶことで，確かな満足感を得る。
4. 学びのプロセスに積極的にかかわる。
5. 学ぶ内容を意義あるものとして提示する。
6. 学ぶ者の独自性を活用する。

　教育的スーパービジョンとセラピーには目的，焦点，役割関係，プロセスに相違がある。スーパーバイザーは一般にこの相違を受け入れてはいるが，厳密にスーパービジョンに適用するのは難しい。すでに発達的スーパービジョンの研究で明らかにしてきたが，教育的スーパービジョンでは，スーパーバイジーが専門職としての各自の成長段階に応じたニーズをもつことを認識する必要がある。臨床上の問題に関するスーパービジョンの場でパラレルプロセスの現象が再現されることは，教育的スーパービジョンプロセスの一構成要素と考えてよいだろう。

第6章

支持的スーパービジョン
Supportive supervision

本章では，スーパービジョンの第3の要素にあたる支持的スーパービジョンをとりあげる。スーパーバイザーが，管理的スーパービジョンでは管理者として行動し，教育的スーパービジョンでは教師として行動するとすれば，支持的スーパービジョンでは，調整カウンセラーとして行動するといえよう。ソーシャルワークのスーパーバイジーとスーパーバイザーはさまざまな業務にかかわるストレスに直面する（Arrington 2008; Light 2003）。それは他の職業のものよりも著しいものである（Johnson et al. 2005）。ストレスに対処できるための手助けがなければ，彼らの健康（Kim ji & Kao 2011; Siebert 2001, 2006），そして業務（Mor Barak, Travis, Pyun & Xie 2009; Travis & Mor Barak 2010）は損なわれ，病気で欠勤するとか（Mohren et al. 2005），退職する（Kim & Lee 2009）など，相談機関の機能低下を招くことにもなる。スーパーバイザーは，特に公立児童福祉機関において深刻な問題である（Kim 2011），スーパーバイジーの業務のストレスを巧く処理する手助けをその責務とする。支持的スーパービジョンの究極の目的は，管理的・教育的スーパービジョンの目的と同じである。それは，相談機関がクライエントに対して最も有効なサービスを提供することである。

　NASWは *Standards for Social Work Practice in Child Protection*『児童保護におけるソーシャルワーク実践の基準』（1981）を設け，このスーパーバイザーの責任を明確に規定した。スーパーバイザーの職務の1つとして，この基準では「業務に関するストレスの管理とスタッフが業務のストレスに対処できるよう手助けをすること」と記されている。

　実際のスーパービジョンやリーダーシップの特性に関する調査研究の知見からは，2つの要素群を取り出すことができる。1つは職務遂行群であり，業務を遂行するには，手段・情報・サービス・スキルを必要とする（Jones, Washington & Steppe 2007）と考え，課題中心であり，スーパービジョンをそのための手段としてとらえている。もう1つの群は，業務をするうえで居心地よさ・満足・幸福感をもち，心理的な快適性を謳歌していると考える。これらは人間中心のスーパービジョンであり，スーパービジョンを感情表出的なものととらえている。この感情表出的な責務を遂行するにはシステム維持が必要である。これは，機械システムにおいて摩滅を減らし，オーバーヒートを防止するため，部品に油をさしたり，冷却したりするのと同じ考えである。このような感情表出的システムを維持し機能させることで，目標達成が可能になるとの考えである。

Blake & Mouton（1961）は，彼らの管理ネットワークの開発に，これらの2つの変数，すなわち生産性への配慮（手段としてのとらえ方）と人間性への配慮（感情表出的とらえ方）を採用した。心理的満足感や経済的生産性における最良の管理形態とは，これらの2つの配慮を最適に組み合わせたものである。The Ohio State Leadership Studies（オハイオ州リーダーシップ調査研究）（Stodgill & Coons 1957）では，リーダーシップの2つの基本的次元として，体制づくりと配慮を特定化した。体制づくりを優先するリーダーは，職務中心型であり，その業務を遂行できるように組織づくりをして，業務の目的・グループメンバーの役割・期待を明確に規定する。これは業務の手段的側面に焦点が当てられている。配慮を重視するリーダーは，信頼・温かみ・親しみ・サポートを相手に伝え，感情表出的配慮に焦点を当てる。オハイオ州調査研究では最も効果を出すリーダーは，それぞれの次元を重視するリーダーであることを見出した。The Michigan Studies on Management（ミシガン州マネジメント調査研究）（Linkert 1967）も，同様の一般的結論を導いている。サポートと高い業務目標の両方を掲げるスーパーバイザーは，業務上最も効果をあげると考えられる。

　リーダーシップに関するFiedler（1967）の調査研究では，これらの主要な二次元の最適な組み合わせは，業務状況にかなりの相関性があるとした。業務やその背景から，手段的で業務重視・生産性中心であることが必要とされ，他の状況では感情表出的で人間性重視・人間関係の側面への配慮が必要である。どちらの次元が求められるかは，スーパーバイジーの特異なニーズや特性によっても異なる。組織の構造や方向性を求める者もいれば，はっきりと感情表出を重視する者もいる。

　業務に対する満足・不満足調査でも，スーパービジョンにおけるこの2つの側面をはっきりと見てとることができる。業務に対する満足は，部分的には業務自体にも関係しており（Smerek & Peterson 2006），個人の性質にもよるが（Staw & Cohen-Charash 2005），Herzberg, Mausner & Snyderman（2005）は，不満足感が手段的・技術的スーパービジョンと人間関係的スーパービジョンの両方に関係していることを見出した。技術的スーパービジョンへの不満足感の源は，スーパーバイザーにスーパービジョンの技術的スキルに関する能力，すなわちスーパービジョンの手段的要素が不足していたことにあるとしている。人間関係的スーパービジョンへの不満足感は，スーパーバイザーが人間関係における責務を遂行できないことが源であり，これはスーパービジョンの感情表出的要素である。

生産手段としてロボットに大きく頼っている組織でも，この配慮が機能するのであれば，サービスを仲介するソーシャルワークの支援組織においては，その重要性はさらに高まるだろう。ロボットは業務を遂行するうえで，自己の行為に信念をもつ必要はない。憂鬱・罪悪感・不平等感に苦しむことも決してない。他の機械が成し遂げたことに対し嫉妬やねたみを感じることもない。最適レベルで業務を行うのに，他から触発される必要はない。しかし，先に述べたような感情表出，またそれ以上の感情表出は，現場の業務の成果を左右する。したがって，スーパーバイザーは，スーパーバイジーが業務やその環境に対して抱いている感情反応に注目せねばならない。技術的なことが人的資源に主にゆだねられている場合，人間の能力の保護や発展がスーパービジョンにおける主要な関心となるであろう。

　本書で活用されているスーパービジョンの主な要素のカテゴリー化からいえば，管理的・教育的スーパービジョンは，それがすべてではないとはいえ，主に手段に対する配慮を第一としている。スーパービジョンの支持的要素は，主に感情表出的な配慮に関係する。

　管理的スーパービジョンでは，有能なスタッフを組織に配置して，組織の効率性を上げ，活用できる資源を増やす責任がある。教育的スーパービジョンでは，知識やスキルを向上させ，スタッフの有効性を伸ばすことを第一とする。支持的スーパービジョンでは，業務を妨げるストレスを減らし，スタッフの意欲を高め，能力を向上させるような取り組みを強化し，スタッフの有用性を伸ばすことを第一とする。

　業務遂行とは，能力・取り組み・意欲に相関する要素である。有効な管理的・教育的スーパービジョンによりスーパーバイジーの能力は向上し，有効に業務遂行ができるようになる。スタッフが有能であっても，取り組みや意欲が十分でなく，業務遂行も十分でないこともありうる。

　スタッフがいかに精力的に，意識的に，永続的に動員されて，効果的な業務をするかいなかは，その意欲次第である。意欲は振る舞いや業務におけるかかわり方の動力となる。業務への取り組みは，組織への忠誠，組織の目的に対する信念，組織とのポジティブな同一化，組織とともにいたいという希望に関連する（Glisson & Durick 1988）。

　ソーシャルサービスとは労働の集約である。生産性はかなりの割合で意欲の強さ，業務への取り組み方に左右される。高額報酬といった強力な外的報酬は限られているため，意欲と業務への取り組みのレベルは，本質的な業務の要素に呼応してくる。

それは，スタッフが自分の業務や報酬についてどう感じているか，業務ではどのような扱いを受けているかなどである（Wilkinson & Wagner 1993）。Elpers & Westhuis（2008）は，リーダーシップの効果について福祉機関に雇用されている833名のBSW（学士号）およびMSW（修士号）のソーシャルワーカーを対象に全国的な調査を行った。そこには，「スーパーバイザーの振る舞いに対して，ソーシャルワーカーが期待するものと認識との違い」があり，2つの領域においてソーシャルワーカーの業務に対する満足度に影響を与えていることを見出した。すなわち，(1)「スーパーバイザーのリーダーシップの取り方への満足度」，(2)「受け取るスーパービジョンの質」である（Elpers & Westhuis 2008:36）。「リーダーシップは，スタッフが機能できるような献身的な組織の雰囲気を作り出すことで，組織の業務遂行をポジティブに変えていくことができる」(Glisson 1989:113)。支持的スーパービジョンは，意欲，業務への取り組み方，業務への満足を高めることと関連している。

　管理的スーパービジョンが，地位・報酬・強制をもってスーパービジョンの権威を行使するのに対して，教育的スーパービジョンが専門的知識を提供するものととらえるならば，支持的スーパービジョンは，スーパービジョンの権威を活用し，指示力をもって行使することととらえられる。スタッフは，スーパーバイザーから対人関係的サポートを得ることができれば，相談機関の方針や方法にも応じることができる。

　繰り返しになるが，管理的，教育的，支持的スーパービジョンは明確に区別できるものではなく，相互に関係しあっていることに留意することが必要である。たとえば，教育的スーパービジョンは，スタッフのスキルを高める一助となるが，その結果コンピテンスが増すだけでなく，業務への満足度が高まるので，業務で要求される能力を十分果たしているかどうかに関するその不安も弱まるだろう（Kavanagh et al. 2003; Mor Barak et al. 2009）。同様に，支持的スーパービジョンは，成人の学習や業務遂行に神経生物学的に影響するとの報告もある。ある臨床ソーシャルワーカーは下記のように説明している。

　　メンターが支援を惜しまず，面倒見がよく，励ましてくれる場合〔中略〕，学習者の思考活動は,思索活動や抽象思考を司るより高次の脳の領域へと移って行く（前頭皮質）。〔中略〕このプロセスで，前頭皮質に活力を供給する神経伝達要素（ドーパミン，セロトニン，ノルエピネフリン）は刺激され，適応性が高まる。そのため神経ネットワークの向上や意義ある学習へとつながる。〔中略〕メンターが安全で信頼できる関係，しっ

かりとした環境を築けば，学習者は自らの考えを再編成できるようになり，成長過程のさらに前進した段階へと進むことができる（Johnson 2006: 64-65）。

支持的スーパービジョンには，安心・励まし・達成評価といった手順が含まれる。これは信頼，支持，称賛，カタルシス発露，知覚鈍磨，普遍化，そして注意深く耳を傾け，関心や懸念を伝えるなどの，現実に即した感情表出である（Erera & Lazar 1994a）。支持的スーパービジョンを行う際，スーパーバイザーはスーパーバイジーが業務でより自分らしく感じられるように助けようとする。Bloom & Herman (1958)が述べているように「スーパーバイザーの主な役割の1つは，スタッフに一定の感情面でのサポートを提供することである。スタッフを励まし，強め，刺激し，慰め，なだめなければならない」(403)。スーパーバイザーは不安や罪悪感を軽減し，確信と信念を強め，不満感を取り除き，しおれた心情をまっすぐにし，スタッフのもっているものを肯定し，伸ばし，磨り減った自己評価を生き返らせ，適応能力を高める自我を強化し，心理的苦痛を軽減し，感情の平衡を回復させ，慰め，支持し，元気づけようと試みる。支持的スーパービジョンは，業務上の緊張をどう管理するかに関係している（Itzhaky & Aviad-Hiebloom 1998）。

スタッフが有効に業務をこなすには，自分自身や自分の業務について心地よく感じる必要がある。しかし現実には，彼らはしばしば，落胆，不満，無力感，フラストレーションを抱き，価値を貶められていると感じ，不適格，混乱，不安，罪悪感，無関心，疎外感を抱え，無意味さに苛まれている。その理由は本章に説明されているように，さまざまである。あるスーパーバイザーは次のように幻滅感について説明している。

> スーパーバイジーは公立福祉機関で働く男性です。彼は大学院教育を受けていて，これが初めての業務です。彼は就職して9か月です。かなりの数のクライエントが結婚や親子問題を抱えるなかで，彼は担当ケースが多すぎるため，自分が望むような，そしてそのために訓練を受けた心理社会的サービスを提供することができないと感じています。幻滅した彼はこういいました。「自分がしていることは，どんな事務員だってできるでしょう。彼らは満足なプロでもないのに」。

あるスーパーバイジーは，戸惑いをこう説明している。

> なぜ自分がたじろいでいるのか，よくわかりません。ガルシア夫人の生活があまりにもむごいので，かかわりたくないからだと思います。彼女には7人の子どもがいて，夫はいません。そして病気を患っています。とても良い環境とはいえませんし，そこに身

を置きたいとは思えません（Amacher 1971:164）。

他のスタッフは，次のような状況における幻滅を説明している。

　最初に彼女は家出をしました。そして薬物の過剰摂取をしました。彼女の母のボーイフレンドが一緒に住んでいます。父はアルコール依存症です。ボーイフレンドからは性病をうつされ，妊娠しました。踏んだりけったりです（Amacher 1971:159）。

　支持的スーパービジョンには，幻滅，失望を感じている「ケアを行う者に対するケア」が含まれている。ある相談機関でこのような感情が度々起きているなら，モラルの低下がみられ，離職率の高さ，繰り返される無断欠勤，遅刻，ぼんやり，怠慢，不服従，度重なる苦情報告，人間関係の摩擦など，しっかりと相談機関を回していくには快適とはいえない結果につながるだろう。スタッフが自信をもってこそ，クライエントに信頼感や希望を伝えることができるのである。希望という感覚は，スタッフとクライエントとのかかわりがうまくいくかどうかに作用する重要な変数である。

　これまで，支持的スーパービジョンの一般的な責務はネガティブな意味合いで述べられてきた。同様に，身体的健康については病気が存在しないこととして狭義に規定されている。健康を単に病気が存在しないこととするよりも，ウェルビーイングとして広く定義することもできるだろう。同様に心理的ウェルビーイングについては，支持的スーパービジョンの目標でもあるが，ひとりの人間が到達しうる最高水準の，情緒的健康の完全な状態として規定することもできるだろう。

　この意味で，スーパーバイザーは，支持的スーパービジョンの責任を遂行することで，緩和，回復，慰め，元気づけだけでなく，よりポジティブに，業務に対する満足感を鼓舞し，駆り立て，引き立て，高めることができる。このようなスーパービジョンにより，何の楽しみもない義務遂行と熱心な取り組みとの違い，音符を弾くだけか音楽を作り出すのかの違いが生まれるのである。あるスーパーバイジーはこう述べている。

　スーパーバイザーが何をどうやったのかわかりませんが，彼女がグループに活力をもたらしたのは明らかでした。何か希望に満ち，明るく，元気の出る，楽観的なものを感じました。良いこと，意義のある多くのことを成し遂げられるだろうと，自信を得ました。この感覚は良いもので，保ち続けるのは難しいですが，それを感じている間は，素晴らしい，高度な，実に良い探求なのです。

支持的スーパービジョンの必要性は，ソーシャルワーク・スーパービジョンにおいて長期にわたり認識され続けてきた。1927年から1928年に行われたソーシャルワーカーの離職率に関する最も初期の研究の1つでは，「業務における不幸」という士気の問題が，離職理由の第2のカテゴリーとして挙げられている。「ソーシャルワークに対する不満足感」「気の滅入る業務」などの理由が含まれる（Pretzer 1929:168）。これらの問題は，当時の支持的スーパービジョンの関心事でもあっただろう。

現在，支持的機能は，スーパービジョンの重要な責務と考えられている。1600名の雇用者へのアンケートと，直接的な支援に携わるスタッフへの詳細なインタビューに基づくスーパービジョンに関する調査が，31の社会福祉機関とリハビリテーション機関を対象に行われた。それによれば，「支援」はスーパービジョンの重要な機能の1つであった。サポートは，「部下に対する感情面の支援を提供することであり，部下の自分は重要であり価値があるという気持ちを高めること」として規定されており，「全体としては，スーパーバイザーはかなりの支援を行っていると人事課は報告している。〔中略〕事実，他の数値と比較すると，支援の提供はスーパーバイザーがもっとも巧く行っていることである」（Olmstead & Christensen 1973:189）。それ以前の調査では，スーパービジョンの援助的側面12項目のうち，「支援と励まし」「努力の評価」が2番目と3番目にランクインしている（Cruser 1958:20）。

Nelsen（1973, 1974）は一連の68のスーパービジョン会議を録音したものを調査対象とした。彼女は，録音されたもののうち69％に「3ないしはそれ以上の支持的コメントが含まれていた」（1973:266）とし，このような介入が非常に高い頻度で行われていることを見出し，スーパーバイザーの支持レベルがスーパーバイザー―スーパーバイジー関係の緊張とに関連していることを示した。Nelsen は「人間関係の緊張を避けるためには，支持の活用はスーパーバイザーが体得すべき最も重要なスキルの1つである」（1973:340）との結論を出した。彼女は「支持を提供するテクニック〔中略〕は予想よりも幅広く，柔軟に利用されていた」（1974:153）と述べている。

スーパーバイザーにスーパービジョンにおける彼らの強みを聞き，スーパーバイジーにスーパーバイザーの強みについて聞いた調査では，支持的振る舞いが度々挙げられた（Kadushin 1992b）。合計347名のスーパーバイザーがスーパーバイザー―

スーパーバイジー関係の感情表出的側面に関する186のコメントを寄せた。スーパーバイジーはスーパーバイザーについて以下のように回答している。

- 私のスーパーバイザーは私の業務を認め，ポジティブに援護してくれる。
- 彼女は業務のストレスに敏感で，私の心身の健康を気遣ってくれる。
- 彼は常にサポートをしてくれるが，私が自立できるよう配慮してくれる。
- 彼は度々ポジティブなフィードバックを用い，良い業務については評価し認めてくれる。

スーパーバイザーは彼らの支持的振る舞いを，主要な強みの1つとして挙げている。483名のスーパーバイザーが138のコメントで，スーパービジョンにおける強みとして支持的振る舞いを挙げている。スーパーバイザーは次のように述べている。

- ポジティブに，公平に，支持的にかかわる能力。
- スタッフがリラックスして臨床的な問題を議論できるような，共感的・支持的環境作り。
- 私は共感的で，礼儀正しく，面倒見がよい，そして安心できる学習環境を提供している。
- 共感的に，直接的で，理解のある，非権威的なやり方でスーパーバイジーとかかわる能力。

あるスタッフは，自分のスーパーバイザーを「支持的スーパービジョンの師」と呼んでいる。

　私が大変な1日を過ごした後は，彼女はなぜかそれを察し，座って話を聞いてくれ，私を笑わせてくれるのです。彼女は非常にユーモアのセンスがあります。そして源となっている難しいケースあるいは状況について話し合い，時にいくつか提案もしてくれます。こうして，セッションを終えた後は，私は意欲を感じ，またやろうという気になります。私たちの作り上げた関係は，私の見方全体を変えてくれたようです。

NASW Workforce Studies は資格をもったソーシャルワーカーについて調査研究を行ったが（NASW Center for Workforce Studies 2004），それについての我々の分析

では, 支持的スーパービジョンが広範囲にわたり重要であることが強調されている。「自分のスーパーバイザーから支援やガイダンスを受けた」と同意した2500名を超える回答者は, 支持的スーパービジョンは, 彼らが医学的・心理的・社会的問題をもつクライエントに対応するときに役に立ち, 自分の目標に至ることができたとしている。支持的スーパービジョンはまた, スタッフが次に挙げる能力をどのように自己評価するかということにも関連していた。すなわち, 支援の要請に有効に応対できる能力, 相談機関やコミュニティサービスへアクセスする能力, クライエントにシステムをナビゲートするのを手助けする能力, 彼らのケアをコーディネートする能力, さまざまな機関と協力して, 彼らに代わって医療供給システムを調整する能力, 複雑かつ長期のケアを行う能力, サービス設計に影響を与える能力, 文化的差異に対応する能力, クライエントと時をともにする能力である。

当然ではあるが, 支持的スーパービジョンが低いと回答した者は, 2年以内に離職して, 他所で就労する予定だと報告している。

燃え尽き：定義, 兆候, 症状

ヒューマンサービスの従事者に悪影響を及ぼす業務のストレスは, 燃え尽き症候群として, 大きな, 爆発的ともいえる注目を浴びた。最初に Freudenberger が論文でこの名前をつけたのは1974年であるが, その35年後, Schaufeli, Leiter & Maslach（2009）は, 燃え尽き症候群について出版された書籍, 論文, 博士論文, 雑誌記事などが6000以上にのぼるとしている。私たちが行った「World Cat を使った文献調査」によると,「ソーシャルワーク」における「燃え尽き」はちょっとした図書館を形成できるほどの課題でもあり, 2009年を通して562以上の雑誌記事, 129の博士論文と修士論文, 87の書籍が出版された。依然として燃え尽きは注目のトピックであることは明らかで, 2010年だけで, ソーシャルワークの燃え尽きを扱った記事や論文の発表は100以上にものぼる。これら研究の主な要素は, 燃え尽きを定義し, 燃え尽きに結びつく態度, 振る舞い, 感情とともに, ソーシャルワーク実践や維持に対する影響を特定しようというものである。燃え尽き問題を抱えるスタッフを支援するには, スーパーバイザーはこれが出現したときにそれと識別で

きなければならない。

　燃え尽きは過渡的な現象（Savicki 2002）であり，職業上のストレスがもたらす「身体的・感情的疲労の症候群として定義できる」「ネガティブな自己概念，ネガティブな勤務態度，クライエントへの配慮や思いやりの喪失に関連している」（Pines & Maslach 1978:233）。これは，ソーシャルワークと組織の価値観が対立し（Schaufeli et al. 2009:209），「リソースに対する需要の持続的不均衡」がある場合に発現する（Schaufeli et al. 2009:208）。燃え尽きは「疲労反応であり，長期間にわたる人との張り詰めた関係が恒常的あるいは繰り返して感情的プレッシャーを与える結果である」（Pines, Aronson & Kafry 1981:15）。燃え尽きは業務への不満とは異なる（Onyett 2011）。むしろ戦争神経症に近く，他の職業人よりもソーシャルワーカーがかかりやすいとする根拠もある（Johnson et al. 2005; Lloyd, King & Chenoweth 2002）。たとえばSiebert（2005）は，ノースカロライナ州のソーシャルワーカー751名を対象とした調査研究において，現に燃え尽きを抱えるものが39％，業務に従事した全期間では75％であったとしている。

　ケースに突然問題が発生したときにスタッフなら誰もが経験する一過性の感情に注目して，ソーシャルワーカーを燃え尽き症候群とみなしているのではない。燃え尽きという用語は，正しくはストレスが累積し，長引き，積み重なった結果である，恒常的，慢性的状態のみをいう。

　機械であれば，過度のストレスが加えられた場合に，ヒューズがシャットダウンする装置として働く。コンピュータは要求が容量を超えると，動かなくなったり，フリーズしたりする。昔のピンボールは乱暴に扱ったり酷使したりすると*TILT*を表示した。人間の場合，機械のように保護調整機能が組み込まれていないので，燃え尽きたときに深刻な健康上の問題（Honkonen et al. 2006; Morrissette 2004），家庭の問題（Kahill 1988），職業上の問題（Maslach, Schaufeli & Leiter 2001）が生じたり，離職したりする（Kim & Stoner 2008; Mor Barak, Nissly & Levin 2001）。そのため「ケアの継続性が中断して，ソーシャルワーカーの職が空いたままになるとケアへのアクセスが制限されることになる。サービスを提供する組織に対して，新しい被雇用者の補充，オリエンテーション，訓練などの経費のために経済的損害をもたらすことになる」（Paris & Hoge 2010: 519）。燃え尽きは，当の職員に問題をもたらすだけでなく，伝染することもあり（Melamed, Shirom, Toker, Berliner & Shapiro 2006），同僚に新たな問題を引き起こし（Ducharme, Knudsen & Roman 2008），クライエント

の成果にも影響することがある (Yoo & Brooks 2006)。

　燃え尽きの兆候や症状に留意すれば，スーパーバイザーは燃え尽きの始まりを容易に見極めることができる。症状は身体，感情，振る舞いに表われる。燃え尽き状態にあるスタッフは疲労や慢性的倦怠感を示す。身体的に消耗し，かぜ，緊張性頭痛，消化不良，睡眠障害になりやすい (Cohen, Tyrrell & Smith 1991; Link & Phelan 1995)。

　感情的に燃え尽きたスタッフは，業務に幻滅して，業務を疎んじるようになる。自分が今，している業務に落胆し，望みを失い，悲観的になった結果，憂鬱や感情の枯渇を覚える。燃え尽きたスタッフは，業務の挫折感や徒労感の結果，怒りや憤慨を感じる傾向がある。熱意，興奮，業務への使命感を失い，業務に対するひたむきさや関心が徐々に衰えていく。業務は面白いものでも，満足感を与えてくれるものでもなく，我慢すべきもの，切り抜けるものとなる。

　燃え尽きに苦しんでいるか，燃え尽きの一歩手前にいるスタッフの行動としては，出勤するのに抵抗を示し，遅刻や無断欠勤が増えていく。職場では，時計を気にしたり，クライエントとの約束を延期したりキャンセルし，休憩を頻繁にとるようになり，しかも長くなる傾向がある。クライエントが現れなかったときには，それまでは心配をしていたスタッフも，その時にはほっとする。クライエントからの電話に出るのを渋り，折り返しの電話を先延ばしにする。クライエントと感情面で距離を置こうとして，クライエントへのアプローチはシニカルで無関心，無関係，無感動になる。クライエントに対し機械的で，柔軟性のない，狭量で事務的な扱いをし，援助の努力を怠るといった傾向が強くなる。クライエントとの話し合いでは，彼らをステレオタイプ化したり，けなしたりして，思いやりや配慮に欠け，彼らを個人としてよりも「ケース」として話題にする傾向がある (Kahill 1988)。

　燃え尽きたスタッフは，クライエントとかかわっているときに，アイコンタクトを避け，クライエントからの物理的距離を広げ，感情的な題材について話す気を失わせ，面接をできるだけ短時間で終わらせようとする。彼らは身体的に疲れており，感情は枯渇しているので，クライエントに対して性急で，すぐに気分を害する傾向がある。燃え尽きたスタッフは何とか自分が切り抜けられるようなことだけをする。習慣的に動いているので，時間を費やしているに過ぎない。ある女性スタッフは，自分が認識した燃え尽きに関する振る舞いをいくつか紹介している。

家庭訪問に遅れることがあったと思います。家庭訪問に行く途中何度も立ち止まり，自分の用を足して業務とは関係のない時間に充てました。クライエントとの面接中は距離をとるようにしたこともあります。そして彼らを他の相談機関やカウンセラーに紹介するようになりました。かかわる前からネガティブな姿勢だったと思います。ぶっきらぼうで温かみのひとかけらもありませんでした。今考えてみると，私は距離をとってクライエントに好かれないようにしていたのだと思います。もし私が協力的でも親切でもなければ，彼らに次の予約をどうするか尋ねたときに，希望しないと答えるだろうと思ったのです（Pines, Aronson & Kafry 1981:47）。

総じて，スタッフの態度は，感情面では業務から身をひいており，クライエントからは距離を置いて無関心である。クライエントに心理的に無関心な場合，共感的，受容的，信頼に足る応対をすることは難しい。燃え尽きにより，クライエントを機械的な存在として見るようになる。共感，理解，個別化に心理的な努力が必要とされるのに，スタッフの感情面ではもはやその余裕がない。地域精神保健機関で働くスタッフが述べている不満や不全感は，燃え尽き状態をよく表している。

状況はいつも同じようだと私は考えるようになりました。何も変化がなく，いつも同じ人，同じ状況でした。業務を始めると，怒りを感じました。人の話に耳を傾けなくなり，共感しなくなりました。感情のうえで生き残るためには，思いやりというものをなくさなければならなかったのです。この業務ではクライエントから多くの感謝を寄せられるわけではありません。これこそ悪循環で，私の怒りが強まっていくにもかかわらず，カウンセリングセッションで心を乱すようなことが少なくなり，今では当然クライエントとの間に起こる諸々の感情も少なくなりました（Pines, Aronson & Kafry 1981:46）。

別のスタッフは，燃え尽き状態に至るまでの変化を詳細に語っている。

症状が出始めた当時，60世帯の家族のあらゆる問題に非常に深くかかわっていました。次々に起こるあらゆることに，ケアと支援を惜しみませんでした。けれどもこれほどのかかわりを続ければ，すぐに気がおかしくなってきます。ですから私は少し離れて，これはクライエントの問題であると考えるようにしました。完全に巻き込まれていたのが，ある意味距離をとるようになったのです。結局，かかわっていた人たちに対して無感覚になりました。感情的に無関心になってしまい，そこにいないも同然でした。お金を稼ぎながらも，業務が私の生活の一部であるとは感じませんでした（Pines, Aronson & Kafry 1981:58）。

燃え尽きの症状を形成する感情は循環する。幻滅，絶望，シニカルな気持ちを味わい，クライエントや終わりのない問題に対して強まる憎悪や憤りを感知すると，

良心的な対人サービスのスタッフは罪悪感，羞恥，不快感を覚える。このような意識からストレスを伴う感情の負担が加わり，さらに燃え尽き症状が進行する。

　燃え尽きは自己増強のプロセスである。燃え尽きに関係する振る舞いが，ケースにおいて良好で満足のいく成果を達成する見込みを少なくする。そして無力感，絶望感が強まり，燃え尽きの度合いが増す。

　スーパーバイザーは，燃え尽きが進行するなかで，士気の喪失の伝染力に留意する必要がある。スタッフは落ち込み，幻滅感を抱くと，他のスタッフにその感情を伝染させ，彼らの業務に対する熱心さを低下させてしまい，ときにはスーパーバイザーにも影響することがある（Dill 2007; Stand & Dore 2009）。そのスーパーバイザーは「どうやったらスタッフをポジティブに保てるのだろうか？　私自身が燃え尽きの瀬戸際にあるというのに」と口にするかもしれない（Jud & Bibus 2009:425）。

スーパーバイジーの業務にかかわるストレスの源

　ここまで，燃え尽きやその段階的進行に伴うストレスや症状を認識することを学んできたが，スーパーバイザーは，スーパーバイジーが遭遇するストレスの特定的でかつ再発性のある源を理解しなければならない。これらストレスの源には次のことが含まれる。(1)スーパービジョンそのもののさまざまな側面，(2)相談機関のクライエント，(3)ソーシャルワーク業務の本質とコンテキスト，(4)ソーシャルワークの組織，(5)ソーシャルワークに対するコミュニティの態度，(6)スタッフ自身。これらの緊張をもたらす源について順番に論じる。ストレスの源について繰り返し説明するのは明らかに気が滅入ることだが，これを詳述するのは，スーパーバイザーが介入すべき問題についての理解を深めるためである。

ストレスの源としての管理的スーパービジョン

　先述のスーパービジョンの要素は，本質的にスタッフにとって緊張をもたらす源となる。第3章，第8章で検討しているように，管理陣が，相談機関の方針や，手続き業務の事前事後評価の条件に対するコンプライアンスを求めるプレッシャーは，スタッフに緊張をもたらす源となる。管理的スーパービジョンは，スタッフに

「より少ないものでより多くを果たす」ことを要求するが，これは燃え尽きを引き起こしかねない（Maslach, Schaufeli & Leiter 2001），特にスタッフが精神的消耗を回復する機会を拒否される場合に言えることである（Maslach & Leiter 2008）。管理的スーパービジョンにより被雇用者の役割と援助の専門職としての役割の矛盾を劇化させると（Acker 2003; Lloyd, King & Chenoweth 2002），燃え尽きをもたらすことがある（Acker 2011; Itzhaky & Aviad-Hiebloom 1998）。しかし，業務の不確実性を減らすような管理的スーパービジョン（たとえば業務ぶりをフィードバックし，ルールや方針，業務特有の指示を出し，サービスゴールなどについて明確な情報を提供する）は，役割のストレスを和らげ，ソーシャルワーカーを燃え尽き状態から保護するものである（Kim & Lee 2009）。このように，優れた管理的スーパービジョンは本来支持的であるが，不安定な業務環境にいるスーパーバイザーは，現実的で適切な目的を明確に規定し，相談機関の意思決定に参加する機会に影響を及ぼすような，明確な構造をスーパーバイジーに提供することは難しいと感じるだろう（Kim & Stoner 2008; Rafferty, Friend & Landbergis 2001; Schaufeli, Leiter & Maslach 2009）。

ストレスの源としての教育的スーパービジョン

　同じく，教育的スーパービジョンも緊張と支援双方の源である。教育には変化が必須であり，スタッフを標的にして変化をもたらす働きかけをする。変化には当然，一時的な不安定が起こり，かつての安定を崩すことがある。教育的取り組みでは，何らかの不安を引き起こすことは避けられない（Ellis, Krengel & Beck 2002）。
　慣れていない状況では，スーパーバイジーは有効な解決策を速やかに得られないということになる。正しいと思う考えは詳細な検討と疑問の対象となる。そのなかのあるものはスーパーバイジーに提示された新しい考えと相いれないことがわかる。過渡期は不安と一時的な自信喪失を特色とする。従来の手順は否定されるが，新しい手順はまだ十分に定着していない。しかもスーパーバイジーは新しいステップの採用に迷いがある。彼は「時間をかけて学んだことを自ら変える自信がない」のである（Rothman 1973）。
　学ぶということは，学ぶ者にとって，これに付随する感情的な事情を調整することであるが，その強度はさまざまで，主題の性質により異なる。ソーシャルワークの主題はおそらく個人内部の反射に作用して，それが学習のもたらす変化をさらに不確実なものにする。ソーシャルワークの内容は感情的負荷が高く，自我が関与す

るものである。この内容は，自分自身や自分を取り巻く世界のとらえ方を反映している。人間の振る舞いを学ぶなかで，私たちは自分自身について，私たち自身の防衛，動機やありのままの衝動を学んでいるのである。通常の教育状況下では，学生が批判的な検討を行い，可能であればその考えを変えることを求めるが，ソーシャルワークのスーパービジョンは，しばしば振る舞いや，ことによると人格の変化を指導する (Rosenfeld 2007)。スーパービジョンにおけるこのようなレッスンのコミュニケーションでは，当惑（Sabini, Garvey & Hall 2001）や羞恥（Hahn 2001），率直さの減少（Chorinsky 2003），自己開示（Yourman 2003）などが付随的に発生する。

変化の脅威は成人学生の方が大きい。学びには，これまで有効だった思考パターンや信念を壊す必要があるからである。同時に，従来の認識モデルに背かなくてはならない。変化を強いられる考え方や振る舞いとは，それまでに出会った重要他者である両親，教師，非常に大切な人物から取り込まれたものを含んでいるが，他のモデルを受け入れることはこれらの人々をある意味で否定することになる。背信行為は不安を生む。

ソーシャルワーク教育の大部分は，二次的な社会化を取り扱うものである。一次的な社会化の結果，マイノリティ集団，生活保護受給者，離婚，差別，人種差別，人間のセクシュアリティ，犯罪，青少年非行，暴力，校内暴力などに対する厳しい態度が発生している。学習者は他者とかかわる際の特定の行動パターンに慣れている。教育的スーパービジョンにおける社会化では，業務遂行の妨げになるこれらの態度や行動パターンの修正を求める。

個別スーパービジョンは学生の自立に脅威を与えるものである。学習レディネスには，一定の自律を放棄して他者からの指導を受け入れ，スーパーバイザーという指導者の権威に従うことになる。スーパーバイジーはまた，自分の妥当性への脅威にも直面する。学習状況は，限定的ではあるが，無知を告白する必要がある。無知を認めることで，スーパーバイジーは自らの脆弱性をさらすことになる。彼らは，批判・羞恥，そしておそらく拒絶の対象となるリスクを賭けて自らの力不足を認めるのである。

スーパーバイジーには，業務のやり方を知らないから不安であるという選択と，無知を告白して助けを求めることに不安になるという選択がある。無知を認め受け入れることは，学習の必須条件である。

教育的スーパービジョンはこのような不安感を生みもするが，緊張を和らげる効

果もある（Lizzio, Wilsonm & Que 2009）。教育的スーパービジョンがもたらす知識，スキル，問題解決は，スタッフに自信と，職務遂行をしていくうえでの保証をもたらす。知るべきことを学ぶなかで，スタッフはよりうまく職場環境の需要に適応できるようになる。これ自体が，満足感をもたらすものであり，支持的な自我強化である。

ストレスの源としてのスーパーバイザー―スーパーバイジー関係

スーパーバイザー―スーパーバイジー関係も，緊張と支援の両方の主な供給源となる（Angus & Kagan 2007; Foster, Lichtenberg & Peyton 2007）。Mayer & Rosenblatt（1973b）はソーシャルワーク実践者が遭遇したストレス状況の233の記録を入手し，以下のように述べている。「スタッフの不安感は，本質的にはそのスタッフが関与する重要な2つの関係の作用と考えられる。1つはスーパーバイザーとの関係，もう1つはクライエントとの関係である」(3)。

精神医学者 Babcock（1953）は，ソーシャルワーカーを治療するうちに，彼らは「クライエントに対しては力不足とは感じないが，スーパーバイザーに対しては自分の不十分さが露呈するのを恐れている。〔中略〕これらの患者としてのスタッフは，業務上の経験を話し合うなかで，スーパーバイザーを必要としていることを頭では理解しているが，〔中略〕理不尽な不安感があることを認めている」という立場を支持している（418）。

スーパービジョンの効果におそらく唯一最も重要な要素であるスーパービジョン関係が（Kilminster & Jolly 2000; Shulman 2010），なぜ緊張の源となるのだろうか？

スーパービジョン関係は，非常に精神的負荷のかかる濃密で親密，かつ個人化された状況である。高度に心的エネルギーを要する，意味のある人間関係すべてがそうであるように，スーパービジョン関係も転移要素，アンビバレンス，抵抗，それまでの発達上の葛藤の残滓を活性化させる。この状況は，特に転移（Bennett 2008; Lewis 2001）や逆転移（Counselman & Abernethy 2011）の肥沃なコンテキストである。

スーパーバイザー―スーパーバイジー関係は親子関係要素を再現させ，この初期の関係を連想させる不安を再活性化する。

同様に，スーパーバイザーが親の代わりになりうるならば，同僚のスーパーバイジーは親の愛情を競う兄弟となる。この状況は兄弟関係の問題の残滓を再活性化させるおそれがある。同僚やスーパーバイザーとのやりとりは，職場で経験するスト

レスレベルと直接的な神経生物学的関係があり（Cozolino 2006, 2010; Divino & More 2010），参加者間の人間的なアタッチメントという結合によって仲介されている（Kaib 2010; Fitch, Pistole & Gunn 2010; Foster, Lichtenberg & Peyton 2007; Renfro-Michael & Sheperis 2009）。これらが成人の学習と業務ぶりを決定することは常に考慮されるべきである（Johnson & Taylor 2006）。たとえば，衝突と緊張は，ケース状況に対する担当スタッフの感情的反応について話し合いたいとするスーパーバイザーの確かな要求から生まれる場合もある。あるスーパーバイジーはこう述べている。

「正直さ」がよいケースの印だと考えていた私は，ケースのプロセスレコードに，面接で感じたあらゆる疑問，恐れ，不安を書き込みました。最初はこの率直さをスーパーバイザーも喜んでいました。しかし，そのうちスーパーバイザーは，私がこれほどの不快さを感じる裏には何があるのだろうと思いはじめました。ある時点で，患者についてよりも私自身のことについて話し合う時間が長くなりました。私たちは私の病理について，そのおどろおどろしい詳細に至るまで検証しました。スーパービジョンの話し合いを終えた私は，自信喪失で震え，傷つき，バラバラになったように感じていました（Mayer & Rosenblatt 1975b:186）。

あるケースでは，スタッフはスーパービジョンで期待が充足されなかったことにストレスを感じた。

私はスーパービジョンも，ケース評価も自分自身についての評価も受けたくありません。難しいケースを担当するときには，Barry をつかまえて力ずくで注意を引きます。けれどもそれはスーパービジョンではありません。つまり本を読むことを選択しなければ，専門職としての成長はないということです（Fineman 1985:57）。

別のスタッフはスタイルの違いから来るスーパービジョンのストレスを経験した。

技術に関するスーパービジョンをジョーから受けていましたが，彼のパターナリズムに我慢できなくなり，それを彼に伝えたことで彼は非常に傷つきました。彼はとても親切な人でしたが，彼の質問の仕方は私には合わなかったのです。ですからスーパービジョンやアドバイスはほかで受けることにしました（Mayer & Rosenblatt 1975b:51）。

ほかのスタッフの場合，共有の必要性と，評価のために共有がもたらすものとの葛藤がストレス源となった。

私はスーパーバイザーと定期的にミーティングを行っていましたが，私の問題を作業報告書に記入するのはいつも避けていました。彼女を信頼できるのでしょうか？　キャリアを積んでいくには彼女の支援が必要ですが，これらのことを彼女は私に対して悪用

表6.1　スーパービジョンにおけるスーパーバイジーの不満の源

項　目	強い不満の源としたスーパーバイジーのパーセンテージ (n=384)
スーパーバイザーは機関の運営管理とスーパーバイジーのニーズとを対立させることに消極的だ。	35
スーパーバイザーは私の業務ぶりに対し十分な批判をしないため，私は自分が間違ってしてしまったことや，何を変えるべきかがわからない。	26
スーパーバイザーは私がクライエントと直面している問題にどう対処すればいいのかについて，実際に有効な手助けをしない。	25
スーパーバイザーは気ままで，自分の権威を振りかざす傾向がある。	23
スーパーバイザーは定期的で計画的で中断のない話し合いをしてくれない。	21
スーパーバイザーが管理的・支配的すぎるため，私の専門職としての自律性や自主性が制限される。	20
スーパーバイザーは私の業務に対して心からねぎらってくれない。	15
スーパーバイザーは不必要に依存を促す傾向がある。	14
スーパーバイザーは判断を下すこと，判断の責任をとることに消極的で，ケースを判断する重荷はすべて私にかかってくる。	12
その他（さまざま）	22

出典：Kadushin, A.（1973）『スーパーバイザー・スーパーバイジー：アンケート調査 Supervisor-Supervisee: A questionnary study』より未発表原稿．マジソン：ソーシャルワークスクール，ウィスコンシン大学　Madison:School of Social Work, University of Wisconsin

するでしょうか？　議論すべきではあるのに，議論されないことで痛みを伴う事柄もあります。私にとっては大変なジレンマです（Fineman 1985:52）。

スーパーバイジーの回答から，スーパービジョンがもたらす付加的ストレスの源を表6.1に要約した。

スーパービジョン関係は本来ストレスを伴うものではあるにせよ，スーパーバイザーは対人関係の局面において変化し，進んで欠点を認め，間違いから学ぶ（Nelson, Barnes, Evans & Triggiano 2008）ことにより，人間関係のストレスを軽減させると（Nelson & Friedlander 2001），調査研究が示している。Shanfield, Mohl, Matthews & Hetherly（1992）やSchulman（1991, 2006）は，スーパーバイジーには，共感的なスーパーバイザーがより有効であり，これは対人関係の神経科学と一致している

こと（Gallese 2003; Gallese, Eagle & Mignone 2007），スーパービジョン関係の質はスーパービジョンにおける共感によって決まること（Falender & Shafranske 2004; Itzhaky & Eliahou 2001）を報告している。したがって，スーパービジョン関係は，スタッフのストレスを悪化させることも，和らげることもある。

ストレスの源としてのクライエント

クライエントとの関係も，ソーシャルワーカーにとってストレスの源となる（Acker 2010C, 2011; Savaya, Gardner & Stange 2011）。スタッフは大きなストレスを抱えて生活する人々を相手にしている。保護を必要とする子どもとその家族，高齢者，救急処置室にいるクライエント，HIV感染者，ホームレスの家族，精神疾患の人，DV加害者や被害者，性的虐待を受けた若者，自殺未遂者，トラウマの被害者などである。彼らは重大局面でソーシャルワーカーに出会うのだが，その時期は感情反応が過剰かつ強度である。

自分の感情反応を制御しなければならないなかで，不安，怒り，うつ，悲しみ，恐怖といったむき出しの感情や，高い感情的負荷に絶えずさらされている状況に対処するのは，元気や活力を奪うことになる。「面接でクライエントと一対一で接しているスタッフは，抑圧を受けてない原始的な大量の感情に常にさらされている。感情の雪崩に〔中略〕スタッフは直面しているが，これは広範な心理的支援を行う業務特有の常軌を逸したストレス状況である。ある意味これはこの職業特有の危機である」（Feldman, Sponitz & Nagelberg 1953:153）。

クライエントの強度な感情体験や表出にさらされたスタッフは，「伝染」プロセスを通してこれらの感情を自身で体験することもある（Siebert, Siebert & Taylor-McLauglin 2007）。このプロセスは共感の感情次元へと通じている（Shamay-Tsoory 2001）。感情移入を課すという実験で人々の脳をスキャンしたところ，次のようなことがわかった。

> 感情プロセスに関係する脳の辺縁系エリア（視床部），顔（紡錘状回）や体の知覚に関係する皮質エリア，および他者の行動の反射に関係する〔神経〕ネットワーク（下頭頂小葉）で，情動性の高まりが観察されたと報告した。〔中略〕このことから，感情移入は〔中略〕他者の精神状態の特に身体的，知覚的，運動的な表示を促し，観察した精神的・身体的状態は知的な感情移入に比べて活発に反射していると述べている。知的な感情移入においても，ネガティブな，あるいは不快な感情処理に関係する脳のネットワー

ク活動は高まっていた（Nummenmaa, Hirvonen, Pakkola & Hietanen 2008:571-78）。

　ネガティブなあるいは不快な感情を時間，日，週単位で処理するということは，ソーシャルワークを「感情労働」の一形態であるとみなすことである。感情労働においては，感情移入の経験や発露が業務の一部とされる（Hochschild 1983）。聞くところによれば，多くのソーシャルワーカーは自らの感情移入傾向に導かれて，この業務についていると感じている。逆説的ではあるが，この傾向は，感情移入がクライエントに対する自動的かつ心からの反応である限りにおいて，彼らを燃え尽きから保護するものである（Martinez-Ingo, Totterdell, Alcover & Holman 2007）。さらに，クライエントの感情にさらされる影響は，そのような感情に対する感受性や反応を強化しようとするソーシャルワークの訓練によって激化すると思われる（Gerdes & Segal 2011; Gerdes et al. 2011）。共感しなければいけないということは，クライエントと感情をともにしなければならないということである。スタッフが本当に共感する場合，多くのクライエントが苦痛，悩み，絶望，痛みを感じているに違いない。あるスーパーバイジーはこう語っている。

　　人を相手にして業務をすると，いきなりプレッシャーにさらされます。人間を紙切れ同様に扱って，ファイルして次の日には忘れてしまうなどということはできません。相手が大変な問題を抱えて自分のところに助けを求めにやってきたのなら，最善を尽くして手をさしのべなければなりません。すると自分自身がそのプレッシャーを抱えることになるのです。これこそ業務の一部といえるでしょう（Parsloe & Stevenson 1978:300）。

　けれども，時間をかけて，面接を重ねるたびに感情の消費が累積して，スタッフは感情面で消耗や疲労を抱えることになる。そのため，他者の気持ちを感じるという感受性が燃え尽きやうつ状態，業務上の機能障害に関連しているとするなら（Siebert et al. 2007），少なからずそこに戸惑いが生じる。特にソーシャルワーカーがいったん「空っぽの状態になって」行動する以外に，1日の残り時間をやり過ごす方法はない（Martinez-Ingo et al. 2007）。あるスタッフはこう述べている。

　　本当に暗い1日でした。4つの面接が続き，次から次へと何人かのうつ状態の女性たちと話をしました。時間が経つにつれ，私のオフィスの雰囲気はだんだんと陰鬱になっていきました。憂鬱と悲運，落胆と絶望に包まれました。最悪なのが，最後のルースとの面接です。彼女は恋人に別れを告げられ，自分は生きている価値があるのだと私に説得して欲しいと望んでいたのです。他のクライエントの気分が伝染して憂鬱な気持ち

だった私は，つらいながらも何とか自分を奮い立たせて，人生はポジティブなのだと示そうとしました。

NASW Membership Workforce Study（NASW全会員への従業員調査）（Arrington 2008）に参加したソーシャルワーカーのうち16％は，困難なあるいは試練となるクライエントへの取り組みはストレスを生じさせると答えている。このような経験が時とともに積み重なり，「共感疲労」（Adams, Boscarino & Figley 2006; Adams, Figley & Boscarino 20085）や「代理トラウマ」（Cunningham 2003）へとつながっていく。Bride（2007:63）は600名の修士号をもつソーシャルワーカーへの調査結果について，「直接的な取り組みに従事するソーシャルワーカーは，トラウマをもつ人々に働きかけることで，二次的トラウマによるストレスからの出来事にさらされることが非常に多い。多くのソーシャルワーカーが少なくとも何らかの〔二次的トラウマストレス〕症状を経験していると考えられ，稀ではあるが〔PTSD〕診断基準に合致する者もいる」と要約されている。

スタッフが出会うクライエントの中に，相談機関のサービスを求めてもいなければ望んでもいない者も，敵意をもち，助けようとする努力に抵抗する者もいる。取り扱うケースには，多くのスタッフにとって不快な行動をするクライエントたちが含まれる。児童に対する変質者，妻に暴力をふるう者，強姦犯人，幼児を虐待する者などである。このようなスタッフ自身の敵意や，一部のクライエントに対する反発というごく人間的な反応とは裏腹に，専門職としての実践原理は，彼らに受容的に振る舞うことを要求する。次の抜粋は，あるスタッフが，ある敵意をもつクライエントとの面接を前にして自分の気持ちを述べたものである。

このスタッフは，子どもたちが他所に移され，彼らを取り戻したいと考えている母親を訪問する予定だった。

> 私はこれから予定している訪問が怖くてなりませんでした。私は敵意と向き合ってつらい時間を過ごしましたから，P夫人もかなり敵意をもっているだろうと思っていました。〔中略〕訪問する日の朝，私の不安はだんだん高まりました。他のスタッフがいるところにとどまりたいと思い，オフィスにいる時間をできるだけ引き延ばしました。最終的にP夫人の家に車で向かいました。そして，残念なことに彼女の家の近くに着きました。別方向に行きたいと心から望みながら，足を引きずり，丘をとぼとぼと歩いていきました。〔中略〕P夫人が約束を忘れていて，家にいなければいいのに，と思ったことを覚えています。けれども彼女はいて，私のためにドアを開けてくれました。自分が何か，死刑執行に向かう死刑囚のような気がしました（Mayer & Rosenblatt 1973: 8）。

ソーシャルワーカーは最善の努力をしているにもかかわらず，クライエントによっては，提供された特定の援助を有効利用する能力が乏しく，公然とした敵意はないまでも，時に無関心や抵抗を示すので，いつもわずかばかりのささやかな調整をするだけに終わることもある。彼らの問題は比較的扱いにくい場合が多い。クライエントの人間関係の環境は，実際に有害ではないとしても，しばしば支持的でもなく，恵まれていないことが多い。このようなクライエントは，スタッフの時間と精神的エネルギーに対して，非常に重くストレスフルな要求をするが，見返りとして得られる職業的満足度はほんのわずかである。依存的で，精神的負担をもたらすクライエントは，スタッフのもっている精神的エネルギーを奪い，スタッフは感情的にすり減り，疲れきって，無力かつ無気力になる（Acker 1999）。

業務が完了したこと，目的を達成したなど，終結の感覚がないことはしばしばある。スタッフは経験を通して，頻繁な接触は周期的かつ一過性のものであり，常習性の割合が高いことを学ぶ。あるコミュニティの精神保健クリニックのスタッフはこう述べている。

> この女性には自宅に出入りしているボーイフレンドがいました。彼は一緒に過ごしているときは，彼女の子育てをよく手伝います。2人が口論になって，彼が出て行ってしまうたびに，彼女は絶望して私に電話をしてきます。最初は私も彼女のところに出かけ，2時間ほど元気づけるようなことを話していました。こういったことが数か月ごとに定期的に繰り返されたので，1年ほどすると私は彼女に対し，それほど反応しなくなりました。彼女に会いに行かずに，電話で話すようになりました。「彼がまた出て行ってしまったの」と言われれば，「前にも出て行きましたね」と答えるようになりました。彼女が怒っているようでしたら，数日内に会いに行く，と答えていました。時にまったく行かないこともありましたし，彼女のことについて先延ばしにするようになりました。(Brodsky & Edelwich 1980:186)。

精神科医，心理学者，ソーシャルワーカーを対象にした満足度とストレスの調査研究において，Farber & Heifetz (1981) は「治療効果への疑問が主なストレス源の1つ」(626) であると報告した。彼らは「献身に比して，あまりにも見返りが少ない」ことにストレスを感じ，「そのことで自分の努力に効果があるかと疑問を抱き，それ以外のことでももろくなっている」と述べている (674)。「多くのセラピストが，治療が成功しないことを，治療作業における唯一最大のストレス源であるとしている」(Farber & Heifetz 1982:5)。

心理療法士がストレス源と感知しているものに関する調査研究では，クライエン

トが中心であることを示唆している。怒りを示し，意欲に欠け，目に見える進歩を示さないクライエント，早期に終結したクライエントをストレス源とする回答がもっとも多かった（Deutsch 1984）。

また業務中に身体的危険に見舞われることもストレスである。Norris（1990）はイギリスで行われた一連の調査研究を検証し，ソーシャルワーカーにとって暴力は職業的危険であり，相対的に「警察官を除けば，ソーシャルワーカーは非軍事関係のどの職業よりも暴力を受けるリスクが高い」との結論を出している（17）。この研究は「ソーシャルワーカーのストレスに関して主要な，しかしあまり知られていないものを強調している」（168）。

「現場のソーシャルワーカーのほぼ4分の1が業務中に身体的攻撃を受けていて，半数近くが暴力による脅しを受け，4分の3以上が怒鳴られたり罵倒されたりした，とする The〔British〕National Institute of Social Work（英国ソーシャルワーク協会）による調査結果がでている」（Wilmot 1998:24; Weinger 2000）。

NASW Workforce Study（NASW 従業員調査）の回答者の半分近くは，クライエントによる暴力は職場における重大事であると報告している（Whitaker & Arrington 2008）。さらに精神保健の現場では，有資格ソーシャルワーカーの30％が子どもや思春期のクライエントから暴力を受けており，43％は直近6か月以内に成人クライエントからの暴力を受けたと報告している（Whitaker & Arrington 2008:17）。

実際には，ほとんどの実践現場では，身体的暴力は比較的稀であるとしても，言葉による暴力を受ける頻度は高い。強いストレス下にあるクライエントは，常に十分な自己制御をできるわけではなく，怒りの感情がそのままソーシャルワーカーに対する言葉での攻撃として表現される。里子家庭を支援するソーシャルワーカーの言葉を見てみよう。

　私は面接後，動揺していました。Ｎ夫人に，彼女の状況を考慮するなら，ジョニーを家に帰すことはできないと言うと，彼女は「できない，ですって？　したくないという意味ね」と言いました。彼女の声は高くなり，顔は怒りで赤くなってきました。彼女は冷静さを失い，叫びました。「見下げた性悪女だよ。とんでもないあばずれだよ。あんたが私を好きじゃないってことはわかっていたよ。でもこれほど私に悪さをしようとは思わなかったよ。いまいましい」と。こんなことを言われれば，気持ちが乱れずにはいられません。

スタッフは暴力をふるわれても，普通の自己防衛手段である，逃げたり言い返し

たりをしない。クライエントとの接触を継続し，支援努力を続けていかねばならない。スタッフの決定は往々にしてクライエントの生活状況に大きく影響することがある。その決定により子どもが養子縁組に出されたり，職が見つかったために服役者が仮出所できたり，虐待を受けた子どもが親から引き離されたりする。スタッフの責任は重大で，決定がもたらす影響を自覚することが，業務上のストレス，不安，罪悪感の源にもなる。しばしば，悩ましいほど不確実，曖昧な状況で，限られた情報を元に，スタッフは重大な決定を下さなければならない。さらに，予測不能な人間の境遇の途轍もない複雑性をよく弁えているという認識をもって決断を下さなければならない。これは人のもつ包括的理解の最善のものを超えている。

　児童福祉で経験する状況の多くは，ギリシャ悲劇の本質的要素を備えている。これらの状況には，矛盾していながらも妥当かつ正当な重要性とニーズがある。里親の権利・特権と実の親のそれとの間には，対立が存在することがある。この対立は，成長した子どもが自立して暮らしていく権利と，年老いた親が保護や支援を受ける権利の間にも存在することがある。しかもスタッフは，自分の決断を後に検証して，はらはらすることもある。ソーシャルワーカーは一般の人びとに対しては公けの責任をもち，クライエントに対しては個別の責任をもっている。今日ではクライエントは自分についての記録にアクセスする権利をもち，ソーシャルワーカーを名指しで被告人とする不服申立てや訴訟を起こすこともできる。

　また，クライエントそれぞれの対立的ニーズの間で決断しなければならないときもある。一人のクライエントに膨大な時間を割くということは，他のクライエントをおろそかにしているということにもなる。あるスタッフは次のように述べている。

　　私が感じた葛藤は，規則とクライエントの間のものだけではなく，クライエントとクライエントの間のものでもあります。あなたが学校教育や職業訓練を受けられるようにクライエントを援助したいと思い，あるいは個人的な問題をあなたに相談したいと熱心に思っているクライエントを援助したいと思うとき，その時間を基本的な物資を切実に必要としている人々がそれを手に入れる援助のために使えないことを承知しているべきでしょう（Miller & Podell 1970:24）。

ストレスの源としての課題の特性とコンテキスト

　ソーシャルワークの課題の特性や，業務を遂行する条件がストレスの源となることもある。先に見たように，スタッフが従事する業務は，スタッフ自身の生活に深

く浸透している。分離の体験談に直面したスタッフは，自身の親の入院や死亡，離婚の危機などに際して感じた分離不安を思い出して不安を覚えるでしょう。

「業務そのもの」が業務上の満足感を予測するうえでもっとも有効であるならば (Smerek & Peterson 2007:229)，「生活自体に密接に関連した業務で生計を立てている場合，業務とそのほかの生活領域を分けることは非常に難しくなる。しばしば業務の課題と生活が同時に経験されるため，他の分野よりも不安は大きい」(Babcock 1953:417)。あるスタッフの言葉を見てみよう。

> Sue はまたしても未婚の状態で妊娠しました。彼女は妊娠することがいかに容易なことか，自負といくぶんかの後悔を交えて語り続けました。彼女が話し続けるにつれて，私の心は嫉妬でこわばりました。彼女はこうも簡単に妊娠するのに，なぜ私には難しいのか？　私たちは1年間，子どもを作ろうとしてきましたが，絶望が増すばかりでした。子どもが欲しくてならない私は妊娠せず，子どもを望まない Sue が努力もせずに妊娠するのです。Sue が彼女自身の問題を話しているのを聞き続けるのはつらかったです。聞けば聞くほど私の傷は深くなっていきました。

また，スタッフが自分のもつ力と資源を超えた責任を負わされることからストレスが起こることもある。社会はソーシャルワーク相談機関を支援する。なぜならばそれは社会を管理していくに際し，必要な組織の1つだからである。社会問題へと発展しうるような状況がもたらす影響を緩和したり，社会の機能不全がもたらす極端な影響を和らげたりもする。相談機関は，限定された支援を得て，この二次的な機能を果たす。一次的機能を遂行するために必要なサポート，予防とリハビリテーションのための適切な手段を提供することであるが，社会にはまだ，二次的機能を認める準備ができていない。したがって，スタッフは援助をするように求められたグループに対して社会がもつアンビバレントな方針を実施していかなければならない。ますます，彼らに求められることと，それを可能にするための資源を提供することに対する社会の積極的な姿勢とに葛藤をもつようになる。

スタッフもその専門職そのものも，差別，失業，住宅難といった重大な社会的病理を変えるほどの力をもたず，それが直接スタッフができることを制限する。スタッフが自分の力ではどうすることもできない，これら重大な外部事情はスタッフが救済することや変化することの力の及ばないところにあり，彼らの実践に影響し，彼らの努力の成果を左右する。

スタッフは最善を尽くして，自分の力ではどうしようもない条件のもと，不可抗

力の不公平にさらされたクライエントを助けようとするが，その結果，無力感，フラストレーション，挫折感を味わうことになる。明らかな達成感を得るのは難しい。あるスタッフは不可抗力の事態にあるクライエントを助けようとしたときの反応についてこう書いている。

　私はネズミとゴキブリの話にうんざりして，ゴキブリが壁や床を這っていてもそっと気づかないふりをしていました。壊れたボイラー，トイレ，冷蔵庫の話にも，来てもくれない配管工の話にも，ホールにいる麻薬常習者の話にも，アパートに押し入って時計やアイロンや，シーツ，子ども服，食物など，震える手に持てるだけのものを盗んでいく麻薬常習者の話にもうんざりしていました。喘息，高血圧，貧血，関節炎，歯痛，頭痛，「神経」の話にもうんざりしていました。それから「彼は出て行った，けど，足りない。どこに行ったのかわからない。働きたいけど，でも。わかるでしょ，彼はのろくて，ぼーっとしてるの。朝は最悪。クリニックに行ったけど，医者といったら。お金が必要なんだけど。先生は彼を家に帰したわ。だって。８年生で」などという同じような話を聞くのもうんざりでした。貧困とは鋳型にはめ込まれていて，ほとんどバリエーションなどというものはないのです（Walton 1967）。

　曖昧な目的のために働くことでストレスが生まれることもある。相談機関が社会から与えられる任務は，しばしば定義が不十分である。コミュニティは時として，社会問題を前にした相談機関への期待を明確にしない。最終的にスタッフは，定義が不十分で，矛盾さえ孕んでいる目的に対し，決断を下さなければならない。Temporary Assistance For Needy Families（貧困家族への一時援助金）を受けている母親は，子どもが母親を必要としているときにでも働きに出なければならないのか？　刑務所は処罰か，リハビリテーションを目的としているのか？　重度の障害をもつ子どものために，コミュニティは両親とともにケアを負担すべきなのか？　ゲイやレズビアン，性転換を行った者は里親になれるのだろうか？　さまざまな状況において，スタッフは，自分もコミュニティもまだ決めかねているモラル・倫理問題について，決定を下し，行動を起こすストレスに常にさらされている。

　スタッフが抱えている職業上のストレスの一部は，自分たちがしていることだけでなく，そのやり方についても確信をもてないことから生じている。クライエントを支援するテクニックやアプローチは，十分に確立されたものではなく，スタッフの行動の明確なガイドラインにもならない。多くの状況では，最も有効なアプローチに関する専門家たちの意見は一致していない。知識を不十分・不完全にしか体得していないうえに，専門知識そのものの限界も受け入れなければならない。

スタッフは，相反する要望と期待とのバランスをとることに，ストレスを感じる。スタッフは客観性を要求され，クライエントと感情のうえでは距離をとらなければならない。しかし同時に，共感し，クライエントが感じていることを感じ，クライエントの状況に自分を重ねることも要求される。これらの要求は矛盾している。

　スタッフはクライエントを個別化し，クライエント一人ひとりの独自性に留意しなければならない。同時に，診断に基づく償還や事務手続きのために，彼らにラベル貼りをしなければならない。ラベル貼りには，非個別化とステレオタイプ化がつきものである。クライエントをありのままに，非審判的に受け入れなければならない。同時にスタッフはクライエントの振る舞い，クライエントの処遇可能性，クライエントの動機，クライエントの操作性についてアセスメントしなければならない。クライエントを人間として受け入れ尊重しなければならないが，その機能不全の行動は拒絶しなければならない。罪を憎んで人を憎まずである。これを分けるのは難しい。というのも，振る舞いは，人のアイデンティティの重要な構成要素だからである。スタッフはクライエントをありのまま受け止めなければならないが，ありのままのクライエントは好ましくないという理由から，クライエントが変わる手助けをしなくてはならない。したがってスタッフは受容と変化への期待という相反する判断のバランスをとるのである。

　スタッフは信頼に値し，誠実であることを期待されるが，同時に面接態度を意識的にコントロールしなければならない。「自発的にコントロールされた」振る舞いもやはり，相反する要請を内包している。スタッフはクライエントの自己決定を尊重しなければならないが，同時にクライエントを自傷行為から保護しなければならない。

　一方でクライエント関係ではプロでなければならず，他方では人道的伝承を守らなければならない。この相反するプレッシャーがストレスへと結びつくのである。専門的関係とは，知識の不平等とスタッフの権限の優位を意味する。人道的伝承は，関係における対等性と協働性を追求するものである。プロとしてのスタッフは，専門性という意味ではクライエントよりも「優れて」いる。治療関係とは本来，不平等な関係である。ソーシャルワーカーは援助者であり，クライエントとは援助を必要とする人間である。しかしこの不平等性はソーシャルワーカーにとって不快であり，スタッフは差異という現実と平等主義の志向性との不協和音からある種のストレスを感じる。

多くの職業において満足感を与え，それゆえにネガティブな感情を無効にする要素とは，業務をうまくできた，良い成果が得られたと，自分および他者が認めることである。ソーシャルワーカーの業務は，それ自体を裏付けるものではない。一般に，介入がうまくいったかどうかの指標として観察可能で客観的かつ明白なものはほとんどない。スタッフは，自分が組み立てを手伝った車が道を走るのを生産ラインから外れて見ることはないし，欠陥のある心臓が冠状動脈バイパスで回復する姿も，クライエントに有利な陪審員評決を見ることもない。ソーシャルワーカーは，自らの介入が変化をもたらしたという明白な証拠によって報われることもほとんどない。

　彼らの業務は人目のつかないところで行われるため，他の専門職がスタッフの業務ぶりを目にしてスタッフを褒めるといった，力量に対する承認を得る機会もない。手術室にいる医師，法廷の弁護士なら，活動中の専門性を目にした同僚から称賛を受けることもあるだろう。

　役者やスポーツ選手，音楽家のパフォーマンスはクライエントである観客の拍手を受ける。拍手とは明白なその場の称賛の表現である。対照的に，スタッフは直接クライエントからの拍手によってその能力の承認を得るのはまれである。多くのクライエントは自分自身の問題に手一杯で，スタッフの努力に称賛や感謝を表すために,何かすべきだなどと考えるには至らない。スタッフは人目につかず目的に向かって業務をする間，その目的が達成されたかどうかを推測するしかなく，クライエントから自発的かつ自主的な感謝を受けることはまれにしかないので，スタッフは自分の能力や業務の意義について懐疑的になり，ストレスを感じる。

　ソーシャルワーカーはクライエントを援助する主要な手段である。ソーシャルワークでは他の職業におけるよりも，失敗がただちにソーシャルワーカーの人間としての適性や能力の価値を下げるものとして受け取られる。この職業ではとりわけ，円滑な人間関係が，第一ではないにしても重要な成功の鍵なのである。そういった関係を築くことができるかどうかは，かなりの程度まで，私たちが人間としてどのようなやりとりをすることができるのかに左右される。その結果，物事がうまくいかなければ，スタッフは自己覚知するなかで，自分自身に焦点を当て，自分のニーズや感覚がいかにやりとりのなかで侵入したかを明らかにしようとする。他の職業よりも一層，ソーシャルワーカーはそうだと言える。そうして失敗は容易に個人化される。

ソーシャルワークの資格があることで他者からの期待が高まり，それもストレスとなる。大臣，牧師，ラビの肩書きをもっている人々が，大衆よりもモラルの点で優れていることを期待されるのと同様，資格をもっているソーシャルワーカーも，順応性が優れて人間関係に長け，よき親であり，結婚生活も上手くいっていることを期待される。肩書きにふさわしい期待に恥じないようにという，ストレスにつながる重圧を覚えることがある。スタッフは自分の子どもや配偶者との関係で困難が生じた場合，どのような複雑な人間関係でも当たり前のことなのだが，他の人々よりも強烈に失望や挫折感を覚えるようだ。

困難で，時に暴力的なクライエント，おのれの力量や資源を超えた責任を伴う業務，曖昧なゴールや相反する要求，「膨大な業務量」と「時間不足」「見合わない報酬」などがソーシャルワーク業務のストレスを生み出すことになる（Arrington 2008:3）。

緊張とストレスの源としての組織

Barford（2009）が述べているように，業務の環境は燃え尽き状態と深く結びついている。組織の混乱，頻繁な再編成や規則変更はストレスを生み出す。組織が，高度に意思決定を集中させ，システムを高度にヒエラルキー化し，入念に構築されたルールや手続きを備えたケアマネジメントを重視すると，職場環境は，ストレスを生み出す可能性が高くなる（Acker 2010b; Kim 2008; Lindblom, Linton, Fedeli & Bryngelsson 2006）。

多くの大規模な公的機関で働くスタッフは，常時，変更される指示に適合するのにストレスを感じている。

> 規定の所得維持政策やサービス活動がしばしば中断されることが，担当ケースにさらに負担をかけることになる。アトランタ州では，「あまりにも多くのマニュアルの通達があり，それがあまりにも頻繁に変更になるので，すべてのことに通じているのは不可能だ」と述べている。変更が頻繁に行われるため，機関はマニュアルを更新できずにいる（Galm 1972:30）。

クライエントの福利が必ずしも機関の福利と同等ではないことから，専門職としての態度と官僚的態度における誠実な行為について，主張をたがいに譲ることはない。Billingsleyは児童福祉機関でこの対立について調査研究を行い，以下のような報告をした。

ソーシャルワーカーはクライエントのニーズを満たそうと知的・感情的取り組みを行っているが，このニーズは機関が構築したアプローチの枠組み内で充足しなければならない。〔中略〕これは，明らかにスタッフ自身のクライエントのニーズ評価を超えたものである。これは，他職種の調査結果とも一致している（Billingsley 1964:403）。

2つの方針の対立は，一定数の部署に業務遂行を要求する機関と，最善を尽くして業務をしたいという現場との間に緊張を生じさせる。Billingsley（1964）はこれを，量的成果と質的遂行の対立として特定した。

多くのスタッフの場合，給与と関連するストレスが見られるが，業務量の多い場合には特にそうである（Arrington 2008; Strolin, McCarthy & Caringi 2006）。もちろんソーシャルワークを職として選択する場合，収入が強い動機であったとは考えにくく，収入以外の満足感のほうが重要であろう。しかし適切な報酬が最重要事項ではないにしても，特に超人的な業務を容赦なく要求されている場合，ある人が言ったように報酬は「神経を和らげる効果が絶大である」。給与はしばしば，社会における人の価値の客観的ものさしとみなされていることは無視できない。低い給与は，その人がそれほど重要でないと考えられていることを示しているため，きちんとした自尊心を保つのは難しい。業務について給与以外のものさしがないことは前述したが，このような場合は，給与レベルは社会におけるその人の価値を示す客観的目安として非常に重要になる。

実際の給与は公平性を重視したものではない。公平性とは業務量，仕事ぶり，関係グループ・同僚に見合った報酬をいう。公平なソーシャルワークの給与とは，類似した教育，業績，背景をもつ者と比較して，大量の難しい業務を遂行していることにかなり見合った報酬を意味する。ソーシャルワーク修士をもつスタッフは自分の給与とそれによって可能なライフスタイルを，同じく6年間を専門職に従事するための準備に費やしたほかの職業の人と比較してみると，しばしばソーシャルワーカーは不利な立場にある。職場における公平・公正が燃え尽き状態を緩和すると言われているように，組織内の公正が健康に直接影響することが長期的調査により判明した（Maslach & Lieter 2008:500）。

ある特定の環境にあるスタッフは，特殊なストレスを抱えている。すべての組織はもちろん組織が根を下ろしている環境と影響しあっているが，全専門職者が他の専門職者と親密な間柄で協力し合わなければならないわけではない。他の専門職種のもとで働くソーシャルワーカー（病院内の医療ソーシャルワーカー，公立学校のスクー

ルソーシャルワーカー，精神科病院の臨床ソーシャルワーカー）はこのポジションに置かれている。彼らは他の専門職者からなる批判的聴衆に対し，自分の判断の正当性と定義を説明しなければならない。彼らは自分よりも地位が上の専門職者とかかわるうえで相手に敬意を払うパターンを学ばなければならない。調査は，このような「境界線上のポジション」から緊張が生まれやすいとしている（Blosser, Cadet & Downs 2010; Nelson & Meright 2003）。たとえば病院やメンタルヘルスの施設において，医師はソーシャルワーカーの同僚であるとされてはいるが，実際には医師は「平等の中の首席」 *primus inter pares* なのである。精神科入院病棟のある臨床ソーシャルワーカーはこう述べている。

> 私の不安感やストレスは主に，他の専門職がホストである環境で働くことが原因でした。もともと私はレジデントや心理学の同僚と働くことが非常に不安だったのです。自分のほうが人を対象に業務をすることにかけては訓練もスキルも上だと思っていても，不適格だと感じていました。地位や名声などを気にしがちだったのです。彼らは精神科医であり，医師免許や博士号をもっています。私は本当に彼らの地位を前にして畏縮していました。
>
> レジデントと働き始めた私は，たびたび彼らの意見に従うようになりました。彼らは何が最良か知っていて，自分は疑問をさしはさんではならないのだと考えていたのです。もし疑問をさしはさむとすれば，自分のポジションが絶対に正当なのだと確信している必要がありました。ワンダウンポジション（控えめに振る舞うこと）は，だんだんと問題をはらむようになりストレスになってきました。それに私は女性で，レジデントは全員男性，心理学の同僚も男性だったということが，足かせになりました。

性差別を助長する危険性と専門職間におけるヒエラルキーの構成要素に対する憤りは相互に影響しあっている。ヒエラルキーとジェンダーの分離は部分的に重なり合っている。高い地位にある精神科医や臨床心理学者は多くが男性である。ソーシャルワーカーは女性であることが多い。

社会の諸制度と協働しなければならないこともストレスになる。その制度とは，ソーシャルワーカーが忠誠を誓っている価値観とはいくぶん矛盾する価値観を基盤にしている。しばしばソーシャルワーカーは，司法制度，教育制度，管理型医療制度と協働しなければならないが，これらの制度はクライエントの問題を別の次元での優位性に立って考えている。ソーシャルワーカーが取り組むストレスは，考え方の異なる世界と交流し，1つの問題状況に対するさまざまな視点を斟酌しなければならないことから生じている。

ストレスの源としてのソーシャルワークに対するコミュニティの姿勢

　ソーシャルワークとその機能に対するコミュニティの総体的な態度は，ソーシャルワーカーに影響を与える（Huxley et al. 2005）。コミュニティは常に専門職に対してアンビバレントであるが，最近はそのアンビバレントな姿勢のなかでもネガティブな要素が強まってきており（Veigel 2009），私たちの一般的イメージを向上するためのソーシャルワーク・キャンペーンを行ってきた（Murdach 2011）。

　この職業の歴史上，初期においてソーシャルワークの介入の有効性についての決定的追求はなかった。ソーシャルワークの介入はポジティブな結果を生むと，一般的には受け取られていた。ソーシャルワークの専門性や有効性だけでなく，その善意による意図も疑問の余地なく受け入れられていた。ソーシャルワーカーはクライエントの利益のために利他的で無私の行動をするという了解があった。一般的にコミュニティはソーシャルワークに敬意を払っており，満足していた。精神的高潔さ，利他性，自己献身により高い評価と名声を得ていた。

　しかし近年になると，このような前提に対し鋭い批判が向けられるようになった。ソーシャルワーカーは見せかけの善意を装ってクライエントの生活を社会的にコントロールしようとしているという批判もある。ほかには，ソーシャルワーカーの大多数はかつてのソーシャルワークの使命を捨てて，「不忠実な天使」になってしまい，病んでいる社会の「犠牲者たちを責めたてる」と信じている人もいる。娯楽メディアは常にソーシャルワーカーにネガティブな光を当て（Zugazaga, Mendez, Surette & Otto 2006），ニューヨーク・タイムズ紙の一面を飾るのは，大体が子どもの悲劇的な死の犯人とされる例外的なソーシャルワーカーばかりである（Rivera 2010）。一般大衆がソーシャルワークをどう見ているかという，全国規模の電話調査では，大多数の人々はソーシャルワークの業務を理解しておりその価値を認めているということが判明したが（LeCroy & Stinson 2004），それは2008年の「大不況」前の話である。かつては無私とみなされていたソーシャルワーカーは，いったん無駄とみなされれば，「生活保護を支給する新しい母親」として描かれ，ウィスコンシン州のように公費と利害をともにすることもありうるのだ（Albelda 2011; Turnbull 2011）。

　したがって，何年にもわたり，ソーシャルワークに対するコミュニティの姿勢は，承認・信頼・信用から，アンビバレントな疑問の過程を経て，強い批判的不信や皮肉なものへと変化した。確実に，スタッフにとって，過去の一般社会の態度は，現

在のネガティブな態度と比べてストレスの少ないものであった。スタッフは自らの行為や貢献，決断，価値観を説明し主張することにストレスを感じている。

　要約すると，支持的スーパービジョンを提供するスーパーバイザーはスタッフが業務で強いられるストレスや緊張を理解していなければならないことを特筆しておく。このような理解があってこそ，役に立つ介入ができるのである。

　ストレスや緊張の源には，次のような要素が含まれる。すなわち管理的・教育的スーパービジョン，クライエント，業務の性質そのもの，社会福祉組織の構造，ソーシャルワークやソーシャルワーカーに対するコミュニティ全体の姿勢である。スタッフは役割の曖昧さ，役割の葛藤，役割の過剰負担，役割の緊張からくる問題に直面するのである（Acker 2011）。

燃え尽き状態の一要素としてのスタッフの性格

　効果的に支持的スーパービジョンを実施するには，スーパーバイザーは前述のようにスタッフが抱えるさまざまなストレスを意識するだけでなく，個々のスタッフのストレスへの反応を理解しなければならない。より回復の早いスタッフもいれば，同じストレス源に対して異なった燃え尽き状態の度合いを示すスタッフもいる（Adams, Figley & Boscarino 2008）。燃え尽き状態に関するスタッフの特性のうちで多いのは，過去の虐待とトラウマ（Bride 2007; Cunningham 2003; Siebert 2006），年齢（Lindbolm, Linton, Fedeli & Bryngelsson 2006; Siebert 2006），愛着スタイル（Kaib 2010; Renfro-Michel & Sheperis 2009），対処方法（Acker 2010a, 2010c），教育（Travis & Mor Barak 2010），民族や人種（Arrington 2008; Travis & Mor Barak 2010），ジェンダー（Lindbloom, Linton, Fedeli & Bryngelsson 2006; Purvanova & Muron 2010），我慢強さ（Alarcon, Eschelman & Bowling 2009），収入（Fakunmoju, Woodruff, Kim, LeFevre & Hong 2010; Siebert 2005），人生および業務の経験（Cunningham 2003; Travis & Mor Barak 2010），性格（Alarcon, Eschelman & Bowling 2009; Maslach & Leiter 2008），自己効力感（Alarcon, Eschelman & Bowling 2009; Chen & Scannapieco 2010; Ellett 2007, 2009），薬物使用と乱用（Arrington 2008; Siebert 2001）である。明らかに個人の差異が燃え尽き状態に影響している。

したがって，スーパーバイザーは教育的スーパービジョンにおいてスーパーバイジーの学習ニーズや学習スタイルを診断評価しなければならないのと同様に，支持的スーパービジョンでは感情サポートのニーズに対する診断評価が有用である。たとえばトラウマをもつクライエントにサービスを提供するソーシャルワーカーに対しては（Cunningham 2003），燃え尽きの兆候や症状は「クライエントによるトラウマの開示，忌避反応，生理的興奮，苦痛の感情，機能障害に関連した侵入的心的イメージ」を伴い（Bride, Jones & MacMaster 2007:69），「いらいら」や「注意集中」困難，「睡眠」障害，「クライエントについての悪夢」「不眠症」「感情鈍麻」（Bride2007:66）が起こる。これらの症状は，スタッフにトラウマの経験があり，アルコールや薬物を使用して苦痛を和らげている場合には悪化することもある。

人々の業務に対する姿勢も，一要素となりうる（Koeske & Kirk 1995; Alarcon, Eschelman & Bowling 2009）。リラックスして，業務を過度にまじめに考えすぎない人，自己評価が高く，たまに起こる業務の失敗にも脅かされることのない人，あるいは過度に自分に厳しくなく，自罰傾向も高くないスタッフは，燃え尽き予備軍になる可能性は低い。

現実に即して，失敗の要素の一部をクライエントや社会状況に帰すことなく，自分自身を常に責める傾向のあるスタッフは，業務のストレスにネガティブに反応するようである。

良心的で熱心なスタッフほど，燃え尽きやすいというのは逆説的でもある。「燃え尽きるためには火の上にいなければならない」といわれている通りである。「断固とした理想主義者」の特徴である熱心さと献身が，費やされた多大な努力や強まった期待とわずかな成果との間のギャップを大きくするかもしれない。このようなスタッフの場合，業務に対する失望感が大きくなりやすい。スタッフは自身の感受性にがんじがらめにされてしまう。

キャリアとしてソーシャルワークを選択する多くの人々は，受容的，寛容で，分別があり，人助けをするという特有の自己イメージをもっているが，このイメージは燃え尽きの脆弱性を増大することになる。

難しい問題に突き当たると，多くのスタッフは，自分は結局のところ，天使ではなく単なる人間なのだということを理解する。クライエントに対する怒り・不親切・批判的感情が表面化すると，より好ましい自己イメージを守ろうとして，このような感情を抑えるのに多大な精神的エネルギーが消費される。自分とは異なるジェン

ダー，人種，性的傾向のクライエントの場合は，しばしばこの反応が助長され，スタッフは性差別・人種差別・同性愛者嫌悪をしているという自責の念にかられる。

過剰なケアそれ自体が危険であるとしても，クライエントに手厚いケアを行い，人を助ける自分の能力に対して基本的信念をもち続けるスタッフは，「フラストレーション耐性が高く，業務のストレスから個人的要素を除外することができ，業務の成果に集中している」と思われる。業務の成果は「個人的な価値と満足をもたらし，すべからくクライエントのケアや業務を効果的にするのに役立つ」ものである（Ellett 2009:84）。したがって，良心的な配慮と自己効力感とが結合して，有能なケアを行う姿勢が生まれ，スタッフを燃え尽きから守ることになる（Ellett 2007）。

スタッフによって生活全体に占める業務の重要性は異なる。業務が生活のなかで一番重要であり，他のどのような関心事よりも優先させるというスタッフもいれば，業務は生活のなかであまり重要ではないとするスタッフもいる。業務を中心に生活が回っているスタッフは燃え尽きリスクが高くなりがちである。業務に熱心になると，うまくいかないときには挫折感やうつ状態に陥りやすくなる。業務と生活を分けることが苦手なスタッフ，あるいは理想と現実のバランスをしっかりととることのできないスタッフは，燃え尽き症状の予備軍といえる。

最近の NASW Membership Workforce Study（NASW 従業員調査）では，業務関連のストレスを引き起こす要素は何かという質問に対し，3653名の参加者のうち31％が，「業務で求められる課題を完了する時間がないことが大きな問題」であるとし，25％が「業務量が多すぎることがストレスの源であると認めている」（Arrington 2008:2）。頻繁に起こる身体的不安として一番多かったのが疲労症状で，約4分の1が睡眠障害を挙げている。多くの参加者が，循環器機能の問題，動悸，免疫機能障害，筋骨格系障害を挙げている（Arrington 2008:6）。ストレス対処法としては，NASW Membership Workforce Study（Arrington 2008）参加者の約4分の3が運動を挙げており，次いで瞑想（3分の1），個人セラピー（4分の1），処方薬（5分の1），飲酒（6分の1）を挙げている。

Acker（2010a, 2010c）は，ニューヨークで働く591名のソーシャルワーカーをサンプルとして，ソーシャルワーカーの燃え尽き，マネジド・ケアにおける能力の認識，対処法，ストレスに起因する身体症状，職場のサポートの関連性について検証した。この調査から，ソーシャルワーカーの能力やストレスに対処するための感情や問題への焦点の当て方は，燃え尽きや身体的ストレス症状と関連があるという

仮説を立てた。ストレス緩和のための「感情に焦点を当てた」対処法としては，状況がよくなるよう願うことや，それについて考えるのを拒否すること，食べること，飲むこと，喫煙などが挙げられる。怒りを表現すること，期待されていることのために格闘すること，問題を解決してくれる誰かと話すことは，ストレス緩和のための「問題に焦点をあてた」対処例である。想定していたように，ソーシャルワーカーは両方の対処法を採っており，両方とも燃え尽きや身体的ストレス症状に深く関係していた。しかしスタッフがインフルエンザのようなストレス症状や感情の枯渇から自分を守ることは，マネジド・ケアに必要な能力である。マネジド・ケアで働くことに自己の有能性を感じるソーシャルワーカーは，ストレスを緩和するに当たり「問題に焦点を当てた」対処戦略を避ける傾向があるが，これは彼らがそれを必要としないからであろう。これに対し，能力がないと感じるソーシャルワーカーは「感情に焦点を当てた」回避と忌避行動に頼っていた。

　Acker & Lawrence（2009）の調査研究は，職場のサポートがソーシャルワーカーのストレスや燃え尽き症状を緩和するとしているが，Acker（2010a, 2010c）は，職場のスーパーバイザーや同僚のサポートよりも，ソーシャルワーカーが事前に燃え尽き状態を予想して対処するほうが重要であると述べている。

　ストレス対処テクニックの効果についてはまだ答えは出ていないが，Siebert（2001）はソーシャルワーク実践における業務とウェルビーイングの評価を目的として，ノースカロライナ州NASW1000名のメンバーに対する匿名アンケートを行った。それによると，ソーシャルワーカーの12％がアルコールその他薬物乱用のリスクがあり，22％が実際にうつ状態で，27％が実際に燃え尽き症状に悩んでいると報告されている。「全体として52％が何らかの職業上の障害をもつとしている」（Siebert 2001:129）。同様に，ニューヨーク州の460名の精神保健サービス提供者への調査では，「半分以上（56％）が高レベルから通常レベル」の精神的疲労があるとし，73％は役割ストレスが通常から高レベルにあり，半分（50％）が離職を考えているという（Acker 2011:10）。Morse等は次のように述べている。

　　多くの燃え尽きプログラムは，個人の変化に焦点を当てて，燃え尽きに対処してきた。典型的には，その人の対処スキルやソーシャルサポートを改善して，業務のストレスを減らすというものである。〔中略〕しかしこれらの対処法のほとんどは広義の認知行動療法のカテゴリーに含まれるもので，教育的情報提供や，認知の再構築，漸進的筋肉緩和，ソーシャルスキルの訓練，コミュニケーションスキルの訓練，ソーシャルサポートを高

めるスキルなどがある。〔中略〕個人レベルでの対処を評価すると，スキルによる対処プログラムは燃え尽き，特に精神的疲労を抑えるのに有効なこともあり，プログラムによってはスタッフにポジティブな生理的結果（たとえば血圧が下がる）も見られたが〔中略〕，個人に焦点を当てた対処法によるバーンアウト症状の改善は，しばしば介入終了後6〜12か月で消失した。ただし追加セッションがプログラムに含まれている場合は別であった（Morse et al. 2012:347）。

　ヒューマンサービスの実践者の場合，「対処法だけでは燃え尽き症状を防ぐことはできない」（Jenaro, Flores & Aria 2007:80）ことは，「症状のうち，わずか20〜21％のみが対処法や業務・給料への満足感といった，個人的変数」を源として説明できることからも明らかである（Jenaro, Flores & Arias 2007:85）。通常，職場のストレスが高ければ燃え尽き状態を確実に予測できるが（Siebert 2001），ストレスは次第に増加して大きくなっていく。したがって勤務外の生活のストレスが総じて少ないソーシャルワーカーは，業務でかなりのストレスがかかっても，燃え尽きのリスクもなくもちこたえることができる。しかし，ソーシャルワーカーが経済的，社会的，夫婦関係，親子関係にストレスを抱えている場合や，厄介な親がいるとか，子ども時代に虐待を受けている場合は，業務に余分のストレスがわずかでも加わると，さらに弱らせることになる。家庭のストレスは，過去のストレスと同様に，業務のストレスとなって溢れ出るのである。

　新人ソーシャルワーカー（Juby & Scannapieco 2007; Kim 2008; Siebert 2005），人を助ける能力に自信がない者（Chen & Scannapieco 2010; Maslach & Leiter 2008），「傷ついた治療者」（Lloyd et al. 2002; Siebert 2006）は支持的スーパービジョンを必要とするだろう。

　ソーシャルワーカーでも，業務にわずかしか投資しない者，クライエントとのやりとりに感情的達成感をさほど求めようとはしない者，業務の失敗を個人のせいにせず，状況のせいにする傾向をもつ者，規則・調整・手続き重視の官僚的な者は，支持的スーパービジョンをさほど必要としない。彼らの態度の特質が，業務を感情的に混乱させにくくしている。

　業務に集中はしているが感情的に巻き込まれていないソーシャルワーカー，最低基準に達していることで満足しているソーシャルワーカー，給与，出世，恵まれたオフィス空間といった外的価値を第一と考えるソーシャルワーカーは，雇用危機が起きたときには，支持的スーパービジョンをほどほどに必要とする。

理想主義者で独立している，個人主義，他人に迎合しないソーシャルワーカーは，そうではないものより支持的スーパービジョンを必要とする。彼らは自らが考えるクライエントに対するサービスのあるべき姿と実際のサービスの間にある矛盾，不一致に強く影響されている。彼らは業務における倫理的葛藤に敏感で，失望感から変化をもたらしたいと考えるようになる。彼らは組織のニーズに合わせなければならないということに苛立ちを感じる。このような葛藤・不満・失望を調和させるために支持的スーパービジョンを必要とする。調和が不可能な場合でも，支持的スーパービジョンは，組織的ヒエラルキーの理解ある代表者と，オープンに納得の行かない点について話し合うことができるという利点がある。

業務熱心なほどスーパービジョンによるサポートを必要とする可能性が高くなる。「天職」という考えに強いこだわりをもち，業務に対する献身的倫理に染まった，業務に対する超自我が強いソーシャルワーカーは，不可避な失敗が起こったときに強く影響を受ける。ソーシャルワークが求めるものに対して最善を尽くすようなソーシャルワーカーは，スーパーバイザーによる罪を拭い去る赦しを求める傾向がある。すなわち懲罰的な超自我が強く要求する厳正さを緩和できる権威をもつ誰かを必要とする。支持的スーパービジョンは，理想の暴走，すなわちこのような非常に熱心なソーシャルワーカーが自らに課す現実離れした期待というものの防御手段となる。支持的スーパービジョンは，このようなソーシャルワーカーがあまり思いつめないように援助を行う。

上昇志向があり，達成感を求めるソーシャルワーカーは，支持的スーパービジョンに自分はよくやっているという安心感を頻繁に求める傾向がある。支持的スーパービジョンを必要とするこのようなソーシャルワーカーにとって，業務での失敗を責められることは脅威であり，不安となる。

スーパーバイザーが業務のストレスのネガティブな影響に対する配慮を維持し，スーパーバイジーがその点に関する意識を高めるには，評価会議を定期的に計画し，ストレスチェックの振り返りを行うことである。そうすることでスーパーバイザーもスーパーバイジーも，慢性的緊張が危険レベルに達することに目配りできるに違いない。

支持的スーパービジョンの実施

　燃え尽きを見分けることを学び，その進行の説明要素を理解して，スーパーバイザーは問題に対処し，ストレスや緊張の進行を予防したり，その影響を和らげたりする責任がある。

　支持的スーパービジョンはしばしば，独立した，明確な，それとわかる活動としてではなく，教育的・管理的スーパービジョンの一環として実施される。業務の割当て，業務の評価，業務に向けた訓練は支持的な方法で行うことが可能である。教育的・管理的スーパービジョンは，スーパーバイジーに対する尊重，関心，受容を伝えるやり方で実行できる。管理的スーパービジョンでソーシャルワークの役割がもつ曖昧さや矛盾を軽減することで燃え尽き症状を緩和できない場合には，支持的・教育的スーパービジョンが役立つかもしれない。支持的スーパービジョンを用いて，個人的成果を認め，業績を高め，教育的スーパービジョンを通して能力の向上を図ることで，達成感をもたらし，業務がより意義のあるものとなり，業務の満足感がさらに高まる。ヒューマンサービスの従事者がいかに燃え尽きに対処しているか，燃え尽きに対処するための彼らの提案について調査を行ったところ，「能力を築いていく」という回答が最も多かった（Shinn & Morch 1982:231）。

　ソーシャルワーカーの業務を助け，彼らが必要とする情報を提供することは，感情的サポートや，「温かくフレンドリー」なサポートなどの支持的スーパービジョンよりも，ストレス緩和に有効な場合がある（Harkness 1997; Kim 2008; Mor Barak et al. 2009）。ソーシャルワーカーの能力や業務の技能に寄与することが，おそらくソーシャルワーカーのストレス緩和に対してスーパーバイザーができる最も重要なことであろう。Mullins（2011）によれば，スーパーバイザーは，感情の制御や注意深さ，総体的な観点というスキルを磨くことで，ソーシャルワーカーが燃え尽きないよう手助けすることができるとし，このようなスキルによって，保護サービスに従事するソーシャルワーカーは虐待する親に共感するようになり，彼らがサービスに参加するのを促すことで家族の再統合へと導くことができるとしている。かなりの数の調査から，マインドフルネスの訓練によってヘルスケア提供者の燃え尽きに対処できることがわかり（Shapiro et al. 2005），ソーシャルワーク教育（Lynn

2010; Mishna and Bogo 2007) やスーパービジョン (Andersson, King & Lalande 2010) にマインドフルネスのトレーニングを導入するようになった。マネジド・ケアで精神保健サービスに従事するソーシャルワーカーについての調査研究では，実践能力に満足しているソーシャルワーカーは，役割ストレスや燃え尽きの度合が少ない（Acker & Lawrence 2009）という主要な結果が出た。好結果の業務をして目標達成することは究極的には燃え尽き症状に対する最も有効な治療薬であるのかもしれない。

Beiser（1966）は，スーパービジョンにおいて教育的要素を純粋に支持的な要素から厳密に切り離すのは非常に難しいと考えている。自身のスーパービジョンで児童精神科レジデントと議論したときに，以下のように述べている。

> 理論についても特定のスキルについても教訓的な情報をかなり提供したが，それは不安を和らげることもあれば，同一化を促すこともあり，柔軟性のモデルを示すこともあった。私が自身の失敗について話すのは，特定のポイントを説明するためだけではなく，経験の乏しいセラピストを勇気づけるためであったり，私との一体感を通して無限の力という希望を抱かないようにするためでもある（Beiser 1966:138）。

スーパーバイザーを利用できることそれ自体が，安心をもたらし支持的である。スーパービジョンに対するソーシャルワーカーの反応をアンケート調査したところ，スーパーバイザーが必要なときにその場に居ることや，定期的にコンタクトできることが，スーパービジョンに対する満足感や助けになる関係レベルとポジティブに結びついていることが判明した（Shulman 1982:27-28）。この調査の再検証により，スーパーバイザーを利用できることは，スーパービジョンのスキル，信頼，ラポール，有用性，士気，ソーシャルワーク業務のストレスについてのスタッフの評価と関連があることが明らかになった（Shulman 1991）。

疲労したスーパーバイザーや，サポートを必要とするソーシャルワーカーのニーズに応えられないスーパーバイザーが及ぼす悪影響について次に挙げる。

> 私はちょうど家庭訪問を終えたところでしたが，その家庭の母親はひどく怒っていて敵対的でした。それより前に私が彼女の子どもを引き離したことや，まだ彼女が母親としての責任を負えるとは私が思っていないことに怒っていたのです。彼女が浴びせるののしりやヒステリーに耐え，家から出てきた私は震えて，怒りを感じていました。また自分に対する疑問も抱えていました。私は正しいことをしているのだろうか？　もしかしたら違ったようにできたかもしれない，あるいは母親と子どもが一緒になれるよう今

何かできるかもしれない。心の中で自問自答を繰り返しながらオフィスに戻り，スーパーバイザーのところに向かいました。彼女が私を見上げたとき，私は思わず「私はS夫人に対して怒り心頭です」と言ってしまいました。私が話し終えるまでにいろいろなことに中断されましたが，さらに電話がかかってきました。電話で話した後，彼女はこういいました。「何を話していたかしら？」「何も」。私はいじけて，大股で歩いて彼女のオフィスを後にしました。午後はずっと，私はフラストレーションを抱えていました。

ソーシャルワーカーのストレスや緊張が高まり，燃え尽き症状の究極の危険性に直面しているときのスーパーバイザーの対応として，一連の特効性のある介入が必要である。スーパーバイザーは次のことをなさねばならない。(1)ストレスや緊張の悪化を防ぐこと，(2)ソーシャルワーカーをストレスの源から引き離すこと，(3)ストレス因子の影響を減らすこと，(4)ソーシャルワーカーがストレスに適応するのを助けること。

ストレスの予防

非常に初期の段階で，採用と任命に際しスーパーバイザーがスーパービジョンの管理的機能を遂行すると，効果的に燃え尽きの可能性を減らすことができる。これは人材選定を通して，応募者と遂行すべき職務との「ベストフィット」を図ることである。

業務についての正確な情報を提供することで，応募者は自分が求め，期待している職種なのかどうかをより客観的に判断できる。実際に何をする業務なのかを明確に知ることで，業務に支障が出そうな応募者は辞退することになる。

業務についての正確で客観的な情報は，そのポジションを引き受けようとする者にとっても有用である。何が待ち構えているかを明確に把握することで，業務の現実に突き当たったときに，幻滅したり失望したりするようなことは少なくなる。このように事前にガイダンスを行い，実際に下見をすることが，心理的予防接種となり，業務を続ける確率を高める。

ソーシャルワーカーは暴力や暴力の脅しの発生を報告することをためらう。それは彼らとクライエントとのかかわりの失敗を意味するからでもあり，難しいクライエントと業務をするのが業務の一部だと考えているからということもある (Macdonald & Sirotich 2001)。ソーシャルワーカーはクライエントを当惑させたり，いらいらさせたり，フラストレーションを感じさせてしまうことを心配しているの

で（Norris 1990），スーパーバイザーはスーパーバイジーが上述のような経験を報告した場合，処理する手助けをする必要がある。それは，「自分の考え，感覚，信念について熟考できるソーシャルワーカーは〔中略〕，ストレスからの立ち直りが早いからである」（Kinamn & Grant 2011:270）。またスーパーバイザーは，彼らが差し迫った暴力の危険な兆候を識別する手助けをして，それに伴うストレスを防ぐようにしなければならない（Lowe & Korr 2007）。スーパーバイザーや機関は，いつも方策があるわけではないにしても，ソーシャルワーカーを職場の暴力から守る義務があるため，この論点については第 7 章で再度取り上げる（Kilminster, Cottrell, Grant & Jollu 2007; Occupational Safety and Health Administration 2004）。

ストレスを軽減し改善する

ソーシャルワーク実践には燃え尽きのリスクがあるので，スーパーバイザーは，組織レベルでのプログラム開発に携わることで，ストレスの管理（Nielsen, Randall, Holten & Gonzalez 2010）やソーシャルワーカーが自身で利用できる対処法の拡大（Arrington 2008）について役割を果たすことができる。多くの介入やプログラムが有効であると思われるが（Martin, Sanderson & Cocker 2009），そのなかでも有効性に差はある（Goldgruber & Ahrens 2010; Richardson & Rothstein 2008）。「公衆衛生の観点から見ると，大きな効果を小さな限られたグループに及ぼすよりも，小さな効果でも大人数に対して与えることは，住民の健康という点では全体としては大きな改善となる」（Martin et al. 2009:8）。

より直接的には，スーパーバイザーはソーシャルワーカーの障害となるストレスを減らす手助けや，ソーシャルワーカーを一時的にストレスの多い状況から外すなどの支援ができる。これらのやり方は，クライエントへの取り組みにおける環境修正処置と類似している。スーパーバイザーはソーシャルワーカーの負担ケースを一時的に減らすとか，より問題の少ないクライエントに一時的にシフトするよう調整することも可能である。また，事務員を一時的に利用できるよう調整することも可能であろう。

会議や研修会，ワークショップは学習や個人的コンタクトを促進するだけでなく，ソーシャルワーカーがオフィスや扱うケースから抜け出す機会にもなる。これらは，ソーシャルワーカーをストレスから解放する支持的な「休息とレクリエーション」の方策として効果をもたらす。

スーパーバイザーは緊張緩和の手段としてタイムアウトを認めることもできる。週半ばの1日をオフにするとか，午前中が大変な日の午後をオフにすることを認め，ソーシャルワーカーがもっと時間を管理できるようになった時点でその埋め合わせをする。

想像力を働かせ，柔軟に業務の計画・調整をして，高ストレスの任務を共有することは，ストレス軽減の一環である。ソーシャルワーカーが業務量を調整するのを助けたり，業務の優先順位をつけて，一部の業務を一時的に無視するのを認めたり，スーパーバイザーの許可により期限に遅れたことを認めて，ストレスの進行を遅らせることもできる（Stevens 2008）。

スーパーバイザーは業務の質の向上，多様化，ローテーションにより，ソーシャルワーカーをストレスから解放できる。Davis & Barrett（1981）は，「スタッフが機関内で交代してさまざまなサービスにつくことで，業務のペースが変わり，ストレス源から解放される」と報告している（59）。

業務の質の向上とは，スタッフが与えられた業務をより意義あるものと感じられるように手助けをすることであり，業務の多様化とは，業務に関連した任務の幅を広げることである。ソーシャルワーカーはグループの一員として業務をすることもあれば，主婦や里親の指導をすることも，業務関連の調査を行うことも，業務関連の管理的レポートを書く業務もする。

現場からオフィスに一時的に任務が変わり，クライエントとコンタクトする責任が一時的に減ると，ソーシャルワーカーは精神的に一息つき，感情の充電をすることができる。

失敗するリスクがあるケースと成功体験になるケースをバランスよく組み合わせ，注意深く適切なケース配分をすることで，過度の量的・質的役割負担による緊張の高まりを防ぐことができる。圧倒されるほどケース数を抱えることはストレスになり，スーパーバイザーはこの状況を改善するために，ソーシャルワーカーがケースの優先順位をつけられるように手助けしてもよいだろう。ケースによってはそれほど集中的なコンタクトを必要としないものもある。クライエントに対する異なったレベルのサービス提供の許可も役立つだろう。

いくつかの相談機関のスーパーバイザーは，ソーシャルワーカーが緊張の増大に対処できるように，ストレス管理ワークショップを開催して援助を試みている。これらは，生体自己制御についての指導，瞑想，リラクゼーション・テクニック，身

体的活動を増大させるヨガなどで,ほとんどのソーシャルワーカーが用いているストレス管理方法である（Arrington 2008）。

スーパーバイザーは自らの問題をスーパーバイジーと率直に共有することで,支援することもできる。これは失敗の検討は好ましいことであり,スーパーバイジーは後ろめたさや能力不足を感じる必要がないということを示すものである。

> Gretchen は,いつ,何を,誰に言うべきか,いつ,黙っていなければならないかを理解するのが難しいと言いました。私がどういう意味かと聞いてみると,彼女は答えました。〔中略〕「女の子たちがセックスについて話したがっているとき,私は彼女たちが話すがままにしています。たとえ彼女たちが話したがっていることよりも行き過ぎてしまうかもしれないと知っていてもです」。確かにそれは難しい課題ね,自分が今やっていることもその1つだと私はいいました。Gretchen が何かを聞いてきたときに,答えるべきか否か,彼女が自分で取り組むようにすべきかどうか,たびたび迷うのだと考えながら話しました。自分も同じ苦労をしているので,彼女の苦労はよくわかるといいました。Gretchen は私を見ていいました。「本当に？」私はそうだと答えました。彼女は満足して安心したように見えました（Gladstone 1967: 9）。

ソーシャルワーカーは,クライエントとともに取り組んでいる問題に怒りを覚えることがある。状況に対して冷静なスーパーバイザーとその点について話し合うことは助けになる。スーパーバイザーの冷静さはソーシャルワーカーに伝染する。支持をめざす取り組みは感情の表現を促すが,感情の表現そのものもサポートになる。Nelsen（1973）は,スーパーバイジーが「話し合いで,感情表現を促され,かつ支持されると,その後自発的に感情を話すようになる」（209）と述べている。

不安感を外在化し,オープンに表現することで,不安は減少すると考えられる。スーパーバイジーがスーパーバイザーの有用性の高さを認知すれば,積極的にスーパーバイザーはこのような発露を奨励しようとする。Shulman の行ったソーシャルワーク・スーパービジョンの調査では,「スーパーバイザーが言ったまたは行ったことに対して混乱したときは,そのことを話すようにスーパーバイザーから促される」という質問項目に対する「はい」という回答は,スーパービジョンの有用性と強い関連性があった（1982:157; 199:176; 2010:116）。

ストレスを抱えている期間では,スーパーバイザーに対して率直に自身を表現することを避けたり抵抗したりするソーシャルワーカーもいる（Bennett 2008; Foster et al. 2007）。このような場合,日誌をつけるのも助けになるようだが（Alford, Malouff & Osland 2005）,より能動的な認知行動療法が有効だと言われている

(Goldgruber & Ahrens 2009; Richardson & Rothestein 2008)。このような介入が保証される場合，ソーシャルワーカーは被雇用者支援プログラムへと振り分けられる。そうすることで支持的スーパービジョンを心理療法から分離させ，ソーシャルワーカーのプライバシーを保護することもできる。すべての機関や組織が独自の被雇用者支援プログラムを用意できるわけではないが，いくつかの機関は，たがいにスタッフへの非公式ではあるが相互支援を提供できている。

　スーパーバイジーが次の家庭訪問，グループミーティング，コミュニティアクション計画会議に不安を抱いているのではないかと思ったなら，スーパーバイザーは「今度のミーティングについてどう感じていますか？」とそれとなく聞いてみるとよい。あるいは「次のミーティングに戸惑っているようですね。そのことについて話しますか」と思い切って推測を言葉にして挑戦するのもよい。

　クライエントの敵意や拒絶に応じて，抑制しつつ受容を伝えるのは大きなストレスになる。怒り，防衛，ひきこもり（非常に人間的で社会的にも受け入れられる反応）は，職業的規範に反するものとみなされる。このような反応は罪悪感や職業上の挫折感を引き起こす。そのような反応を意図することさえ不快感を催させる。「クライエントは，怒りや苛立ち，フラストレーションといった私のネガティブな感情を引き起こしました。そしてこのような感情をもった自分に対して，私は怒りを覚えたのです」(Mayer & Rosenblatt 1973a:8)。

　職業上の行動規範を支持しつつも，スーパーバイザーはときにはこのような感情をサポーティブに是認する。あらゆる考えや感情は，許容できない振る舞いに及ばない限りは認められるものである。あるソーシャルワーカーは次のように述べている。

　　支持的スーパービジョンの重要な働きの1つは，ソーシャルワーカーがクライエントに対して抱くネガティブな感情に対処する手助けをすることだと思います。ソーシャルワークの姿勢は，他者に対するネガティブな思考について，一般的な社会的制約を強化する傾向があります。このため，これは本来スーパービジョンの業務になるのです。私の場合，クライエントの外見を説明するよう求められました。私はクライエントの身長，体重などに沿って話し続けました。スーパーバイザーにその人物は魅力的かと聞かれました。私は不意を突かれ，その人はまったく魅力的ではないと答えるのにためらいました。スーパーバイザーのサポートのおかげで，ネガティブな考えや感情を表現するのが楽になりましたし，こうした考えや感情をどのような関係でも受け入れることができるようになりました。

スーパーバイザーはプロらしくない感情を特別視せずに，ソーシャルワーカーもしばしばクライエントに対してネガティブで批判的な感情をもつと伝えることは，ストレスを緩和できる（Walsh 2002）。しかしプロらしくない感情を特別視しないということには，もう1つの面がある。NASW会員で全米のランダムサンプル回答者1029名のうち14％が「前年度内にクライエントに対して攻撃」をしたと答えた（Ringstad 2005:305）。その形態は「言葉による攻撃」（309）に限らないが，これが一番多かった。「前年度内に起きた311件の心理的攻撃や86件の身体的攻撃」（309）が含まれている。「意見の対立のために踏みつけにしてクライエントのもとを後にした」（309）というのは，攻撃のなかでも穏やかなほうであるが，「クライエントに向かって叫んだり怒鳴ったり〔中略〕，侮辱したりののしったり〔中略〕，掴みかかったり，あるいは実際にクライエントに暴力を振るった」（309）のはソーシャルワーク実践の倫理的法的基準に違反しており，スーパーバイザーは違反についてNASWやその運営にあたるBoard of Social Work Examiners（ソーシャルワーク審査委員会）に報告する必要がある。いずれにせよ，クライエントに対する攻撃があった場合，管理的事後検討による見直しを行い，ソーシャルワーク・スーパービジョンをはじめとする組織方針や手続きにおけるあらゆる支障を認識し，修正すべきである。議論を進めるためにソーシャルワーク・スーパービジョンの管理的・教育的・支持的次元を別々に扱ってきたが，失敗からの学びに相応の管理的・教育的枠組みを提供することこそが支持的なのである（Copeland, Dean & Wladkowski 2011）。

　スーパーバイザーはソーシャルワーカーに対して，不安をもたらすような業務遂行の課題に取り組めるように支援する。ソーシャルワーカーは最初，通常の心地よい環境を一変させ，ほとんど初対面の人，つまりクライエントの生活について立ち入ったことを尋ねることに抵抗を感じる。このような行いは，クライエントのプライバシーに対する不当な侵害であり，容認できない攻撃的なのぞき行為といえる。ソーシャルワーカーがクライエントへの援助業務をするために，このような情報を知る権利を与えられていることを保証することで，スーパーバイザーはサポートする。

　ソーシャルワーカーの決定を後押ししたり承認したりすることはサポートである。スーパーバイザーは，ソーシャルワーカーがしていることやこれからしようとしていることに対する責任の分担を保証するからである。自分の決定がより専門的

な意見と一致していることがわかり、ソーシャルワーカーは安心できるのである。

スーパーバイザーが、サポーティブに難しい決断の責任をスタッフと共有することは、ストレスを和らげる。TANF プログラムのあるソーシャルワーカーはこう述べている。

> H 夫人と子どもたちのしつけについて話していたところ、彼女は前日に 4 歳になる自分の子どもがマッチに火をつけたり投げたりして遊んでいるところを捕まえたといいました。驚いて心配になった彼女は、その子を捕まえて何度も手を叩き、マッチに火をつけて子どもの手に軽くやけどをさせました。H 夫人は痛みを感じれば、子どもはマッチに触らなくなるだろうと考えたのです。これは私にとっては難問でした。法律に従えば、夫人の児童虐待を通報しなければなりません。けれども報告をすれば、H 夫人との関係を続けていくことも、ひょっとすると子どもを助けることも難しくなります。どうすべきなのでしょう？　スーパーバイザーとの話し合いの末、私は H 夫人の虐待を報告しないことにしました。こうすることで、この決定に伴う罪悪感を一緒に背負ってもらったのです。

Brearley（1982）はソーシャルワーカーの業務のストレス面について考察するなかで、業務のストレスと支持的スーパービジョンにおける責任の共有との関係を明らかにした。

> ソーシャルワーカーはストレスの源となる多くのプレッシャーを受けやすい。不確かな状況で働くこと、変化に不利な環境で不十分な知識や制御不能な要素と折り合いをつけていくことは、当然ストレスの源となる。そこでソーシャルワークではストレス管理のテクニック、特にスーパービジョン・プロセスを開発した。〔中略〕スーパービジョンとは、ほとんど十分な情報や知識がないままいつも決定を下さねばならない現場で、不確実性の重荷を共有し、サポートを手に入れる方法である。スーパービジョンを通して、ソーシャルワーカーは意思決定での自分の応答の不確かさに対処し、さらに決定を明確にし、そして責任の共有についての支援を受ける（Brearley 1982:136, 139; Shapiro 1982も参照）。

Mayer & Rosenblatt（1973a; 1973b）はソーシャルワーカーのストレスに関する調査研究のなかで、新人はソーシャルワークがなしうることについて現実離れした高い期待をもっていることを報告した。過度に楽観的なイメージをもっているときに不可避の失敗を経験すると、ソーシャルワーカーは自分を責める傾向がある。スーパーバイザーは熟達したプロとして無実を伝えて失敗を赦し、罪悪感を和らげることができる。スーパーバイザーの助けを借りて、ソーシャルワーカーは観念的な全

能感を捨て，自分自身，ソーシャルワークの技術，クライエントの現実の限界を受け入れるようになる。この移行は支持的であり，不安や罪悪感が減少する。スーパーバイザーは期待の限界を正当なものと考える。スーパーバイザーは失敗の責任を個人に限定せず，不当な罪悪感の重荷からソーシャルワーカーを解放する。

　支持的スーパービジョンの重要な側面の1つは，Stelling & Bucher（1973）が「vocabularies of realism（リアリズムの語彙）」と呼ぶものに関係する。「失敗や人間の過ちに対処する言葉を身につけることはソーシャルワーカーを和らげ，プロとしての態度や専門職の業務に向かう準拠枠を身につけるプロセスの一部であると考えられる」(673)。ある研究では，このような場合に，スーパーバイザーは「スーパーバイジーが抱えている問題や懸念に似通った情報とともに」長所や成功例だけでなく弱点や失敗体験を自己開示することが有効であるとしている（Davidson 2011:271）。

　リアリズムの語彙は，ソーシャルワーカーが自分の業務へのアプローチを認知して再構築することになり，ストレスに取り組むのを助ける。私心のない気づかいやクライエントからの心理的距離を承認されると，ソーシャルワーカーは業務が求めるプレッシャーを減らすことができる。そして期待は，それほど理想的ではなくなり，より現実的に見直されるので，失敗が起きたときには個人化しなくなる。

　失敗のリスクが高く，その影響が大きい職業ではさらにリアリズムの語彙が必要となる。「不確実さや欠落のある知識体系に基礎を置く職業は，比較的エラーや失敗のリスクが高い」（Stelling & Bucher 1973:673）。これらの要素は，根拠に基づいた実践を行うようになってもソーシャルワークに影響を及ぼしている。(Mullen, Bledsoe & Ballamy 2008)。このため，失敗が繰り返される可能性に対する集団としての対応が開発され，スーパーバイザーはこれを支持的スーパービジョンに織り込んでいる。Stelling & Bucher は，医学と精神医学におけるこの手順を研究して，ソーシャルワークに用いられているものと類似した弁明テーマを明らかにした。1つは「ベストを尽くす」，もう1つは「限界を知る」である。次の例では，ベストを尽くすというテーマがスーパーバイザーから精神科レジデントへ支持的に伝えられている。

　　このとても操作的な患者に取り組んでいるとき，重要な時間が訪れました。私のスーパーバイザーの1人が「ねえ，彼女は自殺を図るかもしれないし，助けられないかもしれない。私たちも頑張ってみることはできるかもしれないけれど，あなたがどうしよう

と，遅かれ早かれ彼女が自殺することは大いにありうるわ」と言ったのです。私はその考えをいったん受け入れると，患者が自殺を図ることもあるし，私がそれを止めるためにできることもあればできないこともあると考えました。これはある意味「なるほど！」というアハ体験でした（Stelling & Bucher 1973:667）。

スーパービジョンで支持的に伝えられる第二のテーマが限界の認識である。精神科レジデントは次のように述べている。

　このレジデントプログラムでは，最初にここへ来たときに抱いていたような大きな治療的野心をもたないことを学びました。患者はそのような野心をあらゆる角度から妨害し，セラピーの面から見ても，患者に大きな治療的野心をもつことは治療的にも役立たないのです。〔中略〕今なら，多くの人が病気の症状に悩んでいるけれども，治療不可能という人も多くいると言います。〔中略〕私はレジデントになったとき，患者を救い出すという幻想の数々を胸に抱いていましたが，長い時間かけて，集中すべき点を変更して私は以下のことを学びました。すべての人を救うことはできない。第一に，それは必要なことではない。第二に，それは可能なことでもない（Stelling & Bucher 1973:669）。

スーパーバイザーは，スーパーバイジーが，人間は弱く完璧ではない，技術には限界があり，すべてのアプローチは有効なときもあるが常に有効なわけでは決してない，という現実を受け止める手助けをする。支持的スーパービジョンでは，ときに行動のポジティブな面を強調して，批判に値する振る舞いを再解釈することもある。あるスーパーバイザーは Jill（ソーシャルワーカー）についてこう述べている。

　Jill は難しい家庭を訪問することに，常にプレッシャーを感じていました。彼女は何か月もかけて家族の自立を助けたのですが，とても散らかっていました。先日またその家を訪問してみると，いつの間にかかつての混乱状態に戻っていて，子どもたちは叫んでいました。彼らは何も学ばず，何の進展もなかったのです。かつての混乱に戻ってきて，Jill は自制心を失い，立ち上がって出て行ってしまいました！（笑）取り乱した彼女は，怒りをクライエントに見せ，感情を見せました。彼女は自分が彼らのことを心配していると示したのです。とにかく彼女はオフィスに戻り，私にすべてを語りました。私たちは笑わずにはいられませんでした。彼女は一生懸命に取り組みましたし，私は彼女が心配していることを知っています。彼女はあの家に戻って，また片づけをすることでしょう（Pithouse 1987:70）。

ソーシャルワーカーは失敗に気づいていることを説明して，これをスーパーバイザーとオープンに共有した。スーパーバイザーはこの行動を，彼女がクライエント

を心から心配している証拠だと理解し，彼女が直面している「恒常的なストレス」を理解した。ソーシャルワーカーは失敗を認めて，スーパーバイザーからの支持的な許しを得た。

スーパーバイザーはリフレイミングと認知の再構築を通して，スーパーバイジーのストレスを引き起こすような自己申告を変化させる手助けをしている（Itzhaky & Aviad-Hiebloom 1998; Richardson & Rothstein 2008）。以下は，ソーシャルワーカーを無力にする自己申告のなかでも，スーパーバイザーの手助けにより変えることのできるものである。

・私は正しい決断を下さねばならない。さもなくば，クライエントに恐ろしいことが降りかかるだろう。
・クライエントに対し，決して退屈・怒り・軽蔑を感じてはならない。
・頼まれれば常に手をさしのべなければならない。たとえ私の個人的なニーズを差し置いてでも。
・クライエントに進歩が見られなければ，私が何か間違ったことをしたからだ。
・私は精神保健領域のモデルであらねばならない。
・スーパーバイザーに対して，自分が完璧であることを示さねばならない。

スーパーバイザーは，ソーシャルワーカーが業務に対してより現実的になれるような考え方を伝えてもよい。たとえば「知識は常に解決をもたらすわけではない」とか「現実は矛盾していてしばしば互いに相いれない特質がある」「小さな変化こそ，合理的な期待に見合うものであり，ときには良いことをしたと気をよくすることのできる大勝利といえる」などである。

成功はつかまえどころがなく，曖昧で，識別できる明らかな徴候がないために，ソーシャルワーカーが職業的満足の重要な供給源を奪われているとすれば，支持的スーパービジョンが助けになる。ある生活保護のソーシャルワーカーはこう述べている。

> 自分の業務のほとんどに，効果が微々たるものか，まったくないというのは，本当にがっかりします。ひどく失望して建設業に転職しようかと考えていたそのときに，ある支持的スーパーバイザーからのちょっとした言葉が驚くような効果をもたらし，やる気になりました。スーパーバイザーが誠意のない決まり文句ばかり言っているということ

ではありません。むしろ彼らは時間を割いて何が起きたかに耳を傾け，洞察力と感受性を動員して，私のクライエントとのやり取りを把握してポジティブな効果を指摘したのです。

スーパーバイザーは，矛盾した役割義務から生じる問題をソーシャルワーカーが解決する手助けをして緊張を和らげることがある。ソーシャルワーカーが，レポートを仕上げようか，緊急事態のクライエントを助けようかと迷っていたら，おそらくスーパーバイザーはレポートが遅れることを認めて，ソーシャルワーカーが全力でクライエントのニーズにあたれるようにするだろう。2つの業務の課題が衝突する場合とは，たとえばクライエントと詳細で集中的なインテーク面接をするのか，あるいはより多くの希望者に対応するためにインテーク面接は手早く済ませるべきかというものであるが，スーパーバイザーの職権で，課題のうちの1つを優先的に指定するなら，不安を減らすことになる。

スーパーバイザーが物事の見方を規定するのもサポートになる。クライエントも関係も脆弱だとする考えは，時にソーシャルワーカーが有用なことを行う妨げになる。スーパーバイザーは，クライエントも関係も，判断を間違えた介入，得るところのない面接，プロとしての振る舞いの一時的な躓きといったものを切り抜けていくものだと伝えて，スタッフに元気を与える。経験豊富なソーシャルワーカーと違って，新人は自分が対面しているクライエントとうまく行かない場合に参考にできるような頼りになる成功ケースというものがない（Bandura 1977）。「特定のクライエントに対する関係がこじれた場合，セラピストの防御を即座に強化するには，終結した成功事例の数々を思い出してもらうのが一番である」（Mueller & Kell 1972：104）。経験豊かなスーパーバイザーの見方を援用することは，サポーティブに作用する（Ellett 2007）。

新人ソーシャルワーカーは，クライエントを援助する能力に自信がないと表現することもあるだろう。スーパーバイザーは，新人は誰でも同じように感じること，自分もこれまでに援助をして役に立ってきたこと，ソーシャルワーカーの学習能力を信頼していること，援助をしようとして遭遇した問題についていつでもソーシャルワーカーと話し合う用意があるということを共有して支持的に一般化することができる。個々の介入はさまざまな発言からなるが，どれも支持的な意図があるといえる。

スーパーバイザーは，機関方針，自身の業務上の目標，機関における役割を，ス

タッフが明確に理解できるように助けることで，サポートを行っている。スーパーバイジーが何をしていることになるのか，なぜそれをしているのか，目的は何かということを納得していない場合，疑念や混乱に悩まされて気力を失うことになる。不確実性は概して緊張の増大につながる。スーパーバイザーが業務の目的や基準，期待を明確に伝えていると，ソーシャルワーカーはその明確さのうちに支持されていることを感じる。

　役割の曖昧さを緊張の潜在的な源とすれば，業務の目的や期待，相互責任を明確に規定することにより，そのような緊張の進行を防ぐことができる。あるスーパーバイジーは，目的が不明確なためにサポーティブな効果がなかったことを書いている。

　　私は新しい環境で間接的リーダーとしての課題を与えられました。スーパーバイザーには継続的に自分のしていることや，どのような問題があるかを報告していました。スーパーバイザーは，私はよくやっていると簡単にコメントしました。私が単刀直入に，目下のところ機関が優先する目的は何なのか，話し合いではどのような新たな進展があるのかと聞いたところ，スーパーバイザーは新しいゴールはないし，新しい進展もない，あなたは自分の業務をしていればいいと答えました。私は，自分に課された業務は非常に難しく，びくびくしていたので，スーパーバイザーからのサポートや指示が必要だと感じていました。これは，スーパーバイジーに業務環境のなかで方向性やサポートになるものを提供するという目的に適うものです。スーパーバイザーが方向性を出さないことにより，私の業務はますます難しくなりました。

　スーパーバイザーは，支持的スーパービジョンの職務を果たす際に，ソーシャルワーカーがプロとして業務をするなかで成功と達成感を経験できるような機会を提供し，自主的に働けるような機会を増やすようにする。Hertzberg, Mausner & Snyderman（2005）や Warr（2007）は達成感と責任感は，職業的満足感をもたらす二大要因であると報告した。いずれも，自分のしている業務に対して肯定的な気持ちを抱かせるものである（Smerek & Peterson 2007）。

　スーパーバイザーはソーシャルワーカーが良い働きをしたときにはこれを褒めることで支援を行い，その努力に対する相談機関の評価を伝える。短く書かれたメッセージが効果的なこともある。あるいは，ソーシャルワーカーの行いを褒める「称賛メモ」というものがあって，あるスーパーバイザーは時々これをソーシャルワーカーのメールボックスに入れていたと話した。

　スーパーバイザーからの称賛は非常にうれしく，自我を高めるものである。とい

うのも,それは有効な評価を下すことができるとされる人からの称賛だからである。自らの成果を真価のわかるスーパーバイザーと共有し,称賛してもらうなかで,ソーシャルワーカーは自分が成し遂げた業務の難しさをわかる人と話をしているのだということを知るのである。以下は,このサポート機能を効果的に遂行する条件である。

〔スーパーバイザーは〕2つの重要な基準を満たしていなければならない。私たちの分野のエキスパートであり,かつ信用に足る率直さや誠実さのある人物であること。言葉を変えれば,私たちの業務の複雑さを理解している必要があり,果敢に率直なフィードバックを提供する人でなければならない。これらの条件が満たされていれば,サポートが本物として受け入れられるであろう。母親や配偶者,専門家ではない友人たちは一般的な励ましならできるであろうが,おそらく私たちの業務の技術的複雑さを評価できる人からのサポートほど有意義ではないだろう(Pines 1982:158)。

部分的な称賛は,正当なものであれば提供すべきであろう。「ここで何かが起こっていると気づいたのはよかったですね。けれどもそれに対する反応としてこれが最良だとは思いません。クライエントの不安にどのように対処するか話し合いましょう」。ソーシャルワーカーは対処すべき何かがあることに気づいた点を推賞されているが,それに対する行動はとりわけ役に立つものではなかった。あるスーパーバイザーは自らの支持的介入について述べている。

彼女に栄光をふんだんに与えられない時期には,私は彼女を励まし,少なくとも彼女が自分のした間違いと,それをどのように改善したらよいかに気づいていることを指摘しました。彼女が女の子たちとのつまらないミーティングを終えて怒っているとき,私は現実に即した元気づけの言葉を伝えるようにしました。彼女が良いミーティングをした後は,彼女が意気揚々とした気分を正当なものと感じられるように援助するようにしました。人として仲良くやっていくことが,うまくやっていくことと深く関係していると思います。

しかし正当ではない称賛は,サポートにはならない。そこには,スーパーバイジーではなくスーパーバイザーの不安が反映されており,そのためスーパーバイジーの自信が失われることになる。「彼は私のことをとても心配しているようだった。まるで私が壊れでもするかのように」「彼は私を批判することや,私がそれに耐えられないのではないかと恐れているように感じた」「私は自分がそれほど弱いとは思わないが,私の感情を傷つけないようにとあまりにも彼が配慮するので,私のこと

をそれほど弱いと思っているのかと疑うようになってきた」「彼女の私に対する礼儀正しいアプローチには感謝するが，私の憤慨する傾向を見下しているような態度だった」。

　教育的スーパービジョンにも当てはまるが，行動とその意図と効果は一致しないことがある。教えることが学ぶことではないように，スーパーバイザーの行う支持的行動はスーパーバイジーからは支持的と受け止められないこともある。スーパーバイザーは自分の行いのもたらす真の影響について，情報をもたらすフィードバックに耳を傾けなければならない。元気づけが元気づけにならないことも，カタルシス上，不安が増すこともある。

　以下に，ソーシャルワーカーが支持的スーパービジョンの好例と考えた状況を2つ例示する。

　　ある話し合いでは，重度の精神障害をもつ子どもたちのグループに取り組むスーパーバイジーとの関係についてとりあげました。ソーシャルワーカーは，このような子たちといると「身体的に具合が悪くなる」「嫌悪感を催す」と述べました。私は彼女の気持ちがわかるし，そして自分自身も過去に，似たような感情を経験したと述べました。私はその点に関する成長について，知的障害をもつ子どもの学校で働いていたときにできた温かい関係を経験した結果として話を続けました。彼女の偏見が変わったかどうかはわかりませんが，それについて彼女はずいぶん考えたようです。彼女は私に，自分の感情を処理する助けになったので，今のプログラムでもっと効果的に業務ができそうだと話しました。スーパーバイジーの支えとなったのは，彼女の感情に対する理解と思いやりといえるものですが，それが，こうした業務に求められる温かさや共感，いかに有意義な業務かといったポジティブな見解と一緒になったからでしょう。

　　救急治療外科病棟で働くスタッフがスーパーバイザーに，ずっとかかわってきた末期がん患者を訪問することに抵抗があると伝えました。スーパーバイザーはソーシャルワーカーが恐怖を表出し，そしてなぜ恐れるのかを考える手助けをしました。ソーシャルワーカーはようやく，自分の訪問中に患者が亡くなることを恐れているという結論を出しました。さらに探究すると，ソーシャルワーカーは患者に対し，とても温かく，親しい，ポジティブな感情をもっていて，自分が取り乱して泣き出すのではないかと心配しているのがわかりました。これに対するスーパーバイザーの回答は「それでいいでしょう！」という，要を得たものでした。この後，このような怖れや感情の実態や，ソーシャルワーカーは個人でもあり続けなければならないこと，個人の偽らない感情は「プロフェッショナル」というコンセプトと混同すべきではないこと，正直な感情の表現だけが人間関係を強めるものだということを話し合いました。その後，ソーシャルワーカーは末期の患者と感情を自由に共有できるようになったことを報告しました。スーパーバ

イザーはソーシャルワーカーに対し有効なサポートを提供し，彼女の恐れや感情を受け止め，彼女がそれを発散できるようにし，彼女に不安の克服を任せたのです。

要約と補足説明

　通常，スーパーバイザーは，支持的スーパービジョンの任務の遂行に際して，支持的心理療法の独自の介入を行う。スーパーバイザーはストレスを防ぎ，減らし，あるいはスタッフを一時的にストレスから引き離すようにする。

　スーパーバイザーは保証すべきソーシャルワーカーの努力を称賛し，元気づけ，励まし，信頼を伝え，そしてスタッフの問題を客観化・一般化し，彼らのストレングスを肯定し，難しい決断の責任をソーシャルワーカーと共有し，その決断を支持し，注意深く共感をもって耳を傾け，カタルシスによる解放の機会を提供する。これらすべては，尊敬，共感的理解，受容，人としてのソーシャルワーカーに対する思いやりと関心などを特徴とするポジティブな関係を背景として行われる。意義あるポジティブな関係を背景にこのような介入が行われることで，スーパーバイザーが伝える情報の重要な点が強調される。褒める，元気づける，励ますといった，スーパーバイザーからのあらゆるポジティブなコメントは，スーパーバイジーが高く評価する人物からの応答であるだけに，スーパーバイジーにとって重要でしかも大きく影響する。

　最後に，これも重要なことであるが，スーパーバイザーは業務の満足感を高め，ストレスを減らすためには，適切な給与レベルとその他付加給与が重要である点を過小評価してはならない。したがってスーパーバイザーは積極的に経営者側に対してスタッフの昇給を擁護する必要がある。

　しかし，いかに素晴らしいスーパービジョン関係でも，業務自体の性質や，業務の条件からくる不満や業務にかかわる矛盾を必ずしも解決できるわけではない点の理解が必要である。いくつかの潜在的な不満は，機関の組織や，ソーシャルワークの課題，活用可能な専門的技術の状態，現代社会におけるソーシャルワーク専門職の位置づけなどに内在している。良好なスーパービジョン関係があれば業務の不満や幻滅，離職を排除できるという期待は，達成可能かもしれないが，スーパービジョ

ンに対する過度な要求といってよいだろう。それはスーパーバイザーにとってのリアリズムの語彙の一部である。

ソーシャルワークの職務に結びついたストレスや緊張を強調したために，上記の資料ではネガティブな偏見が明確に示されている。述べてきたストレスや緊張は現実のものであるが，「ほとんどのソーシャルワーカーは燃え尽きないし，自分の業務にかなり満足している」ということを，この本の第4版では述べた。ソーシャルワークは豊かで価値のある職務であり，対象とする人々に大きくポジティブな働きをするという信念は揺らぐことはないが，実践環境は変化し，ソーシャルワークのストレスが増えたように思われる（Abramovitz 2005; Acker 2010b; Stalker, Mandell, Frensch, Harvey & Wright 2007）。結果的に，現在のソーシャルワーカーは燃え尽き症状に対する脆弱性が増しているといえる。

The Health of Human Services Workforce（ヒューマンサービス従事者の健康研究）は，この種のものとしては初めての全国ランダムサンプル調査であり，児童養護，児童福祉，青少年に対するサービス，少年司法，就労・訓練の従事者1213名を対象に行われた。この報告書の導入部分で，Light は以下のように述べている。

> 調査では，ヒューマンサービス従事者の健康に関する懸念理由を十分に明らかにした。この面接調査の対象となった福祉サービス従事者の81％が，自分の業務では燃え尽きやすいという意見に，強く，あるいは何らかの形で同意し，70％が業務量が多すぎるという意見に，強く，あるいは何らかの形で同意し，75％が自分の業務を「フラストレーションを起こすもの」であるとし，51％が自分の業務は「評価されていない」と述べている（Light 2003:6）。

ソーシャルワーク，ストレス，燃え尽き症状に関するレビューのなかで，Llyod et al.（2002）は，ソーシャルワーカーが高いレベルのストレス，高いレベルの漠とした不安とうつ状態，それに伴う燃え尽き症状を経験していることの裏づけをした。「離職率の報告」では「年平均30～60％」としているが，「児童福祉，ソーシャルサービス，その他福祉サービス事業所の被雇用者の維持は重要な関心事であり」「離職の主要な兆候には，燃え尽き症状，業務への不満，ストレス」が含まれるとしている（Mor Barak, Nissly & Levin 2001:625-26）。

会計士から獣医師まで26のさまざまな職業を対象にした調査において，Johnson, Cooper, Cartwright, Donald, Taylor & Millet（2005）は，直接的な業務を行うソーシャルサービスのソーシャルワーカー（n=535）は，身体的健康・心理的状態・業務満

足度に密接に関係する項目で平均以下の得点だったと述べている。身体的健康と業務満足度では下位3位と5位，心理的状態ではすべての職業中最悪の結果となった。資格をもったソーシャルワーカーの多くがかなり満足して業務を続けているようではあるが，担当ケースの多さ，クライエントの問題の深刻さ，事務処理の量は増大し続けており，同時に雇用の安定，職員配置レベル，サービスに対する報酬比率，スーパービジョンの利用可能性は先細りしている（NASW Center for workforce Studies 2004）。Kim & Stoner（2008）がカリフォルニアの認定ソーシャルワーカーについて調べたところ，精神的疲労度は Maslach & Jackson（1986）の報告した全国基準を上回っていた。Barford（2009）は，児童および青少年の保護において，燃え尽き症状は異常発生するとしている。この業界ではソーシャルワーカーはわずか2～5年勤務して転職することが多いが，この離職率の高さの主要源がここにある。前述のように Bride（2007）は，直接的な臨床実践をしているソーシャルワーカーの15％が PTSD の診断基準に合致していると述べている。加えて，NASW ノースカロライナ支部メンバー1000名に実施した，精神的疲労と機能障害についての匿名アンケートで，次のことが明らかになった。

　　控えめにいって，12％がアルコールその他薬物乱用のリスクがあり，22％がうつ状態に，27％が燃え尽き症状に実際に悩んでいると報告している。在職期間を通してみると，極度の疲労により，60％がうつ，75％が燃え尽き，52％が何らかの職業上の機能障害を抱えていた（Siebert 2001:iii-iv）。

したがって，「内科医の勤務年数は25年，看護師の勤務年数は15年，薬剤師の場合は28年とされている」が，イギリスにおけるソーシャルワーカーはわずか8年である（Curtis, Moriarty & Netten 2010:1628）。

それほど事態は悪いのだろうか？ソーシャルワークは大変な努力を必要とする業務ではあるが，Collins（2008）は他の職業に比べて業務への満足度が高いとしている。イギリスではソーシャルワーカーは，美容師，農夫，スピーチセラピストよりも満足度は低いと報告されているが, Rose（2003）によると，ソーシャルワーカーのうち59％がすべての職業の中央値より（n=7365）も高い業務満足度を示しており，会計士，コンピューターアナリスト，開業医，看護師，教授よりも満足度が高かった。Curtis et al.（2010）は Rose がデータを入手した1999年以降，ソーシャルワークの領域で多くの事柄が変化したと述べている。しかし7か国（カナダ，デンマーク，フランス，ドイツ，英国，ノルウェー，アメリカ）で実施した公的福祉従事者4595名

に対する業務満足度の調査は，以下のような報告をした。

　平均して，7か国の回答者は業務に「かなり満足」しており，他の人を助ける業務，社会に役立つ業務をするのは「重要だ」と考えている。職場の本質的特性について，回答者は平均して，業務は面白く，何らかの自立・自主をもたらしていると「合意」している。しかし，職場の外的特性についてはそれほどの意見の一致は見られなかった。業務は高収入であり，雇用保証が高く，昇進の見込みも高いという点について，彼らは「どちらでもない」とした。平均して，同僚や管理職との業務上の人間関係は「とても良い」と彼らは述べているが，前者との関係のほうが後者との関係よりも良好のようだった（Taylor & Westover 2011:739）。

　Barth et al.（2008:206）は，36州，92郡で1729名の児童福祉ソーシャルワーカーを対象に行われた National Survey of Child and Adolescent Well-Being（児童青少年ウェルビーイング全国調査）を元に，アメリカにおける同様の結果を報告しており，「業務への満足感はほぼ変わらず，全体としては自分の職に対して，どちらともいえないとやや満足しているの間に位置している」と述べている。

　Stalker et al.（2007）は，多くのソーシャルワーカーが燃え尽き尺度についてはスコアが高いと認めつつ，いくつかの調査では，児童福祉ソーシャルワーカーのサンプルを抽出すると，高レベルの感情疲労と業務満足度の高さが共存していると報告した。なぜそうなるのだろうか？　すでに見てきた多くの変数のほかに，支持的スーパービジョンがソーシャルワーカーのストレスや燃え尽き症状をコントロールして，業務から満足を得る手助けをしているのである。

支持的スーパービジョンの価値：調査研究成果

　多くの調査が，支持的スーパービジョンのポジティブな効果を明らかにしている。ある調査では，支持的スーパービジョンと非支持的スーパービジョンの効果について実証した（Blane 1968）。支持的スーパービジョンを受けたカウンセリングの学生たちでは，スーパービジョン前と後では理解の強固さにおいて得点に大きな変化が見られた。非支持的スーパービジョンを受けた学生たちに変化は見られなかった。
　他の調査で2つのアプローチの結果の違いを分析したところ，非支持的スーパー

ビジョンを受けたソーシャルワーカーは，ソーシャルワーカーの関心の焦点がクライエントから離れて自分自身へ向かうことがわかった（Davidson & Emmer 1966）。Blau（1960）によれば，支持的スーパービジョンの結果，ソーシャルワーカーの不安レベルが低下して，相談機関の手続きはより柔軟に行えるようになり，クライエントに対するサービス向上を促進した。

　本書の第4版では，良好なスーパービジョンは燃え尽き症状の進行やネガティブな影響を抑えるという想定を支持する21の研究を検討した。Bogo et al.（2011），Kim（2008），Kim & Lee（2009），Kim & Stoner（2008），Stalker et al.（2007），その他の横断的研究では，支持的スーパービジョンは燃え尽きを抑えるとしている。評価の高いKim（2008）による長期的研究や，Halbesleben（2006）の118の調査についてのメタ分析，Mor Barak, Travis, Pyun & Xie（2009:29）の研究がさらにこの説を裏づけている。後者の研究者らは，ソーシャルサービス従事者1万867名の複合被調査母体に関する27の研究論文をメタ分析して，「課題の支援，感情的サポート，スーパーバイザーとの有効な関係を通して優良なスーパービジョンを受けたソーシャルワーカーは，その結果，業務や組織に対してポジティブな感情や振る舞いを示す」と結論を下した。

　McGowan, Auerbach & Stroling-Goltzman（2009），Strolin-Goltzman, Auerbach, McGowan & McCarthy（2008）は，児童福祉ソーシャルワーカーの離職率が年23～60％に達するとした調査の30年間に注目して，支持的スーパービジョンによって離職を防ぐことができるという従来の考えに異議を唱える研究成果を公表した。しかし他の研究では，支持的スーパービジョンはソーシャルワーカーの自己効力感（Collins-Comargo & Royse 2010），能力や業務量の調整（Juby & Scannapieco 2007; Stevens 2008），業務への満足感（Barth et al. 2008; Mena & Bailey 2007; Stalker et al.2007），離職防止（Chen & Scannapieco 2010; Ellett, Ellis, Westbrook & Dews 2007; Jacquet, Clark, Morazes & Withers 2007; Landsman 2007）との関連性を認めている。ソーシャルワーカーの離職への意向は非支持的スーパービジョンと関連づけられてきた（Ellett, Ellis, Westbrookm & Dews 2007; Kavanagh et al. 2003; Kim 2008; Travis & Mor Barak 2010）。Peter Warr（2007:128）は業務での幸福感を高揚させ，不幸感を和らげるには，支持的スーパービジョンは「必須」だとしている。

スーパーバイジーに対するその他のサポート

クライエント

　業務のストレス処理において，スーパーバイザーがスーパーバイジーの唯一の支援の源ではない。クライエントは支援の源にもストレスの源にもなりうる（Huxley et al. 2005; Washington et al. 2009）。クライエントはソーシャルワーカーや彼らの提供するサービスに応じて，ソーシャルワーカーの能力や自尊心を肯定する（Stalker et al. 2007）。ソーシャルワーカーの努力を評価して感謝するコメントは支持的といえる。クライエントのより良い行動や変化はソーシャルワーカーに達成感を与える（Chen & Scannapieco 2010; Ellett 2009）。このことはメリーランド州の有資格ソーシャルワーカー232名の調査において業務満足度に29％の相違があったことを説明している（Cole, Panchanadeswaran & Daining 2004）。

仲間集団

　スーパーバイジーの仲間集団はスーパーバイジーに対する支援の源であり，スーパーバイザーの働きかけを補うものである（Ellett 2009; Travis & Mor Barak 2010）。ソーシャルワーカーは自分の業務に対する不満，落胆，疑問について話すことができ，不十分な業務遂行に対する不安，過誤を表出できるとして，気楽に感じられる仲間に頼ることもある。職場での仲間，グループというのは，ソーシャルワーカーが上記のようなことを話し合うのに，最初に向かう先である。相手の多くは似たような問題を経験してきた人々である。彼らは業務の状況について知っており，これらのことについて深く話し合うことができる。このような感情について話し合う必要を感じていると，そのソーシャルワーカーが向かうグループの仲間は，共感的理解が増して経験や共通の準拠枠を共有することになる。さらに彼らはワーカーを評価する管理的な権限ももっていない。したがってソーシャルワーカーはスーパーバイザーとよりも仲間のソーシャルワーカーと疑問や不満感を自由に共有できる。しかも仲間のグループでは，同僚間の社会的距離が最短なために心理的に理解できるだけでなく，物理的にも活用できるという利点がある。同僚のソーシャルワーカー

と話すのに，予約を取る必要はない。

　スーパーバイザーは支持的スーパービジョンを提供するなかで，仲間のグループからの支援を積極的に活用するとよいだろう。スーパーバイザーの支持的活動を強化することで，同僚同士の支持的な相互作用を刺激し，スタッフ間に協力的で相互的なやりとりを促すことができる。スーパーバイザーはグループスーパービジョンや頻繁なユニット会議を設定して，同僚間の相互作用システムを発展させることもできる。またピア・スーパービジョンやピア・コンサルテーションの開催を後押しすることで，仲間間の支持的な相互作用を促すこともできる。

　同僚グループによる支援は重要であるが，支持的スーパービジョンは同僚グループにはない利点がある。同僚とは違ってスーパーバイザーには，ソーシャルワーカーの立場にストレス緩和をもたらすような変化を起こす権限と権威がある。ソーシャルワーカーの業務を評価する責任を負っているので，支持的な発言をするスーパーバイザーは，同様の発言をする同僚に比べてより影響力が高いといえる。

ソーシャルサポートネットワーク

　スーパーバイジーのソーシャルサポートネットワークも支持的スーパービジョンを補うものである（Collins 2008; Pines, Ben-Aru, Utasi & Larson 2002）。家族や友人もストレスに対する逃げ場にはなるが，実際の業務のストレス特性をよく知らないために，感情的な支えとしての効果には限界がある。

　ストレスは職場で生まれるため，職場こそが業務のストレスに対処する最良の場である。スーパーバイザーは業務のストレスの源や特性を詳しく知っており，ソーシャルワーカーを助けるのに最適なフィードバックを提供できる。スーパーバイザーは現場のストレス対処にすぐに利用できる点でも，家族や友人とは違う。

　ソーシャルサポートが有効であるためには，緊張の源である特定のストレスとの密な関連が必要とされる。一般的な，特定化されていないソーシャルサポートは効果的なストレス緩和にならない。スーパーバイザーは特定の業務ストレスに直接支援をすることで，より内容のある支援効果を生むと見られる。

　最近の分析では，これらの追加的支援源があるものの，スーパーバイジーのストレス対処についてはスーパーバイザーが最も優れた支援源であるとしている。

スーパーバイジーの適応

　さらに自分自身の適応能力が支持的スーパービジョンを補う。スーパーバイジーは能動的にスーパーバイザーを「不安にさせる」ことでスーパービジョンのストレスに反応する。これは受け入れてもらえる振る舞いと不可とされる振る舞いを見分けることを目的としている。スーパーバイジーはこのとき，うまく自己表現して，最大の承認と最小の拒否を引き出そうとしている。Goldhammer（1969）がスーパービジョンの指導者について述べていることは，そのままソーシャルワーカーにもいえる。彼らはスーパービジョン関係でストレスに順応するなかで，「いかにスーパーバイザーの意図を出し抜くか，いかにスーパーバイザーを喜ばすことを予測するか，いかに計画的に実施して適切な業務ぶりをスーパーバイザーに見てもらうか，いかにスーパーバイザーの機嫌をとって，自分自身を守るのか」（64）について学んでいる。

　対人援助職におけるスーパーバイジーは，一連の明確なゲームを定着させた。このゲームとは，スーパービジョンの場面が引き起こす脅威や不安に対する防御的な順応である。以下に述べるように，これらのゲームは類似した手段ごとにグループ化されているが，ほとんどのゲームは無意識の振る舞いである（Berne 1964）ことから，ゲームが進行している最初の徴候は主観的経験に由来する。したがって，McIntosh, Dircks, Fitzpatrick & Shuman（2006:228）が述べ，Hagler & Casey（1990）も引用しているように，「ゲームが進行している徴候には，冷ややかで不満足な関係，全般に及ぶ不快感，誤解されている，見くびられている，強制されている，脅されているという感覚が含まれる」。なかにはまったくゲームを行わないスーパーバイジーもいるという点は，しっかりと認識すべきであろう。しかし不安感をそれほどもっていないスーパーバイジーでも，このようなゲームによる調整を時折行うことがある。スーパーバイザーも同じ理由からゲームを行う。それについては，スーパーバイジーのゲームについての説明のあとで取り上げることとする。

スーパーバイジーのゲーム

　この項の多数の文献は，もともと Social Work 13（1968）:23-32に掲載された論文 Games People Play in Supervision（スーパービジョンにおけるゲーム）で紹介されたもので，NASW の許可を得て引用している。続いて，カウンセリング（Bauman 1972），遺伝子カウンセリング（McIntosh, Dircks, Fitzpatrick & Shuman 2006），医学（Armstrong 1973; Cady 1973; Cummings & Groves 1982; McGee & Martin 1978），ソーシャルワーク（Hawthorne 1975; Cousins 2010），言語聴覚（Hagler & Casey 1990; Sleight 1984）でも類似の報告書が発表された。

要求レベルの操作

　一連のゲームは，スーパーバイジー側が要求レベルを操作するように設定される。そのうちの1つが「2人対機関」あるいは「スーパービジョンに対する誘惑」ともいうべきものである。通常この手のゲームをするのは，頭が良く勘も働き，機関の型通りの手続きに苛立っているスーパーバイジーである。書式，レポート，時間厳守，記録は，彼らの侮りの対象でしかない。より洗練されたスーパーバイジーは相談機関の官僚志向と，専門職志向の矛盾に注目してゲームを行う。官僚志向では，機関の効率的運営に必要なことを重視する。専門職志向では，クライエントのニーズ充足を重視する。スーパーバイジーは，クライエントのニーズ充足がより重要であり，記録や，書式記入，レポート作成により，クライエントに直接かかわる時間が奪われていると指摘する。さらに，その結果，苦しむクライエントがいなくなりさえすれば，ソーシャルワーカーが仕事に来て家に帰る時間については，重要ではないと指摘する。勘が働き才能に恵まれたソーシャルワーカーには，クライエントの最大利益のためのスケジュールを立て，時間を割り振ることを許可することはできないのだろうか？　スーパーバイザーは書式記入や記録，レポート作成などを心配しなくてよいのではないか？

　ゲームには2人が参加することになる（Hagler & Casey 1990）。スーパーバイザーはクライエントのニーズに応えようとするスーパーバイジーの考えに同一化することから，ゲームに巻き込まれることになる。スーパーバイザー自身も官僚的な要請

に対し常々憤慨していたので，スーパーバイジーの不満に同調する素地があり，これらの要求を満たすように断固として要請する権威の主張をためらうのである。スーパーバイザーがゲームを行うことを選択するのであれば，スーパーバイジーと組んで機関の事務的手続きを破壊することになる。

スーパーバイジー側が要求レベルを操作するもう1つのゲームは，「私が親切にしているのだから私にも親切にしなさい」というものである。主な策略はお世辞である。「あなたは私が会ったなかで最良のスーパーバイザーだ」「あなたはとても理解力が鋭いので，話した後は，クライエントが次に何を言ってくるかほとんどわかるようになった」「あなたは常に私を助けてくれる」「将来あなたのように良いソーシャルワーカーになりたい」などである。これは感情的ゆすりのゲームであり，お金が支払われたようなものなので，スーパーバイザーはソーシャルワーカーに対し断固として正当な要求を主張できなくなる。

スーパーバイザーがこのゲームに抗うことは難しい。というのも英知をもたらす全能の人として見られるのは心地よいからである。助けになると思われたり，同一化や模倣の手本として選ばれたりすることは満足感をもたらす。ポジティブな自己概念を強化し，自己愛的なニーズを満たすようなゲームへの誘惑は受け入れられやすい。

概して，スーパーバイザーはこのようなゲームへの誘惑に弱い。スーパーバイジーがスーパーバイザーを必要とするように，スーパーバイザーもスーパーバイジーを必要とする。ソーシャルワーカーに満足をもたらす主なものの1つは，クライエントとの接触である。スーパーバイザーはこの満足の源を，少なくとも直接的には阻まれている。スーパーバイザーにとってこれに類似する喜びは，スーパーバイジーが成長し，変化するための手助けをすることである。しかしこれは，スーパーバイジーから自分の有効性を認めてもらわなければならないことを意味する。このような有効性の客観的基準は，不明瞭で決定的ではないとしか言えない。スーパーバイジーからオープンでかつ直接的に「あなたからいろいろ学びました」「あなたは助けになりました」と言ってもらうのは，スーパーバイザーが巧妙に懇願した安心材料といえる。状況をわきまえたスーパーバイジーは，ゲームを始めるに当たりこのスーパーバイザーのニーズを理解し，利用する。

関係の再定義

　第二のゲームは，スーパービジョン関係を再定義することにより，スーパーバイジーに対する負担を減らす意図がある。このゲームは，スーパービジョン関係の定義の曖昧さに依存しているもので，解釈が多様であり，機能上の類似性が共通している。

　再定義のゲームの1つに，管理的なヒエラルキーにおける教師と初心者の関係から，セラピーを背景としたソーシャルワーカーとクライエントの関係へとシフトするものがある。このゲームは「病人と弱者を保護する」「治療してください。叩かないで」ともいえる。スーパーバイジーは業務よりも自分自身をさらけ出し，スーパーバイザーに対して個人的な問題を解決する手伝いをしてほしいと頼む。洗練された者は，これらの問題を業務の困難さと結びつける。ソーシャルワーカー・クライエント関係が変化すると，その要求の質も同様に変化する。クライエントに正当に課す要求は，ソーシャルワーカーに課すものよりも明らかにめんどうではない。スーパーバイジーは負担が和らげられることで報酬を獲得し，個人的な問題の議論に多くの時間を費やすことになり，業務について議論する時間はわずかしか残されていない。

　スーパーバイザーがこのゲームに引き込まれるのは，このゲームが，スーパーバイザーの内なるソーシャルワーカーに訴えるからであり（というのもスーパーバイザーはかつてソーシャルワーカーであり，個人的問題を抱えている人を助けたいと未だ感じているからである），のぞき趣味をくすぐるからであり（スーパーバイザーといえども他人の私生活を共有する機会には抗がえない），セラピストとして選ばれることは心地よいからである。そして，スーパーバイザーはこのような状況の再定義を容認しがたいと，はっきり確信しているわけではない。

　スーパービジョンとセラピーの曖昧な境界についてのあらゆる議論が，この不明瞭さに絡んで行われている。

　Cousinsは「治療してください。叩かないで」というゲームは，ソーシャルワークにおいてことさら危険であるとし，それは，権威に対するこの職業の歴史と態度によるとしている。ソーシャルワークにおいては，「管理者は彼らの役割である，評価や対立といった要素には逃げ腰である」。

しかし，多くのほかの産業において，利益率の低い生産ラインや生産性の低下は，すぐさま従業員に対する負担に焦点が絞られ，彼らの社会状況に関係なく，「業務をこなす」という個人的問題となる。ソーシャルワークでは，業務での自己の活用についての価値観が，スタッフの感情的ウェルビーイングをあまりにも重視する文化を醸成したといえる。ある程度まではそれも重要であるが，これには焦点がクライエントからソーシャルワーカーに移るというリスクがある（Cousins 2010:286）。

もう1つの再定義のゲームは「評価は友人のためのものではない」というものである。ここではスーパービジョン関係は社会的関係として再定義されている。スーパーバイジーは，スーパーバイザーとコーヒーブレイクをとろう，ランチに誘おう，バス停や駐車場まで/から同行しよう，会議中は共通の趣味について話し合おうと試みる。この関係では社会的要素が職業要素を蝕んでいく。「友人」に業務で要求されるレベルを維持させるためには，スーパーバイザーは多大な決意と決然とした態度を必要とする。

さらに最近のスーパーバイザー―スーパーバイジー関係の再定義は，先の2つのものよりもさらに見分けがつけにくく，長期間のゲームが行われている。「実行可能な最大限の参加」というゲームでは，スーパーバイザーとスーパーバイジーの関係が，同僚関係へとシフトするものをいう。スーパーバイジーは，スーパーバイザーとの関係が民主的参加に基づいたものであれば，最大の効果があると示唆する。自分に何が必要で何を学びたいかを知っているのはソーシャルワーカーだから，ソーシャルワーカーも話し合いの議題を決めるのに平等な責任を与えられるべきだというのである。そこまではよしとして，意思の堅いスーパーバイジーが支配すると，議題を共同で管理するはずが，簡単にスーパーバイジーに全面的にコントロールさせることになる。目指すべきレベルは下がり，脅威となる内容は避けられるようになる。

スーパーバイザーはこのゲームを拒否しようとして苦境に立つことになる。学びの過程で民主的参加が促されれば，学びは最大になるという論点は真理をついている。さらに，相談機関のクライエントへの取り組みにおける最近の傾向は，実行可能な最大限の参加を促しているが，その範囲は曖昧である。ゲームを放棄するということは，自分は保守的，非民主的で，管理的ヒエラルキーの下位レベルにある者の権利に反する人間であり，これは人がうらやむような自己像ではないことを暗示している。スーパーバイザーはやむを得ずゲームをしても，常に管理的権威の外見

は保つよう注意が必要であり，スーパーバイジーの同僚と呼ばれるような試みをすべてかわさなければならない。

力の不均衡を和らげる

　第三のゲームは，スーパーバイザーとスタッフの間の力の不均衡を減少させて不安を和らげる意図がある。当然，スーパーバイザーの権威の根拠とは，スーパーバイジーに対しての管理的ヒエラルキーにおける地位である。そのほかにも，スーパーバイザーの専門知識や優れたスキルも根拠となる。この２つ目の根拠は，今回のゲームでは脆弱である。スーパーバイジーが，スーパーバイザーにはさほど実力はないということを立証できれば，力の差を示すものは少なくなり，そのことを心配する理由となるものも小さくなる。

　よく行われるこのようなゲームの１つが「あなたも私くらいドストエフスキーを知っていれば」というものである。会議のなかで，スーパーバイジーは，クライエントの振る舞いは『罪と罰』のラスコーリニコフを想起させるが，『白痴』のムイシュキン公爵を悩ませていた病状とは源が異なることをほのめかす。

　さらに話を有利に運ぶために巧妙なゲームがなされ，スーパーバイザーに対して大げさに「覚えていますよね？」と質問をする。スーパーバイジーにもスーパーバイザーにも，後者が覚えていない，あるいは知らないことは明白である。この時点でスーパーバイジーはスーパーバイザーを指導し始める。教師と学習者の立場が逆転し，力の不均衡とスーパーバイジーの不安は同時に減少する。

　スーパーバイザーがゲームを黙認するのは，ゲームを拒否することは無知を告白することになるからである。明敏で，ゲームの巧いスーパーバイジーはスーパーバイザーの無知が明らかにならないように，スーパーバイザーと共謀する。議論は，両者が話し合っていることを互いにフィクションであると認めて保護することによって進んでいく。

　このゲームの本質的な策略は，スーパーバイジーの世代によって異なる。スーパーバイザーは今や，ポストモダンの名の下に（Askeland & Payne 2006），エビデンス基盤（Mullen, Bledsoe & Bellamy 2008）の実践イデオロギーのゲームをすることで危険にさらされており，集中攻撃で負傷する大きなリスクを背負っているといえる。しかしスーパーバイザーに対する影響も同じであり，スーパーバイジーよりも知識がなければならない立場であるのに，無知が発覚して憂鬱さやさまざまな不安が生

じる。そのうえ，これも，スーパーバイジーの不安を抑えるうえで，同様の利益を与える。

　この種の状況を都合よく利用したゲームでは，ほかに，力の不均衡を減少させ，スーパーバイザーではなくスーパーバイジーが主導権をもっていると感じさせるものがある。このゲームは，「これについて何を知っていますか？」というものだ。公的福祉の分野での経験が長いスーパーバイジーは「多問題を抱えたクライエントに第一線で取り組んできた私たち」に注意を向けて，最後に実際にクライエントを担当したのがはるか昔のスーパーバイザーを謙虚にさせる。既婚で子どものいるスーパーバイジーは自分の結婚生活や「母親であることが実際にはどんなことなのか」といったことを，未婚の女性スーパーバイザーと家族セラピーについて話し合うときにほのめかす。年上のスーパーバイジーは老練な人として，大学院を卒業したばかりの新米スーパーバイザーに対し「人生」について語るであろう。若いスーパーバイジーは，青少年クライエントについて，自分もマリファナを吸ったことがあるしコカインにも手を出そうとしたことがあるので，自分のほうが理解できるとほのめかすであろう。スーパーバイザーは調子を合わせようとするが，より老いた精神は噛み合わないと知る。スーパーバイジーより若いスーパーバイザー，あるいは年長のスーパーバイザー，子育ての経験のないスーパーバイザー，賃金台帳を処理したことのないスーパーバイザーは，自分が教えようとしている相手から教えられていることに気がつく。役割は逆転して，スーパーバイザーはそれほど脅威を感じさせない存在となり，スーパーバイジーは報われるのである。

　「スーパーバイザーをやり込める」最近のやり方では，話し合い中に下品な四文字熟語を巧妙に使用している。これは，「あるがままに語れ」というものである。居心地が悪く落ち着きをなくしたスーパーバイザーは，自分のなかの若干のブルジョワ気質やピューリタン気質の名残を指摘したスーパーバイジーに対してコントロールを失うことになる。

　スーパーバイザーをやり込める行為は，ソーシャルワークの内容ではなく本題の周辺を巡るものかもしれない。ソーシャルアクションを重視するスーパーバイジーは，社会的関係における根本的な変化に関心がある。彼らは，あるクライエントのために若干の予算増を獲得することや，別のクライエントのために業務を見つけること，育児に無関心な母親が子育てに身を入れるように手助けをすることは，ほとんど役に立たず，社会の根本的な病理はそのままであるのを知っている。彼らは，

根本的に病んでいる社会のなかで個別ケースを優先して，1つの家族が問題や不幸を少しでも減らして暮らせるように援助をしたいと思っているスーパーバイザーに苛立ちを感じている。ゲームは「すべてかあるいは無か」というものである。このゲームの目的は，スーパーバイザーに，信条を曲げたいと思わせ，自分が体制の一部であり，「善き」社会についての広い視野を見失い，あるいは見捨てていた，絶えず源ではなく兆候に関心を払っている，と感じさせることにある。これには効果がある。というのも，スーパーバイザーは，体制のなかで責任ある地位にある者たちすべてに向けられた告発には一部真理があると気づくからである。

状況をコントロールする

これまで述べてきたゲームが及ぼす影響の1つは，状況コントロールがスーパーバイザーからスーパーバイジーへと移ることである。もう1つの一連のゲームでは，スーパービジョン状況のコントロールをより明白かつ直接的にスーパーバイジーの手に託すように計画されている。スーパーバイザーによる状況コントロールが潜在的脅威となるのは，スーパーバイジーの業務ぶりの弱点や不適切さを詳細に見直さなければならない場で，スーパーバイザーが議論の進行役の主導権を握るからである。スーパーバイジーが話し合いをコントロールすると，あからさまな議論のほとんどは巧みに回避されることになる。

議論の内容をコントロールするためのゲームの1つが「私は小さなリストをもっています」というものだ。スーパーバイジーは自分が話し合いたいと思っている業務上の質問を携えてやってくる。ゲームの巧い者は，スーパーバイザーが業務で大きな関心を払っている問題や，かなり研究した問題に関連した質問を組み立てる。スーパーバイジーは，自分の質問に対する回答に耳を傾ける義務はまったくない。最初の質問が投げかけられれば，スーパーバイザーはちょっとした講義を始めるので，その間スーパーバイジーは心のなかで次の週末の計画を立てたり先週末のことを振り返ったりしながら，せいぜいスーパーバイザーの話が終わる徴候に気をつけているくらいである。話が終われば，スーパーバイジーは適当なコメントをして，2つ目の質問に移り，このサイクルを繰り返していく。スーパーバイジーがスーパーバイザーの参加レベルを高めるにつれ，一度に話すことができるのは一人だけという事情から，同時に自分自身の参加レベルは低くなる。したがってスーパーバイジーは話し合いのやりとりの内容と方向性を同時にコントロールすることにな

る。スーパーバイザーは自分の知識を披露したりスーパーバイジーの依存ニーズに合わせたりするのに自己愛的な満足を感じるので，また，優れたソーシャルワーク実践に倣って，スーパーバイジーの質問は受け入れられ，尊重され，可能なら回答されるべきという理由から，スーパーバイザーはこのゲームをする気になる。

「困難に出会っても阻止せよ」というゲームのなかでもスーパーバイジーは主導権をコントロールする。この場合，スーパーバイジーは自分の拙い業務が批判を受けそうだということを知っている。そのために，自分の過ちを率直に認めるやり方で話し合いをする。面接は不適切だったこと，よりよい面接をするために今までに学んでおくべきだったことは知っている。スーパーバイザーの協議事項に手落ちはないが，事前にスーパーバイジーは率直に，自分を過度に非難して正直に話すことはない。スーパーバイザーはこの自己非難を前にして圧倒され，スーパーバイジーに同調して安心させることくらいしか選択肢はない。この策略では，スーパーバイザーは業務のミスについての広範な議論を妨げられるだけでなく，スーパーバイジーがさらけ出す限られた強さを称賛させられることになる。ここでもスーパーバイザーは問題を抱えた人を心配し，絶望した人を励まそうという考えに従い，良き行いと寛大な親としての喜びを行動で示す。

もう1つのバリエーションが「弱さの言い訳」というものである。スーパーバイジーは「自分はとても弱くて傷つきやすく，あまりに強く押されると限界を越えてしまうと伝える。このコミュニケーションは，スーパーバイザーがスーパーバイジーの痛みを伴う，あるいは脅威になる問題を探ろうとするのを効果的に妨げる」(Bauman 1972:253)。

「苦しいのは自分だ」というゲームでは，依存と無力を駆使する。当然ながら，このゲームは主に新人の常套手段である。ゲームにおいて，妥当と思われる欠点を利用して，これを誇張することで一種の哀願へと変える。哀願する者に対して反応するという社会的規範は，スーパーバイザーがスーパーバイジーを支援するという専門職に既存の義務を強固なものにする。

コントロールは，不安定な依存関係を通して行使することもできる。これが弱さを手段にした強さである。このゲームは「可愛い，大人の私」「3人によるケース担当」と呼ばれる。無知で能力に欠けるスーパーバイジーは，物知りで有能なスーパーバイザーに，どのようにしたらよいのかという細かい指示を期待する。「あなたなら次はどうしますか？…それであなたなら次は何と言いますか？」。スーパー

バイジーはケースの責任をスーパーバイザーに委ね，スーパーバイザーはソーシャルワーカーとケースを共有する。スーパーバイザーがこのゲームをするのは，実際，スーパーバイザーはケース管理の責任をスーパーバイジーと分担し，クライエントが傷つかないように気をつける責任があるからといえる。さらに，スーパーバイザーはしばしば，代理ではあっても，ケースを担当する喜びを求めて，スーパーバイジーの手からケースを取り上げたい気持ちになることがある。しかも頼ってくる子どもに対し能力ある親として振る舞い，他者の優位に立つことの喜びをもつ。

より敵対心の強いスーパーバイジーがゲームを支配すると，「あなたが言ったように私は行いました」というバリエーションが生まれる。この場合，スーパーバイジーはスーパーバイザーがケース管理について特殊な指示を出すように操作し，執拗にそれに服従し，あからさまに模倣するのである。スーパーバイジーはまるでスーパーバイザーにケース責任があり，ソーシャルワーカーはスーパービジョンの指令の執行者にすぎないかのようである。常にそして当然，どのようなことをスーパーバイザーが提案しても，完遂されるはずのことが実現できない。「あなたが言ったように私は行いました」というゲームは，強いスーパーバイザーを防衛的にする。

「すべてが混乱している」というゲームでは，他の権威に働きかけることによりスーパーバイザーの権威を小さくするものである。他の権威とは，以前のスーパーバイザー，同じ相談機関の別のスーパーバイザー，スーパーバイジーがケースについて話し合う機会をもった地元の社会福祉学部の教員であったりする。スーパーバイジーは，同じ状況でも以前のスーパーバイザーだったら例のアプローチを採るだろうと何気なく言う。例のアプローチとは現スーパーバイザーが望ましいとしているアプローチとは相容れないものである。複数の権威が同じ状況に対しさまざまなアプローチを提案すると，「すべてが混乱」状態になる。スーパーバイザーは自分のアプローチを，名も知らぬ競争相手に対抗して擁護しなければならない。スーパーバイザーが完全に自信をもって明白な回答を出せる状況は，ソーシャルワークにおいてほとんどないため，これはとりわけ難しい。スーパーバイザーは最初にアプローチの根拠が弱かったため，他の「権威」からの代替案に対して弱腰になり，スーパーバイジーとの関係における権威が損なわれる。

スーパーバイジーは距離を置くというテクニックによって，スーパービジョンの状況における脅威の程度をコントロールすることができる。このゲームは「あなたの知らないものは私を傷つけない」というものである。スーパーバイザーはスーパー

バイジーの業務について，記録に書いてあることや話し合いをして口頭で共有することにより間接的に把握するのみである。スーパーバイジーは薄っぺらで，重要性のない，大して影響ないことを選び出して共有することができる。スーパーバイジーは自分の業務について，有利な姿を見せようと，選択的に共有したり，（意識的あるいは無意識的に）歪曲したりすることができる。スーパーバイジーは受身で無口でいるかもしれないし，または次から次へと些細なことでスーパーバイザーを煩わすかもしれない。どういった方法を採ろうとも，このゲームではスーパーバイジーは自分の行っている業務と，それをともに批判的に分析する責任を負っているスーパーバイザーとの距離を広げている。このためスーパーバイジーは自分の業務に対する批判の脅威を減少させるだけでなく，Fleming & Benedek（1966）が指摘しているように自分とクライエントとの関係のプライバシーにスーパーバイザーが侵入するのを防いでいる。

スーパーバイジーは「その人とは私のことか？　私ではない」「私が悪かった。でも今回だけ」といったゲームで，ソーシャルワーカーの能力不足に対するスーパーバイザーの反応のレベルを操作することができる。

「その人とは私のことか？」のゲームでは，スーパーバイジーは課題遂行上での自分の至らぬ点を他に責任転嫁しようとする。失敗を指摘するのに，クライエント，事務員，他の機関のソーシャルワーカー，「システム」といった他者を使うのは，責任をスーパーバイジー自身からそらす行為である。交通トラブル，天候，一時的な体調不良など酌量すべき状況を訴えて，責任を軽減しようとする。

「私が悪かった。でも今回だけ」というのは，後悔しているように見せながら謝罪するゲームであるが，スーパーバイジーの課題不履行を叱責しようというスーパーバイザーの意向を挫けさせるものである。謝罪は失敗を認めることであり，失敗を指摘するスーパーバイザーの権利を認めるものである。後悔とは自罰の行為でもあり同じ失敗を繰り返さないという約束でもある。これらすべてを前にしてスーパーバイザーは無力になっている。

「はい，でも」というのはスーパーバイザーの言ったことを受け入れているように見せかけて，実はコミュニケーションを拒むゲームである。「はい」は最初の受け入れを示しているが，それには「でも」が続き，「でも」は拒否を導入する。「でも」に続くのはしばしば，ソーシャルワークの文献の一節だったり，スーパーバイザーの提案とは反する立場を支持するソーシャルワークの大家の言葉であったりす

る。「はい，でも，誰々がこうこう言っていますが，それも真実ではないですか？」
　スーパーバイザーはソーシャルワーカーを叱責したくはないので，これらのゲームに同調する。ソーシャルワーカーと一緒に，スーパーバイザーもソーシャルワーカーの業務上の欠陥に立ち向かうことを避ける言い訳を探しているのである。

ゲームを交わす

　これまで述べてきたような防衛的なゲームは，スーパーバイジーのストレスの源となる不安を処理する助けになるが，不健全であり，スーパービジョンでの接触の意義は覆される。したがってスーパーバイザーはこのゲームを食い止める必要がある。
　スーパーバイジーが導入したゲームに対処する最も単純かつ直接的な方法は，ゲームの拒否である。このアプローチの難しい点は，このゲームがスーパーバイザーにもたらす利益についての議論からも推測できることである。スーパーバイジーがうまくスーパーバイザーをゲームに引き込むことができるのは，スーパーバイザーが自身の理由からゲームをしたい場合である。共謀は強制されるのではなく，自発的に承諾される。ゲームを拒否するには，スーパーバイザーは私的な利益を犠牲にする覚悟と能力が必要である。たとえば「2人対機関」というゲームをするなかで，機関の管理手続きを無視する許可を求めるスーパーバイジーに同調しないことで，スーパーバイザーは自らの管理的権威を堂々と行使し，スーパーバイジーの敵意や拒否を買うことを恐れず，プロフェッショナルではなく官僚的だと糾弾されることも受け入れられるようでなければならない。それ以外のゲームを拒否することで，スーパーバイザーはお世辞の甘い言葉や，全能感の喜び，セラピストとしての充実感，好かれているという満足感を自らに禁じることになる。そして無知，不確かさ，絶対確実ではないことを率直に認めるという報いを引き受ける。ゲームを拒否するには，スーパーバイザーは自分の行動に気づいていて，自信をもち，「輝くような強さと人間的弱さ」のある自分を受け入れる必要がある。脆弱でないスーパーバイザーほど，ゲームに動じないのである。これは簡単に実践できることではない。
　2つ目の対策は，率直に対峙することである。Goffman（1959）は，通常の社交

的な経験では，人はそれぞれ相手が引いた境界線を受け入れると指摘している。相互の顔を立てるプロセスがあり，そこでの発言は額面どおり受け入れられ，問題にされることなく「それぞれの参加者は自分のために選んだ役割を演じることができる」(11)。これは自己防衛から行われる。相手に異議を唱えないことで，相手も自分のフィクションを問題にしないという保証を人は手にするのである。対峙とは提案されたゲームに同意して認めることを拒否するという意味である。その代わり，スーパーバイザーはスーパーバイジーがしていることを明るみに出してはっきりさせようとする。セラピー場面同様，スーパービジョン場面でもスーパーバイジーを手助けしようという試みの下に，敢えて通常の社交的相互作用の役割を却下する。

もちろん対峙を実行するには，それに伴う困惑や個人的脅威へのスーパーバイジーの対処能力に十分配慮する必要がある。スーパーバイザーは，スーパーバイジーのゲームに込めた防衛的意義を知っておかなければならない。このような相互作用を「ゲーム」と名づけたが，不真面目なものとか，重要ではないというつもりはない。ゲームの仮面を剥ぐということは，スーパーバイジーにとって重大かつ個人的に重要なものの多くを危険にさらすことになる。解釈や対峙は，常に思いやりをもった慎重さ，タイミング，程よい加減を必要とするのである。

たがいに起こっていることに率直に対峙しないのは，共生的な人間関係の本質を保護するためである。スーパーバイジーは，自分がゲームを行っていることを意識し，スーパーバイザーも意識してゲームをしていることに気づいて，「ある意味，私たちは協力しておたがいの欲しいものを提供したわけです。私は良い業務の保証が必要だし，彼女は有能な私の管理者でありスーパーバイザーだと実感しました」と言うであろう。

もう1つのアプローチは，スーパーバイジーが業務のストレスを調整するためにしていることに気づいたなら，それを誠実に共有することである。話し合いの焦点を，スーパーバイジーの振舞いや，それに対する反応に当てるのではなく，ゲームをすることでスーパーバイジーにもたらされる不利益に焦点を当てるのである。これらのゲームはスーパーバイジーに不利益をもたらすことがわかっている。このゲームでは，専門職としての成長を助けるというスーパービジョンの究極の目的の1つを効果的に実現できなくなる。このゲームはその成果の達成を挫折させることになる。このゲームでは，スーパーバイジーは勝利することで損をする。

Kolevson（1979）は，ソーシャルワークの学生であるスーパーバイジーから入

手した情報を元に，スーパービジョンで実際にこのゲームがどの程度行われているかの調査を試みた。結果は，「このゲームは比較的まれ」だったが，「スーパービジョン関係に批判的な学生」ほどこのゲームを行う傾向が見られた（243）。調査は続けて，「ゲームを暴くのは脅迫的な危険を冒すものなので，スーパービジョン関係におけるゲームを〔中略〕評価するのは難しい」と指摘している（244）。

同様に，McIntosh et al.（2006）は遺伝カウンセラーと臨床スーパーバイザーを対象に，匿名でインターネット自由記入方式調査を行い，スーパービジョンのゲーム，動機と目的，それに終止符を打つ最良の方法を記述するよう依頼した。調査書の60％は，少なくとも修士レベルの遺伝カウンセリング研修生の1人をスーパービジョンしたことのある経験者が記入していた。204名の参加者が37個のゲームを挙げたが，提供された記載内容によると，そのうちの10個だけがスーパーバイジーの開始したものだった。27個のゲームはスーパーバイザーが開始したものだった。研究者はこの調査で13の新しいゲームを確認しているが，スーパーバイジーが始めたものであれ，スーパーバイザーが着手したものであれ，過半数のゲームは，すでに本書に記述したものである。スーパーバイジーが始めるゲームのうち最多は「治してください。叩かないで」である一方，スーパーバイザーが始めるゲームを分析，解釈すると，対人関係の力を主張するものだった。

スーパービジョンのユーモア

　スーパーバイジーはこの日，彼の尊敬するスーパーバイザーの夫婦関係セラピーのセッションに同席する予定だったため，不安で早く業務にとりかかりたいと思っていた。ようやく専門家の業務ぶりが見られるのだ。夫婦がオフィスに入ってきて，スーパーバイザーと学生は彼らの向かいに座る。

　妻は言う，「主人はひどいのです！　だらしがないし，怠け者だし，思いやりがありません。無責任で，自分の感情がわかっていないのです」。

　スーパーバイザーは答えて言う，「よくわかりますよ。ごもっともです」。

　夫が答えて言う，「彼女はめそめそしていて，気分が暗く，不満だらけです。いつも文句を言って，私の言うことはまったく聞きません」。

　スーパーバイザーは答えて言う，「確かにそうでしょう。ごもっともです」。

こうして話は続いていく。
　セラピーが終わるや否や，学生とスーパーバイザーはオフィスを出て行こうとする。スーパーバイジーは明らかに動揺して言う，「あれをセラピーと言うのですか？　あなたがやったことといえば，せいぜいそれぞれが言ったことに同意しただけじゃないですか」
　スーパーバイザーは答えていった。「そうですね。まったくもって，ごもっともです」(Dinkelblau, McRay & McFadden 2001:221)。

ゲームと同じくユーモアも業務のストレスをコントロールし和らげる助けになる(Kaye & Fortune 2001; Southwick, Vythilingham & Charney 2005)。ゲームとは違って，ユーモアのセンスは，効果的なスーパービジョンに必須なものと考えられてきた(Campbell 2006)。Cross & Brown(1983)の調査ではスーパーバイジーは頻繁に「スーパービジョンのセッションでユーモアを使っている」と報告している (336)。Consalvo (1989), Vinton (1989), Decker & Rotondo (1999)も参照されたい。スーパーバイジーは，直接話題にしにくい不平や不満を伝えるのに，ユーモアを用いるようである。ユーモアは容認できないことを容認できるようにして，ソーシャルワーカーの緊張を和らげる助けをする。友好的な皮肉を含んだ指摘は，クライエントやスーパーバイザーに対する敵意の表現として許されるものである。その指摘で，ソーシャルワーカーが言わんとすることは、今言っていることではないし，大目に見てもらえることを期待している。スーパーバイザーが懲罰的な反応をするならば，そのことからスーパーバイザーが冗談を解しないことが明らかになる。

　スーパーバイザーはお手上げだといいました。実際本当に何を提案したら良いのか途方にくれていました。ソーシャルワーカーの表情にはゆっくりと微笑みが浮かび，優しげな声で言いました，「何てことでしょう。あなたは何でも知っていて，誰にでも友愛的で，誰に対しても寛容だと思っていたのに」と。

担当ケースをさらに追加されたならそれは，「あら，今日は本当にご親切ですね」ということで，追加の業務に対するネガティブな感情をポジティブに表現して伝えることになる。スーパーバイザーへの異議申し立ては危険であるため，冗談で異議を表明することは脅威を緩和することになる。このように述べることでソーシャルワーカーは，自分はさして真剣にそうは思っていないし，それほど発言を深刻に考えることはないことをほのめかしている。スーパーバイジーがユーモアを用いてスーパーバイザーに対する異議や敵意を表明する一方，スーパーバイザーは伝達内

容の権威的な側面をユーモアで覆って伝える。メッセージは，なるべく恨みを買ったり悪影響を引き起こしたりしない方法で伝えられていることになる。

ユーモアは防御を低くし，対立する考え方を許容する助けになる（Lothane 2008）。ユーモアは緊張を和らげ，冗談めかした真剣さにより，違う視点から問題を見ることを可能にする。ユーモアによって，業務につきものの一部のフラストレーションに，より効果的に対処できる。またストレスを生む状況から距離を置き，遠ざかることができる。スーパーバイザーとスーパーバイジーとのユーモアのある相互関係は，両者の距離を縮め，両者が対等の立場にあると感じさせるのである。

スーパーバイザーはスーパーバイジーに比べて，権利意識からユーモアのある冗談を交えた指摘をする。スーパーバイザーが，スーパービジョンのやりとりで頻繁にユーモアを用いることで，ユーモアは許容可能なコミュニケーション方法であると伝えることになる。するとスーパーバイジーもユーモアを用いることができるようになる。一般に，ユーモアを導入するのはスーパーバイザーからのほうが多く，スーパーバイジーはしばしばユーモラスな指摘の的となる。しかし，スーパーバイザーが自分に向けられた冗談を許容すると社会的距離を縮め，相互関係をより形式ばらないものにできる（Duncan 1984）。スーパーバイザーは冗談のわかる「いいやつだ」と思われる。相互的なユーモアのやりとりによって，心が通じ合う感覚が生まれる。

Decker（1987）は，スーパーバイザーとかかわる際に，ユーモアのセンスを使うことで，スーパーバイジーの業務満足度が高まることを報告している。ユーモアある対応は，自発的で形式張らず，相手に対し支持的に伝えられる場合に最大の効果を発揮する。大切なのは状況に即してユーモアを「理解する」能力と，防御や抑制をしない応答の自由さである。簡単に言えば，ユーモアのセンスが必要とされるのである。

ユーモアは，Shulman（2010）がタブーとした怒り，ねたみ，性的関心といった禁止事項（Goel & Dolan 2007）についての，率直で偏見のない議論への扉を開く。一方で，異性差別的，性差別的，人種差別的ユーモアに関しては，慎重さと文化的適切性が要求される。神経科学者 Cozolino は次のように述べている。

> ユーモアに関するポジティブな感情は〔中略〕新皮質の拡張および脳半球の分化による機能として生まれたものだ。〔中略〕しかし人間の脳の左右差が作り出した不幸とは，ネガティブ感情や悲観的性癖に傾いている右脳が最初に発達して，自己認識や自己同一

性の中核的役割を果たすことであろう。〔中略〕〔その結果，〕人間は，羞恥，罪悪感，うつに対し脆弱性があるといえる（Cozolino 2006:75）。

こうして，ユーモアを用いるにはためらいが生じる。第1の理由はプロ的でないとみなされることであり，第2の理由はユーモアを不適切に用いることは，自分の品位を下げ，人を傷つけるという認識によるものである（Fovet 2009）。適切かつ生産的なユーモアを使いこなすには，スキル，感受性，タイミングが必要であり，ある状況のユーモラスな側面を認識する心意気が必要である。この目的を達成するためには，ユーモアはある特定の状況に対する，創造的かつ即興的な反応でなければならない。ユーモアはそれを共有する人の反応に左右されるため，スーパーバイザーはスーパーバイジーをよく知り，関係がしっかりと打ち立てられるまで，ユーモアの利用は控えると良いだろう。

要約

支持的スーパービジョンとは，スーパーバイジーが業務のストレスに対応する手助けをするものであり，最高の業務遂行のための態度や感情を育てることである。管理的，教育的スーパービジョンは手段的なニーズに応えるものであるのに対し，支持的スーパービジョンは感情表出的ニーズに応えるものである。

スーパーバイジーにとって業務でのストレスの源は，管理的スーパービジョンでの任務の遂行やコンプライアンスを要求されること，教育的スーパービジョンでの学習を要求されること，クライエント，ソーシャルワークの課題の本質，背景にある組織，スーパーバイザーとの関係である。

支持的スーパービジョンの目的を達成すれば，スーパーバイザーは潜在的なストレス状況の進行を食い止めることができ，ソーシャルワーカーをストレスから引き離し，支障となるストレスを緩和し，そしてストレスへの順応を助けることができる。スーパーバイザーは余裕をもって対応し，自信をもって気さくに話し合い，展望を提供し，必要であれば失敗を赦し，さまざまな決断を承認し，責任を共有し，自立した働きをする機会や成功を期待できるような課題達成の機会を提供することができる。

クライエント，ピアグループ，そして自身の適応能力が，スーパーバイジーを支援する。

　スーパーバイジーは，業務での緊張に対処するため，さまざまな行動やゲームを行う。

　スーパービジョンの相互関係において，ユーモアを賢く活用することはストレス緩和に有効であり，スーパーバイザー / スーパーバイジー関係をよりポジティブにする。

第7章

スーパーバイザーになること, スーパーバイザーであることの課題とストレス

Problems and Stresses in Becoming and Being a Supervisor

前章では，スーパーバイザーからの支持的な反応を必要とする現場スタッフが直面する，重圧とストレスについて詳細に述べた。本章では，スーパーバイザーが直面するストレスと重圧について述べる。また，8章では，スーパーバイザーのストレスや緊張の原因となるスタッフを評価する機能について詳述する。

　スーパーバイザーとしての地位に抜擢されるスタッフは，現場スタッフが多い (Kaiser & Kuechler 2008)。この候補者選出の仕方は，スーパービジョンをするうえで現場実践に関する知識を必要とすることから妥当である (Milne 2009; Shulman 2010)。現場実践の経験に加え，通常はソーシャルワーク修士号（MSW）の学位取得が必要とされる (NASW Center for Workforce Studies 2004)。実践領域によっては，数年の実践経験を学位と同等に認める場合がある (Potter & Brittain 2009)。

　教育と経験をスーパーバイザーの要件とすることが一般化されたのは，NASW Center for Workforce Studies（2004）による有資格ソーシャルワーカーの調査に参加した1409人のスーパーバイザーについても同様であった。スーパーバイザーの内訳として，実践経験1年以下9.1％，大半は6年から23年，中央値は13年であった。回答者の9.6％はソーシャルワーク学士，大半はソーシャルワーク修士（81.2％），または博士（2.3％）である。

　学士号を所持しているスーパーバイザーは長い経験の後，スーパーバイザーの地位に昇進したのではと推測できるが，修士号か博士号をもつ同僚に比べて，「経験豊か」に該当した者の経験年数がかなり短いという事実は，予想外であった。ソーシャルワーク学士をもつスーパーバイザーは平均11年の経験年数であり，一方，修士以上の取得者は平均15年以上の実践年数だった (NASW Center for Workforce Studies 2004)。学士をもつスーパーバイザーは，児童福祉と老年学の領域に多くみられ (NASW Center for Workforce Studies 2004)，前者では離職者の急増が国家的危機となっている (Mor Barak et al. 2006)。また，後者では，給料が低くスタッフの採用と維持が難しくなっている (Whitaker, Weismiller & Clark 2006b)。

　より上層の経営陣にソーシャルワーカーがいることが望ましいとされているが，スーパービジョンのレベルでいえば，必要条件とはなっていない。対人サービス・マネジメントの教科書 (Austin & Hopkins 2004; Dolgoff 2005; Patti 2009) には，包括的な実践にソーシャルワークの教育，あるいは経験が必要であるという考え方は見つからない。これらの教科書は，ソーシャルサービス，看護，病院，教育，メンタルヘルスの管理者向けに書かれたものであるが，すべて管理運営の業務に焦点が

当てられている。

　しかし，マネジメント・レベルにおけるスーパービジョンでは，専門職の中核的機能を果たすうえで，専門知識が重要であることは明らかである（NASW 1994）。ソーシャルワーカーは，執行部レベルでは，経営学や行政運営学の修得者にとって代わられることがあり，また実際にそうであった。そうした置き換えは，これまで現場の管理者レベルでは稀であった(Patti 1984)。それは，組織的な形態に関係なく，第一線のスーパーバイザーにとって技術的知識は基本的かつ最低限の必要条件だったからである（Trojanowicz 1980:11）。これは，資格要件を規定する法律の多くが，スーパーバイジーが遂行する機能に関する専門的コンピテンスをもつことをスーパーバイザーに求めているからであり（ASWB 2010b），NASW 倫理綱領（2008）では「スーパービジョンやコンサルテーションを行うソーシャルワーカーは，的確にスーパービジョンを行うための必要な知識や技術をもつことが求められ，彼らの知識とコンピテンスの範囲内でのみこれを行うこと」と規定されている。

　ともあれ，Workforce 調査において，有資格のソーシャルワーカーのなかでソーシャルワークのスーパーバイザーがいるのは半数未満であり（NASW Center for Workforce Studies 2004），スーパーバイザーがソーシャルワーカーであるスタッフの22％がソーシャルワークのスーパービジョンを受けるのは難しくなってきたと指摘している（NASW Center for Workforce Studies 2004）。この傾向について私たちは2002年に警鐘を鳴らした。「直接的ケアワーカーのスーパーバイザーが，しばしば臨床的な概念についてトレーニングを受けていないことがある」（Richi 1992:180），また「熟練の臨床家によるスーパービジョンは，〔マネジド・ケアの環境において〕マネジドケアのケースマネジャーによる電話と書面での連絡にとって代わられている」。その多くは，臨床的なバックグラウンドをもたない（Munson 1996:249-50）。ソーシャルワーカーは「彼ら自身とは異なる領域の専門家からスーパービジョンを受けることに複雑な気持ちを抱いている」（Bogo et al. 2011:133）。

　Workforce 調査（NASW Center for Workforce Studies 2004）は，米国内で有資格のソーシャルワーカーの過半数に対しスーパービジョンを行うソーシャルワーカーでない者の経歴を特定しようとしているわけではないが，かなりの数のソーシャルワークのスーパーバイザーはわずかな経験，ないしはまったく経験のない状態で職務に就いているようである。有資格のソーシャルワーカーの11.5％は，学士号あるいは修士号を取得し，2年以下の実践経験をもち，7.9％は実践経験がまったく

ないと答えた（NASW Center for Workforce Studies 2004）。実践経験のないスーパーバイザーのうち，過半数は45～64歳の白人女性で，民間セクターあるいは政府に雇用され，主にメンタルヘルスか児童福祉の領域で週1～9時間のスーパービジョンを提供していた（NASW Center for Workforce Studies 2004）。しかし，これらの調査結果は，クライエントに対する直接的ケアのスーパービジョンに従事する未熟なソーシャルワーカーの問題を増加させることになるかもしれない。それは，実践経験のないスーパーバイザーのうち，彼ら自身のスーパービジョンが「クライエントへのサービス提供に影響する」と述べたのは61.4％だけだったからである（NASW Center for Workforce Studies 2004）。

移行期：スタッフからスーパーバイザーへ

異動の動機

　さまざまな動機からスタッフはスーパーバイザーになる（Majcher & Daniluk 2009）。ある者は，管理者の地位への移行に強い魅力を感じていたので，この移行は彼らの真の意志と一致している。もう一方では，より好ましい選択肢がないまま補欠としてスーパービジョンに移行した者もいる。直接的サービスでのキャリア階段は限られている。特別に上級の臨床家の地位を設けている相談機関はわずかしかない。個人開業を避け，給料，ステータス，名声，スーパーバイザーであることの専門的成長と挑戦を望む人々には，スーパービジョンの選択肢を受け入れることは事実上，避けられない。

　かなりのソーシャルワークの管理者は，臨床家としての給料とステータスが管理者への昇進に伴う給料とステータスと同等ならば，臨床家として留まることを選んでいたかもしれない（Scurfield 1981）。昇進の現状では機関が「能力のないスーパーバイザーを増やすためにひとりの有能なスタッフを失う」可能性のあるリスクをもっている。

　Schwartz（1990），Patti et al.（1979），Scurfield（1981）の調査では，スタッフの管理的な地位に移行する理由にはさまざまな動機があったが，回答のうち「管理

への興味」を主な動機として挙げた人数は限られていた。スーパーバイザーとしての機会を選ぶことの決断は，直接的サービスワーカーとしてバーンアウトしたことの感情に起因しているかもしれない。スーパービジョンへの移行は，ほとんど自動的に「生き残った者」にやってくるものであり，これはかなりの年功を積んだ忠実な者への報酬である。この異動に対する奨励金も妨害もあまり大きくはない。

移行に伴って給料，事務所，職位と名声がさらに向上するという外的な満足に加え，スタッフは移行段階で内的な満足を言葉にする。これらには，よく，スーパーバイジーが専門的に成長するのを助ける機会を与えてくれることや，スーパーバイザーが組織的に方針決定に関与して影響を与える強い立場にいることなどの現実が含まれている（Pickvance 1997）。

新しいスーパーバイザーは彼らの異動の動機を，「一部のスーパーバイジーの専門的な成長を刺激することでよいスタッフを育て，一方，他の人たちに対しては，生命保険の販売が自分に向いていると悟る手助けをするために何がしか貢献できると感じられる」ことや，「実践者やクライエントのためになる管理やシステムの改変に関与する機会」を挙げて説明している。

一般的に，有資格のソーシャルワークスーパーバイザーは著しく高いソーシャルワーク教育を受けており，彼らのスーパーバイジーよりも高い給料を稼いでいる（NASW Center for Workforce Studies 2004）。驚くべきことに，彼らはさらに自身のスーパーバイジーよりも実践経験が多少長く，スーパーバイジーよりもいくらか若くもあったが，この2つの違いは統計的に有意なわけではない（NASW Center for Workforce Studies 2004）。スーパーバイザーは年功序列に基づいて任命されることが多いという考え方（Mor Barak et al. 2006）と，調査対象であるWorkforce集団のスーパーバイザーの所属機関での雇用年数が彼らのスーパーバイジーに比べてかなり長いということとは矛盾しない（NASW Center for Workforce Studies 2004）。

▎異動の準備

スーパーバイザーの多くには，その職位を引き受ける準備をほとんどせず，職位の任命に際して教育的なサポートもほとんど得られていないという事実からストレスが発生している（Kaiser & Kuechler 2008; Preston 2004）。NASW Center for Workforce Studies（2004）は，ソーシャルワークのスーパーバイザー自身が行っている業務の大半が，ソーシャルワーク教育と大学院の専門職養成で習得したト

レーニングやスキルのレベルに相応しいかについて調査した。ソーシャルワークのスーパーバイザー37.5％が，業務に求められる事柄は，トレーニングのレベルを超えていると述べた。Weiss（2011）の調査研究によると，ソーシャルワークのスーパーバイザーのなかで，あまり教育やトレーニングを受けていない人が比較的バーンアウトしやすい。

　スーパービジョンのトレーニングのうちのあるものは，スーパーバイジーの時代に学んだものである。スーパーバイザーがその業務を学ぶとき，彼らがスーパーバイジーの時代に接触したスーパーバイザーが役割モデルとして最も重要な情報源であったことを2つの調査研究が示している（Olyan 1972; Rodenhauser 1995）。一部の者は，「彼らのスーパーバイザーがしたようには決してしないという誓い」をもつ（Salus 2004:13）。スーパーバイザーであれば誰でも，スーパーバイジーの時代にこの職位の社会化を予期経験しているが，これだけでは準備不十分だという認識から不安を感じている。生徒であることだけでは先生になれないのと同様に，スーパーバイジーであることによってスーパーバイザーになれるわけではない。

　従来，スーパーバイザーの多くが，スーパーバイザーの業務をするには準備は十分できていないと感じてきた（Rodenhauser 1995; Saffo 1996）。Shulman（1982）は，スーパーバイザー109人に，業務の課題や問題に見合った適切な準備を受けて，新人のスーパーバイザーになったかどうかを尋ねたところ，平均的な回答は「疑わしい」から「同意しない」であった。Robiner, Saltzman, Hoberman & Schirvar（1997: 122-23）が調査した62人のスーパーバイザーのうち，最多グループ（42％）は，スーパーバイザーになるための大学院教育の質が低かったと述べた。しかし，Workforce調査に参加した新人スーパーバイザーに，職位に就く前のトレーニングはソーシャルワーカーとして役割遂行するための十分な準備となったかを尋ねたところ，2％未満は「まったくそうでない」と回答したが，50％近くが良いおよび非常に良い準備をしたと述べた（NASW Center for Workforce Studies 2004）。

　スーパーバイザーになることのストレスについては，40人のスーパーバイザーの移行体験での反応に関する調査研究で詳細に述べられている（Woodcock 1967）。スーパーバイザーになることは重要な「通過儀礼」だとした者と（Saffo 1996:102），その他はキャリアのクライシスであると捉えた者とがいた。「第一に印象的な調査結果は，スーパービジョンでの根拠のある見通しについては警鐘のレベルであった」（Woodcock 1967:68）。スーパーバイザーの任命に先立って形式的に

スーパービジョンのトレーニングを受けた者はわずかしかいなかったことから，彼らは職務を果たせるのかを相当不安に感じていた。この心配は特に教育的スーパービジョンの要望に関係していた。彼らには他の者を教育して業務を遂行させるほどの知識があったのだろうか？　新人のスーパーバイザーは，「文献を読むこと，考えること，コンサルテーションを求めることが多くなり，レクチャー，セミナー，会議，行く手を照らすものなら何でも出席するようにした。〔中略〕あるスーパーバイザーから聞いた話ですが，ソーシャルワークに関する本をたくさん買ったが，読んだのは一冊だけだったと言い，別の者は，ケースワークの原則についてメモ書きをして，これらのすべてを，あらゆるケースで実証しようと決めたと言っていた」と報告した（Woodcock 1967:69）。

　スーパーバイザーになるには，自分の実践を明確に分析して，教育に用いるために概念化する必要がある。あるスーパーバイザーは，「スーパービジョンをすることで，自分のアイデア，知識，経験を１つにまとめ，自分が知っていることを伝達し，またそれに挑戦する立場にあった」と述べた。Ewalt（1980:5）は，「援助することから教えることに移行するということが，意識的に分解プロセスを歩むことである。このとき，スーパーバイザーは目的をもって意思決定プロセスの要素を思い出し，概念化する」と言った。

　しかし，新人のスーパーバイザーは，それまでのソーシャルワークトレーニングや経験が，スーパービジョンの対面的関係の重大局面に効果的に対処する助けとなったことを見出した。加えて，彼らの以前の臨床経験は「彼らの部下の信頼を得る主な源」（Patti et al. 1979:148）であると考えられていた。「マネジメントへの移行では，以前習得した知識やスキルを新しい状況に適用することであり，包括的で基礎的なものを再トレーニングする必要はない」（Patti et al. 1979:151）。

　ほとんどのマネジャーは，対人サービスの管理運営には臨床的なバックグラウンドが必要な要素だと感じているが，直接的サービススタッフに対する要求はスーパーバイザーに対する要求に比べて明らかに違いがある（Clark et al. 2008; Menefee & Thompson 1994）。移行には，直接的サービスの実践にそれほど必要とされないスキルを動員する必要がある。直接的サービスの実践では，感情表出の行動（たとえば，気遣い，心配，感情移入，共感）を重視することが求められるが，スーパーバイザーへの移行では手段的行動化（たとえば，統合化，組織化，調整，操作性）を最大に活用することが求められる。Bramford は以下のように記述している。

よいソーシャルワーカーの特質は，マネジメントで必要とされるものとはしばしば正反対のものである。クライエント支援で忍耐強く，決然と話すことは，称賛される特質である。しかし，マネジメントの決断においては，その大小に関係なくこういった特質を適用すると，運営管理（経営）上の停滞を招くこともある（Bramford 1978:11）。

運営管理の技術は行動上の技術とは異なる。

　Tebes 他（2011:190）は，国家的な関心事として，「American's behavioral health system（米国行動保健システム）が直面する課題」に焦点を当てその要因に注目した。「経験的かつ専門的な文献が増加した」ことで，「スーパービジョンにおけるトレーニング不足が，スーパーバイザーのストレスと離職率の増加，スーパーバイザーの業務満足度の低下，スーパーバイジーへの不十分な説明責任，一貫性のないケアや質の低下を招いている」。それでもなお，Workforce 調査対象のスーパーバイザーは，さらに教育とトレーニングを続けたい領域を問われて，臨床的な実践を管理よりも優先した（NASW Center for Workforce Studies 2004）。Workforce 調査では，スーパーバイザーにスーパービジョンのトレーニングに対する関心についての明白な質問を設定していないが，他の調査では，スーパービジョントレーニングが有益であるとの調査結果がある（Kaiser & Kuechler 2008; Milne et al. 2011; Tebes et al. 2011）。

▍自己認識とアイデンティティの変化

　スーパーバイザーになることは，援助者としての自己認識に強烈な変化をもたらす（Blankman, Dobrof & Wade 1993; Pelling 2008）。新しく任命されたスーパーバイザーは「根本的に新しい職業を始めたのであって，単に新しい職位に就いたわけではない。この職業には独自の業務項目〔中略〕先例〔中略〕周囲からの期待がある。彼は職務遂行において，自分自身と，以前の同僚，管理者としての新しい仲間，新しい上司との新しい役割関係を見出すだろう」（W.E. Moore 1970:213）。こうして人は古い役割から解放されて，新しい役割を引き受けることになる。

　スタッフからスーパーバイザーへの移行は発達段階上の移行に類似している。「たとえば，思春期，結婚，退職のような移行と同様に，この移行は混乱，落ち込み，防衛的な過活動，個人的かつ専門的な成長といった時期があるかもしれない。〔中略〕昇進により外的側面での変化が生じると，人格の内的変化が起こりやすい」（Levinson & Klerman 1967:13-14）。個としてのアイデンティティの概念は，職業的

アイデンティティの変化に合わせて変化する（Yerushalmi 1993）。

　この移行はアイデンティティの一時的な不均衡をもたらすが，これをWatkins（1993）は「ロールショック」と呼ぶ。新人スーパーバイザーは，それまでに現場スタッフとしてのアイデンティティをもち，自分が何者であるか，そして何ができるかについて確固たる自覚をもってきた。このアイデンティティは，同僚，スーパーバイザー，クライエントらが，この役割アイデンティティに付随する真価を認めることで，繰り返し支持されてきた。スーパーバイザーの地位に移行することにより，現場スタッフとしての古いアイデンティティを解消して，ゆっくりとスーパーバイザーとしてのアイデンティティという新しい自覚を打ち建てる必要があった。この新しく，初めは縁もゆかりもないアイデンティティは，スーパーバイジー，同僚のスーパーバイザー，管理者からの支持を必要とする。この新しいスーパーバイザーに対する周囲の振る舞いは，スーパーバイザーとして評価し，受け入れたことを証明するものとなる。最初は，スーパーバイザーはこの新しい職位と肩書きに対する他の者からの支持を得るために努力しなければならず，これには自身のコンピテンスを他者に証明することである（Perlmutter 1990）。このような外的，内的プレッシャーに適応するうえで，新人スーパーバイザーはふさわしくないスーパービジョン関係に陥ることもあれば，葛藤を回避するときも，また対処することもあるだろう（Milne, Leck & Chaoudhri 2009; Watkins 2010）。

　スーパーバイザーになることがときとして新しい機関に異動することであり（NASW Center for Workforce Studies 2004），このような状況ではすべてのことが調整の妨げになる。しかし，スタッフがスーパーバイザーになった後も同じ機関に留まる場合であっても，この変化は新しい業務を引き受けるために多少の調整を必要とする。ある新人スーパーバイザーが述べたように，「私の新しい職業，つまりスーパービジョンでは，ソーシャルワーカーの最高地位を極めたというよりも，もう一度底辺からやり直すという感じだった」（H.C.D 1949:161）。

　クライエントの社会的問題の診断からスーパーバイジーの教育的問題の診断への移行や，クライエントの個人的成長を助けることからスタッフの専門性の成長を助けることへの移行は，それまでに取得した治療的な技術から，教育学的な技術を習得しなければならないことへの移行でもある（Clark et al. 2008; Saffo 1996）。スーパーバイザーとしての肩書きを引き受けることは，現場実践者から管理的教育者への自己認識の移行という側面もある。この昇進によりスーパーバイザーらしく考え

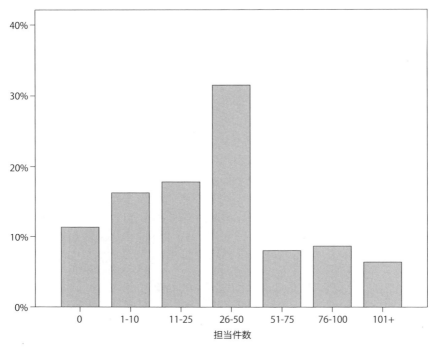

図7.1　ソーシャルワークスーパーバイザーへの質問「あなたの現在の取扱件数はどの規模ですか？」に対する回答（From National Association of Social Workers Center for Workforce Studies. 2004. A *Study of the Role and Use of Licensed Social Workers in the United States*. Washington, DC: National Association of Social Workers.）

るようになるということもある（Borders 1992）。

　スーパービジョンに移行するにあたり，スタッフはより大きな責任と多くの役割をこなすというストレスを引き受ける。スーパーバイザーはスーパーバイジーに対して管理，教育，サポートに関する責任があり，最終的にはクライエントへのサービスに関する責任がある。昇進したスタッフは機関の方針策定と，コミュニティとの関係形成に大きな責任を引き受けることになる。それまではそのスタッフは自身の業務についてのみ責任があったのに対して，今や多くの人の業務や新たな自身の職務に関してより大きな責任がある。たとえば，1つのケースのみに責任をもつのではなく，スーパーバイザーは今や多数のケースについて責任があり，なおかつ通常，自分で多くのケースを担当している。これは図7.1に示す通りである。この移行は，車に乗客として乗っていた人が，今や車を運転し，交通に気を配り，人々

の安全を確保する責任を負うことになることにたとえられる。

　スーパーバイザーの職位はしばしば誤って伝えられているので，新人スーパーバイザーはスーパービジョンの現実に直面して「リアリティ・ショック」を経験する。ある新人スーパーバイザーは以下のように述べた。

> ソーシャルワーカーだった頃は，私は，スーパーバイザーがすべてを計画的にこなし，業務の内容を理解していると思っていた。すべてがとても簡単そうに見えた。今は，スーパービジョンのレベルにおいてその責任がどれほど大きいかということや，すべてがそれほど整っていないことを理解している。スーパーバイザー間で，勢力争いや，駆け引きや，守備範囲の争いが存在する。私が初めてスーパーバイザーになったときには，とても混乱し落ち込んだ気持ちになり，誰も助けてくれなかった（Abramczyk 1980:83）。

　新人スーパーバイザーは他の調整を全体像のなかでしなければならない。新人スーパーバイザーは，スタッフの時代はプロセスを重視していたが，スーパーバイザーになって，成果をより重視するようになる。新人スーパーバイザーは，さらに組織的志向にならざるをえない。

　Lieberman（1956）は，人の立ち居振る舞いが，社会的システムにおいて果たす自身の役割に影響されるという仮説を立てた。たとえば，「ジョニーは学校で学級委員に選ばれてから変わって違う子どもになった」「彼女は結婚してから違う女性になった」「監督者になってからの彼は，一見してわからなかった」といったものがある(385)。Lieberman は産業従事者について，スーパーバイザーになる前となった後の姿勢を調査して，スーパーバイザーになったスタッフは，スーパービジョンの役割が管理運営側の代表である必要から，事実，管理運営側よりになっていると述べた。同様に，児童福祉におけるスーパービジョンの本質的な役割，実践，課題の認識調査では，772人の現業員スタッフ，186人のスーパーバイザー，42人のマネジャーの代表的サンプルをもとにした。Clark 他（2008, 24-25）は，「回答のうち，スーパービジョンの課題や実践の本質的なものについて，スーパーバイザーと現業スタッフ，マネジャーと現業スタッフとを比べて，スーパーバイザーとマネジャーのほうがその一致度は高いものである」と述べて，「スーパーバイザーは自身の役割の多くを運営管理に配分している」ことを示唆した。

　スタッフからスーパーバイザーへの移行によって，機関への強い同一化，組織やその方針に対するサポート，忠誠心，コミットメントが強化される。機関の方針や活動は，今や正当なもの，受け入れられるもので，しかもモラル的に正しく，公正

であるように見える。新人のスーパーバイザーの姿勢は，これから仲間入りをする職位にあるスーパーバイザーたちに似たようなものになり，かかわりの薄れた現場スタッフの姿勢とは異なったものになる。

スタッフからスーパーバイザーへの変化には，準拠集団が変わることがあり，それは姿勢の変化となって行動変容をもたらす（Majcher & Naniluk 2009）。遂行される機能が変われば，行動の変容も必要とされる。姿勢は，変化した機能に準じて行動が変容し，それに一致するように修正される。あるスーパーバイザーは自身の姿勢の変化を次のように述べている。

> 私の志向は，スーパーバイジーの役割からスーパーバイザーの役割に移行するにつれて確かに変化した。第一に，私は機関の方針をさらに真剣に受け止めた。責任の著しい増加や，この立ち位置がもつ最大限の責任を実現する重要性をはっきりと感じた。私はまた，些細なことに気を配る必要もなく，クライエントがそれほど身近でなくなった今では，幅広い視点で問題を見るようになり，それを分析しやすくなった。

運営管理がより間近になると，スーパーバイザーは管理者のもつプレッシャーに反応するようになることは明らかなことである。それには，公的機関，規制当局や立法機関からの説明責任の要求に応じること，他機関と数少ない資源をめぐって競い合うこと，機関の生き残りニーズなどのプレッシャーがある。「わかりやすい一例として，スーパーバイザーとマネジャーは，現場スタッフよりも説明責任に重きを置く」傾向にある（Clark et al. 2008:25）。

彼ら自身がスーパーバイザーになることに伴う職位と職責の変化は，機関の規則，方針，手続きに対するスタッフの認識を無理やり変えてしまうものである。しかし，この変化が，以前入手可能であったものよりも広い観点から機関の運営に関する情報を入手できるように補強する。このような変化はまた，たとえば，スタッフだけが知りうる機関方針の政策的な効果を，スーパーバイザーが経験するように強化する。

人がスタッフからスーパーバイザーに移行すると，その人は個々のクライエントのためにとった（方針，機関の生き残り，機関のイメージに関する）行動の成果にさらに敏感になる。その人は，サービスの決定に関する管理的な視点を取り入れる（Saffo 1996; Salus 2004）。

視点の変化は，機関方針の効果に対する認識を変化させる。このスーパーバイザーは以前スタッフだったころ，自身が直接かかわったクライエントに対する機関の方

針の効果を測定していた。スーパーバイザーになって，その人は，機関の方針の効果をより広い視点から見ることができるようになっている。以前にはクライエントに対してネガティブな影響を与えたかもしれない方針も，より広い視点でとらえるならば，クライエントグループのニーズを効果的に充足していることがわかるかもしれない。

　この移行では，志向を変化させ，個人的正義から配分的正義の考えを優先するようになる。そこでは，個々のクライエントの独自のニーズを優先することから，競合する多数のクライエントの主張を優先し，公平と平等を求める。新人のスーパーバイザーには，資源重視の志向と人重視の志向との葛藤におけるバランスを再評価することが求められる。この葛藤は，ビジネスマネジャーが表出するものであるが，彼らは，ソーシャルワーカーが財政を気にせず行動することに不満があり，ソーシャルワーカーは，マネジャーの行動が人への配慮がないことに不満を表わす。移行をするにあたり，マネジメントチームの一員であるスーパーバイザーは，資源は数少なく，痛みを伴う選択をしなければならないこと，クライエントによるニーズの優先順位は絶対的ではない，などの事実を強く認識することが必要となる。

　新しくスーパーバイザーに任命されたばかりのスタッフは，マネジメントとは主に生き残りを心配して，クライエントのニーズへの真の深い関与ではないという考えをもつかもしれない。今や，Matorin（1979）が述べたように，スーパーバイザーとしての実践者は「『規制の権力組織』のメンバーとなり，以前は敵陣であると思っていた方向に進んで行く。彼らは今や不完全なシステムすべてに責任があり，しかもそれを防衛することとそれに同一化することを期待されている」(15)。

▎対人援助者からマネジャーへ

　NASW Center for Workforce Studies（2004）の調査研究によると，スタッフに対するスーパービジョンに時間の半分以上を使っているスーパーバイザーは10％未満だった。よって，Workforce 調査では，スーパービジョンを主要機能と考えているソーシャルワーカーはほとんどいなかったが，スーパーバイザーになることは，依然として直接的援助やクライエントとのかかわりから得られる満足感を諦めなければならないことをスタッフに求めている（Saffo 1996）。彼らは，他者を通してサービス提供について理解するのである。スーパーバイザーはクライエントに変化を促すプロセスに能動的に関与する者としての存在から，クライエントへの支援成果を

受け入れを促進する者になる。これについてあるスーパーバイザーは以下のように述べた。「ケースワーカーとして，私はとても『ソーシャルワーク』を重視していた。私はクライエントとともに仕事をし，できるだけ援助することを楽しんだ。スーパーバイザーになり，私はスタッフとして感じていた刺激を感じることはもうない」(Miller & Podell 1970:36)。

スーパーバイザーが感じるストレスは，管理的職務（および『管理的』取扱い件数）と直接的サービス業務や直接的サービス取扱い件数とを比較することへの防衛意識から引き起こされる。直接的なサービス活動は機関における最も重要な業務として高いステータスにあるとすれば，スーパーバイザーは，デスクワークをすること，ごく少数の管理的取扱件数，あまりないクライエントとのかかわりについていくぶん申し訳なく思うかもしれない(Berliner 1971)。しかし，Workforce 調査対象のスーパーバイザーの大半はかなりの件数を取扱っており（NASW Center for Workforce Studies 2004)，おそらく少数の者だけがこの種のストレスを不当な重圧として感じていると思われる。

先述のとおり，スーパーバイザーの業務における管理的要件は，ソーシャルワークのエートス精神に反したものである。権威を行使する義務や，スタッフを評価する義務の遂行には態度上の調整が必要である。Patti 他は，直接的サービスからマネジメントへのスタッフの地位の移行に関する問題についての調査研究で，「回答者が初めて管理的職務を遂行する際に特に部下を指導し，スーパービジョンを提供し，変化させることを意味する権威の行使には，調整が最も難しい」ことに注目している（1979:146-47）。Saffo（1996:125）による質的研究では，「スーパーバイザーの権威的かつ評価的構成要素」は，新人のスーパーバイザーが経験する「スーパービジョンにおける2つの解釈のうちの厄介なもの」であった。

また，ソーシャルワーク管理者285人の調査研究では，その大多数はかつて臨床家だったが，権威への順応は直接的サービスから管理への移行で再度問題となったことを指摘した。移行は間接的なリーダーシップからより直接的なリーダーシップへ，任意から断定的指導へ，密かな力の行使から公然の力の行使へと進むものであった。この研究報告で，Scurfield（1981:497）は，「部下との関係における権威の行使は，クライエントとの関係における権威の行使と比較すると，元臨床家が管理への移行に際して述べているように，大きな違いがあることは明らかである」と述べた。

直接的サービス業務では，スタッフはアドバイスをし，提案し，影響を与えるが，クライエントに特定の行動をするように指示をすることはほとんどない。行動の最終的な決断と責任はクライエントにあり，クライエントの決断の結果はクライエントだけが担うものである。スーパービジョンの権威はアドバイス，提案，影響を超えて，スタッフに対する特定の行動の指示命令にまで及ぶ。スーパーバイザーの指示を受け入れ，拒絶し，修正するというスタッフの決断の結果は，スタッフが担うだけではなく，スーパーバイザーや機関も同様に担うのである。スーパーバイザーはスーパーバイジーによる特定の行動を実際に求める権力を与えられているので，スタッフの行動の不履行に対する責任をスーパーバイザーが引き受けるのは妥当である。スーパービジョンにおける権威と責任の範囲は，直接的サービスと比較して広いものである。

スタッフがクライエントの自己決定権を順守するとき，スタッフの提案をクライエントが拒絶しても，スタッフは黙認することになる。しかし，自己決定の原則は，スーパーバイザー―スーパーバイジーの関係に適用するものではない。

> 部下がスーパーバイザーの提案を受け入れないときは，スーパーバイザーはたとえ独断的に見えようともコンプライアンスを懇願する覚悟が必要である。部下の意見に従ったり，協力的に意思決定したりすることが適切な場合も確かに存在するが，マネジャーはやむを得ず，スタッフの合意や支持が得られないような行動を取らなければならない場合もある（Patti 1983:217）。

立場が変われば，ときには，言葉の用い方を平等主義的関係の意味表現から，ヒエラルキーの感覚を他者に伝えるような表現へと変えることが必要である。「～したほうがいいのではないか」「～するように勧める」という表現は，相互関係を示唆する。ある場面では，スーパーバイザー―スーパーバイジー関係にみるヒエラルキーの客観的特質は，「あなたに～を期待する」とか「～と率直に言おう」という，より直接的な言葉によって表現すべきかもしれない。スーパーバイザーが特定の手続きや目標を実施するように指示する場合，穏やかな言葉づかいをすると，スーパーバイジーは何をすべきかについての曖昧さを感じることになる（Furlong 1990）。Pau と同僚たち（2009:333）は，期待する業績に関する「意思疎通は，直接的で明快な言葉を使用し，わかりやすく一貫したものでなければならない」と述べた。

臨床家から管理者への気質の変化は，クライエントだけでなくスーパーバイジーについて考えるときにこの変化を適用することができる。Holloway & Brager

(1989) は，臨床家として，心理学理論志向での訓練を積んだ新人のスーパーバイザーが，スーパーバイジーの特異的な行動に焦点を当て，説明変数として用いる傾向があるが，ベテランのスーパーバイザーはクライエントだけでなく臨床現場そのものにもおそらく焦点を当て続けるという事実を指摘している（Frawley-O'Dea & Sarnat 2001)。新人のスーパーバイザーはこれらの要素に敏感でなければならないが，また，スーパーバイジーの行動について説明する情報源として，スーパーバイジーの組織的な背景，役割，ステータスを明確に評価する必要がある（Holloway & Brager 1989:29)。

同僚との関係の変化

　スーパーバイザーになると，機関の他のスタッフとの関係が変わる（Blankman, Dobrof & Wade 1993; Salus 2004)。スーパーバイザーはもはや直接的サービスを提供する同僚仲間の一員ではない。スーパーバイザーは単なる「彼ら」のひとりとなった。新人のスーパーバイザーは楽しみとサポートの源であったものを奪われるだけでなく，さらに，以前の同僚からのライバル視と妬みの感情というペナルティを課される。「私がたどり着いて彼らがたどり着かなかったというあの感情」や，「私が彼らよりもよくやっていたという例の感情」が存在するかもしれない（Woodcock 1967:69)。ある新人スーパーバイザーは以下のように述べた。

　　同僚というものは，人が無事出世するのを見たいと思っているが，あまりにも独走状態で，あまりにも素早い成功を見たいわけではない。もし幸運の女神がひとりの人に対してあまりにも頻繁かつ露骨に微笑んでいるようならば，仲間はその人に突きつけるためのナイフを研ぎはじめ，少しでもその人との差を失くそうとするだろう。私はこの異動に関して冷静だった，6月といえばコガネムシ（June bugs）というように，わき腹にナイフを突きつけられるのは，スーパービジョンにはありきたりの現象であり，平然と受け入れるべきだと理解していたからである。私は自分の昇進の記念に前よりも大きなブリーフケースを買い，スーパービジョンの上級セミナーに入会し，数人の共感できる友だち——彼らもまたスーパーバイザーだが——と杯を傾けた（H.C.D. 1949：162)。

　スタッフからスーパーバイザーになった者と以前同僚だった者との社会的距離は大きくなる。彼らの交流は，より堅苦しいものとなり，自発的ではなくなる。コミュニケーションには慎重さとためらいが混じる。スーパーバイザーが一緒に座ってコーヒーを飲もうとすると，話の活気がなくなり話題が一変する。これまでグルー

プ内の面白いゴシップと見なされていたものは，元同僚であり今はスーパーバイザーである者と話すことは，密告と見なされる。Cousins（2004:175）が述べているように，「ソーシャルワークはパワーの活用と誤用に重点を置く専門職性であり，多くのソーシャルワーカーにとって，スーパーバイザーになることは，彼らが自分の心情を捨てて，抑圧的な支配層の一部になるのではないかという疑問（あるいはときとして他者からの非難）をもたらす可能性がある」。

Charles Lamb は彼の随筆「年金生活者（The Superannuated Man）」のなかでこの変化について述べている。

> この手におえない感じを払いのけるために，余儀なく，私はその後 1 度，2 度その連中のところに足を運び，後に残って悪戦苦闘している昔の仕事仲間——同じペン仲間——を訪ねてみた。連中は，親切のかぎりをつくして迎えてくれたが，これまで同僚として受けたあの愉しい親しみは，以前のままとはいかなかった。昔なつかしの冗談をいくつかたがいにぶっ放しあってはみたが，てんで屁のように思われた。
> （訳者注：Chrles Lamb の随筆は，「年金生活者」『百年文庫38』尾崎一雄・高見順・ラム著山内義男訳ポプラ社，126-146頁の139頁に該当箇所の翻訳部分を引用している。）

この変化をスーパーバイジーの立場から描写して，あるスタッフは以下のように述べた。「私はルースと非常に親しい間柄だったが，彼女がスーパーバイザーになったとき，友だちとして居続けることは『おかしい』ように感じられた。結果として，わたしは素晴らしいスーパーバイザーを得たが，良い友だちを失った」。

新人のスーパーバイザーはかつてスーパーバイジーの同僚グループの一員だったので，いつもスーパーバイザーを辛辣に評価していた共犯者でもあった。新人のスーパーバイザーはこうした発言の記憶に悩まされるかもしれない。「彼らが——について言っていたのと同じことを私について言っているのか？」以前の同僚は新人のスーパーバイザーに関して次のように思いめぐらすかもしれない。そのスーパーバイザーは親友にえこひいきするのだろうか？　昔の敵に対する恨みを清算するのだろうか？　そのスーパーバイザーは仕事に見合う成長をするだろうか，それとも単に得意になるだけなのだろうか？

スーパーバイザーが，ケースワーカーと直近の立ち位置にあって，スーパーバイジーと同じ専門的バックグラウンドと経験をもつという事実から，いくつかの問題が発生する。スーパーバイザーは現場スタッフの問題や姿勢に同一化し，共感しながら，それでもなおマネジメントの代表である。「これは，スーパーバイザーに役

割葛藤や個人的なジレンマの両方をもたらしている。専門性の規範は実践者に自律的な誠実さを求めており，これをスーパーバイザーは正当であると考えるように要求されているが，組織は彼にコントロールを求めている」（Abrahamson 1967:83）。

前任者の影は，ストレスの元となりうる。新人のスーパーバイザーは，前のスーパーバイザーのようにうまくやれるかと思いめぐらす。前任のスーパーバイザーが確立した業務のパターンを変えるということは，スーパーバイジーが確立してきた忠誠心に挑戦することになり，彼らの敵意を招くのだろうか？

新人のスーパーバイザーは昔の同僚グループを失い，新しい同僚グループ，それも他のスーパーバイザーの担当していたグループに受容される必要がある。スーパーバイザーが組織的階層に関与しながら，2つのグループ，その1つはスーパーバイジーという自分の部下，もう1つは自分の上司である管理者との境界線と社会的距離を維持することは機能的に有益である。Blau & Scottは，「部下からの孤立は高い生産性に結びつき，また上司からの独立性は，作業グループにおける団結を生み，これらの2つの社会的距離は，互いにほとんど関連性はないのに，部下の忠誠心を操ることになる」（1962:238）と述べている。残念なことに，Workforce調査対象のスーパーバイザーの過半数は，他にサポートを求めて頼りにするスーパーバイザーがいないようだ（NASW Center for Workforce Studies 2004）。Harmse（2000:n.p.）が述べているように，ソーシャルワークのスーパーバイザーはめったに「公式にフィードバックしない。あるいは，サポートの情報源を与えない」ことが頻繁にある。

Weinbachは，スーパービジョンへの昇進の候補者となるスタッフが，この異動を検討するときに，同意をすべき25の宣言文を提案した。それには，「私は，必要であれば，指導的，権威的でいることを厭いません。部下の批判と嘲笑の的となっても耐えます。私は，他の者の業務の監督を楽しんで行います」などを含む（Weinbach 2003:306）。

まとめ：スーパーバイザーになるときのストレス

新人のスーパーバイザーは，移行を受け入れるにあたり，新しい職位に必要な行

動や姿勢の要件は何かについて明確に概念を形成するために複合的なプロセスに直面する。かなりの担当ケース数を保持する一方，彼らは直接的サービスワーカーの職位にいたときの行動と姿勢を捨て去って，新しい職位にふさわしい行動，姿勢，役割を学び，これにコミットすることになる。彼らは，以前の同僚と新しい仲間からの自身に対するイメージや関係性の変化を情緒的に受け入れなければならない。

しかし，総合的には，スーパービジョンに移行する臨床家は，人事異動については特別に問題視していない。このような移行の実際の経験を研究して，Scurfield（1981）は，この移行をした管理者からの反応を報告して，「以前臨床家だった者は，管理側に移行することは難しいと報告するであろうと予測していた。しかし，調査結果によると，以前臨床家だった者にとっては臨床的な実践と管理的な実践との相違は最小のものだとする傾向が見られた。これは，移行の際にほとんど困難を経験していないことを示している」（Scurfield 1981:498）と述べた。

臨床家から管理者への実際の移行の経験に対する調査研究に基づき，Patti 他は Scurfield's の調査結果に賛同した。彼らは，「マネジメントへ移行をする際の明らかな困難に反して，回答者の過去の臨床的教育と経験は，移行のプロセスにおける補助要因として認知されていたことがデータによって示された。結果として，彼らが遭遇する役割の断絶とアイデンティティの問題は非常に明白だが，想定していたよりもそれほど強いものではないと思われる」（Patti et al. 1979:151）と述べている。これは Center for Workforce Studies のスーパーバイザー体験の調査においても一貫しており，このスーパーバイザーたちはクライエントを援助することができる彼らの能力について，概して肯定的であった（NASW Center for Workforce Studies 2004）。

スーパーバイザーであることのストレス：その問題

スーパーバイザーになる際に遭遇するストレスに加え，スーパーバイザーであることによる業務に関連したストレスがある（Zunz 1998）。ここまでの章で述べたように，これらのストレスには，実際の，あるいは潜在的な「子どもの死，強烈なメディアの監視，何百万ドルもの訴訟のリスク」の際の激しいストレス（Dill

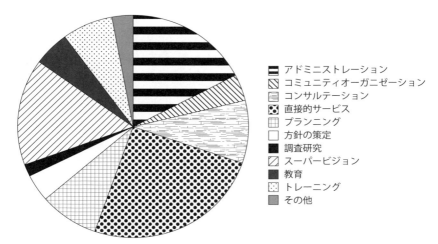

図7.2 「SWのスタッフすべてにおける役割」を行ううえでのソーシャルワークスーパーバイザーが遂行する時間の比較（From National Association of Social Workers Center for Workforce Studies. 2004. *A Study of the Role and Use of Licensed Social Workers in the United States*. Washington, DC: National Association of Social Workers.）

2007:177）から，より短い時間でより多くを行うことによる慢性的なストレスまでを含む。これは，図7.2と図7.3で示されている。

　スーパーバイザーの責任の限界はスタッフの責任の限界ほど明確ではない。そのため，新人のスーパーバイザーのなかには以前よりも一生懸命業務をこなしていると感じている者がいる。「私はスーパーバイザーになってからすぐに，以前していたよりも約2倍の仕事をしている自分に気づいた。これを幹部に報告をしたが，彼女はとても優しかった。彼女からは，これが私の新しい職位にあることの特典の1つであると時間をかけて説明を受けた」（H.C.D. 1949:161）。

　公共福祉の機関におけるスーパーバイザーの業務量に関する調査は，「ケースワークスーパーバイザーにはスーパービジョンを行う時間がない」と結論づけた（Galm 1972:34）。明らかに，このことは今もソーシャルワークの職務全般の課題である（Kadushin 1992b; NASW Center for Workforce Studies 2004）。このようなプレッシャーに直面して，スーパーバイザーは彼らができる業務の種類について不安を感じている。あるスーパーバイザーは以下のように記した。

　　私は，スーパービジョンが非常に多くの時間を要することに気づき，なぜ以前の職務

第 7 章　スーパーバイザーになること，スーパーバイザーであることの課題とストレス　365

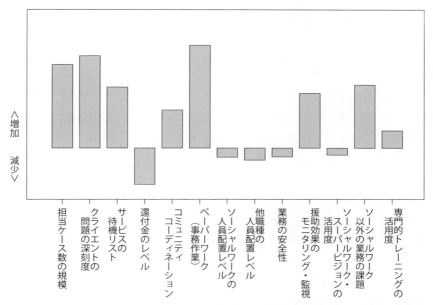

図 7.3　「あなたの主な雇用環境において，過去 2 年間に，ソーシャルワークの実践はどの程度変化しましたか？」という質問に対するソーシャルワークスーパーバイザーの回答。(From Natioal Association of Social Workers Center for Workforce Studies. 2004. *A study of the Role and Use of Licensed Social Workers in the United States*. Washington, DC: National Association of Social Workers.)

でスーパービジョンを少ししか受けられなかったのかについて不満を抱いた。スーパーバイザーは，業務を正しく行うために，各［スタッフ］に対しスーパービジョンのための多くの時間とエネルギーを捧げる必要がある。これは何かを教えることに共通している。有効性を最大化するためには，教師は実際に授業を行うために数時間準備をしなければならない。例えば，スタッフのそれぞれの記録を話し合う前に深く分析できたらよかったが，スーパービジョンの話し合いの場でその記録を初めて目にし，自然発生的に返答する自分がいた。

スーパーバイザーはモデルとして認識されるので，規範的な行動を示すことへのより強いプレッシャーが存在する。もし，あるスーパーバイザーが頻繁に遅刻をし，整理整頓ができず，業務を最新のものにできていなかったとしたら，スーパーバイジーに対して時間を守って，整理整頓し，効率性を期待できるであろうか？　メンタルヘルス関連機関に勤めるスタッフはこう述べた。「スーパーバイザーが不定期

になんの説明もなく数日休みをとり始めたとき，私たちは彼にならって，業務が大変なときは，数日の休みをとった。私たちはこれを『メンタルヘルス日』と呼んだ」。

　スーパーバイザーは，スーパーバイジーに対して提供できる支援の限界について自覚しており，またこれについて考慮している。あるスーパーバイザーはこう述べた。「私が不安に感じているのは，私が彼らに対する答を知らないこと，私が与えるべき答で彼らを満足させられないことである。同業者たちでさえそれについては知らないと思うし，それはなかなか難しいことだ。彼らは自分が欲しているものを与えられていないと感じ，職場を出ていく」（Amacher 1971:262）。

　スーパーバイジーがスーパーバイザーの主な「強み」が知識と実践のコンピテンスであると考えるならば，彼らは臨床的専門知識の欠如がスーパービジョンにおける重大な「欠点」であるとの思いを強めるだろう（Greenspan et al 1992; Hardcastle 1991)。アンケートに答えたスーパーバイジーのうち，20％がこれを彼らのスーパーバイザーの問題であると言及した。

・彼は，難しいケースの助けになるような提供できる知識をあまりもっていない。
・私が知らない特定の書類，プロセス，手続き，方針については，私のスーパーバイザーも知らない。私はこれらを自分で解明しなければならない。
・彼女は私が担当する特定のクライエントや問題についての知識がない。

　スタッフは，スーパーバイザーよりも不確定要素や疑問に耐えることができる。それは，スタッフが答をわからないとき，スーパーバイザーが可能にするための手を差し伸べてくれることを信じているからである。スタッフがスーパーバイザーを頼ることは，許される範囲の贅沢であるとみなされている。スーパーバイザーには，自立というはっきりしない特権が与えられている。つまり，質問をする人というよりも，質問に答える人である。さらに，スーパーバイザーは，ヒエラルキーのなかで自身の疑問に答えることのできる他者に頼る機会というものをほとんどもたないのである。スタッフの立場であれば，なにがしかの間違いをしても免除される。一方，スーパーバイザーの立場では，免責が与えられる機会は減ってゆく。スタッフのニーズを充足するには，スーパーバイザーは自分の信念と意思決定に自信をもつ必要があるが，これを身につけるのは難しい。心のなかでは良くわからないと思いながらも，確信をもって行動しなければならないことはストレスになる。おそらく，

このことが，workforce 調査の対象であるスーパーバイザーが，実践の管理や関連書類よりも，臨床的実践に関する教育やトレーニングに関心を抱く理由であると思われる（NASW Center for Workforce Studies 2004）。

スーパーバイザーは，直接的サービスワーカーに比べて，モニタリングや理解の対象としてより複雑な対人関係の構造をもっているといえる。スーパーバイザーは，スーパーバイジーが描写した通りにクライエントを理解しようと試みる。スーパーバイジーとクライエント関係の特性を理解する必要があり，また，彼らとスーパーバイジーとの関係の特性をも理解しなければならない（Doughty & Leddick 2007; Frawley-O'Dea & Samet 2001; Rubin 1997）。

スーパーバイザーの課題，責任，権威についての明確な定義がないことからストレスがもたらされることがある（Tromski-Klingshirn & Davis 2007）。ある面接調査では，対象のスーパーバイザー20人の半数が機関における自分の役割があいまいだと言っているが（Weatherley et al.1980），Feldman（1999:281）がこの現象を，「中間管理職の混乱（middle management muddle）」と描写した。

スーパービジョンの権威の正当性に対する断続的な挑戦がストレスをもたらすことがある（e.g., Brashears 1995; Veeder 1990）。この文献中のエピソードにまつわる議論（スーパービジョンは，職業上，旧態依然とした不必要な重荷になっているとの示唆）は，ソーシャルワークの的確な役割を担っているスーパーバイザーの自信を損なうようなものである。

スーパーバイザーは徐々にスーパービジョンの必要な業務からは疎遠になっているのではないかと心配することがある。それは「知識がスーパービジョン実践の領域に必須であると考えている」からである（Clark et al. 2008:17）。スーパーバイザーの実践イメージは現在のものではなく，過去のものであり，スーパーバイジーが経験している実践は今現在のものであるといえる。Workforce 調査の対象であるスーパーバイザーのなかで，機関が，最善の実践トレーニング，臨床的研究，デモンストレーションプログラム，評価プログラムを行っていると述べたのは僅かであり（NASW Center for Workforce Studies 2004），このような不確定要素は急激な変化によって深刻化している。「知識や最新技術の急激な変化を考えると，管理の専門職は『専門性の証明』を失う危機にある」（S. Moore 1970:211）。変化には新しい志向と技術が関係する。スーパーバイザーがいくつかの新規プログラムに関する新しい技術や知識に精通していないことがよくある。Hanlan はこの例を以下のように示

している。

　フィラデルフィアの例は，多くの小規模で，独立採算の機関を，ひとつの管理組織のもとに合併したことが，組織のすべてのレベルでの機能の変化がいかに広範囲にわたる予期せぬ結果をもたらしたかを示すものである。この事例においては，第一線のスーパーバイザーの精神的緊張が特に著しかった。以前は教育機能を果たすスーパービジョンを行っていたスーパーバイザーにとって，広範囲にわたる地域組織化の機能を果たせるようにスタッフやスーパーバイザー自身のトレーニングが求められた時には，その状況は危機的なものとなった（1972:43）。

スーパーバイジーとの正規のスーパービジョンはスーパーバイザーのストレスになる（Cantillon & Sargeant 2008; Heckman-Stone 2003; Hoffman et al. 2005; Komiskey 2004）。この相互作用のなかで，スーパーバイザーはスーパーバイジーに対して自分の能力と価値を証明する必要がある。スーパービジョンはスーパーバイザーの管理的，教育的，支持的能力が試めされる場である。スタッフは，スーパービジョンの議題となる資料を提供して，自分の業務を批判的な分析にさらすことになる。スーパーバイザーは，スーパーバイジーの業務，質問，問題に答えることで，スーパーバイジーの批判的な分析を受け入れる。以下は，あるスーパーバイジーの言葉である。

　私はトレーニングで学んだ認知行動療法志向での実践をしていた。私のスーパーバイザーの視点は，経験主義的家族システム論だった。私が実践でクライエントに関連する困難に遭遇した。私たちはそれぞれの視点や用語による問題の力動や介入の提案をしあった。私がクライエントの思考の誤りや不合理な考え方の特徴を述べると，スーパーバイザーは私が具体的に説明しようとしていると捉えていたようである。私が長い経験をもつ管理的上司に対して，自分のエビデンス・ベースの実践モデルを正当化するのは苦痛だった。スーパーバイザーは私の視点と一致する答えをもっていなかった。私の問題の分析，介入の方法論，クライエントに対する目標に関する質問に対する示唆をスーパーバイザーに求めるのは難しいことであった。

スーパーバイザーは，グループ内の協力的精神を維持しながら，スーパーバイジー間の競争のストレスに対処する必要がある。「同じスーパーバイザーのもとでの数名のスタッフは，大家族のようなものであり，それぞれが，家事で忙しい母親の注意を……引こうとしている。スーパーバイザーは，スタッフそれぞれが必要としているものを，特定の人に他のメンバーよりも多く与えたと悟られないように対処す

る術を身につけなければならない」(H.C.D. 1949:163)。ここでも,スーパーバイザーは危ない橋を渡るのである。

　スーパーバイザーはスタッフにある程度依存していることを先に述べた。手段的ニーズについては,スーパーバイザーはスタッフからコンプライアンス,コミュニケーション,情報を得る。感情表出的ニーズについては,スーパーバイザーはスタッフから感謝,尊敬,忠誠心を得る。スーパーバイザーの手段的,および感情表出的ニーズに対するスタッフの怠慢や拒否は,スーパーバイザーにとってストレスとなる。スタッフが非協力的で,敵対的で,スーパーバイザーの業務を難しくするとか,スーパーバイザー自身や適性に対する肯定的な見方が脅威となることがある。スーパーバイザーは機関やコミュニティのなかで,スーパーバイジーと同一視され,彼らの業務に対する苦情が何であれスーパーバイザーに否定的な評価がもたらされる。

　カウンセリングプログラムでの新人のスーパーバイザーが直面する問題に関する調査では,頻繁にスーパーバイザーが,スーパーバイジーの学習に対する抵抗,担当ケースへの介入の仕方がわからないという感情,担当事例に起こっていることが理解できないという感情について例証していた(McColley & Baker 1982)。

　スーパーバイジーの専門的成長を助ける満足感は,スーパーバイジーの協力によってのみ達成しうる。スーパーバイジーに学習意欲がなく,学習に抵抗し,学習能力がないと,この種の満足感を与える人としてのスーパーバイザーを否認することになり,スーパーバイザーが新たな問題を抱えることになる。

　あるスーパーバイジーのグループは,スーパーバイザーにとっては問題であり,他の人たち以上に忍耐力を必要とする。スーパーバイザーは,非協力的,過度に依存的,敵対的,反抗的,または期待に応えてくれないスーパーバイジーに我慢できず,いらいらしてしまうことが示唆された。スーパーバイザーたちは以下のように述べた。

・私は,のろのろ仕事をする人,自力で学ぼうとしない者,受動的で依存するスーパーバイジーには寛容でない。
・私は,不平の多い,ナルシスト的なスタッフに対しては,客観的に仕事上の関係を維持することが難しいと感じている。
・リスクを冒して成長する気がない者に苛立つ。

スーパーバイザーはまた，効果的なスーパービジョンの課題となる，彼ら自身の性格面についても話した。スーパーバイザーは，口数が多く，柔軟性に欠け，完璧主義で，要求が多く，非現実的な期待を言っているのではないかと気にかけていた（Kadushin 1992b）。

　スーパーバイザーはまた，外見上は正反対の要求を遂行するという課題に直面する。たとえば，クライエントの権利を十分に守るとともにスタッフの最大限の自律性を尊重すること，機関の変化を推進するとともに安定性を保持すること，スタッフに挑戦するように期待をかけている傍ら保守的であれと伝えていること，職業に対して忠実であれといいながら官僚組織の職員として振る舞うことを求め，スタッフの個別ニーズと組織のニーズのバランスをとることである。スタッフは積極的なスーパーバイザーを求めている。管理者は一般的により受動的なスーパーバイザーを好む。

　スーパーバイザーは，業務の要求と人間的な要求を調停する必要があり，生産性と品質，スタッフの満足度と士気という両方に重点を置いて管理する立場にいる。スーパーバイザーはこのような正反対の期待のバランスをとらなくてはならない。よって，スーパーバイザーは，あらゆる種類の対立する要求と期待が生み出すストレスと共生する方法を身につけなければならない。不快でありながら必要とされるスーパーバイザーの管理責任として，不平への対処，苦情の解決，規律を課すことがある。

　スーパーバイザーは上層部と部下からの対立する期待の間で引っ張られがちである。スーパーバイザーは直接的サービスワーカーと機関の経営陣との境界線上にいながら，同時に職務を遂行する集団の一員であり，経営組織の集団の一員でもある。境界領域で作業をする者すべてに当てはまることだが，スーパーバイザーは難しい立場にいる。スーパーバイザーはそれぞれのユニットの末端の一員にすぎず，集団間の緩衝材や仲介者として行動しようとするとき，両方からのプレッシャーを受ける。ときには，管理者からの指示とスタッフからの要求は相反している。スーパーバイザーがグループの一方に応じると，もう一方のグループの敵意を招き，自身の影響力に支障をきたすというリスクを負うことになる。

　機関が，仕事に必要な資源を提供してくれれば，スーパーバイザーは効果的に責任を遂行できる。これは，スーパーバイザーの部署にスタッフが十分配属され，その十分なスタッフが特定のレベルの多様なスキルをもっているという意味である。

スーパーバイザーのなかには、担当件数をカバーするスタッフ不足や、スタッフの知識やスキルの不足がユニットの生産性を制限するようになるという人員配置の課題に直面している。

スーパーバイザーは、スタッフのように、自律性と自由裁量権の制限によるストレスに直面している。制限のもとは異なれど、窮屈と感じるような体験は同じである。スーパーバイザーは、管理的方針、組合規則、クライエントの擁護団体、機関の予算に関する法的に規定された報告義務、資格認定基準（accrediting standards）、免許交付基準（licensing standards）、積極的差別是正処置（affirmative action）、人権的規制（civil rights regulation）により制限されている。

スーパーバイザーは業務の割り当てのように、いくつかの決定を自律的に行う権限を与えられている。しかし、決断のいくつかにおいては、決断がされた後管理側に報告する必要がある。雇用、解雇、パソコンの購入といったその他の決断は、事前の承認なしにはできない。このような内外的制限が、スーパーバイザーの最善の決断に合致して、スーパーバイジーと向き合って行動するスーパーバイザーの自由を制約する。

おそらく上述したことは、文献の書評にみる結論の負の部分に光をあてるだろう。「スーパーバイザーによって、スーパービジョンの技能の違いがあるのは当然であるが、今日までの文献では、スーパーバイザーが経験により向上するという証拠は数少ない」（Worthington 2006:156-57）。

スーパーバイザーであることのストレス：人間の多様性へのチャレンジ

ソーシャルワーク実践における拡大する人間の多様性は、スーパーバイザーにとってもスーパーバイザーであることのストレス源になる（Mor Barak 2005）。スーパーバイザー、スーパーバイジー、機関のクライエントは、能力（Olkin 2002; Pardeck 2001）、ジェンダー（Chung, Marshall & Gordon 2001; Dennis & Aitken 2004; Granello 2003）、性同一性（Halpert, Reinhardt & Toohey 2007; Singh & Burnes 2010）、性志向性（Bidell 2005; Burkard, Knox, Hess & Schultz 2009; Nilsson et al. 2008）、人種と民族性（Bhat & Davis 2007; Jernigan et al. 2010）が多様であり、このことは相互

作用的な援助プロセスについての1つの仮説をすべてに合わせることを無効にする。これは、スーパービジョンに関する理論的（Bernard & Goodyear 2009; Yabusaki 2010）および実証的文献（Jernigan et al. 2010; Mor Barak 2005; Vasquez 2007）のテーマであり、急増している。

異文化間のスーパービジョンに関する議論には非常に多くのコンテキストが含まれているが、簡約するために、ここでは、人種、ジェンダー、性志向性の3つのコンテキストを選択し、焦点を絞った。ここでの議論が、異文化間のスーパービジョン全般においてよくみられる利害関係の分析に役立ち、適用可能であることを願う。

スーパービジョンの要素としての人種と民族性

ソーシャルワークスーパービジョンにおける人種に関する問題（Chang, Hays & Shoffner 2003; Gatmon et al. 2001; Inman 2006; Inman & Ladany 2008）は、習慣、言語、伝統、価値観、信念の共通性に基づき、アイデンティティや行動を類型化し一定の変わらない考えにより、全米での人種的民族性をめぐって伝統的に形作られてきたものである（Sangganjanavanich & Black 2011）。

白人のスーパーバイザーとアフリカ系アメリカ人のスーパーバイジー

最も多くみられる異文化パターンは、白人のスーパーバイザーとアフリカ系アメリカ人のスーパーバイジーからなるものである（NASW Center for Workforce Studies 2004）。アフリカ系アメリカ人のスーパーバイジーにスーパービジョンをする白人のスーパーバイザーは、人種の違いに関係する自分自身の態度、感情、先入観、偏見について意識的に明確にすべきである。彼らは自身の白人としてのアイデンティティ特性を自分で明らかにすべきである。彼らは、アフリカ系アメリカ人の文化、ライフスタイル、コミュニケーションのパターン、差別の経験、権威への対応、問題解決への姿勢などの詳細を学ぶ努力をする必要がある。このような自己学習に加えて、スーパーバイザーはアフリカ系アメリカ人のスーパーバイジーの文化についての学びでは、オープンでしかも防衛的な態度をとらないように努力すべきである（Gray & Smith 2009）。Delphiによる「重要な多文化体験」をもつスーパーバイザーに関する最近の調査研究において、自己認識を形成すること、安全でオープンな環境を作ること、文化の違いに対して容認と尊敬を伝えることが、3つの最も「成功した多文化スーパービジョンの言動」として位置づけられた（Dressel et al. 2007:57）。

スーパーバイザーは,以下の事実に敏感であることを求められる。スーパーバイザーは,スーパーバイジーが被害を受けた集団の一員であり,非言語的反応やスピーチに含まれる,かすかな先入観あるいは偏見に全般的に注意深く観察すること,また自己のもつアフリカ系アメリカ人の文化に関する知識がどの程度洗練されたものであるかを見極めること(Sue et al. 2007)。年配のスーパーバイザーにとって,多くのスーパーバイジーとは異なり,多文化カウンセリングのトレーニングを受けてこなかったという点で,多文化問題について若いスーパーバイジーと話し合うことには不利がある(Yabusaki 2010)。

異人種間の事柄に関する話し合いはどんなものでも,おそらく居心地の悪いぎくしゃくしたものになるだろう(Tummala-Narra 2004; Utsey, Gernat & Hammar 2005)。権力をもたない地位のスーパーバイジーの多くは,おそらくこのような問題について話し合うことをためらうだろう(Green & Dekkers 2010)。そこで,このような対話の必要性を敏感に捉え,用心深く,率先して話し合いを始め,その相互作用のなかでスーパーバイジーを支援し,勇気づけることがスーパーバイザーには課せられているのである(Burkard et al. 2006)。そうしなければ,「話し合いは始まらないだろう」(Bernard & Goodyear 2009:129)。

人種という要素は,無視されるべきでもなく,過剰に強調されるべきものでもない。人種に対しては,配慮のある深い感受性が最も望ましいように思われる。白人のスーパーバイザーが,人種という要素を無視するアフリカ系アメリカ人のスーパーバイジーにかかわろうとするとき,否定的に受け止められるかもしれない。実際に,「あなたは私と同じだ。私はあなたを黒人だとは思っていない」との語りかけは,アフリカ系アメリカ人にとって「黒人アイデンティティを否定されている。黒人でなければ受け入れられる―自身の一部を否定すれば受け入れられるといった識閾のメッセージとして」理解されるかもしれない。一方,アフリカ系アメリカ人のスーパーバイジーは,「黒人患者や黒人に関連する課題のすべてについてコメントを求められると,応えざるを得ないが,その質問の裏側にあるすべての黒人がもつようなステレオタイプ的な考え方があるのだろうかと心配になる」(Bradshaw 1982:205)。

上司である白人のスーパーバイザーには,アフリカ系アメリカ人のスーパーバイジーの信頼と自信を引き出し,アフリカ系アメリカ人の経験を理解できることの根拠を提供する努力が必要である(Jeanquart-Barone 1993; Terrell et al. 2009)。郡の福

祉局のスタッフに対する調査において，McNeely は，アフリカ系アメリカ人のスタッフが白人のスーパーバイザーに対して，「見識がなかった」ことを理由に不満をもっていたことを見出した。

ある白人のスーパーバイザーは以下のように言った。

> 黒人のスタッフは，おそらく人種が異なることで，私が彼女のニーズを満たせないと感じたようだ。そのスタッフは腹を立て，私はそれに怯えていた（わたしは人種差別者なのかもしれない）。このような感情について話し合うのに多くの時間を費やした。私たちはたくさん話し合うことを続けたが，実際には言動に変化はみられなかった。最終的に私は，「ねえ，私たちはもう十分に話し合ったでしょう。機関の業務をしましょう。もし私たちの人種の違いに関する特定の話題がもちあがったら，そのときにまた話し合いましょう」と言った。

「生活経験の専門知識を主張するマイノリティのスタッフは，人種／民族的問題や課題と取り組むために［白人の］スーパーバイザーの知識や能力にチャレンジする」(Swanson & Brown 1982:65)。

多様なケース数の配分にあたり，スーパーバイザーはできるかぎり客観的に業務の点検や評価を行う責任をもつが，白人のスーパーバイザーがアフリカ系アメリカ人のスーパーバイジーに対して否定的なフィードバックをすることが難しいとされるいくつかの根拠がある (Dipboye 1985; Wilson 2010)。白人スーパーバイザーは，白人の差別観についての罪悪感をもち，かばう傾向があり，被害者意識の埋め合わせをしようとするが，結果的には業務に対する期待を低めているかもしれない。一方，スーパーバイジーは基準枠からの例外であることを強く主張し，自己の罪悪感を利用するかもしれない。

何人かのスーパーバイザーは，（同情，罪悪感，恐怖，ないしは否定的な先入観から抜け出そうとして），マイノリティグループのメンバーを白人のスタッフとは別個に扱い，自信のなさげに評価するかもしれない。人種差別者だという烙印を押されることへの恐れ，あるいは人種差別者でないことを率直に主張したいという望みから，アフリカ系アメリカ人のスーパーバイジーの業務の欠点について批判することにためらうかもしれない。

アフリカ系アメリカ人のスーパーバイジーは，白人のスーパーバイジーよりも彼らのスーパーバイザーに共感的かつ尊重されることを期待しないということを示す経験的エビデンスは限られている (VanderKolk 1974; Constantine & Sue 2007)。

Jayaratne 他（1992）によるアフリカ系アメリカ人スタッフの調査研究では，白人のスーパーバイザーとアフリカ系アメリカ人のスーパーバイザーとでは，情緒的サポートの感知レベルにおける重大な違いは示されなかった。これは，結論的に心理学的（Jernigan et al. 2010; Ladany, Brittan-Powell & Pannu 1997），生態学的（Jayaratne et al. 1992）変数の方が，人種的なマッチングよりもスーパービジョンの関係力動と直接的に関連するものが多いかもしれないという研究結果と一致している。Cooks & Helms（1988）による調査研究で報告されたところによると，アフリカ系アメリカ人のスーパーバイジーに対するスーパービジョンの満足度の一番強力な指標は，スーパーバイザーが彼らを好いていると認識するかどうかだった。

スーパービジョンへの移行におけるジェンダー要因

　ソーシャルワークは「女性的な」職業として特徴づけられている。それは勤務している有資格のソーシャルワーカーの78％，そしてスーパーバイザーの82％が女性だからである（NASW Center for Workforce Studies 2004）。もはや男性が女性よりスーパーバイザーになりやすいということはないが（NASW Center for Workforce Studies 2004），いまだに男性のスーパーバイザーは，ソーシャルワーク教育，経験年数，週間労働時間数をコントロールしても，女性のスーパーバイザーよりも高い年間賃金を稼いでいる（NASW Center for Workforce Studies 2004）。このように，ソーシャルワークスーパービジョンは，リーダーシップ，影響力，給料，プロセス，パワーに，性差が出ている（Granello 1996; 2003）。

　スーパービジョンでの体制づくりは，「男性的な」特徴と相関があった（Crespi 1995）。これは，活動の開始，意思決定，業務の体系化，配分，点検，評価に関係している。これは，業務の成果，説明責任，基準，規則，コンピテンス，有効性にも関係している。このスーパービジョンの要素は，組織的なヒエラルキーでの職位に由来する権威と権力の積極的な活用を必要とする。

　一方，スーパービジョンにおける感情表出の配慮の要素は，一般に女性的であるとみなされる特徴がある（Crespi 1995）。ここでの焦点は，人々に対する共感的な理解と，仕事における満足と不満足，自己評価，承認とサポートのニーズ，およびスタッフの感情についての気づきである。ところが権力，権威，職階の相異は，スーパーバイザーとスーパーバイジー間の対等性に向かわせる力を押さえつけてしまうのである（Munson 1997）。

スーパービジョンにおけるジェンダーの課題は組織におけるリーダーシップ行動に影響を与えることの示唆についてはいくつかのエビデンスがある。32か国，437組織における１万2546人のマネジャーのリーダーシップ行動を評価した部下の調査研究がある。van Emmerik, Wendt & Euwema（2010）は，高いジェンダー率（比較的女性マネジャーが多い）と，感情表出の考慮とにプラスの相関があり，組織における体制づくりはマイナスの相関がみられたという結論を見出した。この結果が示唆することは，より「女性的な」リーダーシップ行動は，多くの女性が管理的地位にいるときほど如実に見られること，そして女性管理者の割合が高いと男性のリーダーシップ行動に影響を与える（すなわち，体制づくりは男性管理者との相関性がある）が，女性の管理者にはそれほど影響を与えないといえる。van Emmerik, Wendt & Euwema（2010）によると，女性管理者の方が両方のリーダーシップオリエンテーションをかなり多く活用するという。彼らは，これを，男性よりも女性のスーパーバイザーの方が自分たちのリーダーシップに多くの努力をつぎ込むことの印だと見ていた。

　この時点で，スーパービジョンへの最も好ましいアプローチには，手段的行動と感情表出的行動を統合し，体制づくりや配慮行動をすることが必要だとする調査研究の論評に立ち返ってみることにしたい。「良いスーパーバイザー」を描写している文献内容は，ここでも参考になる。本資料は，ジェンダーの固定観念に関して，スーパービジョンの最も好ましいのは恐らく両性具有のアプローチであろう（Dodson & Borders 2006; Munson 1997）。業務を行っている人々に共通する，感情表出的配慮行動は，女性のステレオタイプの強さを表す。課題達成に共通する，道具的体制づくりの行動は，男性のステレオタイプの強さを表す。よいスーパービジョンでは体制づくりの課題達成の関心とともに人々に対する関心が統合されるので，よいスーパーバイザーは男性性とともに女性性を表す特性をもつ必要がある。ここでの「両性具有」は，状況に応じて，男性的特質と女性的特質の両方を柔軟かつ適応的に示すべく，心地よくさせる準備ができている状態を意味する。ソーシャルワーク（明らかにスタッフの過半数が女性であるため女性的な専門職としてカテゴリー化される専門職）に魅力を感じる男性は，一般の男性に比べて，より両性具有に方向づけられているであろう。

　女性的な専門職につく男性に関する調査で，Dodson & Borders（2006），Lemkau（1984），O'Neil（2008）は，彼らがより伝統的な男性的職業に就いている

男性より，性別観があまりなく，両性具有的な態度を示すことが明らかになった。結果的に，彼らは文化的に女性的な行動をとることに不快を感じないようである。彼らは，男性性と一致した手段的行動に加えて，スーパーバイジーの感情表出的ニーズに沿う能力があるようだ。男性スーパーバイザーの場合，スーパービジョンにおいて両性具有的アプローチは特に問題とはならないかもしれない。

これと反対なのは，女性のスーパーバイザーの場合であろう。スーパービジョンの感情表出的要求は彼女たちのジェンダーアイデンティティと一致しているが，道具的スーパービジョンの管理的要求は，ジェンダーを超えた表明，つまり男性アイデンティティ行動を必要とする。スーパービジョンでの両性具有的アプローチは，結果的に女性のスーパーバイザー間に不快感や困惑を生み出すかもしれない。

男性スーパーバイザーは，ソーシャルワーカーになる過程で，彼の行動レパートリーに女性オリエンテーションの要素をすでにいくらか加えてきている。女性のスーパーバイザーは一般的に，男性タイプの行動を採用することで両性具有へのこの移行をあらかじめ準備しなければならないということはなかった。管理的スーパービジョンにおいて，ジェンダーの特徴のない態度で行動する必要性は，不快感を刺激するかもしれない（Pettey & Miles 1976; Watson 1988）。

スーパービジョンにおいて快適に体制づくりを実施する能力を発揮する際に，女性のスーパーバイザーは，女性の社会化を拒絶しない。むしろ，彼女たちはそれを乗り越える。ジェンダーの中立化がよいスーパービジョンでは求められるが，職位の選択は，その人次第で，肯定も，否定もされるだろう。自分をより伝統的な女性のステレオタイプだと見なす女性たちは，その職位にほとんど関心を示さず，スーパーバイザーを「自分には似合わない」と見るかもしれない。より両性具有に馴染んだ女性たちは，積極的にその職位を求めるかもしれない。女性のスーパーバイザーは，自己選択と職位の確保の結果，男性ソーシャルワークスーパーバイザーがとるような行動とは著しく異なる行動を示す（Ellis & Ladany 1997）。女性スーパーバイザーの行動は，実践をとおして身につけたものである。

これは，York（1988）による調査研究の結論と一致している。管理に対するソーシャルワーカーの志向を調査して，彼は「ジェンダーが管理的志向の予測変数ではないことを認めた」(37)。彼は次のように述べている。

　　管理的地位への昇進を達成する女性たちは，えり抜きの少数派であり，たまたま他の

女性に比べて競争心があり，手段的志向であった。臨床場面にいる男性たちは，えり抜きの男性グループで，他の男性よりも，感情表出的で相互関係性の臨床志向の行動を採用したい思いがある。この解釈は，選択バイアスが，ソーシャルワーク組織の多様な場面で男性や女性の活動に作用することを示唆している（York 1988:38）。

男性のソーシャルワークスーパーバイザーは一般的な男性よりも「女性的」かもしれず，女性のスーパーバイザーは一般的な女性よりも「男性的」かもしれない。男性スーパーバイザーと女性スーパーバイザーがスーパービジョンにおいて採用する実際の役割に関する調査の検証で，Doughty & Leddick（2007:20）は，次のように述べた。「調査研究の大半が，伝統的な役割はいまだに行われていると報告したが，一方〔中略〕女性スーパーバイザーと男性スーパーバイザーが，ステレオタイプに反して行動するとした結果もある」。

スーパービジョンのジェンダー要素

スーパーバイザーとスーパーバイジー間のジェンダーの相違は問題である（Riordan 2000）。Caplow（1954）は，業務に関する初期の社会学的調査研究において，男性では，業務上で女性上司の部下となる状況が社会の標準から外れているとみなし，女性スーパーバイザーの受け入れに抵抗をもつという事実があると指摘した。多くの異なった職業に対する後続の調査では，これを男性の間で広く見られる姿勢だと承認する傾向が見られた。

女性にスーパービジョンを受けている伝統志向の男性スタッフには持続的な苦痛があるというが（Twohey& Volker 1993），これは男性ソーシャルワーカーには当てはまらないようだ。男性のソーシャルワーカーは，性の役割行動に向けたオリエンテーションにおいて一般的な男性よりも両性具有的で，結果的にスーパービジョンの地位にいる女性から不快さを感じたり脅威を感じたりしない傾向がある（Dailey 1983:22）。男性ソーシャルワーカー（一般男性と対比して）は，女性によるスーパービジョンに受容的であり，女性スーパーバイザーのもとでのスーパーバイジーとしての男性の実体験からも肯定的な反応が確認されている。65人のスーパーバイジーのスーパービジョン体験に関するインタビュー調査で，Munson（1979b）は，女性からスーパービジョンを受けた男性ソーシャルワーカーたちは自分の体験に高レベルの満足度を報告していることを見出した。これらの男性スーパーバイジーの満足度は，仲間の男性からスーパービジョンを受けた男性によって示されたレベルよ

りもさらに高いものであった。ミシガン州の福祉機関に所属する86人のスーパーバイザーとスーパーバイジーを対象にした1983年の調査では，異性のスーパーバイジーとスーパーバイザーとの信頼関係が同性ペアのものとほとんど同じであることを見出した（Mathews 1983）。また，289人の博士号取得前の心理学インターン生の調査において，Gatmon 他（2001）は，スーパーバイザーとジェンダーが一致の者と，スーパーバイザーとジェンダーが一致しない者との間で，業務同盟あるいは業務満足度のレベルに差はなかったことを見出した。

一方，Behling, Curtis & Foster（1982）は，現場教師のスーパーバイザーとの体験について276人のソーシャルワークの大学院生から回答を入手した。教師，スーパーバイザー，学生のスーパーバイジー間のジェンダーマッチングの効果に焦点を当て，彼は，女子学生―男性教師の組み合わせが明らかに最もストレスが高く問題のある組み合わせであることを見出した。「この組み合わせにおける主なストレスは，男性教師による伝統的な性差別主義的態度に帰するものであった」（Behling, Curtis & Foster 1982:96）。

女性のスーパーバイザーに対する男性ソーシャルワークの部下の全体的な姿勢は肯定的だが，すべてのスーパービジョン行動に当てはまるものではない。Petty & Odewahn（1983:19）は，女性のスーパーバイザーの自己主張の強い行動に対して，男性ソーシャルワーカーが否定的に反応することを理解した。

社会サービス組織におけるリーダーシップに対するスーパーバイジーの態度調査で，Petty & Mile（1976）は，男性と女性のスーパーバイジーの両方がスーパーバイザーに関して似たようなステレオタイプ的な見方をもっていることを発見した。またどちらも，体制づくりの基本原理を伝授する男性スーパーバイザーに，また思いやり行動を示す女性スーパーバイザーに満足していた。

何人かの男性にとっては，女性スーパーバイザーとの業務は「両親との関係を除いて，成人期で初めての機会であり，これは男性が権威的立場の女性に引き合わされるということである。この体験は，本人が承認していない価値体系や，態度，そして潜在的な逆転移といった問題に初心の治療者を晒すことになる」（Nadelson & Otman 1977:281）。

女性のスーパーバイザーは，女性の経験に関する意識を育てる学習状況を男性のスーパーバイジーに提供することができる。これは，女性クライエントのニーズと願望に対する男性の「逆転移の無視 deafness」への防衛手段を提供することになり，

彼らの共感的理解力を増大させる（Alonson & Rutan 1978; Scher 1981 & Granello 1996も参照のこと）。

　理論的な推論では，スーパーバイジーをジェンダーの異なるスーパーバイザーに割り当てるのが妥当かもしれない。理論では，このような組み合わせは異なるジェンダーに対する転移後遺症を解決できるはずだが，いくつかの経験的エビデンスは逆を言っている。多くの調査が次のようなことを見出した。男性スーパーバイザーも女性スーパーバイザーもともに，男性と女性のスーパーバイジーの扱い方が異なる（Lyon & Potkar 2010）。また，女性のスーパーバイジーよりも男性スーパーバイジーに倍の頻度で意見を聞く（Granello et al. 1997），たとえば，女性のスーパーバイジーの提案をより頻繁に受け入れフォローしているなど（Granello 2003）。Bernard & Goodyear（2009），Doughty & Leddick（2007）Nilsson 他（2008）による文献論評では，多義的パターンの調査結果を報告した，そしてソーシャルワークスーパービジョンにおけるジェンダー力動は繊細で非常に複雑であることを示唆した（Moorhouse & Caar 2002; Elson & Holloway 1990）。一般的に，現在入手できる実証研究では，スーパービジョンにおけるジェンダーの組み合わせに対する中立的なアプローチを提案している（Vonk & Zucrow 1996:418）。

　スーパーバイザーとスーパーバイジーの人種的差異の要素を無視することが無分別で不適切であるのと同様に，２人のジェンダーの相違を潜在的に重大性がない事柄と見なすこともまた間違いであろう。大半のスーパービジョンの二者関係では，一人の専門家に対するもう一人の専門家として互いに関係するスーパーバイザーとスーパーバイジーが，ジェンダーの相異に中立的であることが重要かもしれない。しかし，何人かの女性のスーパーバイジーは，ジェンダーの違いを誘惑的な策略に利用し，男性スーパーバイザーとの関係を有利にしようとするかもしれない。男性スーパーバイザーのなかには，自分たちの職位の権力を密かに使い性的な接待を求める者がいるかもしれない。それほど極端でない相互作用的出会いにおいて，ジェンダーの違いは，よいスーパービジョンの妨げになるような，異性の気を引こうとする女性性の誇示や男性のナルシシズムという結果になるかもしれない（Hartman & Brieger 1992）。ステレオタイプ的な男性の役割に応じる男性スーパーバイザーは，操作性の強い確固とした予測を必要としている男性スーパーバイジーに対して養育者的な役割をとるかもしれない。

　男性スーパーバイザーは女性のスーパーバイジーに対して，伝統的な礼儀正しい

保護的な態度で接するかもしれないが（Shen-Miller, Olson & Bolling 2011），批判的であることが適切な場合にも，彼女たちを「傷つけること」を避けるために慎重になるかもしれない。同様に女性のスーパーバイジーの関心や助けを（Jordan 2006），または交差境界（Downs 2000; Manathunga 2007）として体験したと思われる好意や承認の表出を無理に自制していると思われる。男性スーパーバイジーに対して女性スーパーバイザーは，女性のスーパーバイジーとの接触では気楽に表すであろう主張的なリーダーシップ行動と同レベルのものを見せようとしないかもしれない（Alimo-Metcalfe 2010; Bligh & Kohles 2008）。異なるジェンダー間のスーパービジョン関係の場合，スーパービジョン関係のエロティシズム化を恐れてクライエントの性的な問題についての自由な話し合いをためらうことが多いかもしれない（Begun 2011; Ladany, Friedlander & Nelson 2005; Shen-Miller et al. 2011）。

不変的な固定観念で対応するスーパーバイジーは，男性スーパーバイザーと女性スーパーバイザーをそれぞれに認識するかもしれない（Shen-Miller et al. 2011）。あるスタッフは以下のように言った。

> ある業務場面で，私には2人のスーパーバイザーがいた。一人は男性で，もう一人は女性だった。それはほとんど，2人の親がいる家族のような感じだった。サポートや確認が必要であれば，女性スーパーバイザーに，方針や手続きについて質問があれば，男性スーパーバイザーの方に行った。そして，まさに両親にするように，スタッフは彼らを利用する方法を知っていた。つまり必要なことがあれば，誰に尋ねるかを決めるために何が必要なのかにかかっているということである。休暇が必要なとき，男性スーパーバイザーがタイムスケジュールを作成しているのに，女性スーパーバイザーのところに行った。必需品や備品を注文したいときは，男性スーパーバイザーのところに行った。

スーパーバイザーは，興味や素質を配慮し，ジェンダーの相違を認識したうえで，ケースを割り当てるかもしれない（Lowe 2011; Shen-Miller et al. 2011）。児童福祉のケースは女性のスーパーバイジーに多くが割り当てられるかもしれない。非行に関係するケースでは男性スーパーバイジーに割り当てられることが多いかもしれない。ジェンダーは，近親相姦やレイプに関連するケース，または暴力のリスクが伴うケースを割り当てる際の要因となるだろう（Lowe 2003; 2011）。

スーパービジョンの要素としての性的志向

性的志向とは「性的魅力，性的行動，個人的アイデンティティ，恋愛関係，コミュ

ニティの一員としての地位を包含する多角的な構成概念である」(Herek et al. 2010:177；参照 Moradi et al. 2009)。性的志向の実体験は，構成概念そのものよりも常に変わりやすく，微妙な差異があり質感のあるものだが (Burdge 2007)，性的志向による経済的，法的，社会的影響は深刻なものである (Baumle & Poston 2011; Black et al. 2000; D' Augelli, Hershberger & Pilkington 1998; Mays & Cochran 2011)。

ゲイやレズビアンの人々は，米国におけるどの民族的，非民族的マイノリティグループよりも憎しみによる犯罪の被害者である (Barrett & McWhirter 2002)。たとえば，彼らは異性愛者に比べて当然健康上の高いリスクをもつ (Cochran et al. 2003; House et al. 2011)。加えて，カウンセリングを求めるゲイやレズビアンの割合は，異性愛者のクライエントの割合に比べて2倍から4倍高いと推定される (Cochran et al. 2003; Barrett & McWhirter 2002)。

リスクから考えると，性的志向の少数派は自身のスーパーバイザー，スタッフ，クライエントに対して彼らの志向を特定するのをためらうこともまた当然である。人の性的傾向はソーシャルワーク教育では未発達の領域である (Jeyasingham 2008)。多数のソーシャルワーカーが異性愛的，あるいは同性愛嫌悪的な偏見をもって仕事をしていることの証拠はある (Berkman & Zinberg 1997; Crisp 2006a; Liddle 2000)。異性愛的，かつ同性愛嫌悪的な態度は，性的傾向の少数派のスーパーバイジー (Bartlett, King & Phillips 2001)，クライエント (Liddle 1997) には有害であると主張するに十分な証拠がある。よって，「レズビアン，ゲイ，あるいはバイセクシャルのアイデンティティを，異性愛アイデンティティに対してと同様に実在の人間，経験，表現であると認める」(Davies 1996:25) とする志向は，ソーシャルワーク・サービスを求める性的少数派にとって役に立つ前提条件として評され (Crisp 2006b; King et al. 2007; Lyons et al. 2010)，性的少数派のスーパーバイザーやスーパーバイジーは，ゲイに対する肯定的姿勢がスーパービジョンにおいても極めて重要だと見なしている (Burkard et al. 2009; Halpert & Pfaller 2001; Messinger 2007)。

性的志向に付随した激しい情動的結合 (Herek 2000; Nilsson et al. 2008) と，スーパーバイザーがスーパーバイジーに対して保持する権力 (Bogo & Dill 2008) を考慮して，Nilsson 他 (2008:569) は，スーパーバイザーには「性的志向に関連する自身の顕在的あるいは潜在的な態度，信念，偏見だけでなく，微妙な異性愛的信念と特権に気づき，これに積極的に立ち向かう」職責があり，これについての無知をも併せて，「提供するスーパービジョンの質に悪影響を及ぼしかねない」と主張した。

Zapata（2010）は，このスーパーバイザーであることの自己評価と自己認識について，スーパービジョン実践に不可欠な多文化的コンピテンシーであると記述している。

　Gatmon 他（2001）はまた，スーパーバイザーがその職位に伴うパワーの結果として(Sue & Sue 2003)，「スーパービジョンでは話し合うことの少ない多文化的変数」である性的志向の問題（Harbin et al. 2008:62）について率先して取り扱うべきだと考えている。もちろんこれは有能なスーパーバイザーであることを前提とする（Lyons et al. 2010）。具体的には，性的少数派に対する肯定的な姿勢（Burkard et al 2009; Crisp 2006a, 2006b)，適切な知識基盤（Charnley & Langley 2007; Satterly & Dyson 2008)，肯定的でサポーティブなスーパービジョン環境（McGann 2010; Messinger 2007; Nilsson et al. 2008)，性的志向についての議論とその実行上の意味との明確な連動（Ladany, Friedlander & elson 2005）が求められる。これらが性的少数派のスーパーバイジーとうまく対応するための最も重要なスーパービジョン変数であるとする数少ない実証的な根拠もある（Burkard et al. 2009; McGann 2010; Messinger 2007)。

　肯定的な姿勢は，スーパーバイザーの異性愛主義や同性愛嫌悪に対するシステマティック評価や言動での表出から始まるとは必ずしもいえない（Harbin, Leach & Eells 2008)。異性愛主義と同性愛嫌悪の指標には，異性愛をノーマルと考えること，同性愛を選択肢の1つとして見なすこと（Swank & Raiz 2010)，あるいはアイデンティティや行動の障害として見ること（Halpert & Pfaller 2001）が含まれるが，この目的のために役立つと考えられる多数の自己評価策が開発されてきた（Bidell 2005; Crisp 2006b)。わずかであっても「冷たい態度，軽蔑的な目，身振り，口調」が異性愛・同性愛の嫌悪的な姿勢として伝えられ，ひそかな中傷，敵意，否定的メッセージ，他の者にはわずかにしか見えないだろう，他者に対して抱くかすかな団結を経験するかもしれない（Shelton & Delgado-Romero 2011:210)。たとえば，Long（2002:68）は，「性的志向がわからないクライエントに対して，スーパーバイジーが，何歳で最初の性交をしたかと尋ねず，『何歳で初めて性的行為を経験したか』と聞く」，また「クライエントが既婚者だと言っても，異性愛者だとは考えない」と述べている。

　人のセクシュアリティについての会話は「スーパービジョンの話題としておそらく最も居心地の悪いものである」。この問題は，「安全な学びの環境」をつくるのに

役立つと思われる自己開示度の領域にあると示唆するいくつかの根拠がある。その環境では，実践やスーパービジョンの場で「生じるにちがいない正常範囲内の性的衝動に関する」「自身の弱点や脆弱性について」探究することが，スーパーバイジーにとって求められるとしている（Ladany, Friedlander & Nelson 2005:127）。「個人的な性的志向の非開示」は，スーパービジョンにとって，「特に秘密にしておくか，カミングアウトするかというコンテキストにあるという点で」重大な意味あいがある（Farber 2006:173）。しかし，Knox 他（2008:543）による16人のスーパーバイザーに対する質的調査では，自己開示が「スーパーバイザー，スーパーバイジー，スーパービジョン関係に大いにポジティブな効果を与えた」としている。Knox他は，スーパーバイザーが「スーパーバイジーの発達を促し，彼らの経験を標準化する」ために自己開示を使用するが，「発達上不適切である」か，スーパービジョンからの脱線の恐れがある時には使用しないという結果を見出した。Newman, Bogo & Daley（2008:215）による質的調査では，自己開示はまた，「レズビアンとゲイの学生にポジティブな学習環境を設定するうえで重要なテーマであることが明らかになった」。「スーパーバイザーがレズビアン，ゲイ，バイセクシュアル，トランスジェンダー（LGBT）であり」，「専門職としての発達過程でカミングアウトを経験しているならば」，スーパービジョンの場で彼らの性的志向を開示し，「それほど秘密にすることもないだろう，スーパーバイジーが［LGBT］だからというよりも，専門職になったばかりであり，部下としての立場の脆弱性をもっている」と考える（Ladany et al. 2005:181）。

一方，「スーパーバイザーとスーパーバイジーの性的志向が異なる場合，重要な力動が起こる。この状況は特に挑戦のしがいがある。性的志向は通常目に見えないという理由によるが……この一組のいずれかが，何がしかの理由からスーパービジョン関係では『告白』しないことを選択するかもしれない」（Ladany et al. 2005:181）。この場合，Pfohl（2004:139）は，「異性愛主義のスーパーバイザーは性的少数派のスーパーバイジーの成長を促進する役割」をそれでもなおもっていると考えている。役割とは，「ゲイやレズビアンに対して公然とサポーティブで肯定的である専門家として，まず」カミングアウトすること，あるいは「オフィス内に『Safe Space 安全な場所』もしくは『Ally 支持者』の標識を示し，安全で肯定的な環境を促進すること。標識には，性的少数派を支持するシンボル（虹色の旗，ピンクの三角形）もある」（Pfohl 2004:148）。

スーパービジョンでの性的少数派にかかわる業務について話し合うための知識基盤として、性的少数派のアイデンティティの発達に対する一般的な理解（Halpert et al. 2007; Lyons et al. 2010; Rosario 2010; Satterly & Dyson 2008）と、「LGBのクライエントとともに取り組むことのスーパーバイザーの自己の発達上の葛藤」に対する「スーパーバイザーの自己認識」（McGann 2010:34）が含まれている。多くの場合、このような認識と知識は妨げとなる（Genther 2012）。無作為抽出したNASW会員1300人の臨床家の過半数は、トレーニング中に人間の性的傾向に関する学習課題をもっていなかったと報告しており（Strawgate-Kanefsky 2000）、LGBTの課題は主なソーシャルワークの定期刊行物でもまだ目にするのはわずかである。継続的な教育について、Longは以下のように述べた。

> レズビアン、ゲイ、バイセクシュアルに関する知識を増やす一番の方法は、こういったグループのメンバーとの個人的かつ職務上の人間関係を探し求めることだ。〔中略〕彼らのスーパーバイザーやスタッフにゲイやレズビアンに関して知っていて欲しいことは何かを尋ねると、［これらのグループのメンバーは］我々が日々接する大多数の人々との人間関係が目に見えにくいものであること、家族や友だちに対する「カミングアウト」のプロセスについての知識、職場環境における「カミングアウト」の課題、同性愛者の人権運動についての知識、ゲイやレズビアンが直面している主な社会的闘いに対する認識、同性愛嫌悪の活動のもたらす影響には、人の性的志向を理由に傷つけられたり殺されたりする恐れがあることについての認識などを挙げた。〔中略〕こういった問題に対するスーパーバイザーの理解度は、単にその課題について書かれたものを読むだけではなく、こういった課題に日々取り組んでいる人々について実際に分かり合うことから、顕著に増すものである（Long 2002:63）。

これまでの数ページにわたって記述した人種、ジェンダー、性的志向に関して、いくつかの問題を軽減するために言っておくべきことがある。どの場合も、スーパービジョン関係における開始期での行動上の反応についてそれぞれ異なる固定観念がある（Shen-Miller et al. 2011）。残念なことに、スーパービジョンにおける人種、民族性、ジェンダーの変数の分析をしている研究のほとんどが、専門的実践の開始期や特定の時期に限定し、スーパービジョンのもと、トレーニングを受けている学生を調査対象にしたものである。ある意味で異なるスーパーバイザーやスーパーバイジーが、一緒に働く実際の経験が、時間をかけて、このような違いのもつ意味合いを無効にすることが理想である。うまく仕事を一緒にできれば、人々はたがいに中立的な人種—民族性—ジェンダーのコンテキストのもと、専門家仲間として理解す

るようになる。固定観念によって人は，知覚を決定する力を修正することも，なくしてしまうこともある。それは人がラベルの背後にある生の人間を経験し，ともに業務をしてたがいのことを知るようになるからである。一方，一部の性別役割に対する期待（たとえば，男性のソーシャルワーカーは管理する能力，勇気，強さがあり，危険な状況に耐えうる）は，広く行きわたっており（Lowe 2011），永続的なものである（O'Neil 2008; Shen-Miller et al. 2011）。

　時間をかけて築いたスーパーバイザーとスーパーバイジーの関係は，民族性，性別，人種，性的志向という要素よりも重要であろう（Jordan 2006）。性差別主義，異性愛主義，人種差別主義に対する偏見，誤解，その他諸々は，特定のスーパーバイジーとの二者関係が継続的なかかわりを通してポジティブなものになれば，減少するか解決するかもしれない。スーパーバイザーの管理的，教育的，支持的機能を発揮するコンピテンスは，その逆のスーパーバイジーにもしかり，人種やジェンダーへの配慮よりも優先させるべきものだろう。さらに，スーパーバイザーとスーパーバイジーの間の文化的相違が，必ずしも，例外なく，重大な違いを生むとは限らない。文化的相違は，違いを認識する感受性と率直さが求められるかもしれないが，それだけでは，スーパーバイザーとスーパーバイジーとの相互作用を成り立たせるための有力な変数にはならないかもしれない（Fong & Lease 197:403）。

　文化的相違を議論することで，現実を大いに単純化してしまうことに留意する必要があるだろう。アフリカ系アメリカ人と白人，女性・男性・トランスジェンダーの人々，バイセクシャル，レズビアン，ゲイについて話すということは，グループ内の多くの不均一性や多様性を無視することになる。そのため，スーパーバイザーがスーパーバイジーに接近して，スーパーバイジーが文化的にどこか異なるという認識をもつかもしれないが，最終的に必要なのは，特定のスーパーバイジー各自の個性の発見と理解であることを常に考慮に入れておくことである。アフリカ系アメリカ人の体験はすべてのアフリカ系アメリカ人のスーパーバイジーに共通するものではない。さらに，文化は動的なものであり，文化に関する知識はすぐに古くなる。アフリカ系アメリカ人の2012年の文化は，アフリカ系アメリカ人の1950年の文化と異なり，ジェンダーの2012年の関係性もまた，1980年代や1990年代のものとは異なる。

職場の安全性：スーパービジョンの課題

　ソーシャルワークスーパーバイザーは職場の安全体制，維持，管理に重要な役割を果たしている（Occupational Safety and Health Administration [OSHA] 2004; Paetzold, O'Leary-Kelly & Griffin 2007; Peng-Sui Tan 2006）。安全に対する脅威と崩壊はスーパーバイザーにとって重大な課題である。それは，「ソーシャルワーカーが，児童虐待や家族葛藤をはじめ，薬物乱用やドメスティックバイオレンスまでの範囲にわたる」，困難で，不安定なクライエントの状況への関与を，ますます求められるようになったこと（Jayaratne, Vinocur-Kaplan, Nagda & Chess 1996; Newhill 2002; Shin 2011），また人々や実践が，不完全で複雑になったことに帰する（Maypole 1986; Ringstad 2005; van Heugten 2010）。スタッフが恐怖を抱いているのは安全でない環境で働いているからだといえば，そのとおりだが，その環境がストレスやバーンアウトの源であり（Beaver 1999; Littlechild 2005），スタッフの知覚，認知，判断（Davis 2001）を変え，彼らの業績を悪化させている（Littlechild 2002）。第6章で論じたストレスの発生源や後遺症に加えて，職場で暴力にさらされることは恐ろしいことであり（Criss 2010），トラウマになり（Didham et al. 2011），機能を損ない（Regehr & Glancy 2011），死に至る（Jayaratne et al. 2004; Littlechild 2002, 2005）ことさえある。ここでは，スーパーバイザーのポートフォリオから安全に関する話題を2つ選び，職場における暴力とセクシャルハラスメントについてさらに考察する。

職場における暴力

　「ソーシャルサービスのスタッフは，他職種の6倍近く，職場における暴力を経験している」（Respass & Payne 2008:131）。この問題の領域と重大性に鑑み，OSHAは，「ヘルスケアおよびソーシャルサービスの職場における従事者に対する暴力防止のガイドライン」（*Guidelines for Preventing Workplace Violence for Health Care and Social Service Workers*）を発刊し，雇用主の1970年 Occupational Safety and Health Act（労働安全衛生法）の遵守を促した。この法は，「すべての雇用主には，従業員に死や身体的な危害を引き起こすと思われる危険要因のない職場を提供する一般的な義務がある」と規定している（OSHA 2004:3）。法的には，「安全な職場を維持し，最小限の責任を果たすために，雇用主は職場の暴力を防ぐ対策を講じ，職場の暴力が発生した場合には，適切に対応しなければならない」（Shumaker & Feldstein 2004:34; 以下も参照 Beaver 1997, Lowe & Korr 2007, Newhill 2002, Regehr & Glancy

2011)。実際には，スーパーバイザーは職場に適切な暴力指針を策定し管理する義務，暴力の予防と対処に関して従業員を訓練する義務，彼らに身体的かつ心理的な安全性を提供する義務がある。読者がさらに徹底的に話し合うならば，Lowe（2003）；Peng-Sui Tan（2006）を参照することを推奨する。

職場における暴力は，以下のような構成概念である。

（a）放火，（b）噛みつき，（c）燃焼あるいはやけどをさせる，（d）窒息させる，（e）つかむ，（f）ハラスメント（深刻かつ執拗。たとえば，人種的，性的，ストーカー行為）（g）引っかく，（h）性的暴力（たとえば，抱きつく，不適切な接触，レイプ），（i）押しのける，（j）唾を吐く，（k）攻撃する（たとえば，目をえぐる，足で蹴る，つねる，殴る，叩く），（l）物を投げる，（m）足をすくう，（n）武器の使用（たとえば，ガラスの破片，爆発物，銃，ナイフ，ペーパーウェイト，毒物），（o）言語的，非言語的に暴行をすると脅す（Peng-Sui Tan 2006:75-76）。

NASWメンバー1029人を対象にした全国無作為調査によると，「圧倒的大多数」の回答者が彼らのソーシャルワーク在職中にクライエントから何らかの暴力を経験しており，回答者の62％が仕事中に身体的あるいは心理的暴力の被害者であったと報告した（Ringstad 2005:308）。Criss（2010）が報告した全国的平均からすれば，ソーシャルワーカーの65％から86％が在任中のどこかでクライエントによる暴力に出遭っていた。文献レビューでは，Newhill（2002）はさまざまな心理療法の現場で，クライエントの11人中1人が他者に対して脅迫するか，急襲の危険があると報告した。同様の調査結果は，Jayaratne, Croxton & Mattison（2004），Lowe（2011），Macdonald & Sirotich（2001），Ringstad（2009）等も報告している。

クライエントからの暴力のリスクは，児童保護（Shin 2011; Littlechild 2002, 2005），メンタルヘルスと更生（Jayaratne et al. 2004; Newbill 2002），介護施設（Winstanley & Hales 2008）の分野で特に高いといわれているが，この問題は蔓延していると思われる（Criss 2010; Respass & Payne 2008）。さらに，ある実践現場における職場暴力は，クライエントとスタッフとの双方向のものであるという根拠がある（Ringstad 2005; 2009）。

ソーシャルワークの学生（Criss 2010）595人を対象にした全国調査では，クライエントの直接的暴力の被害率は41.7％となっており，ソーシャルワーカーはこの領域の実習生時代に，はじめて暴力にさらされることになるということである（Didham et al. 2011）。彼らが早い段階で暴力にさらされ，そこからの恐怖が育って

いるにもかかわらず，Criss（2010:382）の調査によれば，ソーシャルワークの学生が抱く職業的コミットメントはその影響を受けることなく，または強化されているという結果である。おそらく「辞めるには対価が大きすぎる」ということであろう。ベテランのソーシャルワーカーから暴力事件がまれにしか報告されていないという根拠もあり（Spencer & Munch 2003），これはおそらく暴力が日常的になっていて，報告を奨励されていないからであろう（Respass & Payne 2008）。他には，ソーシャルワーカーの約4分の1が実際に受けた暴力や，その脅しを事件として報告しておらず，この理由には，「それほど深刻な状況ではなかった」「これは私の仕事の一部と考えている」「報告しても何も得るものはない」「クライエントにとってネガティブな結果になる」「私がうまく対処できてないように見えるかもしれない」「機関がサポーティブであるとは思えない」「事件のことで私が非難されるかもしれないという心配がある」などがあるが，「クライエントの暴力を報告しないのは，主に被害を受けたスタッフがその暴力事件の深刻さ，専門的役割について，どのように考えているかに影響を受ける」という根拠もある（Macdonald & Sirotich 2001:111-12）。

　NASW（2011:1）によると，Workforce 研究（Whitaker et al. 2006a）に対する回答者の44％が，業務中に安全性にかかわる問題に直面したと報告し，そのうちの30％は「自身の雇用主が十分に安全性の問題に取り組んでいる」とは感じていなかった。合衆国における有資格のソーシャルワーカーを対象にしたWorkforce 調査を分析したところ（NASW Center for Workforce Studies 2004），スーパーバイザーの46.4％，スーパーバイジーの48.7％が，安全性にかかわる個人的な問題に直面したことを認めている。2つのグループの差異は，すべての実践領域において統計的有意差を認めることができなかったが，メンタルヘルスのハイリスク領域では統計的に差異がみられた（PengSui Tan 2006）。このことから，多くの実践領域ではソーシャルワークのスーパーバイザーは，スーパーバイジーに比べて，個人の安全の脅威に対する気づきもなく，さらされることもなく，関心も向けていないということである。実践領域全体では，業務中の安全にかかわる問題を報告した有資格のソーシャルワーカーのうち，スーパーバイザー（12.6％）よりもスーパーバイジー（15％）に有意差が見られ，雇用主が彼らを守るうえで適切な措置を講じていないと述べた。これは，ソーシャルワークのスーパーバイザーはスーパーバイジーよりも業務上の安全にかかわる課題について関心がないということになる（NASW

Center for Workforce Studies 2004)。

　ごく新しいところでは，ソーシャルワークのスーパーバイザーは大多数が女性であることから，ジェンダーを意識したしたケース配分を行うことで，男性スーパーバイジーがクライエントに関連した暴力を経験するリスクが大きいことが懸念されている。男性ソーシャルワーカーにクライエントのケース配分をする「ジェンダーに配慮したリスクマネジメントにおける意思決定の影響」(Lowe 2003:iv) を分析するために策定された実験調査で，Lowe (2003, 2011) はメンタルヘルスを主な実践領域とし，スーパービジョンを主な実践機能とする全国の NASW 会員から無作為にサンプル (n=181) を抽出した。実験条件の操作のために特定のケースのビネットを使った。Lowe によれば，男性クライエントは男性ソーシャルワーカーに割り当てられる傾向があり，またスーパーバイザーが女性であること，クライエントの暴力の経歴，機関の安全に関する慣行が影響しあって，男性ソーシャルワーカーに配分する傾向が著しい。したがって，男性のスーパーバイジーは，疑問を抱くことなく女性のスーパーバイザーから割り当てられた危険な任務を引き受けることが，礼儀正しい行動であり，大きな代償を払うことになるかもしれない。

　もちろん，実践の方法や実践の場には他のものに比べてリスクが高いものがある (Rey 1996)。ここに家庭訪問が含まれる。Vergara (2006) はこれをソーシャルワーカーの質的調査のテーマにしており，この調査では，93％が一種類以上の暴力を経験し，これは彼らの業務遂行やクライエントとの関係にポジティブ，ネガティブ両方の影響があった。ソーシャルワーカーの90％以上がスーパーバイザーに暴力の経験を報告したが，雇用主に正式な報告書を提出したのは30％以下だった。スーパーバイザーの対応に86％近くが満足しており，90％以上が職場の安全にかかわる方針と手続きに満足していたが，彼らのすべてが予防や介入，物理的な安全手段，およびスーパービジョンに対する職場戦略の改善を提案した。安全にかかわる勧告については，Lowe (2003)，OSHA (2004)，Peng-Sui Tan (2006)，Respass & Payne (2008) を参照のこと。

セクシャルハラスメント

　NASW 倫理綱領 (2008) は，クライエント，同僚，学生，スーパーバイジー，訓練生への，ないしは，同僚間のセクシャルハラスメントを禁じているだけでなく，ソーシャルワークスーパーバイザーと彼らが専門的な権威を行使する相手との性的行為または性的関係を明確に禁止している (Reamer 1998)。セクシャルハラスメン

トは，1964年公民権法タイトルⅦ（Title Ⅶ of the Civil Rights Act of 1964）に違反する差別の一種であり，連邦規約 Federal Code29章，1604.11項では以下のように規定している。

　（a）性に基づいたハラスメントはタイトルⅦ，703項に違反する，歓迎されない性的誘惑，性的関係の要求，その他の言葉や身体による性的な行為は，以下の場合にセクシャルハラスメントとみなされる。（１）このような行為への服従が，明白に，あるいは暗黙であっても個人の雇用の状況や条件になっている場合，（２）個人によるこのような行為への服従，あるいは拒絶が，雇用の決定に影響を与える根拠とされた場合，（３）このような行為が，不当に個人の業績に干渉する目的，あるいは影響のある場合，あるいは，職場環境を威圧的，敵対的，不快なものにする目的あるいは影響がある場合（U.S.Government Printing Office 2011）。

　2010年度に，U.S. Equal Employment Opportunity Comission（EEOC）合衆国雇用機会均等委員会は，１万1717件のセクシャルハラスメントの告訴を受けた。これらの告訴のうち83.6％は女性によるものであり，男性によるものは16.4％で，男性が告訴する傾向が高まっている（EEOC 2011）。同年，EEOC は2007年度からの１万2772件のセクシャルハラスメントの告訴を解決し，訴訟で得られた金銭的利益を除いて，告訴当事者とそれ以外の権利を審議された個人に代わり，金銭的利益にして4840万ドルを回収した（EEOC 2011）。議論のあるところだが（Sapper 2011），National Institute for Occupational Safety and Health(2004)もまたセクシャルハラスメントを職場の暴力として規定するようになった(Paetzold et al. 2007参照)。

　最近の判例法では，Conte（2010）および Gould（2000:238）は２つのセクシャルハラスメントの形態を識別した。１つは，quid pro quo（対価型）ハラスメント・ケースというもので，「被雇用者の仕事が性的行為に依存して行われる場合に，ハラスメントが生じている」。もう１つは hostile environment（敵対的職場環境型）ハラスメント・ケースというもので，「歓迎されない」「攻撃的」な性的会話もしくは行為が「深刻かつ蔓延しており，被害者の雇用状況を様変わりさせてしまう」ことである。発展を続ける判例法についての徹底的な批評はここでの議論の範囲を超えているため，関心のある読者は，French（2009），O'Leary-Kelly et al.（2009），Pignotti（2007），Vance v. Ball State University（2013），Zugelder, Chanpagne & Maurer（2006）を調べるとよい。さらに深めるには，Conte（2010）による詳細な２巻の論考を参照するとよい。これは，合衆国におけるセクシャルハラスメント

の法律に関する幅広い歴史データ，さらには，州ごとの判例法や制定法の調査を提供している。連邦法タイトルⅦは，従業員15人以上の雇用主（州・地方政府，人材紹介機関，労働組織を含む）に適用されるが，スーパーバイザーに厄介なことは，細部にあり，州側がセクシャルハラスメントを訴訟原因と認めたからと言って，州と連邦法が異なるのは珍しくないのである（Pignotti 2007:216）。

ソーシャルワーカーはセクシャルハラスメントを免除されることはない（Maypole 1986; Risley-Curtiss & Hudson 1998）。それは，管理的スーパーバイザーのせいで，上からのこともあれば（Zuglelder, Champagne & Maurer 2006），クライエントの行動の結果として下からのことも（deMayo 2000; Hartl 2007），あるいは，職場部署内の仕事仲間や同僚による横からのハラスメント（Paetzold et al. 2007）もある。セクシャルハラスメントの被害者の多くは女性だったが（Cloud 1998），Paludi他（2006）は大規模な Congressional studies を引用して，男性もまたセクシャルハラスメントの被害者になり得ると述べた。この調査によれば，連邦雇用直近24か月間に少なくとも一度，女性の42〜44％，男性では14〜19％がセクシャルハラスメントを経験していた。

スーパーバイザーは，自身が責務を負う職場部署内におけるいかなるセクシャルハラスメントからもスーパーバイジーを守る責任がある（Dooley, Housley & Guest 1993; Reamer 2003）。この責務は確固たる基盤をもつが，責任の境目にあるときは泥沼のなかにあるように不確実である。セクシャルハラスメントの個人間の認識や法的な解釈が著しく異なるのは（Pignotti 2007; Wooster 2010），「歓迎されない性的誘惑，性的関係の要求，その他の性的な言語的あるいは身体的行為」が，状況的，経験的，主観的な次元からなるためである（Christie 2009; U.S.Department of Education 2008）。

スーパーバイザーはセクシャルハラスメントに関して，2つのレベルの異なる論点にかかわっている。彼らはスタッフに対して職位のパワーを利用して，迷惑な性的コメントや誘惑をするかもしれない。スーパーバイザーは，また管理的上司，同僚，クライエントによるセクシャルハラスメントからスタッフを保護することに関与している。

1964年公民権法の下に発展したさまざまな判決には，セクシャルハラスメントの事件に適用されたものがある。このようなケースでは，スーパーバイジーのセクシャルハラスメントの行為に対して，スーパーバイザーが責任を問われる可能性が

ある。公民権法タイトルⅦに基づいて、裁判所は、機関の管理者に部下がしたセクシャルハラスメントの責任を負わせた。これは、タクシー運転手の無謀運転について会社責任を問うのと同じ考えである。連邦裁判所は、タイトルⅦのもと、スーパーバイザーは自身のセクシャルハラスメント行為の責任を「個人の資格では」問われないことを全会一致で支持しているが、「いくつかの州では最近正反対の結論を下した」(Pignotti 2007:216)。

　異性間でも同性間でもスーパービジョンにおけるセクシャルハラスメントは起こりうる危険性がある。それは、スーパーバイザーの好意によりパワーに相異が生じるからである。結果として、スーパーバイジーは攻撃されやすい存在であり、スーパーバイザーは職位を利用して性的な都合のよさを獲得するかもしれない。パワーに相異があるところでは、インフォームド・コンセントは真の自由意思によるものとはならない。パワー、自律性、ステータスに違いがあるからこそ、スーパービジョン関係は、あらずもがなの、おせっかいで、歓迎されない性的振る舞いに隙を与えることになる。

　スーパーバイザー─スーパーバイジーの関係は、スーパーバイザーに不当な威圧の行使を可能にする。不当な威圧がある状況とは、関係が不平等で、2人組の1人が何らかの理由でもう1人に依存する場合や、1人がもう1人を信用してしまう場合がある。関係に不当な威圧が働いている状況では、スーパーバイザーはもてるパワーを行使した効果を増強しようとする。

　スーパーバイジーはスーパーバイザーからの誘惑にのりやすい。その理由は、スーパーバイザーはスタッフのキャリアに関する実権を握っており、それは評価に際してかなり主観性の要素が加わり行使されるという事実からである。このような脆弱性ゆえにセクシャルハラスメントからの保護が必要である。パワーの違いは、スーパーバイザーが性的関係の見返りに職務に関する利益の提供を暗示するような、代償型のハラスメントにつながるおそれがある。

　さらに、スーパーバイザー─スーパーバイジーの関係には親しい関係の要素の多くが含まれていることを覚えておく必要がある。人々は定期的に非公式に会って、ときには感情的で私的なものについての事柄を話し合う。関係は感情的な親密さをゆっくりと育てるが、これが、効果的なスーパービジョンに必要なコンテキストとなる。

　スーパーバイザーはパワーの面で優位なので、こういった親密な関係においては、

スーパーバイザーは一層責任をもって境界線の交差や違反を管理し（Fults 2002; Hardy 2011），専門職としての関係を非倫理的な二者関係に変えてしまいかねない行動を抑制しなければならない（NASW 2008）。スーパーバイザーはスーパーバイジーよりも高い行動基準をもっている必要がある。しかしこれは，こうした関係の変化への（直接的あるいは間接的）関心を含むいかなる行動，提案，あるいは説明をも制御する責任を，スーパーバイジーから放免することではない。

セクシャルハラスメントの可能性は，上下のヒエラルキー関係（スタッフとスーパーバイザー，スタッフと管理者）にもっともよく見られるものである。そこには，十分なパワーの相異がある。しかし，スーパーバイザーは，同僚同士や，スタッフとクライエントの関係もまたセクシャルハラスメントのコンテキストになりうることを認識する必要がある。

1982年に行われたアメリカ中西部のある州で NASW メンバー319名を対象としたアンケート調査の回答によれば，女性回答者の36％と男性回答者の14％が職務中にセクシャルハラスメントを経験している。最もよく見られたハラスメントの経験は，冗談，性的な誘いかけ，屈辱的なお世辞のような言語的なものであった。不要な身体的接触はそれほど見られなかった。ハラスメントの行為者は，クライエント，同僚，スーパーバイザー／管理者が同等の頻度だった（Maypole 1986）。このような形態のハラスメントは，職場環境に敵対するものとして経験されている。セクシャルハラスメントの被害者になる頻度は，部下の立場の若い女性が最も高い。加害者の最多は，年長の男性スーパーバイザーである（Maypole 1986）。

セクシャルハラスメントの機微についての自己学習に加え，スーパーバイザーは許容されるものではないその種の振る舞いについて，スタッフに解説する義務がある。最近の連邦最高裁判所判決に鑑みて，Conte（2010）は，対人援助サービス機関が非性差別的な職場風土の醸成のために，反ハラスメントの方針を導入，実行しなければならないと警告した。

スーパービジョンでのセクシャルハラスメントの課題として，何が関係しているのかをスタッフに教えることが必要となる。明白で，あからさまで，曖昧でないハラスメントの行動については，一般に認識されているものである。彼らの表情，ジェスチャー，冗談，ほのめかし，思わせぶりな発言，侮辱的なコメント，いやらしい目つきもまたセクシャルハラスメントであることを自覚してもらうために，教育が必要である。実際に，調査結果によると，セクシャルハラスメントの最も明白な形

態は，わずかな割合の苦情源に見られるものであった。苦情源のうち頻度の高いものほど，その形態はとらえにくいものであるという関連が見られた（Conte 2010; Maypole & Skaine 1982; Maypole 1986）。

性差別コミュニケーションの微妙さについてそのリストを，保護観察所のスタッフが作成した。彼女は，一見罪のなさそうな，それでも攻撃的な「石器時代の」発言に常にさらされていると述べた。それは，「女性は男性よりも記録をとるのがうまいから，あなたが議事録を作成するように」とか，「意思決定の問題は，女性にとっての『動物の勘 nature of the beast』だ」といったものである。

初期の意義申し立てに対応するために，スーパーバイザーは管理者としてセクシャルハラスメントの徴候に注意を払うことが，重要である。スタッフを教育し，ガイドラインを設定したうえで，スーパーバイザーはこのような行動に関する苦情を快く受け入れ，また苦情に対しては本気で対応する必要がある。

加害者がクライエントであると，事態は厄介である（Jayaratne et al. 1996）。Savaya, Gardner & Stange（2011:69）が述べているように，「性的な問題，あるいは子ども時代の近親相姦やレイプについてクライエントと話し合い，とても気恥ずかしい思いをして動揺した」若い女性のスタッフにスーパービジョンする際のジレンマがある。deMayo（2000:706）は，「臨床スーパーバイザーに対して，スーパーバイジーが患者による性的な意味合いの，あるいは性的に問題となる行動を報告した場合，どのように対応しているか？ スーパーバイザーは，スーパーバイジーがセラピストとしてのエロティックな転移反応とセクシャルハラスメントを区別するのを，どのように援助するのか？」について尋ねた。これらは答えにくい質問であり（Hartl et al. 2007），実に厄介なので（Bywater & Jones 2007; Fults 2002; Strawgate-Kanefsksy 2000），スーパーバイザーとスタッフの多くは，単に避けている（Begun 2011; Pope, Sonne & Greene 2006）。クライエントに性的魅力を感じることは珍しくはないが（Fisher 2004），調査によると，スタッフのほとんどが，クライエントに対する性的魅力については，「受けた訓練プログラムが十分に取り扱っていなかったと思っている」と述べ，また「スーパーバイザーが性的魅力を通常のものとみなして，スーパービジョンでこの感情を話し合う機会を与えることが役に立つだろう」と言った（Ladany et al. 1997:413）。

過去には，同僚やクライエントからのセクシャルハラスメントを受けたスタッフは，スーパーバイザーに保護を求めることや，報告をすることはめったになかった

(Maypole & Skaine 1982:690)。このような報告は，嘲笑されることはないとしても関心をもたれることのないものと思われており，何らかの効果的なアクションがとられるという確信はほとんどなかった。被害者の典型的な反応は，ハラスメント行動を無視するか避けることであり，その行動に対峙することや，あるいは報告することはめったになかった。最近では，スタッフのハラスメントへの反応は多様化しているという根拠がある（Newhill 2002; Regehr & Glancy 2011; Savaya, Gardner & Stange 2011）。これが進歩がもたらす変化なのか（O'Leary-Kelly et al. 2009），それとも職場方針，手続き，トレーニングの効用なのだろうか（Lowe & Korr 2007; Peng-Sui Tan 2006）。スーパーバイザーには，スーパービジョンでの報告を奨励し，これを受けとめて対応する職責がある。

今日，スーパービジョンでセクシャルハラスメントが起こりうることへの感受性は，正当なものであり，必要である。しかし，これは男性スーパーバイザーや女性スーパーバイザーの両者にとって問題である。Maccoby（1976）の記述によれば，セクシャルハラスメントの非難を心配する男性スーパーバイザーは，女性のスーパーバイジーが必要とする励ましを差し控えることがある。一方，女性スーパーバイザーは，男性のスーパーバイジーに対し，温かく，養育するような，支持的アプローチを取ることを躊躇するかもしれない。熱心な支持的スーパービジョンは，親密さを求めていると見なされるかもしれない。

この複雑さを最も視覚的に説明できるケースとして，逆説的に，男性のスーパーバイジーが女性のスーパーバイザーを告訴したものがある。そのスタッフは，女性スーパーバイザーが彼を口説き，それに彼が応じなかったところ昇進の推薦を拒否されたと主張した。陪審員団は，男性のスーパーバイジーに対して，19万6500ドルの補償的損害賠償および懲罰的損害賠償を裁定した。この評決に対して，スーパーバイザーを弁護したウィスコンシン州司法次官補は，「スーパーバイザーは，特に女性の場合，部下の人事に支持的であることを求められるが，マネジメント技術を用いて，慎重に段階を追う必要があるだろう。さもなければ，セクシャルハラスメントの申し立てを退けることは難しい」（Madison, *Capital Times* July 17, 1982）と述べた。告訴されたスーパーバイザーは，評決の結果，スーパービジョンに対するアプローチを変え，褒め言葉を少なくし，批判するときにはもっと率直になったと述べた（Madison, *Capital Times*, July 24, 1982）。

ヒエラルキー上の職位に関連する問題

　機関のヒエラルキー構造において，スーパーバイザーの独特な立場ゆえの，特別な問題が時折発生する。スーパーバイザーは組織内のつながりを作るピン，すなわち，2つのグループ（直接的サービスワーカーと管理者）をつなぎ，2つの二者関係（スーパーバイジー―スーパーバイザー，スーパーバイザー―管理者）の共通メンバーであり，一方では上司であり，もう一方では部下である。スーパーバイザーは自身がメンバーである2つのグループを結びつけ，彼らの間のコミュニケーションを手助けし，一方のグループをもう一方のグループに対して支持し，2つのグループの間の不信と摩擦を軽減しようとする。スーパーバイザーはときに横断的役割をとって，スタッフの関心事を管理者が理解できる言葉で伝え，また同様に管理者の関心事をスタッフが理解できるように翻訳して，通訳の作業をする。

　スーパーバイザーは，コミュニケーション上の通訳だけでなく，スタッフと管理者間の問題と視点の相異を調停することにもかかわる。スーパーバイザーは職位に基づきさまざまな姿勢をとる。スーパーバイザーは，多位置志向をもつ。スーパーバイザーには，それぞれの役割セットをもつメンバーのニーズの正当性を理解し，受け入れることが求められ，スタッフの自律性のニーズと管理者の説明責任のニーズとの対立に，仲介し，交渉することが求められる。両者とかかわりながら，スーパーバイザーはそれぞれのグループとの堅固な忠誠からの自由を保持する必要がある。異なる2つの役割セットに所属する者として，スーパーバイザーは複数の，ときに矛盾する誠実さを求められる。

　62名の公的福祉のスーパーバイザーに対する調査から，Erera（1991a, 1991b）は，組織的な方針がしばしば曖昧で両立しないことから，このような責任の遂行はストレスを生み出すことを見出した。

管理者とともに働くこと

　人がどこに立つかはその人がどこに座るかによって決まると言われてきた。管理者，スーパーバイザー，直接的サービスワーカーがもつ，解決すべき課題，関心の主たる対象である関係者，注目する情報群，満足感，保護されるべき権利，個人的不安は多種多様である。管理者は，一般社会の力関係のなかで形成されるニーズや優先順位を反映した方針に関心を向ける。サービス提供者は，コミュニティの特定の階層，すなわち機関のクライエントのニーズやその優先順位に関心がある。管理

者とスーパーバイジーからの同時に存在する矛盾したプレッシャーに対応しなければならないことで，スーパーバイザーに精神的緊張が生まれる。スーパーバイジーに良い仕事をしてもらえるように影響を与えることで，スーパーバイザーの管理陣営に対する影響力が高まる。管理陣営は，トラブルのない，効果性と効率性を達成できるスーパーバイザーを称賛する。

　スーパーバイザーにとって，統制できる資源が多ければ，それだけ影響力が大きくなる。このような資源を選択して利用することで，スーパーバイザーはより多くの報酬を分散させることができる。資源の統制権は，管理陣営に対するスーパーバイザーの影響力による。組織管理の影響は，スーパーバイジーに対する影響を増加させる。

　スーパービジョンにおけるパワーは，他者との相互作用によって役割セットを変化させ，それによって変動する。もしスーパーバイザーが自身の部署に対して効果的な影響力をもち，部署の士気を高めてより効果的な業績を達成することができるならば，管理者に相対するスーパーバイザーの権力を増強させることになる。スーパーバイザーが管理者に対して影響力があれば，その部署が機関という資源にアクセスする可能性を高め，それに伴い，スーパーバイザーの担当部署に対するパワーを増大させる。

管理者を理解し，管理者とともに働くこと

　スーパーバイザーは，スタッフの経験をもつものがほとんどであるが，管理者の経験はほとんどないことから，まず，管理者のニーズよりもスタッフのニーズに同調し，理解をもち，共感的であることを期待される。結束，連携，忠誠は，スーパーバイザー―管理者関係よりもスーパーバイザー―スタッフ関係において強いと思われる。しかし，スーパーバイザーは，両者を視野に入れながら，スーパーバイジーとだけでなく管理者とも効果的に仕事をする責任をもつ。スーパーバイザーは管理者の担当部署がどこか，仕事をうまく実行するためのニーズと優先順位は何か，どのように管理者の目標達成のために手助けできるのかについて，理解する必要がある（Austin 1988）。

　スーパーバイザーにとって，管理者が敵ではなく，管理者の手助けをすることは，一般職員に背信行為をすることではない。しかし，スーパーバイザーは，クライエントとの接点から人間社会を理解してスーパーバイジーに共感し，機関のコミュニティとの関係に立って社会全体を見て，管理者にもまた共感することを求められて

いる。管理者にとっても、スーパーバイジーと同様、仕事をともにする人との信頼的・支持的関係は必要である。管理者は、スーパーバイザーとスーパーバイジーとともに、機関の目標と達成責任を共有している。管理者はできるだけ効果的に機関を運営したいと思っている。それは外見上の理由からだけではなく、このような機関がクライエントにとって最善だと考えるからである。スーパーバイザーは、管理者と事前に難しい決断のために話し合い、屈辱的な感情をもつことなく、またほとんどの管理者との端的な話し合いに対しても敬意を払うならば、問題を阻止できるだろう。これはスーパーバイザー側による、管理者に対する肯定的な態度を表しているが、両者がともに関与する活動に対する協力的な姿勢を意味する。ほとんどの管理者は、問題の意図が明確に説明され、考えうる対処の選択肢を示されて、スーパーバイザーが考えている解決が最適な選択である場合には、スーパーバイザーの問題へのアプローチを称賛する。

　管理者に対する部下の立場で効果的に振る舞うには、これとは対極の多数のプレッシャーとの調整を図ることが、スーパーバイザー側に求められる。たとえば、管理者との話し合いで率直であることは、自己保護的であることのニーズと矛盾する。率先力のニーズを示すことと、管理者とは競争しないという態度を示すこととは相反する。管理運営にスタッフが求めるものを具体的に示すことのニーズがあるが、管理者をあからさまに否定せず、柔軟に応答することが求められる。

　スーパーバイザーが、スーパーバイジーとの関係のなかではっきりと権力と権威を行使することに問題があると感じているならば、スーパーバイザーは管理者との関係のなかにおいても適切に自分の意見を述べるうえで、類似した問題があるだろう。スーパーバイザーは、スタッフに代わり、また必要な方針変更のためにはっきりと主張する立場にいるにもかかわらず、スーパーバイザーの多くはその実行を難しいと感じている。

　スーパーバイザーの欠点に関するアンケート調査では、スーパーバイザーもスーパーバイジーもともに、このことを問題としていた。スーパーバイザーは以下のように述べた。

・スタッフに代わって、上司である管理者に対して率直に話すのをためらってしまう。
・管理的要望とスーパーバイジーの既得権利との交渉に苦労する。

・上司である管理者に，非効率なサービス提供の是正案を提案することに気が進まない。
・クライアントの最善の利益にならない機関方針について，管理者と話し合うのは不得意である。

スーパーバイジーはスーパーバイザーについて以下のように述べた。

・彼女には重役と互角に渡り合える気骨がない。
・誰にでも「良い人」でいたいという思いが強く，スタッフのニーズを進んで管理運営陣に伝えようとしない。
・もともと言い逃れをしようとする気持ちが強く，管理運営に対して十分にスタッフを支持することも擁護することもできていない。
・彼女自身の権威に相反する感情が，管理運営陣に対してスタッフを代表して主張する能力を阻止している（Kadushin 1992b:16）。

スーパーバイザーが直面するストレス（まとめ）

ここでは，スーパーバイザーがこの職位に移行する際に直面するストレスと，スーパーバイザーとしての責任を遂行する際に経験するストレスを述べた。これらは，職位に基づく要望，すなわち管理運営陣・スタッフ・クライエントのニーズの葛藤，ジェンダーや人種に関する問題である。表7.1は，スーパービジョンを実施するうえで，スーパーバイザーの役割に関する不満をいくつか要約したものであり，業務で経験するさまざまなストレスを示している。

ストレスへの対処：スーパーバイザーの適応

一般的に，スーパーバイザーはスーパーバイジーに比べて，仕事に関係するスト

表7.1 スーパービジョンにおけるスーパーバイザーの不満源

項目（強い不満源）	不満源としてこの項目を挙げたスーパーバイザーの割合（%）(n=469)
管理という名目の「ハウスキーピング」（手間のかかる業務,取り扱いケース数の監査の細部,業務時間明細表,統計報告書など）に対する不満	71
スーパーバイジーと無関係の仕事にも重大な責任があるため,スーパーバイジーに充てたい時間を十分にとれない不満	53
直接的なワーカー──クライエントの接点と関係の喪失	46
自分が同意していない機関方針と手続きを,スタッフに順守してもらわなければならないことへの不満	41
反抗的,敵対的,依存的,物覚えの悪いなどの問題のあるスーパーバイジーと一緒に仕事をすることに伴う不満	39
デスクとオフィスに縛られることによる不満	27
明確な機関方針や手続きのないことを決定する責任に対する不安	27
スーパーバイジーに対する管理的・評価的側面と,教育的側面との葛藤的関係に起因する不満	26
自分が,十分に知識のある申し分のないスーパーバイザーだという確信がもてないことの不安	11
スーパーバイジーの業績について管理的権威を行使しなければならないことと,スーパーバイジーの仕事を評価しなければならないこと	21
スーパーバイザーが機関内で社会的・職業的に孤立していることへの不満	21
仕事の物理的側面に対する不満（オフィス,設備,駐車場など）	18
自分が体制の一員になったことに気づく際の不快感	15
他の誰かの仕事に責任があることや,リーダーシップを期待されることによる不安	12
自分より年長者,あるいは経験者に対してスーパービジョンをしなければならないことへの不安	2
その他（雑用）	2

出典：Kadushin, A. (1973). スーパーバイザー──スーパーバイジー：アンケート調査（*Supervisor – supervisee: A questionnaire study*）。未発表原稿。Madison: School of Social Work, University of Wisconsin.

レスを処理するのに利用可能な支持的資源をあまりもたない（Dill 2007; Regehr et al. 2001; Silver, Poulin & Manning 1997）。不平を言って感情を吐露するようなことを，スーパーバイザーは簡単にできない。

　ケースワーカーは自由に機関方針について文句を言い，場合によっては無視することもできるが，スーパーバイザーにはほとんどこのような選択肢は与えられていなかった。スーパーバイザーは，スタッフとのスーパービジョンの話し合いにおいて機関の機能について批判的に検討し，その結果，ときに方針は変更されることもあるが，規則の多く

は彼らの管轄外で，立法機関や専門家以外の委員会が定めたものであった。スーパーバイザーへの期待は，彼らの意識とは無関係に，すべての現行の機関方針を守らせることだった。このような状況はスーパーバイザーの誰にとっても問題となったが，専門性を重視する立場のスーパーバイザーにはとりわけ難しいものだった。彼らは，スタッフが機関プログラムに適応するように支援すること，すなわち官僚的な前提条件と専門職の原理を調和させることを課題と考えた（Scott 1969:133）。

スーパーバイザーが正式に着任する際に新たな役割についての規定はほとんどなく，移行期間での新人スーパーバイザーに対するサポートを保証する正式かつ合法的活動領域もほとんど定められていない（Erera & Lazar 1993; Schwartz 1990; Watkins 1999）。

スーパーバイジーには，スーパーバイザーにフィードバックするという正規のルートがあり，称賛の機会が与えられているのに対して，スーパーバイザーには，このような正式に与えられたフィードバックの拠り所がない。スーパーバイザーの多くは，どの程度自身がうまくやっているのか，何を（もしあるなら）別の方法でやるべきなのかがわからないというストレスに耐えている。おそらく，この職位に抜擢されるのに相応しい経験のある人物ならば，このようなサポートを必要とせずに，自主的に活動できるという考えがあるのだろう。あるスーパーバイザーは，顔をしかめて，これに関する憤りを述べた。

> 私の最初のスーパーバイジーはどちらかというと依存的な人間で，我々はこのスーパーバイジーを専門的に「相当な励ましとサポートにより最善の仕事をする」と評価した。実際には，彼女がクライエントを支える一方で私が彼女を支えており，結局のところはすべての負担が私にかぶさってきたのである。その結果，私も「相当な励ましとサポート」が必要になったが，誰もそんなことを考えてくれなかった。私はスーパーバイザーであり，重責に耐えるために雇われていた。しかし，私はすぐにこれに慣れ，最終的に私は，数名のスタッフを支えることができるようになり，アクロバットの一番下の人間のようであったが，重責と感じることはほとんどなくなった（H.C.D. 1949:162）。

スーパーバイザーが支配階層のメンバーと話し合っても，自身のスーパーバイジーに対する逆転移に気づかせてもらえる機会はほとんどない。スーパーバイザーは客観的に自己覚知していると思われている。

スーパーバイザーの同僚は，直接的援助者の同僚に比べて，情緒的サポート源になりにくい。スーパーバイザーの人数はそれほど多くないので，スーパーバイザー

にとって居心地がよく，うまが合う人を選択する自由度は小さい。ほかの誰かが管理的な階段を昇るに従い，ますます就ける職位が少なくなるので，昇進争いが激しくなる。その結果，スーパーバイザーが団結して行動することは少なくなり，個人的に管理者層の支持を求めて行動する傾向が大きくなる。

　スーパーバイザーにとって，同僚のサポートグループを形成することは，直接サービスを提供するスタッフよりもずっと難しい。スーパーバイザーが団結して果たさなければならない機能や活動は，たとえあったとしても，わずかである。スーパーバイザーがたがいに理解し，関係を発展させるための部署会議に相当する正式な協定もない。スーパーバイザーの仕事は，スタッフの仕事以上に，心理的・地理的状況によりスーパーバイザーを孤独に追いやる傾向がある。

　直接サービスを提供するスタッフとスーパーバイザー間の社会的相互作用とピア・コンサルテーションに関する調査によると，スーパーバイザーに比べて，直接サービススタッフ間では，大幅にやりとりを展開している者が多かった（Blau & Scott 1962）。支持的な協働の機会が存在するところでは，スーパーバイザーはさらに業務満足度が高かった（Silver et al. 1997; Tebes et al. 2011）。

　スーパーバイジーはスーパーバイザーにとってサポートの源である。スーパーバイジーの専門的成長を促すスーパーバイザーの努力に積極的に応えること，良い仕事をしようとするスーパーバイジーの努力，スーパーバイジーのポジティブな反応，また，スーパーバイジーがスーパーバイザーに対して時折示す感謝の気持ちは，ポジティブな満足感と重圧に立ち向かう力を与える。

　スーパーバイザーはまた，バーンアウトに陥りやすい（Ausbrooks 2011; Regehr et al. 2001）。スーパーバイザーが，スーパーバイジーの専門的な成長に大きな影響を与え，その結果，機関に変化をもたらそうとする期待は，しばしば裏切られる（Erera & Lazar 1994）。スーパーバイザーのバーンアウトは，組織のニーズとスーパーバイジーやクライエントのニーズとの調整を図り，スーパーバイザーが同意していない方針や手続きにスーパーバイジーに従ってもらう必要のある状況，人材や資金の限界のなかで，スーパーバイザー自身の責任を必死に全うしようとする時，またスーパーバイザー自身のサポートグループがないなか，スーパーバイジー集団をサポートし，育成し，維持する義務観から感情的に疲れ果ててしまう場合に発生している。

　適応に関して，スーパーバイザーは，スーパーバイジーから自身をかばう意味でも，入念な努力をする。あまりにも社交が活発な場合や，あまりにも距離がない場

合，スーパーバイザーはスーパーバイジーの要望とニーズ（明示的であれ暗示的であれ）に絶えずさらされることになる。しかし，スーパーバイザーはスーパーバイジーとの協力とポジティブな関係を必要としていることから，社交的な距離があまり開くのも望ましくはない。ある程度形式化され，制御された関係であれば，絶え間なくプレッシャーがかかる過度の親密さと，スーパーバイジーの抵抗や疎外感を助長してしまうよそよそしさの間で，スーパーバイザーは最適なバランスを探し求めることができる。

スーパーバイザーは彼ら自身のリアリズムの言語を引き出して，その状況に適応する。彼らの知識と統制は限定的ながら，ほとんどの場合彼らが恐れているようなひどいことは起こらないことに気づき，彼ら自身の権力と権威の限界を受け入れるようになる。筋の通りそうもない逸脱や規則違反であれば，見ないとか聞かないようにする。彼らは自身が与える影響の範囲を認識するようになる。つまり，スーパーバイザーはスタッフ自身が責任をもって学習するように指導し，また，スタッフの仕事に対する関心や動機づけや，コミットメントに働きかけるが，関心や動機づけや，責任を「実感できる」のはスタッフのみである。

ヒューマンサービスのマネジャー101名に対するZunz（1998）の調査によると，スーパーバイザーのバーンアウトやストレスからの立ち直りに寄与する多くの要因が見出された。バーンアウトは低い自己の価値と関連しているので，スーパーバイザーに対する適切な評価とフィードバックは役に立つと思われる。人間関係の融合と愛着の低下がバーンアウトの予兆となるので，スーパーバイザーには社会的な付き合いが必要である。スーパーバイザーの使命に対する感性とスキルを更新する機会もまた助けになるかもしれない。これは，バーンアウトからの回復では，使命に関与し，物事を成し遂げ，それも，うまくやり終えたと感じることが強い予測因子になるからである。

スーパービジョンにおける問題への対処に，認知再構成法がスーパーバイザーに役に立つかもしれない。スーパーバイザーが，すべてのスーパーバイジーに対して最善を尽くしたいと考え，すべてのスーパーバイジーの失敗の責任は自身にあると考え，自身が欠くことのできない存在だと考え，すべてのスーパーバイジーをかわいいと思っている（そして自身が彼らに親切ならば彼らも自身に親切にすると思っている）のであれば，認知再構成法から得るところがあるだろう。中間管理的な職位により，スーパーバイザーは上と下からのプレッシャーの対象になるが，この立場は

また弁明の好機でもある。スーパーバイザーは管理者層にスタッフを名指しして失敗を説明し，スタッフに対しては管理者層を名指ししてその失敗の説明をすることもある。

スーパーバイザーのなかには，必要なものを満たすことに関心をもたず，最小限のことしかしないで職位に付随するストレスに適応する者もいるだろう。このようなスーパーバイザーが褒めるのは，面倒をかけずに任務をこなすスーパーバイジー，問題をもち出さないスーパーバイジー，クライエントや他の機関からの苦情のないスーパーバイジー，緊急事態を起こさないスーパーバイジー（そして，こういった事態が発生しても，スーパーバイザーの助けなしに対処する者）である。このスーパーバイザーの振る舞いは，スーパーバイジーの自律性を育てることに関心があるので

表7.2　スーパービジョンにおけるスーパーバイザーの満足感の源

満足感が大きい項目	満足の源としてこの項目を挙げたスーパーバイザーの割合（%）(n=469)
スーパーバイジーの成長と，専門性の育成を助けるという満足感	88
スーパービジョンの活動を通して，より多くのクライエントに効率的で効果的なサービスを保障できるという満足感	75
ソーシャルワークの知識とスキルをスーパーバイジーと共有する満足感	63
機関の方針や手続きの変更を可能にする多くの機会と影響力をもつ満足感	45
好奇心が強く，理想主義で，熱心なスーパーバイジーから刺激を受けるという満足感	44
スーパーバイジーが一人の人間として成長し発展するのを助けるという満足感	37
変化に富んだ仕事内容に対する満足感	31
他の者からリーダーシップ，アドバイス，指導を期待されるという満足感	24
スーパーバイジーに必要な情緒的サポートを提供できるという満足感	23
職務に見合う給料の増加に対する満足感	23
専門的な資格をもち，関心のもてる同僚スーパーバイザーと付き合う満足感	18
職位によって得られる，ステータスと権威に対する満足感	9
難しいクライエントや取扱件数の多さから解放される満足感	5
スーパーバイジーの個人的な問題に対して援助する満足感	1
スーパーバイザーの職務の物理的な側面に関する満足感（よりよいオフィス，駐車場の特典など）	1
その他（雑用）	2

出典：Kadushin, A. (1973). スーパーバイザー―スーパーバイジー：アンケート調査。未発表原稿。(Supervisor – supervisee: A questionnaire study)。マディソン：SW学部，ウィスコンシン大学 Madison: School of Social Work, University of Wisconsin.

はなく，トラブルがないことを良しとするものである。このスーパーバイザーは，スーパーバイジーの業績のなかのポジティブな要素を奨励するよりも，ネガティブな要素がないことに安住している。このスーパーバイザーは，スーパーバイジーにリスクを負わせ，それが露骨でない限り，規則違反には無関心である。

　スーパーバイザーに任命されることで，発生するストレスは増えるが，それに代わる満足感を得られることも多くあり，ストレスを埋め合わせて好ましいものにする（DeConinck & Stillwell 2004; Poulin 1995; Schwartz 1990; Silver et al. 1997）。表7.2は，スーパーバイザーの述べる，スーパービジョンにおける満足度である。この一覧は，職務から得られる社会的・情緒的成果に注目しており，これはスーパーバイザーが職務に関連する精神的緊張に対処するのを支えるものである。

「良い」スーパーバイザー

　本書のさまざまな箇所で，「良い」スーパービジョンと言える要素に言及してきた。ここでは，こういった要素を体系化して，強調する。ここでは，スーパービジョンの研究文献，実験に基づく効果的・非効果的なスーパービジョン調査，スーパーバイジーのスーパーバイザーに対するポジティブ・ネガティブ両面の反応に関連するスーパービジョン調査，スーパービジョンの目的達成の可能性が最も高いスーパービジョンの種類を規定する調査研究のレビューを要約した。

　この研究から浮かび出た「良い」スーパーバイザーの概念は，主にスーパーバイジーの満足度と優先順位に関する調査結果から導き出されていることは注目に値する（Bogo et al. 2011）。「良い」スーパーバイザーとは，スーパーバイジーが最も好み，満足が得られ，ポジティブに反応し，好意を抱き，信頼する存在である。

　スーパーバイジー，特にスーパーバイジーのクライエントにかかわる成果についての実証的研究は，これまでほとんどなかった（Milne 2009; Watkins 2011a）。スーパービジョンの成果に関する調査では，良いスーパーバイザーの指導を受けているスーパーバイジーはより効率的，効果的で，他のスーパーバイザーの指導下にあるスーパーバイジーよりもさらに多くのことを，より良く学ぶという結果を示している。また，良いスーパーバイザーの元にいるスーパーバイジーのクライエントの治

療は迅速に進み，かつ進捗状況も良いことがその調査結果から見出された（Kadushin 1981; Lambert et al. 2001; Watkins 2011a）。

次のリストは，良いスーパーバイザーの合成概念として，本書で取り上げたスーパービジョン機能，すなわち，管理的スーパービジョン，教育的・臨床的スーパービジョン，支持的スーパービジョンをまとめたものである。

「管理者」として，良いスーパーバイザーは：

1. その職位特有の管理的権威と権力を権威的ではない態度で受け入れ，これに満足し，適切に遂行する。スタッフに割り当てた業務の責任を課し，スーパーバイジーの実践を慎重かつ決然と評価する。明確に規定された業績基準に準拠したサポートと純粋の期待とのバランスをとる。
2. 機関および臨床実践に関する系統的な手続きと建設的なフィードバックをスタッフにわかりやすく伝える。「良い」スーパーバイザーは，方向性を与え，対峙をも辞さず，建設的で，誠実かつ重要なフィードバックを提供しても，なおスーパーバイジーがストレングスと自信をもって自立に向けて成長していることに敬意を伝えている。
3. 生産性に関する機関のニーズとスタッフの社会的，情緒的ニーズを統合するために努力を積極的にする。また，機関が目標とする成果とスタッフの士気とのバランスを保つ。さらに課題を達成するためにスタッフに対して必要な配慮をする。最後に，手段的課題と感情表出的ニーズのバランスを保つ。
4. 押しつけがましくスーパービジョンをしないので，スーパービジョンを受けているスーパーバイジーは，スーパービジョンであることを意識せず，明らかに自覚していない。継続的ではないが利用可能であることを明示しておく必要がある。
5. 一般に，物理的に利用しやすく，同時に，心理的に接近しやすく，親しみやすい。
6. スーパービジョンの対象であるスタッフグループにおいて，良い対人関係を形成し，維持する。
7. ヒエラルキー的コミュニケーションにおいて，上にも下にも効果的なコミュニケーションを行い，精力的にスタッフのメッセージを代弁して管理者に配慮を求め，スーパーバイジーに対しては，管理者の考えを公正かつ理解できるよう

に代弁する。
8. 機関の安定性のニーズと変化のニーズとのバランスを保ち，そこに見出した変化を率先して認める。

「教える者」として，良いスーパーバイザーは：

1. ソーシャルワークとその任務に対して，ポジティブで前向きな態度で取り組む。同業者と結束し，コミットメントを発揮する。専門職の価値を，自身の行動に具現化する。
2. スーパーバイジーの学習と専門性の成長を促すことと，スーパーバイジーの自律性に敬意を払いながら，統制と指示のバランスをとることに，真摯に関心を向ける。
3. 実証的な実践理論と方法論に関する専門職としての最新の知識をもっている，またその専門知識を喜んで共有し，実践課題に関連する情報や助言をスーパーバイジーに対して提供できるように準備している。
4. 権力中心の技術や上司部下の関係とは異なる，民主的な参加に依拠する合意と協力に基づき，スーパーバイジーの仕事に関する問題解決の姿勢をもつ。
5. スーパーバイザー―スーパーバイジーの関係に明快かつ柔軟な構造を提供する。
6. カンファレンスやグループ・スーパービジョンを積極的に準備する（準備にはスーパーバイジーの知識と内容に関する知識のレビューを含む）。
7. 文化的な配慮を忘れずに，スーパーバイジーが，状況の中のクライエントを理解できるように援助する。非性差別的，非異性愛差別的，非人種差別的な姿勢を保持する。
8. スーパーバイジーとは心理的な安全感のある温和な関係を築く。すなわち，受容的で思いやりのある，共感的で礼儀正しく，関心をもって支持的に，柔軟性のある誠実な関係を築く。
9. 効果的に実践を指導し，学習を最適に促進するような方法により，専門知識を共有する準備があり，進んで共有し，その能力がある。共有には，自己開示を適切に行うレディネスも含まれる。
10. スーパーバイジーの仕事の助けとなる技術的な専門性を示し，同時に，スーパーバイジーとの個人的な関係においても力量を発揮する。

11. 間違いや失敗を自然な学習経験の一部として認め，これらを容認し受け入れるのにやぶさかではない。

　スタッフに適切な「支持」を与えるために，良いスーパーバイザーは：
1. スーパーバイジーに対し，自信と信頼の態度を投影し，それによってスーパーバイジーの自律性と裁量の最適化を図る。
2. 優れた業績に対して称賛と承認を提供する度量を備え，進んでこれを行い，気持ち良くできる。同様に，不十分な仕事に対しては，異議を唱え，対峙する心構えをもちあわせている。
3. スタッフのストレスの表出に敏感であり，それに応じて柔軟に仕事量を調整する。
4. スーパーバイジーとの十分かつ自由な相互コミュニケーションを築き，偽りのない感情表出を認め，さらに奨励する。
5. ネガティブなフィードバックや逆転移について，安心して言い訳せずに検討し，建設的な批判に対して寛容である。
6. 適切なサポートをするが，スタッフのプライベートな利害関係については感情的に立ち入らない。

　結局のところ，これらすべてをまとめると，「良いスーパーバイザーは利用可能で，接近しやすく，親しみやすく，能力がある」という公理が成り立つ。一般的に良いスーパーバイザーといえば，優れた人間関係のスキルと確かな「組織的―マネジメント的」スキルをもちあわせた，技術的に能力のある専門家を指す。
　しかし，有能なスーパーバイザーといえどもスーパーバイザー―スーパーバイジー関係に寄与することは，方程式を成り立たせるための一要素に過ぎない。構造的インタビューに基づいた94件のスーパービジョン経験を詳細に分析したところ，スーパーバイジーもまたこの種の関係の形成に寄与していることが明らかになった。スーパーバイザーは，多かれ少なかれ，自由放任あるいは統制的，指示的あるいは非指示的，平等主義あるいは他人行儀，受容的あるいは過小評価のどちらかに傾いていたが，このような傾向は，スーパーバイジーの独自のかかわり方によって弱まることもあれば強まることもある。

スーパーバイザーが協力的であろうとすれば，スーパーバイジーはスーパーバイザーにとって協力できる相手でなければならない。〔スーパーバイジーが〕協力的姿勢でスーパービジョンを受けると，スーパーバイザーの協力的振る舞いを引き出す可能性が高い。〔中略〕多くの場合，スーパーバイザーの威圧的なスタイルは，〔スーパーバイジーの〕その権威に対して絶えず挑戦と抵抗をもたらすかもしれない〔中略〕強制力の行使は，必ずしもスーパーバイザーの精神内界のダイナミクスに起因するものではなく，スーパービジョンの相互関係の結果とも考えられる（Nash 1975:26）。

あるスーパーバイザーは，特定のスーパーバイジーから最も好ましいスーパーバイザーと評価されながら，他のスーパーバイジーからはスーパーバイザーとして好ましくないと評される。

ということは，スーパービジョンが効果的であるとか効果的ではないという類型は，本質的に一般論なのである。よいスーパービジョンの類型をモデルとするスーパービジョン・アプローチが，その効果に影響を及ぼすということである。しかし，一般論というものすべてに言えることだが，これが常に真実ではないという意味合いがある。スーパーバイジーとスーパーバイザーの双方向性の関係の複雑さが，こういった発言を阻んでいた。これらの要因間における関係の特異性を考慮した偶発性モデルはより真実に近いものである。すなわち，特定の機関で仕事をして，特異な問題状況下の，特定のクライエントにサービスを提供する特定のスーパーバイジーとかかわる，あるスーパーバイザーの意思決定が最適であることを主張するものである。それでも，一般論は便利である。無数の可能性のなかで，上記のアプローチを掲載した関連文献は高い優先順位で考慮されるべきであり，その理由は，研究によると，これらは多数のスーパーバイザーにより多数の事例について，有効であることが確認されたからである。さまざまな治療モデルの有効性に関して実質的な違いはほとんどないということが再三の調査報告から考えられるが，「良いスーパーバイザー」が特定のスーパービジョンモデルの信奉者であるべきだとする確たる実証はない。

要約

　スーパーバイザーもまた,職務に関連したさまざまなストレスにさらされている。スーパーバイザーへの移行には,同僚との関係に新たな方向づけをし,機関のゴールと手続きに対する自己概念,および態度を配列し直さなければならない難しい変化がある。さらに責任が加わり,準備の欠如,継続的支援の欠如,明確な役割分化の欠如に併せて,矛盾する要求も混在し,このすべてがスーパーバイザーのストレス感情の一因となる。人種,民族性,ジェンダー,性的志向の問題は,スーパービジョンの相互関係における別のストレス源である。それでもなお,満足感はスーパーバイザーの不満足感と釣り合うものである。

第8章

評価
Evaluation

定義

　スーパービジョンでの評価は，特定の期間内で，スタッフが業務で果たした総合的な機能を基本的理解に基づき客観的に判定することであると定義されている (Schmidt & Perry 1940)。評価は，スタッフが置かれている機関での立場上，求められている業務の達成度に関する信頼性と妥当性について，法的に体系化された手続きを適用し，判定するプロセスである（Arvey & Murphy 1998）。評価は，機関の規定に準じた，明確で，具体的で，現実的で，達成可能なレベルでの判定である。評価では，業務の内容を対象とし，期間を特定化し，業務の質と職務遂行の量の両面が考慮されるべきである。

　評価は，専門職としての成長に寄与する，運営管理的な手続きである（Gruman & Saks 2011; Latham et al. 2005）。つまり評価は，管理的スーパービジョンと教育的スーパービジョン，さらに支持的スーパービジョンの構成要素でもある。フィードバックで明らかに言語化されることで，スタッフは達成した業務の意義を実感でき，役割の曖昧さからくる緊張感も軽減され，うまくできた業務の良い点を肯定的に強化することができる（Brutus 2010）。

　評価を文書化し，署名をしたものは，法的に，予期しない結果を招くと同時に (Henderson 2009; Latham & Mann 2006)，支持的，教育的，臨床的，そして，管理的意味合いをもつ。法の手続きでは，業務遂行に関する機関の承認について，スタッフに定期的に説明するよう求める（Latham et al. 2005）。スタッフを解雇する場合，このような定期的な評価をスタッフに提供していなかったとすれば，法の手続きの違反であるとともに，労働契約書に違反しているとみなされる。さらに，評価の手続きとしては，スタッフに対し，不服申し立てを認めている（Latham et al. 2005）。

　機会均等法での人事考課の行為については，特定の具体的な評価手続きによる検証が求められる（Malos 2005）。多くのエビデンスから，業務評価の的確さは，スーパーバイザーとスーパーバイジーの性別や民族性に影響を受けることが示されており（Lizzio, Wilson & MacKay 2008; Platt 2003; Chung, Marshall & Gordon 2001も参照のこと），組織における民族と性別の構成割合にも影響を受ける（Latham & Mann 2006）が，実証的な調査記録もないので，女性やマイノリティーに影響を受ける

という結論を出すことは，議論の余地があるだろう。「スタッフの雇用差別件数は，1995年以降100％増加しており，これらのケースには，業務遂行に関する評価に対する不満が含まれている」(Latham et.al. 2005:77)。

さらに，評価は，専門職スーパービジョンの倫理的な責務である。ソーシャルワーカーの倫理綱領3.03（National Association of Social Workers 2008:n.p.）では，スーパーバイザーの責任について次のように規定している。「他者の業務遂行を評価する責任をもち，その責任を具体的に示された基準に沿って公正で配慮のある態度で，（引用者強調）遂行しなければならない」。同様のことを，American Psychological Association（アメリカ心理学会）の *Ethical Principles of Psychologists and Code of Conduct*（『心理療法家の倫理綱領と行動基準』）(2010:n.p) の原理7.06では「関連性があり，実証された〔中略〕必要条件のもとの〔中略〕スーパーバイジーの実際の業務遂行に基づいて〔中略〕スーパーバイジーに〔中略〕，フィードバックを提供するためのタイムリーで詳細なプロセス」の規定を，倫理的な指標として提示している。

評価は，どこでも求められ，必要なものであり，避けることはできない。評価的なメッセージは伝えまいとしても伝わってしまう。評価を自制することは，それ自体が評価となる。不安をもつスタッフは，評価が伝えられないことに対して，「私があまりに悪いからスーパーバイザーはそれを伝えることもできないのだわ」ととらえる。自信過剰で，自惚れの強いスタッフは，このメッセージを「私の仕事はとても模範的なので，話し合うことは何もないのだ」というようにとらえるかもしれない。

スーパーバイジーが何かを言ったことに対して，スーパーバイザーが合意してうなずき，あるいは，「YES」「OK」「あなたは正しい」と言うたびに，評価は行われている。また，スーパーバイザーが不快な表情をしたり，いらいらした態度で話したり，優しく「さて，それはどうだろう」と言ったり，あるいは，より率直に「それについては，あなたに同意できない」と言うたびに，評価はなされたといえる。

スーパーバイザーが日々どの場面でもアセスメントをしていることを，スタッフは気づいている。スーパーバイザーはそれぞれ，特定のスタッフを他者と比較して，個人的にその的確さを判断し，その業務のレベルをランクづけている。スーパーバイザーは，評価として，このようなアセスメントを具体化し，可視化し，それをスタッフに伝え，さらに，必要に応じて弁護する。

定例の評価会議は，個々のスーパービジョンの話し合いの一部である進行形のアセスメントとは異なる。個別の話し合いの関心の焦点は，ケースの現状に焦点を合わせて行う。定例の評価会議は，担当ケース数の全容を取り上げる。そこでは，ケースの洗い出しと振り返りをする。スタッフの活動を全体的に検討する枠組みが与えられている機会としてとらえ，スタッフとスーパーバイザーは，業務遂行の全般的なパターンについて意識して話し合うことに努めるだろう。

　この時点では，より精度の高い専門用語が役に立つだろう。組織の定例のイベントでは，スタッフの業務遂行全体を振り返ることを「評価」，あるいは「業績」という言葉で表現するだろう。アセスメントという用語は，スタッフの業務遂行に対する期間限定の部分的なもので，しかも継続的な日々の振り返りを的確に描写するものであり，これは個々のスーパービジョンの話し合いのテーマでもあるだろう。つまり，個々の話し合いにおいて提供される項目を明確にしたアセスメントは，最終的に累積的評価につながる。本章では，主要テーマを評価としているが，アセスメントの概観のためのお膳立てにもなっている。その理由は，これらの2つが，業務評価と密接につながっているからである（Osborn & Kelley 2010; Shute 2008）。

　第1章で紹介したMilne（2008）のいう最良のエビデンスの統合とは，クライエントによい成果を達成するのを援助するうえで，目標の設定，教育，実践の観察，そして業務のフィードバックを提供するという反復的なプロセスを通して，スーパービジョンがより効果を上げることである。第2章と第3章では，スーパービジョンの管理的基本原則について紹介した。そのなかで，スーパービジョンの責務として，各スーパービジョンの話し合いの記録の重要性を強調し，スタッフの業務の観察や補正フィードバックの提供について述べた。第4章と第5章では，スーパービジョンの教育的機能の主要な特徴として，業務目標を設定すること，実践の観察，教えること，補正フィードバックをすることを述べた。第6章では，業務のフィードバックが，明確な目標と指示とがあいまって，ストレスを和らげ，スタッフのバーンアウトする緩衝となることをエビデンスに関連づけて述べた。目標設定，実践の観察，そしてフィードバックが必ずしも常に役立つわけではない（Cleveland, Lim & Murphy 2007）。ときとして，状況を悪化させることもある（Brown, Hyatt & Benson 2010; Kluger & DeNisi 1996）。業務フィードバックのエビデンスを概観したことから，スーパービジョンにおいて的確に体系化され，評価を行ったフィードバックは，「権威のある信頼できる機関によって，複数年にわたり体系的に提供された

場合」(Veloski et al. 2006:117), 担当スタッフが自分の業務を改善する助けとなることが示唆された。

評価の有用性

評価は，クライエント，機関，スーパーバイザーにとって有用であるが，特にスーパーバイジーには最も重要なものである。評価は，ソーシャルワーク・スーパービジョンの必須条件として，私たちの倫理（NASW 2008）や基準（ASWB 2009; ASWB 2011; NASW 2003; NASW 2005a）に成文化されている。

スタッフにとっての評価の有用性

スタッフは評価に「恐怖感や嫌悪感」(Brown et.al. 2010:378) を抱くかもしれないが，評価はスーパーバイジーに対して立ち位置を理解させることで，彼らの不安を軽減する（Freeman 1993）。おそらく，評価以上に不安なものは，評価がないことである（Ellis 2010）。評価がなければ，スーパーバイジーは自分がどの程度機関の期待に見合っているのか，また，同じような教育や経験を有する他のスタッフとどのように比較されるのかについて疑義をもつだろう。

規定に定められた評価の期間が与えられることで，スーパーバイジーは変化や達成に目を向けるようになる。評価を受ける期間中にスタッフが改善したとすれば，そのプロセスがスタッフを勇気づけ，達成感を高めたといえよう。スタッフにとって，評価とは，判定のための情報，能力，経験をもつ者から業務に対する明確な承認を得る機会である。評価は，スタッフに自己の能力や欠点についておそらく客観的で権威的な視点を提供することになる。スーパーバイザーは，スタッフが，自己の欠点を認めながらも，専門家として実際に成長し続けていくためにも，スタッフに対して，より現実的にあるがままに自己の業務を見るように援助する。これは，特に，若くて実直なスタッフに対して，自己の業務遂行を大したことではないとみなすような逆効果を防ぐ。

評価は，学習の動機づけとなる（Kluger & DeNisi 1996; Shute 2008）。スーパーバイジーは良い評価を得るために学び，変化するように奨励される。体系的な振り返

りは，学習したことをより強固にする。学習してきた事柄を言語的に確認することで，スーパーバイジーは習得した行動を認識して，それを容易に反復することができる。評価が示すメッセージは，行動の変化を意図するだけではなく，望ましい行動を維持するのに，あるいは継続を促すうえでも重要である。

評価は学びに直接役立つ（Anseel et al. 2011; DeNisi 2011）。評価基準によって，スーパーバイジーは焦点化すべき自己の行動を明確にすることができる。たとえば，Evaluation /Assessment Instrument（評価・アセスメント尺度）に含まれる業務項目を選定し，話し合うことでその業務を可視化でき，その重要性が増す。スタッフはおそらくエネルギーを使いこのような業務課題を見い出し，それを遂行することに注意を払うようになる（Poertner & Rapp 2007）。

評価の話し合いによる学習は，業務に関するアセスメントを言語化する必要から，おのずと意識的になされる（Green 2011; Osborne & Kelley 2010）。評価では，スタッフの学習量と達成度を指摘する。また，評価では，業務遂行上の弱点やさらに学ぶべきものを明確に特定できるので，今後の目標に向けた教育を可能にする。評価とは，その時点での直近の業務についてのアセスメントにかかわるものであり，その後の教育と学習行動を決定づけるものでもある。

評価は，スーパーバイジーが自己評価の独自のパターンをつくるうえで役に立つ。サービスの基準が内面化されて自己規制ができるようになるためには，それらを明確に規定されたものとしてスタッフに確認する必要がある。評価の話し合いの結果，業務基準や規定を熟知できるようになり，スーパーバイジーは，自己の業務を批判できる立場になる。評価は，自己覚知を高め，さらなる自己研鑽を促す。

すべてのスタッフは，自己評価と自己規制に関して責任をもつ。スタッフの業務に関する継続的かつ批判的なアセスメントは，効果的で効率的なサービスの最良の保証となる。しかし，この分析を行うには，批評的な自己評価に取り組む意思だけではなく（Gruman & Saks 2011），よい実践と未熟な実践とを見分ける基準と規定に関する知識も必要であり（Green 2011），これは評価の話し合いから習得されるものである。

評価は，スタッフのキャリアプランを助ける。多くのスタッフは，ソーシャルワークでの成功に必要な適性があるかどうかの判断をするうえで，助けとなる納得のいくフィードバックを必要としている。境界線にいるスタッフは，評価の結果を基にして，他の方法を考えることができるかもしれない。スタッフのなかには，自分に

は管理や運営に適性があり、それらの責任を担う準備を考えるために評価の話し合いが助けとなり得ることを発見する者もいるかもしれない。

機関にとっての評価の有用性

機関の目標や目的の達成度を評価することは公的な説明責任であるが、それは、スタッフ個人の業績が、どの程度機関の基準に見合っているかの評価から始まる（Gravina & Siers 2011）。機関がコミュニティに対して説明責任があるのと同じように、個々のスタッフは機関に対して説明責任をもつ。スーパーバイジー業務に対するスーパーバイザーの評価は、機関全体が任を負っているコミュニティに対する説明責任の一環である。評価会議は説明責任の体系化の機会を提供する。

機関が行うスタッフ業績の定期的かつ体系的な評価は、管理運営上の必要な改変のための証拠となるかもしれない。注意深く振り返ることで、スタッフがその機関に対して役に立たなかったわけではなく、機関が彼らに対して役に立たなかったことを示すことができるかもしれない（Levy & Williams 2004; Tziner, Murphy & Clevel & 2005）。評価は、スタッフの業績に悪影響を及ぼすと思われる運営上の手続きに関して、スーパーバイザーが運営責任者にコミュニケーションをするうえで助けとなる。

多種多様のスタッフの連続的な評価をレビューすることは、組織内研修プログラムやスタッフの開発手順を企画するうえで役立つはずである。このような分析により、機関の運営責任者が注視しなければいけない事柄として、スタッフの業務についての一定の弱点が明らかになるかもしれない。評価は、スタッフ全般に、とりわけスタッフ個人に特別な注意と努力が求められる専門的な業務遂行の側面を規定するのに役立ち、また評価は提供されるべき多様な学習の機会を示す。機関は評価を通して、個々のスタッフに割り振られた特別な課題に求められる特別なスキルが何かを理解できる。

評価はスタッフの行動を制御し、標準化するための手段である。その評価の規準は、期待される行動、承認される行動、そして、報酬を与えられる行動を、明確に可視化したものにする。Dornbusch & Scott（1975:157）が述べているように、評価とは「組織的制裁を分配し、業務遂行管理のために付与された権限」の行使である。このように、評価は機関が管理的スーパービジョンの目的を果たすのに役立つ。

昇進、解雇、異動、昇給は必要で、しかも管理的スーパービジョンの責務として

容認できるとするならば，その手続きは，正当かつ必須である。その手続きによって，合理的かつ妥当な根拠に基づく決定が可能になる。評価はまた，スタッフ採用についての機関方針の妥当化に役立つ。機関は，その採用条件が実際に効率的に業務のできる有能な人材の採用につながったのかどうかについて，評価を通して，見定めることができる。

　運営管理の方針決定業務の評価は，機関予算の削減や機関プログラムの縮小と関連して重要である。人員削減が求められた場合には，有能なスタッフの保留は，業務評価の正確さや客観性に左右されるだろう。

　効果的な評価手続きは，差別是正の措置の挑戦から機関を守ると同時に，差別是正の措置の手続きへのコンプライアンスを保証するものである。Malos（2005）の判例集には，正当な評価手段および評価手続きの活用方法が判決文に書かれているので，参照してもらいたい。

クライエントにとっての評価の有用性

　ソーシャルワークは，他の専門職と同様に，部外者にコントロールされない活動の自由を必要とする。自律性の要請をサポートするためにしばしばその正当性は助長されるが，専門職は効率的な実践については，互いに規制しあって濫用を予防し，保証するだろう。State boards of social work examiners（州ソーシャルワーク審査委員会）（ASWB 2010b）および NASW Code of Ethics（倫理綱領）（NASW 2008）では，専門職の会員によるこのような自己規制を具体的に示している。しかし，審査委員会や専門職が倫理的な行動を規制するのに利用可能な制裁は，ほとんど利用されず（Boland-Prom 2009），相当悪質な違反行為にだけ適用されている。専門職には外部の規制，制御，干渉からの自由が与えられているのに対して，コミュニティは規定通りの範囲内で直接適用可能な制御手段を要求する権利をもっている。クライエントにとっての評価がもたらす第一の利益は，効果的なサービスが保証され（Reese, Norsworthy & Rawlands 2009），さらに不適切なサービスの持続を防ぐことである。

スーパーバイザーにとっての評価の有用性

　スタッフの業務の体系立った評価を通して，スーパーバイザーは学習できたものはなにか，さらに教えるべきことはなにか理解する。評価は，今後の教育的スーパービジョンの基本方針を提供する。

部署内の個々のスタッフの強みと弱みを明確に評価することで，スーパーバイザーは活用できる人材をより効果的に配属することができる。業務の分配は，評価に基づき，より効率的に行われる。スーパーバイザーは，遂行すべき業務と各スタッフの興味や資質を適切に組み合わせることができる。

公式の明文化された評価は，スタッフに対する褒賞や制裁を行ううえでスーパーバイザーを偏見から守る。スーパーバイザーの判断を正当化するのに用いられる評価規準やニーズは，スタッフの業務アセスメントの考え方をスーパーバイザーに習得させるときに役立つ。

スタッフ業務の評価報告書やそれに付随する書類は，人事的な決定の議論の際に，スーパーバイザーを防御するものとなる(Latham et al. 2005; Malos 2005)。スーパーバイザーは，Equal Employment Commission（平等雇用委員会）の要件，労働組合との契約，官公庁の規制からの苦情にさらされやすい。

事実，基準や規準を明文化した評価様式は，運営レベルの機関目標を業務レベルの特定の課題に翻訳したものである。このように，以前にも述べたことであるが，評価はスタッフ行動の制御の手段として役立つだけではなく，役割の曖昧さや役割葛藤を軽減するものである。結果的に，評価様式とプロセスは，スーパービジョンの管理的機能を実行するうえでスーパーバイザーの助けとなる。

評価の有用性を述べてきたが，次に，評価を行う業務を誰に委託するのが良いのかの問いについて考えてみよう。論理的には，スタッフの日々の行動の詳細を最も直接的かつ密接に知っている機関内の人物であり，その人なら，説得力のある反論に耐えうる最適な業務アセスメントを行うことができる。それはスタッフの直属のスーパーバイザーであろう。どの組織でもスタッフ業務に関して公式の定期的な評価が必要な場合，必ず直属のスーパーバイザーに責任が付与されるというのは当然である。

評価の目的

これまで評価のプロセスと直接的，間接的にかかわる種々の構成要素に関する評価の有用性を述べてきたが，続いて，評価の明白な目的について記す必要がある。

評価には，3つの主な目的がある。1つは，管理上の目的に焦点を当てたものである。評価は体系的な成果を提供する，すなわち報告書であり，それは，管理者側が情報に基づいた管理運営上の決定，つまり「残留，昇給，昇進，停職，異動，解雇など」といった決定を下すために利用する。2つ目の目的は，スタッフの専門性の成長と発展に焦点を当てたものである。評価は，スタッフの業務の強みと弱みを確認する教育―学習のプロセスであり，スタッフが自分の業務を改善することができる。管理上の目的の成果としての評価は，主に過去の業務に焦点を当てる。教育―学習のプロセスとしての評価は，未来の業務の改善を目的に，過去の業務に焦点を当てる。成果としての評価報告書は，他者がスタッフに関する決定を行うために使用される。そして，プロセスとしての評価はスタッフが自己の働き方を変えるために用いられる。管理上の意思決定のための評価と，スタッフが自己の業務を改善するために使用する評価は，ともに3つ目の包括的な目的，つまり機関のサービスの成果を改善することをサポートするものである（Poertner 2009; Poertner & Rapp 2007）。

全国調査では，スーパーバイザーとスーパーバイジーの双方が評価について，スタッフの能力開発（担当事例の割り当て，格差のある業務の配分）というよりも，管理的な理由（給料の査定，スタッフの残留と離職，昇進）で，行われることのほうが多いととらえていた（Kadushin 1992a）。

評価に対する反発

多くのスーパーバイザーとスーパーバイジーは評価が「嫌い」であり（Bouskila-Yam & Kluger 2011:137），評価を役立つと感じている者は3分の1以下である（Gruman & Saks 2011）。評価は，その必要性と有用性に反して，ほとんどのスーパーバイザーにとっては，積極的に拒否するものではないが，頭を悩ませるものであり，避ける傾向にある（Spence & Keeping 2011; Tziner et al. 2005）。業務評価はよく，オートバイのヘルメットや自動車のシートベルトにたとえられる。それらが必要なことはわかっているが，それらを使うことを嫌うのである。

業務評価に対する嫌悪感は，ソーシャルワーク特有のものではない。この感情は

至る所にある。*Psychology Today* に掲載された論文 "Performance Review:The Job Nobody Likes"『業務レビュー：誰も好きではない仕事』（1985年9月）は，多様な業務に従事しているスーパーバイザーの任務に関する否定的な感情を詳細に述べている。

多くの場合，この否定的感情は妥当なものだと，Brown, Hyatt & Benson（2010），Spence & Keeping（2011），Cleveland, Lim & Murphy（2007）は，彼らの文献レビューで説明している。評価は，スーパービジョン手続きのなかでも最も明確に，スーパーバイザーとスーパーバイジーの立場の違いについて注意を喚起する。評価は両者間の社会的距離を広げることになる。スーパーバイザーがスーパーバイジーの業務を評価する責任と権限をもつので，スーパーバイザーとスーパーバイジーが対等な関係の同僚だというフィクションを維持することは難しい。評価の結果として起こり得る報酬や処罰はスーパーバイザーの力を明確に示すものだが，それは別の場面においてぼやかされたり曖昧にされたりしているかもしれない。スーパーバイザーのなかには，その職位に属する固有の権限に対して，居心地の悪さを感じる者がいる。その他多くのスーパーバイザー──スーパーバイジーの相互作用において，スーパーバイザーの権限は明確に用いられる必要もなく，都合よく無視され得るものであるが，評価のなかでは，それを公然と行使する。

スタッフ評価はどれも事実上，スーパーバイザーの間接的な評価である（Spence & Keeping 2011）。スタッフが適切な業務を行っていない場合，評価により，スーパーバイザーがスタッフの知るべき事柄を教えてこなかった，あるいは期待に応える援助をスタッフにしてこなかったことが明らかになるかもしれない。あるスーパーバイザーは，以下のように報告している。

> 私は彼女によい評価を与えなければならないというプレッシャーを感じていた。彼女にそうしよう思ったのは，彼女にとって治療になると考えたからなのかどうか，今では疑問に思う。それは，Gさんが優れたスタッフとなれるように良き治療者としての自分自身への褒賞のようなものでもあった。これらの理由は，いずれも不適切ではあるが，自分は良いスーパーバイザーであるという一種の確証でもあった。

評価は強い否定的な感情を呼び起こすことがある（Brown, Hyatt & Benson 2010; Cleveland et al. 2007）。スーパーバイザーは，評価がスーパーバイジーの敵意ある反応を引き起こすのではないかと不安に思っているかもしれない。そこには，否定的な評価から導かれる結果への後ろめたさがある。その後ろめたさは，スタッフの

業務上の地位や専門的なキャリアに関して無視できない意味があるのかもしれない。あるスーパーバイザーは，以下のように述べている。

> 私がもしR氏に対して本当に思っていることを，つまり良いスタッフではないと告げたなら，彼は激怒し，オフィス中に精神的な怒りの破片をばらまくだろう。それに加えて，彼はあらゆる言葉を使って私に食ってかかるだろうし，私は自分で判断したことに，事細かく，気を配ることができるかどうかわからない。結論としては，そんな憂いごとをできる人がどこにいるのだろうか？ どちらかといえば，私は彼に対する評価をゆるめていたのだが。

スーパーバイザーは，評価を下すことについて居心地悪く，申し訳なく思っているかもしれないが，スーパーバイジーは不安で防衛的になるものである（Brown et al. 2010）。比較評価は大抵の場合，機関のゴシップ話になる。結果的に，この評価は，その人の自尊心だけでなく，仲間集団の信望にも影響を及ぼす。

加えて，低い評価は，キャリアに関係するペナルティになることも明らかである。スーパーバイザーは，その評価が，スーパーバイジーの将来的なキャリアに直接関連があることを理解している。「とても良い」という評価の項目は分割できないものであるが，ただ多くの昇進の場があてがわれることは確かである。他のスーパーバイザーの評価の厳格さがわからないことから，スーパーバイザーは自分のスーパーバイジーを競争上不利な立場に追いやるかもしれないと理解して，評価することをためらう。

スーパーバイザーは適切な批評をすることをためらう。それはその批評がスタッフの自信を失わせることになるかもしれないからである（Bouskila-Yam & Kluger 2011）。スーパーバイザーは，苦痛や不快感を与えることに躊躇するかもしれない，あるいは結果としてスーパーバイジーから嫌われることを恐れているのかもしれない。スーパーバイザーは，一様に役に立つことが任務であり，常に人気を得ることではない。そして一律に有能で，責任能力を発揮することが任務であり，一貫して愛されることではない。この両価性に気づいたあるスーパーバイザーは，以下のように記している。

> 私は，自分に対する彼の明らかな好意と尊敬を嬉しく思っていた。それは喜びでもあった。スーパーバイジーの行ったことが不十分で，改善が必要であることに対して，私がプレッシャーをかければ，スーパーバイジーである彼の敵意を引き起こすことになるという覚悟がなかった。私がすべきだと思ったことを行えば，私は人間関係上の満足感を

諦めることになるだろうし，少なくとも危険を冒すことになるだろう。

業務評価での脅威にうまく付き合うためには，スーパーバイザーは評価プロセスが合法であることを受け入れ，評価を行うことの資格所有者であるという自覚が必要である（Tziner et al. 2005）。スーパーバイザーは，正当な判断をする能力をもち，その判断の基盤となる十分に正確な情報をもち，その判断の基準が明確に規定され，保証されていることに自信をもたなければならない。しかし，多くのスーパーバイザーは，評価の合法性に疑問を抱き，資格保持者であるという感覚がない。彼らは，他者の仕事を判断すべきだとも，あるいは判断する能力があるとも考えてはいない（Spence & Keeping 2011）。さらに彼らは，業務に関する葛藤のある，曖昧な根拠や業務を判断するために用いる不正確で漠然とした基準に抑圧されている。そのため彼らは，そのような判断を下す資質もなく，妥当な評価をできる自信もないと感じている。このような考えは，スーパーバイザーに批判的になることをためらわせるかもしれない。つまり彼らは罪から自由になれない存在として，真っ先に最初の石を投げることには気乗りがしないのである（訳者注：聖書のヨハネによる福音書の記述に基づく）。あるスーパーバイザーは以下のように述べた。

　　機関が最低限の必要条件に見合わないスタッフに解雇勧告をするように私たちに求めていることはわかっている。しかし，これらの必要条件が何であり，それをどのように評定するのか，さらには業務遂行か個人の進歩か，どちらを重視するのかわからない。私の一番出来の悪いスーパーバイジーに対してさえ自信をもって解雇を勧告することはできないので，私は彼らにも合格評価を与えている。

肯定的な評価は承認——つまり習熟度の証明である。このことは，一般社会，クライエントの所属するコミュニティ，機関，専門職の仲間に対して，相当な責任があることを意味する。このような責任を与えられ，遂行しなければならないこと自体が，気持ちを落ち込ませるものである。

評価の必要条件は，ソーシャルワークの価値観と矛盾するように思われる。ソーシャルワークにおける専門的な価値志向は，非審判的であることを重視している。評価は，必然的に，業務審判を伴うものである。厳格な評価には，責任のある，批判的態度で，対等で，そして直接的であれという教えが含まれており，それは，受容的で，思いやりのある，支持的な，そして再保証するものであれという繰り返し教え込まれた専門職気質とぶつかり合う。この切実な葛藤が不安を引き起こすので

ある。

　ほとんどのスーパーバイザーは，否定的評価の結果がスタッフを失うことになることの可能性を理解している（Brown et al. 2010）。この実感が，評価を拒否することへの動機づけを後押しする。一定の経験を有するスーパーバイジーが，否定的な評価を受けることによって解雇され，辞職するたびに，代わって新しい未経験のスタッフがそのポジションに雇われることになる。引き継ぎの期間中，多大な負担がスーパーバイザーにかかる。ケース分担の一時的配分をするうえで，スーパーバイザーはそのポジションの候補者と面接をして採用する必要がある。採用が決まれば，スーパーバイザーは，スタッフの手ほどきやオリエンテーションの業務に再び直面する。スーパーバイザーは，スーパーバイジーに対して，完全でなくとも，賞賛的な評価を行うことによって，この新たに加わる業務のすべてを回避することができるかもしれない。

　費用対効果の分析比較上，スーパーバイザーは詳細で公式の評価業務に意識して精いっぱい頑張ったとしても大きなリスクを伴うだけで，さして得るものは少ない（Brown et al. 2010）。表立って報酬を得ることもほとんどない。評価は業務の一部なので，その結果特別な賛辞や付加給付が与えられることはない。一方で評価は，難解で時間のかかる業務であり，うんざりするような自己省察を必要とする。評価はスタッフの敵対心，恨み，拒絶を引き出すリスクを孕んでいる。よって，評価がしばしば先延ばしになる理由や，下された評価が精査されない理由がよく理解できる。

　そこで，評価は一般的に避けられる傾向があり，とりわけ否定的な評価はその傾向が強い。しかし，このような回避は，スーパーバイザーの問題を複雑にするだけである。批判的な評価を控えることは，スタッフを正当に取り扱わないので，将来に問題を先送りすることになる。業務上の失敗は無視できたとしても消えるものではない。スタッフは間違いをし続け，その間違いの専門家となる。時間とともに，間違いはより深刻になり，無視され続け，より扱いが難しくなる。目の前の批判的評価を安易に回避することが，スーパーバイザーの明日に，仇となって返ってくる。

　業務上の不備に公然と取り組むことのためらいは，それ自体が継続的な隠ぺいの誘因になる。時機を逸して問題を取り上げることで，それまでの不誠実さや欺瞞に結びつき，スタッフの非難を招くことを，スーパーバイザーは十分承知している。

　適切な批評ができなければ，集団のモラルの問題を個人のモラルの問題として処

理することになる。過剰に手加減した評価を受けたスタッフは幸せかもしれないが，その同僚はあまり幸せではないだろう。同僚は，たがいの能力評価に敏感である。スーパーバイザーが適切な批評をしてこなかったために，非能率的で能力がないと思われているスタッフが，他の優れたスタッフを差し置いて昇給したならば，彼らは憤りや皮肉を感じる。彼らは，自分たちの仕事に対するスーパーバイザーの評価の妥当性に対して疑いをもつようになる。彼らが業務改善の意欲を奪われるのは，その評価システムが業務の善し悪しにかかわらず，一様に報酬を与えているように見えるからである。

　業務のしくじりに制裁を下すと，他のスーパーバイジーから支持を得られるかもしれないという指摘は，スーパーバイザーにとって安心できることかもしれない。業務のしくじりによって部署の評判に傷がつくだけでなく，制裁を受けたスタッフの業務不振を，他のスタッフが補わなければならないかもしれない。

　スーパーバイジーのほとんどが，自分たちの業務を評価する権利は雇用主である機関がもつという事実を認め，受け入れているという指摘は，スーパーバイザーをさらに安心させるかもしれない。スーパーバイザーは他の無数のスタッフとともに，このチャレンジに直面する。実際に，いくつかの調査研究によると，スーパーバイジーは，スーパーバイザーが十分かつ詳細に彼らの業務を批評してくれないという事実に，強い不満を表明している。よい仕事をすることを切望して，スーパーバイジーは，修正が必要な業務の不備を明らかにしてほしいと，スーパーバイザーに期待していた。彼らはこのような批評的分析を得られないことに失望した（Kadushin 1974, 1992a）。スーパーバイジーが評価に対して異議を申し立てる理由として，彼らの業務を評価する機関がもつ資格の合法性ではなく，その評価が，不公平で，示威的で，役に立たないことが多いという事実であった。

　評価に対する嫌悪と抵抗にもかかわらず，スーパーバイザーはおそらく評価を放棄することに抵抗するだろう。評価は最も明確なスーパービジョンの力の表現であり，有力な制御の手段である。

好ましい評価の手続き

スーパーバイザーが評価に対して嫌悪感をもつことの理由は明らかに認めうるが、業務の評価は必要であり、避けることができないものである。どのようなアプローチにより建設的な評価を行えるだろうか。

1. スタッフの業務を評価するために、スーパーバイザーはスタッフの職務を理解し説明する必要がある

第2章で説明されているように、評価をするためには業務の本質的な課題と、その課題達成のために必要な態度、知識、そして、スキルを特定することが必要である（Milkovich & Newman 2002）。Malos（2005:375）, Kerl et al.（2002）, Latham et al.（2005）によって提示されている法的な視点から、「業務に精通している個々人からの最新の情報」を含めた正当な「業務の分析」は、業績評価の「礎」として説明されている。たしかに、Latham & Mann の文献レビュー（2006:295）によると、「組織の力に影響をもたらすようなスタッフの行動を特定することは、特にそれが業務に関連しているものである場合」「業務評価における技術の進化」の「最新の焦点」になっている。

"wrong thing（間違い）"レベルの結果を出すことは、業務評価では大きな問題である（Latham & Mann 2006:302）、また"right thing（正しい）"レベルの結果を出すことは、スタッフを巻き込み、選定した評価基準が業務を適切なものと保障することになる。スタッフが評価プロセスに関与することを強化し、評価自体への相互の期待を明確にすることに役立つ（DeNisi & Gonzalez 2004; Millar 1990）。最終的に説明責任を担うことになる評価基準の開発に携わることで、スタッフは、その評価のプロセスが目標を達成するかどうかを見極めるための義務と責任を大いに感じることになるだろう。調査研究によると、評価基準と手続の決定に十分にエネルギー投入ができる能力は、評価の満足度と明らかに相関がある（DeNisi & Gonzalez 2004; Gruman & Saks 2011; Milkovich & Newman 2002）。

カリフォルニア州における42人のマネジャー、186人のスーパーバイザー、そして、772人の児童福祉分野のソーシャルワーカーに対する調査によると、効果的なスーパービジョンの最も不可欠な要因は、部下の業務に関するスーパーバイザー

の知識であった (Clark et al. 2008)。同様に，業務評価のフィードバックに関するJawahar (2006：232) の調査研究によると，スーパーバイザーに対するスタッフの評価満足度については「部下の業務記述書に関する知識量の方が，業務満足度，組織へのコミットメント，異動への意思と比較してほぼ 3 倍の相関があることの〔評価フィードバックに支持的アプローチを適用した場合〕，説明」によって明らかになった。業務分析とその手法に関する議論は本書の範囲を超えたものであるが，Poertner & Rapp (1983, 2007) は，その入門書を多く出している。また，Association of Social Work Boards よりオンラインで出版したソーシャルワークのスーパービジョンに関する業務分析 (2009) は，豊富なケース例を提供している。

2．スーパーバイザーは，スタッフの業務を理解し，説明することに加えて，スタッフの業務の観察が必要である (Ellis 2010; Latham et al. 2005)

しかしながら，「スーパーバイザーは，自身の時間のうち，部下を観察するのに使う時間が 1 ％未満であるというデータがある」(Latham & Mann 2006:304)。直接的に観察しないとき，スーパーバイザーは，スタッフの自己報告書以外に，利用できるデータをほとんどもち得ていない。スタッフの業務の状況説明は実質的な，重要な情報源であるものの (Frawley-O'Dea & Sarnat 2001)，それらは，「他の情報源の評価よりも不正確であり」(Latham et al. 2005:81)，彼らのスーパーバイザーからの重要な情報をたびたび開示しない場合もある (Farber 2006; Mehr et al. 2010; Pisani 2005)。Rose は以下のように述べている。

> 業務に対する〔中略〕包括的な知識量をもたないスーパーバイザーは，具体的に介入のトレーニングができず，スーパーバイジーの業務を正当に批評することも，改善や悪化を観察することも，さらに，クライエントの減少傾向をとらえることもできず，そして結果的には，スーパービジョンの場での倫理的および法的な違反に対して無防備になる (Rose 2009:34)。

3．有効な業務評価には，時間とコミットメントを要する

おそらく，ソーシャルワークのスーパーバイザーは，スタッフの業務を評価するのを嫌っているため (Cleveland et al. 2007; Kline & Sulsky 2009)，スーパーバイジーの評価を，比較的低い優先順位に置いていると，いくつかのエビデンスが示している (Menefee & Thompson 1994; Patti 1977)。このことは，他の同じような管理的な事柄においても，いえることである (Latham & Mann 2006)。結果として，スーパーバイザーは評価プロセスにおいて，あまりにも少ない時間しか使っておらず

(Milkovich & Newman 2002), その時間は通常, 1人のスタッフあたり, 1年に3〜7時間であり, また, しばしば1つの評価に1時間もかけていないことがある (Bretz, Milkovich & Read 1992)。業務評価にあまりにも少ない時間しか使わないのは, 業務改善を積極的に推し進めようとしない姿勢そのものといえる (Bol 2011)。

4．評価は，時折起こる出来事よりも，体系的な観察とアセスメントの継続的なプロセスを反映する

評価の精度は, スーパーバイザーがスーパーバイジーを観察するのに費やした時間の量と比例する傾向にある (Latham & Mann 2006; Milkovich & Newman 2002)。調査研究によると,「体系的な情報のサンプリングを確保するには, 細心の注意を払われなければならない」。スーパーバイザーは,「〔スーパーバイジー〕自身, その業務, さらには, 評価採点の方法, そして〔スーパーバイジー〕の印象に影響する他の諸要因も考慮している。これらの印象は, 〔スーパーバイザー〕が注意を向けたその情報に影響を受ける」(Ilgen, Barnes-Farrell & Mckellin 1992:358)。

5．サービスの正確さを期するには，スーパーバイザーは，スーパービジョンの日誌と記録を継続してつけるのがよい (Falvey & Cohen 2003; Osborn & Kelley 2010)

最も役に立つ評価は, 質的・量的データを必要とし (Brutus 2010; Milkovich & Newman 2002; Miller & Thornton 2006), 手続きとしては, 定期的な個々のスーパービジョンの話し合いを要約記録する。「観察された特定の行動を〔中略〕書面で記録することで, 評価者がよりよく思い出すことができ, 客観的な評価ができ, 業務プロセスに反映させることができる。〔中略〕そして評価の正確性を向上させるには, より長く, 客観的で, 叙述的な行動報告書の方が, 短いものよりもさらに有効である」(Latham et al. 2005:79)。スーパーバイザーは, 過去の具体的な業務記録の代わりに, 年次の業務評価における大まかな印象を基準に用いるので, 時間の経過とともに, 評価の正確さが低下することになるかもしれない (Ilgen, Barnes-Farrell & Mckellin 1992; Milkovich 2002)。年次の業務評価は, 個々のスーパービジョンの話し合いの部分として, 細分化したアセスメントの総計でなければならない。

6．アセスメントについての話し合いを定期的な個々のカンファレンスで，たとえ簡潔であったとしても行うことで，スタッフの不安を和らげることができる

これを実践することで, スタッフは定例のカンファレンスで, 共有すべきものを

準備し，予期せぬ不安に驚かないようになる。あるスタッフは，以下のように述べている。「スーパーバイザーは，評価会議を開くまでは，Jane〔試用期間中の女性〕に対する私の過剰な同一化について決して言及しなかった。そのことに，私がもっと早く気づいていれば，彼女と接する際の過剰な同一化について，コントロールする努力を間違いなくできただろう」。公式の定期的な評価は，スタッフが準備できていない，思いがけない，予期せぬ批判というよりも，身近で，以前に遭遇したことのあるアセスメントの要約だと言える。

7．評価を実施し，伝達するには，肯定的な関係のコンテキストにおいてなされるべきである

　肯定的な関係は，（正当なものであれ）批判の痛みに対する鎮痛剤になるとともに，建設的な変化の基盤となり，スタッフは批判に対して，より受容的に理解するようになる。スーパーバイザーとスーパーバイジーがたがいのことを嫌い合っている場合，スーパーバイジーは，その批判が不当で不公平なものとして拒絶したい気持ちになりかねない。業務遂行に対する批判は，批判することに対する喜びや満足感からではなく，援助するという誠実な願望から提供される必要がある。スーパーバイザーは，不安や抵抗の兆候を示すスタッフの反応に対して敏感でなければならない（Abbott & Lyter 1998）。このような感情がオープンに話し合われることで，適切な安心と支援を提供できる。評価の最も重要な側面は，そのプロセスを進めていく姿勢にある。あるスタッフが，スーパーバイザーから受けた批判的なフィードバックに対して，以下のように述べている。「彼のフィードバックが，悪意のあるものではなく，むしろ目的のある有益なものだと知ったことで，本当はどちらかと言うと聞きたくなかったフィードバックを受け入れることができた」。

　ソーシャルワーカーは，ポジティブなスーパービジョン関係が，効果的なスーパービジョンで重大な役割を果たすことを，1世紀以上前から理解してきた（Burns 1958; Robinson 1949）。Bordin（1983:35）は，理想的なスーパービジョン関係を，「作業同盟」，あるいは変化への協働と表現している。その関係は，「(1)変化のプロセスの目標についての合意と理解，(2)各パートナーの業務，そして，(3)事業を維持するために必要なパートナー間の結束」に基づくとしている。しかし，肯定的なスーパービジョン関係は，スタッフの業績に関する評価にバイアスが生じるかもしれないという心配がある。組織に関する調査によると，スーパービジョン関係の評定と，スタッフの業務行動の評定とに相関性がある。Lazar & Mosek（1993）によれば，スー

パービジョン関係は，スーパーバイジーの能力の判断材料としてよりも，業務評価の予測因子としての意味がある。たとえば，これは，スーパービジョン関係がスーパービジョン評価の妨げになる根拠として解釈できる。Vinton & Wilke（2011）は，ソーシャルワーク教育においては，「善意」の名の下に「全員が平均以上であるという，架空の村レイク・ウォゥゴン効果（Lake Wobegon effect）」が存在すると記述し（293），「個人を寛大に，あるいは正当性を超えた好意をもって評価する傾向は，正確な評価や建設的なスーパービジョンにとって妨げとなる」（288）という懸念を表明した。

スーパーバイザーは，よい業務を遂行する者と肯定的な関係を築くという説明も可能である。この社会通念は，実証的な調査結果（Arvey & Murphy 1998）や実証的な文献レビュー（Bouskila-yam & Kluger 2010; Bretz, Milkovich & Read 1992; Ilgen, Barnes-Farrell & Mckellin 1992; Jawahar 2006; Latham & Mann 2006）と一致している。逆説的に，スーパーバイザーが業務上の肯定的な関係を前提としてスタッフの業務行動の評定を釣り上げるならば，スタッフがそれを公平であるものと見なし，その結果，彼らの業務を改善するようになるという根拠がある（Bol 2011）。

スーパーバイザーは，スーパーバイジーとの良き協働関係を作り，強化し，維持するために——つまり作業同盟を結ぶためには何ができるのだろうか。Tebes et al.（2011）は，Shulman（2010）のソーシャルワークのスーパービジョンの相互作用モデルに基づき，有力なアプローチについて記述している。そのなかで，スーパーバイジーとの関係にうまく対処することは，スーパーバイザーが学ぶべき基本的なコンピテンシーであるとの記述がある。Shulmanのアプローチを用いて，スーパービジョンのコンピテンシー訓練プログラムの7か月コースを実施したところ，スタッフとのスーパービジョン関係のマネジメントに関して大きな収穫があった（Tebes et al. 2011）。一方，この収穫はスーパーバイザーの自己報告に基づいたものであるようだ。また，スーパーバイザーはスーパービジョン関係の質について，あまり正確な評価者ではないとするスーパーバイジーの視点からの有力なエビデンスがある（Efstation, Patton & Kardash 1990; Mehr et al. 2010; Pisani 2005）。

8．人事考課としての評価がナルシシズムと自尊心を脅かすとき，不安を生み出す

そこには，失敗と拒絶に対する恐怖がある。不安から以下のような問いが生まれる。「私は期待に応えられるだろうか？　私が好きであり，尊敬する人たちの信用

を保持することができるだろうか？　同僚とどのように比べられるのだろうか？これは私の専門職としての将来に，どのような影響があるのだろうか？」

　評価はスタッフの業務記録の一部になる。評価に関して問うべきものは多い。よいスーパービジョンの関係は，この不安を生むような手続きをとおして，スタッフを支えるのに役立つ。よって，可能な限り，評価は，スーパーバイジーに脅威を与えず，威厳と自尊心を保護し，業務能力が期待に沿えるものであることの信頼性を示唆するものでなければならない。

9．スーパーバイジーの不安は軽減できる。いつ評価が行われる予定なのか，評価のためにどの情報や基準が用いられるのか，評価の決定要因となる情報や規準はなにか，評価が誰と共有され，そして，評価がどのような使い方をされるのか，といったことを事前に知らされているとよい

　しかし，さらに重要なこととして，スーパーバイジーは評価期間において評価に対する準備ができ，また，その過程に建設的にかかわれることが望ましい。総じて，「スーパーバイザーとスーパーバイジーが，観察対象が何かを事前に知っていることによって，評価の正確さが増す（Latham et al. 2005:79）。

　スーパーバイジーに業務評価の準備をさせる方法の1つは，スーパービジョンの開始時での，口頭による役割導入（Bahrick et al. 1991; Ellis 2010; Strassle et al. 2011）と，期待を明確にすること，および誤解を防ぐことを目的として作成された書面によるスーパービジョン契約（Milne 2009; Osborne & Kelly 2010; Shulman 2010）の両方を提供することである。この両方を使用することで，「スーパーバイジーは，評価手続きの『項目数』『タイプ』（フォーマルかインフォーマルか，書面か口頭か），『タイミング』『頻度』を知ることになる。スーパーバイザーはそのような情報を，どのように記録するのか（例えば特定の評価様式，叙述体など），どのように『利用する』のか，それを見るのは『誰か』といった事柄の説明は，スーパービジョンにおける『守秘義務』の範囲内で行わなければならない」（Osborne & Davis 1996:129）。この手続きはThomas（2007）が同意を得ることと比較して，ASWB（2009）により，ソーシャルワークのスーパービジョンにおける基本的なコンピテンシーの1つとされている。

　私たちは，スーパービジョンにおける役割導入と契約の活用を推奨する。だが，これらの方法を使ったとしても，スーパービジョンにおけるすべての予想外の出来事を取り去ることは，おそらく不可能であろう（Osborne & Kelly 2010:19）。役割導

入の有効性に関するエビデンスは玉石混交であり，書面による契約によって予想外の出来事を防ぐというエビデンスの大半は逸話化されたものである。私たちの経験において，評価プロセスはスーパーバイザーとスタッフとの間の「心理的」契約によって支配されている（Conway & Coyle-Shapiro 2011; Suazo 2009; Suazo & Stone-Romero 2011）。それは，書面でもなく，話されたものでもなく，「大部分は無意識によるもの」であり（Conway & Briner 2009:75），「日々の業務のなかで，常に肯定され，変更され，否定される」（Levinson et al. 1962:21）ことになる。スーパーバイザーが行うフィードバックが形式的であれば，役割導入，書面の契約，日常的な対策を用いて，一貫した，積み重ねの努力をして，スーパーバイジーに評価のための準備をさせても，このことを回避することはできない（Komiskey 2004）。

10. 評価手続きは相互的なプロセスを共有して行われるべきである

スーパーバイザーは，スタッフの評価への参加と貢献を最大にするように試みて（Gruman & Saks 2011; Lizzio et al. 2008），評価へのスタッフの反応を求める必要がある。自己評価は，「肯定的な寛大さのバイアス」を抱えているが（Ilgen, Barnes-Farrell & Mckellin 1992:354; Janssen & van der Vegt 2011），スタッフに自己評価，あるいはスーパーバイザーの評価に対する批評を書くように求めることができる（DeNisi & Gonzalez 2004）。相互関係は，スタッフの参加を促すだけでなく，その貢献を積極的に確かな根拠として活用し，最終評価報告書に適用するまでをさす。評価はスタッフとともに行うものであり，スタッフに対して行うものではない。評価プロセスへの相互参加は評価の妥当性を高め，さらに，スーパーバイジーが評価を受け入れて利用する可能性を高める。

よい評価面接は，開かれたコミュニケーションを促進する。スーパーバイジーは業務の変更を提案すること，達成可能な目標を組み立てるように促され，失敗について説明する機会も与えられる。よい評価は，業務遂行に関する異なる視点の可能性を認めるものである。

評価に参加することで不安は減少する。参加するように求められたことで，スタッフが業務のやり方について支配する手段を取り戻すことになる。評価会議において，制御力を共有し，手段の内容，方向性，強調すべき箇所をある程度決定できると，スーパーバイジーは，それほど不安でも無力でもなくなる。また参加により，スーパーバイザーとスーパーバイジー間の力関係のアンバランスがもたらす不安を減らすことにもなる。パワーは制御する能力にはっきりと表れる。スーパーバイジーに

積極的に評価プロセスに参加してもらうことで，スーパーバイザーは自身の制御力を共有するのである。

11. 評価は，スタッフの業務遂行を決定づける事実について考察して行うとよい (Klein & Sulsky 2009)

スーパーバイザーは，スタッフの担当件数が過剰に負担になっていないか，あるいは特に難しいケースがいつもより多くないかどうかを評価する必要がある。また，それほど複雑でもない通常のケースを担当し，意思決定の責任をほとんど果たす機会もないスタッフと，特異で複雑な問題を抱えるクライエントを頻繁に担当するスタッフとはその立場が異なる。さらに，スタッフは，組織のコンテキストの影響を受けて，業務遂行が納得のいくものとならなかったり，ときにはうまくいくようなときもあるので，評価期間での組織的な問題状況を明確に具体的に把握しておく必要がある (Revy & Williams 2004; Tziner et al. 2005)。また，業務の状況を見越した手加減が必要となる。たとえば，事務スペースが不足している，本質的サポートを利用できない，評価期間中の士気の低さといった，スタッフの業務に悪影響を与える状況がある。評価では，管理運営側の異動，機関の再編成，高い離職率による一時的なソーシャルワーク・スタッフの不足，機関運営に直接かかわる新しい規則の制定などについての情報が必要である。すなわち，業務評価とフィードバックには，コンテキストが重要である (Talen & Schindler 1993)。

12. 評価の主要な焦点を1つに限るわけではないが，スーパーバイジーの業務遂行を評価することであり，人間性を評価することではない (Kluger & DeNisi 1996; Latham & Mann 2006; Lizzio et al. 2008)

評価が関心をもつ唯一の社会的役割は，社会福祉の領域の機関の被雇用者であるスーパーバイジーのそれであり，当該機関における特定の業務を割り当てられた人の果たすものでもある。スタッフの生活のどの側面も，審査の正当な対象領域とはならない。Family Service Association of America 米国家族サービス協会は，この基本概念を評価についての規定のなかに盛り込み，「割り当てられた特定の職務に関連した〔その立場にいる〕在職者の業務に対する正確な評価」として規定した (1957:53)。

13. 評価は，強みと弱み，成長と停滞の両方を審査する必要があり，バランスが取れ，公正でなければならない (Bouskila-yam & Kluger 2011)

スタッフの業務のなかで例外的で変則的なものは，一般的な失敗ケースとして使

用すべきではない。むしろ，業務のなかで繰り返される行動パターンが，評価報告書の妥当な根拠となる。加えて，スーパーバイザーの個人的な基準を評価基準としてみなし，機関の基準に取って代わることがあってはならない。

14. 公平な評価は行動に焦点を当てる

「行動は，目標や判断の構造と的確さを規定するものである。そうでなければ目標や判断は曖昧で，過度な解釈を許すことになる」(Goldhammer 1969:326)。加えて，フィードバックは「自身の直近の上位職階に注目して，自己の業務に関心が向かなくなるとその有効性が減少する」(Kluger & DeNisi 1996:254)。スタッフの業務遂行全体の構造を考慮する必要がある。最近の出来事は，まさにその新しさゆえに，ドラマチックな出来事はその鮮明さゆえに，評価に過剰な影響を及ぼすかもしれない。さらには，行動パターンを評価要素として引き合いに出す場合は，スタッフの行動がクライエントに対して何らかの意味のある良い影響，あるいは悪い影響を与えたと信ずるに足る理由がある。

15. 良い評価は具体的で個別化されている (Green 2011; Jawahar 2006)

あるスタッフが自身の評価会議の不満を次のように述べている。「スーパーバイザーは満足していたが，何が満足で，なぜそれに満足したのかを言わなかったので，私にはわからなかった」。ほとんどのスーパーバイジーに当てはまる一般的な述べ方（たとえば，「彼は人に対して思いやりのある誠実なスタッフである」）は，どのスーパーバイジーにも評価の際，同じように使うことができる。

16. 評価は究極のものではなく，暫定的なものであり，スタッフの業務遂行を修正できる点に焦点を当てるべきである (Anseel et al. 2011; Shute 2008)

評価はスタッフの特定の時期の働きぶりを描写する。そのスタッフの成長や向上に期待を寄せる。良いスタッフは，さらに良いスタッフになる可能性があり，良くないスタッフも良いスタッフになる可能性がある。評価の趣旨は，成功が終局的なものではなく，失敗が宿命的なものではないという考えを伝えるものでなければならない。評価は，結局のところ，変えることのできない判決ではなく，変化のための動機づけである。

包括性の点からいえば，評価は，過去と同時に未来に目を向けることで達成し得る（Gravina & Siers 2011）。スタッフの業務遂行は，彼らがこれまでに何をしたかを語るものである。能力や潜在的可能性に焦点を当てれば，未来にできる事柄を示すことができる。

17. 評価は，一貫性をもって系統立てられたものである（Malos 2005; Milkovich & Newman 2002）

　スーパーバイザー個人にもスーパーバイザー間にも一貫性があることが望ましい。スーパーバイジーたちにほぼ同程度の学歴と経験がある場合，スーパーバイザーは全員に同一基準を同一方法で適用する必要がある。同様に，異なる部署のスタッフたちに責任をもつスーパーバイザーは，スタッフのバックグラウンドに類似点があっても，一人ひとりのスタッフの評価を同じように実施する必要がある。同質のスーパーバイジーグループに適用する評価手続きも多様であることから他の要素を考えるには士気がくじけてしまい，とても難しいことである。

　同様の理由で，評価では異質の業務遂行を識別しなければならない（DeNisi 2011）。多くの評価システムは，スタッフを5段階で評価しているが，一般に使用されるのは3段階評価で，上のレベルは比較的埋まっており，下のレベルは空である。「人を平均以上に満足，あるいは極めて優れていると評価することは，評価システムに対する責任と満足度を引き下げてしまう」（Bretz, Milkovich & Read 1992:329）が，意欲もまた，レベルの異なる業務が同じ報酬を受けることで損なわれることもある。

18. スーパーバイザーは，スーパーバイジーから自身の業務遂行に対する評価を積極的に受け入れる姿勢を示すことが望ましい（Lizzio et al. 2008）

　評価プロセスがスーパーバイジーの成長に役立つといえるならば，スーパーバイザーの専門的成長にも同様に役に立つであろう。

　スーパーバイジーは，評価されたことに対してスーパーバイザーを評価する機会を得ることで，評価に対して受容的になったり，気まぐれな権威の表れだとは見なさなくなるだろう。スタッフはスーパービジョンの受益者として，また，その成果の消費者として，間違いなくスーパーバイザーの業務遂行を評価する立場にある。今日，教員は学生に頻繁に評価を解放するようになっている。スーパーバイジーによる評価は免除されるとして，スーパーバイザーを擁護することは難しくなっている。双方向の評価は，評価に対する機関の姿勢を具体的に示している。スタッフの業務評価は，機関の総合的なプログラムについての定期的な見直しの一部として行われ，全レベルの人材に対する全体的評価の1つに該当する。

19. **評価プロセスが満足できるものとなるには，スーパーバイザーとスーパーバイジーとの間で，組織の目標とその優先順位について妥当なコンセンサスを得ることが必要である**（DeNisi & Gonzalez 2004）

　もし，スーパーバイザーが効率性に重点を置き，スーパーバイジーがクライエントのサービスに重点を置くとすれば，スタッフの行動についての両者の評価は分かれるだろう。

20. **効果的な評価手続きは，組織の他の側面と融和している**

　運営側は，業務評価をサポートするために，定期的に評価手続きの見直しと修正を行い，スーパーバイザーに評価書式の使用法をトレーニングし，報酬と処罰を体系化して評価業務を支援する必要がある。これらは適正手続きを構成する要素であり（Malos 2005; Milkovich & Newman 2002），優れた組織を管理する要素である（Brown et al. 2010; Gravina & Siers 2011）。

評価会議：過程

会議の予定を立てる

　スタッフは，評価会議の詳細な日時について，最低1週間前に予告されていなければならない。機関によっては，定期的に，半年に1度，1年に1度という間隔で評価の予定が組まれている。一方，スーパーバイジーの試用期間の終了時，毎年の採用記念日，スタッフの業務担当の変更時，スーパーバイザーの異動時，スタッフが退職するとき，あるいは，成功報酬の支払い予定があるとき等といった，スーパーバイジーの職歴の更新時に関連して評価を実施する機関もある。

会議に向けたスーパーバイザーの準備

　スーパーバイザーは，評価対象となる業務期間内およびそれまでの過去の評価におけるスタッフのケースファイル，記録，報告書，特定のプロジェクトの記事，統計資料，勤務時間表，スーパーバイザーの日記，メモ，日誌（Falvey & Cohen 2003）から抽出したものを見直して準備をする。

一般的には，スーパーバイザーは日ごろから準備をするのが望ましい。すべての情報源を使用して，スーパーバイザーは，スタッフの継続中の活動記録を作成して，特徴的な業務を説明すべきである。スーパーバイザーは常に緊急事態に注意を払い，業務行動を機関の基準に関連づけて考えておく必要がある。スタッフの業務の詳細について綿密に理解することは，評価する際のスーパーバイザーの不安に対する最も有効な対抗手段の1つとなる。不安なく批判を共有できるのは，保証を確信する場合と，その批判が的確に文書に記述されている場合である。

　全担当ケース数を等しく詳細に点検することは不可能である。そのため，準備段階では，会議での説明のための参考資料として，スタッフの特徴的な業務の代表例を選ぶことになる。たとえば，特定のスキルの必要性を示すことができる業務のよい例，加えて新たなスキルを必要とする悪い業務行動の例，そして，スタッフの専門職の成長を表わしている事例などを選定する。

　スーパーバイザーはさらに，準備としてスーパーバイジーに対する自己の態度と感情を内省して業務評価の客観性に対する影響を考察する。スーパーバイザーは気分により物事を大げさに見るとか，狭いところばかりを見たりしていないかを意識すべきである。スーパーバイジーに対して敵意のある感情は評価に際して懲罰的になり，支配しようとする願望は操作的に働く。スーパーバイジーと同一化し擁護しようとする傾向は過保護にしてしまうかもしれない。スーパーバイザーは，スーパーバイジーの専門性の向上を投資対象にしている。スーパーバイザーはスーパーバイジーの成功を切望しているので，それは視点を変えればスーパーバイザーの成功を求めていることであり，スタッフの失敗を認めるのに気が進まないかもしれない。

　スーパーバイザーはまた，評価における古典的で根強く残る落とし穴がないかを再度見直して，それらを見分けられるように，準備を怠ってはならない（Miller & Thornton 2006; Tziner, Murphy & Cleveland 2005）。さらに，本項での業務評価とフィードバックについての知り得た事柄を要約し理解することも役立つであろう。

業務遂行の評価とフィードバック

　「業務遂行の評価に関する調査研究では，業務実績とその業務ランキングとの関連性は大半が尺度上弱いレベルであり，最高が不確かなレベルであった」（Murphy 2008:151）。だが，別の調査研究によると，業務遂行のフィードバックに対する満

足度は，仕事の満足度，組織への関与，離職の意図とに相関があることが示されている（Brown et al. 2010; Jawahar 2006）。一般的に，正確なフィードバックがスタッフの業務遂行の改善に役立つと考えられるが，実際にはそのエビデンスには矛盾がみられる。ある文献レビューによると，スタッフの業務遂行能力は多くの場合，業務遂行のフィードバックにそって改善が見られたものや，時間が3分の1にまで低下したものもあると報告している(Kluger & DeNisi 1996)。その他のレビューでは，業務遂行の改善はフィードバック後には無視できるほどのわずかなもので（Smither, London & Reilly 2005），これは，多くのスタッフやスーパーバイザーが評価を嫌う理由を説明しているといえる。

　スーパーバイザーのフィードバックが曖昧で役に立たないとか，否定的なフィードバックがまったくないというのは，ありがちなことである（Green 2011）。業務ランキングの片寄りはあり得ることで（Latham & Mann 2006），民族，人種，文化の違いは，フィードバックの求め方，提供方法と，その解釈の仕方に影響していると思われる（Cleveland et al. 2007）。スーパービジョンの日記やスタッフの業務記録をつけることは，定期的な評価の正確さを向上させる（Latham & Mann 2006）。しかし，業務記録の不正確さは，効果の誤りによるよりも，故意の歪曲により頻繁に発生する（Spence & Keeping 2011; Tziner et al. 2005）。業務ランキングは，気分よく，スタッフに好意をもって行えば肯定的なものになる（Milkovich & Newman 2002）。否定的なフィードバックは，応答を促すことにより，効果が出る（Lizzio et al. 2008）。典型的な業務遂行の評価は，他の介入と組み合わせなければ役に立たないことを示す多数のエビデンスがある（Bouskila-yam & Kluger 2010）。課題に焦点を当てたフィードバックは，スタッフの関心を彼ら自身に引きつけるフィードバックに比べて，スタッフの学習を促進する（Shute 2008）。フィードバックの情報源が複合的であれば，スタッフはフィードバックに応えて行動することができるだろう（Latham & Mann 2006）。しかし，目標設定のないフィードバックは，ほとんど，あるいはまったく行動に役立たない(Latham & Mann 2006)。教育的なスーパービジョンは，目標設定，協働的な実践，フィードバック，評価があって初めて耐久性のある改善につながる（Latham & Mann 2006）。否定的なフィードバックが，明確で達成可能な目標とリンクしているときには，スタッフはさらに努力するであろう（Kluger & DeNisi 1996）。

　スタッフは肯定的なフィードバックをありがたがるものだが（Heckman-Stone

2003），スタッフが否定的なフィードバックを退けるのは（Cleveland et al. 2007; Jawahar 2006）スタッフ自身の自己評価と他者による評価との間に一貫性がない場合によくみられる（Latham & Mann 2006）。否定的なフィードバックは，信頼に足る判断力のあるスーパーバイザーから（Veloski et al. 2006）詳細に説明されたならば，公正だと思われる傾向が強まり（Latham & Mann 2006），文書によるフィードバックは口頭のフィードバックよりも，片寄りがないと認識されやすい（Shute 2008）。フィードバックについて，緻密であると理解するスタッフは公正であると考え，肯定的に反応する傾向が強い（DeNisi 2011）。反対に，自尊心に訴えるほめ言葉や威嚇はフィードバックの有効性を減少させる（Kluger & DeNisi 1996）。スーパービジョンの体験が肯定的なものであれば，フィードバックが否定的であっても，スタッフは役に立つと思い意欲的に受け入れるようになる（Bouskila-yam & Kluger 2010）。自分に対するフィードバックを公平と受けとめることができるかどうかは，スタッフがどのような変化を取り入れるかに影響するが（Lizzio et al. 2008），業務遂行のフィードバックに対するスタッフの反応は，フィードバックそのものの特徴よりも，スタッフの性格や認知処理に左右されていることが多く（Cleveland et al. 2007; Ilgen et al. 1979），業務をうまくできないスタッフは，フィードバックを完全に避けようとする（Cleveland et al. 2007）。

スタッフ会議への準備

　スタッフも同様に，機関が提供する評価の概要や評価採点表を見直して，会議の準備をしなければならない。スタッフは概要に従い，自己評価し，メモをとるのもよいだろう。加えて，スタッフは，6か月あるいは1年前と現在の業務遂行とを比較考慮して，評価対象となる期間に達成したことを考えること，さらに助けが必要だと考える場面，失敗してしまった専門職経験，目下取り組みたいと思う経験などを問われるだろう。

　スーパーバイジーが評価基準に精通することは望ましいことだが，それにもかかわらず，全国調査では，スーパーバイジーの大部分が，このような基準を通知する正式な報告書を受け取っていないと回答した。スーパーバイジーのうち，評価会議に向けて公式に自身の評価報告書の事前準備を求められた者は，3人に1人しかいなかった（Kadushin 1992a）。

評価会議の相互作用

　評価面接の開始時に、スーパーバイザーがスタッフの不安に対処するという意味から、手続きを確認し、取り上げる内容を簡潔に要約することは、明らかに効果がある。ただし、その際のコメントは非常に端的になされるべきである。スタッフの関心は主に評価そのものにある。また、評価会議開始時の別の方法について、あるスーパーバイザーが提案している。「私はスーパーバイジーに対して、この時間を使って、彼女の担当ケース数を点検して、漏れがないように確認して欲しいと頼んだ。これは、スーパーバイザーとスーパーバイジーの両者が安心して評価会議を始めるのに良い方法であるだけでなく、スーパーバイジーに積極的な参加者としての方向づけをすることになる」。

　面接は、肯定的なものから始めて、問題と欠点へと移り、そして、肯定的な業務の振り返りで締めくくるとよい。これは、サンドイッチアプローチと称されるもので、2つの肯定的側面の間に1片の否定的側面が挟まれている（Hornsey et al. 2008; Lizzio et al. 2008）。

　スーパーバイジーは、おそらくスーパーバイザーが何を言うかを心配して聞いているので、この会議は、スーパーバイザーがイニシアティブをとらなければならない。スーパーバイザーは、スタッフの業務を見たままに、わかりやすく、シンプルに、かつ明快に全体的評価を提示して、評価会議の面接を始めるとよい。評価は明確で正式なフィードバックを提供するものである。もし、評価が具体的で、スタッフのニーズに対応して、明確かつ正確であるならば、その有効性は高まる。

　正式な評価は、特定の業務を適切に引用して、意見を単刀直入に述べることができるよい機会である。スタッフは、曖昧な評価を提示されると当惑するかもしれない。「おそらく私はよくやっているのだろう。彼女はうまくやっていないと言わなかったから」、あるいは「彼女は私の慎重な取り組みについてたくさん話していたけれど、彼女の意図がはっきりとはわからない」といったことがあり得る。スーパーバイジーは、自分たちの業務についての正当な評価に関心がある。あるスーパーバイジーは評価に対して、具体的なフィードバックを支持的な方法で提供されなかったことへの不満を以下のように述べている。

　　私の評価は短く、掘り下げたものではなく、一般的かつポジティブなフィードバック

に限定されていた。私の業務に対する批判はほとんど含まれていなかった。全体的に，私の評価はポジティブではあったが，私を失望させるものであった。必要な領域であれば，私は本当に時間をかけて改善したいと考えていたので，このような評価は中身のないものに感じられた。

　この会議におけるスーパーバイザーの主な責任は，明確かつ正当なフィードバックを支持的な態度で提供することであるとの判断から，この場合には，有効なフィードバックの指針が該当する。

　会議の中核は，本章で述べているような基準を用いた，スタッフの業務に関する話し合いである。スーパーバイザーとスーパーバイジーがともに，よく考えて評価の準備をした場合，最初から多くの合意が得られるだろう。以下は，スーパーバイジーの自己評価の振り返りと，同じ問題についてのスーパーバイザーの事前評価メモとから抜粋したものである。

スーパーバイジーの自己評価

　　Jane〔未婚の母〕と Allens 一家〔里親家族〕に対し，私は過剰な熱意と思えるものを示し続けた。Jane は，私が信頼する以上に，自身の問題に対処することができ，私が準備し，ぜひ彼女に提供したいと思っていた手助けを必要としなかった。彼女は，私が介入しなくても，貧困家庭向け一時援助金プログラム（TANF）に申し込みをした。Allens 一家もまた，Paul〔里子〕が心地よく彼らの家に移れるように，親として十分な仕事をするスキルと習慣をもち合わせていた。私は何もせずに彼らを見ていた。この事例だけでなく他の事例においても，私は愛情に溢れた，過保護で，心配性の典型的な母親になりやすいと思われる。

スーパーバイザーの事前評価

　　M 嬢〔スーパーバイジー〕は，クライエントの役に立ちたい，クライエントに頼られたい，クライエントがやれること，しかも，力を借りずにうまくできることを彼らに代わってすることで，クライエントに称賛や感謝をしてもらいたいようである。M 嬢のように，心配し，助けになりたいという態度は，総じて，スタッフとしては称賛されるべき望ましいものである。しかし，M 嬢の現在の見境なく助けようとする振る舞いについては，さらに自制心と自己努力を積む必要がある。M 嬢は，ふさわしい状況を判断して，支援を提供することを学ぶ必要がある。このような条件と状況により，彼女の支援は真に役立つものになるだろう。今後のスーパービジョン会議では，M 嬢がクライエントの状況について，明らかに彼女の助けを求めて依存している場合と，クライエントが独力でできる場合とを見極められるように，その基準を中心に検討することになるだろう。

よい面接のすべてがそうであるように，会議は取り上げた重要な事柄を要約して締めくくるとよい。結びでは，近い将来に行われる話し合いを意図した内容が展開され，要約される。「ここから向かうところ」への明確な意見表明がある。会議の終わりには，評価に対するスーパーバイジーの感情的な反応に配慮して，心をかき乱すような感情を解消するか，少なくとも，和らげるような努力をする。

スタッフが改善すべき業務のいくつかの側面を明らかにした後，スーパーバイザーとスタッフは，変化のための行動計画を検討してそのカンファレンスを終える。この両者は，変化の目標を達成する具体的な期間について合意する。評価書式によっては開発計画のための記入項目があり，改善のための具体的な計画，達成すべき目標，同意した成長のための計画を一覧にして記すことができる。

会議が終わった後も，評価プロセスは続く。各評価は，最終的には，評価頻度を減らし，スタッフが真に自律し，正しく自己評価できることを目指している。この専門職としての成長段階では，客観的，批判的，外部からの業務の点検はまだ役立つものの，機関はスタッフを信頼し，管理上必要とする評価頻度を減らすことになる。

評価の伝達と活用

スーパーバイジーは，評価の受け入れや拒絶をする立場にはない。たとえ話し合いの関係で評価が行われたとしても，それはない。機関としては，専門職団体，コミュニティ，クライエントに対して果たすべき責務があるが，スーパーバイジーにこの選択肢を与えることはできない。評価が妥当な場合には，スーパーバイジーに，機関の求める業務の遂行基準に合致させるよう，行動修正の選択肢が与えられる。

スーパーバイザーは，評価の準備段階で，管理的行為としての提案に自信をもたなければならない。提案は評価の結果であり，管理側から支持されるという自信である。しかし，評価の結果に対する最終的な実行責任は管理側にある。この実行では，スーパーバイジーは独断的評価や，それに付随するネガティブな提案からは保護されている。よって，スーパーバイザーが，自身の評価に基づいた提案を管理者側が全体的に受け入れるだろうと確信したいのであれば，スーパーバイザーだけで

はなく，賢明な管理側も，この提案をサポートするために，機械的ではなく熟慮した決定をしていることに気づくべきである。

　評価が定式化されれば，清書して，スタッフに読んでもらうか，コピーをとるとよい。1990年改訂の，*NASW Standards for Social Work Personnel Practices*『ソーシャルワーク人材の実践に関する NASW 基準』は，評価の基盤となる「業務遂行基準」を明文化するよう機関に義務づけている。さらに，「評価は書面で提供すること，〔中略〕スタッフには評価を読み，署名する機会があること，意見の不一致を取り上げた陳述書をファイルする機会があること」を命じている。この陳述書では，「しかし，最終的な権限はスーパーバイザーに属する」と特筆されている（National Association of Social Workers 1990:np）。

　書面の評価であれば，スーパーバイザーは慎重に検討し，正確を期すことができる。内容，強調する点，バランスの変更の可能性を丁寧に見直し，時間をかけて再考することができる。これらのいずれも，口述評価の興奮と緊張のなかでは不可能であり，いったん口にした言葉を取り消したり，変えたりすることは叶わない。記録の性質上，書面による評価は，このスタッフを将来スーパービジョンをすることになる者が利用できるという長所もある。

　評価をスタッフに読ませることの必要性についてその根拠を取り上げてみる。口述評価は誤って解釈されやすく，スーパーバイザーの発言した内容からいくらでも空想が膨らむ。書面の評価は限定的で，読み返しや再確認が可能である。誤解の可能性もまだ残っているが，口述評価ほど，簡単に歪められるものではない。スタッフが聞きたくないことは聞かないようにするとか，聞いたけれども思い出したくないことを抑圧するのは容易である。記録文書の場合，このような防衛的操作の余地はあるが，難しいと言える。評価会議がしばしばスーパーバイジーにとってストレスになるのは，そこで言われた内容が吸収しにくいときである。資料を読む機会があれば，歪みのないコミュニケーションの改善が見込まれる。

　評価を読むのを許されることで，口頭で共有した評価が，管理側の実際にファイルしている評価書類と同じものかどうかというスタッフの不安は軽減される。評価が読まれるという事実は，スーパーバイザーにストレスとして働く。これが，報告書を準備する際の努力を強化し，評価をより客観的で正確なものにする可能性を高める。

　評価を読む際のコンテキストは重要である。スタッフには，スーパーバイザーの

面前で評価を読む機会が与えられなければならない。もし内容に関する質問や不服があり，資料の曖昧な表現の意味を明らかにしたいと望んだ場合には，その場で対処できる。評価が否定的な場合，スーパーバイザーは，その場で安心と支持を提供する存在となる。

　もし異議があり，スーパーバイザーがその妥当性を認めるときには，評価の陳述はそれに応じて修正される。もし異議があっても，スーパーバイザーがそれに同意しない場合，スーパーバイジーには，こういった留保の主張をスーパーバイジー名義のファイルに綴じてもらう権利があるとよい。評価書式には，スーパーバイザーの署名，スーパーバイジーの署名，機関管理者の署名を求める条項がある場合が多い。書式のスーパーバイジーの署名の横に，以下のようなただし書きをする場合がある。「この評価の内容を私は共有しました。私の署名は必ずしも合意を意味するものではありません」。

　スーパーバイザーのなかには，スーパーバイジーの評価を読む権利を十分に保護することに反対の意見をもつ者がいる。それは，あまり役に立たない，妥当性の低い評価を生み出す結果になるとの主張である。スーパーバイザーは，機関の管理側と機関のクライエントを公正に評価することと，気力を奪うような議論から自分自身を守ることとの間で板挟みになり，どっちつかずの曖昧な，概して，好意的な評価を書くことを選択するかもしれない。その書面には，無礼にならない表現を用い，同時に重要なこともほとんど言わないようにする。スーパーバイザーの勘，直観，鋭い推測は正確であっても，実際に具体的な裏づけを挙げて実証できず，考慮から外されると思われる。

　機関は不公平とするスーパーバイジーの評価に抗議するために，正当な法的手続きに訴えるであろう（Milkovich & Newman 2002; Malos 2005）。スーパーバイザーは，報復を何ら提案せずに，こういった行為に訴える権利を支持する必要がある。スタッフの多くにとって重要なのは，こういった手続きを利用しないことであって，このような選択肢を利用する自由があり，その可能性を知っていることは重要である。

　要約すると，スーパーバイザーとスーパーバイジーの双方が，自身のメモを見直し，暫定的に評価を策定し，会議に備える必要がある。彼らが評価会議で，スタッフの業績についての各自の理解を話し合った後，スーパーバイザーは正式な評価報告書を書くことになる。これはスタッフに渡され，反応とコメントを待つ。

　本節では，ソーシャルワークの望ましい評価手続きを述べている。評価会議が実

際にどのように行われているのか，あまり知らない。Nichols & Cheers（1980）は，23の評価会議の記録を分析した。これはスーパーバイザーとソーシャルワークの学生の間で行われたものであるが，評価会議を実施するうえでの教訓とすることもできる。事例の30％に評価コメントはなかった。評価コメントの約3分の1に関しては，「評価コメントを支持するようなエビデンスはわずかしか，あるいはまったく示されなかった。エビデンスが示されているものは，具体例ではなく，主に説明的な文面だった」（63-64）。事例の87％において，スーパーバイザーは，話し合われた項目を取り上げていた。

　保護サービスのスタッフ評価に関する調査研究では，スタッフのアセスメントスキルの遂行を厳密に精査し，スーパーバイザーがスタッフの業務遂行を全体的にアセスメントする傾向から，他の業務遂行規準を用いて別の採点結果を出すことができないという結論を下した。さらに，スーパーバイザーの個人的な性格がその採点に影響を与えるということである。スーパーバイザーは一般的に，スーパーバイジーの業務に関して，正確で詳細な業務遂行のアセスメントについての訓練を受けていない（Thomas & LaCavera 1979:4）。

評価のための情報源

　スーパーバイザーは，探しているものは何か，評価基準の概要のどこに述べられているかに加えて，サンプリング対象のスタッフの業務遂行のどこを見るかを知っているべきである。スーパーバイザーは，アセスメントをする際に，その基準を用いるならば，スタッフの典型的な業務遂行を示すにあたり，妥当で，信頼できる情報を十分に得る必要がある。スーパーバイザーにとってスタッフの業務遂行に関する利用可能な情報源には，以下のようなものが含まれる。

1. スーパーバイジーの活動に関する口頭報告
2. スーパーバイジーのケースファイルと書面の記録
3. スーパーバイジーの通信文，報告書，統計フォーム，週間予定表，日誌，月報等

4. グループスーパービジョンにおけるスーパーバイジーの行動の観察
5. スタッフ会議，あるいは合同専門職カンファレンスにおけるスーパーバイジーの行動観察
6. 合同面接におけるスーパーバイジーの観察
7. マジックミラーを通して，あるいは音声，動画の記録と放送によるスーパーバイジーとクライエントとの間の相互作用の観察（個人，グループ，コミュニティ）
8. 周囲の利害関係者のフィードバック
9. クライエントおよび組織の成果
10. スーパーバイザーの日誌，あるいはスーパービジョンの話し合いの会議録

　スーパーバイザーが評価を定式化するにあたって使用した実際の情報源に関する調査研究によると，主にスーパーバイジーの口頭報告と書面の活動記録という非常に限定的な情報源への依存が顕著であった（McCarthy, Kulakowski & Kenfield 1994）。

　書面の記録とは，スタッフの担当ケースと人事ファイル，プログラムへのスタッフの努力のデータをいう。クライエントの「最適」基準と，スタッフのプログラムに対する業務を反映した成果に加えて，生産性の定量化をするために以下の評価項目を見直すことになる。評価項目には，実行した面接回数，養子斡旋件数，申請処理件数，退所計画の完了件数，家庭訪問実施回数，契約書類の作成数，利用許可を受けた施設数，里親家庭の審査数，開催したグループ会議の回数，連絡をした傍系親族の人数などがある。

　利用頻度は少ないが，通信文，報告書，統計フォーム，そしてスタッフ会議とグループスーパービジョン会議におけるスタッフの活動は重要なものである。音声や動画の記録，直接的なスタッフの観察は，結婚カウンセラーや家族カウンセラーのトレーニングとスーパービジョンにおいて相当の頻度で使用されるが（Champe & Kleist 2003），ソーシャルワーカーは（Beddoe et al. 2011）心理学者（Amerikaner & Rose 2012）や医者（Craig 2011）同様，めったに使用しない。音声と動画の記録や，マジックミラーの観察は第10章で，スーパービジョンにおける改革として詳しく考察する。

　ここで言及した専門技術すべてにおいて，スタッフは独力で，あるいは，スーパーバイザーとのやりとりによって，評価に使用されるデータを生成する。スーパーバイザーは，スタッフの業務遂行を1つの立場から見ていることを認めなければな

らない。両当事者が存在して同じものを観察したとしても両者の評価の観点には紛れもない断絶があるだろう（Zarbock et al. 2009）。よって，Bernard & Goodyear (2009), Kaslow et al.（2009), Rose（2009）は，評価が最適化されるのは，スーパーバイザーがスタッフの業務遂行についてのデータを，多数の供給源から取得した場合であると考えている。すなわち，階層的関係性におけるそのスタッフとの関係性がそれぞれ異なるという理由から，そのスタッフの業務遂行のさまが異なる側面で表され，それを他の人々が評価するということである。

　同僚やクライエントは，スタッフの行動反応の範囲内の異なる側面を喚起するかもしれない。これは，スタッフの総合的な業務遂行を包括的に評価するには，スーパーバイザーだけではなく，同僚とクライエントの見方もまた含める必要があるということを示している（Latham & Mann 2006）。Kelly, Sundet と共に，Richardson は，ソーシャルワークの業績を評価するために，多様な関係者から，360度のフィードバックの使用を提唱した。業務評価に対するこのアプローチは，ビジネスや産業において広く知られているが（Milkovich & Newman 2002; Valle & Bozeman 2002)，さまざまな情報源からのフィードバックがその後の業務遂行にもたらす効果は，多くの場合，それほど大きくはなかった（Smither et al. 2005; Maurer et al. 2002; Miller & Archer 2010）。

　同僚同士はたがいの業務を的確にアセスメントする傾向がみられ，(Harris & Schaubroek 1988; Valle & Bozeman 2002)，ビジネスや産業において，組織は業務評価を管理する際に，同僚による評価を広範に利用していると調査研究は指摘している（Richardson 2010）。しかし，スーパーバイザーが評価の目的で同僚の情報を求める取り組みにも問題がある。同僚はたがいに競争関係にあり，これが提供される情報の特性を限定すると思われる。他の者について「告げ口をする」同僚は，グループ内の連帯感を問題にすることになるので，この場合，たがいの秘密を侵すという事情がある。同僚の評価は，同僚グループが対等な仲間であるという彼らの通常の仮説に背くことになる。このことが，同僚のひとりが他の同僚の仕事を批判的に評価するのを抑制する。しかし，スタッフが，評価の公正さや，組織的慣行のポジティブな変化に対するスタッフの認識が増し，生産性の増加，利用者の満足の増進は，同僚の評価がもたらす厄介な影響を相殺すると言われているが，これはビジネス分野の話であり，ソーシャルワーク・サービスとはその組織の文化的背景と目標を異にしている。文献は Bracken et al.（2001）を参照してもらいたい。

クライエントはスタッフの業務遂行に関する情報源として次第に認められるようになってきているが，この論争は今も続いている。Bishop（1971）の調査報告は，クライエントの主観性を釈明の1つにしている。たとえば，スーパーバイザーとスーパーバイジーの評価ランクは相互に有意な相関性があるが，スーパーバイジーに好意的なクライエントが評価したランクとの食い違いは大きかった。一方，良い業務も視点が異なれば違って見え（Valle & Bozeman 2002），スタッフに対する関係性と満足についてのクライエントの個人的評価は，サービスの成果を反映した客観的なものであると解釈されている（Baldwin, Wampold & Imel 2007; Harkness 1997）。なぜなら，スタッフとクライエントとの間の支援の提携は，援助結果を予測するのに最善の判断材料と言ってよいだろう（Horvath et al. 2011; Orlinsky, Ronnestad & Willutzki 2004）。クライエントはスタッフの業務遂行を評価するのに有利な立場にはいない。その理由として，クライエントは，機関の職務要件を知らないこと，ソーシャルワーク業務一般に関する視点をもたない，またスタッフとの個人的関係から客観的になれないことが挙げられる。しかし，サービスの成果は，スーパーバイザーがスタッフの業務を評価するうえで重要な情報源であることから，これについては，第10章で新たに改革の視点から取り上げる。

スーパーバイザーとスーパービジョンの評価

スーパーバイジーはスーパーバイザーに対して説明責任があるが，多くの機関において，スーパーバイザーは他の誰からも正式に評価されない。機関の管理側がスーパーバイザーの業務を評価することはほとんどなく，スーパーバイザー自身の評価に任せている。

スーパーバイザーの立場にある62人の心理学者が自身の能力をどう評価しているのかに関する調査研究によると，スーパービジョン文献の限られた読書量，スーパービジョン・トレーニングの不足，スーパーバイザー役割に対する公正な心構えの不足があるにもかかわらず，彼らの多くは自身のスキルが十分であるとみなし，スーパービジョンや評価のスキルに若干の自信をもっていた（Robiner, Saltzman, Hoberman & Schirvar 1997）。これは，NASW Workforce Survey 調査に参加した

1409人の有資格スーパーバイザーの自己評価と一致している。彼らのうちの10％に満たない者が，ソーシャルワークの役割に対してほぼ（あるいはまったく）準備できていないと答え（NASW Center for Workforce Studies 2004），87％以上が常に（あるいはほぼ常に）担当するクライエントの生活の質の向上に役立っていると回答している。

スーパーバイザーは誠実に自己評価し，その結果に基づいて自己の仕事ぶりを改善する努力をするかもしれないが，だからと言ってこれが変化をもたらすための十分な動機になるわけではない。Culatta and Seltzer（1977）は，臨床言語聴覚士のスーパーバイザーたちに，録音されたスーパービジョンの話し合いについて，カルテ記入システムを用いて指導した。スーパーバイザーらは，カルテに記入された業務を分析した結果，自ら業務遂行を批評することを迫られて，スーパービジョンの望ましくない側面にはっきりと気づくようになった。それにもかかわらず，継続したスーパービジョンのセッションを分析したところ，「スーパービジョンのセッションがどのように行われているかということについてのスーパーバイザーの自己認識はスーパーバイザーの行動に変化をもたらすようなモチベーションにはならなかった」ということが明らかになった（526）。

原則として，組織的行動はどのレベルのものでも，対人サービス提供者が利害関係者から業務に関するフィードバックを受けるとすぐに改善に結びつくが（Boettcher 1998），スーパーバイザーの評価はスーパーバイジーの評価に比べて問題が多い。これは，スーパーバイザーがほとんど「生産物」を生まないことによる。計測されたプログラムの成果がないので，ケース記録やレポートのような何らかの調査ができるものがないと言える。

スーパーバイジーは，スーパーバイザーの業務遂行について，関心の度合いや知識量をよく知っている。結果的には，スーパーバイザーの評価をスーパーバイジーから得ようとする努力がなされてきた。これは，スーパーバイジーのもっている情報は，スーパーバイザーの業務の一側面，つまり，スーパーバイジーをスーパービジョンする際のスーパーバイザーの業務にのみ限られているということを考慮に入れていない。スーパーバイザーに対するスーパーバイジーの評価の有用性は明らかだが，全国調査に回答した377人のスーパーバイジーのうち，このような評価に関与したと述べたのはわずか18.5％だった（Kadushin 1992a）。しかし，スーパーバイジーの評価は，スーパーバイザーの業務に顕著な変化をもたらし，スーパービジョ

ンは一層効果的なものになった。スーパーバイジーの評価は，スーパーバイザーが業務の欠陥を修正するうえで必要なフィードバックだと言える。スーパーバイザーに対するスーパーバイジーの評価は，スーパーバイジーの士気を高め，組織の公平性に対する確信を強め，平等主義の精神に沿ったものであり，スーパーバイジーが組織において，何らかの力を所有していると感じさせるものである。そのような評価が組織内で手続きとして認められている事実があると，スーパーバイザーは一層，自身の業務に関心をもち，スーパーバイジーのニーズに注目するようになるだろう。

Hegarty（1974）は，スーパーバイザーがスーパーバイジーからのフィードバックの結果，スーパービジョン業務を改めているが，それだけでなく，外部からのフィードバックや評価によるインセンティブが必要であると報告した。たとえば，Kelly & Sundet（2007）の調査研究では，児童保護サービスのスーパーバイザーの場合には，その行動変容が組織の文化と成果に影響を与えるのに，360度の評価フィードバック，教科書にあるスキルのトレーニング，個々の養成計画を組み合わせた2年間の介入が必要だったとしていることに価値があった。

このような評価に関連していると思われる課題について，疑問が挙げられている（Judge & Ferris 1993; Arvey & Murphy 1998）。スーパーバイジーは，本来，個人的なニーズと好みでスーパーバイザーを評価するのだろうか？ このような評価は，スーパーバイザーが好意的な評価を得るように行動し，スーパーバイジーがスーパーバイザーの承認を得るように評価するような，両者の「駆け引き」を促すのだろうか？ スーパーバイザーの権威を考慮すると，スーパーバイジーは客観的になる余裕があるのだろうか？ スーパーバイジーは，スーパーバイザーの業務に対する客観的な評価を下す能力があるのだろうか？

Dendinger & Kohn（1989）は，50人のスーパーバイザーと238人のスーパーバイジーに対するアンケートを用いて，スーパーバイザーの自己評価が，スーパーバイジーによるスーパーバイザーへの評価と非常に類似しているものの，高いレベルでの一致は稀であることを見出した（Heidemeier & Moser 2009）。部下によるスーパーバイザーの評価の効果に関する調査研究のレビューから，Bernardin（1986）は非常にポジティブな効果があることを発見した。Kelly & Sundet（2008），およびRichardson（2010）も同様の発見をした。しかし，Edward & Ewan（1996），Murphy & Cleveland（1995）は，部下による評価の匿名性（および報復を受けないこと）は必須条件だと警告した。

手本となり，業務改善のために，スーパーバイザーが勇気をもってスーパーバイジーの個々の業務評価を相互のフィードバックの機会として用いることを奨励する。スーパーバイジーに書面によるフィードバックを正式に要請すると，スーパーバイジーは，口頭で報告するよりも，「政治的公正」と社会的な望ましさをさほど抑圧せずに正しい評価を返してくれるだろう（Podsakoff et al. 2003）。

実際に有用だと考えたフィードバックの形態の1つは，助けになる，あるいはならないとスーパーバイジーが判断したスーパーバイザーの行動を物語形式で記述描写したものである。多くの場合，このような簡潔な人物描写は率直かつ有益な議論への扉を開き，スーパービジョンの焦点や，スーパーバイザーとスーパーバイジーとの仕事上の関係を再調整するのに役立つ。さらに，数々の評価尺度と記号化システムが，スーパービジョン・プロセスとその成果をチェックするために開発されており，Bernard & Goodyear（2009），Falender & Shafranske（2004）は，その多くについて詳細に考察している。定期的にスーパービジョンのダッシュボードを一瞥するように，スーパーバイザーが業務の質的・量的フィードバックの両方について収集し（Brutus 2010），規則的な間隔で行うことで，やがて問題を予期，予防，修正することにより，さらに望ましい目的地に到達するだろう。

スーパーバイザーのダッシュボードに2つの計器を推奨する。それは，Lehrman-Waterman & Ladany（2001）が開発した，Evaluation Process within Supervision Inventory（EPWSI）（スーパービジョンの評価プロセスの一覧表）と，Efstation et al.（1990）の開発による，Supervisory Working Alliance Inventory（SWAI）（スーパービジョンの協働の目録）である。両尺度は心理測定に有効であり，スーパービジョン調査研究で活用される頻度が高くなっている（3つめのダッシュボードの尺度として，カウンセリングの満足度基準の尺度を第10章で取り上げる）。

EPWSIには2つの要素がある。目標設定（「たとえば，目標は具体的であること，能力，機会，資源の点で実行可能であること，測定可能であること」）と，フィードバック（「たとえば，フィードバックは体系的で，タイムリーで，明確であり，肯定的・否定的な見解のバランスが取れていること」）である。両方の要素は，「(a) 協働の強化，(b) スーパーバイザーが訓練生の自己効力感に影響を与えることで促進される訓練生の認識，(c) スーパービジョンに対する訓練生の満足度の増加」と関連づけられている（Lehrman-Waterman & Ladany 2001:168）。

SWAIにもまた2つの要素がある。クライエント中心（たとえば，「スーパービジョ

ンでは，私のスーパーバイザーは，クライエントの視点を理解することに高い優先順位を置く」，また「クライエントに対する間違いを正すときに，私のスーパーバイザーはクライエントに介入する別の方法を提示する」）と，ラポール（たとえば，「私は自分のスーパーバイザーと働いていると居心地がよい」，そして「私のスーパーバイザーはスーパービジョンの間，私に合わせている」）である。これらはカウンセラーの自己効力感（Efstation et al. 1990:327），スキル（Ellis & Ladany 1997），仕事のストレス（Deihl & Ellis 2009; Sterner 2009），スーパービジョンに対する満足感（Ladany, Ellis & Friedlander 1999），仕事の満足感（Mena & Bailey 2007; Sterner 2009）と結びついている。

　スーパーバイザーは，自身のスーパーバイジーからのフィードバックとの釣り合いを取るために，機関管理者に追加のフィードバックを求めることもある。機関管理者はスーパーバイザーを評価するために，部署の生産性のレベルの変化，部署のエラー率，クライエントからの苦情数，スタッフの離職率，部署の欠席・遅刻の記録，他機関との関係，コミュニティに対する機関機能の説明，スタッフのニーズを管理陣に代弁する能力，機関方針と手続きの業務効果を管理陣に伝える能力といった事柄を質問するかもしれない。

議論の的になる論点

　スタッフの業務遂行の評価における論点として重要なものは，そもそも個人の業務を評価してよいのかということである。全般的に，個人の業務遂行の評価からのフィードバックが，組織環境における意義ある業務改善につながるという主張を支持するエビデンスはほとんどない（DeNisi 2011; Kluger & DeNisi 1996; Smither et al. 2005）。これは多くの者に，個人的ではなく，体系的な要因が主な業務遂行の決定要素であると信じこませている（Levy & Williams 2004）。それでもなお，当面，スーパーバイザーは個人の業務遂行の評価をやめそうにはない。

　評価は，客観的かつ統一的な基準に照らした，あるいは，スタッフの成長に照らしたアセスメントに関心を向けなければならないという議論がある。コミュニティに対する説明責任があり，クライエントに対する効果的なサービスにかかわる専門職においては，スタッフの成長を利用した評価に関心を向けることは，当然である

といえるほど妥当だとは思えない。何らかの最小限の外部からの要求を容れる必要がある。たとえ，スタッフが今日，昨日よりも10倍熟達しているとしても，それでも許容しうる最低基準に満たないならば，スーパーバイザーはクライエントを不当に扱って，そのスタッフに仕事をさせ続けることになる。スーパーバイザーは，個別の発達を考慮しなければならないが，それとともに，一般的かつ既成の基準に照らして評価しなければならない。

　管理的スーパービジョンと教育―臨床的スーパービジョンの区分をめぐる議論についてはすでに述べた。区分を擁護する者に，管理的な評価責任がスーパーバイジーの同僚にあることを示唆している。調査研究によると，同僚がスタッフの業務に関する必要な情報を与えられた際，その同僚による業務アセスメントは，スーパーバイザーによる同じ仕事の評価結果との関連性が非常に高いとされている（Harris & Schaurbroeck 1988; Valle & Bozeman 2002）。しかし，通常の状態では，スタッフは同僚の活動を理路整然と判断するのに十分な情報がない。ソーシャルワークは一般的に，スタッフとクライエントとの間で行われる秘密裏の対面的活動にかかわる仕事であって，他者が自由に観察できるような公然と行われる仕事ではない。似たような条件で仕事をしている診療所の医師に関する調査研究は，彼らは，同僚の活動を正当かつ確実に判断をするのに十分な情報をもっていないと報告した（Friedson & Rhea 1965）。

　同僚が評価するには，通常評価の根拠として使用される，記録，事例報告書，統計フォームのすべてを，たがいに共有し合う必要がある。このような資料を隠さずに快く同僚と共有したとしても，スーパーバイザーがカンファレンスを重ねて業務活動について討議して得た貴重な情報は，同僚に与えられないだろう。妥当性のある評価のために必要な基本情報の利用制限と，このような手続きに要する時間のために，教育的目的であるはずの同僚による評価は，粗探しになりやすい。同僚による評価は，管理上の決定を下す根拠として，さらに深刻な論点となる。同僚同士が乏しい資源（昇給，昇進，望ましい取扱件数）を競合する場合，その相手を公正，誠実，客観的に評価しようとするのは負担が大きいものである。評価プロセスに同僚関係が加わる難しさは，先述したとおりである。

　特定のスタッフの業務全体について情報を十分有していることも問題である。機関内の1人に継続的な教育的スーパービジョンの責任を課し，もう1人に評価の責任を割り振ることに不利な影響を及ぼす。この議論については第10章で他の側

面から取り上げる。

　もう1つの問題は，教育と評価という正反対の機能に関連している（Erera & Lazar 1994b）。既述したように，優れた評価には2つの重要な目標があり，それは教育的目標と管理的目標である。評価は専門的な成長を促進するように設計されるが，それにとどまらず管理上の決定の根拠ともなる。これらの目標の2つを1回のカンファレンスで達成しようとする試みは，防衛が判断により生じて，学習に必要な開放性に不利に働くために，失敗しやすい。ここでは，これらの2つの目標の区分を提案している。1つの評価会議は，専門的な発達段階に焦点が当てられる。もう1つの評価会議は，別の時間に行われ，管理上使用する評価報告書の作成を焦点にする。要するに，管理が目的で行われる評価は，発達段階の評価から分離されるのである。

　評価会議を管理的なものと発達段階的なものとに切り離すことで，スーパーバイザーは給料や昇進の決定に際して，業務能力等の独占的な懸案事項以外の検討事項を話し合うことができる。給料，昇進，解雇の決定は，機関の財政的な変化，クライエントからの申請の減少，仕事の年功序列といった，能力とは無関係の外部要因の結果として話し合われることになる。評価の管理的な側面と発達段階的な側面を切り離して，2つの別個のカンファレンスにするという決定が，さらに，どちらの面接を先に予定するかを決定する課題となる。もし発達段階に関する面接が，管理上の面接より先に行われるなら，最初の面接内容は2番目のインタビューで話し合われる管理的な決定事項を正当化するのに利用される可能性がある。しかしながら，スーパーバイジーは，管理的な問題が話し合われるまでは，発達段階に焦点を当てた内容に十分に取り組む準備ができない。

　スーパーバイジーは，発達段階的評価よりも管理的評価を優先事項にすることを，次の，あるスーパーバイザーの発言で例証できる。「Bettyは自身の昇給の話を聞くまで，自身の業務について話し合うことを望みもせず，何の準備もしていなかった」。やむを得ないことながら評価手段として定式化された業務基準と，個々のスーパーバイジーが認識するその妥当性との間には，ちぐはぐな点がある。当然，業務基準はより一般的にして，だれか一人のスーパーバイジーの業務を特定してはならない。その結果，スーパーバイジーはそれぞれ，いかなる評価手段も業務の詳細や業務の独自性を公平に評価していない，あるいは正確に反映していないと考えるだろう。これについては，業務評価に対するスタッフとスーパーバイザーの反応の違

いに関する調査研究の結果で，スーパーバイジーに比べてスーパーバイザーのほうが評価基準とスタッフの任務や責任とを一致させて捉える傾向があり，正確に業務評価をする能力があったということは，意外なことではない（Harkness & Mulinski 1988:342, 表2）。

もしかすると，評価のそれぞれの目標に応えるためには，それぞれに評価手続きが必要かもしれない。評価フィードバック後の業務改善に関する調査研究をメタ分析した結果，以下のような発見があった。

> 業務改善が起こる可能性が最も高いのは，フィードバックで変化の必要性が示され，それを受けた者が肯定的にフィードバックに関心を向け，行動を変える必要性を認識し，フィードバックに対して肯定的に反応して，変化が実現可能だと信じ，適切な目標を設定して自身の行動を規制し，そして，スキルと業務遂行の改善につながる行動を起こすときである（Smither et al. 2005:33）。

この例から，たとえば，業務契約に目標管理手続きを使用すると，評価対象となる専門職としての成長の成果に適った，わかりやすい計画作成ができることがわかる（Daley 1992）。この成果のために，評価基準は，評価対象であるスーパーバイジーの個々の業務と専門職としての成長ニーズとに基づいて設定されている。しかし，これらは特定のスーパーバイジーのニーズに対して個別性があり，そのニーズに合わせて作られているので，個々のスーパーバイジーの業務遂行レベルを他者と比べて識別するのには役に立たない。この識別ができないならば，この手続きは評価の管理的な目的に不向きなものとなる。

スーパーバイザーの評価における判断の信頼性と妥当性に関する疑問が1つある。スーパーバイザーは，任務とはいえ，避けられない非常に難しい評価の課題に直面する。おそらくスーパーバイザーには，スタッフの業務を直接観察することができず，明確な定義のある最終成果を得るための手段を与えられず，評価の難しい活動に適用されるあいまいな基準を利用しながら，スタッフの業務の実態を正確に反映させた評価の策定が期待されている。

一般的に，ソーシャルワークの評価基準は曖昧で，また「実用的，観察的，直感的ではあるが，正確ではなく，標準化しにくく，科学的とは言えない」（Kagan 1963:18）という意見が合意を得ている。しかし，その評価基準は必ずしも未熟かつ無計画で，長所がないというわけではない。

スーパーバイザーのアセスメントの妥当性は，業務分析から開発したペーパーテ

ストでのスタッフの得点と，このアセスメントとに有意な関連性があるという事実から裏づけることができる（Kleinman & Lounsbury 1978; Cope 1982）。

1955年に the Council on Social Work Education（ソーシャルワーク教育協議会）の後援のもとで行われた実証研究では（Lutz 1956），4つのケースワーク面接記録が，国中のソーシャルワーク専門学校のケースワーク教職員団に送られ，独自のアセスメントを求めた。4つのグループワーク会議記録が，グループワーク教職員団に送られた。教職員メンバーにはケースワーカーあるいはグループワーカーの業務を評価し，「まったく不十分」から「明らかに優れている」までの7件法の尺度を記録に反映させるように求めた。全体で143の回答があった。ケースワーク記録4つのうち，3つは，判断の一貫性が統計的に有意であった（p = .01）。これは，判断に関して，かなりの意見の一致があったことを示している。しかし，あるスーパーバイザーは，同じ記録の評価として「まったく不十分」とした者もいるが，他の者は「確実に優れている」と評価した。すべてのグループワーク記録の評価に関しての一貫性は統計上有意であり，評価のばらつきは少なかった。従って，これを理由に，スーパーバイザーは特定スタッフの業務遂行レベルを，一般的に認められている尺度で測り，ほぼ一致を得ていることは確かだと言える。

Kagle（1979）は，登録臨床ソーシャルワーカー435人に2つの類似した事例を送り，ソーシャルワーカーの業務遂行を評価するように依頼した。事例1は育児放棄に関するもので，事例2は夫婦葛藤に関するものであった。回答者は，ソーシャルワーク実践の評価において一般的に用いられる基準からなる Case Evaluation Form（事例評価フォーム）を使用するように求められた。調査研究結果によると，「事例1に関しては評価者間にかなりの不一致があった。全体的には，回答者の75％未満が，評価基準54項目中39項目について一致した〔中略〕」。事例2については，「回答者は基準の54項目中29項目について一致しなかった」（294）。研究者は，スタッフの業務遂行について，「事例記録に基づいて妥当な判断をするには，情報不足は明らかである」と結論づけた（295）。

スーパーバイザーがより適切なデータを入手したとしても，評価の根本的な問題は依然として残っている。Liston, Yager & Strauss（1981）は，6人の精神科研修医が，精神力動的セラピーの中期に，患者とかかわる内容のビデオテープを入手した。以前は妥当性が認められていた Psychotherapy Assessment Schedule（精神療法アセスメント計画）を使用して，スーパーバイザーと臨床の経験がともにある13

人の有資格精神科医に対して，研修医の業務遂行をビデオテープを観て評価するように依頼した。評定者間一致は，偶然というよりも統計的に有意であった。しかし，実質的成果として，「評定者間一致の程度は，すべての事例において低かった」との指摘がある（1071）。「評定者間一致は，特に正確に評価するうえで重要となる，状況や行動の評価について悪い傾向にあった。〔中略〕評定者の一致が最も難しい業務カテゴリーは，セラピーの具体的スキルを扱うものであった」（1072）。

Chevron & Rounsaville（1983）は，5つの異なった手順によって評価された9人の臨床心理士に関する以下の調査研究をするように手配した。

1. 教訓的な試験
2. 教授陣による，対象セラピストが参加したトレーニングプログラムにおける複合的な全体評価
3. 治療者の自己採点
4. ビデオテープに記録された，心理療法のセッションに関する個別の評価者の採点
5. 治療者の過去にさかのぼった治療セッションの報告に基づく，スーパーバイザーの伝統的な評価の方法

異なるデータからの文献では，治療者のスキルに関するアセスメントについて，その結果からは，わずかな合意しかみられなかった。最も当惑させられたことは，ビデオテープに記録されたセッションの見直しに基づいた採点と，治療者のプロセスの資料によるスーパーバイザーとの話し合いに基づく採点の間に，合意が見出せなかったことである。しかし，楽観的にいえば，スーパーバイザーの採点のみが，クライエントの結果と互いに関連しており，このことは，採点がクライエントのポジティブな変化において正当性があったことを示している。

これらの調査研究結果の説明として研究者による指摘がある。スーパーバイジーはスーパーバイザーとの話し合いにおいて，通常，クライエントの行動やテーマ，そして，クライエントの進捗状況について報告していたという。つまり，スーパービジョンのセッションにおける最も顕著な情報の焦点と，クライエントの変数とに関連がある。対照的に，ビデオテープで記録された治療のセッションを評価する際の注目すべき焦点は，治療者の行動と介入に向けられる傾向にあった。総じて，ど

の焦点がよりクライエントの結果に緊密にリンクしているかについては明確でない。

評価は，何がよい実践の構成要素となるかについて，専門家の同意に基づく合意が必要となる。明確な基準が策定されており，エビデンスに基づいた実践のための基準が確立されているとしても，諸々の問題解決のために，選らび取られるべきエビデンスベースの介入には，さまざまなものが存在する。何がよい実践なのかの考えをもった多数の集団があると同時に，何がよい実践のエビデンスなのかについての考えをもった集団があるため，スーパーバイザーは，これに関して1つの理論的な立場を示すかもしれず，スーパーバイジーは，それを受け入れることができるかについて，かなり違った立場を示すかもしれない。なぜなら，スーパーバイザーは，評価を下す責任があるため，理論的なバイアスによる決定をするかもしれないからである。

　任意の臨床に関する問題において，明確に定義された一連の手続きや解釈の優位性をデータが確実に立証するまでは，1人の臨床医のまったく同一の行動が，観察者の視点によっては適切，あるいは不適切と採点される可能性がある〔中略〕その行動は，臨床医のスーパーバイザーの個別の「フィルター」を通してのみ評価が可能である（Shriberg et al. 1975:159）。

スーパーバイジーの仕事を評価するうえで，スーパーバイザーが自身の理論的な偏見を用いることの事実については，1人のカウンセラーの仕事の同じ部分に対する，3人の異なったスーパーバイザーの応答として以下のように説明されている。

　このインタビューは，新人カウンセラーと非常に流暢に話す最上級の高校生とで行われた。この高校生はカウンセリングの時間を完全に独占し続けたのだが，カウンセラーは，「このカウンセリングに来た理由を教えていただけますか？」ということと，「カウンセリングの時間は終了しました。次の予約を入れますか？」の，実に2つのことしか言わなかった。異なった理論的立場にある3人のスーパーバイザーは，このインタビューにおいて，実際にこの状況で，彼らならどのようにしたかということと，何がなされるべきだったかを分析した。フロイト派の考え方をする，1人のスーパーバイザーは，このカウンセラーが行ったこととまったく同じ行動をとると主張した。つまり，最初のインタビューでは，指示や中断をすることなく，相手が喜ぶだけの自由を彼に許可したであろうと主張した。このスーパーバイザーは，カウンセラーが素晴らしい仕事をしたと感じた。より指導的な臨床の位置づけにある2人目のスーパーバイザーの見解として，カウンセラーは非常に質の悪い仕事をしたと主張し，実際のところ「誰がカウンセリングをしたのですか？」という質問を投げかけた。彼は，カウンセラーは当然に，クライ

エントの過度な語りを減らすべきであり，より大きな尺度で調べ，分析し，仮説を立て，明確にしなければならなかったと感じた。3人目のスーパーバイザーは，いくらか中庸的な立場を取っており，カウンセラーには熟考したり，明確にしたり，要約したりするためのいくつかの適切なタイミングがあったと感じたが，カウンセラーの寛大さと忍耐を称賛した（Demos 1964:705）。

　ソーシャルワークの責任，手続き，基準に合った方法論的なアプローチの急激な変化によって，現在，評価における複雑な困難が生み出されている。たとえば，抑うつ状態の対人関係における心理療法について訓練されているスーパーバイザーは，認知行動療法を実践しているスーパーバイジーの仕事を評価するうえで，多大な困難に直面するかもしれない。「違う」ということは，必ずしもより良いことやより悪いことを意味するわけではないと認めたとしても，スーパーバイザーは，非常に異なる基本姿勢に基づき，クライエントに対するスーパーバイジーの業務を評価する立場ではない。

　評価の必要性だけでなく，一方で，全体的に満足のいく信頼に足る妥当性を達成する可能性を減ずるような問題を，認識し受け入れたとしても，この責任に直面しているスーパーバイザーに対して，何という言葉かけができるだろうか。業務とそれに付随する権威は，その職位に固有のものである。スーパーバイザーの職位を受け入れることは，業務を受け入れることを含む。業務を受け入れるにあたって，その者は必ず，それに付随する罪悪感や不安という重荷を受け入れなければならない。しかし，これはスーパーバイザーにとって，他人事ではない真実である。クライエントにサービスを提供するソーシャルワーカーは，たびたび，わずかなエビデンスと危険な推測による決定を実行する際の罪悪感や不安の重荷を受け止めている。成果に対するすべての決定は，責任者側に立ったとき，個人的な誤りやすさに集中し，鋭く不快な意識をかき立てることになる。

　スーパーバイザーが，自身の人間性を認識し，受け入れなければならないと，人は言うかもしれない。それは，すべての評価が，必然的に主観性の要素をもっており，ある程度間違っているからである。しかし，スーパーバイジーの日々の業務に対して，直接接触しているスーパーバイザーは，スーパーバイジーの最善の業務情報をもち合わせており，最善の評価ができる。スーパーバイザーの評価で起こりうる間違いの程度は，他の者に評価された場合にスーパーバイジーが晒される間違いと比べるととても少ないといえる。アセスメントの際の，スーパーバイザーによる

体系的で誠実な努力は，主観的で間違いがあるにもかかわらず，「専門的な判断が構造のない一般的なうわさに流されるよりもずっと親切（そしてより正確）である」(Ekstein & Wallerstein 1972:291)。このことが真実であるなら，完全に正確な評価は実現不可能なもので，適切かつ有益な近似値ならば達成可能である。

誤りがあるとしても，業務遂行の評価のような複雑な判断をするために今日用いることのできる最善の手段は，訓練を受けたスーパーバイザーの，研ぎ澄まされた，情報に基づく精神であることを認識し，受け入れる必要がある。「主観的な判断は曖昧で，偏見と好みによって歪曲されるという危険に陥る。しかしそれらは，非常に具体的で，狭義に定義されており，客観的な基準よりも，より広範で，豊かで，複雑であり，最終的に，現実に対して，より正確である」(Haywood 1979)。より正確な手段が望ましいが，まだ考案されていない。現在，「このようなアセスメントを行うことは，応用科学であると同様に，育まれるべきアートである」(Green 1972:54)。

コミュニティ，機関，クライエント，スーパーバイジーでさえも，評価の合法的な絶対確実性を期待することはできない。彼らが求め，期待できるのは「見込みに対する妥当な近似値」(Reynolds 1942:280)である。ほとんどのスーパーバイザーが，絶対的な確実性のために努力しており，こういった近似値を提供している。偶発的で，経験的なエビデンスは，主観的なスーパービジョンの採点の正当性に関して，控えめな楽観主義を支持している。Arvey & Murphy(1998:163)が観察したように，「主観性が自動的に評価者の間違いや偏見につながるわけではなく，採点は真の業務遂行の正当な反映であることが多く，またスタッフの評価のための低コストの仕組みを代表するという認識が広がりつつある」。

要約

機関の基準を反映した明確に定義された観点からの，一定の期間におけるスタッフの総合的な機能の客観的評価は，スーパーバイジー，スーパーバイザー，機関，クライエントにとって有用性がある。それは，管理的スーパービジョンの責務である。

ところが，スーパーバイザーは，評価を行うことが好きではない。それは，地位の違いについて強調することを嫌がっていること，自身が評価をする権利と能力に関して疑わしく感じていること，評価を間接的なスーパービジョンのアセスメントとしてとらえていること，評価をソーシャルワークの精神に矛盾するととらえていること，誘発される可能性のある強い否定的な感情を恐れていること，という理由からである。

　評価は，スーパーバイジーの積極的な参加と意見を奨励する継続的なプロセスでなければならない。評価は，スーパーバイジーとオープンに共有される，正当性に関連した基準に則っている。評価は暫定的であり，状況的な要因に加えて，強みと弱みの両方が考慮される。評価は，ポジティブなコンテキストのもとに成立する。そして，スーパーバイザーが自身の業務遂行の評価を受け入れる準備が整う。

　スーパーバイザーとスーパーバイジーの両者は，評価期間中の仕事を見直すことで，評価会議の準備をする。会議は，議論の土台として，評価のアウトラインを用いた，振り返りの結果の相互的な共有がテーマになる。最終的な評価は，書面でスタッフに渡される。

　スタッフ自身の業務に関する書面および口頭の報告は，業務遂行を評価する際に用いられる主なデータとなる。評価は専門的な成長を促し，人事決定をするうえで最も頻繁に使用される。

第9章

グループ・スーパービジョン
Group Supervision

定義

　スーパービジョンの形態のなかでも主に使われているものは，個人スーパービジョンであるが，スーパービジョンの形態はそれだけではない。機関によっては，スーパービジョンの目標を達成するのにグループ・スーパービジョンが適していることもある。グループ・スーパービジョンは，個人スーパービジョンを補うために実施されることが多い（Newgent, Davis & Farley 2004）。

　グループ・スーパービジョンは，機関の管理運営上の目的を達成するのにグループというコンテキストを活用する他の諸形態と区別できる。スタッフ間の話し合い，職場内トレーニングプログラム，研修会，セミナー，ワークショップなどはすべて，機関の運営やスタッフの教育のために，グループというコンテキストを利用する。ここでは，グループ・スーパービジョンを，スーパービジョンの諸責任を遂行するためにグループを活用することと規定する。グループ・スーパービジョンにおいてスーパーバイザーは，複数のスタッフの業務活動に対する管理的，教育的，支持的責任をもち，これらの業務活動をグループが担うようにスタッフに指示する。グループ・スーパービジョンでは，機関がグループのなかで，グループを通してスーパーバイザーに権限を委任する。もっとも端的に言えば，グループ・スーパービジョンは，グループの形態で行われるスーパービジョンである。

　スーパービジョンにおいてグループの会議や話し合いは，グループという形態を活用し，議題を検討する。グループ・メンバーには，特定のグループリーダー，つまりスーパーバイザーに従うスーパーバイジーとしての立場が求められる。これらのグループは，管理的に機関から組織されたものである。これらのグループは，特定の目標を達成することをめざす。その話し合いに向けて，機関が場を設定し，それぞれの担当スーパーバイザーを任命する。

　グループ・スーパービジョンの本来の目的は，どの形態のスーパービジョンでも同じであり，その機関がクライエントへのより効率的かつ効果的なサービスを提供することをめざす。グループ・スーパービジョンでは，集団療法や感受性トレーニング・グループのようなスーパーバイジー個人の人格的発達，個人的な問題解決，グループの活動，メンバー間の相互作用を通してメンバーに満足感を与えることな

どを目標としない。これらの成果をグループ・スーパービジョンから得ることはあっても，スーパーバイジーにとっては，専門職としての実践を向上することが主たる目標となる。

機関が個人スーパービジョンの代わりとして，あるいは補足としてグループ・スーパービジョンを導入する際には，スタッフたちがその変化を受け入れるための準備を必要とする。このようなスーパービジョン形態の移行には，スタッフの同意だけではなく，この移行について話し合うことも必要である。それをスタッフに受け入れてもらうために，グループ・スーパービジョンがどのように行われるのかの具体的な手順について，理解を促すことが必要である。このような移行に対する理解を得るためにも，グループ・スーパービジョンの利点と不利点について検討することが，管理運営上，望まれることである。

グループ・スーパービジョンの利点

グループ・スーパービジョンの明らかな利点の１つは，時間と労力を節約できるという管理上の経済性である（Bernard & Goodyear 2009; Hayes, Blackman & Brennan 2001; Proctor 2008）。組織全体に適用できる方針や諸手続きなどは，ユニット単位で説明することでスーパーバイジー全員に周知することができる。組織内の共通課題なども，最も効率的に，グループ・メンバーであるスタッフ一人ひとりに伝えることができる。グループ・スーパービジョンを採用すると，スタッフへのスーパービジョンに割く時間が少なくて済むことから，個人スーパービジョンをグループ・スーパービジョンへ移行することは，組織のコスト削減にもつながる。コストの抑制が，政府の予算削減やマネジドケアにとって必須となっている現在，個人スーパービジョンに代わるものとしてのグループ・スーパービジョンへの関心は高まってきている。

グループでの話し合いでは，多様な「教え―学ぶ」という経験が有効に活用されている（Tebb, Manning & Klaumann 1996）。専門家の講演，パワーポイントによるプレゼンテーション，ビデオによる学び，またロールプレイのセッション，パネル討論会などの計画も同じである。これらの学びの経験は，元来グループというコンテ

キストを活用して得られるものである。

グループ・スーパービジョンは，スーパーバイジーそれぞれが仕事上直面する類似の問題について，各人がどのように解決策を講じたか，その経験を共有する機会を提供する（Bernard & Goodyear 2009; Kuechler 2006; Linton & Hedstrom 2006）。グループ全員で取り組んだものは，メンバーがひとりで取り組んだ成果よりもはるかに多くを得ることができる。仕事の配分に関してはメンバー間でそれほど相違はないが，メンバーの担当ケースをすべて集めると（グループで議論できるケースがプールされると），メンバー各人の担当ケースでの経験よりも，多様な広範囲なものを経験することができる。その結果，学びのための資源は個人スーパービジョンよりも一層豊かで多様性に富んだものとなる。またグループにはさまざまなメンバーがいるため，多様な社会問題に接近することができ，学びの場に多様視点を提供できる。

グループ・スーパービジョンの話し合いで，メンバー同士が類似した経験を共有する様子が，下記の引用文に示されている。精神科病院におけるクリニカルソーシャルワーカーたちのカンファレンスで，彼らは，治療中の患者の示す精神障害の徴候と症状がさまざまで，多様であることに関心を示した。スーパーバイジーの1人であるN氏の報告を以下に紹介する。

〔N氏が担当する〕患者は，入院以来，退行症状を呈していた。患者の妻は，この症状をひきこもりがいっそうひどくなったものととらえ，自分が観察した夫の様子が心配であるとN氏に話した。精神症状の退行が頻繁にみられることについて，妻に理解を促すことができたと思うと，N氏は言った。

グループでの話し合いで，スーパーバイザーは，精神病の経過と治療が進むなかで，現実の根拠となる行為，目に見える治療に対する反応に揺れが生じることを予測して，N氏が援助できたことを指摘した。スーパーバイザーは，ほかのスーパーバイジーも自分の担当事例のなかで，このような揺れについての気づきがあったかどうかを尋ねた。

デルマーさんは，自分の担当する患者が最近電気ショック療法をやめた直後に退行症状が現れたと言った。ドレイク氏は，デルマーさんのようなケースを担当したことがあり，またN氏のようなケースも経験したことがあると報告した。グリーソンさんが担当した患者たちのほとんどは治療効果があったが，そのなかの一人に退院計画を立てはじめたころ，その患者に入院時よりもひどい退行症状が現れた。その逆転現象は，あまりにも突然であったと言った。

このグループでは，退院や援助終結の時期にみる一時的な退行現象がクライエントたちに共通した反応であるという見解をまとめ話し合いを終了した（Abrahamson

1959:89-90)。

　グループ・スーパービジョンは，スーパーバイジー各人が担当するケース量よりも広範囲な社会的問題に触れることができると同時に，多様なクライエントたちにも接することが可能となる。たとえば，個々のスーパーバイジーにとって，ボスニア人やスーダン人，ソマリアのバンツー族出身のクライエントを担当する機会がそれほどなくても，他のグループ・メンバーが提示したクライエントに，ある程度間接的にかかわることになる。

　　数多くの移民の家族を担当しているひとりのグループ・メンバーは，子どもを叩く親にうまく援助できていないことの課題を認めつつも，面接でそのような行動をあからさまにとりあげた場合に何が起こるか心配であると言った。子どもを叩くのを止めて「タイムアウト（小休止）」の宣言を親に強く勧めることは，クライエントを自分たちとは違う種類の人間であるとして疎外することにならないだろうか？　このような行動は「文化的帝国主義」というものではないか？　このメンバーが行った介入は，クライエントの自己決定を擁護するソーシャルワークの価値と倫理に反していないのだろうか？

　グループでのこのような課題についての話し合いは，多様なクライエント集団に対するソーシャルワーク実践の挑戦を検討する機会となる。偏見や固定観念にとらわれていることをグループで確認し，話し合うことで，多文化ソーシャルワーク実践におけるスーパーバイジーたちのコンピテンスのレベルを向上させることになる（Rowell 2010; Kaduvettoorh et.al. 2009; Lassiter et.al. 2008）。

　仕事で誰もが遭遇する共通の問題を共有する機会それ自体が，個々のソーシャルワーカーへの援助の保証となり，その士気に影響を与える。グループ・スーパービジョンでのメンバー間の相互のやりとりを通してソーシャルワーカーたちは，自分たちの失敗や困難が他のソーシャルワーカーたちよりも無能だから生じたのではなく，今抱えている問題が特殊だからでもなく，どのソーシャルワーカーも等しく，特定のクライエントに悩まされ，特定の状況で味わう挫折感に気づくようになる。グループというコンテキストにおいて，ユニバーサリゼーションやノーマライゼーションといった支持的なテクニックを実際に経験し，これらが「自分の問題」というよりも，「私たちの問題」であるという事実を強く認識するようになる。つまり，問題について個人的な私的なものととらえる傾向は弱まり，客観視できるようになる（Bogo, Globerman & Sussman 2004a）。

　ソーシャルワーカーたちはふだんひとりで仕事をし，その実践を個人スーパービ

ジョンでスーパーバイザーと振り返るため，他のソーシャルワーカーと対比させて実力を見極めることは難しい。グループ・スーパービジョンは，ソーシャルワーカーに他のソーシャルワーカーたちの援助を「見る」機会と，他と比較する基準を提供する。自分と同等の教育や経験をもつ他のソーシャルワーカーと比べて，自分の業務の仕方について明確に自覚できるようになる。司法分野のソーシャルワーカーは，以下のように述べている。

　主な関心事は，自分が独力で業務をうまくできたかどうかである。私は自分の自律性を楽しんでいるが，同僚と自分の業務とを比べる機会をほとんどもたない。私は自分の努力を自分以外の人と比べる基準ももっていない。私の担当スーパーバイザーは，新しい組織方針を承認させるときや問題を解決するときにユニット会議を開くが，そこでは担当ケース数の配分は行わない。以前，ある担当ケースについて他のソーシャルワーカーが加わってチームで話し合う機会をもったとき，私たちが同じようなことをしていることに気づき，不安が軽減され，非常に面白いと思ったことがある。また，1つの状況に対してそれぞれのソーシャルワーカーが異なる見解をもっていること，また同じ経験をするのにその作業の仕方がまったく別のものであることに驚き，素晴らしいと感じた。なぜ，グループ内のユニット会議では，このようなことができないのだろうか？

　グループ・スーパービジョンのメンバーたちは，たがいに情緒的なサポート資源としても機能する（Bernard & Goodyear 2009）。メンバーたちは，グループでの会議や話し合いの全過程を通してたがいに慰め，共感し，認め合う。グループは，同僚同士で教え合う横一列の教育の機会だけではなく，さまざまな形でたがいに助け合う機会を提供する。スーパーバイジーたちは，このように知識を共有し，情緒的なサポートを提供し合う機会を得て，満足し，専門職としての士気も向上し，その結果グループへの帰属感が一層強化されることになる。

　私は，前の週に話し合ったクライエントの状況をグループに報告した。自分が彼女のためにもっと何かできればよかったのに，と言いながら私が泣き出したので，グループの人たちは気持ちを話しはじめ，私たちにはできることに限りがあること，また，おそらく私がベストを尽くしたに違いないことは信じると言ってくれた。私は，気持ちがとても楽になった。

　グループは，スーパーバイジーたちに対して，不安な状況下で何が起こっているのかについての説明を可能にし，自信のない介入についての正当性を裏づけることで，スーパーバイジーをサポートする。あるスーパーバイジーは，グループ・スーパービジョンのことを「日頃の葛藤を共有するためのフォーラム」と表現している。

グループは，メンバーにとってのサポート・システムなのである。

　グループ・スーパービジョンは，職場ユニット内のメンバー間の相互作用を促進し，同僚間のグループの凝集性を作り出すために用いられる（Munson 2002; Hayes, Blackman & Brennan 2001）。グループ・スーパービジョンには，スタッフが集う機会を提供することができるという利点がある。精神科のクリニックで働くあるスーパーバイジーが以下のように述べている。

　　グループ・スーパービジョンの利点は，自律した人々が一堂に会するという行動にある。通常1日の90％を各自の部屋で仕事をしているので，廊下ですれ違ったり，洗面所で一緒になったりすること以外は，わざわざ予定をとらない限り，たがいに会うことが少ない。グループ・スーパービジョンが導入されてからは，皆の態度に目に見える変化がみられ，廊下などでも時間をとって話をする人が多くなった。

　グループによる会議や話し合いを通して，個々のスーパーバイジーは，機関への帰属感を高め，グループ感覚，専門職としてのアイデンティティ，グループとしての凝集性などを形成する。職場で緊密な距離感をもつスーパーバイジーたちは，インフォーマルな交流を通して団結心を形成していくものである。どの機関でも集団生活は避けて通ることができないものであるが，スーパーバイジーたちは，休憩時間にお茶を飲んだり，一緒に昼食をとったり，そして一緒に仕事をすることでその生活を育むのである。グループ・スーパービジョンが実施される会議や話し合いは，このような自然発生的グループ活動を補完・補強するとともに，グループに所属・参加しているという感覚を実際に育てる。さらに，グループ・スーパービジョンの場でのフォーマルな相互作用が，日頃のインフォーマルなスタッフ間の相互作用を強化し，その質を向上させる。

　グループの話し合いは，スーパーバイザーにとって，これまでとは異なる関係においてスーパーバイジーを観察する機会になる（Bernard & Goodyear 2009）。個人スーパービジョンにおいては，スーパーバイザーは二者関係でのスーパーバイジーの反応を理解する機会となる。一方，グループ・スーパービジョンでは，グループという場におけるスーパーバイジーの行動を見ることができる。このことはスーパーバイザーにスーパーバイジーの機能の仕方を別の新たな視点から見ることを可能にする。結果的に，スーパーバイザーは個人スーパービジョンにおいても，より効果的なスーパービジョンができる立場にいるだろう。このような結果は，以下のビネットで説明できる。

スーパーバイザーは，個人スーパービジョンで，ひとりのスーパーバイジーと課題について話し合った。そのたびに彼女が自分のアプローチが適切だと主張し強引な態度をとる傾向にスーパーバイザーは気づいていた。グループにおいても他のメンバーとの相互作用のなかで彼女に同様の言動が見られたことから，スーパーバイザーは，このスーパーバイジーにはクライエントの自己決定の尊重が難しいことなのだと理解した。

　グループ・スーパービジョンは，その特定の機能を強調する。個人スーパービジョンやグループ・スーパービジョンなど，いずれの継続的システムも，感情表出的な役割と道具的な役割を遂行することを求める。そのシステムが調和を保ちうまく稼働している場合，課せられたタスクが遂行できているということも事実である。個人スーパービジョンでは，スーパーバイザーがスーパーバイジーとの調和のとれた関係を保ちながら，その仕事のさまを観察するという場合，2つの役割を果たす必要がある。ときに道具的ディマンドは感情表出的ニーズとは対極にある。スーパーバイザーからのさまざまな期待に応えることや業務に取り組むことへの要求は，スーパーバイジーの癒しや再確認の要求と対立するものである。スーパーバイザーは，良い親であると同時に悪い親にもならなければならない。

　グループ・スーパービジョンは，この対立する役割遂行の責任を分割することができる（Rosenthal 1999）。スーパーバイザーがグループの特定のメンバーをサポートしようとして言葉かけをしているとき，他のメンバーたちは自分たちの思いを伝え合っているかもしれない。また，スーパーバイザーが対峙しようと行動するとき，他のメンバーたちは再確認しようと動くかもしれない。グループという状況では，メンバーそれぞれに合ったさまざまな機能を担ってもらうことができるので，スーパーバイザーのタスクはある意味でシンプルなものになる。スーパーバイザーはグループに，課題を提起したり，何かを遂行することを要求したり，メンバーにとって耳の痛い質問をしたりして，道具的役割を果たしながらも，必要であればすぐに支持的な介入ができるようにしておかなければならない。場合によっては，メンバーたちによる支持を予測して，スーパーバイザーは挑戦することもできる。

　スーパーバイザーがスーパーバイジーの言動を修正する場合，個人スーパービジョンよりもグループ・スーパービジョンでの話し合いを媒介にした方が容易にできるかもしれない。仕事上の地位が同じである仲間としてのメンバーが，グループでの話し合いにおいてスーパーバイザーの見解を受け入れるならば，個々のスーパーバイジーは変化に対する抵抗をあまり示さなくなるかもしれない。グループで

の話し合いがもつこのような利点を活用すれば，スーパーバイザーはメンバーの行動をより望ましいものへと変化させることが，意図的にできる。

　グループというコンテキストは，スーパーバイジーにとっては，より心地よい学びの場となることもあるだろう。このようなスーパーバイジーにとっては，1対1の話し合いでの関係性のダイナミクスはあまりにも緊張が高いので，グループ・スーパービジョンにおけるスーパーバイザーとメンバーたちの関係に示されるような，より緩やかな関係を求めるであろう。スーパーバイジーの何人かにとっては，スーパーバイザーのような親的存在よりも，仲間からの批評・提案・助言の方が受け入れやすいものである。スーパーバイジーが仲間とみなしている人たちからの学びは，スーパーバイザーからの学びよりもわかりやすい。同僚からの学びは，スーパーバイザーからの学びの複雑な依存心や権威から解放してくれる。スーパーバイジーのあるものにとっては，グループというコンテキストが，特異な学びのニーズをよりよく満たしてくれるという利点をもっている。Mooreが次のように指摘する。

　　グループの仲間との相互作用から作り上げられた規範は，権威の象徴であるスーパーバイザーから言い渡された規範よりも取り込みやすい。スーパーバイジーにとって，仲間とともに作った規範のほうが業務遂行につながりやすい（Moore1971:5）。

　グループでの話し合いでは，スーパーバイザーはスーパーバイジーの関係上の別の側面が観察できるのと同様に，スーパーバイジーも異なる状況下でのスーパーバイザーを観察することができる。グループ・スーパービジョンはスーパーバイジーに，スーパーバイザーをよりよく知る機会を提供する。たとえばスーパーバイザーというのは，どの程度適切にパワーを発揮するのか，どの程度制御しようとするのか，グループの一人ひとりのメンバーにどのように反応するのか，えこひいきをするのか，メンバーすべてにネガティブな態度で接するのか，すべてのメンバーを同等に扱うのか，重大な課題をめぐって強い葛藤が生じるようなときにプレッシャーにどのように反応するのか，等々。

　グループという場は，スーパーバイジーがさまざまな集団相互作用のスキルを学ぶために，スーパーバイザーをモデルとして活用する機会となる。個人スーパービジョンを通して，スーパーバイジーは二者間の相互作用について学ぶが，グループ・スーパービジョンにおいてはグループにおける相互作用を学ぶ。ソーシャルワークの実践においてグループで活動する機会はいたるところにあり，グループという形態でサービスを提供するのは経済的であることを前提とすれば，グループの相互作

用を学べるという利点がグループ・スーパービジョンにはある。

　グループ・スーパービジョンはスーパービジョンからの自立に向けた 1 つの段階である。その動きは，スーパーバイザーに依存する段階から始まり，仲間への依存も徐々に少なくなり，自分を律した自己依存までをたどる。グループ・スーパービジョンは，スーパーバイザーとスーパーバイジーのパワーの共有と等配分のための効果的な媒体となる。結果的に，グループ・スーパービジョンは，自立した機能遂行に向けての中間施設のような場としての役割を担う（Ray & Altekruse 2000; Sussman, Bogo & Globerman 2007）。

　グループというコンテキストは，個々のスーパーバイジーがスーパーバイザーに挑戦するために必要な多勢の安心感を与える。個人スーパービジョンは孤立したコンテキストで行われるので，スーパーバイジーはスーパーバイザーに質問や異議を述べることをためらうかもしれない。「個人スーパービジョンでは〔中略〕2 つの意見しかないので，同意できない場合にはスーパーバイザーの意見が通常採用される」（Pointer & Fishman 1968:19）。たがいに同盟を結んだサポートがあることを前提とすれば，スーパーバイジーはグループの話し合いという守られた場で，異なる意見を表明するための勇気をもつことができるだろう。

　先に指摘したように，グループ・スーパービジョンでは，スーパーバイジーが仲間による仲間同士の学びに積極的に参加できる（Barretta-Herman 1993; Getz & Agnew 1999）。このような仲間との分かち合いは個人スーパービジョン以上に，スーパーバイジーの実践上の自立が求められる。グループでの話し合いでは，スーパーバイザーがスーパーバイジーと学ぶことの責任を分かち合うだけでなく，スーパーバイザーのパワーもシェアされる。スーパーバイジーたちは，グループでの話し合いにおいて，コントロールの手段だけでなく，主導権をとる責任までも負う。最終的に，評価の責任さえも共有する。結果的に，最初は個人スーパービジョンがほとんどでグループ・スーパービジョンの割合がごく限られたものであっても，自立した責任ある実践をめざすのであれば，両者の量的バランスを見直さなければならない。徐々に個人スーパービジョンを減らし，グループ・スーパービジョンの割合を増やしていく。この考え方に添って，スーパービジョンからの自立と自律を育成する手段としての可能性を認め，グループ・スーパービジョンを活用してきたという組織もある。

グループ・スーパービジョンの不利点

　個人スーパービジョンの大きな利点は，特定のスーパーバイジーのニーズを充足するために，教えることと学ぶことを明確に個別化できる点にある。一方，グループでの話し合いは，だれかの特定のニーズにではなく，すべてのスーパーバイジーが共通して抱える普遍的なニーズに焦点を当てる。結果的に，グループ活動で取り上げる事柄には，個々のスーパーバイジーによってその関心度が異なるかもしれない。あるメンバーにとって非常に重大な問題であっても，半時間も議論をすれば，他のメンバーにはそのテーマが退屈で，くどく，関心がもてないものになるかもしれない。グループでの話し合いの主な不利点としては，個々のスーパーバイジーにとって，現在抱えている担当ケースに話し合いの学びを単純に適用することができないことである。個々のメンバーのニーズがなんであれ，個人スーパービジョンに比べれば，グループ・スーパービジョンのどの回の話し合いも，焦点や構造が曖昧で，関連性があまりないとみなされる傾向がある。

　スーパーバイジーが，スーパーバイザーの権威に依存することや敵意の感情につぶされることなく，仲間との一体感を通して，グループでの話し合いから学ぶことができるとしても，集団それ自体が学びの妨げとなる可能性もあるといえる。グループという状況が，きょうだい葛藤や仲間の競争心を刺激する（Bernard & Goodyear 2009）。どのスーパーバイジーも，他のメンバーが自分より先に気の利いた発言をして，スーパーバイザーから多くの関心や承認，ないしは保護者的愛情を得るのではないかと気にするかもしれない。どのスーパーバイジーも，他のメンバーと比べてうまくやれるかどうかを心配するかもしれない。この問題については，ある病院の相談室におけるグループ・スーパービジョンの導入を例に，Apaka, Hirsch & Kleidman が指摘している。

　　ソーシャルワーカーたちは，それまで巧みに覆い隠してきた敵意と競争心をもっていた。グループ・プロセスでは，スーパーバイジー間の相互作用の機微について，それまでに強調されていたものも，逆に認識されていないものも含めて，すべてを強調して浮き彫りにすることを可能にした（Apaka et al. 1967:58）。

　グループ・スーパービジョンに新しいメンバーを組み入れることは，その人に個

人スーパービジョンを提供するよりも難しい。一定期間以上継続しているグループは，グループとしてのアイデンティティ，メンバー間の相互作用のパターン，役割分担，小集団や下位グループの発達，共通の理解などを育むものである。これらをまったく知らない新しいメンバーは，グループが築き上げた均衡を脅かし，それ故に他のメンバーからの不興を買うことになりやすい。このように，グループ・スーパービジョンは新しいメンバーに対して特定の問題をもたらす。

　個人スーパービジョンでは，スーパーバイジー自身が直面している問題に対して，その場で何らかの答えを出したり決定を下したりしなければならない。それに対してグループという場では，そのような責任を果たすことが苦痛であるスーパーバイジーは，グループとしての解決や決定を受入れるだけでよい。個人スーパービジョンでは，積極的に参画して意見を述べなければならないが，グループによる多勢の安心感に身を置くことができる。

　グループのコミュニケーションは，1対1の相互作用に比べて，問題の発生率が高い。個人スーパービジョンでは，送り手は，受け手である相手が求めているものに的確に応じ，考え方を選択し，言葉を選ぶことができる。ところが集団の場合は，ある考え方に対するアプローチや，よりよい理解のための用語がメンバーごとに少しずつ異なるので，スーパーバイザーは妥協する必要がある。スーパーバイザーはメッセージや言葉を選ぶので，メンバー全員がおおよそ正確に受け取ることはできるが，特定のニーズを充足することはできないかもしれない。

　ある人のニーズを充足する介入が，他の誰かの問題を生みだすことになるかもしれない。グループ内の特定の2人がスーパーバイザーに受け入れられたいという高いライバル意識をもっている場合，1人のメンバーへの賛辞はもう1人のメンバーには否定的に響くだろう。

　グループ・スーパービジョンでは，スーパーバイジーに批判的な質問やコメントが許されるような多勢の安心感は，メンバー数人が団結してスーパーバイザーに対抗するという危険性をもたらす。スーパーバイザーが個人スーパービジョンでより居心地よく感じるのは，二者関係の相互作用をコントロールできるという見込みがあるからである。グループという状況ではそのようなコントロールは脅威にもなる。結果的に，スーパーバイザーのなかには，グループ・スーパービジョンを採用することに不安をもつ人もいるかもしれない。

　グループ・スーパービジョンでスーパーバイザーは，その話し合いでのコントロー

ル力を失うリスクをもつ。メンバーにはグループ内で他のメンバーと相互作用をする責任がある。スーパーバイザーは，メンバーがそのような責任を最大限果たせるように，またメンバーがグループに積極的に参画できるように，元気づけ，励まし，支える。これらの行動によってスーパーバイザーはグループをコントロールする。スーパーバイザーは，自分がこうした行動を望ましいと思うが故に意識的に奨励しようとする。しかし，グループはスーパーバイザーにとって望ましいことではないことをさせようとするかもしれない。グループ側に立って最大限の参画と行動に対する責任遂行を促すことは，スーパーバイザーにとってグループをコントロールできない結果を招くことに気づくかもしれない。個人スーパービジョンでは同様のことが起こっても，スーパーバイザーはコントロール力の回復は可能である。グループの状況下では，スーパーバイザーは劣勢にある。自分に対立するグループの結束に直面して，スーパーバイザーはその状況下のコントロール力を再獲得することはもはや困難であることに気づくかもしれない。グループ・スーパービジョンでは，コントロール力を共有するリスクがあるため，スーパーバイザーであることの個人的な保証を得たいというニーズはさらに大きくなる。

　凝集性の高いグループでは，個々のメンバーはグループとの一体感をもつので，グループとしての思考や姿勢に従うプレッシャーがかかる。このような凝集性は，グループ・スーパービジョンにとって強みでもあり，弱みでもある。それは，個々のスーパーバイジーに対して，組織の手続きや，クライエントとの相互作用において専門職として望ましいアプローチを受け入れるように働きかけるうえでの利点となる。その一方で，スーパーバイジーの個別性や創造性を抑制しかねない。グループがもつ考え方や態度に逆行するような事柄を表明するには，かなりの強みと確信が必要である。ときには，これらの非定型な考え方が，グループにとっては課題を効果的に達成するうえで妥当であり，役立つものであるかもしれない。グループリーダーとしてのスーパーバイザーは，グループの凝集性を保つように行動する必要もあるが，行き過ぎたグループによる専制や「グループ思考」に対しては緩和することも必要になる。このような目的を達成するためにスーパーバイザーは，グループの非定型的な態度や考えを表出するようにサポートする。また，それらを表出してもよいかどうかというスーパーバイジーの迷いを敏感に感じとることが求められる。グループでの話し合いでは，このような貢献を受け入れて，皆が認めて奨励する雰囲気を，グループの相互作用の1つの規範として確立する。

グループ・スーパービジョンでの重く，おそらくなじみのうすい責任を引き受けるために，スーパーバイザーたちには，知識やスキルが求められる。グループリーダーとして，スーパーバイザーたちは，グループというコンテキストにおけるグループの相互作用，グループダイナミクス，グループという場における人の行動に関する心理学などの知識を学ぶことや，少なくとも以前に学んだものをリフレッシュしておく必要がある（Bernard & Goodyear 2009）。スーパーバイザーとしても，ファシリテーターとしても，グループリーダーは，グループの凝集性を高め，それを維持できるように促し，モニターすることで，グループの相互作用は過度に対立せず，生産的なものになる。スーパーバイザーたちは，関心の焦点を，これまでと同様の個人から，グループ全体へと移行する必要がある。スーパーバイザーがうまく方向づけができなければ，グループというコンテキストのなかで個人スーパービジョンを実施することと代わりはない。このような傾向は，グループに対応するというよりも，個々人の集合体に対応することから発生する。

　スーパーバイザーは，二重の焦点づけという難しい状況にある。スーパーバイザーは，一人ひとりのスーパーバイジーとの関係とそれぞれ生産的なコミュニケーション・パターンを維持しなければならない。加えて，個々のメンバーと，そしてグループ全体との関係を形成し，コミュニケーション・パターンを発展させ，維持することが求められる。

　どのようなグループにも，5つの相互作用が同時に発生する。(1)個々のメンバー間，(2)個々のメンバーとスーパーバイザー間，(3)グループ全体と個々のメンバー間，(4)グループ全体とスーパーバイザー間，(5)各下位グループまたは下位グループのメンバーとスーパーバイザー間の相互作用である。そのため，単純で管理しやすい個人スーパービジョンと比べて，スーパーバイザーが調整・整備しなければならないさまざまな情報上の手がかりやプレッシャーがある。

　グループというコンテキストは，秘密保持に関する潜在的な問題を作り出す。クライエントの問題についてグループで話し合うことは，クライエントの明確な同意なく一定数の人々に私的な情報を開示することを意味する。結果的に，クライエントの秘密保持として匿名性と情報を守るための努力が必要である（Bernard & Goodyear 2009; Cutcliffe, Hyrkas & Fowler 2011; Rowell 2010）。

個人スーパービジョンとグループ・スーパービジョン：その適切な活用法

　個人スーパービジョンでもグループ・スーパービジョンでも，それぞれの条件やニーズに応じてある程度の適切さをもって活用されれば，双方にそれなりの利点や不利点がある。そのため，計画的に，相互補完的な手続きを採用することが望ましい。グループの話し合いは，個人スーパービジョンで話し合われた問題の再燃であることがよくある。グループの話し合いは，その後，その回ごとに，個々のスーパーバイジーの担当ケースの状況に応じて言及される。個人スーパービジョンからグループ・スーパービジョンへ，そしてまた個人スーパービジョンへという流れは，円環的なものである。通常，1人のスーパーバイザーが個人スーパービジョンとグループ・スーパービジョンの両方に責任を負っているため，2つの異なる手続きを統合して，また継続して採用することができる。スーパーバイザーには，個々のスーパーバイジーの学びのニーズに対して，それぞれのアプローチをいかに最適に活用するかを決定する責任がある。

グループ・スーパービジョン：過程と役割

　グループ・スーパービジョンの過程は，そのスーパービジョン・プログラムの目標達成に向けた一連の工程からなる。その過程の各段階において，スーパーバイザーとスーパーバイジーの双方が，一連の手続き上の役割を果たす（Edwards & Heshmati 2003; Kuechler 2006）。

▮形成段階

　その過程の第一段階は，グループ形成にかかわる活動である。グループ形成に関連する活動は，元来スーパーバイザーの役割にちなんだものである。グループ・スーパービジョンのプログラムを展開する決定をしたならば，スーパーバイザーは，まず結成するグループの規模を決めなければならない。グループは，メンバーがそれ

それ異質の入力ができるための規模を必要とするが，一部のメンバーの参加の機会を無視するリスクを管理できないほどの大きさではない。グループ・スーパービジョンに適したサイズは，だいたい4〜6人である。

　スーパーバイザーは，グループへの参加をスタッフの自主性に任せるか，職務上の義務とするのか，開催頻度と期間，メンバー選定の最適方法と選定結果の通知方法，グループメンバーの参加の仕方などを決めなければならない。グループの話し合いの場の選定もまた，スーパーバイザーの責任である。

　物理的な整備もグループの相互作用の1つの決定要因であり，スーパーバイザーはグループ・スーパービジョンの話し合いを準備するうえで注意を払う必要がある。そのグループの規模に適した広さの部屋に椅子を円形に並べることが，おそらく最も望ましい配列である。部屋が大きすぎると，そのグループの大切さを感じられず，戸惑いもあるだろう。逆に，小さすぎるとたがいの肩や膝が触れ合ってしまい，メンバーに窮屈で居心地の悪い思いをさせてしまう。輪になって座ると，たがいの顔が見え，他のメンバーとも話しやすい。たがいの顔が見え，人の話が聞こえると，非言語的なメッセージをとらえやすくなる。さらに輪になって座ると，立場は特定されることなく，グループの中の正面かどうかを気遣う必要がない。スーパーバイザーも，輪のなかのどこかに，控えめに位置をとることでグループに溶け込むことができる。輪になったからといって，スーパーバイザーの支配的な地位が完全に中立化されるわけではないが，いくぶんあいまいにすることにも役立つ。騒音や妨害からの解放も望ましい物理的整備の決定要因となる。

　話し合いの日時の具体的なスケジュールは，明確に設定し，定期的に開催する必要がある。このことは，グループの継続性を確保でき，グループの構造上に不可欠な要素である。また，スーパーバイジーたちの時間を尊重していることを示すことにもなり，事前に予定を組むことで，他との重複を避けることができる。一般的には，グループ・スーパービジョンの話し合いを午後の早い時間に設定することは，避けたほうが良いかもしれない。昼食後の眠気は，グループの相互作用を不活発にしがちである。

　グループが形成され，必要な構造と物理的条件が整えば，グループでの話し合いの目標，形態，内容について考えられるようになる。

目標

　グループ・スーパービジョンの話し合いでも個人スーパービジョンと同様，目標を明確に設定する必要がある。機関の目的達成のために組織されたグループであることから，グループの目標設定は，機関がめざすものから完全に自由とはなり得ない。グループ・スーパービジョンも個人スーパービジョンも，究極の目的は同じであるが，グループ・スーパービジョンの場合は，立てた目標をはるかに超えるような結果をもたらすことが求められる。1回のグループセッションには，相当量のスタッフの貴重な時間が投入される。6人が参加する1時間半の話し合いにかかるコストは，1人の1日分よりも高い。そのため，スーパーバイザーは，グループの相互作用を促す責任をもつ。スーパービジョンの一般的な目的と合致するような目標を選択することで，それはより達成しやすいものとなる。

　グループのメンバーもまた，自身の限られた時間とエネルギーを個人的に投資している。その話し合いがまったく生産的でなく，有用な目標をもたないならば，メンバーは失望し，憤慨することになる。グループ・スーパービジョンに対するソーシャルワークの学生の反応についてのある調査によると，主な不満足感の要因は，単調で退屈な話し合いでの時間の浪費であった。しかし，スーパーバイザーが平等主義に基づき自分のやり方で行ったとしても，グループ・リーダーという外套を完全に脱ぎ捨てることはできない。機関のヒエラルキーにおけるスーパーバイザーの立場や地位が，グループという社会システムにおける独自の地位をスーパーバイザーに付与することになる。スーパーバイザーの学歴や経験はその地位を強化する。スーパーバイザーは，習得した特定の知識や技術の資源をグループのために活用する責任をもつ（また活用することを期待されている）。

　スーパーバイザーがとる平等主義的スタンス（例：「私はグループではひとりのメンバーにすぎない」「ここでは私たちはみな同じだ」）は，あるメンバーにとってはまやかしだととらえられ，またあるメンバーには責任の放棄であるととらえられる。スーパーバイザーが自分には権威がないと規定する権威をもつこと，その事実そのものがまさに，スーパーバイザーの権威を証明していることである。

　スーパーバイザーがリーダーとして，グループからではなく，機関の管理部門から指名され，グループの話し合いの内容について管理責任を負っている以上，そのグループは民主的ではあり得ない。スーパーバイザーは，場合によってはグループ

でどのような決定を行うか，グループとしてどのような手続きをとるかを決めて，受け入れてもらわなければならない。グループは，何らかの解決策を講じる自由さをもたず，機関の予算，法的規制，機関の方針などによる制約があることを認識しておく必要がある。

スーパーバイザーは，それらの制約に精通し，その知識をグループと共有する責任がある。実行できないことを推奨するようなグループの話し合いは，無駄であると感じられ，失望を招く。

グループのリーダーシップについては，主にスーパーバイザーに責任があるが，その責任はスーパーバイザーだけのものではない。グループ自体が目標や機能と関連する多くの決定に対してかなりの責任を担っている。実をいうと，グループの話し合いのなかで，スーパーバイザーは，自身の責任に対する組織のヒエラルキーからのプレッシャーが弱まるとポジティブに，しかも開放感をもって反応することもある（Parihar 1983）。

スーパーバイザーは，個人スーパービジョンでもグループ・スーパービジョンでも，筆頭者にすぎない。さらにいえば，スーパーバイザーによるコントロール権を強調するアプローチを厳格に貫き，それに固執・執着することは，スーパーバイザー自らが失敗を招くことになり，それが逆効果を招くことは明らかである。機関がスーパーバイジーにグループの話し合いに出るように要求することはできるが，参加を強制するという意味合いではない。単にその場に居るだけでは，スーパーバイジーたちはグループ・スーパービジョンの目標を達成することはできない。話し合いの目標とグループ相互作用の質は，機関だけでなくスーパーバイジーたちのニーズをもある程度は充足するものでなくてはならない。

スーパーバイザーのリーダーシップは，グループの成果を保証するために最低限必要なものである。個人スーパービジョンと同じく，グループリーダーとしてのスーパーバイザーは，スーパーバイジーを，強制対先導，コントロール対指導，命令対提案，といったジレンマに直面させる。グループ過程内の一定期間に，スーパーバイザーは，積極的な態度をとる段階から，徐々にグループがイニシアティブをとり，責任・コントロール・指導・活動などを引き受けるようにしむける必要がある。スーパーバイザーがこれらの責任をグループと分かち合うには，柔軟かつ自由であるべきである。役割のなかには，スーパーバイザーよりもグループのあるメンバーが担ったほうが効果的なものがある。その場合，リーダーシップはスーパーバイザーに集

中することなくグループ内に拡散する。

　スーパーバイザーが，一時的であれ徐々にであれグループの目的や目標を規定し，それを遂行する責任をとるのであれば，グループの話し合いのための十分な準備が必須である。スーパーバイザーは，グループが考慮すべき事柄について，試験的であっても，提案に対して明確な考えを準備しておく必要がある。スーパーバイザーはまた，討議で取り上げる必要のある論点と，話し合い学び合う必要のある内容について決めなければならない。予想される難しい質問への答えも考えて準備しておかなければならない。メンバーたちの強い抵抗にあうような論点なども明確にしておく必要があり，それらを繰り返し強調する必要があるかもしれない。要するにスーパーバイザーは，話し合いのおおよそのシナリオを，実際の展開にしたがって思い描いておかなければならない。

　事情に応じてプランを変更することになったり，また必要に迫られて破棄せざるを得なくなったりするかもしれないが，前もって立てておくことが望ましい。グループの話し合いがどのように進んでいくかというアウトラインを描くこと自体が，スーパーバイザーの安心につながる。しかし，計画というものは1つのガイドラインとして使われるときに利点が発揮できる。もし，スーパーバイザーにとってプランが杖のような拠り所となっているとすれば，たとえグループの規定にかなった関心事に従う必要がある場合でも，スーパーバイザーは心理的にその計画に依存し，そのプランから逸脱することに抵抗するだろう。スーパーバイザーが行う準備には，話し合いの内容を補足するような書籍，パンフレット，論文，書類，指導書を持ち込むことが含まれる。

　グループ・スーパービジョンの一般的な目的は明確に言われているが，広い意味で述べられることが多いので，スーパーバイザーは毎回の話し合いの場で具体的にわかりやすい目標に言い換える必要がある。「より効果的かつ効率的なサービスを提供するために学ぶこと」という目標は，次の火曜の朝9時から10時半までのグループの話し合いで，実際に何をするのかという質問の答えにはならない。スーパーバイザーは自分の経験や視点から，スーパーバイジーが何を知り，何をしたいか，どうあるべきかについての考えを明確に把握できるので，実際には話し合いの各回の話題は，一般的な目的に照らして引き出すべきである。グループリーダーであるスーパーバイザーとしては，グループの話し合いに具体的な話題を提供することが有効である。その話題は，必須条件としてメンバーが引き受けるものというよりも，

皆で検討した結果，示唆を与えるような助言として提案されるのが望ましい。グループ自体が，メンバーたちにとって優先順位の高い，今日的に重要な話題を提案できるかもしれないが，共有した目的を達成することは容易ではない。

1つのサブグループにとって関心のある目的も，他のサブグループにとってはそれほどでもないことがある。スーパーバイザーが管理上，焦点を当てる必要のある目標は，しぶしぶ受け入れられるが，言語化されない抵抗にあうかもしれない。

グループの理解と承認を得て明確に言及された目的は，グループ活動に対するスーパーバイザーの過度なコントロールや指導に対する最善の保証の1つとなる。スーパーバイザーではなくグループ自体が，グループ内の相互作用に意味と方向性を与え，グループによってどのような貢献が可能になるかを規定し，グループが行う活動を作り出す。何をすればよいかを知っていること，そしてそれに向かって動機づけられることで，グループは自ら方向を定めて歩み出す。

上述の考察は，グループの話し合いの目標を，受入れ可能なかたちで決定していく一連の過程の第一段階に関連したものである。

内容

グループの話し合いの目標が決まれば，次の段階はその内容の質を決定することである。決定した目標を達成するのに役立つ事柄について話し合う。

グループ・スーパービジョンの話し合いの内容には，書類作成，面接，紹介手続き，心理テスト，担当ケース配分，担当者とクライエントとの相互作用，コンサルテーションの活用，実践倫理等々，どの機関のソーシャルワーカーにも共通した関心事が含まれる。しばしば，その内容は非行少年の犯罪，養子縁組の子ども，慢性あるいはターミナルの患者，未婚の母等への理解を含む，特定の機関が提供するクライエント群に対するスペシフィックなものである。ときには，その内容は特定の機関にとって独自の手続き，書類，報告書に関連したものである。また，管理者からのスタッフへの伝達内容にかかわるものや，管理者への伝達に不安を抱くスタッフが確認した諸問題に関するものなどを取り上げる場合もある。さらに，その内容は機関が所属する特定のコミュニティに関係したものであるかもしれない。たとえば，コミュニティの構成，問題，機関が活用できる資源，他の機関との連携のあり方などである。

場合によっては，一般の機関が置かれている状況が，話し合いの議題の項目を決

めることもある。その機関が予算の作成について関心をもっているならば，グループ・スーパービジョンを運営するための予算項目について，話し合う良い機会となるかもしれない。州やその他第三者機関による監査が予定されていれば，それに関連する項目を点検する。また，グループのメンバーの評価が近々予定されている場合は，評価書類や関連する質問について話し合うこともできる。多くのスタッフにも共通していえることだが，グループでの話し合いの議題の項目は，個人スーパービジョンの話し合いで繰り返し確認された関心事や問題から引き出されたものが最も望ましい。

　伝統的に，臨床のケース記録は，グループ・スーパービジョンの話し合いで最もよく活用される刺激である（Edwards & Heshmati 2003; Rowell 2010）。このような題材は実際の状況を再現したものなので，グループのメンバーはこれらの状況を鮮明にかつ興味深く把握でき，グループ全体を取り込む動機づけにもなる。ケースを最大限有効に活用するために，ケース記録は慎重に選んで準備する必要がある。それをしなければ，ケース記録の豊富さから，何も結果を得られないまま，あらゆる種類の脱線を招くことになる。結果的には，ケース記録の選択は明確に規定されたグループの話し合いの目標にそったものでなければならない。配布資料を準備するにあたって，スーパーバイザーは，教えることの焦点を明確にできるよう，わかりやすい要約や言い換えを考えておくべきである。劇的な相互作用の一部が，しばしばグループの話し合いの目的のために，長期にわたるケース記録から抽出されるかもしれない。

　ケース記録は，定義上，個別の例を扱ったものだが，スーパーバイジーの学びというものが，その状況を一般化し応用することであれば，話し合いの焦点を個別のケース状況に特定することはできない。ある意味ではグループ（またはグループでなければスーパーバイザー）は，特定のケースの状況のなかでも，一般化できる状況についての学びを提供することもできる。

　あるメンバーが担当のケース記録を話し合いに提示する際には，別の課題が生じる。スーパーバイザーは，スーパーバイジーとグループの両者にとって大きな価値があると思われるプレゼンテーションのための事例を選定することに，スーパーバイジーと協力して取り組む。グループ・プレゼンテーション用の事例の準備，それに伴う不安との取り組み，そして，その場で遭遇するグループの反応の明確化などについて，スーパーバイジーは，スーパーバイザーからの助けやサポートを得る必

要があるかもしれない。このケース状況が，所属機関での現在進行中のものであることから，ケースに対する具体的な計画を決定するうえで，グループ・スーパービジョンと担当者の個人スーパービジョンの話し合いとが並行状態になるという危険を冒すこともあるかもしれない。グループというコンテキストでのケース状況の適切な活用は，ここでもまた，メンバーがこのケースからの学びを彼らの担当ケースの状況に適用することができるように，普遍的な焦点とすべきである。

ロールプレイ

　事例提示のもう1つの方法としてロールプレイがあるが，これは，グループでの話し合いのための提示された内容に関する手続きの一環である。提案されるロールプレイのアウトラインとして，問題の本質，登場する人物，局面をグループに明確に提示する必要がある。その局面には，福祉事務所での緊急時一時給付金の申請者への面接，養子縁組の申請者への却下を伝える面接，子どもの引き渡しについて迷っている未婚の母との面接，地域に戻ったばかりの仮釈放者への初回面接，年老いた母親の施設入所を考えている娘への面接などがある。その局面の描写や登場人物の同定だけでなく，スーパーバイジーのアプローチも明確にしておくこと。ロールプレイを行うスーパーバイジーには，ロジャース派のアプローチなら受容的に，解決志向アプローチなら戦略的に，行動理論に基づいたなら指示的にその役割を演じることが求められる。

　積極的にロールプレイを演じるには，グループ内の十分な安心感が必要である。とりわけグループ・スーパービジョンの初期段階では，ロールプレイに自ら希望する人を募ることが難しい。援助者役を演じることのほうがとても難しいので，まず，スーパーバイザーが援助者役を務めるとよい。この局面では，その場での思いつきから批評することは避けたほうがよいが，それは，スーパーバイザーが，グループと意見を交わして批評することの自由度による。ロールプレイの登場人物の呼び名を使うことで，その後の話し合いでその人を非人格的に扱うことができる。（グループでの話し合いを取りまとめるスーパーバイザーの名前の頭文字をとって）Pさん，などと呼ぶのではなく，「スミスさん」というようにロールプレイ用にスーパーバイザーが採用した仮名を使うべきである。

　グループは，短いやりとりをいくつも重ねて，ロールプレイに移行することも可能である。たとえば，グループの話し合いの途中で，スーパーバイザーが，だれか

これまで話し合ってきた事例のクライエントになって援助者に次のように言ってみてくださいと提案する。「クライエントが，『頭にきたり，がっかりすると逃げ出したくなり，二度と子どもたちの顔を見たくないと思うんです』と援助者に言ったならば，あなたは援助者としてどう答えますか？　ちょっとやってみましょう」。このようなロールプレイを活用することで，グループの活動をうまく進めることができる。

　ロールプレイでのクライエントの疑似体験を通して，援助者が援助（サービス）の申請者，未婚の母，養親，仮釈放者などがその局面でどう感じるかを理解することができる。しかし，ロールプレイは投影法検査のように，自己開示を促してしまうことがある。そのことを意識していなければ，私たちは自分自身を演じてしまい，グループに自分のそれまで隠していた部分をさらけだすことになり，ロールプレイで参加者を傷つけることにもなる。スーパーバイザーは，援助者を破壊的な批評から守る必要があり，それに敏感であらねばならない。また，ロールプレイのセッションが強い感情を喚起するようであれば，グループセラピーのセッションと化してしまう可能性がある。

　グループでの話し合いには，必要に応じてオーディオやビデオを利用することができる。この場合，的確な準備が必須である。録音テープの内容は，理解しにくい。不明瞭で臨場感のない音声を聞くことは苦痛であり，グループの話し合いの余力が奪われてしまう。可能なら，逐語録を準備すべきである。逐語録があるとテープの内容を追うことができるだけでなく，その後の話し合いで取り上げる箇所を示すことも容易になる。事前に視聴することなくビデオを上映することは，期待はずれで時間の無駄に終わることが多い。ビデオのカタログの説明が，実際の中身とかけ離れている可能性がある。上映のために使用する部屋や設置されている機器に慣れておくことも必要である。これまでにも，イライラさせられたグループセッションは数知れない。延長コードが短く，コンセントに届かなかったり，窓にブラインドがなく部屋を暗くできなかったり，機器への接続や操作をできる人がいなかったり，インターネットに不具合があったり，フィルムの音声や映像の一部に欠陥があったり，内容が歪められたりといった理由からである。

　グループ・スーパービジョンで計画した目標を決定し，その目標にふさわしい内容とプレゼンテーションの形態の選定ももちろん行い，ここではじめて提供された事例を分析し，討議し，解釈し，振り返るという過程の到達点にたどり着くのであ

る。スーパーバイザーの役割が，かなり確固たるものになるのは，一連の過程のこの時点である。

プロセス

　スーパーバイザーは，個人スーパービジョンという社会システムにスーパーバイジーを導き入れ，スーパーバイジーに対して，そのシステムのなかでスーパーバイザーとスーパーバイジーはそれぞれ異なる役割と責任を果たすことについて説明する。これは，グループ・スーパービジョンのメンバーへとスーパーバイジーを導く際も同様である。グループのメンバーとしての互恵的な役割，メンバーシップと義務の本質について明確に説明するべきである。スーパーバイジーはグループ・スーパービジョンの話し合いへの準備をする責任と，事前に配布された関連資料を読むという責任を理解するように求められている。スーパーバイジーにはまた，グループ内の相互作用に貢献する責任があり，その貢献は，話し合いの内容と合致していなければならない。すなわち，他のメンバーの発言を尊重するとともに注意深く聞き，非生産的な摩擦や緊張を生じさせるような言動を慎み，そのような摩擦や緊張が生じた場合には，それに対処することに尽力するという責任がある。スーパーバイジーは，グループの他のメンバーに敬意を払い，他のメンバーを学びの資源として快く受け入れていることを態度で示す必要があり，それがグループの目標達成の一助となる。

　グループ・プロセスの早い段階で，スーパーバイザーは，いくつかのグループ規範を確立するための試みを明文化する必要がある。それらの規範はメンバーに受け入れられ，繰り返し適用されることで，メンバーの言動を取り締まるのに役立つ。生産的なグループ・スーパービジョンにおける合意された規範には，以下の項目が含まれる。

・誰も，不当にさえぎられることなく発言できる。
・他のメンバーの発言内容を注意深く集中して聞く。
・他のメンバーの発言に応答する。
・グループに貢献し続け，話し合いの焦点に応じて反応する。
・グループのメンバーであるためには，没個性の手段を用いることを覚えておく。すなわち，グループの統合を維持するために各自の好みを後回しにする場合もあ

る。
・専門職としての実践をより有効なものにする資料や経験を共有する。

　個人スーパービジョンにあてはまる学びの原則のほとんどが，グループ・スーパービジョンにも同じように適用できる。個人スーパービジョン同様，スーパーバイザーには学びを促進するようなコンテキストを作り上げる責任がある。
　グループリーダーとしてのスーパーバイザーは，個人スーパービジョンで表明している多くの言動を保証する。たとえば，質問をすること，考え方，態度，感情の表出を促してサポートすること，スーパーバイジーの見解を詳しく説明するように求めること，スーパーバイジーの考えや感情を言い換えて明確化したり，要約，確認，促進，焦点化，再方向づけなどを行うこと，葛藤の解決や提言を行い，情報やアドバイスを提供すること，サポートや再確認をすること，などである。その一方で，機関がもつ期待に挑戦し，伝達する。また，グループリーダーとしてのスーパーバイザーは，挑発的な提案をしたり，わざと反対の立場をとったり，見逃されている事柄への関心を喚起したり，指導を補強するためにメンバー間の対立が生産的なものであればそれを刺激したり，相互作用を一定の方向に促したりする。スーパーバイザーは媒介者，メンター，調停者，情報提供者である。スーパーバイザーはグループを構成する個々人の活動を結集する。スーパーバイザーは一人ひとりのグループへの貢献を最大にし，連動させ，統合して，1つの模様を織り上げていく。
　個人の場合と同じようにグループも，生産的な目標を達成しなければならないとき，難しい課題，不快な課題，厄介な課題に取り組むことには抵抗を示す。グループの話し合いでは，本題から逸れた話題，非生産的な沈黙，実りのない議論，小グループが同時並行で行う会話などに対して，抵抗と同時にアンビバレンスを示す。スーパーバイザーには，グループがその目的を最適なかたちで達成することができるような相互作用を刺激して，それを認めるとともに，目的から外れないようにする責任がある。
　同時にスーパーバイザーは，話し合いが不十分なまま終了することを防ぐために，自分の意見をあまり早い段階では言わないようにする。もちろん最終的にはスーパーバイザーは，グループと明確にはっきりと責任を共有しなければならない。しかし，個人スーパービジョンと同様，スーパーバイザーが話し合いの早い段階で自分がどう考えているかをほのめかしてしまうと，スーパーバイジーの自由な意見交

換を妨げ，スーパーバイジー自身で答えを見つけ出す刺激や責任を奪ってしまうことになる。スーパーバイザーが正攻法であれば，「さて，あなたたちはどう思いますか？」と問いかけ，「そのことについては後でみなさんと共有したいのですが，この時点では，みなさんがこの点について何らかの考えをもっているでしょうから，できればそれを互いに共有しましょう」と，付け加える。

　個々のスーパーバイジーは，グループでの振る舞いで表出するという形をとって，自分のニーズや心配事をグループの話し合いに持ち込む。スーパーバイザーは，グループの目標達成を促し，同時に個々のメンバーのニーズを充足できるような方法で，個々のメンバーの言動に応じるうえでの課題をもつ。スーパーバイザーにできる最善のことは，個人のニーズとグループのニーズとの妥協点を見出すことである。たがいに対立する両者を一致させることは，ときには不可能であるため，スーパーバイザーは，まずグループのニーズを優先し，個人のニーズの充足を無視するか，事実上拒絶することになるかもしれない。スーパーバイザーは注目を得たいという自己の貪欲なニーズを充足するためにグループをしつこく利用し混乱させるメンバーを抑え込む必要がある。グループの話し合いを独占するメンバーに割り当てる時間を厳しく制限しなければならないかもしれない。皮肉なことばなどでグループの士気を低下させるメンバーには毅然としてその態度をやめさせなければならないかもしれない。終始受け身のスーパーバイジーには無気力から抜け出させることが必要である。グループ全体の関心とモチベーションを維持するために，スーパーバイザーは，罪悪感をもつことなく，グループの誰か特定の人に関心を向けねばならないこともある。グループのニーズには，グループとしての優先順位がある。

　職場にインフォーマルなグループが存在し，そこでの相互作用のパターンがグループ・スーパービジョンの話し合いに持ち込まれることもある。ある人たちは互いに良好な関係であり，また犬猿の仲でもあり，もしくはたがいにまったく無関心である場合もある。スタッフの感情は，たがいのかかわり方に表れている。スーパーバイザーは，これら関係性のパターンと，それらのパターンが下位グループの形成に，またグループ内での特定の個人の発言への反応に，どのように影響しているかについて注意しなければならない。メンバーそれぞれのニーズや，グループ外でのインフォーマルな相互作用パターンについて理解することは，スーパーバイザーが「隠れた課題」の本質を確認し，グループ内の不可解な行動を説明する助けとなる。スーパーバイザーはグループを構成するメンバー一人ひとりを十分理解し，その知

識をグループの相互作用の評価や理解に積極的に活用する。

　スーパーバイザーの責任としてあらゆるメンバーのすべての貢献を受け入れるには，限界がある。しかしその人のことを思って個人的にはそれを正すことはある。我々が専門職であるという主張が実体を伴うものであるとすれば，他の専門職よりも，客観的に見て正確・適切・有効な方法や実践原理を確立しているということを意味する。スーパーバイザーがグループを通じて学ぶことや受け入れることを促すのは，そのためである。結果として，グループでの発言のなかには，スーパーバイザーが異を唱えたり否定したりする必要のあるものもある。グループのなかでスーパーバイザーからスーパーバイジーが自分の発言を否定される痛手は，個人スーパービジョンの場合よりも厳しいので，スーパーバイザーには，より細やかな気遣いと思いやりが必要である。

　「罪を憎んで人を憎まず」をグループ・スーパービジョンにあてはめると，「コメントを否定しても発言者を拒絶しない」ということになる。スーパーバイザーは，鋭くしかも理解しているかのように尋ねる。「あなたがこれについて十分考えてきたことはわかりますが，この通りに実施するとどんなネガティブな結果になるでしょうか」とか「あなたと同じように，ゲイが養子縁組を行うことは子どもに良くないと感じる人も多いと思いますが，そのような子どもたちの発達についての研究では，普通の家庭で育った子どもたちと同じようによく適応しているという結果が出ているようです」というような表現で，それとなくスーパーバイジーが理解できるようにする。

　クライエントに不利益を与えるような誤った情報やアプローチを修正・否定・改善する責任をグループ自体で負うことができるなら，もちろんそれが最善である。しかし，グループが何を修正すべきかについて理解しているとは限らず，そしてスーパーバイザーはその責任を放棄することはできない。教育や経験の点では，グループのメンバーはほぼ同じレベルにあるので，間違いの本質に気づくことは容易ではない。さらに，メンバーはたがいに同輩であると思っているので，仲間に間違いを突きつけることには当然ながら消極的になる。仲間を批評することに消極的であるのは，グループ内に摩擦を生じさせることを躊躇するからである。グループの和を維持するために必要な批判を制限することは，グループ・スーパービジョンの弱点の１つである。グループの目標を適確に達成するには，難しい活動に取り組むことよりも，メンバー間の良い関係の維持が先行する。感情表出的ニーズは，道具的

課題の遂行を妨げる。さらに，スーパーバイザーは個々のメンバーの職務に管理的な責任を負っているので，その責任を妨げることにためらいがある。本来個人スーパービジョンのスーパーバイザーとスーパーバイジー間で果たされる責任であるので，グループ・メンバーは，仲間の仕事を評価する責任には限界があると思っているかもしれない。

　重要な感情表出的機能（グループ維持機能）がグループのメンバーによって果たされない場合，スーパーバイザーがそれを果たさなければならない。スーパーバイザーは，対立する下位グループ間の調停，スケープゴートをつくらないための防止や緩和，参加への恐怖や消極的姿勢を示すメンバーに対する援助やサポート，独り占めをするメンバーに働きかけ，静止を促す。話し合いでの優れたリーダーシップとは，メンバー全員に均等に参加させるという意味ではなく，だれもが，平等に参加の機会をもつことである。

　スーパーバイザーは，グループの敵対視する反応から個々のメンバーを守り，グループが自己破壊ないしは分裂に陥らないように守る。弱者を強者の攻撃から守る一方で，スーパーバイザーは，メンバーからの好ましくない介入に対して，単にそのコメントだけを拒否し，その方向を変え，異なった意味づけをすることを求められている。

　態度表明型システムを維持するために，スーパーバイザーが果たす責任は，グループとともにメンバーの反応を，好意的に，温かく，奨励して受け入れること，グループの相互作用を破壊するような感情の表出に敏感になること，それらの感情を調和させ，解決すること，そして，ゲートキーパーとしての役割を果たし，メンバーが考えや気持ちを表出できる安全な機会を与えることである。スーパーバイザーは，深刻な意見対立が生じた場合，いつでも妥協を見出せるように準備しておく。そうすれば，不要な対立と，異なった意見を促すこととの区別ができる。スーパーバイザーは，グループ内の緊張を，生産性を生み出しうる最適レベルに保つ責任がある。また，刺激して緊張を高め，あるいは必要に応じ，直面させ，再確認し，促進し，緊張が高くなりすぎたときには，緊張をユーモアを用いて軽減させる。

　個人スーパービジョンと同様に，スーパーバイザーはグループがその目標を達成できるように情緒を表出できる雰囲気を作り出し，それを維持しなければならない。自由に学び，多様な選択肢について考慮し，決定し，危険性については覚悟をし，自由かつ率直に他のメンバーと話し合うことができるような雰囲気をつくることを

めざす。スーパーバイザーとスーパーバイジーの間で形成される独自の関係は，個別の話し合いに役立ち，グループにおいても同じように役に立つ。スーパーバイザーの言動は，メンバーにとって，忍耐，受容，良いコミュニケーション・パターンなどその手本となる。グループ体験に関する研究では，グループのポジティブな結果が，グループの相互作用を認知的な枠組みで捉えるグループリーダーの気配りとぬくもりとに相関性があると示されている。

　グループの目標課題とグループを維持するうえでの問題には，相関性がある。目標課題を効果的に達成できるグループは，士気が高く凝集性も高い。ほとんど達成できないようなグループ，すなわちどこにも到達できないグループのメンバーには，不満や分裂が見られる。受け入れ可能な目標を達成できるように効果的にグループを支援するスーパーバイザーは，同時に，メンバー間のポジティブな相互作用パターンを発展させるように促すことができる。

　グループ・スーパービジョンでのスーパーバイザーの役割を果たすための責任を詳細に列挙した項目は，スーパーバイジーがグループ・メンバーとしての役割のなかで果たすべき重要で有意な活動の具体的な項目とに対応する。グループのメンバーであることには，以下の義務が含まれる。議題の話し合いに積極的に参加すること，関連する知識，考え，意見を共有すること，類似の実践経験を述べることへの貢献，自分の貢献に対する他のメンバーの反応を受け入れ，考慮すると同時に，他のメンバーたちの相互作用に貢献していることを認めること。メンバーの意見，態度，感情，そして実践を相互にフィードバックすることは，この複雑な相互交流における，おそらく，最も困難な要素でもある。これには，個人情報の自己開示により，自己をメンバーとオープンに共有することが含まれている。

　グループが豊かな洞察とサポートのための資源となるなら，それ以上の批判的なフィードバックの資源にもなる。個人スーパービジョンの場でスーパーバイザーに感情をぶつけることは，スーパーバイジー4，5人のグループで，自分の不適切だった実践を報告することよりもたやすくできることである。あるスーパーバイジーが，批判的なフィードバックを求めていて，それを受け入れることができるなら，そのグループの参加者の数は，グループ・スーパービジョンの1つの利点となる。スーパーバイジーが批判的なフィードバックを受けることに消極的で不安に思っているなら，グループの参加者の数は，不利な点にもなり得る。スーパーバイザーにとっても，似たようなリスクがある。グループの前でおろかなことを言ってしまうこと

で，自尊心とナルシシズムが傷つくリスクは，個人スーパービジョンで同様の失敗をする場合よりも大きい。グループ・スーパービジョンでの不適切な行動は，個人スーパービジョンに比べて，同時に多くの人たちにさらされることになる。

フィードバックはポジティブで，確証を与えるものとなり得るが，最も有用なフィードバックを与えようとする意図は，ときに批判的，挑戦的，ネガティブな反応と受けとめられることがある。そのような場合，フィードバックは，十分配慮された敏感さとサポートをもって行われる必要がある。オープンに批判することの積極性は，ほとんどのグループでゆっくりと形成される。グループでのスーパーバイザーとしての経験を報告することについて，Smith は次のように指摘している。「最初の10数回は，この口数の少ない段階では，他のメンバーに対して支持的で互いに励まし合っており，ほとんど挑戦的，批判的なコメントはなかった。その後，メンバーは，それぞれの観察や考え方に対して，より明確に，直接的に，また具体的に述べるようになってきた」(Smith l972:15)。

一般に，フィードバックやそれを期待することは，不安を生むので，皆と共有することに抵抗をもつ。あるスーパーバイジーは，「ずっと，私は不安が高く，おびえていて，フィードバックを恐ろしいものと判断し，そのように捉えていた」といった (Christian & Kline 2000:384)。要するに，スーパーバイザーにとって，安全と信頼が十分に感じられる雰囲気を作り出すことが義務である (Bogo, Globerman & Sussman 2004a; Enyedy et al. 2003; Linton & Hedstrom 2006)。

終結

グループ・スーパービジョンの話し合いを終えるにあたり，スーパーバイザーは，その回で取り上げた主な項目をまとめ，それを可能な限りそれまでの回の結論と関連づけ，そしてグループ・スーパービジョンとしての経験に連続性をもたせるために，次回の話し合いの議題につなげる。

グループ・スーパービジョンにおけるユーモア

グループ・スーパービジョンのグループというコンテキストでは，とりわけ，ユー

モアを適確に活用する。ユーモアは伝染するものであり，ユーモアを使うことで，無口なメンバーたちにさえもグループ内で相互作用できるよう促すことができる。メンバーが笑いあうことで，自分もグループの一員であるという感覚が強化され，連帯感も生まれる。

笑いは，グループにありがたい小休止をもたらす。臨床上の実践に関する課題や管理上の問題について，真摯に議論を行うことは，ストレスになる。皆を元気にする一瞬のユーモアを入れることで，グループが新たな気分で議論を再開することができる。終末期の患者について話し合っていた医療ソーシャルワーカーのグループで，1人のメンバーが，死は「究極の退院計画」といったことが，議論に小休止を与えた（Bennett & Blumenfield 1989)。また，あるグループ・スーパービジョンの話し合いを率いるスーパーバイザーが，実践上の問題についての過熱した議論のなかで「あなたならどちらの立場に立つか」と尋ねられた。議論の流れを止めかねないので，立場について明言することは避けたいと考えたスーパーバイザーは，次のように言った。「ある法案についてその立場を明らかにせよと迫られた政治家の気持ちがわかる気がします。彼は，『私の地元の支持者のなかには，この法案に賛成の人も反対の人もいますが，私はこの支持者たちのために取り組んでいます』といった」。

ユーモアは，グループ内の緊張の安全弁としても機能する。グループ内の1人のメンバーと他のメンバーとの間で，また1つの派閥とその他の派閥との間で，とげとげしいやりとりが行われたとしても，スーパーバイザーがユーモアのあるコメントを適切にすることで，その緊張を和らげることができる。笑うことを集団で経験することで，グループ内の凝集性は強化される。一緒に笑うことは，グループをまとめ，グループに統合する機能を果たさせる。

メンバーが仲間と冗談を言い合うことが，グループの軌道を逸した行動をコントロールするのに有効であり，グループの規範を周知することができる。メンバーたちは，ユニットとして受け入れがたい行動をからかうのが常である。スーパーバイザーがユーモアを賢く使うことが，仲間意識や絆，グループの凝集性，形式ばらない冗談の通じる雰囲気を作り出すことに役立つ。

ユーモアのセンスは，有能なスーパーバイザーにとって役に立つ属性である（Vinton 1989; Consalvo 1989)。一緒に笑うということは，スーパーバイザーとスーパーバイジーがその状況の同じ意味を共有することである。立場に関する隔たりを縮小

する。

　ユーモアには隠れた攻撃的要素があるという事実から導き出される問題がある。ユーモアを通して，スーパーバイジーは，スーパーバイザーの人そのものやスキルに対する評価を低めてしまうリスクがある。人はまじめに話すことで危険に陥ることはない。人はユーモア的に話すことができる。ユーモアには，人が実際に言っていることがその人の意味することとは限らないという，メタコミュニケーションが含まれる。ラ・ロシュフーコー La Rochefoucauld が言うように，ユーモアは「罰をうけずに不作法にふるまう」ことを可能にする（Bund & Friswell 1871:n.p）。

　ユーモアを使うことに関する違反の可能性として，言葉を「政治的に正しい」使い方であるかどうかという関心が，とりわけグループというコンテキストで，増えつつある。トラブルになる危険性が出てきている。精神病院で働くスーパーバイジーが以下のように述べている。

　　スタッフの話し合いで人々は皆緊張していて，ユーモアについては注意を払っていた。私たちはとても難しいケースを抱えていたので，時折「この人たち，気が狂っているのよ」と言いたい衝動に駆られた。でも，それはできないことであり，グループにおいてあえて危険を冒すようなことはできなかった。個人スーパービジョンでは，スーパーバイザーと一緒でもリラックスでき，フラストレーションについて「専門職らしくない」表現で，冗談をいうことができる。

　このコメントはまた，ユーモアのカタルシス効果を示している。個人スーパービジョンと同様にグループ・スーパービジョンにおいても，スーパーバイザーは，破壊的でない，傷つけないユーモアを使えるように，受容的で互恵的な態度を示すべきである（Dziegielewski et al. 2003; Tracy, Myers & Scott 2006）。

グループ・スーパービジョンに関する研究

　グループ・スーパービジョンの利点と不利点に関する疑問は，実証的研究の課題として取り上げられてきた。実証研究の関連文献については，Bernard & Goodyear（2009）ならびに Bradley & Ladany（2010）を参照すること。

　671人のスーパーバイジーと109人のスーパーバイザーを対象としたスーパービ

ジョンでの経験に関する研究で，Shulman は以下の結果を見出した。グループセッションが月平均 2 回開催されており，スーパーバイザーとスーパーバイジーとの間で，「定期的にグループセッションをもつことと，仕事上良い関係が維持されることには，相関性がある」(Shulman 1982:261)。

ミシガン大学大学院のソーシャルワーク専攻が実験を行った。調査対象者の 1 つの実習生群をグループ・スーパービジョンに，もう 1 つの実習生群を個人スーパービジョンに配属させ，比較研究した (Sales & Navarre 1970)。スーパービジョンの形態，スーパービジョンの話し合いの内容，スーパービジョンに費やされた時間，スーパービジョンへの参画基準と質，訓練の成果としての実践スキルの評価について学生の満足度を比較した。概して「学生の実践スキルについてのスーパーバイザーの評価点数を比較したところ，個人スーパービジョンとグループ・スーパービジョンとのそれぞれの実習生は等しく成果を出していた」ことが示された。しかし「個人スーパービジョンを実施した実習指導者の方が，グループ・スーパービジョンの場合と比べて，1 人当たりの平均で，より長い時間をスーパービジョンに費やしていた」。「総合的に結果を比較すると個人スーパービジョンを受けてもグループ・スーパービジョンを受けても，学生の実践に差はなく」，1 人の学生に費やされる時間の差は，「明らかにグループ・スーパービジョンが好まれる」ことにつながり，「時間という要素がスーパービジョンの選定の決め手となる」(Sales & Navarre 1970:39-41)。

グループ・スーパービジョンに費やす時間という点では非常に効率的であることに加え，この研究ではさらにそのアプローチの利点について，いくつかの仮説が立証された。すなわち「学生たちは，グループ・スーパービジョンでは，実習における不満をスーパーバイザーに述べやすく，また専門職として異なる見解をもつことが自由にできた」，また「グループ・スーパービジョンでは学生は多様な見解・経験・ケースに触れることができた」と感じていた (Sales & Navarre 1970:40)。その一方で，「一対一で特定の問題領域について支援を受けることができるということが，個人スーパービジョンの利点である」ことも明らかになった (Sales & Navarre 1970:40)。

カウンセラーの訓練でも 2 つの形態の手続きをとり，実験においても，類似の結果が出ている。訓練生たちのグループは，グループ・スーパービジョンと個人スーパービジョンに無作為に振り分けた。訓練に関するデータの結果では，「両グループでの訓練の効果に有意な差はないことが示唆された。よって，明らかに有効な別

の方法が開発されない限り，個人スーパービジョンのみで済ませるのではなく，グループ・スーパービジョンを少なくとも補助的に用いることが妥当である」(Lanning l971:405)。

Savickas, Marquart & Supinski (1986) は，有効なグループ・スーパービジョンの変数を実証的方法で規定することを試みた。患者との面接の仕方を学ぶためにグループ・スーパービジョンを受けている84人の医学生に，有効なグループ・スーパービジョンと効果のないグループ・スーパービジョンの場面を列挙するよう求めた。その反応をカテゴリー化し，因子分析したところ，効率的なグループ・スーパーバイザーは，良い面接のモデルとなっていたことを見出した。そのようなスーパーバイザーは，指導を構造化し，正確かつ具体的に補強するようなフィードバックによりスーパーバイジーの強みと弱みの評価をし，自立的な機能の発達を促進していた。一般に，効果をもたらしたグループ・スーパーバイザーは，構造と再保証を提供していた。

グループ・スーパービジョンにおける仲間同士の行動についての研究において，Hoese (1987) は，仲間同士が，心地よいグループ環境を作るために，たがいにサポートし合う傾向にあることを見出した。スーパーバイザーは，目標の設定，グループのメンバーがそれぞれの業務を評価するためのフィードバックの提供，またクライエントとのかかわりに関する直接的援助，ないしは助言の提供をする存在として，捉えられていた。Kruger et al. (1988) は，Children's Treatment Center において4つのカウンセリング・チームのグループ・スーパービジョンを45日間にわたって観察し，テープに録音した。グループの話し合いには，入所児の抱える情緒面の困難を解決するための課題中心指向の傾向がみられた。参加者たちは，グループの話し合いの経験をポジティブで，高い満足度として評価した。満足度が高いほど，グループの指導への参加度も高くなっていた。

Wibur et al. (1991) は，グループ・スーパービジョンの明確に構造化されたフォーマットについて述べている。スーパーバイジーが書類での援助要請をグループに提供すること，またグループからの反応は円卓に座っているそれぞれのメンバーから受けることである。このフォーマットにもとづくパイロット・スタディがコントロール・グループに実施され，グループ・スーパービジョンへの構造化されたアプローチの方がより望ましい結果を導いた (Wilburetal 1994)。

Walter & Young (1999) による質的研究では，児童福祉分野の実習において個

人スーパービジョンとグループ・スーパービジョンを隔週で交互に実施した場合の実習生の満足度を比較した。個人スーパービジョンでは，実習生たちが「個別的に関心を得たこと，事例の具体的な指導やサポートを受けたこと，自分が学びのプロセスについての管理者であり，指示をする人であったこと，実践のスキルを発揮したこと，スーパービジョンに提供した事例の資料や実践プロセスについてスーパーバイザーからより理解を得たこと」などを利点として挙げた（Walter & Young 1999:81）。グループ・スーパービジョンでは，実習生たちが，「事例をより広い視点で」しかも「長期目標を見通す」ことによって，「たがいに確認し合えること，たがいにサポートし合えること，また介入の特定のポイントを探求すること」ができた。(Walter & Young 1999:83-84)。プロセス・レコードを書く時間が負担だと文句を言いながらも，学生たちは，グループ・スーパービジョンよりも個人スーパービジョンの方を好んだ。個人スーパービジョンでは，学生たちは特定ケースに理論的視点を適用する方法，彼らの実践に焦点を当てた短期型支援の目標設定の仕方，そして次の面接で言うべきこととすべきことを学んだ。グループ・スーパービジョンでは，多様な価値・知識・スキルを習得するために，同僚からのコンサルテーションの求め方を学んだ。当初彼らは，グループ・スーパービジョンに対してアンビバレントであったが，次第にグループによる励ましやサポートを重視するようになった。

　64人のスーパーバイジーを，個人スーパービジョンとグループ・スーパービジョンとを組み合わせた群と，グループ・スーパービジョンのみを受けた群に振りわけ，スーパービジョンの事前調査と事後調査を行い，カウンセラーの効果と展開に関する成長を評価した。個人とグループを組み合わせたスーパービジョンを受けたスーパーバイジーは，ほぼ同様の成長が見られた。グループ・スーパービジョンのみに振り分けたスーパーバイジーたちは，自律性に対する感覚を強くもつようになった。しかし調査に参加したすべてのスーパーバイジーは，個人スーパービジョンを好むと答えた（Ray & Alterkruse 2000）。

　2年間のグループ・スーパービジョン・プログラムに参加した10人の精神科看護師に対する4年後の追跡調査では，スーパービジョンを受けた経験が，十分な専門職のアイデンティティの形成に必要なコンピテンスに影響を与え続けているという結論を得た（Arvidsson, Lofgren & Fridlund 2001:161）。

　しかし49人のスーパーバイジーたちは，グループ・スーパービジョンが学びを

妨げる状況であると捉えていた。クラスター分析では、その状況と、メンバー間の相互作用に関連するネガティブな行動（スーパーバイジー間の競争）、スーパーバイザーとの間に生じる問題（焦点の欠如）、スーパーバイジーの不安（自己開示へのプレッシャー）、時間管理のまずさ（1人がグループの時間を独占した）とに、相関がみられた（Enyedy et al. 2003）。

　18か月にわたってグループでスーパービジョンを受けた162人のスーパーバイジーが、その経験を自己評価した。スーパーバイザーはスーパービジョンの前後でスーパーバイジーの技術を評価した。その結果としては「グループでスーパービジョンを受けた後に、心理療法のスキルが全体として顕著に向上した」という結果が示唆された（Ogren & Jonsson 2003:56）。

　グループ・スーパービジョンの経験に関する18人のスーパーバイジーに対するインタビュー調査では、グループダイナミクスの相互作用が問題となって学びを阻害し、スーパーバイジーを不安にさせ、不快感を抱かせたことがわかった（Bogo, Globerman & Sussman 2004b）。その研究に参加した5人のスーパーバイザーは、この結果を反映し、有効な学習を可能にするためには「信頼と安全」のグループ感情を確立する必要があると報告した（Sussman, Bogo & Globerman 2007）。また、スーパーバイジーは、スーパーバイザーのもつコンピテンスの知覚に影響されていた。有能なスーパーバイザーは、頼りがいがあって支持的であり、教育的な焦点も絞られている。さらに明確なリーダーシップの基準をもっており、容易に他者から学べるように労をとり、グループダイナミクスのプロセスを辿り、管理していた（Bogo, Globerman & Sussman 2004a）。

　イスラエルで、学生を対象として、グループ・スーパービジョンを受けた59人の経験と、個人スーパービジョンを受けた245人の経験とを、2年間にわたって比較した。学生たちは、クライエントとの相互作用、専門職としての価値の内在化、スーパーバイザーとのスーパービジョン、学習経験、スーパービジョンに対する総合的な満足度について、質問紙への回答により自己評価を行った。結果は、これらのすべての項目について両グループに差は見られなかった。しかし、個人スーパービジョンを受けた学生たちのほうが、スーパーバイザーとの関係をよりポジティブにとらえていた（Zeira & Schiff 2010）。

　看護師を対象としたグループ・スーパービジョンの効果に関する文献1087点のうち、研究の適切性が確保されていると考えられるものは17点であった。全体的

にみて17の研究は，「グループ・スーパービジョンが多かれ少なかれ，ある程度ポジティブな効果を生み出していることを示していた」(Francke & de Graaff 2012:1176)。論者たちは「看護師に対してグループ・スーパービジョンが有効であることを示す多くの指摘がなされているにもかかわらず，その有効性を明らかにするエビデンスは乏しい (Francke & de Graaff 2012:1165)」と述べている。このような結論は，グループ・スーパービジョンに関する研究がアートであるという一般的説明を正当化すると言えるかもしれない。

　グループ・スーパービジョンは，教育的目的と専門職としての成長を促すというスーパービジョンの２つの目的を達成するうえで，個人スーパービジョンと同様に有効であると思われる。グループ・スーパービジョンのグループというコンテキストが，学習を妨げるグループダイナミクスの問題を抱えざるを得ないことは，グループを率いるスーパーバイザーがとりわけ関心を寄せる点である。グループ・スーパービジョンが，専門職としての自立と自律を強化するために個人スーパービジョンよりも有効であるにもかかわらず，個人スーパービジョンとグループ・スーパービジョンを選ぶことができるのであれば，スーパーバイジーたちは個人スーパービジョンの方を選択する傾向がある。

グループ・スーパービジョンの事例

　次の事例は，ある郡福祉局の保護担当ユニットで実施された，グループ・スーパービジョンの話し合いを，報告記録からかなり詳細に抜粋したものである。グループ・スーパービジョンのプロセスにおけるいくつかの側面を描写している。グループは，当該ユニットに配属されている７人のスタッフからなる。その内，５人はソーシャルワークの修士号をもち，全員が当該ユニットでの１年以上の経験をもつ。グループの話し合いは，隔週で90分間実施され，別途個人スーパービジョンが週１回行われる。スーパーバイザーは，グループの話し合いの開催計画と指導を担う。話し合いは，職場の会議室で楕円形の大きな舟形のテーブルを囲んで開催され，最初の30〜40分は事務連絡等に費やされ，その後，虐待する親たちの行動上の変化を援助するためのテクニックについて話し合いがされている。

Georgeは，いつも話し合いでは消極的な態度をとってきた。私は，彼が時々ノートをとり，他のメンバーの発言に対してうなずいて明らかに賛意を示したり，前のめりになり，話題に対して明らかに関心を示すのを見ていた。しかし，彼自身は話し合いに積極的に加わろうとはしなかった。ところがそのとき，彼の非言語的な振る舞いの激しさが増してきたように感じられた。彼は，足を組んだりはずしたり，上半身を乗り出したり，椅子の背にもたれたり，首の後ろをさすったりした。私はこれを見て，議論に加わるように直接働きかければ応えてくれることを暗にほのめかしていると解釈して，少しの間を利用して，チャンスととらえ，彼に言った。「George，今の話題について，あなたが考えを皆と共有したいのではないかと私は思うのだけど」。彼が話し合いの途中，ある特定のテーマに応答することを義務づけられていると感じないように，また誰かの発言に自由に応答すればよいと感じることができるように，この誘いを特別なものではなく，ちょっと試してみてはどうか，というぐらいのものになるように，私は試しに，しかも皆に向けて彼への誘いを試みた。声も，有無を言わせぬような感じにならないよう，私の参加の誘いを断ってもかまわないのだということを伝えようと，押しつけがましくならないように軽い口調を心がけた。彼に声をかけた際，彼の視線をとらえようとして，名前を呼んだ後に少し間を置いた。けれども彼は，ノートに視線を落としたままであった。

　ほんの短い沈黙ではあったが，それが何か答えなければならないというプレッシャーとなり，Georgeにのしかかった。彼もグループの他のメンバーたちと同じように話し合いに平等に加わって貢献する義務がある，という信念から誘ったので，早々に沈黙を破ってGeorgeを救い出そうとはしなかった。彼は姿勢を変えたが，下を向いたままだった。彼は「えーと」と言って黙ってしまった。それから，壁を見つめ，グループの誰とも目を合わせることのないようにして再び話し始めた。「ここでの話し合いは，もううんざりだ。無抵抗の子どもを縛ったり頭蓋骨を骨折させたりするような卑劣な親を，どうすれば受容し，理解し，優しくできるのか，その方法を見つけようとしているけれど，そんな親はクソ食らえだ。彼らは，子どもを適切にケアするチャンスがあったのに，それをしなかったんです。児童を保護するより先に，私たちは親権の剥奪と子どもたちが安心して暮らせる家の確保に向けて裁判所に働きかけるべきです。そして，親たちを虐待者として糾弾するために，法的手段に訴えるのです。それが唯一，虐待行動を抑止する方法であり，同様の事態から他の子どもたちを守る方法でもあるのです」。

　彼の口調は，話せば話すほど激しさを増していった。話し終えたとき，その場は静まり返った。彼は，強く感じていながら抑圧してきた態度を露わにした。それは，一般的には「専門職らしからぬ」とみなされる。被虐待児の保護に携わるソーシャルワーカーのもっているアンビバレントな部分であり，少なくとも公的に主催される会議の場ではめったに表に出したりはしない（トイレや休憩中などに発生するソーシャルワーカー同士のインフォーマルなやりとりなどではしばしば話題になる）ものである。その結果，短い沈黙の後，彼の発言に正面切って応答する機会をほかの誰にも与えなかった。そし

て「あなたの今の発言についてですが、児童虐待に関心のあるソーシャルワーカーなら、同じように感じるかもしれません。さて、ほかの皆さんはどのように感じますか」と言った。

　最初は、Georgeの考えが今風ではなかったことから、彼が他のメンバーから直接批判されないように、わたしは慎重にイニシアティブをとった。第2に、何人かのスーパーバイジーは、Georgeの言ったことに、脅威を感じていたかもしれない。それは、彼らがコントロールしようと葛藤を起こしている感情そのものであった。また、彼らが均衡を維持するために、彼を攻撃したくなる（かもしれない）気持ちにさせるものだった。第3に、正しい見解だからではなく、オープンな話し合いをすべき話題ということで、私は彼のコメントを、皆の前で認めたいと思った。第4に、私は多くのメンバーが虐待する親に対して敵意を抱いているのではないか（虐待事例にかかわった後では、極めて鈍感になるか、そうでなければ、聖人となるか、のどちらかでしかあり得ないので）と考え、それをオープンに話し合うチャンスととらえた。そして私は、以上のような理由により意識的かつ慎重にではあるが、イニシアティブを発揮してふだんよりも指示的に行動した。

　この場面では、私は話し合いで取り上げた見解に焦点が当たるように、客観化・一般化して発言した。「Georgeの発言をあなたはどう考えますか」ではなく、「ソーシャルワーカーならそのように感じるかもしれませんが、あなたはどう思いますか」と言い、発言の後は座って控えるようにし、グループにイニシアティブを戻して、メンバーたちが責任をもって議事を進行できるよう助言するつもりだった。

　ところが、そのようには事が運ばなかった。Georgeのコメントは、驚異的で、誘惑に満ちていた。おそらく何人かは、虐待する親に対する敵意を表に出してしまうと、自分をコントロールできなくなってしまうと感じていたのだろう。私は、メンバーの内面で作用していることについては、まったく知らない。私が知っているのは、私の言ったことに誰も答えず、沈黙が続くなかでさらに重苦しい雰囲気になったことだけである。何か手を打たなければならなかった。公式にグループを任されている者（あるいはリーダー）として、私にはそうする責任があった。

　永遠にも思える（実際には7～10秒でしかなかった）沈黙の後、私は再びグループに介入し始めた。Georgeがあんなに熱心に自分の発言をしたにもかかわらず、みんなを袋小路に追いやってしまったことに責任を感じてだんだん居心地悪そうになっているので、再び彼を守らなければならないとの思いから、私はプレッシャーを感じていた。今回、私が介入した目的は、意図して虐待する親に対するネガティブな感情を認めることで、結果として、グループ内でそうした感情を大っぴらに表出することが容認可能であることをわからせることにあった。

　私は電話の向こうで泣き続けている、明らかに世話をされていない赤ん坊についての相談にかつてどう対応したかをきわめて簡略に話した。ぼろアパートの一室でベビー

ベッドに寝かされていた赤ん坊は、しばらくミルクを飲んでいないことが一見してわかった。おむつが何日も変えられていないため、皮膚はただれていた。おむつの隙間から足へと、おしっことウンチが漏れ出てきており、ベッドも排池物まみれであった。さらに赤ん坊の顔は、ぶたれたのであろう、紫色で、母親は、酒とドラッグで意識が朦朧とした状態でベッドに横たわっていた。そこで私は立ち上がり、率直に、しかし小さな声で「くそっ、ろくでなしめ、この畜生めが」と低い声で、独り言をいった。それがそのとき私が感じたそのままだった。

　話し終えて、椅子にもたれた。ネガティブな感情を表現することを認めるために、この事例をグループで共有した。何人かが、私の経験を自身の経験と重ね合わせて、私のとった態度にすぐに何らかの反応を示すだろうと思っていた。

　7～10秒ほどの沈黙があり、その間に私は少し考え、次の介入をしないことに決めた。個人スーパービジョンも並行して行っていたので、私は、Sandraが子どもを虐待する親に対して強いネガティブな感情をもっていることを知っていた。私は、これを利用して、Sandraに自分の感情をグループで他のメンバーと共有しないかと働きかけたくなった。しかしそうすれば、秘密が保持されるという信頼を裏切って、Sandraの恨みを買うことになるだろうと感じた。個人スーパービジョンにおいて信頼のうえ打ち明けた情報をスーパーバイザーが利用するのではないかとの心配を、他のメンバーに抱かせるかもしれない。

　気まずい沈黙が続いた後、Paulが、この事例を聞いて、担当のR一家に対する反応を思い出したと言ってくれた（彼に感謝）（Paulは27歳で、仕事を2年間離れてグアテマラで平和部隊の活動をした経験があり、自発的にこのグループのリーダーとして行動してくれていた）。Paulのコメントが、グループ全体の話し合いのきっかけとなり、その後35分間、私は何も言わなかった。グループは、終始、自発的に、かつメンバーがそれぞれ自制心をもって話し合いを進めた。私は時折「ふんふん」と相槌を打つだけで、全体に能動的に関心を示し、積極的な聴き手であるように努めた。

　ある親に対する敵意についてPaulがコメントをした後、Ann、Cathy、Bill、そしてGeorgeも似たような感情表出をした。メンバーが次々に話すなかで、ためらいもなく、強い感情が表現されるようになった。グループのなかで一定の感覚や行動が感化されていくことが、明らかに感じられた。最初は特に、性の話になったときの中流階級や中年の人々からよく聞くかなりのとまどいや緊張をほぐすような笑い声が聞かれた。LillianもRuthも何も言わなかったが、2人とも熱心に耳を傾け、非言語的に発言への賛意を示した。虐待する親をグループが激しく攻撃することを楽しんで聞いていた。この効果がグループにとってカタルシスであること（また彼らがそれを必要としていたこと）は、（少なくとも私が見たところ）明らかで、一人ひとりが個別に反応する個人スーパービジョンでは起こり得ないことだった。

　けれどもしばらくして、これまでに抑圧されていたこのような感情は、自然の成り行

きを辿った。再びPaulが，グループの話し合いの方向を変えるようイニシアティブをとった。「それはいいんだけどさ，子どもたちの助けにどうつながるんだろう？」というようなことを言った。おそらく親たちに可罰的な感情を抱くことは悪くないが，私たちが親たちを告発しても，ほとんどの場合，裁判所が親権を剥奪することにはならないことは知っている。さらに言えば，ほとんどの場合，子どもを親から引き離して施設に入れてしまうということはおそらく，私たちが子どもを虐待していることになる。彼はもう一度R家の例を引いて，みなで話し合えるように方向づけた。確かにいくら親に対して敵意を感じていても，自分の仕事は，その子どもにとってベストな状態をつくり出すことであり，その子にとっての家がなくなってしまわないように，親が変わるよう援助することが，子どもを護るために自分にできる最良のことであると言った。

　このことが話し合いの方向を変えた。話し合いは，最初の焦点でもあった虐待する親を助けて態度変化をいかにさせるかということに戻ったわけだが，そこには違いがあった。今回は，これが子どもを援助するのに必要で，かつ正しいアプローチであるという確信があった。また，こうした両親への敵意は理解可能で，容認される反応であるものの，そうした方向では決してうまくいかないということがわかっていたからである。私たちが自分たちの感情をコントロールする必要があった。それは，もし私たちが親たちに対してただ懲罰的に対応すれば，そのことは，親たちとの治療関係を打ち立てる妨げになるからである。そして，親を変えることによって，子どもを家に居続けさせようとするのなら，親たちに対するコミュニケーションの仕方次第で，そうする機会を私たちはダメにしてしまうことになりかねない。

　繰り返しになるが，この問題に関する議論はきわめて一般的なもの（一般論）であり，私はそこに一切関与しなかった。メンバーたちは，担当ケース（たとえばPaulにとってのR一家）を用いて，自分たちの経験から，その子どもを助ける場合に，親への敵意は不毛であることを説明した。

　話し合いは，予定時刻の10分過ぎまで続いた。終了時刻になっても議論は白熱していたので，少し続けさせることにした。勢いが少しおさまりかけて，話が繰り返しになりがちになった頃，私は話し合った内容をまとめて要点を述べた。その流れは，虐待する親を変えるためのさまざまなアプローチに関する一般的な議論から始まり，敵意の表出がカタルシスになること，そして私たちの援助を有効なものとするための，ネガティブな感情をコントロールするという実践上の実用的ニーズについての話に至った。

　私は，これを急いで（3〜5分くらいで）行わなければならないことを意識していた。あらかじめ決めておいた時間が過ぎると，あるメンバーは聞くことを止めてそわそわし始め（「時間超過」は迷惑という意味で），別のメンバーは，面接予定を入れているので，そのことを気にし始める。しかし，私は，終了の必要性や次回の話し合いに移行することの必要性についても意識していた。

　結果的に私は，グループの時間を少し延長し，感情を自己統制することの実際的な理

由をもち出し，虐待をする親がこのような行動をとるのはなぜかについて話し合おうと言った。おそらく私たちは，たがいに理解することで，敵意感情を自己統制することが望ましいという結論に達するにちがいない。私は，「理解することは許すこと」ということわざをあえてフランス語で言った（これはナルシシズムだが，赦されるだろう）を付け加えた。そして，これを次回のグループの話し合いの焦点として取り上げようと提案し，グループがそうすることが役に立つと思う場合は，来週の火曜までに知らせてほしいと言った（毎週木曜の午後に話し合いがある）。

グループの活動に関連させ，重要な学びに生産的に取り組めるように，スーパーバイザーは，意識して慎重に行動した。彼の行った個々の介入は，その時点で，グループのニーズを慎重にアセスメントした結果に基づいたものであった。指示の出し方は，メンバーのグループ参加を制限するものではなく，促進するようなものだった。スーパーバイザーは，グループの活動を促進する必要から，介入を制限するために，指示を効果的に出し，グループをすばやく元の議論に戻した。彼は，グループ全体の雰囲気をできるだけ理解し，個々のメンバーの言語的・非言語的な反応に常に注意を払っていた。

このスーパーバイザーは，徹底して一連の可能性に対峙していた。たとえば，グループが沈黙したときには，グループダイナミクスに焦点を当てることを選択し，その相互作用にグループが気づくように指示を出し，話し合いを続けさせた。「何が沈黙をもたらしたのかしら。私たち1人ずつ今どんな気持ちなのかについて話し合うことは生産的だと思うのですが」。この発言で，虐待する親への対応という論点そのものを移し，グループ・プロセスについて教えることができる。グループの関心に焦点を当て，その状況のいろんな側面に介入することで，スーパーバイザーは，話し合いの焦点を狭めたり，広げたり，また変化させることができる。

要約

グループ・スーパービジョンは，スーパービジョンの管理的，教育的，支持的機能を遂行するためにグループという場を活用する。個人スーパービジョンの代替というより，個人スーパービジョンを補うものとして用いられることがほとんどであ

る。

　以下に，スーパービジョンにグループという場を活用することの利点を例示した。

1. 管理的な時間や労力を節約できる。
2. さまざまな学ぶことと教えることの経験を活用できる。
3. グループ・メンバーに共通する問題や経験について話し合う場を提供する。これは，解決策を生み出す手助けができるだけでなく，それぞれのメンバーに広範囲の多様な経験を提供できる。
4. 心情的なサポートを提供する。
5. スーパーバイジーが自分の知識を共有し，他のメンバーへのサポートをする。
6. 士気を維持するように手助けをする。
7. 個人スーパービジョンに比べて脅威の少ない，快適な学びの環境を提供する。
8. スーパーバイジーがスーパーバイザーに安心して対峙する機会を提供する。
9. 自分の実践を他のスーパーバイジーの実践と比較する機会を提供する。
10. スーパーバイジーが機関全体の一部分であり，その機関への所属感を得る機会を提供する。
11. スーパーバイザーが，スーパーバイジーを異なる角度から理解する機会を提供する。
12. スーパーバイザーとグループとが，スーパービジョン機能を共有できる。
13. スーパーバイジーが仲間から学ぶ機会をえて，自分の言動を修正できるように促す。
14. スーパーバイジーが，スーパーバイザーを別の角度から見る機会を与える。
15. スーパーバイジーの自律性を育む。
16. 多文化教育の機会を与える。

　また，スーパービジョンにグループという場を活用した場合の不利点は，以下のとおりである。

1. グループとしての学びのニーズが，メンバー一人ひとりの個人としての学びのニーズよりも優先される。
2. 仲間同士の競争意識を助長する。

3. スーパーバイジーは，自分の仕事上の問題を解決する責任を放棄する可能性がある。
4. スーパーバイザーがもつグループに対するコントロール力を脅かす。
5. グループに従わせるという圧力が，個人の創造性を締めつけるかもしれない。
6. スーパーバイザーには，相当のグループワークのスキルが求められる。

　グループ過程とダイナミクスの基本原理と，そして学ぶことの一般原則はすべて，グループ・スーパービジョンに適用できる。グループリーダーとしてのスーパーバイザーは，グループの相互作用を刺激し，焦点化する責任をグループと共有する。

第10章

スーパービジョンの課題と刷新
Problems and Innovations

業務遂行の観察：課題の特性

　前章までは，さまざまな観点からスーパーバイザーがこれまで取り組んできた課題について言及してきた。その1つは方法論的なものであり，スーパーバイザーが実践をどのように観察し，教えるかについてである。もう1つの焦点は，スーパービジョンの目標と環境に関するもので，より基本的なものである。前者の一連の課題は本質的に応用科学に類するものであり，後者は専門職の施策にかかわる事柄である。本章では，これらの課題をまとめ，新たな課題群を設置し，それらに対処すべく刷新方法と手続きを再検討する。

　スーパーバイザーはスーパーバイジーの業務にアクセスするうえでの技術的な課題に直面している。スタッフの業務に対して管理的責任を果たし，効果的な業務遂行を促すには，スーパーバイザーはスタッフの業務を明確に理解する必要がある (Beddoe et al. 2011)。しかし，スーパーバイザーはしばしば，スタッフの業務遂行を直接観察できないことがある。この事実は，特に，直接援助に当てはまる。スタッフ・クライエントのかかわりは非公開で行われ，一般の人々の目にさらされることのないように配慮されている。物理的に隔離された面接場面での出来事は，「優れた」実践と専門職倫理の名目のもとに秘密保持がなされ，正当化されている。面接でのプライバシーの保護は，クライエントに秘密保持の権利を付与し，スタッフ―クライエント関係が妨害されるのを防ぐ。この妨害は観察者の侵入によるものと考えられている。フロイトの分析理論をソーシャルワーク面接に援用して，「精神分析の会話には，聴衆は存在しない。またその過程は開示されるものではない」とされている。

　グループワーカーの業務は観察者に公開されている。Miller (1960) は「スタッフとグループの間のやりとりは多くの人が直接に目で見ることができる」と述べた (72)。ここでいう多くの人とは，グループのメンバーや他のスタッフ，スーパーバイザーも含まれる。しかし，「スタッフの業務の観察は……形式的でもなく，綿密に計画されたものでもない」(75)。

　コミュニティワーカーの場合，その行動は衆目監視のもとにあるといえるが，この公開性は見た目と実際とは異なる。Brager & Specht は次のように述べている。

コミュニティ・オーガニゼーションの実践は，その場で見たままのもので，ケースワークに比べてより個人的な色彩が強い。その実践は，地域という公共の場で行われるので，そこにはより高い権威が存在するが，一般には行事的な機会に限られている。それは，スタッフの個人的な活動を監督することとは別のものである。コミュニティワーカーの本務は，他のスタッフに比べて，上位管理者などの物理的環境内で行われることがあまりないことから，コミュニティワーカーの考え方ひとつで，情報を出さないようにすることも，歪めることもできる機会が多いということである。

コミュニティ・オーガニゼーションにおけるコミュニティワーカーの活動の多くは，まったくインフォーマルで構造がない。

　ケースワーク面接業務は計画的に実施されるが，グループワーカーは計画に基づいて話し合いを運営する。コミュニティワーカーの活動は，規制や計画作りではなく，インフォーマルな電話，役割が明確でない会議への出席，他の専門職との焦点の定まらない活動についての話し合いなどに，多くの時間を費やしている（Brager & Specht 1973:242）。

スーパーバイザーがスタッフの業務遂行を知るうえで用いる情報源は，スーパーバイジーが用意したケース記録であり，それを補うのが口頭報告である（Amerikaner & Rose 2012; Everett et al. 2011; Hicks 2009）。スーパーバイザーはこの場合，スーパーバイジーの業務を間接的に観察することになるが，それはスーパーバイジーの認識や記述説明によって媒介されたものである。スーパーバイジーである医療ソーシャルワーカーは以下のように述べている。

　スーパーバイザーが受け取るクライエントの情報は，私のフィルターを通したものである。スーパーバイザーは患者の担当者を決める際には，私が話したことや，私がカルテに記入したことから情報を得ている。スーパーバイザーの考えや助言は，カルテに書かれた内容によって，操作されることもある。

思春期治療機関のスタッフの言を以下に紹介する。

　恐ろしいことです。実際にスーパーバイザーは，私の仕事をまったく理解していません。彼女は私が選んで伝えたことだけしか知らないのです。時には，彼女が私の判断を信じていることを嬉しいと思う半面，スーパーバイザーやクライエントまでも危険にさらして，最終的にスーパーバイザーが『オプラ・ウィンフリー・ショウ』の電気椅子に座って全責任を負うようなことになるかもしれない。

精神科研修医のスーパービジョンについて，Wolbergは以下のように論じている。

ある専門コーチは，多くの実践計画を達成するために複数の役割を担う人に指示を与えて送り出す。指示内容は，彼らが何をすべきか，誰がどのようにそれを果たしたか，次に計画していることは何かを定期的に口頭で報告するというものであり，これが一定期間続いた。今なお，精神療法の分野では，ほとんどこのような指導方法が行われている。欠けているのは，実際の業務を同僚やスーパーバイザーが観察して，体系的に論評することである（1977:37）。

　スタッフの業務にアクセスするという課題は，業務自体の「不可視性」と，その成果の漠然とした多義性とで合成されている。自動車はその組み立てラインから生み出されるという事実から，スタッフの業務適性はその業務遂行を実際に見る必要がないと確信することができる。ソーシャルワークのスーパーバイザーは決してはっきりと見てわかるような業務成果を見ることはない。

　従来も，今日も，スタッフの業務に関する情報を記録資料と口頭報告に依存しているからには，この情報の出処を評価する必要がある。ソーシャルワーカーによる研究では（Everett et al. 2011; Maidment 2000），他の専門職同様（Del-Ben et al. 2005; Farber 2006; Farnan et al. 2012; Mehr, Ladany & Caskie 2010），スタッフ業務についてのケース記録と自己報告が選択され，しばしば歪曲された見方がなされている。

　スーパーバイジーがスーパーバイザーに見せない特質，範囲，重要性について，Ladany et al.（1996）は，20のカウンセリングおよび臨床心理学トレーニング・プログラムを調査し，修士課程の学生108人の有効回答を得た。トレーニング中のセラピストは，業務上ネガティブと思われる臨床上のミス，評価関連事項，クライエントの印象，クライエントに対するネガティブな反応，逆転移，クライエント―カウンセラー間の魅力などを報告しないと回答した。情報として出さないのは，スーパーバイジーがそれを重要だとは思っていないから，または，マイナスになるからとか個人的なことだからと考えてスーパーバイザーに見せない場合がある。さらに，情報が，スーパーバイザーのスーパーバイジーについての印象を操作するために保留される場合や, 情報を漏らすことが政治的な自殺行為の一形態となる場合がある。たいていは，非開示により秘密が保たれるのは，スーパーバイジーもスーパーバイザーもそれを指摘しないからである。研究結果のなかには，スーパーバイザーに見せない情報として，スーパービジョンの方法や関係性の認識に関するものもある。スーパーバイジーは，スーパーバイザーに見せない情報でも，同じ領域の同僚や友人に打ち明けることもあり，その情報が重要なものであれば，その傾向が強まる。

Farber (2006), Hess et al. (2008), および Mehr et al. (2010) の研究結果でも，同様の傾向があると報告された。

報告の歪みや情報の留保は，スーパーバイザーからの批判や拒絶反応に対する自己保身の手段である (2005; Hahn 2001; Yourman 2003)。それらはまた，一見うまくし終えた業務に対する承認と称賛を獲得しようとする努力の成果であり，ソーシャルワーカーの専門性の発展に不可欠の部分とさえ言えるのかもしれない (Lazar & Itzhaky 2000; Noelle 2002)。承認と批判は，スーパーバイザーとの関係に必ず起こる転移という要素により増強すること，そして，自律的な意思決定は専門職業務の道標であることを肝に銘じておきたい。

Pithouse (1987) は，機関スタッフによる記録の活用についての研究のなかで，記録が説明として，すなわち，スタッフの業務の正当性を立証するような保護的表現で書かれていることに注目した。また，スーパーバイザーは，かつては自身がスタッフの立場にあったことから，記録は期待された業務の体裁を整えているものとして評価し，必ずしも実際の業務を記録したものでなくともよいとしていることにも注目した。Gillingham & Humphreys (2010:2602) の観察では，「実践の『私的』解釈が存在し，業務の正規手続きや実践の指標となる公式の説明とはまったく別物といってよい」。

ケース記録は情報の使用と保存のために必要なだけでなく，スタッフの判断の正当化，矛盾する印象の調整やスタッフを守るために証拠となる出来事の提供，混乱した状況をわかりやすく図解してうまくいっているという感じを伝えるためにも使用される (Bush 1984; Munro 1999)。

同一場面について，プロセス・レコードと視聴覚記録を比較してみると，スタッフが意味のあることや頻発する相互作用パターンを聞き漏らしたり忘れていたりすることがわかる。この食い違いはスーパービジョンで得られる重要な知恵である (Bransford 2009)。スタッフは，クライエントへのアプローチに重大な失敗をしたことに気づかないので報告しない。こうした怠慢は，あながち故意に記録を偽造して，スタッフ自身をよく見せようとしたものではないが，実際に起きることである。むしろこれは，自我が自尊心を維持しようとして選択的に知覚した結果である (Yerushalmi 1992)。1934年，Elon Moore は *How Accurate Are Case Records?*『ケース記録は正確といえるか？』という表題で論文を表した。この問いに，筆者は否定的に答えているが，今なお的を射たものである (Gillingham & Humphreys 2010)。スー

パービジョンが記述された記録と，これを補う口頭報告を素材にして行われるということは，スーパービジョンは元来スーパーバイジーによる「歪曲を前提とした回顧的再構築」を素材にしたものだといえる（Ward1962:1128）。下記は，スーパーバイジーの腹蔵ない言である。

> プロセス記録を書く視点は，上司が読んで困惑することや難しいと思うことにもっともらしい説明を選び出すことである。これまで最悪の失敗をしてきたが，それを故意に除外していた。超ミスを削除する理由は，私が恥をかきたくないからである。もしそれがミスであると私が知っているとして，私はそれをスーパーバイザーに開示しなければならないのだろうか？（Nash 1975:67）

承認を得たいがために念入りに選択して報告することを，別のスーパーバイジーは以下のように話している。

> 私の転移現象を軽視する傾向について，スーパーバイザーが評価書類に記述するのではないかと心配するならば，たとえその転移現象の存在を信じていないとしても，きっとそれとわかるようなデータを含めるだろう。それは，この上司がそれに関心をもっているからである（Nash 1975:68）。

口頭や記述によるコミュニケーションをめざして「出会い」の現実を知的に再構築するうえでは，歪みを避けることはできない。スーパービジョン面接の際に報告の道理，順序，構造が重圧となり，一貫性に欠けた，冗長で計画性のない相互作用が，実際の過程とは違う印象を与えることになる。

Stein et al.（1975）は，2通りの条件で患者の精神医学的評価を比較した。第1の条件では，精神医学研修医はスーパービジョンで患者の特徴を述べたものに基づき，スーパーバイザーが評価書類を終了した。2つめの条件では，精神医学研修医と前述の患者の面接を観察し，この観察に基づいて評価書類を終了した。「調査研究の結果は，スーパーバイザーが患者に会っていない場合は，その精神病理の評価に不利が生じるという仮説が支持された」(267)。このことから，「間接的スーパービジョンは精密さに劣る」ことがわかる（268）。

同一のやりとりについて，スーパーバイザーに報告された分析内容と，それを観察した人による別個のアセスメントとの食い違いは，インテーク面接の調査研究のなかで再確認されている（Del-Ben et al. 2005; Spitzer et al. 1982）。臨床現場では，これは意味のある事柄であり（Poniniah et al. 2011），分析上のミスや不足は，援助者やクライエントに対する教育的，法的，医学的な意義があるといえる（Farnan et al. 2012; Harkness 2010)。

　スタッフの報告が教育的スーパービジョンに該当する内容であったとしても，このような報告のみでスタッフの業務評価をするのは危険である。根拠に基づく評価をするには，スーパーバイザーはスタッフが実際に実施したことを知る必要がある。スタッフが実施したと思ったり話したと感じていることは必要ではない。スーパーバイジーの業務遂行についての報告内容に対して，人間行動に関する知識を適用すれば，このスーパービジョンのやり方が良い指導であるとか妥当な評価であるとの論拠にはならないことを認識できる。期待に対する不安，自己防衛，不注意，無視などにより，援助者であるスタッフは面接場面で起きていることの多くに気づかないかもしれない。スタッフが気づいていても想起されないものもある。気づいていて，想起しているとしても，それを報告しないのかもしれない。児童心理療法家をトレーニングする2人のスーパーバイザーの以下の発言はソーシャルワーカーにも当てはまる。

　　児童心理療法家の1年間のスーパービジョンを実施するなかで，筆者に印象深かったこと……トレーニーのある心理療法セッションを直接観察して，トレーニーの機能に重要かつ見過ごせない間違いがあることに気づいた。そのような間違いをスーパービジョンのときに見落としていたことがわかり，直接観察の折にはその場で補足をしていなかった。このトレーニーは，率直にスーパーバイザーに話そうと努力している一方で，非常に詳細かつ完結したプロセスレコードを用いたこと，自身の記録を見ないで，自由に連想して関連づけて話そうとしていた（Abkes & Aug 1972:340）。

　この臨床上の観察については，Muslin, Thurnblad & Meschel（1981）が実証研究のなかで確認している。彼らはビデオに記録した面接データと，これをスーパーバイザーに報告している録音テープとを体系的に比較した。この面接データは精神科在籍中の医学生が実習時に行ったものであり，スーパーバイザーに報告された録音データの半分以下であった。何らかの歪曲が確認されたのは，スーパーバイザーへの報告の54％に当たる。この調査にコテスターとして4人の臨床医がかかわった。彼らは，実際の面接のビデオ録画とスーパーバイザーに対する報告の録音記録を調査して，スーパーバイザーに報告されなかった面接データの有意性を判断した。このデータの44％は，患者の評価をまるごと書き換えたものとして判定者が対象外にし，このデータの9％に部分歪曲がみられた。「この結果は，適切なデータベースが示されているとはいえないので〔強調は原文のまま〕スーパービジョンを続行

するのは誤りであると指摘している」（Muslin et al. 1981:824; 参照 Wolfson & Sampson 1976）。スーパーバイジーの自己報告に基づく業務評価の問題に関する追加調査については，評価を論じた章で引用した。

　このような困った状況に対応して，さまざまな技術を導入し，スーパーバイザーがもっと直接的にスタッフの業務に接近できるような提案がなされた。Goodyear & Nelson（1997）の文献レビューは，スーパーバイザーがスタッフの業務を観察するのに用いた22の方策を挙げている。Bernard & Goodyear（2009），Kaslow et al.（2009），Walker（2010）はさらに多くの方策を示した。それらのうち，直接的な観察，録音・録画した面接の間接的な観察については，臨床領域のスーパーバイザーとその研修生が高く評価した（DeRoma et al. 2007; O'Dell 2008）。それにもかかわらず，ソーシャルワークのスーパーバイザーはいずれの方法もほとんど使っていない（Everett et al. 2011; Knight 2001; Scott et al. 2011）。スーパーバイザーとスタッフの両者は，ビデオ録画した実践をセッション後に観察することを，スーパービジョンの方法として最も高く評価していた（Bernard & Goodyear 2009; Wetchler, Piercy & Sprenkle 1989）。

業務遂行を直接観察すること

　「スーパービジョンは，ダイナミックなプロセスである。そこではさまざまなスーパービジョンの様式とアプローチを活用する必要がある」（Graf & Stebnicki 2002:41）。最もシンプルな手続きは，邪魔にならないように面接場面に座っているか，ワンウェイ・ミラーを通して面接を観察するかのいずれかによる面接の直接観察である。このやり方，あるいはクライエント・スタッフのかかわりを外部に公開する他のどのような手続きも，クライエントに対するインフォームド・コンセントが必要なのはもちろんのことである（NASW 2008）（接近困難なソーシャルワークのクライエントの場合，直接観察についてのインフォームド・コンセントが有効かどうかについては，意見が分かれるところである）。

　カウンセリング教育を受けている修士課程の51％，博士課程の57％が，直接観察により研修スーパービジョンを受けている（Champe & Kleist 2003）が，この方

法は内科医の養成ではこれほど使われていない（Craig 2011; Fromme, Karani & Downing 2009）。臨床心理士の養成ではさらに少なく（Amerikaner & Rose 2012; Reiser & Milne 2012），ソーシャルワーカーの場合も同様である（Beddoe et al. 2011; Everett et al. 2011）。専門職が働く現場では，直接観察はいまだに少ない。「必要な資源が現場にない」「機関管理が求める高い生産性が影響して，スーパーバイザーが望むスーパービジョン計画を実施する能力を著しく制限している」。また，スーパーバイザーは，しばしば「スーパービジョンセッションの時間数にのみ報酬を得ていることから，ライブで観察するといった方法を利用するだけの時間やインセンティブがない」。米国のHIPAA法（Health Insurance Portability & Accountability Act（医療保険の携行性と個人情報等の保護に関する規定））に基づき運営されている機関は，臨床業務の直接観察を「制限，あるいは除外する指針」を取り入れている（Amerikaner & Rose 2012:78-79; Fromme et al. 2009も参照のこと）。

　直接的な観察に基づいたフィードバックは，エビデンス・ベースの実践においてスタッフがスキルを確立するうえで主要な要素の１つであるといわれている（Carlson, Rapp & Eichler 2010）。しかし，この主張には，まだ十分に実証的な裏づけがない（Champe & Kleist 2003; Farnan et al. 2012）。実証されているのは，ライブ・スーパービジョンを受けるスーパーバイジーは，スーパーバイザーとのより強力な協働関係を形成すること（O' Dell 2008），その場合クライエントとの協働関係は問わないこと（Moore 2004），また直接観察に基づいたフィードバックは，スーパーバイジーの行動を変えるという点である（Craig 2011; Scheeler, McKinnon & Stout 2012）。ただ，ここでいわれている根拠には矛盾がある（Craig 2011）。「ライブ・スーパービジョン」は，「セラピープロセスでの問題について，どのように発展したかを評価するか」に違いが生じる（Bartle-Haring et al. 2009:406）。医療においては，直接観察が患者に対する成果を向上させるともいわれており（Farnan et al. 2012），これは，医学生に「知っている以上のことを見る機会と，実際になすべきことを理解する機会」を提供するものである（Fromme et al. 2009:265）。しかし，調査研究の大半は，学生とスタッフの経験と認知に直接関係したものであり（Champe & Kleist 2003; Harber et al. 2009），クライエントにかかわるものではない（Champe & Kleist 2003）。

同席すること

　Kadushin（1956a, 1956b; 1957）は，家族相談機関および公的扶助の相談機関との両者において面接に同席することの実行可能性について検証した。クライエントのなかで，観察者の同席に反対したのはごくわずかであった。面接後にスタッフとクライエントの両者と話し，観察によって起きる影響についての客観的評価を加えたところ，観察者が控え目であれば，面接にほとんど影響を及ぼさないことがわかった。

　Schusterと彼の同僚は，この手続きを精神科研修医のスーパービジョンに利用した。「私たちは，シンプルな方法でこの問題にアプローチすることに決めた。患者が初診の場合，担当研修医にスーパーバイザーが第三者として同席することにした。受け身の姿勢で，目立たないように，しかしその場にいることにした……。私たちの存在が研修医と患者のどちらにも大きく邪魔をすることは，ごくわずかな場合を除いてなかった」（Schuster, Sandt & Thaler 1972:155）。最近の調査研究のレビューの結論も，おおむね同様である（Bernard & Goodyear 2009; Champe & Kleist 2003; Ellis 2010）。

ワンウェイ・ミラー

　ワンウェイ・ミラーは，観察による関与のリスクをなくし，またはそれを避けることができる。面接あるいはグループ・セッションへの観察者の侵入を最小限にする（Fleishmann 1955）。スーパーバイザーは，自己を見聞きされることなく，面接を見ることも聞くこともできる。ピア・グループが面接やグループ・セッションを観察することも可能である。一方向から見るために特別な部屋が必要であり，それ自体が危険要素である。Gruenberg, Liston & Wayne（1969）は，「ワンウェイ・ミラーを設置した物理的環境が，スーパーバイザーの注意の集中を助けるわけではない。暗くした部屋は，注意力を喚起するどころか物憂さを感じさせる」（Gruenberg et al. 1961:96; Adler & Levy 1981も参照のこと）。

　Wong（1997）は，ソーシャルワーク大学院生を対象にワンウェイ・ミラーの反対側にいた学生10名を調査し，スーパービジョンの予期不安と，スーパービジョン中の不安を感じていたことを見いだした。時間の経過とともに研修生はリラックスし，研修が終了する頃には，このスーパービジョンの様式を有益な経験として全

表10.1 研修生，学生，実習生のスーパービジョンで用いられた観察方法

職業	ケース記録および（あるいは）プロセスレコード	自己報告	録音	録画	ワンウェイ・ミラー	コ・セラピー
夫婦・家族関係セラピスト[a]	34%	76%	53%	65%	58%	報告なし
夫婦・家族関係カウンセラー[b]	72%	83%	39%	57%	28%	報告なし
心理学者[c]	58%	73%	3%	11%	3%	13%
ソーシャルワーカー[d]	93%	81%	12%	7%	9%	68%

[a] Lee et al.（2004:65）より。American Association for Marriage & Family Therapy 認定スーパーバイザーを全米で330名サンプリング
[b] DeRoma et al.（2007:421）より。389名のスーパーバイジーをカリフォルニア州でサンプリング
[c] Amerikaner & Rose（2012:68-69）より。全米で173名のスーパーバイジーをサンプリング
[d] Everett et al.（2011:258）より。81名の現場インストラクターを地域でサンプリング

体的には理解していた。表10.1にあるとおり，データはわずかだが，この観察様式は，ソーシャルワーク・スーパービジョンではまれにしか採用されていない。

コ・セラピー・スーパービジョン

スーパーバイザーである観察者は，面接に同席（あるいは他の方法でその場に介在）することにより，新たなコ・スタッフあるいはコ・セラピストという役割にすぐに移行できる（Tuckman & Finkelstein 1999）。コ・セラピーは，マルチプル・セラピーとも称されており，グループワークでは，コ・リーダーシップと呼ばれる。コ・セラピーを通じてスーパービジョンが行われるのは，一般的には個別スーパービジョンの補完的なものとしてであり，その代替ではない。詳細な入門書として，Beddoe et al.（2011），Evans（1987）を参照されたい。

スタッフとクライエントの場に同席してスーパービジョンを行うのは，クライエントの福祉を守るためであり，スーパーバイザーは直接的に実践場面を体験することになり，クライエントは目の前で展開されるスーパービジョンを観察することができる（Bernard & Goodyear 2009）。コ・セラピーの主な利点は，スーパーバイジーの業務遂行について，積極的にかかわる者としてスーパーバイザーが，スーパーバイジーの行動を直に目にする立場にいることである（Finkelstein & Tuckman

1997)。コ・セラピーを始めたところ，あるスーパーバイザーは，スーパーバイジーのクライエントへのアプローチが間違っていることに即座に気づいたと言う。「従来のスーパービジョンの方法では，数か月間かけてもわからなかった問題」だった（Rosenberg, Rubin & Finzi 1968:284）。スーパービジョンをする精神療法家と学生の6か月にわたるコ・セラピーを分析し，Rosenberg, Rubin & Finzi は「直接的に学生を観察することにより，慣習的に学生が自分の仕事をスーパーバイザーに報告するなかで，回想による歪曲を取り除いた」と述べている（1968:293）。

逆転移の威力と出現は，スーパーバイザーがクライエントを直接経験することで，さらにはっきり見えるようになった。コ・セラピーは，スーパーバイザーに有利な，より多くの価値ある情報を生んでいる。したがって，これは，スーパーバイザーが効果的なスーパービジョンのために必要とする情報に関する問題を解消する技術革新といえる。

Munson（2002）は，ライブのコ・セラピー面接が，ソーシャルワークのスーパービジョンの最も効果的な方法であるが，教育的スーパービジョンにコ・セラピーを用いることには問題があると言った。仮にスタッフとクライエントのミーティングの場においてスーパーバイザーが過剰に活動的になると，その力動は，初心者がベテランと組んで行うコ・セラピーと似たものになる（Smith, Mead & Kinsella 1998）。その場合，「経験の少ないセラピスト」が上級セラピストに従い，上級セラピストが「仕切ってしまう」ことになる（Altfeld & Bernard 1997:381）。コ・セラピーによるスーパービジョンは高くつく。

コ・セラピーのセッションでは，スーパーバイザーはスーパーバイジーにやりとりの第一義的責任を取らせるのがよい。スーパーバイザーが介入するのは，スーパーバイジーがうまくいかないと感じている場合や，介入を求める合図をしたとき，あるいはスーパーバイザーが教えたいと思っていた行動の範を示す好機だと判断したときに限る。

研修の初期段階でスーパーバイジーを直接的に観察することが，スーパーバイジーの成長に重要であることについて，Hunt & Sharpe は，次のように述べている。

〔私たちは〕37名の研修生，49名の患者が，セラピー・セッション中の研修生とスーパーバイザーのコミュニケーションをどう感じたかを評価した。スーパーバイザーのほとんどは，あまりコミュニケーションをとっていなかった。電話の呼び出しや部屋に入ってくることを侵入的で助けにならないとする研修生や患者がいたが，大部分はそうではな

かった。それどころか，フィードバックに感謝する者もいた。電話の呼び出しや入室することとセラピストの行動についての患者の報告，あるいはスーパービジョンのやり方についての研修生の報告との相関は何1つ見つからなかった。結論的には，ほとんどのスーパーバイザーが，セッション中にコミュニケーションをする必要はないと思っていた。スーパーバイザーは，患者のケアの質が損なわれない限り，そのようなコミュニケーションは慎重にすべきだといえる（Hunt & Sharpe 2008:121）。

　コ・セラピーを建設的に活用してスーパービジョンの目的を果たすには，「スーパーバイザーは，自身が引き受けている何がしかの傾向によって専門家であろうとしていることを自覚して，変える努力をし，一方，スーパーバイジーには，自分の手を出さずに観察者でいる傾向に抵抗することが求められる」（Sidall & Bosma 1976:210）。代わりに，スーパーバイザーは，クライエントの「特有の力動への気づきを高める」ように，クライエントの面前でスタッフと相談することを選ぶこともできる（Bernard & Goodyear 2009:265）。

　対人援助職によって，コ・セラピー・スーパービジョンの用法と評価はさまざまであり（Carlozzi, Romans, Boswell, Ferguson & Whisenhunt 1997），徐々に変化してきた。1986年，McKenzie, Atkinson, Quinn & Heath は，夫婦・家族療法のスーパーバイザーの64.9％がコ・セラピーによるスーパービジョンを行っていたと報告している。11年後，DeRoma et al.（2007:419）は，「人件費の費用対効果を考慮すると，スーパーバイザーがいる場での直接的スーパービジョンは，予想以上に（変わらず）よく行われていた」。その一方，Amerikaner & Rose（2012）が今の心理学スーパーバイジーを調査したところ，スーパーバイザーとコ・セラピーをしていると答えたのは13％に過ぎない。相変わらず，ソーシャルワーカーはこの直接観察形態をあまり用いていない（Kadushin 1992a）。表10.1が示しているとおりである。

　コ・セラピーを用いることで，スーパーバイジーはスキルの高い実践家の仕事を直接観察できるだけでなく，一緒に話し合う良い刺激剤をもらっている。スーパービジョンの話し合いは，新しい意味をもつようになる。スーパーバイザーは，スーパーバイジーの業務遂行に関する利益についてのみならず，自身のものについても評価することになる（Ryan 1964:473）。コ・セラピーは，十分な事前準備がなされ，なるべく実施直後に，一緒に経験した内容をともに検討する機会があることで，いっそう実りの多い経験となる。その反対に，スーパービジョンとしてコ・セラピーを用いたやり方のなかには，スタッフの自律的な学習を妨げ，あるいはスーパーバイ

ザーへの依存を促進する危険を報告するものもある（Champe & Kleist 2003; Smith, Mead & Kinsella 1998）。

　Tanner（2011）は，コ・セラピーによる治療成果，クライエントのドロップアウト，研修に対するスーパービジョン効果について，スーパーバイザーと研修生の2人のコ・セラピストが対応したクライエント群の治療成果の報告と，コ・セラピー・スーパービジョンの経験度合いが多様なスーパーバイジーが援助したクライエント群の援助効果に関する報告とを比較研究した。2つの集団間では，クライエントのドロップアウト，変化の大きさやその方向性について違いは見いだされなかった。コ・セラピーは，スーパーバイジーが単独で援助するよりも効果的だとはいえないようである。コ・セラピー・スーパービジョンは，研修生にとっては，事後に行うスーパービジョンに比べて有効ではないともいえる。

録音・録画：業務を間接的に観察する

　スタッフ―クライエント間の相互作用を振り返って，それを口頭や文書で報告することにより，実際に起きた個々の経験は永遠に失われることになる。同様に，面接の直接観察，コ・セラピーやワンウェイ・ミラーによる観察は記録が残らないので，後で情報を検索し，調査や検討をすることができない。この欠点を修正するために，スーパービジョンを受ける自分たちの面接を録音，録画するソーシャルワーカーもいる。このようなスーパービジョンの方法は，広く夫婦・家族関係分野のカウンセラーの間では行われている（DeRoma et al. 2007）と聞くが，心理学，ソーシャルワークでは，表10.1に見るとおり，それほど多くはない。スーパービジョンにとって，このような技術により，間接的に業務を観察し，それを再演して検討できるところに意義がある。

　ビデオは，隣接している機材を収納した調整室から目立たない接続部分を使用して録画することができる。あるいは，カメラはワンウェイ・ミラーを通して「見る」こともできる。（より最新の安価なデジタル技術を利用するなら）面接室に小さなウェブカム（生放送するためのインターネット用ビデオカメラ）を1つか2つ置くこともできる（Chlebowski 2011）。最もシンプルな手順は，やりとりの開始時にスイッチ

を入れ，終わったら切る。倫理的な配慮により，クライエントが自由に記録自体を開始,停止,中断する手段を提供する選択肢があってもよい。クライエントとスタッフにデジタル・カメラを複数台用意し，各自が，あるいは一緒に録画する，もしくは録画してもらうようにする。デジタル記録はソフトウェアを用いることで，広角の場面，ズームした拡大場面，2つの映像を重ねる特殊効果，画面分割などの映像編集ができる。デジタル技術により，グループの相互作用やミーティングの記録をいかようにも柔軟に変更することが可能である。

NASW Code of Ethics 倫理綱領（2008），NASW および ASWB（Association of Social Work Boards）Standards for Technology and Social Work Practice（2005）は，ソーシャルワーカーが面接を録音,録画する前にクライエントからインフォームド・コンセントを得ておくことを求めている。HIPAA の規制（U.S. Department of Health and Human Services 2010），州のソーシャルワーク試験審議会（McAdams & Wyatt 2010）は，保健医療関連の場における情報保護の目的でさらなる義務，決まり，禁止，制約事項の遵守を求める場合もある。スーパーバイザーおよびその他の第三者が録画を観察する前にも，やはりクライエントからのインフォームド・コンセントを得る必要がある。インフォームド・コンセントは，録画の目的，誰が録画を観るのか，そのリスクとメリット，クライエントが同意を拒否したり撤回（記録の阻止や中止）する権利，同意が有効な期間について，わかりやすい言葉ではっきりとクライエントに伝えられなければならない。ソーシャルワーカーはクライエントに対して，スーパービジョンに使用した後に記録は消去すること，疑問があれば説明を求めてほしいことなど，選択権を規定しておくべきである。Jencius, Baltimore & Getz（2010）に続き，Haggerty & Hilsenroth（2011:200）は，「ビデオは鍵をかけて保管し，さらに個人が特定されない工夫をして，患者が誰かわからないようにすべき」であり，デジタル記録には，「パスワードをつけて保護すべきである」と付け加えている。目立たないウェブカムや壁などの接続部分やワンウェイ・ミラーの背後からの録画にせよ，あるいは面接室やカンファレンス・ルームでの録画にせよ，まず気が散らないようにすることが重要であり，録画の事実をクライエントから隠すことが目的ではない。

スタッフの実践に関する完璧で信用性のあるくっきりした情報をスーパービジョンに利用するだけでなく，録画，録音は，スタッフの業務を間違いなく向上させる教育，評価の方法としても（Hammoud et al. 2012; Huhra, Yamokoski-Maynhart &

Prieto 2008; VanDerWege 2011)，クライエントの成果の改善のため（Haggerty & Hilsenroth 2011; Hammoud et al. 2012）にも適している。総計1058名になる33の実験研究から217の比較研究をメタ分析して，Fukkink, Trienekens & Kramer（2011）は，ビデオによるフィードバックは，さまざまな職種のスタッフの相互作用スキルに著しい効果があることを報告している。10の別々の短期力動的精神療法をサンプルとした2つ目のメタ分析の研究では，スーパービジョンに録画，あるいは録音した記録を利用して，患者の成果にある程度の効果があったことが示された（Diener, Hilsenroth & Weinberger 2007）。ハーバード大学医学部とその関連機関の協力で行われた精神療法の調査研究プログラムからは，McCullough et al.（2011:129）は，録画したセラピーのセッションをどのように評価するかの実践ガイドをインターネットで発表し，アクセスできるようにしている。このなかで，研修生ならびにシニアの臨床家のためのコンピュータによる研修手続き，および「治療上の変化に有効な働きをするとして実証された」共通要素のスケールとを用いている（www.ATOStrainer.com）。

　実践の録画によってスーパービジョンの機微や本質に迫ることができる。記録を利用すると，クライエントを「取り出す」ことにより，スーパービジョンの話し合いができる。スーパーバイジーの記述や口頭の報告のみでクライエントを理解しているスーパーバイザーは，クライエントを思い描くことが難しい，あるいは話し合いの場でクライエントに配慮して進めることが難しくなる。そのクライエントは，肉体をもたない，人間味のない抽象概念である。録音，録画された記録は，クライエントの存在を直接的に鮮明に示す。これにより，間違いなくクライエントはスーパービジョンの場で「忘れ去られる」ことはなく，臨床的なスーパービジョンが，スーパーバイザー，スーパーバイジー，クライエントを含む，真の三つ組みであることになる。

　録音，録画した記録により，スーパーバイザーはクライエントがスーパーバイジーに言ったことをより生々しくディスカッションすることができる。話すこと以上に観ることのほうが有効である。自分で自分を観ることは，録画により可能であるが，物事の実態を見抜く最善の学習方法である。スーパーバイジーは，録画を再生しながら，自らの業務を遂行する自分自身に直面することになる。それは，スーパーバイザーが規定したものとは異なる。「自分を過信していたある学生は，面接場面で不安な気持ちが強かったことを否認していた。自身のビデオを再生したとき，その

1時間のなかでも緊張の場面ではガムを神経質に噛んでいる自分を観ることになった。学生の行動を話題にするなかで，自分が緊張していたことを思い出すことができ，それがどこからきていたのかを考えることができた」(Hirsh & Freed 1970:45)。

スーパーバイジー自身が描いている自分の行動についてのイメージと実際との乖離は，記録の再生によってまぎれもなく明らかなものになる。ある学生は，「自分がどのように観えるのかという実際のイメージと，クライエントに投影するイメージを知ることができる。ただ，これは自分の意図したものではないことも多い」と述べた（Suess 1970:275）。ビデオを再生することによって得られる自己の発見のことを「self-awkwardness（自分で変な感じがする）」と，「self-awareness（自己覚知）」をもじってうまく表わしている。あるスタッフは，「テープを観ることで，自分の話がつっかえつっかえだったことを発見した。自分が言っていることのつながりもなかった。ビデオテープがなかったら，この点をスーパーバイザーが私に納得させるのにあと何か月もかかったと思う」と述べた（Benschoter, Eaton & Smith 1965:1160）。

記録を再生し，録画を見直すことは，自分に直面化することである。多くの場合がそうであるように自分以外の他者からの非難の言葉に直面化することではない（VanDerWege 2011）。「あるセラピストは，意味的複雑さをまどろっこしく，ややこしく説明する自分自身を見聞きし，ショックを受けた。その解釈は，セラピスト自身も後でテープを見直して，どうにか理解できるようなものだった。しかし，口頭報告だけであれば何か月間も報告しても，スーパーバイザーにはセラピストの介入は正確で雄弁との印象を与えたであろう」。また別のセラピストは，「セッション中ずっと，患者が何を言っても，理由なく『うん，うん』とつぶやいていたことに気づいた」といった（Rubenstein & Hammond 1982:149-50）。

録音，録画の再生により，かなりの自己学習ができる。これはセルフ・スーパービジョンの確立とスーパービジョンからの自立の奨励である。スーパーバイジーは，「自分の行動モデルと自身の行動の現実との違いを識別する機会」をもつことになる（Gruenberg, Liston & Wayne 1969:49）。すでに起きていたことをもう一度観る機会は，相互作用の真っただ中では見過ごされていた多層的なメッセージを統合する好機となる。再生はプレッシャーが少なく，より中立的に，逸した介入に気づくことや他のより適切な介入を考案する機会となる。あるスーパーバイザーがビデオ

テープによる自己指導の利点について，「過ちを指摘する必要がないときもある。テープそのものが雄弁である」と指摘していた（Benschoter, Eaton & Smith 1965:1160）。

　面接，グループ・ミーティングやカンファレンスの参与観察者として，スーパーバイジーは自己観察と内省的自己分析にはほんのわずかな時間とエネルギーしか充てていない。スーパーバイジーの時間とエネルギーの大半は，クライエントのニーズと反応に焦点を置かねばならない。そのうえ，自分たちの行動の大半は自己観察することができない。スーパーバイジーらは，自分の微笑み，険しい表情，眉を吊り上げたところ，眉をひそめたところなどを観ることはできない。録画を観て相互作用を呼び起こすことで，スーパーバイジーは自己観察者としての役割に集中できるのである。ビデオ録画は，Robert Burns が言うところの「他者が我々を観ているように自分自身を観たい」という思いを現実にすることになる。

　スーパーバイジーは，リラックスし，感情的に巻き込まれない状態で録画を再生することができる。よって，比較的客観的に自身の行動を検討することが可能となる。と同時に，出来事がそのまま映像として映っているものに繰り返し触れることにより，そのときと同じ感情のある部分は喚起されることになる。こうして，録画を観ることでスーパーバイジーは感情体験をある程度追体験しながら自分自身を観察することになる。

　ビデオテープのなかの自分自身を観ること，録音テープの自分の声を聞くことは，スーパーバイジーにとって自我をサポートする作用がある。多くの場合，目にしたこと，耳にしたことにより自己イメージが肯定的に強化されている。スーパーバイジーらは再生の経験について，「思っていた以上に自分の姿勢も話し方も良かった」「思っていた以上にやれていた」と話していた。再生後に自分を表わすのに用いた形容詞は，再生前に用いた形容詞と類似もしくは同程度にポジティブだった（Walz & Johnston 1963:233）。そこで起きていた変化は，自らの業務をより客観的に観ることに限られたものであった。屈辱的体験というよりは，謙虚になる経験である。スーパービジョンによる介入なく，録画の再生のみによって，スーパーバイジーが自分の業務をどのように知覚したかは，スーパーバイザーの認識するところとの一致に導かれる傾向がみられた（Walz & Johnston 1963:235）。有能な動きをし，役に立つ介入をしている自分自身を観ることは，その行動の強化に役立つ。再生は，間違いを修正するのみならず，学習の強化にも役立っている。

録画技術の性質に鑑みて，スーパービジョンではかなり柔軟に録画を活用できるだろう。録音，録画された記録を用い，スーパーバイザーとスーパーバイジーは好きな時間に自分のペースで繰り返し業務を振り返ることができる（Farmer 1987; VanDerWege 2011）。

相互作用のある出来事を繰り返し再生できることで，スーパーバイザーとスーパーバイジーは，そのつど，1つの側面だけに焦点を当てることができる。あるときは，クライエントに焦点を当て，また別のときにはスタッフに焦点化ができる。1，2分間の1つの相互作用を，スタッフ・クライエントのやりとりに焦点を当て繰り返し観ることができる。消音にして録画を再生することにより，特に非言語の振る舞いに注目することができる。映像を消して音声だけにすることにより，もっぱら話される内容に意識を向けることができる。

録音・録画記録によりスーパーバイジーは批判的に業務の事後的な自己検証を十分に行うことができるからといって，スーパービジョンの良さを軽視するわけではない。スーパーバイザーからその場で，適切な問いをされて考えさせられ，さもなければ見逃していた点に注意を促されながら，記録を見聞きすることは，スーパーバイジーにとって一層の学習の機会となる。Norman Kagan と同僚ら（Kagan, Krathwohl & Miller 1963; Kagan & Kagan 1997）は，「インターパーソナル・プロセス・リコール（interpersonal process recall）」と称するこのような方法をカウンセラーのトレーニングによく用いていた。それぞれのスーパーバイジーは，訓練されたスーパーバイザーの目の前で録画された自分自身の面接を観る。スーパーバイザーは，巧みにデリケートな質問をしながら，スーパーバイジーが面接中に味わった感情を言い表わせるように，また，身体的な動きを言葉に言い換えるように促す。面接中の具体的な状況で特定のことを行い，言ったのは，どのような判断がもたらした行為や言葉だったのかを再構成するように働きかける。文献のレビューは，Buser（2008），Huhra, Yamokoski-Maynhart & Prieto（2008）を参照されたい。

スーパーバイジーの自己防衛的な行為は，録画の再生を観る場面でも，面接中と同様に起こり得る。録音・録画を最も建設的に利用することで，スーパーバイザーは，スーパーバイジーのあまり聴きたくない，観たくない部分に，穏やかに，しかも，譲ることなく注意を喚起できる。かつてマーク・トウェイン Mark Twain は，「思い描いていることのピントがずれているようでは，自分の目を当てにはできない（you can't depend on your eyes when your imagination is out of focus）」と記している。

スーパーバイザーは，スーパーバイジーのそばで録画・録音を観ながら，あるいは聴きながら，想像のピントが合うように援助をする。

ビデオ録画は，ディスカッションを刺激するものとしてグループ・スーパービジョンに利用されている（Bransford 2009; Broks, Patterson & McKiernan 2012）。Goldberg（2012:47）の場合，「毎回のセッションで，スーパーバイジーらはまず相談面接における喫緊の課題を出し，それから相談面接時の録画記録を観て話し合い，活発なディスカッションを促している。毎週，スーパーバイジーらの持ち回りで，提示する録画記録が選定される」。Chadoff（1972）は，グループスーパービジョンでの話し合いの場で，録画した面接を再生し，ところどころで一旦停止し，自分ならどのようにこの場面に対応するか，この先の面接で，どういうことが起きると思うのかについて，スーパーバイジーらに質問した。

スタッフの業務行動の可視化は，スーパーバイザーの評価に対しても多大な影響を与えている。どのようなアセスメントも，スタッフがスーパーバイザーの評価を信頼していなければ，観察したスタッフの業務行動は限られているという理由によりあっさり退けられるであろう。録画記録を用いて，一定期間中に変化した業務行動のパターンを示し，あるいは証明するという評価も考えられる。ある時点での面接，あるいはグループ・セッションの記録と，数か月後，あるいは1年後の同様の面接やグループ・セッションの記録との比較は可能になる。

録画は，それが現在のものであれば，新しい職員の勧誘に利用し得る。状況が許されるならば，新任スタッフに業務についての機関の理念をよく知ってもらえるように録音・録画記録のミニ・ライブラリーを展開することもできる。

しかしながら，録音，録画記録の利用には，不都合なこともある。スーパーバイジーは，自分の業務行動のすべてが記録され，変更や修正の可能性はないという事実を強く意識すると，防御に回り，言動が不自然になるだろう（Huhra et al. 2008; Mauzey, Harris & Trusty 2000）。スーパーバイジーらは，ラ・ロシュフーコー La Rochefoucauld の It is better to remain silent and be thought a fool, than to speak and remove all doubt「沈黙を守ると愚か者と思われるかもしれないが，下手に話すより，怪しまれることはない」（『ラ・ロシュフコー箴言集』二宮フサ訳，岩波書店（岩波文庫赤510-1），1989年，32頁）という箴言を深刻に受け止めることになる。

スタッフがクライエント以上に不安を感じるのは，「クライエントは自身を援助される存在と見ているが，セラピストは自分自身を評価の対象と考えている」から

である（Kornfeld & Kolb 1964:457）。スーパーバイジーの多くは，自分の業務行動を録画，録音することでリスクの埋め合わせができるようだ。Itzin（1960）によれば，スーパーバイジーらは，録画によるスーパービジョンのやり方に大変好感をもった。スーパーバイジーらはスーパービジョンに望ましい客観性が担保され，記述した業務報告書に表れる逃避，歪曲，その他の防衛を克服することができると感じていた。あるスーパーバイジーは，「かなり早い段階で，スーパーバイザーが私の問題を突き止めることができたと思います。もし，自分がプロセス記録のみを盾にしていたら，これほどスーパーバイザーは理解しなかったと思います」（198）と言っていた。ほかには，「面接がどのように進んだのか，もっと正確にスーパーバイザーに説明しようとしていました。出来事を報告するとき，自分の考え，気持ち，ニーズが入ってしまう傾向があります。それ以外の方法については，考えられません。スーパーバイザーは，スーパーバイジーが実際にしていたことを知るのであって，していたと報告した内容ではないのです」（198）。ある学生は，「理論を理解するには本を何千冊でも読めばいいが，実際に起きたことを観たときに初めて目が覚めたように理解できました」（Ryan 1969:128）。

このように面接の録画を観て，ソーシャルワークの学生は，自己覚知と感受性を高めている。Hanley, Cooper & Dick（1994）は，ソーシャルワークの学生がクライエントとの面接について録音や録画により指導を受けた場合，この方法によらない学生に比べて実習に対する満足度が高かった（Fortune & Abramson 1993）。Wetchler et al.（1989）が夫婦・家族関係のセラピストに使用しているスーパービジョンの形態について評価を求めた際，スーパーバイザーとスーパーバイジーともに，録画による面接の振り返りに最高の評価を与えた。しかしながら Hicks（2009）は，録音あるいは録画記録とスーパービジョンの効果の認知には何の相関もみられないと，全米の博士課程修了後のスーパーバイジーを対象にした調査のなかで明らかにしている。

スーパービジョンに録画，録音記録を用いることには，主なメリットがあるのと同時に，録音，録画記録の完結かつ見境のない点において主要なデメリットにもなる。スーパーバイザーは入ってくる細部情報の豊かさに困惑し，圧倒されることもあるだろう。情報量の多さに押しつぶされる危険は，慎重に相互作用を抽出して「視聴覚による組織検査」を行い，観る部分を選択的に限定することで回避できる。その一方で，特定の目標を定めたスーパービジョン・アプローチは，スーパーバイザー

が「修正のために（録画を）観ている」のだとスーパーバイジーが「常に身構えて」いなければならないと感じさせる側面がある（Phelps 2013:125）。

　スーパービジョンに録画記録を用いるときには，スーパーバイジーに検討したい部分はどこかを尋ね，そのやりとりが出てくる録画記録のカウンター・ナンバーを確認するように依頼し，事前にスーパーバイザーにこの情報を伝えてもらうことで，時間を短縮できる。1時間近くの録画全体を振り返ることなく，スーパーバイザーは，切り取った部分を点検するだけでスーパーバイジーが検討したい相互作用に焦点を当てることができる。しかし，VanDerWege（2011:138）の報告にあるように，スーパーバイザーにスーパーバイジーからの「印やタグの付いた」実践録画を観るようにとの依頼がほとんどないのは，スーパービジョンへの失望につながるだろう。

　録音・録画記録を使ったスーパービジョンの展開の仕方は，スーパーバイザーに挑戦を求める課題となり得る。スーパーバイザーがこの方法によりスーパーバイジーの業務行動を観察できると同様に，スーパーバイジーもスーパーバイザーの業務行動にアクセスできることになる。これは，スーパーバイザーが個人，あるいはグループ・スーパービジョンを通して，どうすべきだったかをスーパーバイジーが観察できるようにするという意味である。スーパーバイザーがソーシャルワークについて話していることを聞いているだけのスーパーバイジーは，話し合いでのスーパーバイザーの言動からスーパーバイザーが実際にクライエントに対してどのように振る舞うのかを推定するしかない。スーパーバイジーにとって利用可能なこのロール・モデルは，ほぼ想像の域を超えない。しかし，スーパーバイジーにとってスーパーバイザーの行為を直接観察して初めて，生気にあふれた，信頼できるロール・モデルを模倣することができる。

　スーパーバイザー自身のクライエントとの面接録画を観ることで，スタッフは「非現実的で空虚な説教じみた独善的言動ではなく，スーパーバイザーである先生の業務を観ることになる。スーパーバイザーのセッションを欠点も含め，ありのままに間近に観ることで，スーパーバイザーのスキルを観て学ぶだけに留まらず，これまで抱いていた理想化したスーパーバイザー像を破棄する機会にもなる」（Rubenstein & Hammond 1982:159）。

　スーパーバイザーもスーパーバイジーも，自分の仕事を録画し，振り返ることから利益を得ることができる。ソーシャルワークにおいて，このようなやり方をしているという報告はないが，教育学ならびに心理学のスーパーバイザーは，自己研鑽

のために自分たちのカンファレンスを録画している（Robiner, Saltzman, Hoberman & Schirvar 1997）。

あらゆる観察方法の利用と守秘義務に対する脅威から，スタッフ・クライエントの相互作用の歪曲に対する根強い疑問がある。心理療法士，精神科医，ソーシャルワーカーの報告によると，個別面接，あるいは集団面接を録音，録画し，利用してきた相互作用に深刻な歪曲は一切行われなかったとのほぼ一致した証言をしている。これらの観察方法についての専門職の見解には以下の点において一致していた。すなわち，これらの機器の利用に反対したクライエントはごくわずかである。これらがクライエントのコミュニケーションを抑制することは一時的である。自分たちの業務行動をオープンにすることで他者が評価するのを恐れているスタッフに比べて，クライエントには妨げとなっていない。また，クライエントよりもスタッフのほうが，この状況に順応して落ち着くのに時間を要している。

録音・録画の記録を利用して支援サービス，調査研究，スーパービジョンをした者の個人的な報告にみるこれらの方法の結果は，体系的調査研究の結果により一貫して支持されている。かつて，Kogan（1950）は，ソーシャルワークにおける録音が面接の妨げになるような深刻な影響はないことを明らかにした。その後の研究（Ellis 2010; Ellis, Kerngel & Beck 2002; Gossman & Miller 2012）も，この結論を裏づけている。

だからといって，このようなやり方に何も問題がないわけではない。どのような変更もなにがしかの変化につながっている。影響は深刻なものかどうか，録音，録画がもたらす影響は，その明らかなメリットを帳消しにするほど有害といえるかどうかが重要な問題である。この点について，良識をもって使用する限り，深刻で有害な影響はないとはっきり言える。

記録を，軽率に，見境なく使用してはいけない。クライエントのなかには病んでいる人もおり（Gelso & Tanney 1972; Van Atta 1969），特に妄想的なクライエントには，このやり方は禁忌である。Niland et al.（1971）は，録音記録の使用を阻害するいくつかの影響について報告し，録音，録画記録の活用に際しては，スーパーバイジーの「レディネスの指標（index of readiness）」に敏感でなければならないことを強調した。

録音，録画記録の利点，不利点を秤にかけ，他のスーパービジョンのやり方と比較してみると，こういった観察方法によるアプローチは，間違いなく望ましい刷新

と考えてよいだろう。家族療法家の認定スーパーバイザー318名，およびそのスーパーバイジー299名を対象に質問紙調査をした結果，双方のグループとも「スーパーバイザー同席で，セラピー・セッションの録画記録を振り返ること」が，最も効果的なスーパービジョン手段であるとする点で一致が見られた（Wetchler et al. 2989:39)。「スーパーバイザーとともに逐語記録を振り返る」ことは，スーパーバイザー，スーパーバイジーとも，18種の手続きリスト中でその効果評価は最下位であった。

　これらの記録手段を使用してスタッフの業務行動に直接，間接にアクセスすることで，スーパーバイザーがスタッフの行動に受け売りの知識を当てはめたり，あるいは曲解してしまうことから生じる問題を軽減できる。スーパービジョンの刷新の例として，観察を直接行うことに加え，面接の実施中に行う管理のためのライブ・スーパービジョンの方法がある。

面接の場でのライブ・スーパービジョン

　スーパーバイジーの業務を十全に，かつ直接的に観察して，その瞬間に，最も功を奏すると思われる特定の介入について教えることができるというスーパーバイザーの考え方はまだ認められていない。スーパーバイザーが面接を傍聴するとか，ワンウェイ・ミラーを通して観察する，または録音・録画された記録を用い，スーパーバイジーの業務を見聞きするにしろ，いずれの場合も，スタッフの業務行動を振り返って事後に話し合うことになる。スタッフにとって，スーパービジョンは面接後に行われるものであり，そのときには，スーパーバイジーはすでに真剣に携わっていた問題状況から解き放たれているので，学習の時宜にかなっているとはいえない。ストレスのある状況下において，即時性と提案に対する受容性が最も高まっている利点は活かされていない。実践記録にはまだ改善の余地があるとしても，事後のスーパービジョンのどのような利点もクライエントには効果がない。そこで，現代の技術を駆使して，スタッフが実際に面接しているその場でスーパーバイザーがスーパービジョンする幾多の試みがなされてきた。しかしながら，スーパーバイザーがスタッフ・クライエントの相互作用を直接観察することが侵入だというならば，

ライブ・スーパービジョンはさらに立ち入ったものであるといえる。

　ライブ・スーパービジョンの主な狙いは，スーパービジョンの相互作用をその行為が行われている場に近づけることであり，スーパーバイザーが瞬時に高い自発性をもってその場で指導できる。ライブ・スーパービジョンにより，スーパーバイジーはその場でスーパーバイザーの助言を実行して自分の力量を試し，助言された介入に対するクライエントの応答を目の前で確認することができる。これはおそらく学ぶことに大きな影響を与えるだろう（Munson 2002）。

　面接中のスーパービジョンを展開することが決定されれば，スーパーバイザーはどのように介入するかを決めなくてはならない。「レシーバー（bug-in-the -ear）」を使用するなど，スーパーバイジーとの接触方法はいろいろあり，スーパーバイジーを面接室から呼び出して話し合いをするか（Gold 1996），あるいは面接室に入ってその場でスーパービジョンを行う方法もある。

▎Bug-in-the-Ear, Bug-in-the-Eye によるスーパービジョン

　スマートフォンや無線リンクのコンピュータを使用し，小型で目立たない，軽量のレシーバーを耳裏に装着することで，スーパーバイザーは面接やグループ・ミーティングの間にスーパーバイジーと連絡をとることができる。Wade（2010:27）は，「Bug-In-The-Ear」（以下，BITE と記す）は「2 つの主要な機器，ブルートゥースのイヤホンと USB アダプターからなる」と記している。ワンウェイ・ミラーを通して，あるいは録画を送信して見聞きしながら，スーパーバイザーはスーパーバイジーだけが聞こえるように助言できる。コミュニケーションは実質的に場所を限定して放送され，無線であるためにスーパーバイジーの動きを邪魔しない。

　Korner & Brown は1952年に，この類のやり方を「機械による第三の耳」と称して，最初に報告した。Ward（1960:1962），Boylsten & Tuma（1972）は，医学部の精神科における研修でこの機器を利用したことを報告している。Montalvo（1973）は，同様のやり方を児童相談臨床に利用したことを詳細に述べている。Levine & Tilker（1974）は，行動変容の臨床家のスーパービジョンにおけるこの機器の利用について述べている。

　Barnett（2011），Chlebowski & Fremont（2011），Ford（2008），Goodman et al.（2008），Olson, Russell & White（2001），Scheeler et al.（2012）は，さまざまな分野における BITE 技術の利用に関連する文献レビューを行い，そのメリット，

デメリットに言及している。Wade（2010:iii）は，「BITE のブルートゥース技術のおかげで，指導中にその場でフィードバックが可能になり，スキルや知識のコーチや手がかりを与えるなど，スーパーバイザーにとって適確な行動が増した」と記している。BITE を用いたスーパービジョンのフィードバック効果に関して，4 人の夫婦・家族療法の研修生を対象に実証研究が行われ，研修生の臨床スキルに著しい向上がみられた（Gallant, Thayer & Bailey 1991）。Jumper（1998）が行った調査では，カウンセラーの研修生がその場で直に受け取った BITE フィードバックが，そのまま彼らの自己効力感を強化していることが明らかになった。さらに，障害をもつK8- 学級（幼稚園から中学 2 年生までの生徒がいるクラス）の担任である 3 名の新人教師を対象に，multipul-baseline study（複合基準値調査）を実施し，Goodman et al.（2008）によると，「効果的な教育行動は，フィードバックが『Electronic Bug』を通して学級内で伝えられた場合に，その割合と正確さが増す」ことを見い出した。Goodman et al.（2008）は，ある教師の実践効果は，BITE スーパービジョンをやめても維持されたと報告したが，Thurber（2005）がライブ・スーパービジョンを受けているセラピストについて行った修士課程での調査では，BITE スーパービジョンの成果は決定的なものではないとされた。

　新人スタッフの場合，このような機器は「初心者ならではの不安」を減じ，「そのことがクライエントの不安に自由に目を向けるための助けになる。スーパーバイザーがすぐに助けてくれるという事実から，セラピストはよりリラックスし，自発的で話しやすくなる」（Boylsten & Tuma 1972:93）。

　スーパーバイザーがセラピーに直接侵入することの弁護として，Lowenstein & Reder（1982）は，新任のセラピストの場合，「膠着状態，困惑，混沌のただ中にあるときに惜しみなく助けてくれるものとして『powerful voice（天の声）』に感謝している」。スーパーバイザーはスーパーバイジーよりもうまく実践し，多くを知っている（べきである）。そして，指示することは創造性を育むこととは別のものではない。それは，「基礎的な技術が身に着いた後に初めて〔強調は原文のまま〕創造性は培われると考えるのが道理に適っている」からである（121）。

　スーパーバイザーは，見過ごされがちな非言語コミュニケーション，スタッフが反応し損ねたコミュニケーションの背後の意味，無視した領域を探究する意義へと注意を喚起することができる。Montalvo（1973）は，「このことは，出来事を修復するなら手遅れになるまで待つ必要がないとの想定のもとで行われる」（345）と

している。これらの懸念にその場ですぐに気がつくことで，すぐに学習し，クライエントにさらに効果的な援助を提供するのに役立つ。以下の引用が，そのことをよく表している。9歳の少年が面接に大幅に遅刻し，セラピストはイライラしてうろたえていた。

〔少年が入室したとき，〕彼は明らかに不安な様子だった。セラピストを見て，セラピストが普段と違うと言った。セラピストの髪の毛は「ぐしゃぐしゃ」だった。少年の言葉を誤解したセラピストは，自分の髪の毛について意見を述べた。セラピストは（bugを通して）少年がセラピストのそっけない声に気づいていたことの指摘を受けて，もしかしたら少年の遅刻にセラピストが怒っているかもしれないと少年が心配していることについて，セラピストは触れることができた。少年はセラピストの怒りを心配していたという解釈により，患者がリラックスし，精神療法の介入をさらに進めることができた（Boylsten & Tuma 1972:94）。

このようなやり方により，スーパーバイザーはスーパーバイジーによるスーパービジョンの活用効果を直接的に評価することができる。スーパーバイザーにとってはまた別のメリットがある。スーパーバイザーは，スーパーバイジーがクライエントに何らかの危害を加える恐れがあるときにこれを阻止して，法的に訴えられる可能性を思いとどまらせることのできる立ち位置にある。この手続きにより，クライエントの保護とスーパーバイジーの専門職としての成長を同時に行うことができる。

スーパーバイザーの直接的なスーパービジョンへの介入における具体性や特異性のレベルはさまざまである。この介入は一般的な主張として伝えられることも，具体的な行動の処方箋として伝えられることもある。指示の度合いにも違いが出る。スーパーバイジーは何かをするように指導されることもあれば，助言という性質の場合もある。注釈の度合いにも違いが出る。スーパーバイザーは，やりとりされた事柄の理由をごく簡単に説明することも，コミュニケーションの根拠を詳しく述べることもできる。介入の強さも異なり，かなり強調して伝えられることもあれば，穏やかな口調で伝えられることもある。新任スタッフとの場合は，介入はより具体的に，より指導的になり，経験者にはより一般的になることもある。

コメントは，スーパーバイジーにこれをしなさいという断定的な指導になる場合がある。「躾について，親としての葛藤を掘り下げて」「お父さんが息子にきちんと対応しなかったことに直面してもらいましょう」「お母さんに宿題のことで娘と交渉してもらってください」あるいは「話し合いに祖母も入ってもらってください」。

どちらかと言えば，スーパービジョンのコメントは，誘導的になる傾向がある。「〜のことを考えてみましょう，もし〜の機会があったら。〜ができるかどうか考えてください。〜を試してみるのもよいでしょう」。スーパーバイザーのコメントはサポーティブな場合も（例：「今のは良かった。その調子で。優れた介入だ」），あるいは誘導的な場合もある（例：「この時点でロールプレイを簡単にやるのもよいでしょう」）。

BITE の利用と，その手続きは，インフォームド・コンセントを得て倫理的に進められる必要がある（NASW 2008）。クライエントは，経験豊富なスーパーバイザーがモニターすることで，支援がより効果的になると伝えられて協力を求められることもある（Kaplan 1987）。クライエントは，常に事前に用いられるスーパービジョンの方法について知らされているべきである。さもなくばスタッフがイヤホーンやレシーバーを身につけているのを見て，クライエントは，目の前の仕事とは関係のない連絡を聞くためにブルートゥースの機器をつけていると思ってしまうかもしれない。

ソーシャルワーカーの臨床実践のための準備教育として，ライブ・スーパービジョンによるトレーニングはこれまでも提案されていた（Evans 1987; Saltzburg, Greene & Drew 2010）が，ソーシャルワークのスーパービジョンで用いられる頻度や範囲についてはほとんど明らかにされていない（Everett et al. 2011; Mishna et al.2012）。精神科研修生のトレーニングにおける BITE 使用について質問紙調査を実施したところ，回答のあった74プログラムのうち，使用割合は36％であった。BITE の使用によって患者に不利益を生じさせることはなかった。スーパーバイジーの場合，相互作用の舵取りができなくなってしまう可能性や依存を生むこと，BITE を用いるときの違和感や気が散ることなど，問題はスーパーバイジーとスーパーバイザーの関係次第であるといえる。スーパーバイザーがスーパーバイジーのニーズに敏感であり，支配的でもなく，侵襲的でもない場合，このやり方が問題となることはなかった（Salvendy 1984）。トレーニング・プログラムは，ライブ・スーパービジョンを頻繁に利用していると過大に評価していると思われる。医学部の研修生と学生とは，トレーニング期間中に自分たちの実践を直接観察されることは珍しいと報告している（Fromme et al. 2009）。心理学専攻のスーパーバイジー150名を対象とした最近の全国調査では，あらゆる研修レベルで「スーパーバイジーの業務をライブで観察する方式はごくまれである」ことが明らかになった（Amerikaner & Rose 2012:61）。

機器の使用に伴う危険は，はっきりと認識されている。業務に対する予期不安や

初心者の不安（Champe & Kleist 2003; Saltzburg et al. 2010）に加え，過剰な介入によるスタッフの混乱や当惑，外部援助に依存する習慣，スタッフの自律性と独自なスタイルを身につけるのを妨げるおそれがある（Barker 1998）。スタッフを「ロボットにしてしまう」こと，あるいは遠隔操作して，オウムのように扱ってしまう危険がある。

　　ある研修生は，耳からメッセージを送って，スーパーバイザーが役に立とうと一生懸命になっていたことについて，「コメントがあまりにも多く，速く入ってくるため，自分で考えることが全然できなかった」と言った。BITE は言葉を耳に入れるために重要なものであり，脳内に情報を送るカートリッジではないのだと思う（Hildebrand 1995:175）。

　スーパーバイザーがライブ・スーパービジョンの最中に過剰に介入する（Hendrickson et al. 2002）のは，ただ見ているだけの場合（Beddoe et al. 2011）と同様に役に立たないという根拠がある。
　これらのリスクをコントロールするためには，スーパーバイザーはライブ・スーパービジョンの研修を受ける必要がある（Mauzey & Erdman 1997）。そのうえでスーパーバイジーにオリエンテーションをして，「ライブ・スーパービジョンの目的，展開形態，研修生にスーパーバイザーが期待することの説明文をスーパーバイジーに提示し，その同意を得る」（Champe & Kleist 2003:272）べきである。この機器を用いたことのある人たちは，沈黙が生じている間や，スタッフがメモを書いているときのみをスーパーバイザーの出番とし，相互作用のなかでも明らかに大事なポイント，たとえばスタッフが重大な間違いを犯していたり，ひどく困っているときに限り，提言は一般的な言葉遣いで「実際の会話と行動パターンには触れずに」生徒に伝えるようなアプローチを推奨した。「研修生の多くは，自分たちにとっての本当の価値は精神療法のプロセスにおける一般的な主題の解釈にあり，解釈の特定の言葉にはないと指摘した」（Boylsten & Tuma 1972:95）。Mauzey & Erdman（1997）は，ライブ・スーパービジョンの介入は，簡単，明瞭，簡潔に行うべきだと主張している。
　スーパーバイザーとスーパーバイジーの間で，事前に以下のような取り決めをすることもよい。スーパーバイザーの介入で混乱したり，それが助けにならないときはいつでも，スーパーバイジーは前もって取り決めた合図を送り，BITE を外すことができる。一般的に，BITE はライブ・スーパービジョンのアプローチのなかでも，

極めて侵襲性は低いといえるが，最近開発された「テレプロンプター（Bug in the eyes）」を用いたスーパービジョン（Champman et al. 2011）は，さらに侵襲性が少ない。この方法では，スーパーバイザーは携帯電話，スマートフォン，コンピュータ，iPad などの機器のキーボードを使い，スーパーバイジーが見るビデオ画面に文書や E メールを送る。スタッフには見えても，クライエントには見えないように，テレプロンプターはスーパーバイザーのフィードバックを視覚的に提供することができる。スーパーバイジーが必要なときに利用できるという点で，スーパーバイザーが慎重に考えて発信する BITE を介したフィードバックとは異なる。テレプロンプターによるフィードバックは，スタッフの即座の対応を要求することも少ない。正にその理由から，スーパーバイザーからのメッセージは無視されることにもなる。

これらの，スーパーバイジーが業務をしながらスーパーバイザーの指導を受けるといったやり方について，Barnett（2011），Ford（2008），Ladany & Bradley（2010），Mishna et al.（2012），Wade（2010）が，近年，検討・説明・評価している。

スーパーバイザーと直接連絡をとる必要があるのはどのような場合であり，どういうときは BITE による伝達でよいのかを判断する尺度を提案するなかで，Berger & Dammann は，以下のように述べている。

> 方針の変更を提示する場合は，セラピストを部屋の外に呼び出し，スーパーバイザーと話し合ってもらうのが有益だとわかった。〔中略〕セラピストが家族を目の前にしながら方針の変更を理解することは難しい。いったん共同計画が確定した後ならば，スーパーバイザーがセラピストに方策の変更（例：「〜をクライエントが継続するように，セラピストに彼の妻を説得してもらおう」とか，「課題についてもっと細かく説明する必要があることを，家族に伝えてください」）を伝えるのは，電話呼び出しが特に有用である（Berger & Dammann 1982:340-41）。

Bernard & Goodyear（2009）は，ライブ・スーパービジョンには一般的に多くの利点があり，侵襲性の少ない形態で行うスーパービジョン実践よりも優れているという実証的な裏づけを提示した。

1. クライエントの福祉を保護する。経験豊富な臨床家の直接監督する実践がクライエントに有益であると思われる。
2. ライブ・スーパービジョンにより，スーパーバイジーとの援助同盟は強まると思われる。スーパーバイザーが援助の展開過程によりコミットする。

3. ライブ・スーパービジョンにより，スーパーバイザーが必要な援助を提供することで，スーパーバイジーに一層難しいケースを確実に担当してもらい，大きなリスクに挑戦してもらうこともできる。
4. スーパーバイザーに対する信頼性は，ライブ・スーパービジョンが役立つことで増す。
5. ライブ・スーパービジョンにより，学習効果は高まる。

その他の実証的文献レビューでは，ライブ・スーパービジョンには利点と同程度の不利点があることを示唆している（McCollum & Wetchler 1995）。

1. ライブ・スーパービジョンは時間とお金がかかり，予定を組むのが難しい。
2. ライブ・スーパービジョンのなかで学んだスキルは，他の実践場面にそのまま当てはまるとは限らない。
3. ライブ・スーパービジョンは，自発性のない受け身の実践者を作り出しているかもしれない。
4. ライブ・スーパービジョンは，理由なく中断される。

精神療法のスーパービジョンの患者への成果に関するレビューでは，Watkins（2011:248）は，Kivlighan et al.（1991）による調査に注目した。その調査は，学部学生の「クライエント」をライブ・スーパービジョンと録画によるスーパービジョンの2群に分けた。「4回のカウンセリング・セッションを，落ち着かないと評価し，ライブ・スーパービジョンの間，仕事の連帯感は強化されるとした」。Ford（2008）の調査では，ライブ・スーパービジョンの場合，クライエントのスタッフとの関係の受け止め方に影響はなかった。O'Dell（2010）は，全米から抽出したスーパーバイザーとスーパーバイジーの53組を対象にした調査のなかで，ライブ・スーパービジョンに参加したスーパーバイジーは，録画や口頭での事例提示によるスーパービジョンを受けた者に比べて著しく協働関係は強いと報告した。Locke & McCollum（2001）がライブ・スーパービジョンとセラピーの満足度についてクライエントの意見を調査したところ，侵入感よりも有用感が勝っているほうが，おおむね満足していた。しかし，Denton, Nakonezny & Burwell（2011）の報告によると，家族療法の初回面接でライブ・スーパービジョンを行った場合，スーパーバイ

ザーが直接参加したクライエントに言語的に条件づける実験では，侵入感について検討の余地があるが，無作為比較試験の場合でも，クライエントの満足度にその影響はみられなかった。Bernard & Goodyear (2009), Milne (2009), Watkins (2011a) は，ライブ・スーパービジョンのインパクトと有効性については，これまで憶測の対象であっても調査の対象ではなかったと述べている。

例外は若干あるものの（Wong 1997; Saltzburg, Gilbert & Drew 2010)，ライブ・スーパービジョンはソーシャルワーク教育においてほとんど使われていないようである (Everett et al. 2011; Knight 2001)。しかし，ソーシャルワーク実践の場での利用についてはさらに不明である。ソーシャルワーカーは，直接的な手段に訴えてスーパーバイジーの業務行動を観察し，指示を出すことに対して少しためらいがあるのかもしれない。ソーシャルワークのスーパーバイザーはスーパーバイジーとの協働関係を築く努力をしているが，ライブ・スーパービジョンでは，ヒエラルキーと指示の関係は明白である。家族療法のスーパーバイザーには，公然と指示することへのためらいや申し訳ない気持ちはあまりなく，ライブ・スーパービジョンは，スーパーバイザー――スーパーバイジー関係本来のヒエラルキー構造を反映していると認識している。Hair & Fine（2012）は，このような姿勢はいくぶん軟化していると述べている。

クライエントのフィードバックおよび成果をスーパービジョンに利用すること

ソーシャルワークがクライエントのストレングスを強調するのと歩調を合わせ (Council on Social Work Education 2010)，多くのソーシャルワーカーとスーパーバイザーは対象のクライエントに自分たちは役に立っていると思えるようになった (NASW Center for Workforce Studies 2004)。スーパーバイジーであるスタッフがクライエントを支援していると思っている以上に，スーパーバイザーは，クライエントを支援していると信じていることもわかってきた（NASW Center for Workforce Studies 2004）。しかし，「クライエントの成果に対してあまりにも楽観視する」ようなスーパーバイザーは，助けてもらっていないと感じているクライエントを特定するうえで，「特に不適切」である（Worthen & Lambert 2007:49)。その結果，実践家らは「定期的に患者の反応をモニターするように奨励されてきた。〔中略〕進行中のケースのモニタリングは，協働の回復，関係の改善，技術的な方策の変更，時

期尚早の終結の回避などの機会を増やすことにつながる」。なぜならば，これは調査研究のメタ分析に基づいたものであり，「明らかに『機能する』効果的な」手続きである（Norcross & Wampold 2011:98）。よって，クライエントのフィードバックと成果にはソーシャルワークのスーパービジョンを利用することが推奨されている（Collins-Comargo, Sullivan & Murphy 2011; Rapp & Poertner 1987; Whipple & Lambert 2011）。

　スタッフが「クライエントの援助関係に対する満足度や援助の成功を推し量ることや，直観に頼ることは不的確な場合が多い」。他方，「クライエントの感じていることを具体的に，尊敬の念をもってしばしば尋ねるスタッフは，協働を深め，時期尚早の終結を防ぐことができる」（Norcross & Wampold 2011:101）。この問題を解くために策定されたスーパービジョンの介入については，第4章でとりあげている。この方法では，スーパーバイザーがスタッフに一連の質問をして，スーパーバイジーの援助過程に対する不的確な認知に取り組み，ゴールと援助過程の方法についてクライエントと話し合うようスタッフに働きかけ，ゴールや方法を明確にするのに役立つ。

　　クライエントはどんなことで援助を必要としているのか？　あなたが助けになっていることを，あなた自身，そしてクライエントはどのように知るのか？　クライエントは，うまくいったときに得られた成果を話すでしょうか？　あなたは何をしてクライエントを援助していますか？　それは役に立ちますか？　クライエントは，あなたが役に立っていると言いますか？　クライエントを援助するために，他にあなたができることは何ですか？　それは今後，どのように役立つのでしょう？　クライエントは，それが役に立つと言ってくれるでしょうか？　（Harkness & Hensley 1991:507）

　このスーパービジョンの仕方を評価するために，上記の質問を用いてソーシャルワークのスーパービジョンの焦点を修正し，機関の161名のクライエントを担当する4名のスタッフに16週間実施して，週単位で担当ケースのクライエントの満足度をモニターした。Poertner（1986）が開発，実地検証，有用化した Brief Multidimensional measure of counseling satisfaction（カウンセリングの満足度を測定する簡易多次元評価尺度）を利用した。スーパービジョンのなかでクライエントのフィードバックを扱うことにより，クライエントの満足度は，ゴール達成に関して10％，スタッフの援助に対して20％，スタッフ・クライエント間のパートナーシップに対しては30％増加した（Harkness & Hensley 1991）。

この手法が作用した結果は，Cross-Lagged Panel Correlation（交差的時間差相関分析法）によりデータを再分析したものから抜き出して表示している。時系列で述べると，スーパービジョンは，スタッフが援助のゴールと課題についてクライエントと直接話すのを促すために行われ，それがまずクライエントのゴール達成に関する満足度を上げ，次にスタッフの援助に対する満足度が上昇し，最終的にスタッフとのパートナーシップに関する満足度が上がった（Harkness 1997）。このことから，クライエントのスタッフとの絆，仕事上の連帯感についての感じ方（Baldwin et al. 2007; Horvath et al. 2011）は，スーパーバイザーがクライエントのフィードバックを求めるよう促したときに強まることがわかる。これは，スーパービジョンのときにクライエントのフィードバックを話題にすることがいかにクライエントに影響するかを重視した説明となる。スーパーバイザーの運営管理の簡潔化と行動上の変化に関する敏感さのために，スーパーバイザーに自分たちの実践の成果がクライエントに表れていることをモニターして，Poertnerの計器盤を用いて，第7章で推奨した連帯と過程の手段を確かなものにしてもらいたい。

　ほかにも，スーパービジョンのなかでクライエントのフィードバックをとりあげることがどのようにスタッフに影響するかに焦点を当てた分析がある。いくつかの重要な調査研究はクライエントの成果を直接的に観察した効果と，その観察を系統立てて実践のフィードバックとして活用した効果を検証していた。これはGreen & Latchford（2012）の行ったレビューの主題である。そこにはBickman et al.（2011），De Jong et al.（2012），Harmon et al.（2007），Knaup et al.（2009）の調査研究，Michael Lambertとその同僚が行ったスーパービジョン研究のプログラムが含まれている。端的にいえば，スーパービジョンのなかで臨床家にクライエントのフィードバックを提供することは，クライエントに対する成果の向上につながることが明らかとなった。しかも，主として臨床家がトレーニングを受ける大学のカウンセリング・センターのような場では，問題解決的支援と併用して，主に処遇上の過誤と思われる箇所を早い段階で特定し，取り組むことによって改善が見られた。

　最も高い効果があるフィードバックの1つとして，グラフを用いて（例としてRobinson & Dow 2001; Lambert et al. 2002; Harmon et al. 2007），クライエントの次の予約が入るタイミングを記録し（Green & Latchford 2012），実際に達成した成果とスタッフの期待した成果との違いを示すフィードバックのサインを浮き彫りにした（Lambert et al. 2001）。このことから，スーパービジョンのなかでスタッフが受け取

るクライエントのフィードバックの量，種類，質，タイミングは，クライエントの利益を促進するものであるといえる。

以下に例証するとおり，Lambertグループの調査研究からは学ぶところが多い。全米の1万人以上の患者のデータ・ベースから治療結果を分析し，主として I 軸の精神疾患の治療に応じた変化の軌跡についての一連の段階法を開発するために，毎週，OQ-45を用いて管理した。OQ-45とは，特許を取得した自己記入式評価尺度で，クライエントに5分で記入してもらうことができる。毎週のクライエントのフィードバックは，進捗を色分けした点グラフにして，スタッフとスーパーバイザーに渡される。色分けした点は以下を示唆する（Whipple & Lambert 2011:95-96）。

白い点：クライエントは正常の範囲で機能している。終結を考えよ。
緑の点：患者が示す変化の量は，適切な範疇にある。治療計画には何ら変更の必要がない。
黄色の点：患者が示す変化の割合は，適切な割合よりも少ない。治療の強度を上げて治療計画を変更すること，介入戦略を別のものに替えるなどして進展を特に注意深くモニターすることを推奨する。患者は，治療しても結局は何の利益も得られないかもしれない。
赤の点：クライエントの進捗は期待されているレベルではない。患者は，治療の終結前にドロップ・アウトする可能性，あるいは治療が負の成果になる可能性がある。このケースを慎重にレビューする手立てをとるべきである。薬物治療への紹介，あるいは治療の強化といった新たな行動を決定しなければならない。治療計画の再考が必要である。

この情報をタイミングよく伝えるため，〔中略〕クライエントは，セッションの10分前に来所し，手のひらサイズのコンピュータを利用してOQ-45の記入を済ます。「エンター」のボタンを押してグラフと色別のメッセージ（たとえば，赤，黄，緑，白）とともに重要項目を入力すると，全項目の回答，悩みの度合い，OQの総合得点と他の3つのサブスケールの得点に対する対象群の基準情報とが，一瞬にしてセラピストに届けられる（Worthen & Lambert 2007:50）。

フィードバックを体系的に臨床家に提供する主な目的は，事例について準最適な軌跡や治療の失敗の可能性に注意を喚起することにある。OQ-45尺度に対する批判

的項目の回答が，ここに含まれる。たとえば，「自殺――人生に終止符を打ちたいと思う，嗜癖問題――飲酒や薬物使用により職場や学校で問題が生じている，職場での暴力――職場や学校で怒りから行動してしまい後悔する」といった項目を「よくある」と記入する場合である（Worthen & Lambert 2007:50）。これらのような事例のために Lambert のグループは補助的に「スーパービジョン手引き」として記述したものを提供し，臨床家がケースを再アセスメントと介入の再編成に役立つように考案した決定のための樹状図を提供している。手引書の樹状図の階層は，次の(1)から(5)の順番でそれぞれの論点や関心事項の可能性を排除する構成になっている。(1)援助関係の質，(2)変化に対するクライエントの動機づけとレディネス，(3)クライエントのソーシャル・サポートの適切さ，(4)診断の適切さを再アセスメントし，効果的な治療に見合ったものかを確認，(5)薬物治療のための他機関紹介（Whipple & Lambert 2011：101）。

　Worthen & Lambert（2007）は，以下のことを見い出した。最初のうちは，スタッフとスーパーバイザーがクライエントからのフィードバックの有用性についてはあまり熱心に考えてはいなかったが，やがて，「カウンセラーはクライエントの利益になる証拠があまりにも説得力があり，無視できないと考えた」（Worthen & Lambert 2007:52）。Worthen & Lambert の報告によると，「カウンセラーたちは，クライエントからのプラスになるようなフィードバックを使い続け，予測どおりの展開にならないことが確認できると，その度ごとにスーパーバイザーに伝え，この情報については日常業務の１つの課題として取り上げ，議論することの可能性を広げていった」(52)。これに関連する調査結果，手続きについては，Calahan et al.（2009），Reese et al.（2009），Thurber（2005）を参照されたい。Thurber（2005）の調査研究は興味深いもので，Lambert の研究設定である，イヤホン，電話，コンピュータを利用したライブ・スーパービジョン様式を比較研究した。そこから，治療計画案に対する「セラピストの遵守」の優位性，および「クライエントの行動における望ましい変化とその成果のアセスメント」について，後者の成果をライブ・スーパービジョンでとりあげることとの関連性が明らかになった（Thurber 2005:v）。

スタッフのパフォーマンスの観察：要約と補足説明

　スーパービジョンの主要な課題は，スーパーバイザーがスーパーバイジーの業務行動にいかにアクセスするかに関係している。評価と説明責任のための管理的スーパービジョン，専門職としての成長のための教育的スーパービジョン，それほどの影響力はない支持的なスーパービジョンのいずれも，スーパーバイジーが実際に何をしていて，良くやれているのは何かをスーパーバイザーが自分の目で見て知っている必要がある。ソーシャルワーク面接はその特性上，秘密保持，およびあらゆる侵入からの保護が必要である。しかし，この点はスタッフの成長とクライエントの成果を出すという所定の懸案事項との釣り合いの問題である。役に立つような工夫が新たに提案されているにもかかわらず，往々にしてスーパーバイザーはスーパーバイジーがしたことを，面接後にスーパーバイジーの口頭・記述による自己報告を受けて知ることになる。

　スーパーバイジーの口頭での報告によって補完されるケース記録は，その欠点にもかかわらずソーシャルワークのスーパービジョンにおいて長い間重宝されてきた。これを一切放棄すべきとする根拠はないが，本章で紹介してきたさまざまなスーパービジョンの方法や手続きをもっと頻回に選択的に利用して補完する必要があることは明らかである。スーパービジョンの課題に合わせてこのような手続きをとることが可能であり，また，その有用性が明らかであるにもかかわらず，ソーシャルワーカーは，概して限定的にしか利用してこなかった（Everett et al. 2011）。

　過去にはビデオ録画機材の初期設定に機関は莫大な費用をかけ，当惑するほど数多くある機材を選択するのにコンサルテーションを受け，その機材の使用にも相応の知識を必要とした。こうした事柄が抑止力になったかもしれないが，今や高品質の録音，録画機材もそこそこの経費で十分な時代になり（Abbass et al. 2011），利用するのに特段の知識も必要なく，邪魔にならず，またクライエントにもなじみがあって受け入れやすくなっている。さらに，Landro Play Analyzer（スポーツ選手のパフォーマンスを分析，研究する目的でコーチらが用いている）を初めとするデジタル録画・再生・分析のための洗練されたソフトウェアを，ソーシャルワークのスーパービジョンでiPadを使用してできるように更改され，手に届く値段で購入できるよ

うになった（Melissa Wold，私信，2012年6月8日）（カウンセリング・スーパービジョンの応用例としては，Herd, Epperly & Cox 2011; Jencius, Baltimore & Getz 2010; VanDer Wege 2011を参照されたい）。ワンウェイ・ミラーを通して，あるいは面接に時々陪席して観察することの負担はさらに少なくなった。実践を観察し，クライエントの日常のフィードバックを収集して，その成果を見ることも，やはりその侵襲性が少なくなった。これらのさまざまな方法を用いてスタッフの業務行動に直接アクセスしないスーパービジョンはもはや正当とはみなされない。

　しかし，合法的であることに留意すべきである。サイバー・テクノロジーがソーシャルワーク実践に「忍び寄って」来るなか，「業務の根幹となる要素に影響が及んでいる」（Mishna et al. 2012:n.p.）。コミュニケーションのあり方，習慣が変わり，「サイバー」「デジタル」「遠隔」「オンライン」「遠隔医療」でのスーパービジョンは，急速な進化の兆しがある（Fenichel 2003; Perron et al.2010; Reese et al. 2009）。これらの開発に意味があることはわかっているが，たとえばアイダホ州の田舎（Cunningham & Van der Merwe 2009）では，対面スーパービジョンと遠隔スーパービジョンとの間には，方法論と質的な違いがあり（DaPonte 2011），その遠隔スーパービジョンは，しばしば倫理的，法的にグレーゾーンで行われていることも明らかである（Mishna et al. 2012; Panos et al. 2002）。この点は，Parker（2011）が博士論文（絶妙な表題の *Into the Wild West*）で予言しているところである。サイバー・スーパービジョンに関する主な倫理的，法的な論点については，McAdams & Wyatt（2010），Reamer（2012）が綿密に検討を加えているので，参照されたい。彼らは合衆国のソーシャルワーク実践ならびにスーパービジョンを規制するAssociation of Social Work Boardsのメンバーとともにこの喫緊の課題について提言を行っている。最終的には，ソーシャルワーカーが現場や組織のなかで過剰かつ過度に管理されたとしても，予期しなかった出来事に注目が集まるのである（Adams 2006; Burton & van den Broek 2009）。

果てしなく続くスーパービジョンの課題

　ここまでとりあげてきたスーパービジョンのやり方についての刷新策には，スー

パーバイザーがもっとオープンに，かつ全面的にスタッフの業務行動へのアクセスを確保するという意図がある。もう1つの刷新策は，専門性を有するスタッフに対するスーパービジョンの継続的ニーズにまつわる歴史的議論に応えるものである。1950年，the U.S. Census Bureau（アメリカ国勢調査局）が，ソーシャルワークを専門職としてリストに掲載することが望ましいかどうかについての問を設けたのは，「明らかにこの職種の者が自分自身の行為に責任を自覚し，説明責任を果たすまでに至っていないからである」（Stevens & Hutchinson 1956:51）。Kennedy & Keitner（1970:51）は，「自己決定をクライエントに適用している一方で，スタッフには適用していない専門職はほかにはない」と述べている。

　自律性に関する議論はソーシャルワークの専門職としての位置づけを斟酌したものであり，直接実務に携わるスタッフの要求に由来するものではない。スーパービジョンの仕組みのなかで自律性に制約があることは，専門職としてのソーシャルワークの地位に対する侮辱と感じられていた。「スーパービジョンが，他の専門職との関連でソーシャルワークのイメージを悪くしている。成熟し，経験豊かな，専門職であるソーシャルワーカーとして，自分が誰かを『私のスーパーバイザーです』と言うのは気恥ずかしい」と言ったスタッフがかつていた。

　文献によれば，スーパービジョンは依存を助長し，自己啓発を妨げ，スタッフの自律の権利を侵害し，専門職としての地位を損なうといった非難が波紋を呼んだ。1936年，Reynoldsは，スタッフに「永遠の児童期」を求めるとスーパービジョンを非難していた。「多くの場合，スーパービジョンは必要悪であり，必要度が弱まるに従い，さらに悪質になる」（103）。1970年代，継続的なスーパービジョンは専門職に不適切なだけでなく，平等に参画する民主主義の原理を損なうものとされていた。

　続いてVeeder（1990）は，継続的なスーパービジョンをソーシャルワーク専門職としての立場上の問題に関連させ，さらに一般的な懸念を表明した。すなわち，継続的にスーパービジョンを受けることは，実践でのスタッフの自律性を否定することであったが，今ではソーシャルワーク専門職の主要な属性の1つとして，自律性は肯定されている。

　果てしなく続くスーパービジョンに関連した主張の多くは，おそらく限られた証拠に基づくものであった。最近になるまで，事実に根差したデータはほとんどなく，何名のソーシャルワーカーがどのくらいの期間スーパービジョンを受けていたのか

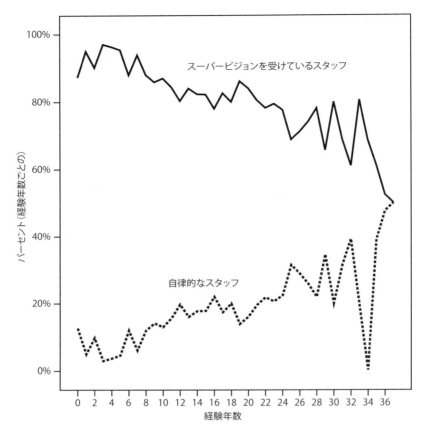

図10.1 現任・有資格のソーシャルワーカーに占める自律的スタッフとスーパービジョンを受けているスタッフの推定％と経験年数との比較（National Association of Social Workers Center for Workforce Studies. 2004 A study of the Role & Use & Licensed Social Workers in the United States. Washington, DC: National Association of Social Workers. より引用）

を知る術はなかった。実際にスーパービジョンは専門職としてトレーニングされた，かなりのスタッフの誰もが延々と続けているのかどうかはわからなかった。この疑問を明らかにするために，私たちは NASW Center for Workforce Studies（2004）の調査に立ち返ったところ，3543名の現任ソーシャルワーカーのサンプルのうち，82.3％がスーパーバイザーがいると回答していた。この Workforce 調査のスーパービジョンについて回数，頻度，形態の情報はなかったが，分析したところ，スーパービジョンを受けていた労働人口の割合は減少し，それに対応して，経験年数ととも

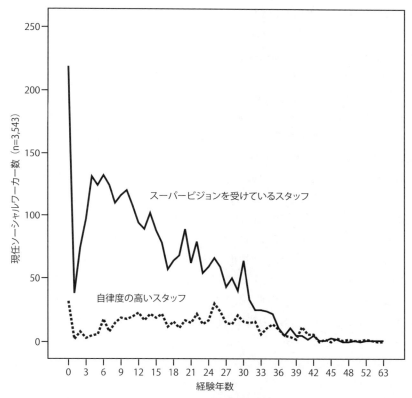

図10.2 経験年数別,NASW Workforce 研究における自律的な現任スタッフとスーパービジョンを受けている現任スタッフ数(National Association of Social Workers Center for Workforce Studies. 2004 A study of the Role & Use & Licensed Social Workers in the United States. Washington, DC: National Association of Social Workers. より引用)

に自律的なスタッフの割合が増加した。図10.1では,経験年数が36年に到達したところで両者の割合は同じになった。これは,スーパービジョンを受けていたスタッフの自然減によるところが大きいのは明らかである。果てしなく続くスーパービジョンというトンネルの先に一筋の明かりが見えたわけではない。Workforce 調査のなかでスーパービジョンを受けていたスタッフの数が時とともに次第に減少するにつれ,一方では,自律度の低い群は,図10.2が示すように,比較的一定の割合を維持している。

2つの集団の自然減の違いに複雑な要因があることは疑う余地がない。たとえ

ば，スーパービジョンを受けていたソーシャルワーカーの多くがある時期に自律的な実践の場を求めることは当然あったと思われる。自律的な現任のスタッフがスーパービジョンのある職場に魅力を感じるのと同じである。Workforce 調査研究のなかで，自律度の高いスタッフとスーパービジョンを受けているスタッフとのはっきりとした違いがあったのは，その後 2 年以内にソーシャルワークを辞めて多分野に移行する意向の有無である（NASW Center for Workforce Studies 2004）。自律度の高いスタッフの2.8％が専門職を離れると報告しているが，スーパービジョンを受けていた比較的大きな集団のソーシャルワーカーのほぼ5.1％に離職の意向があった。Mor Barak et al.（2006:548）を真似て，「なぜ離職するのか」を尋ねてみた。離職する意向に関連していた 2 つの変数は，ソーシャルワークにおけるスーパービジョンの利用可能性とその質にあった。これは，スーパービジョンを受けていたスタッフにのみかかわる変数であった。ソーシャルワークのスーパービジョンを受けられなくなっていること，相対的にスーパーバイザーからの支持やガイダンスがないことは，離職の意図を予見するものといえる。よって，果てしなく続くスーパービジョンが自律的な実践をめざしたスーパービジョン体制のある現場から離れることを促す場合もあるが，あまりにスーパービジョンがなく，スーパーバイザーからのガイダンス，サポートがないことは，もっと大きな問題のようである。

　実践経験のある修士課程を修了したソーシャルワーカーだけがスーパービジョンを受けている専門職であるというのは，もはや本当ではない。専門職の認定を得た教職員，エンジニア，看護師は経験を積んでスーパービジョンを行っている。さらに，かつて著しく独立性が高かった医学，法学の専門職は，今やその多くが組織で働いていることから，スーパービジョンの拡大に直面している。どのような対人援助職であれ，過去の判例（Harkness 2010; Reamer 2003），マネジド・ケアの実践現場（Jean-Fancois 2008），保健・福祉サービスの民営化（Jean-Fancois 2008）の影響を免れ得ない以上，この傾向は続くと思われる。こういった影響がこれまでに自律を制約してきたが，情報技術の急速な進歩（Poertner 1986; Walter & Lopez 2008），根拠に基づく実践の擁護の増進（Institute of Medicine 2001），「新しいパブリック・マネジメント」（Evans 2013; Levay & Waks 2009）の容認は，将来さらに制約を課す源になるであろう（Burton & van den Broek 2009; Vastell et al. 2010）。保健・福祉の経費の増大（現実と実感の両面），保守的な政治風土，景気後退による財政状況のおかげで，この傾向も地球全体規模になりつつある（Hair 2012; Grant & Schofield

2007; Yoshie et al. 2008)。

▋果てしなく続くスーパービジョンとスタッフの自律性

　スーパービジョンが果てしなく続くことについて，別の論点からの議論がある。この主張は，ソーシャルワーカーは，あまりに微に入り細に入り，また長期にわたるスーパービジョンを受けているといわれているが，その反対にスーパービジョンを受けていない自主性や個人裁量に拠るところが多すぎるという反論である。専門職としての自覚に立ち，さらなる自律性，裁量，自分たちの行動に対する管理的な支配の抑制，クライエントの代弁，市民的自由の擁護者であることを強く求め，クライエントの権利擁護を訴える一方で，スタッフの裁量に対する制約の強化を推し進めてきた（Handler 1973, 1979; Gummer 1979）。

　職業上の不満，バーンアウトする可能性の増強は，専門職の自律性の侵害と無関係ではない（Kim & Stoner 2008; Lloyd, King & Chenoweth 2002）。問題は，社会福祉機関の官僚制度における活動が実際にどの程度専門職の自律性を制限しているのかである。

　さまざまな現場，たとえば公的扶助（Kettner 1973），児童福祉（Gambrill & Wiltse 1974; Satyamurti 1981），地方でのソーシャルワーク（Kim, Boo & Wheeler 1979）におけるスタッフの自律性，裁量についての過去の研究，およびMcCulloch & O'Brien（1986），Prottas（1979），Butler（1990）等による研究は，社会的に大きな意義のある英国における研究（The Barclay Report 1985; Pithouse 1987; Davies 1990）とイスラエルにおける研究を補足してみると（Eiskovitz et al. 1985），実際にスタッフはかなりの自律性と裁量を行使して業務を遂行していることを追認している。

　Prottas（1979）とLipsky（1980）は，直接処遇を行うスタッフを指す「現場レベルの役人（street-level bureaucrats）」の実際の意思決定の流れを詳細に研究し，スタッフ側の行動にかなりの自由裁量があることを裏づけた。Lipsky（1980）は，対人援助職では，直接処遇を行う者は2つの「比較的高度の自由裁量と組織の権威からの相対的な自律性」（13）という特徴が相互に関連していると結論を出している。Prottas（1979:388）は，直接援助スタッフの「行動に見られる自律性，自己主導性は驚くほど高い」と観察している。スタッフは，「複雑かつ予測困難な状況に応答する」のに必要な自律性をうまく獲得している（7）。公的扶助の直接処遇スタッフに公に認められている裁量は大きくないが，調査によると「実際はかなり

の裁量を行使している」(18)。この点について Handler(1973; 1979)はかつて, ソーシャルワーカーはかなりの自律性を行使してその日その時の意思決定をしていると指摘した。

　ソーシャルワークの専門職化について, 全米の NASW 会員1020名を対象として質問紙調査を実施し, 実践で経験する自律性のレベルを尋ねた (Reeser & Epstein 1990)。回答者のうち, 68％が業務中にかなりの自律性を感じていた。わずか16％が,「どんな決定をするにも, スーパーバイザーの承認が必要である」と答えている (Reeser & Epstein 1990:91, 表3.7)。「回答から, 80年代のソーシャルワーカーは比較的高い自律性をもって仕事をしていたというプロフィールが見えてきた。一般に考えられている以上にソーシャルワーカーはクライエントとかかわるうえで裁量権をもっているといえる」(Reeser & Epstein 1990:92)。これは前述の調査結果全般についてもいえることである。NASW Workforce 調査では, 有資格ソーシャルワーカーの大半が, クライエントに対するサービスの企画, 援助の要請に対する効果的な応答, クライエントに充てる時間, クライエントの制度活用に対する援助, 幅広い課題への取組み, 目的の達成に, 満足していると報告している (NASW Center for Workforce Studies 2004)。このことから, ソーシャルワーク実践においてある程度の専門職としての自律性と裁量があると考えてよいだろう。

　さまざまな領域, たとえば児童 (Wells 2006), 公的扶助 (Evans 2003), 臨床 (Probst 2012), 地方 (Green 2003) のソーシャルワーク, およびマネジド・ケア (Sossin 2005) におけるスタッフの自律性と裁量についての最近の調査は, Mor Barak et al. (2006, 2009), さらには, Graham (2010), Kim (2008) 等の重要な調査を含めて, ソーシャルワーカーが今なお十分な自律性と裁量を行使して業務を遂行していることを確認している。社会的意義の大きいデンマーク (May & Soren 2009), 英国 (Evans 2011; Eans & Harris 2004), 他の諸外国 (Weiss-Gal 2008) の調査もこの点を支持している。「〔ソーシャルワーク〕実践を管理, 指導する試み」(Evans 2011:381) は, 情報システム (Parton 2009), 管理医療コスト (Munson 1998a), 介護 (Sosin 2010),「慣例としてのルールと手続き」(Lee, Meyer & Rafferty 2013:542) によるなど広範囲で確認されたのである。

果てしなく続くスーパービジョンについて

　継続的なスーパービジョンのネガティブな側面の実際についての問題をとりあげた調査研究がある。スーパービジョンの継続を主張する者は，継続的スーパービジョンの肯定的側面を指摘して支持する。

　長期のスーパービジョンが提供するサポートを擁護する主張には説得力があった（Eisenberg 1956a, 1956b; Levy 1960）。Eisenberg（1956a）は，スーパーバイジーのサポートに対するニーズが継続していると指摘している。「若干の負担感や罪悪感，怒りの気持ち，かすかな失望感を，時々であっても経験せずに済むのは，熟練の経験豊富な実践者であっても，非凡なスタッフだけなのである。このようなとき，スーパーバイザーは組織において，ケースワーカーの援助者の立場にあるので，スタッフは孤立せずに済む」(49)。一番経験の長いスタッフでさえ，スーパービジョンが必要なのは，スタッフ自身も関与する複雑な対人関係を客観視するうえで常に援助は必要であるという理由による。複雑な業務の性質から，継続的に支持的なスーパービジョンを利用できるようにする必要がある（Barth et al. 2008; Kossek et al. 2011）。その後の調査研究の重要な部分は，第7章でも検討したが，この結論を支持している。

　Normanは，自身の数年にわたるスーパービジョン経験を振り返り，次のように述べている。

　　スーパービジョンをしていた初期の頃には，スーパービジョンへの情緒的な依存は経験とともに弱まると私は考えていた。しかし，経験を積んで，そうではないことを学びました。スーパービジョンの教育的な側面を必要としなくなるときはあるとしても，臨床という仕事の性質そのものゆえに，スーパービジョンやコンサルテーションによる情緒的サポートを必要とし続けるのです（1987:379）。

　継続するスーパービジョンへの不満の主なものは，長すぎる教育的スーパービジョンにあるようだ。強制的に教育的スーパービジョンを継続することで，スタッフはよくわかっていない，十分な力がない，自律的に実践できていないとの暗示を与えてしまう。Torenは，次のように言っている。

　　研修を終えたソーシャルワーカーは，組織の枠組みが課す制約の1つとして，進んで管理的な権威を自分のスーパーバイザーに委ねる。しかしながら，スーパーバイザーが教育をしようとする機能が，自分の専門職としての判断，責任，能力を侵食すると知覚

したときには，腹を立て，抵抗する（1972:79）。

継続的なスーパービジョンはスタッフの専門職としてのコンピテンスを反映するものとしてではなく，スタッフが絶えず自分の実践を改善し，グレードアップするのを助ける手続きであると考えることもできる。エビデンス・ベイスドの実践の時代には，これは終わることのない専門職としての義務である（Mullen, Bledsoe & Bellamy 2008; Thyer & Myers 2010）。最上級の技術をもつ実践家といえども改善の余地はある。このような視点は，臨床的なスーパービジョンの継続を正当なものと考える。私たちは皆，成長途上にあり，誰一人として十分極めた者はいない。継続した専門職教育は，資格の延長のために毎年の継続研修をほとんどの州で実施していることからも，その必要性は支持を得ている。研修を受けた経験豊富なスタッフでスーパービジョンを受けていない人が，専門職の発展を推進するのに，スーパービジョンが必要であるとしばしば表明している（Garrett & Barretta-Herman 1995; Hair 2012）。

長期化した教育的スーパービジョンへの反対とは対照的に，管理的スーパービジョンを継続する必要性を受け入れるのは容易である。スーパービジョンからの自由を主張した初期の人のなかに，ソーシャルワーカーは「組織のなかで仕事をして，それぞれの職員が業務遂行責任を果たしている」ので，自律的な実践のために「職員が管理部門に対して最も有効に責任を果たせるように，機関が常に構造的なルートを確保する」必要がさらにあると考えた者がいた（Henry 1955:40）。Leyendecker（1959）は，他者の権威から自由であることを自律的な実践だとすることは，「社会福祉機関がこれをそのまま実施しようとしても実用的だとは思えない。責任と説明責任について明確な規定があり，配分も決まっているような組織構造の場合は別の話である」（56）と述べている。組織のヒエラルキー構造のなかで，誰かが管理的スーパービジョンの機能を遂行しなくてはならないことを，これまで絶えず繰り返し承認してきたのは，Aptekar（1959）や Austin（1961）をはじめ，Mastekaasa（2011）に至るまでの，スーパービジョンからの自立促進派の人々だった。

たとえすべてのスタッフが十分にトレーニングされ，客観性のある自己点検をして，ある一定の段階の自己覚知があり，教育的なスーパービジョンの必要がなくなったとしても，すべてのスタッフの士気が高く，自信にあふれ，内的資源は支持的な

スーパービジョンを必要としないほど豊かであるとしても，管理的スーパービジョンは，スタッフが組織に雇用されている従業員である限り必要である。公共のマネジメントとガバナンス分野における最近の実証研究が，これを証明している（Benish 2010）。

　管理的スーパービジョンには，スタッフの自律性を濫用する可能性からクライエントを保護する機能がある。スタッフ本来のパワーは，抑圧的に，あるいは任意に，不公平に用いられるかもしれない。そこから継続的な管理手続きの必要性を主張することになる（Wilding 1982）。Handler（1979）は，よいスーパービジョンは，クライエント側からすれば公平な不服審査に類似した機能を果たすと主張している。両者は，クライエントの権利と利益に反するような問題について，差別的な実践や失敗を点検して，規則と法令の遵守に瑕疵がないようにする。

　と同時に，経験を積んだソーシャルワーカーであれば，スーパービジョンのない実践を支持することはまずない。NASWの885名の会員を対象に行った全米調査のなかで，Kadushin（1992a:25）は以下のように指摘している。

　　スーパーバイザー（48％），スーパーバイジー（52％）の両者がともに高い割合で同意したのは，スタッフの専門職としてのコンピテンスが高くなるに従い，関係はコンサルテーションに移行すべきであり，これはスーパーバイジーの決定に従うという点である，〔中略〕……〔しかし〕かなりの割合のスーパーバイザーとスーパーバイジー（38％のスーパーバイザー，41％のスーパーバイジー）は，スーパービジョンを適度に継続することを良しとした。

　Greenspan et al.（1992:41）は，スーパーバイザーと同等の実践知を蓄えたベテランのソーシャルワーカーは，「もっと高いスキル〔中略〕もっと上級レベルのスーパービジョン」を臨床に特化して受けることを切望し，スーパービジョンなしで実践することは望んでいなかった。Bogo et al.（2011），Hair（2012）も同様の結果を報告している。Laufer（2003）は，イスラエルのベテランソーシャルワーカーを対象にした調査では，博識のあるスーパーバイザーからスーパービジョンを受けたいと思っていても，それほど博識でないスーパーバイザーを選んでしまうと，スーパービジョンを受けたいという気持ちが，時間とともに先細りすることを明らかにした。

　継続的なスーパービジョンのマイナス面は，想定していたほど深刻なものではないという事実にもかかわらず，また，そのプラスの面や，指導の継続を望む声を聞

きながらも，果てしなく続くスーパービジョンを終わらせることができないのであれば，せめて緩和する必要があると議論してきた。この問題への対応としてソーシャルワーク専門職は，一定期間が経過した後，教育的スーパービジョンを修了するための形式的な手続きの制度化をあれこれ検討してきた。スーパービジョンからスタッフを解放するレディネスの基準を明確にする努力にもかかわらず（Henry 1955; Lindenberg 1957），あいまいなことが多かった。何十年か前，シカゴにあるユダヤ教徒の子どもたちの相談機関（the Jewish Children's Bureau）には「スーパービジョンを受けないスタッフ（workers independent of supervision）」という分類があり，スーパービジョンを「3年から4年」受けた後のスタッフが取得できた（Richman 1939:261）。他の提言もさまざまである。ソーシャルワーク大学院を卒業後，実践期間を1年とするもの（Stevens & Hutchinson 1956:52）から3年（Leader 1957:464），「4年から6年」（Hollis 1964:272）とするなど，幅があった。Hair（2012）の行った調査の回答者は，カナダの場合，新任職員と大学院新卒者には3年間のスーパービジョンが必要であることを支持していた。Laufer（2003:153）の調査の回答者は，イスラエルではソーシャルワーカーの「経験が長い」と言えるには，7年かかるとした。

　Wax（1963）は，「時間を限定した（time limited）」スーパービジョンを修士のソーシャルワーカーに実施した一機関の例を紹介している。この機関に所属して2年程度で独立した実践を自由にすることを認めていた。スーパービジョンの後にはフォーマル，インフォーマルなピア・コンサルテーションが続き，「同僚集団からの社会的なプレッシャーが，親代理スーパーバイザーというプレッシャーにとって代わることになる」（41）。

　ある専門性の高い機関では，1982年に新人職員に「定期的なスーパービジョン計画」を開始し，スタッフとスーパーバイザーがもはや必要なしと合意するまで継続した。おおむねこの機関は，採用後6か月から1年であった。「グループでのスーパービジョンはその後も継続していると言う」（Dublin1982：234）。

　National Association of Social Workers は，*Standard for the Classification of Social Work Practice*『ソーシャルワーク実践の格付け基準』（NASW 1981）について，専門職として独立した実践レベルに到達するまで「少なくとも修士課程修了後2年間は，適切な専門的スーパービジョンの下で」（9）と記している。おおむね，こういった規範の基準は広く適用されてきた。教育的スーパービジョンを一定期間

経た後に終結する正式な手続きは，各州の資格に関する法律と資格試験委員会とに決定権があるが，例によって，機関雇用者，第三者支払機関，それ以外の市場勢力が求める付加基準の影響下にある。

専門職の自律性とソーシャルワーク資格制度

　専門職としての自律性と地位の確立に向けての努力が社会的な動きに発展し，20世紀後半にはさらに活発になった。ソーシャルワーカーは各州でソーシャルワーク実践の資格制定の運動を立ち上げた（Bibus & Boutte-Queen 2011; Groshong 2009; Hardcastle 1977）。彼らの努力が成果を上げるにしたがい，Baretta-Herman（1993）は，「生涯にわたる長期に継続するスーパービジョンが，専門職の自律性の確立運動に矛盾する」ことを（57）示唆した。それは，「州の資格認定試験委員会からの専門家たちが保有する個人開業の免許は，コンピテンシーが前提となる」（56）というものであった。

　現在，各州で規制されているソーシャルワーク実践のライセンスのうち，スーパービジョンが必要とされない実践ができる場合のライセンスは，一般的に修士号取得者で，個人開業免許をもったソーシャルワーカー（通常，臨床ソーシャルワーク）のスーパービジョンを最低2年受けて，常勤経験があり，全国試験合格点数をクリアしている（ASWB 2010b）ことが求められている。さらに，個人開業の免許取得過程で指導するスーパーバイザーの認定に対して，ソーシャルワーク免許取得のためのスーパービジョンの評価分析を担当するASWB作業部会は，4つの条件を推奨した。(1)スーパービジョンが提供されている地域での個人開業免許，(2)スーパービジョンに関する指定コースまたは継続研修の指定最少時間数のいずれかを満たす，(3)資格取得後，最低3年のスーパーバイザーの職務経験，(4)5年ごとに更新され，資格認定委員会によって認可されるスーパービジョンの生涯研修コース（ASWB 2009）。

　資格取得は，果てしなく長く続くスーパービジョンに終結をもたらすのだろうか？　NASW Center for Workforce Studies（2004）の調査では，有資格ソーシャルワーカーのうち18.8％だけがスーパービジョンなしに実践していた。スーパー

ビジョンを受けていないスタッフのある群では、スーパービジョンを受けた仲間よりもかなり高く評価され、給料を得ていた。またクライエントのために時間を費やし、サービスにつなげ、役に立っている自分たちの能力に対してかなり満足しているという報告があった。また両者の満足度に差異が少ないのは、クライエントの特性や資源が影響していたのかもしれない。

　免許は際限のないスーパービジョンからソーシャルワーカーを解放するかもしれないが、専門職規定が結果的にソーシャルワーカーに、1人以上の主人に仕える者と化すことになる。当然のことながら、この展開は免許取得者に後悔の念をもたらすことになった（Adams 2006; Hair 2012）。

　　免許は、臨床ソーシャルワーカーにとって不可欠となり、資格なしに自らが選んだソーシャルワーク分野での仕事はほとんどできなくなった。臨床ソーシャルワーカーの免許を取得する過程では、費用が掛かり、多大な努力を要し、ストレスフルなものとなる。免許取得後も、それを所持するうえで、ストレスは終わらない。毎年継続研修単位を取得し、有料であるが、大半の臨床家はさして気にしない。より厄介な問題としては、自身のキャリアが規制と義務の課題との間で宙ぶらりん状態の感覚をもつことだ。事実上、臨床ソーシャルワーカーは、単なる臨床認定資格の信任の総計となる。それはこれが雇用される機関に収益をもたらすことになるからである。……義務規定か、資格認定委員会による制裁規定のために臨床資格を失うおそれは、臨床家の恐怖心を煽っている。その一方で、多くの州立機関や非営利団体が、賠償問題のため資格取得のソーシャルワーカーだけを雇用する方向に動いているように思われるが、生活保障のために死に物狂いに臨床スーパービジョンを必要とする新卒の修士号取得のソーシャルワーカー群がいる。しかし、ベテランの臨床家は、代位責任を懸念し、スーパービジョンを行うことについてのためらいを表明している。〔中略〕臨床ソーシャルワーカーとして、資格認定委員会を怖れ、狭義の臨床モデルを援用し、自己を保護することに関心をもつ。〔中略〕専門職を監視するエージェントである資格認定委員会の動きのなかでもっとも気がかりなのは、クライエントやスタッフ同士で互いを検分し始めることに恐怖心が増大することである。専門職を破壊する可能性を秘める媒体としてクライエントを見るようになれば、治療関係が否定的なものになることは避けられない。本来的な治療関係の満足なくして、この試練の多い専門職に何が残ると言うのだろうか（Floyd & Rhodes 2011:309-13）。

　アメリカ国内の免許保持ソーシャルワーカーの大半が、報告すべきスーパーバイザーをもち、何らかの形態でスーパービジョンを受けていると考えられる。ソーシャルワーカーがいまだに医師や弁護士のもつ理想的な自律性を獲得していないことを

意味づけるならば,次のように考えることで精神的ダメージは和らぐかもしれない。「免許制度は,精神保健のサービス提供者や複合的管理制御システムに関する訴訟領域での展開と相まって,すべての専門職集団が行使する自律的実践に影響を及ぼしてきたといえる」(Baretta-Herman 1993:57),そして医師,弁護士らもまた,自律性への道半ばにいるのである。ヘルスや社会的サービスの管理運営や基金についての重大改革がなされてきたにもかかわらず,ソーシャルワーカーもかつて夢見ていたような,そのような自律性を,専門職の大半がすぐにでも達成するだろうと予見できる根拠はほとんどない。そのうえ,ソーシャルワーク・スーパービジョンへの郷愁のある嗜癖分野(Bogo et al. 2011; Barth et al. 2008),児童福祉(Meezan & McBeath 2011),非営利団体における直接援助(Stein 2005),在宅ヘルスケア(Egan & Kadushin 2005, 2007),医療機関(Kadushin et al. 2009; Sterling 2009),マネジドケア(Acker 2010b, Acker & Lawrence 2009)ではもはやそれを望んではいないかもしれない。上記で言及した改革によって,ソーシャルワークのスーパーバイザーに取って代わり,スーパービジョンの量と範囲を縮小した。

　長すぎた教育やスーパービジョンの時代を終え,免許を取得したソーシャルワーカーは「一定期間スーパービジョンなしで実践する機会を喜ぶが,ひとたびスーパービジョンなしに実践してはじめて,彼らは何らかの形でもう一度スーパービジョンの機会が必要だと気付くであろう」(Goldsmith, Honeywell & Mettler 2011:204)。

スタッフの説明責任と自律性のバランスをとるための刷新

　経験豊富な実践家の高い自律性を承認するための構造化されたアプローチの必要性は,ソーシャルワークの資格化によっておおむね達成されてきているが,スタッフの自律性への欲求と説明責任に関する雇用機関との妥協のために,スタッフがスーパービジョンをずっと受け続けられるようないくつかの刷新の対策が提案された。

ピア・グループ・スーパービジョン

　第9章で,グループ・スーパービジョンは個人スーパービジョン以上に一定の

自律性をスタッフに提供できると記した。ピア・グループ・スーパービジョンは，自立が一層高まる方向に拡張された方法である。Bernard & Goodyear (2009) は，ピア・グループ・スーパービジョンが，実践経験を振り返るための一般的な公開討論会であると述べた。つまり成人学習，仲間同士の振り返り，新しい知識の伝達，フィードバックを得るように促すための環境設定である。Milne (2009) は，ほかにも専門職の合意形成の集まりやソーシャル・サポートの授受を可能にする環境の利点を追加した（Evans 2003も参照されたい）。グループ・スーパービジョンと一線を画すピア・グループ・スーパービジョンは，グループ・ミーティングの制御を仲間集団に委ねている。スーパーバイザーは，仮にそこに同席していても，単なるグループメンバーの一人でしかない。それは，「機関内の専門職集団が定期的に集まって，リーダーなしで事例や援助方法を検討し，専門知識・技能を分かち合い，自身と互いの専門家としての成長や〔機関〕のサービス基準を維持する責任を負う」過程として定義されている（Hare & Frankena 1972:527）。このようなピア・スーパービジョンでは，グループの一人ひとりが，仲間の実践にも責任を感じ，彼らの実践を改善するための援助をしたいと思っている（Marks & Hixon 1986）。しかし，ピア・スーパービジョンの仲間からの助言やアドバイスを受けてスタッフが実施したことは，そのスタッフ自身が責任をとるのである。その意味では，ピア・スーパービジョンは，教育的スーパービジョンの代替，あるいは補完とも言われている（Counselman & Weber 2004; Kadushin et al. 2009）。

　ピア・グループ・スーパービジョンは，スタッフの自立性に関する力量を表わす。それは権威者不在のなかで高い自発性や自由度を可能にする。それでもそれなりの難しさはある。リーダーシップやコントロールにまつわるライバル意識はしばしば見られる。またグループがある程度同じような教育，経験を有するスタッフで構成されていない限り，メンバーのなかには参加を躊躇したり，自分よりものを知らない「仲間」から多くを学ぶことはできないと感じる者もいるだろう。

　ピア・グループ・スーパービジョン経験の利点についての記述のなかで，Schreiber & Frank (1983) は，「同じような経験，トレーニング期間，背景」(31) をもつソーシャルワーカーで構成されたグループがピア・スーパービジョンの成功に結びつくとした。負けられないという気持ちで仲間に実践をさらけ出すことや，強く非難することのためらいの現実はピア・スーパービジョンの難しさを物語っていた（Counselman & Weber 2004, Granello et al. 2008もまた参照されたい）。

ピア・スーパービジョンは,「専門誌のなかであまり取り上げられることがなかった」(Bernard & Goodyear 2009:260) が, ピア・スーパービジョンの成果についての実証的な研究があり, より高い自立性と不安の少ない状況のもと, 仲間からのフィードバックによる高いレベルの学習機会 (Borders 2012; Goldsmith, Honeywell & Mettler 2011) を提供したり,「孤独や孤立と戦う」, またスタッフのバーンアウトを緩和する対人関係支援の資源 (Milne 2009:178) を提供するものとしてピア・スーパービジョンが支持されている。

ピア・コンサルテーション, コラボレーション

ピア・グループ・スーパービジョンのなかで権威に縛られることが少ないピア・コンサルテーションは, 個別の話し合いのコンテキストで体系化されたものである。たとえば, Fizdale は, 所属機関のスタッフについて次のように述べた。

> [そのスタッフは,] 夫婦カウンセリング事例でパートナー双方と一緒に面接を十分してきた。結果的に彼女は「合同」面接を運営する特殊なスキルを獲得し, 生産性をもたらす特殊な知識を得た。具体的に事例の話し合いにおける合同面接の有用性について彼女に相談することや, 合同面接のための準備や面接結果の振り返りに対して援助を受けることは, どのスタッフメンバーにとってもごく通常のことであった (1958:446)。

同僚にコンサルテーションを求めることは, その後に影響がないわけではない。相談をする者は, 能力についての限定的評価を受け入れるだろう。相談する者は, 仮にそれが一時的にせよ, 二者関係の低い地位にいて, ある程度の従属性についても受け入れなければならない。相談する者からの頻繁な依頼は, このマイナス面をさらに強める結果となる。

ピア・スーパービジョンは, 大体同じレベルの力量をもつ仲間同士が最もうまく機能する。今日の相談者は, 昨日の自分であり, 相談をしていたのに対して, 明日は自分が相談を受ける者になるかもしれない。この相互交換の可能性が立場を平等にする。

先に紹介した資料のなかでも触れているが, 文献で用いられる「ピア・グループ・スーパービジョン」という用語は, 非常におおまかに定義されている。ある意味で, ピア・グループ・スーパービジョンは, 一種のインフォーマル・コンサルテーションの延長であり, 自分たちの臨床経験をたがいに話し合うといった機関スタッフ同士の「雑談」で進む。別な意味で, ピア・グループ・スーパービジョンは, 生涯教

育プログラムに当てはまり，自分たちの事例資料を用いて仲間内で行うグループ・ディスカッションの起点となる（Kuechler & Barretta-Herman 1988; Powell 1966; Richard & Rodway 1992）。

関連コンテキストにおいて，Suterほか（2012:261）は，「異なる専門職集団が保健・医療に有益な影響を与えるために一丸となって取り組む過程」を述べ，「専門職種間協働」という用語を使った。彼らは41の査読論文を点検し，「患者が協働チームでケアされる場合，死亡率，疼痛，入院，術後の感染症，入院日数」といった領域を取り上げ，「保健・医療における専門職種協働がクライエントの成果に良い影響を与えるという山のような根拠がある」と記している。協働ケアの障壁は多いのだが（Meyer, Peteet & Joseph 2009），自律性，自立性を過剰に重視するソーシャルワーカーは，コンサルテーションや協働を避ける限り，クライエントをリスクに晒すかもしれない。

これらのやり方は，臨床的な実践の検討により高い自律性，自立性を求めることが報告された。グループ・スーパービジョンやピア・コンサルテーションは，スーパービジョンには必然である管理機能に関する責任を引き受けようとはしない。ピア・コラボレーション，ピア・コンサルテーション，ピア・スーパービジョンは伝統的なスーパービジョンの補助的で補完的なものとして見るべきで，取って代われるものではない。

果てしなく続くスーパービジョンと脱官僚化

果てしなく続くスーパービジョンへのスタッフのネガティブな反応に対処するために，管理構造や関係の刷新が提案された。管理構造の刷新の提言として，権限と責任の再分配を含む，かなりの部分をスタッフ・ピアグループに移譲するものである（Weber & Polm 1974）。管理構造が鋭角のピラミッド型機関（土台となる大多数のスタッフにスーパービジョンを行う数の限られた中間管理職，その上に管理者がいる）に代わり，提案されたのは，ピラミッドと長方形の中間の形である。官僚志向の機関に代わり，平等主義志向が提案された。

これまでは参画型マネジメントのやり方を強化することで，スタッフの自律性を

高めてきた。ある機関では，現場サービススタッフを重要な方針事項の決定や運用手続きの公式化に，積極的に参加させる努力を重ねてきた（Weber & Polm1974; Pine, Warsh & Malluccio 1998）。

同様の取り組みは，目標管理（MBO）の原理をスーパービジョンに適用することである（Raider 1977; Kwok 1995）。目標管理（あるいは，より正確にいうと，目標に基づくスーパービジョン）は，受け入れやすく，測定可能なコントロールの手続きを確立する取り組みである。スーパーバイジーの参加と協力の下，各事例で達成することに明確な目標が公式化される。これらの目標は，観察や測定に適合する用語で正確かつ明確に提示される。目標がスタッフとスーパーバイザーの話し合いのなかで策定され，測定可能な結果の規準が規定されると，目標達成のための期限が設けられ，さまざまな目標に優先順位がつけられる。この過程は，積極的なスタッフ参加と同時にスーパーバイザーによってモニタリングされる（Fox 1983）。このように作業努力は，各事例の目標の達成程度によって評価される。

もう1つの刷新は，チームによるサービス提供である（Brieland, Briggs & Leuenberger 1973; Gillig & Barr 1999）。スタッフチームは，1つのユニットとして一緒に働き，スーパービジョンの責任を与えられる。「スーパーバイザー」は，他の者よりいくらか対応しうる力をもっているのだが，単にチームメンバーの1人に過ぎない。スーパーバイザーは，チームメンバーにとっての相談役，調整役，資源提供者，また必要なときには，チーム・リーダーとして動く。しかしながら，仕事の割り振り，チームメンバーの仕事量や仕事の質をモニタリングすること，チームメンバーの教育的なニーズを満たすことの責任は，グループに付与される。

スーパービジョンの機能は，依然としてチームによるサービス提供のなかで遂行され，それぞれのチームに配置され，割り当てられるが，その機能が除去されることはない。チームによるサービス提供は，スタッフの自律性を高める方法としてグループ・スーパービジョンをさらに一歩前進させたものである。それは，これまでスーパーバイザーによって行われていた主要な機能を遂行するために管理的権限をピア・グループに与えることである。そのチームは，チームとして，より多くの重要な意思決定に関与することになるが，組織体としての命令は実践されなければならない。最終決定は，スーパーバイザーによって承認されなくてはならない。それはスーパーバイザーが，チームの業務遂行に関する最終的な管理責任者だからである。

組織的な調整とコミュニケーションの課題は，チームによるサービス提供でより一層強化され，スーパービジョンの機能が特に重要になる。チームのさまざまなメンバーが，同じ家族に対し，別々の時間にかかわるため，このアプローチは記録の更新や入手可能な情報の報告が求められる。それは，家族にサービス提供する際，チームメンバーが先を争うことがないように配慮するためにも，持続的な調整が必要である。トラウマティックな政治的動乱の時代にチーム・スーパービジョンが歓迎される利点は，Shamai（1998）の事例研究を参照されたい。

学際的なチームは，専門分野内チームとは対照的に，メンバー間の職位の違いによる付加的な課題や，別の領域のチームメンバーの専門的主張を理解することや，受諾することに直面するが,拮抗要因は学際的教育や学習のメリットである。(Gillig & Barr 1999)。Wood & Middleman（1989）は，チーム・アプローチを伝統的なスーパービジョンに代わって今後成長する望ましい選択肢であるととらえた。

Quality Circle（品質管理サークル：QC）とは，仕事に関係した課題を明確にして，分析し，解決する，同じ職場のスタッフからなる任意の課題解決グループである（McNeely, Schultz & Naatz 1997）。Springer & Newman（1983）は，ソーシャルワークの分野でのQCシステムの利用について報告している。Texas Department Human Service テキサス州人材開発課によって用いられたQCシステムは，「普段は関連した分野で仕事をしているスタッフメンバーからなる小さなグループである。定期的なミーティングを行い，生産性，サービス運用品質，職業生活などの課題を確認し，分析し，達成の対策の提言をする。」(417)。QCプログラムは，一般的に労使間の人道主義，民主主義，協働関係を強調するものと思われている。それは，スタッフの草の根的な提案に対するより大きな管理的受容性を促進することで組織的課題を達成する。これと関連したマネジメントにスタッフが参与する形態について，Gowdy & Freeman（1993）は，スタッフの士気を高め（Baird 1981），スタッフのバーンアウトを改善したり予防したりすると述べているが（Cherniss 1985），Smith & Doeing（1985）は，ソーシャルワークの管理運営にこのアプローチを取り入れることの問題に関して疑問を投げかけた。メリットがあっても，長続きしないかもしれない（Lawler & Mohrman 1985）ということである。

一例として total quality management（総合的品質管理：TQM）(Martin 1993）では，職場のグループが顧客満足度をモニタリングすることでサービスをマネジメントすることであるが，これがスーパービジョンの別のあり方として対人援助の現場に導

入されたことはほとんどない（Boettcher 1998）。Mersha, Sriram & Harron（2009）は，公的機関の現場にTQMを導入したことにより，チームワークの改善や変化を受け入れていこうとするスタッフの気持ちの肯定的な変化が見出されたことを明らかにした。実証的なTQM研究のメタ分析調査からは，また別の結論が見出されている。

　TQMは，世界中の政府機関で推奨されており，多くの公的機関の改善戦略の中核をなしているが，現時点では，これが公に行われてきたとはいえない。なぜならば，公的機関においてTQMの業務遂行の仮説検証を系統だって示しうる根拠は皆無である（Boyne & Walker 2002:127）。

　新しいマネジメントの手法は周期的にソーシャルワークの流行となり，その後民間セクターの傾向になっていくが，Abrahamson & Fairchild（1999）は，推定された利点の多くがマネジメントの迷信であると考えた。

　スタッフには，契約システムを設けることで，スーパービジョン過程の制御権が与えられるのかもしれない（Fox 1974）。スーパーバイジーは，決めた時間のなかでどのようなことを学ぶ必要があるかを決め，スーパーバイザーと契約交渉をする。Osborn & Davis（1996）は，契約の組み立てとして次のことを規定する構造化された契約を推奨している。(1)スーパービジョンの目的，目標，方針，(2)スーパービジョン・コンテキスト，(3)スーパーバイザーとスーパーバイジーの義務，責任，(4)スーパービジョンのやり方，(5)業務遂行評価，(6)スーパーバイザーのコンピテンスの範囲。他の研究者は，機関のクライエントへの法的，倫理的な義務について，スーパーバイザー，スーパーバイジー双方の定義を含めた契約を奨励している（Reamer 1994; Knapp 1997; NASW 2003）。Munson（2002）は，スーパービジョン契約は6か月ごとに更新交渉をして，どちらか一方が契約条件を履行できなかった場合，どのような手続きがとられるのかを明記すべきだと考えている。

　スーパービジョン契約の目的は，実践の中心的な懸案事項を双方の関与者の意識的な認識に持ち込むことだとすると，双方の関与者がそれらの展開過程に心理的に参画していなければ，契約はそれほど価値をもたないだろう。しかしながら，Holloway（1995:255）は，スーパービジョン契約が，〔スーパービジョン〕関係の構築への参加をスーパーバイジーに求めることによって，「関係者双方が，確立した期待と一致させて行動する可能性を拡大させる」と主張する。

　誰もがスーパービジョン契約のメリットについて楽観視しているわけではない。

スーパービジョン契約は，スーパーバイザーとスーパーバイジーの互恵的な義務と仕事を明確に述べることによってスタッフに権限を与えるように策定されており，法的拘束力はないかもしれない（Holloway 1995; Bernard & Goodyear 2009）。スーパービジョン契約を擁護している者は，スーパービジョンの二者関係にある力の差をほとんど考慮に入れていない（Munson 2002）。American Association of State Social Work Board（1977）が認定資格を求めるソーシャルワーカーにスーパービジョン計画書を州の認定委員会に提出するように勧めても，格下の立場から高圧的なスーパーバイザーと契約を交渉したり強行したりすることは，難しいだろう。

機関の脱官僚体験

　QC，チーム・スーパービジョン，TQM，あるいは参画型管理に関連した刷新の採用によって，どの機関が組織を「（上下なく）平らにする」ことができたのかを知りうる，体系だった情報はほとんど入手できていない。同様に，スーパービジョン体制下にあるソーシャルワーク・サービスに焦点を絞ったMBOの方法，スーパービジョン契約，あるいはその他の関連スキルの採用についてもほとんどわかっていない。

　ピア・スーパービジョンやピア・コンサルテーションの報告によると，一般にスタッフは，専門的訓練を受け，十分な実践経験をもち，上級研修も受けているということだった。機関の運営管理課は，スタッフがクライエントを傷つけることなく自律して業務遂行するための十分なコンピテンスを有し，コミットメントの度合いも高く，自己管理型であることに確信をもっていた。多くの熟練スタッフがソーシャルワーク免許を取得した結果として，スーパービジョンから解放されていた。NASW Workforce調査では，ソーシャルワーカー免許保持者の多くが，なおも高度な実践の知恵やスキルをもつ同僚からのスーパービジョンを切望していることを示唆している（NASW Center for Workforce Studies 2004）。Steinが非営利機関におけるソーシャルワーク・スーパービジョンの調査研究で「キャリアに沿ったスーパービジョンが必要とされ，実践で頼りにされている。経験レベルにかかわらず，スーパーバイジーは，クライエントとの援助業務のあらゆるレベルで，スーパービジョ

ンを有効だと思っている」との結論を出した（2005:73）。

　スーパービジョンを減らすことや，なくすことの試みに成功した機関では，専任スタッフと構造上の質のおかげで，これらの刷新の努力が功を奏したのであると報告している。民間の児童福祉専門機関の脱官僚化の報告で，Tayloy（1980）は，その機関がスーパーバイザーのいくつかの職位を外したことやピアレベルでのケース配分に成功したことに言及した。刷新の成功は，ピアが「経験やスキルが高いレベルであるという点で類似していた」という事実によってある程度説明できる。しかし，その機関はなおも「ケースワーカーの業務遂行の評価は今後どうあるべきか」という課題と戦っていた（587）。

　機関が脱官僚化を通して，自律性を高めること，スタッフ側の意思決定への参画を増やすこと，そしてスタッフによるスーパービジョンの業務遂行の責任を増やすことに成功することは，おおむね少数の機関だけが維持できる条件であると断言できる。合議的なモデルでは，明確に同意された目標，相互の信頼感や配慮に対する合意に基づくコミットメントのできる——これは達成することが容易ではない条件である——高度に訓練された熟練のスタッフが必要である。

　ここに概説した刷新対策は，基本的でかつ問題に関連したものという意味合いがある。それらは，組織やより大きな社会での専門職の位置づけ，組織のなかでのパワー配分，またスタッフの自律性の優先権に関心を向けている。これらの疑問点は，組織でのスーパービジョン段階で最もはっきりと繰り出されるものであり，本書のねらいと深くつながっている。

マネジド・ケア・コンテキストにおけるスーパービジョン

　ヘルスケアの財源ならびにサービス・デリバリーの徹底的変革は，あらゆる対人援助サービスに影響を及ぼした（Dziegielewski 2004: Rodwin 2010）。国のヘルスケアの支出は，2011年で，2兆7000万ドルに達したと見積もられ（Center for Medicare & Medicaid Services 2012），合衆国は，この高騰ペースを規制し減速させようと，ずっと以前からマネジド・ケアと民営化に方向転換をした（Coffey et al. 2000; Rehr & Rosenberg 2000）（合衆国のヘルスケア経済史の概要，マネジド・ケアにお

けるソーシャルワーク実践とかかわりがあり，その概要については Cummings, O'Donohue & Cummings 2009を参照されたい)。

　Corcoran & Vandiver（1996:309）は，マネジド・ケアを次のように定義している。「ヘルスケア提供システムはどれもマネジド・ケアである。それらは，費用と利用の調整，質の向上，〔積極的運営による〕患者ケアの医療と経済的側面の両方で費用対効果を保障するための業務測定といった，支給されるサービスの価値を最適化する多様な戦略が用いられている」。長い間，合衆国のヘルスケア提供の支配的な形態だった（Almgren 1998; Mechanic 2011）マネジド・ケア環境の陰で，大半のソーシャルワーカーが働いている（Ackeer 2010a; Rodwin 2010; Vandiver 2008)。その影響は特に児童福祉（McBeath, Collins-Comargo & Chuang 2011; McBeath & Meezan 2009, 2011）とヘルスケアにおいて顕著だったが（Acker 2010b; Egan & Kadushin 2005; O'brien & Calderwood 2010），現任者の81.5％が，提供するクライエントのヘルスケアがメディケイド，メディケア，あるいは民間の保険によって管理されているように，マネジド・ケアの影響はすべての実践現場で感じとられている（NASW Center for Workforce Studies 2004)。

　これらの変遷は，ソーシャルワーク・スーパービジョンにどのような結果をもたらしてきたか。そうではないとする例外も述べられてはいるものの，全般的影響の1つは，ソーシャルワーク・スーパーバイザーの数の減少とスーパービジョン機能の重要性の格下げだった（Ginsber 2009)。Gibelman & Schervish（1997a）は，NASW 会員情報を基に1991年から1998年までの間，ソーシャルワーク・スーパービジョンの地位がどのように変化したかを検証した。全体的な結論は，「スタッフの時間の余裕とスーパービジョンに関連した人件費の割り当てが，縮小している」ことだった（4)。スーパービジョンは，自分の主要な機能であるとした NASW 会員の数は減少していた。多くのスーパーバイザーは，純粋にスーパービジョン機能だけに割り当てられた時間が減少したと述べた。

　Schroffel（1999:92-93）は,その影響について「果てしなく続くスーパーバイザーとスーパーバイジーの個別セッションについては，現在のところ，機関のサポートがほとんどない」とその著書 *The Clinical Supervisor* のなかで，American Board of Examiners を引用して述べた。American Hospital Association に加盟している300以上の病院で行われたアンケート調査で，ソーシャルワーカーによる一対一でのスーパービジョンが1992年から1996年の間に少なくなったことがわかった。「スー

パービジョンの伝統的なモデルの浸食が始まっている一方で，非ソーシャルワークのスーパービジョンは調査の全3年間にわたって著しい増加を示していた」（Berger & Mizrahi 2001:15）。

　NASW会員のデータに基づき，Gibelman & Schervish（1996）は，少し前まで，新人ソーシャルワーカーは社会サービス機関でスーパービジョンを受けながら，実践をはじめ独立して臨床ソーシャルワークを行える免許を取得し，そのうえで，数年内で単独あるいは集団でスーパービジョンなしの個人開業を展開したと述べている（Cornelius 1997）。しかし，マネジド・ケアが，免許をもっていないソーシャルワーカーにサービス対価の支払いをとても嫌うように（Mauch, Kautz & Smith 2008），「時間当たりいくら」で稼働する機関や実践者にとって，提供されるスーパービジョンのそれぞれの時間は，純損失の時間を表す。そのためにスーパービジョンは，新人ソーシャルワーカー（NASW Center for Workforce Studies 2004）やソーシャルワーク専攻の学生（Dalton, Stevens & Mass-Braday 2011; Ligon & Ward 2005）には難しくなっている。このように，あるケア・マネジド・プロファイルでは，調査対象スタッフの69.9％がグループ・スーパービジョンを受け，50％が短期の個人スーパービジョンを受けた経験があり，32.9％は一切スーパービジョンを受けていなかった（Schroffle 1999:98）。ごく最近のプロファイルでは，ソーシャルワーカーが主催者の立場で他の専門職によるスーパービジョンを受けながら実践する（Kadushin et al. 2009; NASW Center for Workforce Studies 2004），個人的にお金を払ってソーシャルワークのスーパービジョンを受ける（Altoma-Matthews 2001; Todd 2002; Ungar & Costanzo 2007），あるいは，ほとんどもしくはまったくスーパービジョンなしで実践していることがよく見られる（Hair 2012; Giddings, Cleveland & Smith 2007）。Hogeほか（2011:184）は，「行動保健学分野の多くの部門において，スタッフメンバーが，安全かつ効果的なケアを提供するうえで必要なサポートも指示も受けていないことについて，警鐘を鳴らしている。彼らが受けもつ人たちは，この社会でもっとも疾病が重篤で傷つきやすいのである」と述べている。

　マネジド・ケアはこれら諸変化に全責任はないかもしれないが，マネジド・ケア実践のイデオロギーや志向性は専門職を容赦なくプッシュしてこの方向に引っ張った。経費削減，生産性の最大化，効率性の向上，そして厳格な財政管理は，組織の構造を平らにし，関連機能の横並び統合を実施，重要度の低いポジションを取り除き，採算性の悪い機能に費やされる時間を減らすために財政的なプレッシャーをか

けた。

　Gibelman & Schervish（1996）は，マネジド・ケアのプレッシャーによって拍車が掛かった切り詰め策が，組織のあらゆるレベルに影響を及ぼす一方で，経営の合理化は中間管理職のポジションを対象にする傾向がある，またスーパーバイザーの「職位は，中間管理職のカテゴリーのなかに分類されている」と述べている（14）。

　The Child Welfare League of America が1998年に「マネジド・ケアに沿った児童福祉サービスの運営管理」について全国的な調査を行っている（McCullough & Schmitt 2000:117）。そのなかでスーパービジョンについては何1つ述べていないことがわかったと記しているのは教訓的である。ソーシャルワーク・スーパービジョンの意義の低下を示すこの兆候は，蔓延したマネジド・ケアの収支だけを問題にするイデオロギーに応じた傾向の先駆けかもしれない。「医療的必要性」のパッケージ化，体系化，期日設定や手続きを重視するマネジド・ケアは（Sabin & Daniels 1994），スーパービジョンの機能と活動が「最終損益」と積極的なクライエントの状態像の改善という2つの面でかなり貢献することを明確に示せない限り，スーパーバイザーの幹部集団を攻撃に晒すことになる。Munson は，次のような所見を記している。

　　マネジド・ケア企業は，説明責任モデルがスーパーバイザーの監督下にないことから，スーパービジョンを必要としていない。ベテラン臨床家による一対一の個人スーパービジョン，グループ・スーパービジョンは，マネジド・ケアのケース・マネジャーとの電話や文書による契約にとって代わった。そのケース・マネジャーの多くは，臨床経験が全くない。この過程で，臨床家は治療経過を制御できなくなっただけでなく，多くの場合，ケアの利用可能性，成果，治療期間に関する重要な決定を下しているケース・マネジャーへの妥当なアクセスすらも失うことになった（Munson 1996:249-250）。

　マネジド・ケアは，主要な3つのスーパービジョン機能のそれぞれに異なる影響をもたらした。

管理的スーパービジョンとマネジド・ケア

　スタッフの募集と採用に関するスーパービジョンの役割は，徐々に少なくなってきた。還付されるサービスを提供できる者にどのスタッフがふさわしいかを決定するのは，マネジド・ケア組織であり，スーパーバイザーではない。

　マネジド・ケア組織は，契約を結んだソーシャルワークのスタッフにクライエン

トの診断，援助計画，実践手順を書面で提出することを求め，それによってスタッフの業務遂行を管理し，評価をしている。「マネジド・ケア企業（また仮にあるとすれば機関）」は，「実際に臨床家がクライエントに何をしているのか，どのようにクライエントは改善するのか，あるいは改善しないのか，そして限られた資源でいかに早くこれが達成できるのかを測定し，制御することを望む」（Adams 2006:176）かもしれないが，マネジド・ケア企業が行う実際のレビューや機関スーパーバイザーによって行われる並行的なレビューは，マネジド・ケアのコンテキストの品質保証とはほとんど関係がない。次に記すのは，Adamsの結論である。

　　メンタルヘルスの相談機関に勤務する臨床ソーシャルワーカーのスーパーバイザーは，そのスタッフがクライエントをどう支援するのかについては制御することができない。また，仮に成果についての合意があったとしても，その成果を評価するための客観的な測定手段をもたない。クライエントの行動に関するヘルス費用を最も効果的に活用することを保証するマネジド・ケア組織にとっても同じことが言える。臨床ソーシャルワーカーの活動や成果についてモニターし，コントロールするという仕事は，マネジド・ケア企業にとっても一層困難なことになっている。なぜならば，企業は直接的に臨床家をスーパービジョンする者よりもずっと距離をおかれているからである。援助機関を監督する側で開発された政策は，援助活動に関する監査のことであり，文書で証明するための業務遂行基準として制限と制御の範囲を設置した。これは，臨床家のマネジド・ケアの監査のことである。監査内容は，面接回数，再発率，コンプライアンスや「ベスト・プラクティス」の遵守についての報告書類である。しかし，妥当で，客観的な，クライエント中心の援助成果を測定する手段がないことから，臨床家の努力成果を適確に評価できていないのである（Adams 2006:47-48）。

割り当てられるクライエントの選定，提供するサービスの特性，援助期間に関するスーパービジョンでの決定は，概してマネジド・ケアの組織方針が先行する。マネジド・ケア・システムは内科疾患の兆候や症状の報告書や標準化された処置についての書類作りにかなり追われているが，スーパーバイザーはサービスに関する記録の書類が明快で,正確かつ十二分に文書化されていることを確認する必要がある。スタッフの活動についてのモニタリングは，より詳細で正確なものとなる。

▍臨床的，教育的スーパービジョンとマネジド・ケア

　ソーシャルワーク教育では，これまで学生に根拠に基づいた実践（EBP）（Howard et al. 2009; Howard, McMillen & Pollio 2003）やマネジド・ケアの環境（Cohen 2003;

Kane 2002) についての十分な指導がなされてこなかったとの指摘がある。それ以前の訓練を受けてきた多くのソーシャルワーカーやスーパーバイザーと同じく，新しいスタッフも実践においてマネジド・ケアの企業によるマーケティングの文化に関する用語の学習が必要である。たとえば，クライエントは消費者であり，スタッフはサービス提供者であり，ケース・マネジメントは給付管理であり，サービス計画は給付デザインである。人頭払い，自己負担額，資源利用額といった用語は，習得だけでなく，受け入れることの必要性を内包した概念である（Sabin 1999）。マネジド・ケアの発生と発展については，スーパービジョンに関する授業で教え，学ぶことのもう1つの重要なテーマである（Rodwin 2010）。

　教育を目標に，多くのスーパーバイザーは，自分たちの伝統的な生物・心理・社会的な視点に重要な新しい要素を組み込むための再修正を求められた。再教育は，医学モデルの実践のなかで生物・心理・社会・財政的視点に向けられた。そのうえ，コスト意識の関心については，スーパーバイジーの視野の一部に組み込まれることになった（Cummings et al. 2009）。

　マネジド・ケアシステムは，主訴の迅速なアセスメント，制限された時間枠でクライエントとかかわる能力，マネジド・ケア機関が費用等の償還を受けるのに適した診断と介入を採用する能力を要求する（Adamas 2006; Ginsberg 2009）。

　Corcoran & Vandiver（1996）は，以下のように言及した。スーパーバイザーは，スーパーバイジーに，医学的な治療の必要性を説明する技量，および *Diagnostic and Statistical Manual of Mental Disorders, Fifth Edition*（2013）（アメリカ精神医学会（the American Psychiatric Association）の著した『精神障害の診断と統計マニュアル第5版』）でコード化された精神障害の兆候と症状に基づく行動療法の目標を設定する技量を習得できるように準備する必要がある。

　専門職養成のソーシャルワーク・カリキュラムには，精神障害の診断（Harkness 2010）や治療に採用される根拠に基く実践（Howard et al. 2009; Howard, McMillen & Pollio 2003）について強調点がおかれていなかったので，マネジド・ケアのコンテキストにおいてはスーパーバイザーにとって教育的課題にせざるを得なかった。このようなトレーニングや再トレーニングの必要性については，マネジド・ケアのコンテキストにおいてソーシャルワーカーが効果的に仕事をするために知っておくべきことがらとして調査研究で裏づけされている（Adams 2006; Meezan & McBeath 2011; V&iver 2008）。

▌支持的スーパービジョンとマネジド・ケア

　マネジド・ケアのコンテキストは，ソーシャルワーカーにとって，専門職として，また倫理的にもストレスを生じやすい状況を提示する（Acker 2011; Ginsberg 2009）。

　マネジド・ケアの実践がストレスを生み出すのは，マネジド・ケアの方針や手続きがスタッフの専門職としての自律性や特権を侵食するからである（Strom-Gottfried 1998）。有能な専門職として，スタッフはクライエントに沿いつつ，主訴が求めるサービスの質と内容，サービスの適切な期間，そしてソーシャルワーク実践の望ましい成果を決定するよう期待されるだろう。しかしながら，これらは，マネジド・ケア組織が，資源利用額の将来的，同時発生的，遡及的見直しをして決定する。認められた治療様式がどのように行われるべきかの詳細を表した実践ガイドラインやプロトコルを提供して，還付対象のサービスについての必要性，妥当性，適用可能性およびその期間を認可するのは，マネジド・ケアの組織である。スタッフに専門職としての裁量がもっとあれば，まったく違ったアプローチが選ばれることもあるだろう。

　このような制約が，業務遂行の基準化や定例化に役立ったのである。それはかつては自律的な専門職の実践のアンチテーゼであった。自律性，決定権が業務の満足度の源であるというのは，調査研究（Gagne & Bhave 2011）も示唆しているところであるが，仮にそうであれば，専門職の自律性を減ずることは業務満足度の喪失もしくは減少につながるだろう（Kim & Stoner 2008）。

　マネジド・ケアのコンテキストにおいて仕事をすることは，ソーシャルワーカーが倫理的問題に主体としてさらされることになる（Metzl 2012）。非営利の消費者である障害がある人，慢性疾患がある人，高齢の人，予想以上に多くの支援を必要とする者に対してサービスへのアクセスを制限することは，脆弱な人々や集団に対するソーシャルワーク援助へのアクセスを制限しないという倫理的使命と矛盾する。

　還付されるサービス数に上限を設けると，主訴が解決される前に反倫理的にもスタッフはサービスを終結しなくてはならない。クライエントのヘルスケアの要求がマネジド・ケアの上限を超えるとき，スタッフは代償なしで実践をするのか，クライエントを見捨てたという過誤訴訟の不安におびえるかの二者択一を迫られる。

　マネジド・ケアの資源利用額の監督マネジャーが要求する時間制限を設けた手続

き書に従うことは，それぞれのクライエントが援助の過程や本質について自己決定する権利を擁護するというソーシャルワーカーの倫理的な任務に反するものである。

　モニタリングやレビューの目的から，マネジド・ケアの組織に対してクライエントのことや援助介入について詳細な報告が求められることは，最終的に誰によってどのように情報が利用されるかについての制御権を失うことにつながる。全員がそうでないとしても，多くのソーシャルワーカーは（たとえば Jean-Francois 2008），このことをクライエントのプライバシーの権利の非倫理的な侵害と同等のものと見做し（Coles 2011），マネジド・ケア名簿からの89名のソーシャルワーカーへの調査での半数以上の回答者が，「守秘義務の遵守」上の「葛藤として報告」している（Ginsberg 2009:vi）。

　Evans（2013:1）が言うように「規則づくめの組織のなかですら」ソーシャルワーカーが仕事上での自由度をかなりもっているというのが正しければ，かなりの数のソーシャルワーカーが専門職の自律性に対するマネジド・ケアの制限に対して，官僚制に対する反乱，第一線からのゲリラ戦，不誠実さ（Floyd & Rhodes 2011），時に詐欺のように（Boland-Prom 2009），抵抗してきたという事実を知ることは，驚くに値しない。しかし，「本当の事実」は隠れて見えないだろう。メディケイドのマネジド・ケア環境の11機関に所属する88名のソーシャルワーカーを対象とした洗練された混合調査研究法では，たとえば Jean-Francois（2008）によれば，スタッフがメディケイドのマネジド・ケアにさらされることと，伝統的なソーシャルワークの任務や価値に沿った実践をすること，クライエントと協力して問題を定義すること，あるいは自らの専門職集団の方針や実践を支持することについて報告する能力とには相関がなかった。しかし，調査回答者の実践経験が長くなるにつれ「核となる専門職アイデンティティと一致した姿勢で」実践をしていることを強く実感していると回答者が述べていたことから，Jean-Francois（2008:87）は，「今日のメンタルヘルスにおけるソーシャルワーカーの任務は，ソーシャルワーク専門職それ自体により規定されるものであり，ソーシャルワーク分野以外の専門職によるものではないとする考え方」に，「しばしば不本意である」と回答者は指摘した。同様に，「ソーシャルワーカーは，時には症状の深刻さや診断を大げさに言って援助を受けられるようにする必要があるとの認識がある。またサービスをさらに多く入手するための1つの方法としてパターン化した保険証書を提出し，ソーシャルワーカーがあらかじめ意図したとおりの援助をクライエントに提供している」という点をと

りあげて議論した（Ginsberg 2009:4）。続いてこの著者は，マネジド・ケアへの反応についての調査に回答した個人開業の半数以上が，「マネジド・ケアは，クライエントの状態像に不可欠なサービスを提供するソーシャルワーカーを後押ししてくれると感じた」という回答結果に驚きを示した。注目してほしいのだが「この調査研究者がマネジド・ケア組織の従業員であること，またこれが回答に極めて重要な影響を与えたと思われる」との但し書きがある（Ginsberg 2009:53-54）。Massachusetts 州と Maine 州におけるマネジド・ケア実践の調査では，181名の臨床ソーシャルワーカーが一般的に行われている形式についての質問に対して，「実践で診断の変更は広く行われていると思う」と回答している（Adams 2006:iv）。また，回答者の大半は，臨床ソーシャルワーカーが時には，ないしはしばしば守秘義務を守るためにクライエントの診断を変更しており，またクライエントや臨床家が還付を受けられるように手助けしていることを示唆した。

　マネジド・ケア環境での実践をすることで，スタッフは倫理的葛藤と個人的な感情に対処できるように支持的なスーパービジョンを求める時間と労力が増えている。スーパーバイザーもマネジド・ケア特有の財政的，人道的，倫理的，法的なジレンマのバランスをとることを難しく感じており（Foglia et al. 2009），マネジド・ケアはスーパーバイザーにもマイナスの影響をもたらしている。

　マネジド・ケアが臨床的，支持的スーパービジョンへのニーズを増やしているとする事実があるものの，このスーパービジョンの2機能はマネジド・ケアの環境下ではほとんど注目されていない。それは，臨床的，支持的スーパービジョンに費やされる時間や労力が直接的には収益を生まないことが理由である。スーパービジョンのこれらの機能に投じられる時間は，金銭的な還付の対象ではない。スタッフの士気を維持しつつ専門職を教育し養成することは，マネジド・ケア・システムの責任の範囲内にはない。結果的には，スーパービジョンの管理的機能が増加しただけで，相対的にスーパービジョンに費やされる時間数が減少したようにみえる。

　マネジド・ケアがソーシャルワーク領域全体に邪道ともいえるほどの普及をしたが，刷新の対策として次に取り上げるべきテーマは，今後の展望であろう。当初のマネジド・ケアの強圧的支配は今後緩む兆しがみえる。初期の行き過ぎに対する政治的な反発があり，Rodwin（2010）は，47州において，1995年から2001年の間にマネジド・ケアを規制する法律が通過したことに注目した。Draper et al.（2002:11）は，そこから「この2年間に強まった市場のあらゆる力に押されて，マ

ネジド・ケア計画は全体のビジネス戦略をシフトさせる方向にある。今までよりも制約の少ないマネジド・ケア商品や消費者や購買者の求める選択の自由と柔軟性に応える商品を提供する方向へと舵を切る」ことを提案した。今なお，多くのソーシャルワーカーはマネジド・ケアが，侵襲的，抑圧的，役に立たない，非効率的であるとみなしていることは確かであるが，2010年に制定された the Patient Protection & Affordable Care Act（患者保護および低価格ケアに関する法）は，改革を推進する意欲と同時に新たな課題を示している。

　The Affordable Care Act は，Medicaid による医療費の拡大と連動して，著しい欠陥のある我が国の精神保健システムを再計画する機会をもたらしたといえる。たとえば health homes ヘルス・ホーム（訳者注：慢性疾患と精神保健上の問題をもつ人を対象にした包括的ケアの給付を指す），職種横断的ケアチーム（interdisciplinary care team），メディケイド・ホームの拡張，コミュニティ・ベイスト・サービスのオプション，身体，行動両面のサービス提供場所の共有，ケアの協働といった新たなプログラムやツールを奨励している。法律の施行に伴い，多くの人が保険対象となり，給付対象外だったサービスを給付できるようになり，新しい情報技術と支援チームの導入によりケアの統合を図ること，複数の慢性疾患を持つ状態に立ち向かうこと，十分に活用されていないエビデンス・ベイストの介入を取り入れることの機会を与えた（Mechanic 2012:376）。

スーパービジョンとエビデンスに基づく実践

　Mechanic（2012）がマネジド・ケアの未来像として描いたエビデンスに基づく介入を行う心構えが，ソーシャルワーカーにはあるのだろうか。Workforce 調査では，30.7％のソーシャルワーカーがベスト・プラクティス研修が設置されている機関で業務をしており，21.2％がベスト・プラクティス研修の受講に関心をもっていた。しかし，この種の研修に関心のある40％はエビデンスに基づく研修に関心をもち，すでにそうした研修を行っている機関に勤めている。すなわち，調査対象の43％の人材は，ベスト・プラクティスにすでに触れているか，関心があるということになる（NASW Center for Workforce Studies 2004）。Wharton（2010）が混合調査法で抽出した115名のソーシャルワーカーの多くは，エビデンス・ベイストの実践に肯定的であり，彼らの多くが自身をエビデンス・ベイストの実践者であると自認しているが，エビデンス・ベイストの実践（Evidence Based Practice, EBP）に対する職場のスーパービジョンでサポートを受けている度合いは異なり，EBP の適用には大きな障壁があると答えた。エビデンス・ベイストの介入を準備している

ソーシャルワーカーが実際にどのぐらい存在するのかを判断するのは難しい。このことは，Wharton の調査対象者の 1 人が下記のように回答していることからもわかるだろう。

　エビデンス・ベイストの実践は還付手段であり，またセラピーをするのにマニュアルを欲しがる人には欠かせない道具である。セラピストたちのシステムを学校教師によく似たものに作り上げている。すなわち，書類（保険契約書類）に正しいことを書きさえすれば，またシステム（保険契約／トレーニング不足のスーパーバイザー）に抗わない限りはどうにかやれるということである。報酬は課題の実行者に与えられる。〔中略〕処遇計画通りに，所定の時間内に支援することが目標となる。クライエントのニーズは，保険会社が公にし，臨床家とその所属組織が守ろうとする支払い額に見合ったものになる。クライエントのニーズは主訴に対応したエビデンス・ベイストの基準に合致するように縮小されてしまった（Wharton 2010:41）。

　ソーシャルワーカーがエビデンス・ベイストの介入で実践しようとするとき，スーパーバイザーの役割は極めて重要であるとする根拠がある（Accurso, Taylor & Garland 2011）。現在，ソーシャルワーク大学院の学生がエビデンス・ベイストのトレーニングを受ける機会は限られている（Drisko & Grady 2012; Weissman 2009）。現任ソーシャルワーカーが，時間と金銭的余裕があって 2 日間の集中トレーニング（Addis et al. 1999）を受けたとしても（Carroll et al. 2010; Wharton 2010），その提供された研修内容が適切であるとはいえない（Beidas & Kendall 2010）。「知識提供だけでは〔中略〕臨床家の行動変容，あるいは支援を効果的に実施する能力に与える影響は最小である」（Carroll et al. 2010:36）。いうまでもなく，実践家が EBP に必要なスキルを獲得し，習熟するには，文献や講義以上のものが必要である（Accurso et al. 2011; Frey et al. 2012）。Weissman et al.（2009:926）を引用すると，「ゴールド・スタンダード（優秀規準）」の研修は，援助プロセスとその成果に関する知識学習と実践へのスーパービジョンの双方を備えていることが求められる。

　それぞれのクリニックにおいてエビデンス・ベイストの支援を取り入れるため，Donohue et al.（2009）はスーパービジョンを規格化して導入した。以下は，その際に用いたプロトコルからの抜粋である。

　ライブ・スーパービジョンは実用的でない面も多いが，スーパービジョンの手法としては好ましい。〔中略〕よって，我々のスーパーバイザーは時折，セラピストが経験不足の場合や難しいセッションになると思われるときには，セッションに同席する。有資

格のスーパーバイザーによる毎週90分のスーパービジョンが予定として組まれている。プログラムを担当するセラピスト全員（通常，最大7名まで），さらに面接中に子どもたちをまとめて時々セラピストを助けるボランティアがスーパービジョンに参加する。〔中略〕セラピストは前回のスーパービジョン以降の面接を録音したものと各クライエントのカルテ記録を持参する。スーパーバイザーはケースをモニターするための標準化された書式を持参し，それをスーパービジョンの手引きとする。

不都合な出来事を未然に防ぐような系統だったアセスメント，点検，ブレイン・ストーミングなどの方法や有益な出来事を導く要素が加わり，実質的にクライエントに対する危害を小さくし，臨床上のマイナス要因を減らすことができたのは意義深いことである。〔中略〕スーパービジョンは前の週のセッション中にあった不都合な出来事（たとえば自殺のリスク，児童虐待の疑い，DV）について尋ねるところから始める。もちろん，有害な出来事が明らかになれば，安全策や適切な人物とのコンサルテーションを含めて話し合われる。〔中略〕

スーパービジョンの場ではさまざまな面からセラピーの実際に焦点を当て，セラピストのスタイルを考慮して，ロールプレイを利用してセラピー・スキルを教える，評価様式にのっとり詳しくフィードバックを提供する，うまく援助した取り組みについては具体的に誉めるなどするとよい。〔中略〕トレイニーがエビデンス・ベイストの支援を学ぼうとしている場合は，どの程度それを守って支援を実施したかを評価することは不可欠である。〔中略〕こうしてセラピストは質と限界に関する丁寧なフィードバックをもらうことができる。前の週のセラピストが行った面接の録音について，他のセラピストがプロトコル・チェックリストを用いて点検することにより，セラピストは支援形態のストレングスと，支援方針を達成できる方法論を取り上げて話し合うことができる（Donohue et al. 2009:428）。

課題：専門職と官僚制

EBPとマネジド・ケアの動向を背景にして，官僚的コンテキストにおける専門職スタッフの自律性が中核的な課題として再登場する。これは，本章の初めに管理的スーパービジョンをとりあげた際に触れたが，ソーシャルワーク実践の本質に由来するスタッフの自由裁量と組織のなかで働くことにまつわる条件への順応との間の緊張のことである（Glastonbury, Cooper, & Hawkins 1980）。この緊張の度合いを，スーパーバイザーがスタッフと組織の両者を代表して調節する。

ソーシャルワーカーはこれまで組織の業務を遂行するために管理構造の必要性をある程度は，不承不承ながらも認めてきた。しかしながら，好ましいとされていたのは専門職の統制構造であり，官僚制でないことは明白である。専門職の志向するところと官僚制のそれとは本質的に相容れないのであろう。官僚制が求める標準化，統一性，役割の固定，効率性，没個性，規則遵守は，すなわちマネジド・ケアとEBPのニーズであり，専門職が求める柔軟性，最大の裁量権と自律性，個人の独自な状況に対する感受性，クライエントのニーズの最優先などとは正反対のものである。専門性からみて正しいことは，組織として望ましいことやマニュアルにあるもので，大切にされている。これは，複合的なアルゴリズムや組織が，特定の課題を遂行するために必要なものとして認識されている。しかし，組織や手続き的なニーズに合致させ，協働を確実なものにし，個人の特異的行動を制限するための基盤は，ヒエラルキー特有の権威にあるのではなく，ケアの実践の標準化，専門職の規範，ピア・ガバナンスに対する専門職の自己規律と自発的な遵守にある。Torenは，これら管理構造の基本的な相違について以下のように述べている。

　　専門職固有の管理構造は，行政的な組織のなかで執り行われている官僚的な管理とは本来別物である。専門職のいう管理は，専門職に内在化された倫理綱領と長期間の研修で培った特別の知識により，また専門職としての判断を行う資格を備えた同僚集団により，「内側」から発動するという特徴がある。この種の権威は，ヒエラルキー上の立場から発する官僚的な権威とは著しく異なるものである（1972:51）。

　この相違は，法的な権限を基盤とするそれぞれの制御システムから派生するものである。一方は自発的なコンプライアンスを促す専門性に根ざし，他方はコンプライアンスを課すことのできる地位に付与された権限(パワー)に根ざしたものである。専門職の制御構造におけるスーパーバイザーとスーパーバイジーのそれぞれの権威とパワーについては，量的に異なるものではなく，同等であることが認められている。
　専門職が良しとする個人や仲間同士が行う管理構造とヒエラルキーのある管理構造との対立は，マネジド・ケアや公的機関のような複合的組織で業務をするときに遭遇するものであり，これについてはかなり議論されてきた（Abrahamson 1967; Biedas & Kendall 2010; Brooks, Patterson & McKiernan 2012; Frey et al. 2012）。専門職の官僚化および官僚制度の専門職化に伴い，2つの管理システムの歩み寄りが以前より見られるようになった。「組織はますます専門職の規範に影響されるようになり，専門家はますます官僚的な管理を前提としている」（Kornhauser 1962:7）。歩み

寄りの努力は，組織が専門職を必要とするように，専門職も組織を必要としているという事実に見られる。

専門職と官僚制との葛藤は回避できないものであり，広く再考されてきた（Gagne & Bhave 2011; Levay & Waks 2009; Mastekaasa 2011）。Harris-Jenkins（1970）が初めて提示した概念は，最近一層の支持を得ている。「組織という環境で仕事をする現代の専門職は，職場で居心地が良く，緊張をしていない。専門職と組織は溶け合い，1つの新たな社会形態をつくっているからである」（Blankenship 1977:38）。保健および公的扶助の相談機関に勤める専門職ソーシャルワーカー267名を対象とした質問紙による調査では，官僚制が志向する価値と専門職の志向する価値とは必ずしも対立的ではなかった。2つの価値体系のセットは別々のものと認識され，1つの連続体の両極というわけではなかった。

> 調査によれば，ソーシャルワーカーは自律性，柔軟性，業務状況のイノベーションに価値を見出すと同時に，官僚的な組織の配置をも尊重しているという明らかな結果がみられた。組織の方針や手続きを管理する官僚制の価値観と，スタッフの専門職としての価値観とは正反対だと考えるのは大いに疑問がある（Wilson, Voth & Hudson 1980:29; Eagerton 1994も参照されたい）。

Heraud もまた以下のように述べている。

> 官僚制と専門職の関係は，よくいわれているようにすべてにおいて対立的なわけではなく，特にソーシャルワークでは官僚的な基準と専門職の基準とはかなりの一致がみられる。この関係を表現するために「organizational professionalism（組織的専門職性）」あるいは「bureau-professionalism（官僚制専門職性）」といった概念が生まれてきた。官僚制と専門職は2つとも，組織の合理的管理という大きなカテゴリーのサブ・カテゴリーとして存在している（1981:135）。

以上により，専門職のニーズと組織のニーズとの間には動的な緊張関係が存在するにもかかわらず，そこに見出される違いは仲介可能であること，官僚制化が必ずしも専門職否定とはならないこと，組織に対するアイデンティティは必ずしも専門職のアイデンティティを犠牲にして生じるわけではないことを，結論とする。スーパービジョンと専門職気質は，必ずしも相反する概念ではない。

専門職の自律性（autonomy）と説明責任（accountability）との相違は微妙ではあるが，明確に区別することが求められる。専門職の自律性とは，自らが提供したサービスに対して責任を負う（responsible）という意味である。説明責任とは，専門職

の自律性とサービス提供における個人の責任の範囲を超えたものである。説明責任には，スタッフに対して，専門職としての自分自身の責任や機関の運営管理のそれを超えたサービスが提供されるコミュニティまでを包含する責務が求められる。説明責任とは，認定ソーシャルワーカーの行為が専門職としての高い知識によるものであることを承認されていること，その知識が専門職の自律性を正当化するものであるが，そして「委譲された裁量権（delegated discretion）」すなわち組織の運営管理と第三者支払機関がもつサービス提供に関する権限に基づくものであることを示す。専門職の自律性は，ソーシャルワーカーがフリー・エージェントであることを意味する。説明責任は，スタッフは組織に雇用されているソーシャルワーカーでありフリー・エージェントではなく，組織を代表する者として行動し，かつ機関を通してコミュニティの代表者としての行為者であるという事実を強調する。組織という場のなかのスタッフは，個人に属するケース数を担当するのではなく，機関に属するケースの担当を割り当てられているのである。

　これに関連して，専門職の目的（ends）に対する自律性と手段（means）を選ぶことの自律性の違いも明らかにする必要がある（Raelin 1986）。組織のミッションを決定するのは，機関の運営管理上の当然の責任である。一般的に専門職は目的を設定するための自律性については運営管理に譲っている。専門職はどちらかといえば，手段を選ぶことの自律性を擁護する傾向にある。クライエントを援助するうえで何をすべきか，そしてそれをどのようにすべきかは専門職の特権であり，自律性は専門的な知識と技術から得られるもので，限られた資源での効率性に対する公私の需要から強要されているものである。手段の選定にかかわる専門職の自律性を認めることに同意することで，管理的な制御を正当化するということは，専門職が機関の目標や機関外の利害関係者の目標を達成するのに適切な手段を採用しているというある程度の確信をもつことが必要である（Lewis 1988）。

　専門職と官僚制との間の葛藤は想定されたものよりも少ないかもしれないが，組織というコンテキストにおいて業務をすることは，専門職にとって重要な利点がある。スタッフとスーパーバイザーの自律性は，あらゆるコンテキストと文化において，業務満足度との相関がみられたが（Gagne & Bhave 2011），適切な組織資源，スーパーバイザーのサポート，同僚の信頼等，均衡を保つ変数もまた，業務満足度との相関が確認された（Mor Barak et al. 2009）。専門職は機関を通じてコミュニティが与えられ，自ら行っている業務に対する法的な制裁やサポートを受けている。組織

は，専門職にクライエントを供給するので，顧客獲得に割く労力は少なくてすむ。機関は専門職が業務を遂行するのを援助するために資源，すなわち，事務や財政上の援助，備品，準専門職による補助，保険の補償範囲，専門的なコンサルテーション等々を提供する。組織は，他の専門職者と直接，密接にかかわることからの刺激を，直接アクセスできる同僚グループからの情緒的サポートを，そして優れたスーパービジョンからの技術的な助言を提供する。複合的な組織というコンテキストにおいて，専門職は関係職種との豊富なネットワークを利用し，自分の活動をコーディネートする。

スタッフは自己の自由裁量権と自律性により官僚的な制御力を狭めることができるなら，信頼に足る，予測可能で，公平性のある意思決定が可能となる。現実に即した言い方をすると，専門職意識と官僚制は，多次元のものであるが，一部では対立が生じるが，他者との関係では一致が見られ，相互に支持的である（Anderson & Martin 1982）。

スーパービジョンにおける倫理的ジレンマ

倫理的なスーパービジョンについてはこれまでにもしばしば関心が向けられてきたが（Ellis et al. 2008; Greer 2002; Ladney et al. 1999）。倫理的，人道的な態度でスーパーバイジーにかかわることがスーパーバイザーとしての職務であるということには疑問の余地はない。倫理的な義務には，スーパーバイジーの正当なニーズに応えること，客観的かつ公正に評価を行うこと，パワーの差異を悪用しないこと，スーパービジョンの機能を良心的に責任ある態度で遂行することである。スーパーバイザーが有効なサービス提供に必要なスキルも知識もないスーパーバイジーにケースを割り振ることは倫理に反する。しかし，ここで「すでに相当のケース数を担当している」優秀なスタッフに新たな難しいケースを割り振れば，「ケースワーカーはバーンアウトや離職をするかもしれない。どちらにしても徐々に部署の業務遂行力は低下し，スーパーバイザーは新人ケースワーカーのトレーニングに時間を費やすことになる」だろう（Maceachron et al. 2009:181）。Reamer（1989）は，スーパーバイザーが倫理的責任を問われるときとは，スーパーバイジーに定期的に面接して

業務の点検ができないとき，タイミングよく評価を伝えることができないとき，スーパーバイジーの不在時に適切な補償を提供できないとき，ずさんな処遇計画を察知し，あるいは止めることができないときであると述べている。スーパーバイザーにしろ，スーパーバイジーにしろ，専門的なサービスを提供するに当たり，彼らの経験やコンピテンスが資格基準以上に勝っていることを自ら見せびらかすのは倫理に反することである。

　スーパーバイザーにはスーパービジョンの過程で話されたデータに関する守秘義務がある。スーパービジョンのなかで得た情報を他者に伝達する必要があれば，スーパーバイザーは伝達する相手が誰で，その目的は何かをスーパーバイジーに通知すべきである。スーパーバイザーは，クライエントを守るうえでゲート・キーパーの働きをする。スーパーバイジーに明らかに専門性がないか，適格な専門家になる見込みがない場合は，スーパーバイザーの責任でキャリアの変更や退職を助言する。スーパーバイジーとの二層の関係性，特に仕事に関する性的な搾取を回避することはスーパーバイザー側の倫理的な責任である。スーパーバイジーに対する期待と，一緒に仕事をする計画を明示するのは，スーパーバイザーの倫理的な責任である。スーパーバイザーは倫理的な責任の一環として自己啓発を継続してスキルの向上を図り，自分自身の有効性をモニターする。

　スーパーバイザーは緊急事態に備えて，危機的な局面で必要な判断ができるように心がけておかねばならない。一貫して，スーパーバイザーはクライエントのニーズを優先，重視し，スーパーバイジーのニーズについては間接的に責任をとる。

　上述の解説には，スーパーバイザーがスーパーバイジーとともに観察したものに基づき，合意し，矛盾のない倫理的な義務の受容と標準化が含まれている。しかし，スーパーバイザーはこれ以外にも異論の多い倫理的な疑問にぶつかり，コンセンサスがほとんど得られない場合もある。このような倫理的ジレンマに類した問題はスーパーバイジーを困らせ，スーパーバイザーに問題解決の助言を求めることになる。スーパーバイジーにとってのジレンマはスーパーバイザーのジレンマとなる。そのジレンマは，疑問についての２つの仮説があり，一方の解答は，ネガティブな帰結となり，同時に，もう一方の重要な価値をも損ねることになる。

　スタッフが直面する疑問の多くは，本来技術的な疑問というよりも倫理的なものであることから，技術的に解決することはできない。どんなに技術的手腕があろうとも，守秘義務を脇に置いて脅威にさらされた人を保護しなければならない状況で

生まれる疑問に対して，スタッフがその疑問に答えることができない。こうした状況では，機関の規定や法規を曲げて高度に個別性の高いクライエントのニーズの便宜を図る必要があるだろうし，クライエントの苦痛や被害を軽減するために儀礼的なお世辞を言うことにもなるだろう。一方の正義ともう片方の相反する正義との間の難しい判断をするために，スタッフは倫理綱領よりもスーパーバイザーを頼りにするであろう（Hair 2012）。それはスタッフのNASW倫理綱領に対する信念と，倫理綱領の遵守に関する姿勢にはスタッフ間でも違いがあるので（DiFranks 2008），スーパーバイザーとともに話し合う機会があれば，スタッフはホッとひと息つき，方向感覚が得られるが，これは，スーパーバイザーが方向性を系統立てて説明することが前提となる。

性差別とソーシャルワークの運営管理

性差別とはジェンダーに根差した差別であると定義する。ソーシャルワークでは，女性の管理職登用の公平性に関して問題が起きている。「ソーシャルワーク管理職」は，最下位のスーパーバイザーの職位から機関の事務局長までさまざまなレベルを含む用語である。男性，女性ともに，スーパーバイザーはヒエラルキーにおける運営管理の入り口に位置する職位である。

ソーシャルワーカーの大半は女性でありながら，運営管理という文化圏では多くのソーシャルワーク機関において圧倒的に男性が占めている（Szakacs 1977; Cehrnseky 1980）。全世界的に見ても，これは今なお事実である。NASW Workforce調査の男性回答者は，女性よりも週当たりの組織管理やマネジメントに充てる時間は有意に長い。その一方でジェンダー効果は非常に小さい。さらに分析を進めると，週単位の組織管理やマネジメントの役割に充てられる時間のジェンダー格差は，ソーシャルワーカーに限定されており，彼らはこうした職責の遂行に週19時間以下を充てていることが明らかになった。組織管理やマネジメントを週20時間以上行っていると答えたソーシャルワーカーを対象とした場合，男女間の差は消えていた。有資格従事者の場合，常勤の組織管理やマネジメントの職位に占める男女比にある程度の一致が見られるようになった。非常勤職による報告では，組織管理とマ

ネジメントの業務遂行に見られるささいな違いを，社会的欲求現象として説明できるかもしれない。男性は女性に比べて，組織管理とマネジメントとを類似した業務として説明する傾向があるという現象である。

　ソーシャルワークの管理的な職位に就いている女性の給与は，同等の職位にいる男性と比べて相変わらず著しく低い（Gibleman 2003; Koeske & Krowinski 2004）。これはWorkforce調査においても間違いなく管理職の実態である（NASW Center for Workforce Studies 2004）。組織の管理とマネジメントに週に20時間以上を充てていると回答した常勤男性の推定平均給与7万6014ドルというのは，同僚の女性よりも有意に高い。常勤女性の場合，推定平均給与は5万4938ドルである。男性の給与が38％も高いというこの途方もない違いは，推定年齢，ソーシャルワークの最終学位，公的機関か民間セクターかという雇用先の違い，経験年数を勘案した場合いくらか小さくなる。これはKoeske & Krowninski（2004）の示したモデルであるが，著しい違いが存続しているということは，ソーシャルワーカーの多くが働く機関で今なお性差別が支配的であることの証左である。

　スーパーバイザーになることがしばしば管理職のはしごの第一歩であることから，分析を拡大して研究対象をソーシャルワークのスーパーバイザーとした。ジェンダーにより組織の運営管理とマネジメントの役割に費やす時間が著しく違うという報告とは異なり，スーパーバイザーの場合，男女を問わずスーパービジョンに費やす時間数に違いは見られなかった（NASW Center for Workforce Studies 2004）。Workforce調査の管理職に見たように，常勤男性スーパーバイザーの推定平均給与6万5921ドルは，同様の女性の推定平均給与5万386ドルに比べて有意に高かった。ここでもまた女性スーパーバイザーよりも男性スーパーバイザーを優遇しており，常勤の推定給与額で1万5535ドル，30％の開きがあるが，推定年齢，ソーシャルワークの最終学位，公的機関か民間セクターかという雇用先の違い，経験年数を勘案すると若干緩和される。それでも著しい違いは残存し，性差別がソーシャルワークのスーパーバイザーの収入に大きな役割を果たしていることを示唆している。

　給与と賃金の差別に加え，他にもセクシズムとヘテロセクシズムの問題とソーシャルワークの管理業務にまつわるジェンダーと男女別役割の課題は多くある。第7章で述べたように，ここには，スーパービジョンへの移行要因としてのジェンダー，継続的スーパービジョンにおけるジェンダーと性的志向という要因，職場におけるセクシャル・ハラスメントの問題，ケース割り当ての不均衡が男性ソーシャ

ルワーカーを危険に晒すことになるという性差別の果たす役割などが含まれる。

スーパービジョン教育の課題

　先にも記したが，トレーニングの不足は，直接処遇に従事していたスタッフがスーパービジョンに移行する際に直面する課題の1つである。スーパービジョン教育は，専門職にとっての課題でもある。

　数十年前に，Olmstead & Christensen（1973）は，ソーシャルワークの人材養成に関する全国調査の結論のなかで，スーパービジョンの公式かつ明確なトレーニングの必要性に言及し，「スーパービジョンのトレーニングは喫緊の課題であると思われる。スーパービジョンの機能の重要性から考えると，試行錯誤による学習に任せるわけにはいかない。スーパービジョンの原理についての体系的指導は，当然，研修リストの上位に来る必須内容である」（6）と述べている。

　スーパーバイザーがスーパービジョンをできるよう教育することは，今日なお課題としてある。何ら体系的スーパービジョン教育を受けていないスーパーバイザーは比較的少ない。Aikin & Weil（1981）はかつて，役割採用 role adoption（職位を付与された後にその業務について学習する），模倣，あるいはモデリング（以前に出会ったスーパーバイザーの真似をする）がスーパービジョンを覚える主な方法だと記した。以下の報告は，最近のスーパービジョンに関するレビューから，公的機関における行動保健分野のものの引用である。

　　相談機関の指針，手続き，実践には，スーパービジョンの形式や最少頻度に関するはっきりとした基準が示されていない。これらの基準に合致していることを保証する監視データもほとんどない。スーパーバイザーになるのは，年功，学歴，直接処遇の熟練者であり，〔中略〕一般的にはスーパービジョンを実践するトレーニングは受けていない（Hoge et al. 2011:186）。

　役割採用（role adoption），「役割のショック（role shock）」（Borders 2010）との表現を使ったとしても，実務経験を積むことは，今でも多くのスーパーバイザーのトレーニング方法である。

　Council on Social Work Education（ソーシャルワーク教育審議会）の *Educational*

Policy and Accreditation Standards（2010:3）のなかで，学生をトレーニングして，スーパービジョンを活用するコンピテンシーを高めることの重要性を認識しつつも，スーパービジョンをする能力について，ソーシャルワーカーが身につけるべきコンピテンシーを特定していなかった。しかし，ソーシャルワーク養成校の学部長，校長を対象に最近行ったインターネット調査の結果は，回答者のサンプル数は小さいが，その調査結果は Munson（1983）の見解が当てはまると確信できるので報告したい。Munson は，ソーシャルワーク養成校によって，スーパービジョンを提供するための学生に対する準備教育の有無と方法については大きく相違があると述べた。ソーシャルワークを専攻する全学生にスーパービジョン科目を必修にしている養成校もある。ほかにスーパービジョンを選択科目としているもの，管理的あるいは臨床的な演習科目のなかにスーパービジョンの内容を組み込んでいるものもあるが，スーパービジョンの内容をまったく提供していない養成校もあった。Hoge et al. の結論は以下のとおりである。

　　大学院の認定プログラムが，最も質も高い，個人の利用可能なスーパービジョンの研修モデルといえるだろう。〔中略〕40時間から80時間の講義と演習による教室での学習が，実質最大 2 年にわたり展開される内容的に充実した教育体験となっている。フォーマルな研修は一般的に追加学習の機会と必須要件を加えて補われている。例として臨床系の技術に関する上級者向け科目，プログラムの学生たちをつなぐオンライン・コミュニティの学習がある。教育内容として，スーパーバイザーとしての役割，スーパービジョン関係，倫理，守秘義務，スーパービジョン・モデル，文化的多様性の影響などに関するテーマを取り上げる傾向がある（Hoge et al. 2011:191）。

　スーパービジョンの意義として，質の保障とクライエントの保護，専門的能力およびエビデンスに基づいた実践を行うこと，実践家のバーンアウトの改善，現有職員の保持などに対する認識の高まりとともに，ソーシャルワーク養成校のなかには地域関係者や州政府と一緒になって，行動保健（Tebes et al. 2011）や児童福祉（Landsman 2007; Lietz & Rounds 2009; Str& & Badger 2005）の領域で有望なスーパービジョンの研修モデルの開発と検証を行っているところもある。ソーシャルワーク教育カリキュラムの展開範囲とそこに組み込まれた多様な関心事を考慮すると，ソーシャルワークの大望としてのミッションを達成するのに利用可能な時間と資源は実に限られたものである(Stoesa et al. 2010; Weissman et al. 2006)。ソーシャルワークの大学卒業者のおそらく 4 分の 1 が臨床実践資格に必要な全国試験に合格でき

ない（Deangelis 2009）。これに注目して，The American Board of Examiners in Clinical Social Work（2004）と the Association of Social Work Boards（2009）は，スーパービジョンのできる従事者の養成を補うことにリーダーシップを発揮してきた。特に，専門家委員会を招集して現場の知恵や出版された調査研究を評価して合成し，さらにソーシャルワーク・スーパービジョンの基礎となる専門性を項目別にして規定し，印刷物にした。

徐々に各州のソーシャルワークの認定機構は，臨床的ソーシャルワークのスーパーバイザーに何らかの初期トレーニングの履修を求め，それ以降も継続研修を受講することを義務づけることにより，スーパービジョンの資格付与をするようになり，同様の動きが広まった（ASWB 2010b）。たとえばアリゾナ州は，「臨床的スーパービジョンのトレーニングについての規定を強化し，スーパービジョン実践の開始にあたり正味12時間の研修の履修を，そして実践資格の更新時には正味 6 時間の臨床スーパービジョンのトレーニングを義務づけた」（Hymans 2012:15）。これは期待のもてる進展であるが，トレーニングの質についての確認は，研修成果の測定に主としてトレイニーの自己満足度の報告を利用している現状では難しいといえる。最近の調査で，無作為抽出により条件を統制してスーパービジョン・トレーニングを試行したところ，スーパーバイザーのスキルがスーパービジョン・ワークショップによって向上するという証拠はほとんどなかった（Kavanagh et al. 2008）。Carroll & Rounsaville（2007），Decker et al.（2011），Lyon et al.（2010），Beidas と同僚らによる文献レビューにおいても同様であった。しかしながら，交差比較調査の実証的結果と専門委員会の報告は，ソーシャルワーカーとスーパーバイザーが学ぶべき内容についてのコンセンサスが高まっている点を指摘している。

Watkins（2011b:193）は，「21世紀」のスーパービジョンは，「エビデンス・ベイスト」になるだろうと予測した。エビデンス・ベイストの実践が推進されるなか，「エビデンス・ベイストのスーパービジョン」は極めて重要な役割を担い，注目を集めるであろう（Carlson et al. 2010; McHugh & Barlow 2010; Milne 2009; O'Donoghue & Tsui 2013）。今ではエビエンス・ベイストのスーパービジョンの基本要素には，スーパービジョンの「標準化」（Donohue et al. 2009）と「マニュアル化」（Milne & Reiser 2012）に用いられた要素をはじめ，読者にはすでに馴染みのものもあるだろう。すなわち，(1)スタッフの教育的ニーズを初期，および継続的アセスメント，(2)スーパーバイジーとの協働的関係の形成，モニター，および維持，(3)業務行程表に

そった定期的なスーパービジョンの話し合いの実施，(4)複数の方法論（たとえば，実演，討議，モデリング，ロールプレイによる指示）を用いた知識と技術の教育，(5)スタッフ業務を頻繁に直接，間接に観察，(6)時宜に適った業務行動のフィードバックとコーチング，(7)クライエントの進展と成果のモニターである。

展望：専門職が行うスーパービジョンの肯定的価値

　スーパービジョンの課題に焦点を当てると，スーパービジョンがソーシャルワーク機関の運営に果たしている実際の貢献やスーパービジョンの現行の手続きに対する一般的な満足度は見えにくくなる。

　不満があるにしても，機関のスーパービジョンはおおむね託された業務を遂行している。全国から抽出したSW修士号のスーパーバイジー377名が匿名で，「全般的に，現在のスーパーバイザーとの関係にどの程度満足していますか？」という問いに回答した。回答者の30％はスーパーバイザーとの関係に「非常に満足している」，36％は「かなり満足している」であったのに対して「かなり」あるいは「非常に」不満であるとしたのはわずか5％であった（Kadushin 1992a）。他の調査では，ソーシャルワーク・スーパービジョンに高い満足度を示す傾向があった（Greenleigh Associates 1960:132; Galambos & Wiggens 1970:18）。

　Munson（1980）は，さまざまな機関のスーパーバイジー65名を対象とした調査を行い，スーパービジョンに対する満足度の評点は「かなり高く，これは全般的に満足していることを示していた」（7）。精神保健分野の約370名のスタッフを対象とした業務満足度調査では，「回答者はスーパービジョンに最も高い満足を示し，僅差で同僚，そして業務に対する満足と続いた」（Webb et al. 1980）。

　アイオワ州のスクール・ソーシャルワーカーの業務満足度調査では，仕事への満足度がスーパービジョンの満足度と有意な相関が見られた。「回答者がスーパービジョンに満足しているならば，業務にも満足していると思われる（Staudt 1977:481）。」人事部における業務満足度調査を実施したNewsome & Pillari（1991）は，全体としての業務満足度とスーパービジョン全体の質には正の相関があると報告した。Evans & Hohenshil（1997）は薬物依存のカウンセラーを調査して，業務

満足度とスーパービジョンの時間数とに関連性があることを見出した。

州の対人援助機関において，636人のスーパーバイジーが，自分たちに対するスーパーバイザーの態度について，コミュニケーション，部署の管理，人事方針，人事考課などを含む7つの次元で採点した。1は「まったくよくない」，5が「とてもよい」とする5件法で，全体として，スーパーバイザーに対する評価の中央値は3.27だった。636名のスーパーバイジーの側のスーパーバイザーに対する満足度はあまり高いとはいえないものだった（Russell, Lankford & Grinnell 1984:4, 表1）。

Olmstead & Christensen の全国調査では，良いスーパービジョンが機関の有効性の重要な決定要素であると結論づけた。

> この分析データは納得のいくものである。スーパービジョン因子に対するスコアが高い機関では，従業員の満足度が高く，個人の業務遂行も良好で，無断欠勤も少なく，良好な機関業績を上げており，機関としての高い専門的能力を示す（1973:304）。

児童のケアスタッフ102名を調査した Shinn (1979)は，統計的に有意に，スーパービジョンの質は仕事の満足度と正の相関があり，転職の予測とは負の相関があることを明らかにした。近年実施した，マネジド・ケア環境下における精神疾患のクライエントを援助する臨床家84名を対象とした調査で，個人スーパービジョンが常に，あるいは非常に役立つとしたのは実践家の64%であり，グループ・スーパービジョンに対する満足度は業務満足度との相関が有意であることを，Schroffel (1999:101) は明らかにした。

スーパービジョンが機関の効果的な管理に有用であることに，多くの調査が注目している。地域精神保健センターは，第三者支払い機関の支持が大きく依存する機関の1つである。そこから，法律上，厳密な説明責任が課せられることになる。地域精神保健センターのスーパーバイザーに質問紙調査を実施して，効果的な説明責任のメカニズムに関する知見を尋ねたところ，117名の回答者全員が「うまく組織され，系統立てられたスーパービジョン・システムは，地域精神保健センターの基盤となるプログラムの質的な保障を進める上で好ましいアプローチ」であるとした（Smith 1986:9）。

Sosin（1986）は，ウィスコンシン州下72郡における児童福祉のパーマネンシー・プランニング（訳注・永続的養育環境に関する計画）プログラムの実施において果たしたスーパーバイザーの管理的役割の効果を検証した。郡によってスーパーバイザーのやり方はさまざまであり，子どもたちの援助方針を決める際にスタッフが

ケース検討するように念を押す場合もあれば，検討についてモニタリングする，ケース検討会を開催する，スタッフのパーマネンシー計画に関する記録を点検するなどがあった。スーパーバイザーの活動がパーマネンシー・プランニングにもたらした成果を分析した Sosin の結論は，スタッフにケース検討するように念を押すスーパーバイザーの行為が，一時保護期間の短縮と有意に関係しているというものであった。スーパーバイザーのこれ以外の管理的な行為（「成果を定期的に点検して話し合うこと」と「記録にそって検討すること」）は，一時保護期間の長さとの相関はあまり見られなかった（372，表4）。

イリノイ州の児童福祉プログラムを調査したプログラム評価チームは，繰り返しスーパービジョンと業務遂行との関係について触れている。1988年のプログラム評価ではある地域機関について次のように述べていた。

> ケース記録をつけることやケースの終結といったポジティブな指標は，スーパーバイザーが系統立てて管理をしている公的なチームに見られた。チームのなかで，スーパービジョンは行われていない，時折行う，一貫性なく行われるような状況下では，ケースの終結や記録をつける割合が低いことが明らかになった。

The Office of Program Review が監査した別の地域では，「スーパーバイザーが定期的にケース記録を点検する仕組みをつくっていたチームの方が，そうでないチームより著しく記録の質は良かった」

すでに第6章で，良いスーパービジョンがバーンアウトの予防薬として有用であることを詳細に述べた。

Rindfleisch（1984）は，児童福祉施設における不適切な養育を予防するうえでスーパービジョンの重要性を述べている。不適切な養育といった出来事を減らすのに必要なものは何かと提案を求めたところ，1000以上の施設の人事課からさまざまな回答があり，9個のスーパービジョンが提案された。より良いスーパービジョン，経験豊富なスーパービジョン，丁寧なスーパービジョン，強力なスーパービジョン，効果的なスーパービジョン，定期的なスーパービジョン，利便性の高いスーパービジョン，一貫性のあるスーパービジョン，質の高いスーパービジョン，などであった。

ここに引用した調査研究は，スーパービジョンがスーパーバイジーの業務満足度や管理的手続きに対して肯定的に影響を与えていることを示したものである（Mor Barak et al. 2009）。ならば，効果的なスーパービジョンがクライエントの変化

にどういう結果を出したかとの質問があってもよいだろう。

　Harkness & Poertner（1989）は，1955年から1985年の間のソーシャルワーク・スーパービジョンの文献レビューを行い，クライエントやクライエントへの援助効果に対するスーパービジョンの影響について全体的に軽視してきた事実に注目した。スーパービジョンがクライエントの成果を改善できるとする証拠はある（Babling et al. 2006; Callahan et al. 2009; Harkness & Hensley 1991; Worthen & Lambert 2007）が，多くに方法論的な混乱がみられることは，5つの文献レビュー（Ellis & Ladany 1997; Frietas 2002; Inman & Ladany 2008; Wheeler & Richards 2007; Watkins 2011a）にも明らかである。Watkins（2011a:252）は「この問いに対する実証的解答はまだできない」と結んでいる。

　文献レビューからは，機関のスーパービジョンは，若干の不満はあるものの，おおむね果たすべき課題を行っていると結論を下すことができる。有資格ソーシャルワーカーの場合，担当ケース数が多いこと，クライエントの問題が深刻であること，ソーシャルワーク以外の業務もかなり頻繁に割り当てられること，管理業務や事務仕事が増加しているのは，the NASW Workforce 研究が直近2年間について報告したとおりであるが，この実態調査に回答した職員の25.9％は，スーパーバイザーからサポートをもらい，方向性を与えられていることに同意し，41.4％は強く同意している。業務の安全性，職員配置，スーパービジョン，サービスに対する償還が縮小しているにもかかわらず，このような回答を得た（NASW Center for Workforce Studies 2004）。同時に現在の常勤スタッフの19.1％は，今の自分の職を変えるかどうかを決める際の5つの重要な影響要因の1つとしてスーパービジョンを挙げている（NASW Center for Workforce Studies 2004）。これを説明すると，現任のスタッフのほぼ5人に1人は，今よりよいスーパービジョンが受けられる場合には離職するつもりであり，スーパービジョンの質を離職の理由とする常勤スタッフが9.1％，スーパーバイザーが交代することを離職の理由として挙げる常勤スタッフは13.9％いる（この2つを離職の理由にしている回答者もいる）。さらに，同僚に比べて，自分の受けているスーパービジョンの指導やサポートのレベルがはるかに低いと報告している者もいる（NASW Center for Workforce Studies 2004）。

　したがって，専門職としての自律性の確保と果てしなく続くスーパービジョンからの解放を願うソーシャルワーカーのなかには，スーパービジョンをかつての豊かな時代の一時的な課題として回顧する者もいるだろうが，今や，ソーシャルワーク・

スーパービジョンは束の間の，数少ない機会であるというのが共通の認識であろう。これは「願いごとをすると望んだとおりになるから気をつけなさい」という格言を連想させる。

　スーパービジョンをソーシャルワーカーから受けているスタッフは半数以下であった（NASW Center for Workforce Studies 2004）。スーパービジョンの重要性から考えると，専門職であるならば，ソーシャルワーク・スーパービジョンに関する体系的かつフォーマルな，現実に即した研修プログラムを検討し，ソーシャルワーク・スーパーバイザーの多くが良いスーパービジョンを遂行できるようにすべきであろう。それとともにまずは，同僚にはソーシャルワーク・スーパービジョンの調査研究の portfolio を発展させることを願っている。スーパービジョンがスタッフの業務満足度に関して著しい貢献があることと，機関の運営管理はスーパービジョンを利用することで有効に作用することとは，励みになるであろう。調査研究が真正面から取り組む必要のあるテーマであり，より適切に取り組むための非常に大切な問いは，良いスーパービジョンとクライエントの改善の確実性との有意な相関性があるかどうかである。この問題については，本書のさまざまなところで何度もそれぞれのやり方で述べてきたところである。

要約

　スーパーバイジーの業務行動に直接アクセスできないことがスーパーバイザーにとっての課題である。スタッフ自身の活動報告にはしばしば甚だしい削除や歪曲が見られることがある。直接観察，録音・録画記録，コ・セラピー・スーパービジョンといったやり方は，この課題への対応策として利用されている。録音・録画記録は，スーパーバイザーにスタッフの業務行動を余すところなく確かな映像として提供し，スタッフにはセルフ・スーパービジョンの機会をもたらす。手頃でしかも侵襲的にならない技術が，この目的のために開発されてきた。実践スキルは，クライエントの成果とクライエントからのフィードバックを集めることで向上する。

　ピア・スーパービジョンおよび時間制限のあるスーパービジョンは，経験を積んだスタッフの専門職としての自律性と機関が設定する説明責任のバランスをとるた

めに提唱されてきた。ソーシャルワークの資格制度が創設され，スーパービジョン関係はコンサルテーションに引き渡すべきだとする意見に対する合意がある。管理的なスーパービジョンは，これからも求められ続けるであろう。

これまでさまざまなやり方で機関の脱官僚化と意思決定に関する管理者権限の再分配を試みてきた。チームによるサービスの交付，管理運営への参画，スーパービジョンの契約システムなどである。多くのこうした進取の試みをマネジド・ケアのなかで維持することは難しい。また，エビデンス・ベイストの実践とは相容れないものかもしれない。

官僚制下における専門職が直面する課題についても検討した。コントロールの資源となる2つの和解についてその可能性の根拠を示唆した。性差別，管理職への女性登用，また男性が被るリスクについてもとりあげた。

調査研究から，多くのスーパーバイジーが自分たちの受けているスーパービジョンに満足していること，スーパーバイザーはフォーマルな研修によって一層効果的に仕事をしていることが明らかである。しかし，現状ではトレーニングの機会は限られたもので，その多くは検証されていない。

参考文献

Aasheim, L. 2007. "A Descriptive Analysis of the Tasks and Focus of Individual Supervision in an Agency Setting." Doctoral dissertation, Oregon State University.

Abbass, A., S. Arthey, J. Elliot, T. Fedak, D. Nowoweiski, J. Markovski, and S. Nowoweiski. 2011. "Web-Conference Supervision for Advanced Psychotherapy Training: A Practical Guide." *Psychotherapy* 48 (2):109–118.

Aber, J. Lawrence. 1982. "Social Policy Issues in Prevention of Burn-Out: A Case Study." In *Stress and Burnout in the Helping Professions*, ed. Barry A. Farber. New York: Pergamon Press.

Ables, Billie S. and Robert G. Aug. 1972. "Pitfalls Encountered by Beginning and Child Psychotherapists." *Psychotherapy: Theory, Research and Practice* 9 (4):340–345.

Abrahamson, Arthur C. 1959. *Group Methods in Supervision and Staff Development*. New York: Harper.

Abrahamson, Eric and Gregory Fairchild. 1999. "Management Fashion: Lifecycles, Triggers, and Collective Learning Processes." *Administrative Science Quarterly* 44 (4):706–740.

Abrahamson, Mark. 1967. *The Professional in the Organization*. Chicago: Rand McNally.

Abramczyk, Lois W. 1980. "The New M.S.W. Supervisor: Problems of Role Transition." *Social Casework* 61:83–89.

Abramovitz, M. 2005. "The Largely Untold Story of Welfare Reform and the Human Services." *Social Work* 50 (2):175–186.

Accurso, E., R. Taylor, and A. Garland. 2011. "Evidence-Based Practices Addressed in Community-Based Children's Mental Health Clinical Supervision." *Training and Education in Professional Psychology* 5 (2):88–96.

Acker, G. 1999. "The Impact of Clients' Mental Illness on Social Workers' Job Satisfaction and Burnout." *Health and Social Work* 24 (2):112–119.

——. 2003. "Role Conflict and Ambiguity: Do They Predict Burnout Among Mental Health Service Providers?" *Social Work in Mental Health* 1 (3):63–80.

——. 2010a. "How Social Workers Cope with Managed Care." *Administration in Social Work* 34 (5):405–422.

——. 2010b. "The Influence of Managed Care on Job-Related Attitudes of Social Workers." *Social Work in Mental Health* 8 (2):174–189.

——. 2010c. "The Challenges in Providing Services to Clients with Mental Illness: Managed Care, Burout, and Somatic Symptoms Among Social Workers." *Community Mental Health Journal* 46 (6):591–600.

———. 2011. "Burnout Among Mental Health Care Providers." *Journal of Social Work* 12 (5):475–490.

Acker, G. and D. Lawrence. 2009. "Social Work and Managed Care." *Journal of Social Work* 9 (3):269–283.

Adams, R., J. Boscarino, and C. Figley. 2006. "Compassion Fatigue and Psychological Distress Among Social Workers: A Validation Study." *American Journal of Orthopsychiatry* 78 (1):103–108.

Adams, R., C. Figley, and J. Boscarino. 2008. "The Compassion Fatigue Scale: Its Use With Social Workers Following Urban Disaster." *Research on Social Work Practice* 18 (3):238–250.

Adams, T. 2006. "The Impact of Managed Care Practices on Clinical Social Workers and Their Response." Doctoral dissertation, Brandeis University.

Adler, Jacqueline and Carmela Levy. 1981. "The Impact of the One Way Screen: Its Uses as a Teaching Aid." *Contemporary Social Work Education* 4 (1):66–74.

Aikin, G. and M. Weil. 1981. "The Prior Question: How do Supervisors Learn to Supervise?" *Social Casework* 62:472–479.

Alarcon, G., K. Eschleman, and N. Bowling. 2009. "Relationships Between Personality Variables and Burnout: A Meta-Analysis." *Work and Stress* 23 (3):244–263.

Albelda, R. 2011. Teachers, Secretaries and Social Workers—The New Welfare Moms? www.employmentpolicy.org/topic/402/blog/teachers-secretaries-and-social-workers-%E2%80%93-new-welfare-moms (accessed June 18, 2011).

Alexander, Leslie B. 1972. "Social Work's Freudian Deluge: Myth or Reality?" *Social Service Review* 46:517–538.

Alford, W., J. Malouff, and K. Osland. 2005. "Written Emotional Expression as a Coping Method in Child Protective Services Officers." *International Journal of Stress Management* 12 (2):177–187.

Alimo-Metcalfe, B. 2010. "An Investigation of Female and Male Constructs of Leadership and Empowerment." *Gender in Management: An International Journal* 25 (8):640–648.

Almgren, Gunnar. 1998. "Mental Health Practice in Primary Care: Some Perspectives Concerning the Future of Social Work in Organized Delivery Systems." *Smith College Studies in Social Work* 68 (2):233–253.

Alonson, Anne and Scott J. Rutan. 1978. "Cross-Sex Supervision for Cross-Sex Therapy." *American Journal of Psychiatry* 135 (8):928–931.

Altfeld, David A. and Harold S. Bernard. 1997. "An Experiential Group Model for Group Psychotherapy Supervision." In *Handbook of Psychotherapy Supervision*, ed. C. Watkins, pp. 381–399. New York: Wiley.

Altoma-Mathews, C. 2001. "On My Own: My Experiences Finding Supervision." *Reflections* 7:73–79.

Altschuler, J. and A. D. Katz. 2003. "Clinical Supervisors' Counter Transference Reactions Toward Older Clients: Addressing the Unconscious Guide." *Journal of Gerontological Social Work* 39 (4):75–87.

Amacher, Kloh-Ann. 1971. "Explorations Into The Dynamics of Learning in Field Work." Doctoral dissertation, Smith College School of Social Work.

American Association of State Social Work Boards Model Law Task Force. 1997. *Model State Social Work Practice Act*. Culpeper, Virginia: American Association of State Social Work Boards.

American Board of Examiners in Clinical Social Work. 2004. *Clinical Supervision: A Practice Specialty of Clinical Social Work*. Salem, MA: Author.

American Counseling Association. 2005. *ACA Code of Ethics*. Alexandria, VA: Author.

American Psychiatric Association. 2000. *Diagnostic and Statistical Manual of the American Psychiatric Association*, 4th edition, Text Revision. Washington, DC: Author.

———. 2013. *Diagnostic and Statistical Manual of Mental Disorders*, 5th Edition. Washington, DC: Author.

American Psychological Association. 2002. "Guidelines on Multicultural Education, Training, Research, Practice, and Organizational Change for Psychologists." *American Psychologist* 58 (5):377–402.

———. 2010. *Ethical Principles of Psychologists and Code of Conduct: 2010 Amendments*. www.apa.org/ethics/code/index.aspx (accessed January 19, 2012).

American Public Human Services Association. 1998. "Local Welfare Reform: Organizational Structure, Services, and Devolution of Authority." *Survey Notes* 1 (6/7):1–16.

———. 1999. "Local Welfare Reform Implementation: Baseline Data, Work and Employment, Child Care, Transportation, Data and Program Evaluation." *Survey Notes* 1 (8/9):1–16.

Amerikaner, M. and T. Rose. 2012. "Direct Observation of Psychology Supervisees' Clinical Work: A Snapshot of Current Practice." *The Clinical Supervisor* 31 (1):61–80.

Ameringer, C. F. 1996. "Disciplining Doctors: State Medical Boards and the Promise of Public Protection." Doctoral dissertation, The Johns Hopkins University.

Ancis, J. and N. Ladany. 2001. "A Multicultural Framework for Counselor Supervision." In *Counselor Supervision: Principles, Process, and Practice*, ed. L. Bradley and N. Ladany, pp. 53–96. Philadelphia: Brunner-Routledge.

Anderson, J. and M. Adams. 1992. "Acknowledging the Learning Styles of Diverse Student Populations: Implications for Instructional Design." In *Teaching for Diversity*, ed. L. Border and N. Van Note Chism, pp. 19–34. San Francisco: Jossey-Bass.

Anderson, William A. and Patricia Y. Martin. 1982. "Bureaucracy and Professionalism in the Social Services—A Multi-Dimensional Approach to the Analysis of Conflict and Congruity." *Journal of Social Service Research* 5 (3/4):33–51.

Andersson, L., R. King, and L. Lalande. 2010. "Dialogical Mindfulness in Supervision Role-Play." *Counselling and Psychotherapy Research* 10 (4):287–294.

Anseel, F., N. Van Yperen, O. Jannsen, and W. Duyck. 2011. "Feedback Type as Moderator of the Relationship Between Achievement Goals and Feedback Reactions." *Journal of Occupational and Organizational Psychology* 84 (4):703–722.

Apaka, Tusencko K., Sidney Hirsch, and Sylvia Kleidman. 1967. "Establishing Group Supervision in a Hospital Social Work Department." *Social Work* 12:54–60.

Aptekar, Herbert H. 1959. "The Continued Education of Experienced Workers." *Child Welfare* 38:7–12.

Armstrong, D. 1973. "Nurse-Doctor Games." *Association of Operating Room Nurses Journal* 17 (6):61–65.

Angus, L. and F. Kagan. 2007. "Empathic Relational Bonds and Personal Agency in Psychotherapy: Implications for Psychotherapy Supervision, Practice, and Research." *Psychotherapy: Theory, Research, Practice, Training* 44 (4):371–377.

Arrington, P. 2008. *Stress at Work: How do Social Workers Cope?* NASW Membership Workforce Study. Washington, DC: National Association of Social Workers.

Arvey, R. D. and K. R. Murphy. 1998. "Performance Evaluation in Work Settings." *Annual Review of Psychology* 49:141–168.

Arvidssom, B., H. Lofgren, and B. Fridlund. 2001. "Psychiatric Nurses' Conception of How a Group Supervision Programme in Nursing Care Influences their Professional Competence: A 4-Year Follow-Up Study." *Journal of Nursing Management* 9 (3):161–171.

Askeland, G. and M. Payne. 2006. "The Post-Modern Student: Piloting Through Uncertainty." *Journal of Teaching in Social Work* 26 (3/4):167–179.

Association for Counselor Education and Supervision. 1993. *Ethical Guidelines for Counseling Supervisors.* Alexandria, VA: Author.

Association of Social Work Boards. 2009. *An Analysis of Supervision for Social Work Licensure: Guidelines on Supervision for Regulators and Educators.* www.aswb.org/pdfs/supervisionjobanalysis.pdf (accessed May 11, 2010).

———. 2010a. *Model Social Work Practice Act.* www.aswb.org/pdfs/Model_law.pdf (accessed January 20, 2011).

———. 2010b. *Social Work Laws and Regulations Data Base.* www.datapathdesign.com/ASWB/Laws/ Prod/cgi-bin/LawWebRpts2DLL.dll/EXEC/0/osmi9ue1gf27817330skoqrovzz (accessed June 22, 2010).

———. 2011. *Model Social Work Practice Act: Model Law Task Force, 1996-1997 with amendments, 1998–2011.* www.aswb.org/pdfs/Model_law.pdf (accessed February 10, 2012).

Ausbrooks, A. 2011. "Why Child Welfare Supervisors Stay." *Journal of Religion and Spirituality in Social Work* 30 (4):358–384.

Austin. D. 1961. "The Changing Role of Supervisor." *Smith College Studies in Social Work* 31:179–195.

Austin, M. J. and K. M. Hopkins. 2004. *Supervision as Collaboration in the Human Services: Building a Learning Culture.* Thousand Oaks, CA: Sage.

Austin, M. S. 1981. *Supervisory Management for the Human Services.* Englewood Cliffs, N.J.: Prentice–Hall.

———. 1988. "Managing Up: Relationship Building Between Middle Managemement and Top Management." *Administration in Social Work* 19 (4):29–45.

Avey, J., B. West, and C. Crossley. 2008. "The Association Between Ethnic Congruence in the Supervisor-Subordinate Dyad and Subordinate Organizational Position and Salary." *Journal of Occupational and Organizational Psychology* 81 (3): 551–566.

Babcock, C. G. 1953. "Social Work as Work." *Social Casework* 36:415–422.

Badeu, S. n.d. *Child Welfare and the Courts.* pewfostercare.org/research/docs/BadeauPaper.pdf (accessed October 2, 2010).

Bahrick, A., R. Russell, and S. Salmi. 1991. "The Effects of Role Induction on Trainees' Perceptions of Supervision." *Journal of Counseling and Development* 69 (5):434–438.

Baird, J. 1981. "Quality Circles May Substantially Improve Hospital Employees' Moral." *Modern Healthcare* 11 (9):70–74.

Baldwin, S., B. Wampold, and Z. Imel. 2007. "Untangling the Alliance-Outcome Correlation: Exploring the Relative Importance of Therapist and Patient Variability in the Alliance." *Journal of Consulting and Clinical Psychology* 75 (6):842–852.

Bambling, M., R. King, P. Raue, R. Schweitzer, and W. Lambert. 2006. "Clinical Supervision: Its Influence on Client-Rated Working Alliance and Client Symptom Reduction in the Brief Treatment of Major Depression." *Psychology Research* 16 (3):317–331.

Bandura, A. 1977. "Self-Efficacy: Toward a Unifying Theory of Behavioral Change." *Psychological Review* 84 (2):191–215.

Barclay Report. 1982. *Social Workers: Their Roles and Tasks.* London: Bedford Square Press, for the National Institute for Social Work.

Barford, S. 2009. "Factors that Influence Burnout in Child and Youth Care Workers." Master's Thesis, University of Alberta.

Barker, P. 1998. *Basic Family Therapy*, 4th edition. London: Blackwell Science Limited.

Barnard, Chester. 1938. *The Functions of the Executive.* Cambridge, Mass.: Harvard University Press.

Barnett, J. 2011. "Utilizing Technological Innovations to Enhance Psychotherapy Supervision, Training, and Outcomes." *Psychotherapy* 48 (2):103–108.

Barrett, K. A. and B. T. McWhirter. 2002. "Counselor Trainees' Perceptions of Clients Based on Client Sexual Orientation." *Counselor Education and Supervision* 41:219–232.

Barretta-Herman, A. 1993. "On the Development of a Model Supervision for Licensed Social Work Practitioners." *The Clinical Supervisor* 11 (2):55–64.

Barth, R., E. Lloyd, S. Christ, M. Chapman, and N. Dickinson. 2008. "Child Welfare Worker Characteristics and Job Satisfaction: A National Study." *Social Work* 53 (3):199–209.

Bartle-Haring, S., B. Silverthorn, K. Meyer, and P. Toviessi. 2009. "Does Live Supervision Make a Difference?" A Multilevel Analysis." *Journal of Marital and Family Therapy* 35 (4):406–414.

Bartlett, A., M. King, and P. Phillips. 2001. "Straight Talking: An investigation of the Attitudes and Practice of Psychoanalysts and Psychotherapists in Relation to Gays and Lesbians." *British Journal of Psychiatry* 179 (6):545–549.

Baum, N. 2007. "Field Supervisors' Feelings and Concerns at the Termination of the Supervisory Relationship." *British Journal of Social Work* 37:1095–1112.

Bauman, William F. 1972. "Games Counselor Trainees Play: Dealing with Trainee Resistance." *Counselor Education and Supervision* 12:251–257.

Baumle, A. and D. Poston. 2011. "The Economic Cost of Homosexuality: Multilevel Analyses." *Social Forces* 89 (3):1005–1032.

Beaver, H. 1999. "Client Violence against Professional Social Workers: Frequency, Worker Characteristics, and Impact on Worker Job Satisfaction, Burnout, and Health." Doctoral dissertation, University of Arkansas.

Beaver, S. 1997. "Comment. Beyond the Exclusivity Rule: Employer's Liability for Workplace Violence." *Marquette Law Review* 81 (1):103–132.

Becker, Dorothy G. 1961. "The Visitor to the New York City Poor, 1843–1920." *Social Service Review* 35 (4):382–397.

———. 1963. "Early Adventures in Social Casework: The Charity Agent 1800–1910." *Social Casework* 44:253–261.

Beddoe, L. 2010. "Surveillance or Reflection: Professional Supervision in 'the Risk Society.'" *The British Journal of Social Work* 40 (4):1279–1296.

Beddoe, L., J. Ackroyd, S. Chinnery, and C. Appleton. 2011. "Live Supervision of Students in Field Placement: More than Just Watching." *Social Work Education* 30 (5):512–528.

Begun, J. D. 2011. "Sexual Attraction to Clients: Are Master of Social Work Students Trained to Manage Such Feelings?" Master's thesis, Smith College School for Social Work.

Begun, J. W., K. White, and G. Mosse. 2011. "Interprofessional Care Teams: The Role of the Healthcare Administrator." *Journal of Interprofessional Care* 25 (2):119–123.

Behling, John, Carolefta Curtis, and Sara A. Foster. 1982. "Impact of Sex Role Combination on Student Performance in Field Instruction." *The Clinical Supervisor* 6 (3):161–168.

Beidas, R., J. Edmunds, S. Marcus, and P. Kendall. 2012. "Training and Consultation to Promote Implementation of an Empirically Supported Treatment: A Randomized Trial." *Psychiatric Services* 63 (7):660–665.

Beidas, R. and P. Kendall. 2010. "Training Therapists in Evidence-Based Practice: A Critical Review of Studies from a Systems-Contextual Perspective." *Clinical Psychology: Science and Practice* 17 (1):1–30.

Beidas, R., K. Koerner, K. Weingardt, K., and P. Kendall. 2011. "Training Research: Practical Recommendations for Maximum Impact." *Administration and Policy in Mental Health* 38 (4):223–237.

Beinart, H. 2004. "Models of Supervision and the Supervisory Relationship and their Evidence Base." In *Supervision and Clinical Psychology*, ed. I. Fleming and L. Steen, pp. 36–50. New York: Brunner-Routledge.

Beiser, Helen. 1966. "Self-Listening During Supervision of Psychotherapy." *Archives of General Psychiatry* 15:135–139.

Bell, Joanne I. n.d. *Staff Development and Practice Supervision: Criteria and Guidelines for Determining their Appropriate Function*. Washington, DC: United States Department of Health, Education and Welfare, Social and Rehabilitation Service, Assistance Payments Administration.

Benish, A. 2010. "Re-Bureaucratizing Welfare Administration." *Social Service Review* 84 (1):77–101.

Bennett, C. 2008. "The Interface of Attachment, Transference, and Countertransference: Implications for the Clinical Supervisory Relationship." *Smith College Studies in Social Work* 78 (2–3):301–320.

Bennett, C. and S. Blumenfield. 1989. "Enhancing Social Work Practice in Health Care: A Deeper Look at Behavior in the Work Place." *The Clinical Supervisor* 7 (2/3):71–88.

Benschoter, R. A., M. T. Eaton, and D. Smith. 1965. "Use of Videotape to Provide Individual Instruction in Techniques of Psychotherapy." *Journal of Medical Education* 40 (12):1159–1161.

Benveniste, G. 1987. *Professionalizing the Organization*. San Francisco: Jossey-Bass.

Berger, C. and T. Mizrahi. 2001. "An Evolving Paradigm of Supervision within a Changing Health Care Environment." *Social Work in Health Care* 32 (4):1–18.

Berger, Michael and Cassell Dammann. 1982. "Live Supervision as Contest in Treatment and Training." *Family Process* 21 (3):337–344.

Bergman, A. 2010. "Child Protective Services has Outlived its Usefulness." *Archives of Pediatrics and Adolescent Medicine* 164 (10):978–979.

Berkman, C. and G. Zinberg. 1997. "Homophobia and Heterosexism in Social Workers." *Social Work* 42 (4):319–332.

Berliner, Arthur K. 1971 "Some Pitfalls in Administrative Behavior." *Social Casework* 52 (9):562–566.

Bernard, J. and R. Goodyear. 2009. *Fundamentals of Clinical Supervision,* 4th edition. Upper Saddle River, N.J.: Pearson.

Bernardin, J. H. 1986. "Subordinate Appraisal: A Valuable Source of Information About Managers." *Human Resource Management* 25 (3):421–440.

Berne, E. 1964. *Games People Play: The Psychology of Human Relationships.* London: Penguin.

Bhat, C. S. and T. E. Davis. 2007. "Counseling Supervisors' Assessment of Race, Racial Identity, and Working Alliance in Supervisory Dyads." *Journal of Multicultural Counseling and Development* 35 (2):80–91.

Bibus, A. and N. Boutte-Queen. 2011. *Regulating Social Work: A Primer on Licensing Practice.* Chicago: Lyceum.

Bickman, L., S. Kelly, C. Breda, A. de Andrade, and M. Riemer. 2011. "Effects of Routine Feedback to Clinicians of Mental Health Outcomes of Youths: Results of a Randomized Trial." *Psychiatric Services* 62 (12):1423–1429.

Bidell, M. P. 2005. "The Sexual Orientation Counselor Competency Scale: Assessing Attitudes, Skills, and Knowledge of Counselors Working With Lesbian, Gay, and Bisexual Clients." *Counselor Education and Supervision* 44:267–279.

Bike, D., J. Norcross, and D. Schatz. 2009. "Process and Outcomes of Psychotherapists Personal Therapy: Replication and Extension 20 Years Later." *Psychotherapy Theory, Research, Practice, Training* 46 (1):19–31.

Billingsley, Andrew. 1964. "Bureaucratic and Professional Orientation Patterns in Social Casework." *Social Service Review* 38:400–407.

Bishop, J. B. 1971. "Another Look at Counselor, Client and Supervisor Ratings of Counselor Effectiveness." *Counselor Education and Supervision* 10:310–323.

Bishop, M. H. 1969. *Dynamic Supervision: Problems and opportunities.* New York: American Management Association.

Black, D., G. Gates, S. Sanders, and L. Taylor. 2000. "Demographics of the Gay and Lesbian Population in the United States: Evidence from Available Systematic Data Sources." *Demography* 37 (2):139–154.

Black, H. 1968. *Black's Law Dictionary,* 4th edition. St. Paul, Minnesota: West Publishing Co.

Black, N. and J. Whelley. 1999. "The Social Work Licensure Exam: Examining the Exam through the Lens of CSWE Curriculum Policy." *Arete* 23 (1):66–76.

Blake, R. R. and S. S. Mouton. 1961. *The Managerial Grid.* Houston: Gulf.

Blane, Stephen M. 1968. "Immediate Effect of Supervisory Experiences on Counselor Candidates." *Counselor Education and Supervision* 8:39–44.

Blankenship, Ralph L. 1977. *Colleagues in Organization—The Social Construction of Professional Work.* New York: Wiley.

Blankman, J., J. Dobrof, and K. Wade. 1993. "Moving Up Without Falling Down: Forming Groups to Aid New Supervisors. *The Clinical Supervisor* 11 (2):135–144.

Blau, Peter M. 1960. "Orientation Toward Clients in a Public Welfare Agency." *Administrative Science Quarterly* 5:341–361.

Blau, P. M. and W. R. Scott. 1962. *Formal Organizations.* San Francisco: Chandler.

Bleiweiss, S. K. 2007. "Self-Disclosure, Evaluation and Perceptions of Power: A Supervisee Perspective." Doctoral dissertation, The Wright Institute.

Bligh, M. and J. Kohles. 2008. "Negotiating Gender Role Expectations: Rhetorical Leadership and Women in the US Senate." *Leadership* 4 (4):381–402.

Bloom, Leonard and Cherie Herman. 1958. "A Problem of Relationship in Supervision." *Journal of Social Casework* 39:402–406.

Blosser, J., D. Cadet, and L. Downs. 2010. "Factors that Influence Retention and Professional Development of Social Workers." *Administration in Social Work* 34 (2):168–177.

Boettcher, R. 1998. "A Study of Quality-Managed Human Service Organizations." *Administration in Social Work* 22 (2):41–36.

Bogo, M. 1993. "The Student/Field Instructor Relationship: The Critical Factor in Field Education. *The Clinical Supervisor* 11 (2):23–36.

Bogo, M. and K. Dill. 2008. "Walking the Tightrope: Using Power and Authority in Child Welfare Supervision." *Child Welfare Journal* 87 (6):141–157.

Bogo, M., J. Globerman, and T. Sussman. 2004a. "The Field Instructor as Group Worker: Managing Trust and Competition in Group Supervision." *Journal of Social Work Education* 40 (1):13–26.

———. 2004b. "Field Instructor Competence in Group Supervision: Students' Views." *Journal of Teaching in Social Work* 24 (1):199–216.

Bogo, M. and K. McKnight. 2005. "Clinical Supervision in Social Work: A Review of the Research Literature." *The Clinical Supervisor* 24 (1–2):49–67.

Bogo, M., L. Tufford, and R. King, J. Paterson. 2011. "Interprofessional Clinical Supervision in Mental Health and Addiction: Toward Identifying Common Elements." *The Clinical Supervisor* 30 (2):124–140.

———. 2011. "Supporting Front-Line Practitioners' Professional Development and Job Satisfaction in Mental Health and Addiction." *Journal of Interprofessional Care* 25 (3):209–214.

Bol, J. 2011. "The Determinants and Performance Effects of Managers' Performance Evaluation Biases." *The Accounting Review* 86 (5):1549–1575.

Boland-Prom K. 2009. "Results from a National Study of Social Workers Sanctioned by State Licensing Boards." *Social Work* 54 (4):351–360.

Borders, L. D. 1992. "Learning to Think Like a Supervisor." *The Clinical Supervisor* 10 (2):135–148.

———. 2005. "Snapshot of Clinical Supervision in Counseling and Counselor Education: A Five-Year Review." *The Clinical Supervisor* 24 (1/2):69–113.

———. 2010. "Principles of Best Practice for Clinical Supervisor Training Programs." In *State of the Art in Clinical Supervision*, ed. J. Culbreth and L. Brown, pp. 127–159. Routledge: New York.

———. 2012. "Dyadic, Triadic, and Group Models of Peer Supervision/Consultation: What Are Their Components, and Is There Evidence of Their Effectiveness?" *Clinical Psychologist* 16 (2):59–71.

Bordin, E. 1983. "A Working Alliance Based Model of Supervision." *The Counseling Psychologist* 11 (1): 35–42.

Bouskila-Yam, O. and A. Kluger. 2011. "Strength-Based Performance Appraisal and Goal Setting." *Human Resource Management Review* 21 (2):137–147.

Boylsten, William H. and June M. Tuma. 1972. "Training of Mental Health Professionals Through the Use of the 'Bug in the Ear.'" *American Journal of Psychiatry* 129:92–95.

Boyne, George A. and R. Walker. 2002. "Total Quality Management and Performance: An Evaluation of the Evidence and Lessons for Research on Public Organizations." *Public Performance and Management Review* (2):111–131.

Bracken, D., C. Timmreck, and A. Church. 2001. *The Handbook of Multisource Feedback*. San Francisco: Jossey-Bass.

Brackett, Jeffrey. 1904. *Education and Supervision in Social Work*. New York: Macmillan.

Bradley, G. 2008. "The Induction of Newly Appointed Social Workers: Some Implications for Social Work Educators." *Social Work Education* 27 (4):349–365.

Bradley, L. and N. Ladany. 2001. *Counselor Supervision: Principles, Process, and Practice*, 3rd edition. Philadelphia: Brunner-Routledge.

Bradshaw, Walter H. 1982. "Supervision in Black and White: Race as a Factor in Supervision." In *Applied Supervision in Psychotherapy*, ed. Michael Blumenfield, pp. 199–220. New York: Grune and Stratton.

Brager, George and Harry Specht. 1973. *Community Organizing*. New York: Columbia University Press.

Bramford, Terry. 1978. "The Gulf Between Managers and Practitioners." *Social Work Today* 10:11–12.

Brandon, Joan and Martin Davies. 1979. "The Limits of Competence in Social Work: The Assessment of Marginal Students in Social Work Education." *British Journal of Social Work* 9:297–347.

Bransford, Cassandra L. 2009. "Process-Centered Group Supervision." *Clinical Social Work Journal* 37 (2):119–127.

Brearley, Paul C. 1982. *Risk and Social Work*. Boston: Routledge and Kegan Paul.

Brashears, F. 1995. "Supervision as Social Work Practice: A Reconceptualization." *Social Work* 40 (5):692–699.

Brehm, J. and S. Gates. 2004. "Supervisors As Trust Brokers in Social-Work Bureaucracies." In *Trust and Distrust in Organizations: Dilemmas and Approaches*, ed. R. Kramer and K. Cook, pp. 41–64. New York: Sage Foundation.

Brennan, E. Clifford. 1982. "Evaluation of Field Teaching and Learning." In *Quality Field Instruction in Social Work*, ed. Bradford W. Sheafer and Louise E. Jenkins, pp. 76–97. New York: Longman.

Brennan, E., Clifford, Morton, L. Arkava, David E. Cummins, and Leona K. Wicks. 1976. "Expectations for Baccalaureate Social Workers." *Public Welfare* 34:19–23.

Bretz, Robert, G. Milkovich, and W. Read, W. 1992. "The Current State of Performance Appraisal Research and Practice: Concerns, Directions, and Implications." *Journal of Management* 182:321–352.

Bride, B. 2007. "Prevalence of Secondary Traumatic Stress among Social Workers." *Social Work* 52 (1): 63–70.

Bride, B., J. Jones, and S. MacMaster. 2007. "Prevalence of Secondary Traumatic Stress in Child Protective Services Workers." *Journal of Evidence-Based Social Work* 4 (3):69–80.

Brieland, Donald, Thomas L. Briggs, and Paul Leuenberger. 1973. *The Team Model of Social Work Practice*. Syracuse, N.Y.: Syracuse University School of Social Work.

Brintnall, Michael. 1981. "Caseloads, Performance and Street-Level Bureaucracy." *Urban Affairs Quarterly* 16:281–298.

Brittain, C. and C. Potter, 2009. "Models of Social Work Supervision." In *Child Welfare Supervision: A Practical Guide for Supervisors, Managers, and Administrator*, ed. C. Potter and C. Brittain, pp. 23–43. New York: Oxford.

Brodsky, A. and J. Edelwich. 1980. *Burn-out: Stages of Disillusionment in the Helping Professions*. New York: Human Sciences Press.

Brooks, C., D. Patterson, and P. McKiernan. 2012. "Group Supervision Attitudes: Supervisory Practices Fostering Resistance to Adoption of Evidence-Based Practices." *The Qualitative Report* 17 (1):191–199.

Brown, A. and I. Bourne. 1996. *The Social Work Supervisor: Supervision in Community, Day Care, and Residential Settings*. Philadelphia: Open University Press.

Brown, M., D. Hyatt, and J. Benson. 2010. "Consequences of the Performance Appraisal Experience." *Personnel Review* 39 (3):375–396.

Bruck, Max. 1963. "The Relationship Between Student Anxiety, Self-Awareness and Self-Concept, and Competence in Casework." *Social Casework* 44:125–131.

Bruner, Jerome S. 1963. *The Process of Education*. New York: Vintage.

Bruss, K., C. Brack, G. Brack, H. Glickhauf-Hughes, and M. O'Leary. 1997. "A Developmental Model for Supervising Therapists Treating Gay, Lesbian, and Bisexual Clients." *The Clinical Supervisor* 15 (1):61–73.

Brutus, S. 2010. "Words Versus Numbers: A Theoretical Exploration of Giving and Receiving Narrative Comments in Performance Appraisal." *Human Resource Management Review* 20 (2):144–157.

Bund, J. W. Willis and J. Hain Friswell. 1871. "Reflections; or Sentences and Moral Maxims by Francois

Duc De La Rochefoucauld, Prince de Marsillac." London: Sampson, Low, Son, and Marston.
Burack-Weiss, A. and F. Brennan. 1991. *Gerontological Social Work Supervision*. New York: Haworth.
Burdge, B. 2007. "Bending Gender, Ending Gender: Theoretical Foundations for Social Work Practice with the Transgender Community." *Social Work* 52 (3):243–250.
Burkard, A., A, Johnson, M. Madson, N. Pruitt, D. Contreras-Tadych, J. Kozolowski, S. Hess, and S. Knox. 2006. "Supervisor Cultural Responsiveness and Unresponsiveness in Cross-Cultural Supervision." *Journal of Counseling Psychology* 53 (3):288–301.
Burkard, A., S. Knox, S. Hess, and J. Schultz. 2009. "Lesbian, Gay, and Bisexual Supervisees' Experiences of LGB-Affirmative and Nonaffirmative Supervision." *Journal of Counseling Psychology* 56 (1):176–188.
Burke, Donald and Douglas S. Wilcox. 1971. "Basis of Supervisory Power and Subordinate Job Satisfactions." *Canadian Journal of Behavioral Science* 3:184–193.
Burns, Mary E. 1958. "The Historical Development of the Process of Casework Supervision as Seen in the Professional Literature of Social Work." Ph.D. dissertation, School of Social Service Administration, University of Chicago.
Burton, J. and D. van den Broek. 2009. "Accountable and Countable: Information Management Systems and the Bureaucratization of Social Work." *British Journal of Social Work*, 39 (7):1326–1342.
Buser, Trevor J. 2008. "Counselor Training: Empirical Findings and Current Approaches." *Counselor Education and Supervision* 48 (2):86–100.
Bush, James. 1977. "The Minority Administrator: Implications for Social Work Education." *Journal of Education for Social Work* 13(1): 15–22.
Bush, Malcolm. 1984. "The Public and Private Purpose of Case Records." *Children and Youth Services Review* 6:1–18.
Busso, R. J. 1987. "Teacher and Student Problem-Solving Activities in Educational Supervisory Sessions." *Journal of Social Work Education* 3:67–73.
Butler, B. B. 1990. "Job Satisfaction: Management's Continuing Challenge." *Social Work* 35:112–117.
Bywater, J. and R. Jones. 2007. *Sexuality and Social Work*. Exeter: Learning Matters.
Cady, L. 1973. "Nurse-Nurse Games." *Association of Operating Room Nurses Journal* 17 (6):56–60.
Cajvert, L. 2011. "A Model for Dealing with Parallel Processes in Supervision." *Journal of Social Intervention: Theory and Practice* 20 (1):41–56.
Callahan, J., C. Almsrom, J. Swift, S. Borja, and C. Heath. 2009. "Exploring the Contribution of Supervisors to Intervention Outcomes." *Training and Education in Professional Psychology* 3 (2):72–77.
Calley, N. G. and L. D. Hawley. 2008. "The Professional Identity of Counselor Educators." *The Clinical Supervisor* 27 (1):3–16.

Campbell, J. M. 2006. *Essentials of Clinical Supervision*. Chichester, UK: Wiley.
Campbell, K., L. Cook, B. LaFleur, and H. Keenan. 2010. "Household, Family, and Child Risk Factors after an Investigation for Suspected Child Maltreatment: A Missed Opportunity for Prevention." *Archives of Pediatric and Adolescent Medicine* 164 (10):943–949.
Cantillon, P. and J. Sargeant. 2008. "Giving Feedback in Clinical Settings." *BMJ* 337 (7681):1292–1294.
Caplow, Theodore. 1954. *The Sociology of Work*. Minneapolis: University of Minnesota Press.
Carlozzi, A. F., J. S. C. Romans, D. L. Boswell, D. B. Ferguson, and B. J. Whisenhunt. 1997. "Training and Supervision Practices in Counseling and Marriage and Family Therapy Programs." *The Clinical Supervisor* 15 (1):51–60.
Carlson, L., C. Rapp, and M. Eichler. 2010. "The Experts Rate: Supervisory Behaviors that Impact the Implementation of Evidence-Based Practices." *Community Mental Health Journal* 48 (2):179–186.
Carroll, K., S. Martino, and B. Rounsaville. 2010. "No Train, No Gain?" *Clinical Psychology: Science and Practice* 17 (1):36–40.
Carroll, K. and B. Rounsaville. 2007. "A Vision of the Next Generation of Behavioral Therapies Research in the Addictions." *Addiction* 102 (6):850–862.
Cartney, P. 2000. "Adult Learning Styles: Implications for Practice Teaching in Social Work." *Social Work Education*, 19 (6):609–626.
Carzo, R. and J. Yanouzas. 1969. "Effects of Flat and Tall Organizational Structure." *Administrative Science Quarterly* 14 (2):178–191.
Caudill, B. 2002. "Risk Management for Psychotherapists: Avoiding the Pitfalls." In *Innovations in Clinical Practice: A Source Book*, ed. L. VandeCreek and T. L. Jackson, pp. 391-395. Sarasota, FL: Professional Resource Press.
Cearley, S. 2004. "The Power of Supervision in Child Welfare Services." *Child and Youth Care Forum* 33 (5):313–327.
Center for Health Workforce Studies. 2006. *Licensed Social Workers in the United States 2004 Supplement: Perspectives on Social Work Practice*. workforce. socialworkers.org/studies/supplemental/supplement_ch5.pdf (accessed June 27, 2011).
Centers For Medicare and Medicaid Services. 2012. *National Health Expenditure Projections 2011–2021*. www.cms.gov/Research-Statistics-Data-and-Systems/ Statistics-Trends-and-Reports/NationalHealthExpendData/Downloads/Proj2011PDF.pdf (accessed July 6, 2012).
Champe, J. and D. Kleist. 2003. "Live Supervision: A Review of the Research." *The Family Journal: Counseling and Therapy for Couples and Families* 11 (3):268–275.
Chang, C. Y., D. G. Hays, and M. F. Shoffner. 2003. "Cross-Racial Supervision: A Developmental Approach

for White Supervisors Working with Supervisees of Color." *The Clinical Supervisor* 22 (2):121–138.

Chapman, R., S. Baker, S. Nassar-McMillan, and E. Gerler. 2011. "Cybersupervision: Examination of Synchronous and Asynchronous Modalities In Counseling Practicum Supervision." *Counselor Education and Supervision* 50 (5):298–313.

Charles, G., P. Gabor, and J. Matheson. 1992. "An Analysis of Factors in the Supervision of Beginning Child and Youth Care Workers." *The Clinical Supervisor* 10 (1):21–33.

Charlton, B. 2010. "The Cancer of Bureaucracy: How it Will Destroy Science, Medicine, Education; and Eventually Everything Else." *Medical Hypotheses* 74 (6):961–965.

Charnley, H. and J. Langley. 2007. "Developing Cultural Competence as a Framework for Anti-Heterosexist Social Work Practice." *Journal of Social Work* 7 (3):307–321.

Chen, S. and M. Scannapieco. 2010. "The Influence of Job Satisfaction on Child Welfare Worker's Desire to Stay: An Examination of the Interaction Effect of Self-Efficacy and Supportive Supervision." *Children and Youth Services Review* 32 (4):482–486.

Cheon, Hee-Sun, l. Markie, A. Blumer, S. An-Ti Shih, M. Murphy, and S. Masa. 2009. "The Influence of Supervisor and Supervisee Matching, Role Conflict, and Supervisory Relationship on Supervisee Satisfaction." *Contemporary Family Therapy* 31 (1): 52–67.

Chernesky, Roslyn H. 1980. "Women Administrators in Social Work." In *Women's Issues and Social Work Practice*, ed. Elaine Norman and Arlene Mancuso, pp. 241–261. Itasca, Ill.: Peacock Press.

Cherniss, C. 1985. "Stress, Burnout, and the Special Services Provider." *Special Services in the Schools* 2 (1):45–61.

Chevron, Eve and Bruce J. Rounsaville. 1983. "Evaluating the Clinical Skills of Psychotherapists—A Comparison of Techniques." *Archives of General Psychiatry* 40:1129–1132.

Child Welfare League of America. 2004. *Workloads for Casework Supervisors, 2004.*

Ching, S. 1993. "Structure in Counseling Supervision." *Asia Pacific Journal of Social Work* 5 (2):88–102.

Chlebowski, S. and W. Fremont. 2011. "Therapeutic Uses of the WebCam in Child Psychiatry." *Academic Psychiatry* 35 (4):263–267.

Chodoff, Paul. 1972. "Supervision of Psychotherapy with Videotape: Pros and Cons." *American Journal of Psychiatry* 128:819–823.

Chorinsky, B. C. 2003. "The Impact of Shame on Supervisee Openness in Psychotherapy Supervision." Doctoral dissertation, California Institute of Integral Studies.

Christie, A. 2009. "Workplace Abuse: Roles of the Supervisor and the Supervisee." *Journal of Social Work Values and Ethics* 6 (1).

Chung, Y. B., J. A. Marshall, and L. L. Gordon. 2001. "Racial and Gender Biases in Supervisory Evaluation and Feedback." *Clinical Supervisor* 20 (1):99–111.

Clark, S., E, Gilman, S. Jacquet, B. Johnson, C. Mathias, R. Paris, and L. Seitler. 2008. "Line Worker, Supervisor, and Manager Perceptions of Supervisory Practices and Tasks in Child Welfare." *Journal of Public Child Welfare* 2 (1):3–32.

Clarke, N. 2001. "The Impact of In-Service Training within Social Services." *British Journal of Social Work* 31 (5):757–774.

Cleveland, J., A. Lim, and K. Murphy. 2007. "Feedback Phobia? Why Employees Do Not Want to Give or Receive Performance Feedback." In *Research Companion to the Dysfunctional Workplace: Management Challenges and Symptoms*, ed. J. Langan-Fox, C. Cooper, and R. Kimoski, pp. 168–186. Northampton, MA: Edward Elgar.

Cloud, J. 1988. "Sex and the Law." *Time* (March 23): 48–54.

Cochran, S., J. Sullivan, and V. Mays. 2003. "Prevalence of Mental Disorders, Psychological Distress, and Mental Health Services Use Among Lesbian, Gay, and Bisexual Adults in the United States." *Journal of Counseling and Clinical Psychology* 71 (1):53–61.

Coffey, R. M., T. Mark, H. Harwood, D. McKusick, J. Genuardi, J. Dilonardo, and J. A. Buck. 2000. *National Estimates of Expenditures for Mental Health and Substance Abuse Treatment, 1997.* SAMHSA Publication No. SMA-00-3499. Rockville, MD: Center for Substance Abuse Treatment and Center for Mental Health Services, Substance Abuse and Mental Health Services Administration.

Cohen, J. 2003. "Managed Care and the Evolving Role of the Clinical Social Worker in Mental Health." *Social Work* 48 (1):34–43.

Cohen, N. and G, B. Rhodes. 1977. "A View Toward Leadership Style and Job Orientation in Education and Practice." *Administration in Social Work* 1 (3):281–291.

Cohen, R. J. 1979. *Malpractice: A Guide for Mental Health Professionals.* New York: Free Press.

Cohen, S., D. Tyrrell, and A. Smith. 1991. "Psychological Stress and Susceptibility to the Common Cold." *New England Journal of Medicine* 325 (9):606–612.

Cole, D., S. Panchanadeswaran, and C. Daining. 2004. "Predictors of Job Satisfaction of Licensed Social Workers: Perceived Efficacy as a Mediator of the Relationship Between Workload and Job Satisfaction." *Journal of Social Service Research* 31 (1):1–12.

Coleman, H. K. 1999. "Training for Multicultural Supervision." In *Training Counselor Supervisors: Strategies, Methods, and Techniques*, ed. E. Holloway and M. Carroll, pp. 120–161. Thousand Oaks, CA: Sage.

Coles, J. 2011. "Social Workers' Perspectives on Managed Care: An Exploratory Study." Master's thesis, Smith College School for Social Work.

Collins, M. E. 2008. "Evaluating Child Welfare Training in Public Agencies: Status and Prospects." *Evaluation and Program Planning* 31:241–246.

Collins, S. 2008. "Statutory Social Workers: Stress, Job Satisfaction, Coping, Social Support, and Individual Differences." *British Journal of Social Work* 38 (6):1173–1193.

Collins-Camargo, C. 2007. "Administering Research and Demonstration Projects Aimed at Promoting Evidence-Based Practice in Child Welfare." *Journal of Evidence-Based Social Work* 4 (3/4):21–38.

Collins-Camargo, C., D. Sullivan, and A. Murphy. 2011. "Use of Data to Assess Performance and Promote Outcome Achievement by Public and Private Child Welfare Agency Staff." *Children and Youth Services Review* 33 (2):330–339.

Compton, Beulah and Burt Galaway. 1975. *Social Work Processes.* Homewood, Ill.: Dorsey Press.

Consalvo, C. 1989. "Humor in Management: No Laughing Matter." *Humor* 2 (3):285–297.

Constantine, M. G. 2002. "Predictors of Satisfaction with Counseling: Racial and Ethnic Minority Clients' Attitudes Toward Counseling and Ratings of their Counselor's General and Multicultural Competence." *Journal of Counseling Psychology* 49:255–263.

Constantine, M.G. and D. Sue. 2007. "Perceptions of Racial Microaggressions Among Black Supervisees in Cross-Racial Dyads." *Journal of Counseling Psychology* 54 (2):142–153.

Conte, A. 2010. *Sexual Harassment in the Workplace: Law and Practice*, 4th edition. Austin: Aspen Publishers.

Conte, J. R. (Ed.) 1981. *A Qualitative Evaluation of Citizen's Review of Boards in Four States.* Chicago: University of Illinois Center for Policy and Research.

Conway, N. and R. Briner. 2009. "Fifty Years of Psychological Contract Research: What Do We Know and What are the Main Challenges." In *International Review of Industrial and Organizational Psychology*, ed. G. Hodgkinson and J. Ford, Volume 24. West Sussex, UK: Wiley.

Conway, N. and J. Coyle-Shapiro. 2011. "The Reciprocal Relationship Between Psychological Contract Fulfillment and Employee Performance and the Moderating Role of Perceived Organizational Support and Tenure." *Journal of Occupational and Organizational Psychology* 85 (2):277–299.

Conway, P. and M. S. Ellison. 1995. "The Development of a Behaviorally Anchored Rating Scale for Master's Student Evaluation of Field Instructors." *The Clinical Supervisor* 13 (1):101–120.

Conyngton, Mary. 1909. *How to Help: A Manual of Practical Charity Designed for the Use of Nonprofessional Workers Among the Poor.* New York: Macmillan.

Cook, D. and J. Helms. 1988. "Visible Racial/Ethnic Group Supervisees' Satisfaction with Cross-Cultural Supervision as Predicted by Relationship Characteristics." *Journal of Counseling Psychology* 35 (3):268–274.

Cope, Ronald. 1982. "Concurrent Validity of a Written Test for Entry Level Social Workers." *Educational and Psychological Measurement* 42 (4):1181–1188.

Copeland, P., R. Dean, and S. Wladkowski, 2011. "The Power Dynamics of Supervision: Ethical Dilemmas." *Smith College Studies in Social Work* 81 (1):26–40.

Corcoran, K. 1998. "Clients Without a Cause: Is there a Legal Right to Effective Treatment?" *Research on Social Work Practice* 8 (5):589–596.

Corcoran, K. and V. Vandiver. 1996. *Maneuvering the Maze of Managed Care.* New York: The Free Press.

Cormier, L. Sherilyn and Janine M. Bernard. 1982. "Ethical and Legal Responsibilities of Clinical Supervisors." *The Personnel and Guidance Journal* 60:486–491.

Costa, L. 1994. "Reducing Anxiety in Live Supervision." *Counselor Education and Supervision* 34:30–40.

Council on Social Work Education. 2008. *Educational Policy and Accreditation Standards.* www.cswe.org/File.aspx?id=13780 (accessed March 4, 2012).

———. 2010. *Educational Policy and Accreditation Standards.* www.cswe.org/File.aspx?id=13780 (accessed July 20, 2012).

Counselman, E. and R. Weber. 2004. "Organizing and Maintaining Peer Supervision Groups." *International Journal of Group Psychotherapy* 54 (2):125–143.

Cousins, C. 2004. "Becoming a Social Work Supervisor: A Significant Role Transition." *Australian Social Work* 57 (2):175–185.

———. 2010. "'Treat Me, Don't Beat Me': Exploring Supervisory Games and their Effect on Poor Performance Management." *Practice: Social Work in Action* 22 (5):281–292.

Coyle-Shapiro, J. 2002. "A Psychological Contract Perspective on Organizational Citizenship Behavior." *Journal of Organizational Behavior* 23 (8):927–946.

Cozolino, L. 2006. *The Neuroscience of Human Relationships: Attachment and the Developing Social Brain.* New York: Norton.

———. 2010. *The Neuroscience of Psychotherapy: Healing the Social Brain*, 2nd edition. New York: Norton.

Craig, S. 2011. "Direct Observation of Clinical Practice in Emergency Medicine Education." *Academic Emergency Medicine* 18:60–67.

Crespi, Tony D. 1995. "Gender Sensitive Supervision: Exploring Feminist Perspectives for Male and Female Supervisors." *The Clinical Supervisor* 13 (2):19–30.

Crisp, C. 2006a. "Correlates of Homophobia and use of Gay Affirmative Practice Among Social Workers." *Journal of Human Behavior in the Social Environment* 14 (4): 119–143.

———. 2006b. "The Gay Affirmative Practice Scale (GAP): A New Measure for Assessing Cultural Competence with Gay and Lesbian Clients." *Social Work* 51 (2):115–126.

Criss, P. 2010. "Effects of Client Violence on Social Work Students: A National Study." *Journal of Social Work Education* 46 (3):371–390.

Cross, Darryl and David Brown. 1983. "Counselor Supervision as a Function of Trainee Experience: An Analysis of Specific Behaviors." *Counselor Education and Supervision* 22:333–340.

Cruser, Robert W. 1958. "Opinions on Supervision: A Chapter Study." *Social Work* 3:18–25.

Csikszentmihalyi, M. and I. Csikszentmihalyi. 1988. *Optimal Experience: Psychological Studies of Flow in Consciousness.* New York: Cambridge University Press.

Culatta, R. and H. Seltzer. 1976. "Content and Sequence Analysis of the Supervisory Session." *American Speech-Language-Hearing Association* 18:8–12.

———. 1977. "Content and Sequence of the Supervisory Session: A Report of the Clinical Use." *American Speech-Language-Hearing Association* 19:523–526.

Cummings, N., W. O'Donohue, and J. Cummings. 2009. "The Financial Dimension of Integrated Behavioral/Primary Care." *Journal of Clinical Psychology in Medical Settings* 16 (1):31–39.

Cummings, P. and D. Groves. 1982. "Communications Breakdown: Games EMTs and Nurses Play." *Journal of Emergency Medical Services* 7 (5):52–57.

Cunningham B. J. and R. Van der Merwe. 2009. "Virtual Grand Rounds: A New Educational Approach in Social Work that Benefits Long-Term Care Providers and Patients in Rural Idaho." *Rural Remote Health* 9 (1):1073.

Cunningham, M. 2003. "Impact of Trauma Work on Social Work Clinicians: Empirical Findings." *Social Work* 48 (4):451–459.

Curry, D., T. McCarragher, and M. Dellmann-Jenkins. 2005. "Training, Transfer, and Turnover: Exploring the Relationship Among Transfer of Learning Factors and Staff Retention in Child Welfare." *Children and Youth Services Review* 27 (8):931–948.

Curtis, L., J. Moriarty, and A. Netten. 2010. "The Expected Working Life of a Social Worker." *British Journal of Social Work* 40 (5):1628–1643.

Cushway, D. and J. Knibbs. 2004. "Trainees' and Supervisors' Perceptions of Supervision." In *Supervision and Clinical Psychology*, ed. I. Fleming and L. Steen, pp. 162–185. New York: Brunner-Routledge.

Cutcliffe, J. R., K. Hyrkas, and J. Fowler. 2011. *Routledge Handbook of Clinical Supervision: Fundamental International Themes*. Milton Park, Abingdon, Oxon: Routledge.

Dailey, Dennis M. 1983. "Androgyny, Sex Role Stereotypes, and Clinical Judgement." *Social Work Research and Abstracts* 19 (1):20–24.

Daley, Dennis M. 1992. *Performance Appraisal in the Public Sector: Techniques and Applications.* Westport, Conn.: Quorum Books.

Dalton, B., L. Stevens, J. Mass-Brady. 2011. "How Do You Do It?: MSW Field Director Survey." *Advances in Social Work* 12 (2):276–288.

Dane, B. and B. Simon. 1991. "Resident Guests: Social Workers in Host Settings." *Social Work* 36 (3):208–213.

Daniels, J. A. and L. M. Larson. 2001. "The Impact of Performance Feedback on Counseling Self-Efficacy and Counselor Anxiety." *Counselor Education and Supervision* 41 (2):120–131.

Danzon, P. and L. Lillard, L. 1983. "Settlement Out of Court: The Disposition of Medical Malpractice Claims." *The Journal of Legal Studies* 12 (2):345–377.

DaPonte, V. 2011. "Supervision Practices and Styles of Face-To-Face and Distance Supervisors." Doctoral dissertation, Walden University.

D'Augelli, A. R., S. L. Hershberger, and N. W. Pilkington. 1998. "Lesbian, Gay, And Bisexual Youth and their Families: Disclosure of Sexual Orientation and Its Consequences." *American Journal of Orthopsychiatry* 68 (3):361–371.

David, E., Avery, D., and Elliott, M. (2010). "Do the Weary Care About Racioethnic Similarity? The Role of Emotional Exhaustion in Relational Demography." *Journal of Occupational Health Psychology* 15 (2):140–153.

Davidson, C. 2011. "The Relation Between Supervisor Self-Disclosure and the Working Alliance Among Social Work Students in Field Placement." *Journal of Teaching in Social Work* 31 (3):265–277.

Davidson, Terrence N. and Edmund T. Emmer. 1966. "Immediate Effect of Supportive and Nonsupportive Supervisor Behavior on Counselor Candidates' Focus of Concern." *Counselor Education and Supervision* 6:27–31.

Davies, D. 1996. "Towards a Model of Gay Affirmative Therapy." In *Pink Therapy: A Guide for Counselors and Therapists Working with Lesbian, Gay, and Bisexual Clients*, ed. D. Davies and C. Neal, pp. 24–40. Philadelphia: Open University Press.

Davies, M. 1990. "Work Satisfaction in Probation and Social Work." *British Journal of Social Work* 20: 433–443.

Davis, E. W. and M. C. Barrett. 1981. "Supervision for Management of Worker Stress." *Administration in Social Work* 5:55–64.

Davis, M. 2001. "The Amygdala: Vigilance and Emotion." *Molecular Psychiatry* 6 (1):13–34.

Davys, A. and L. Beddoe, L. 2010. *Best Practice in Professional Supervision: A Handbook for Helping Professions.* Jessica Kingsley Publishers.

Dawson, John B. 1926. "The Case Supervisor in a Family Agency." *Family* 6:293–295.

De Boer, C. and N. Coady. 2007. "Good Helping Relationships in Child Welfare: Learning from Stories of Success." *Child and Family Social Work* 12 (1):32–42.

De Jong, K., P. Van Sluis, M. A. Nugter, W. Heiser, and P. Spinhoven. 2012. "Understanding the Differential Impact of Outcome Monitoring: Therapist Variables that Moderate Feedback Effects in a Randomized Clinical Trial." *Psychotherapy Research* 22 (4):464–474.

De La Ronde, R. 2009. *The Perpetual Journey: Managing Workloads in Child Welfare.* Master's Thesis, University of Manitoba.

De Varo, J., R. Li, and D. Brookshire. 2007. "Analysing the Job Characteristics Model: New Support From a Cross-Section of Establishments." *The International Journal of Human Resource Management* 18 (6):986–1003.

Deangelis, D. 2009. Gatekeeping: The Responsibility of Many. *ASWB Association News,* 19 (2):2–3.

Decker, S., M. Jameson, and A. Naugle. 2011. "Therapist Training in Empirically Supported Treatments: A Review of Evaluation Methods for Short- and Long-Term Outcomes." *Administration and Policy in Mental Health* 38 (4):254–286.

Decker, W. H. 1987. "Job Satisfaction: Effect of Supervisors' Sense of Humor." *Social Behavior and Personality* 15 (2):225–232.

Decker, W. H., and D. M. Rotondo. 1999. "Use of Humor at Work: Predictors and Implications." *Psychological Reports.* 84:961–968.

DeConinck, J. and C. Stillwell. 2004. "Incorporating Organizational Justice, Role States, Pay Satisfaction and Supervisor Satisfaction in a Model of Turnover Intentions." *Journal of Business Research* 57 (3):225–231.

Deihl, L. and M. V. Ellis. 2009. "The Relevance of The Supervisory Working Alliance in the Supervision of Residential Frontline Staff." Paper presented at the 5th International Interdisciplinary Conference on Clinical Supervision, Buffalo, NY.

Del-Ben, C, J. Hallak, A. Sponholz, J. Marques, C. Labate, J. Contel, and A. Zuardi. 2005. "Accuracy of Psychiatric Diagnosis Performed Under Indirect Supervision." *Revista Brasileira de Psiquiatria* 27 (1):58–62.

DeMartini, J. and L. B. Whitbeck. 1987. "Sources of Knowledge for Practice." *Journal of Applied Behavioral Science* 23 (2):219–231.

DeMayo, R. A. 2000. "Patients' Sexual Behavior and Sexual Harassment: A Survey of Clinical Supervisors." *Professional Psychology: Research and Practice* 31 (6):706–709.

Demos, George. 1964. "Suggested Uses of Tape Recordings in Counseling Supervision." *Personnel and Guidance Journal* 42 (7):704–705.

Dendinger, C. and E. Kohn. 1989. "Assessing Supervisory Skills." *The Clinical Supervisor* 7 (1):41–55.

DeNisi, A. 2011. "Managing Performance to Change Behavior." *Journal of Organizational Behavior Management* 31 (4):262–276.

DeNisi, A. and J. Gonzalez. 2004. "Design Performance Appraisal Systems to Improve Performance." In *The Blackwell Handbook of Principles of Organizational Behavior,* ed. E. Locke, pp. 60–72. Malden, MA: Blackwell.

Dennis, M. and G. Aitken. 2004. "Incorporating Gender Issues in Clinical Supervision." In *Supervision and Clinical Psychology,* ed. I. Fleming and L. Steen, pp. 135–161. New York: Brunner-Routledge.

Denton, W., P. Nakonezny, and S. Burwell. 2011. "The Effects of Meeting a Family Therapy Supervision Team on Client Satisfaction in an Initial Session Effects on Client Satisfaction of Therapy Team Meeting." *Journal of Family Therapy* 33 (1):85–97.

DeRoma, V., D. Hickey, and K. Stanek. 2007. "Methods of Supervision in Marriage and Family Therapist Training: A Brief Report." *North American Journal of Psychology* 9 (3):415–422.

Deutsch, C. J. 1984. "Self-Reported Sources of Stress Among Psychotherapists." *Professional Psychology: Research and Practice* 15 (6):833–845.

Devine, Edward. 1901. *The Practice of Charity.* New York: Handbook for Practical Workers.

Didham, S., L. Dromgole, R. Csiernik, M. Karley, and D. Hurley. 2011. "Trauma Exposure and the Social Work Practicum." *Journal of Teaching in Social Work* 31 (5):523–537.

Diener, M., M. Hilsenroth, and J. Weinberger. 2007. "Therapist Affect Focus and Patient Outcomes in Psychodynamic Psychotherapy: A Meta-Analysis." *American Journal of Psychiatry* 164 (6):936–941.

DiFrank, N. 2008. "Social Workers and the NASW Code of Ethics: Belief, Behavior, Disjuncture." *Social Work* 53 (2):167–176.

Dill, K. 2007. "Impact of Stressors on Front-Line Child Welfare Supervisors." *The Clinical Supervisor* 26 (1–2):177–193.

Dimock, Hedley S. and Harleigh B. Trecker. 1949. *The Supervisor of Group Work and Recreation.* New York: Association Press.

Dipboye, R. 1985. "Some Neglected Variables in Research on Discrimination in Appraisals." *Academy of Management Review* 10 (1):116–127.

Divino, C. and M. Moore. 2010. "Integrating Neurobiological Findings Into Psychodynamic Psychotherapy Training and Practice." *Psychoanalytic Dialogues* 20 (3):337–355.

Dobmeyer, T. 2002. "Factors Supporting the Development and Utilization of an Outcome-Based Performance Measurement System in a Chemical Health Case Management Program." *Administration in Social Work* 26 (4):25–44.

Dodson, T. and L. Borders. 2006. "Men in Traditional and Nontraditional Careers: Gender Role Attitudes, Gender Role Conflict, and Job Satisfaction." *Career Development Quarterly* 54 (4):283–296.

Doehrman, Margery. 1976. "Parallel Processes in Supervision and Psychotherapy." *Bulletin of the Menninger Clinic* 40:3–104.

Doherty, E. 2005. "The Role of Internalized Shame in Clinical Supervision." Doctoral dissertation, Fielding Graduate University.

Dolgoff, R. 2005. *An Introduction to Supervisory Practice in Human Services.* Boston: Pearson/Allyn & Bacon.

Donohue, B., D. Allen, V. Romero, et al. 2009. "Description of a Standardized Treatment Center that Utilizes Evidence-Based Clinic Operations to Facilitate Implementation of an Evidence-Based Treatment." *Behavior Modification* 33 (4):411–436.

Dooley, Dickey, K., W. F Housley, and C. Guest, Jr. 1993. "Ethics in Supervision of Rehabilitation Counselor Trainees: A Survey." *Rehabilitation Education* 7:195–201.

Dornbusch, Sanford M. and W. Richard Scott. 1975. *Evaluation and the Exercise of Authority*. San Francisco: Jossey-Bass.

Doughty, E. A. and G. R. Leddick. 2007. "Gender Differences in the Supervisory Relationship." *Journal of Professional Counseling: Practice, Theory, and Research* 35 (2):17–30.

Dow, D., G. Hart, and D. Nance. 2009. "Supervision Styles and Topics Discussed in Supervision." *Clinical Supervisor* 28 (1):36–46.

Downs, L. 2000. *A Literature Review of Gender Issues in Supervision: Power Differentials and Dual Relationship*. eric.ed.gov/PDFS/ED444077.pdf (accessed December 15, 2011).

Drake, B. and J. Washeck. 1998. "A Competency-Based Method for Providing Worker Feedback to CPS Supervisors." *Administration in Social Work* 22 (3):55–74.

Drake, R., P. Deegan, E. Woltmann, W. Haslett, T. Drake, and C. Rapp. 2010. "Comprehensive Electronic Decision Support Systems." *Psychiatric Services* 61 (7):714–717.

Draper, D., R. Hurley, C. Lesser, B. Strunk, and C. Bradley. 2002. "The Changing Face of Managed Care." *Health Affairs* 21 (1):11–23.

Dressel, J., A. Consoli, B. Kim, and D. Atkinson. 2007. "Successful and Unsuccessful Multicultural Supervisory Behaviors: A Delphi Poll." *Journal of Multicultural Counseling and Development* 35 (1):51–64.

Dresselhaus, T., J. Luck, and J. Peabody. 2002. "The Ethical Problem of False Positives: A Prospective Evaluation of Physician Reporting in the Medical Record." *Journal of Medical Ethics* 28 (5):291–294.

Drisko, J. and M. Grady. 2012. *Evidence Based Practice in Clinical Social Work*. New York: Springer.

Duan, Changming, and Helen Roehlke. 2001. "A Descriptive 'Snapshot' of Cross-Racial Supervision in University Counseling Center Internships." *Journal of Multicultural Counseling and Development* 29 (2): 131–146.

Dublin, Richard A. 1982. "Supervision as an Orienting and Integrating Process." *Social Casework* 63:233–236.

Ducharme, L., H. Knudsen, and P. Roman. 2008. "Emotional Exhaustion and Turnover Intention in Human Service Occupations: The Protective Role of Coworker Support." *Sociological Spectrum* 28 (1):81–104.

Duncan, B., S. D. Miller, M. Hubble, and B. E. Wampold. 2010. *The Heart and Soul of Change: Delivering What Works*, 2nd edition. Washington DC: American Psychological Association.

Duncan, W. J. 1984. "Perceived Human and Social Network Patterns in a Sample of Task-Oriented Groups." *Human Relations* 37 (11):895–907.

Dunkleblau, E., B. McRay, and M. McFadden. 2001. "'Funny… You Don't Sound Like a Supervisor!': The Use of Humor in Psychotherapy Supervision." In W. Salameh and W. Fry, *Humor and Wellness in Clinical Intervention*, pp. 221–235. Westport, Conn.: Praeger.

Dustin, D. 2007. *The McDonaldization of Social Work*. Burlington, VT: Ashgate.

Dziegielewski, Sophia F., George A. Jacinto, Angela Laudadio, and Loloma Legg-Rodriguez. 2003. "Humor—An Essential Communication Tool in Therapy." *International Journal of Mental Health* 32 (3):74.

Eagerton, John C. 1994. "Mental Health Professionals' Attitudes Toward Judicial Intervention: Bureaucracy, Organizational Loyalty, and Professionalism as Determinants." *Dissertation Abstracts International Section A: Humanities and Social Sciences* 54 (10–A):3871.

Edwards, M. R. and A. J. Ewen. 1996. *360° Feedback: The Powerful New Model for Employee Assessment and Performance Improvement*. New York: American Management Association.

Edwards, T. and A. Heshmati. 2003. "A Guide for Beginning Family Therapy Group Supervisors." *The American Journal of Family Therapy* 31 (4):295–304.

Efstation, J., M. Patton, and C. Kardash. 1990. "Measuring the Working Alliance in Counselor Environment." *Journal of Counseling Psychology* 37 (3):322–329.

Egan, M. and G. Kadushin. 2007. *Social Work Practice in Community-Based Health Care*. New York: Haworth.

Eisenberg, Sidney 1956. "Supervision as an Agency Need." *Social Casework* 37:233–237.

Eiskovitz, Z. et al. 1985. "Supervision in Ecological Context: The Relationship Between the Quality of Supervision and the Work and Treatment Environment." *Journal of Social Service Research* 8 (4):37–58.

Ekstein, Rudolf and Robert S. Wallenstein. 1972. *The Teaching and Learning of Psychotherapy*, 2nd edition. New York: International Universities Press.

Ellett, A. 2007. "Linking Self-Efficacy Beliefs to Employee Retention in Child Welfare: Implications for Practice, Theory, and Research." *Journal of Evidence-Based Social Work* 4 (3/4):39–68.

———. 2009. "Intentions to Remain Employed in Child Welfare: The Role of Human Caring, Self-Efficacy Beliefs, and Professional Organizational Culture." *Children and Youth Services Review* 31 (1):78–88.

Ellett, A., J. Ellis, T. Westbrook, and D. Dew. 2007. "A Qualitative Study of 369 Child Welfare Professionals' Perspectives About Factors Contributing to Employee Retention and Turnover." *Children and Youth Services Review* 29 (2):264–281.

Ellis, M. V. 2010. "Bridging the Science and Practice of Clinical Supervision: Some Discoveries,

Some Misconceptions." *The Clinical Supervisor* 29 (1):95–116.

Ellis, M. V., M. Krengel, and M. Beck. 2002. "Testing Self-Focused Attention Theory in Clinical Supervision: Effects on Supervisee Anxiety and Performance." *Journal of Counseling Psychology* 49 (1):101–116.

Ellis, M. V. and N. Ladany. 1997. "Inferences Concerning Supervisees and Clients in Clinical Supervision: An Integrative Review." In *Handbook of Psychotherapy Supervision*, ed. C. Watkins, pp. 447–507. New York: Wiley.

Elpers, K. and D. Westhuis. 2008. "Organizational Leadership and Its Impact on Social Workers' Job Satisfaction: A National Study." *Administration in Social Work* 32 (3):26–43.

Engel, G. 1969. "The Effect of Bureaucracy on the Professional Autonomy of the Physician." *Journal of Health and Social Behavior* 10 (1):30–41.

Enyedy, K., F. Arcinue, N. Puri, J. Carter, R. Goodyear, and M. Getzelman. 2003. "Hindering Phenomena in Group Supervision: Implications for Practice." *Professional Psychology: Research and Practice* 34 (3):312–317.

Epstein, B. N. 1996. "The Relationship of Student-Field Instructor Cognitive Style Matching to Field Instructor Ratings of Student Performance in the Practicum Setting." Doctoral dissertation, University of Pennsylvania School of Social Work.

Epstein, R. M. and E. M. Hundert, 2002. "Defining and Assessing Professional Competence." *Journal of the American Medical Association* 287:226–235.

Equal Employment Opportunity Commission. 2009. 29CFR1604.11. edocket.access.gpo.gov/cfr_2009/julqtr/29cfr1604.11.htm (accessed July 13, 2010).

Equal Employment Opportunity Commission. 2011. *Sexual Harassment Charges EEOC and FEPAs Combined: FY 1997–FY 2010*. eeoc.gov/eeoc/statistics/enforcement/sexual_harassment.cfm (accessed December 22, 2011).

Erera, I. P. 1991a. "Role Conflict Among Public Welfare Supervisors." *Administration in Social Work* 15 (4):35–51.

———. 1991b. "Supervisors Can Burn-Out Too." *The Clinical Supervisor* 9 (2):131–148.

Erera, I. P. and A. Lazar. 1993. "Training Needs of Social Work Supervisors." *The Clinical Supervisor* 11 (1):83–94.

———. 1994a. "Operationalizing Kadushin's Model of Social Work Supervision." *Journal of Social Service Research* 18 (3/4):109–122.

———. 1994b. "The Administrative and Educational Functions in Supervision: Indications of Incompatibility." *The Clinical Supervisor* 12 (2):39–56.

Etzioni, Amitai. 1961. *A Comparative Analysis of Complex Organizations*, New York: Free Press.

Evans, D. 1987. "Live Supervision in the Same Room: A Practice Teaching Method." *Social Work Education* 6 (3):13–17.

Evans, D. J. 2003. "The Utility of Peer Group Supervision for Psychologists in Practice." Master's thesis, University of Natal.

Evans, T. 2011. "Professionals, Managers and Discretion: Critiquing Street-Level Bureaucracy." *British Journal of Social Work* 41 (2):368–386.

———. 2013. "Organisational Rules and Discretion in Adult Social Work." *British Journal of Social Work* 43 (4): 739–758.

Evans, T. and J. Harris. 2004. "Street-Level Bureaucracy, Social Work and the (Exaggerated) Death of Discretion." *British Journal of Social Work* 34 (6):871–895.

Everett, J., D. Miehls, C. DuBois, and A. Garran. 2011. "The Developmental Model of Supervision as Reflected in the Experiences of Field Supervisors and Graduate Students." *Journal of Teaching in Social Work* 31 (3):250–264.

Ewalt, Patricia L. 1980. "From Clinician to Manager." In *New Directions for Mental Health Services—Middle Management in Mental Health*, ed. Stephan White, pp. 1–10. San Francisco: Jossey–Bass.

Fakunmoju, S., K. Woodruff, H. Kim, A. LeFevre, and M. Hong. 2010. "Intention to Leave a Job: The Role of Individual Factors, Job Tension, and Supervisory Support." *Administration in Social Work* 34 (4):313–328.

Falender, C. A. and E. P Shafranske. 2004. *Clinical Supervision: A Competency Based Approach*. Washington DC: APA.

Falvey, J. E. and C. R. Cohen. 2003. "The Buck Stops Here: Documenting Clinical Supervision." *Clinical Supervisor* 22 (2):63–80.

Families USA. 2008. *A Painful Recession: States Cut Health Care Safety Net Program*. www.familiesusa.org/resources/publications/reports/a-painful-recession.html (accessed May 27, 2010).

Family Service Association of America. 1957. *A Guide to Classification of Professional Positions and Evaluation Outlines in a Family Service Agency*. New York: Family Service Association of America.

Farber, B. A. 2006. "Supervisee and Supervisor Disclosure." In *Self-Disclosure in Psychotherapy*, ed. B. A. Farber, pp. 180–197. New York: Guilford Press.

Farber, B. A. and Louis J. Heifetz. 1981. "The Satisfactions and Stresses of Psychotherapeutic Work: A Factor Analytic Study." *Professional Psychology* 12 (5):621–629.

Farmer, S. S. 1987. "Visual Literacy and the Clinical Supervisor." *The Clinical Supervisor* 5 (1):45–72.

Farnan, J., L. Petty, E. Georgitis, S. Martin, E. Chiu, M. Proachaska, and V. Arora. 2012. "A Systematic Review: The Effect of Clinical Supervision on Residency and Educational Outcomes." *Academic Medicine* 87 (4):428–442.

Feldman, S. 1999. "The Middle Management Muddle." *Administration and Policy in Mental Health* 26 (4):281–290.

Feldman, Yonata, Hyman Sponitz, and Leo Nagelberg. 1953. "One Aspect of Casework Training Through Supervision." *Social Casework* 34:150–156.

Fenichel, M. 2003. "The Supervisory Relationship Online." In S. Goss and K. Anthony, *Technology in Counseling and Psychotherapy: A Practitioner's Guide*, pp. 75–90. New York: Palgrave Macmillan.

Ferguson, A. 2010. "Appraisal in Student-Supervisor Conferencing: A Linguistic Analysis." *International Journal of Language and Communication Disorders* 45 (2):215–229.

Ferguson, S. 2006. "Resolution of Role Conflict in Public Child Welfare Supervision." Doctoral dissertation, University of Minnesota.

Fiedler, Fred E. 1967. *A Theory of Leadership Effectiveness*. New York: McGraw.

Field, Lynda D., Shannon Korell-Chavez, and Melanie M. Domenech Rodríguez. "*No Hay Rosas sin Espinas*: Conceptualizing Latina-Latina Supervision from a Multicultural Developmental Supervisory Model." *Training and Education in Professional Psychology* 4 (1): 47–54.

Field, M. 1980. "Social Casework Practice During the 'Psychiatric Deluge.'" *Social Service Review* 54 (4):482–507.

Fields, Mrs. James T. 1885. *How to Help the Poor*. Boston: Houghton.

Fineman, S. 1985. *Social Work Stress and Intervention*. London: Gower.

Finkelstein, H. and A. Tuckman. 1997. "Supervision of Psychological Assessment: A Developmental Model." *Professional Psychology: Research and Practice* 28 (1):92–95.

Fisher, B. L. 1989. "Differences Between Supervision of Beginning and Advanced Therapists: Hogan's Hypothesis Empirically Revisited." *The Clinical Supervisor* 7 (1):57–74.

Fisher, C. 2004. "Ethical Issues in Therapy: Therapist Self-Disclosure of Sexual Feelings." *Ethics and Behavior* 14 (2):105–121.

Fitch, J. C., M. C. Pistole, and J. E. Gunn. 2010. "The Bonds of Development: An Attachment-Caregiving Model of Supervision." *The Clinical Supervisor* 29 (1):20–34.

Fizdale, Ruth. 1958. "Peer Group Supervision." *Social Casework* 39:443–450.

Fleischmann, O. 1955. "A Method of Teaching Psychotherapy. One-Way-Vision Room Technique." *Bulletin of the Menninger Clinic* 19:160–172.

Fleming, Joan and Therese Benedek. 1966. *Psychoanalytic Supervision*. New York: Grune.

Floyd, M. and D. Rhodes. 2011. "Unforeseen Implications of Regulation to Authenticity in Clinical Practice." *Clinical Social Work Journal* 39 (3):308–314.

Foglia, M, R. Pearlman, M. Bottrell, J. Altemose, and E. Fox. 2009. "Ethical Challenges Within Veterans Administration Healthcare Facilities: Perspectives of Managers, Clinicians, Patients, and Ethics Committee Chairpersons." *American Journal Of Bioethics* 9 (4):28–36.

Fong, M. and S. Lease. 1997. "Crosscultural Supervision: Issues for the White Supervisor." In *Multicultural Counseling Competencies*, ed. D. Pope-Davis and H. Coleman, pp. 387–405. Thousand Oaks, CA: Sage.

Ford, A. 2008. "The Effects of Two-Way Mirrors, Video Cameras, and Observation Teams on Clients' Judgments of the Therapeutic Relationship." Doctoral dissertation, Indiana University of Pennsylvania.

Fortune, A. E. and J. S. Abramson. 1993. " Predictors of Satisfaction with Field Practicum Among Social Work Students." *The Clinical Supervisor* 11 (1):95–110

Foster, J. T., J. W. Lichtenberg, and V. Peyton. 2007. "The Supervisory Attachment Relationship as a Predictor of the Professional Development of the Supervisee." *Psychotherapy Research* 17 (3):343–350.

Fovet, F. 2009. "The Use of Humor in Classroom Interventions with Students with Social, Emotional and Behavioral Difficulties." *Emotional and Behavioral Difficulties* 14 (4):275–289.

Fox, R. 1974. "Supervision by Contract." *Social Casework* 55:247–251.

———. 1983. "Contracting in Supervision: A Goal Oriented Process." *The Clinical Supervisor* 1 (1):65–76.

Fox, R. and P. Guild. 1987. "Learning Styles: Their Relevance to Clinical Supervision." *The Clinical Supervisor* 5 (3):65–77.

Frances, A. and J. Clarkin. 1981. "Parallel Techniques in Supervision and Treatment." *Psychiatric Quarterly* 53 (4):242–248.

Francke, A. L. and F. M. de Graaff. 2012. "The Effects of Group Supervision of Nurses: A Systematic Literature Review." *International Journal of Nursing Studies* 49 (9):1165–1179.

Frank, J.D. and J. B. Frank. 2003. *Persuasion and Healing*, 3rd edition. Baltimore: Johns Hopkins University Press.

Frawley-O'Dea, M. G. and J. E. Sarnet. 2001. *The Supervisory Relationship: A Contemporary Psychodynamic Approach*. New York: Guilford Press.

Freeman, S. C. 1993. "Structure in Counseling Supervision." *The Clinical Supervisor* 11 (1):245–252.

Freitas, G. J. 2002. "The Impact of Psychotherapy Supervision on Client Outcome: A Critical Examination of 2 Decades of Research." *Psychotherapy: Theory, Research, Practice, Training* 39 (4):354–367.

French, John R. P., Jr. and Bertram Raven. 1960. "The Bases of Social Power." In *Group Dynamics*, ed. D. Cartwright and A. Zander, pp. 607–623. Evanston, Ill.: Row, Peterson.

French, P. E. 2009. "Employment Laws and the Public Sector Employer: Lessons to Be Learned from a Review of Lawsuits Filed against Local Governments." *Public Administration Review*, 69 (1):92–103.

Freudenberger, Herbert J. 1974. "Staff Burn-Out." *Journal of Social Issues* 30 (1):159–165.

Frey, L., M. LeBeau, D. Kindler, C. Behan, I. Morales, and M. Freundlich, M. 2012. "The Pivotal Role of Child Welfare Supervisors in Implementing an Agency's Practice Model." *Children and Youth Services Review* 34 (7):1273–1282.

Friedlander, M. L., S. M. Siegel, and K. Brenock. 1989. "Parallel Processes in Counseling and Supervision: A Case Study." *Journal of Counseling Psychology* 36 (23):149–157.

Friedson, Eliot and Buford Rhea. 1965. "Knowledge and Judgment in Professional Evaluations." *Administrative Science Quarterly* 10 (1):107–124.

Fromme, H. B., R. Karani, and S. Downing. 2009. "Direct Observation in Medical Education: A Review of the Literature and Evidence for Validity." *Mount Sinai Journal of Medicine* 76 (4):365–371.

Fuertes, J. N. and K. Brobst. 2002. "Clients' Ratings of Counselor Multicultural Competency." *Cultural Diversity and Ethnic Minority Psychology* 8 (3):214–223.

Fukkink, R., N. Trienekens, and L. Kramer. 2011. "Video Feedback in Education and Training: Putting Learning in the Picture." *Educational Psychology Review* 23 (1):45–63.

Fults, R. S. 2002. "Assessing Perceptions and Attitudes of Intimate Behaviors in Clinical Supervision Among Licensed Professional Counselors, Licensed Social Workers, and Licensed Psychologists." Doctoral dissertation, Mississippi State University.

Furlong, M. 1990. "On Being Able to Say What We Mean: The Language of Hierarchy in Social Work Practice." *British Journal of Social Work* 20:570–590.

Gadsby-Waters, J. 1992. *The Supervision of Child Protection Work*. Brookfield, VT: Avebury.

Gagné, M. and D. Bhave. 2011. "Human Autonomy in Cross-Cultural Context Autonomy in the Workplace: An Essential Ingredient to Employee Engagement and Well-Being in Every Culture." In *Human Autonomy in Cross-Cultural Context: Perspectives on the Psychology of Agency, Freedom, and Well-Being*, ed. V. Chirkov, R. Ryan, and K. Sheldon. pp. 163–189. Dordrecht: Springer.

Gais, T., L. Dadayan, and S. Bae. 2009. "The Decline of States in Financing the U.S. Safety Net: Retrenchment in State and Local Social Welfare Spending: 1977–2007." Paper presented at Reducing poverty: Assessing recent state policy innovations and strategies, Emory University, Atlanta, Georgia.

Gallant, J. Paul, Bruce A. Thayer, and Jon S. Bailey. 1991. "Using 'Bug-in-the-Ear' Feedback in Clinical Supervision." *Research on Social Work Practice* 1 (2):175–187.

Gallese, V. 2003. "The Roots of Empathy: The Shared Manifold Hypothesis and the Neural Basis of Intersubjectivity." *Psychopathology* 36 (4):171–180.

Gallese, V., M. N. Eagle, and P. Mignone. 2007. "Intentional Attunement: Mirror Neurons and the Neural Underpinnings of Interpersonal Relations." *Journal of the American Psychoanalytic Association* 55 (1):131–176.

Galm, Sharon. 1972. *Issues in Welfare Administration: Welfare—An Administrative Nightmare*. Subcommittee on Fiscal Policy of the Joint Economic Committee, United States Congress. Washington, DC: United States Government Printing Office.

Gambrill, Eileen and Kermit Wiltse. 1974. "Foster Care Plans and Activities." *Public Welfare* 32:12–21.

Ganzer, C. and E. D. Ornstein. 2004. "Regression, Self-Disclosure, and the Teach or Treat Dilemma: Implications for a Relational Approach for Social Work Supervision." *Clinical Social Work Journal Special Issue: Culture and Psychoanalytic Theory* 32 (4):431–449.

Gard, D. and J. Lewis. 2008. "Building the Supervisory Alliance with Beginning Therapists." *The Clinical Supervisor* 27 (1):39–60.

Gardiner, D. 1895. "The Training of Volunteers." *Charity Organization Review* 11:2–4.

Garrett, K. J. and A. Barretta-Herman. 1995. "Moving from Supervision to Professional Development." *Clinical Supervisor* 13 (2):97–110.

Gatmon, D., D. Jackson, L. Koshkarian, L. Koshkarian, N. Martos-Perry, A. Molina, et al. 2001. "Exploring Ethnic, Gender, and Sexual Orientation Variables in Supervision: Do They Really Matter?" *Journal of Multicultural Counseling and Development* 29 (2):102–113.

Gediman, H. and P. Wolkenfield. 1980. "The Parallelism Phenomenon in Psychoanalysis and Supervision." *Psychoanalytic Quarterly* 49 (2):234–255.

Genther, D. (2012). *Factors Relating to Supervisors' Initiation and Frequency of Discussion Regarding Sexual Orientation in Clinical Supervision of Individual Psychotherapy*. Doctoral dissertation, University of Kansas.

Gerdes, K., K. Jackson, E. Segal, and J. Mullins. 2011. "Teaching Empathy: A Framework Rooted in Social Cognitive Neuroscience and Social Justice." *Journal of Social Work Education* 47 (1):109–131.

Gerdes, K. and E. Segal. 2011. "Importance of Empathy for Social Work Practice: Integrating New Science." *Social Work* 56 (2):141–148.

Gelso, Charles and Mary F. Tanney. 1972. "Client Personality as a Mediator of the Effects of Recording." *Counselor Education and Supervision* 22:109–114.

Getz, H. and D. Agnew. 1999. "A Supervision Model for Public Agency Clinicians." *The Clinical Supervisor* 18 (2):51–62.

Gibelman, M. 2003. "So How Far Have We Come? Pestilent and Persistent Gender Gap in Pay." *Social Work* 48 (1):22–32.

———. 2004. *What Social Workers Do*, 2nd edition. Washington DC: NASW Press.

Gibelman, M. and P. Schervish. 1995. "Pay Equity in Social Work: Not!" *Social Work* 40(5): 622–630.

———. 1996. "The Private Practice of Social Work: Current Trends and Projected Scenarios in a Managed

Care Environment." *Clinical Social Work Journal* 24(3): 323–338.

———. 1997a. "Supervision in Social Work: Characteristics and Trends in a Changing Environment." *The Clinical Supervisor* 16(2): 1–15.

———. 1997b. *Who We Are: A Second Look*. Washington, DC: NASW Press.

Giddings, M. M., P. H. Cleveland, and C. H. Smith. 2007. "Responding to Inadequate Supervision: A Model Promoting Integration for Post-MSW Practitioners." *Clinical Supervisor* 25 (1–2):105–126.

Gilbert, C. 2008. "Editorial." *The Clinical Supervisor* 27 (1):1–2.

Gilley, A., J. Gilley, C. W. McConnell, and A. Veliquette. 2010. "The Competencies Used by Effective Managers to Build Teams: An Empirical Study." *Advances in Developing Human Resources* 12 (1):29–45.

Gillig, Paulette M. and Andrew Barr. 1999. "A Model for Multidisciplinary Peer Review and Supervision of Behavioral Health Clinicians." *Community Mental Health Journal* 35 (4):361–365.

Gillingham, P. and C. Humphreys. 2010. "Child Protection Practitioners and Decision-Making Tools: Observations and Reflections from the Front Line. *British Journal of Social Work* 40 (8):2598–2616.

Gimbel, R., S. Lehrman, M. Strosberg, V. Ziac, J. Freedman, K. Savicki, and L. Tackley. 2002. "Organizational and Environmental Predictors of Job Satisfaction in Community-Based HIV/AIDS Services Organizations." *Social Work Research* 26 (1):43–55.

Ginsberg, M. 2009. "Descriptions of Private Practitioner's Reaction to Managed Care." Doctoral dissertation, Adelphi University.

Gizynski, M. 1978. "Self-Awareness of the Supervisee in Supervision." *Clinical Social Work Journal* 6 (3):202–210.

Gladstone, Bernard. 1967. *Supervisory Practice and Social Service in the Neighborhood Center*. New York: United Neighborhood Homes.

Glastonbury, Bryan, David M. Cooper, and Pearl Hawkins. 1980. *Social Work in Conflict—The Practitioner and the Bureaucrat*. London: Croom Helm.

Gleeson, J. 1992. "How do Child Welfare Caseworkers Learn?" *Adult Education Quarterly* 43 (1):15–29.

Glendenning, John M. 1923. "Supervision Through Conferences on Specific Cases." *Family* 4:7–10.

Glidden, C. and T. Tracey. 1992. "A Multidimensional Scaling Analysis of Supervisory Dimensions and Their Perceived Relevance Across Trainee Experience Levels." *Professional Psychology: Research and Practice* 23 (2):151–157.

Glisson, C. 1989. "The Effect of Leadership on Workers in Human Service Organizations." *Administration in Social Work* 13 (3/4):99–116.

Glisson, C. and M. Durick. 1988. "Predictors of Job Satisfaction and Organizational Commitment in Human Service Organizations." *Administrative Science Quarterly* 33:61–81.

Goel, V. and R. Dolan. 2007. "Social Regulation of Affective Experience of Humor." *Journal of Cognitive Neuroscience* 19 (9):1574–1580.

Goffman, Erving. 1952. "On Cooling the Mark Out: Some Aspects of Adaptation to Failure." *Psychiatry* 15:451–463.

Goffman, Erving. 1959. *The Presentation of Self in Everyday Life*. Garden City, NY: Anchor.

Goin, Marcia K. and Frank M. Kline. 1976. "Countertransference: A Neglected Subject in Clinical Supervision." *American Journal of Psychiatry* 133 (1):41–44.

Gold, J. M. 1996. "Call-Out Supervision." *The Clinical Supervisor* 14 (2):157–163.

Gold, S. and M. Hilsenroth. 2009. "Effects of Graduate Clinicians' Personal Therapy on Therapeutic Alliance." *Clinical Psychology and Psychotherapy* 16 (3):159–171.

Goldberg, Rebecca. 2012. "Facilitating Effective Triadic Counseling Supervision: An Adapted Model for an Underutilized Supervision Approach." *The Clinical Supervisor* 31 (1):42–60.

Goldgruber, J. and D. Ahrens. 2010. "Effectiveness of Workplace Health Promotion and Primary Prevention Interventions: A Review." *Journal of Public Health* 18 (1):75–88.

Goldhammer, Robert. 1969. *Clinical Supervision: Special Methods for the Supervision of Teachers*. New York: Holt.

Goldman, S. 2011. "Enhancing Adult Learning in Clinical Supervision." *Academic Psychiatry* 35 (5):302–306.

Goldsmith, C., C. Honeywell, and G. Mettler. 2011. "Peer Observed Interaction and Structured Evaluation (POISE): A Canadian Experience With Peer Supervision for Genetic Counselors." *Journal of Genetic Counseling* 20 (2):204–214.

Goode-Cross, D. 2011. "Those Who Learn Have a Responsibility to Teach: Black Therapists' Experiences Supervising Black Therapist Trainees." *Training and Education in Professional Psychology* 5 (2):73–80.

Goodman, J., M. Brady, M. Duffy, J. Scott, and N. Pollard. 2008. "The Effects of "Bug-In-Ear" Supervision on Special Education Teachers' Delivery of Learn Units." *Focus on Autism and Other Developmental Disabilities* 23 (4):207–216.

Goodyear, R. K. and J. M. Bernard. 1998. "Clinical Supervision: Lessons from the Literature." *Counselor Education and Supervision* 38:6–22.

Goodyear, R. K., K. Bunch, and C. D. Claiborn. 2005. "Current Supervision Scholarship in Psychology: A Five-Year Review." *The Clinical Supervisor* 24 (1–2):137–147.

Goodyear, R. K and M. Nelson. 1997. "The Major Formats of Psychotherapy Supervision." In *Handbook of Psychotherapy Supervision*, ed . C. Watkins, pp. 328–344. New York: Wiley.

Goodyear, R. K., P. Abadie, and F. Efros. 1984. "Supervisory Theory into Practice: Differential Perceptions of Supervision by Ekstein, Ellis, Polster and Rogers." *Journal of Counseling Psychology* 31 (2):228–237.

Gossman, M. and J. Miller. 2012. "The Third Person in the Room: Recording the Counseling Interview for the Purpose of Counselor Training—Barrier to Relationship Building or Effective Tool for Professional Development? *Counseling and Psychotherapy Research* 12 (1):25–34.

Gould, K. 2000. "Beyond Jones v. Clinton: Sexual Harassment Law and Social Work." *Social Work* 14 (2):237–248.

Gouldner, Alvin. 1954. *Patterns of Industrial Democracy*. New York: Free Press.

Gowdy, E. A. and E. M. Freeman. 1993. "Program Supervision: Facilitating Staff Participation in Program Analysis, Planning, and Change." *Administration in Social Work* 17 (3):59–79.

Graf, N. M. and M. A. Stebnicki. 2002. "Using E-Mail for Clinical Supervision in Practicum: A Qualitative Analysis." *Journal of Rehabilitation* 68 (3):41–49.

Graham, J. R. 2010. "The Social Work Profession and Subjective Well-Being: The Impact of a Profession on Overall Subjective Well-Being." *The British Journal of Social Work* 40 (5):1553–1572.

Granello, D. H. 1996. "Gender and Power in the Supervisory Dyad." *The Clinical Supervisor* 14 (2):54–68.

———. 2003. "Influence Strategies in the Supervisory Dyad: An Investigation into the Effects of Gender and Age." *Counselor Education and Supervision* 42:189–202.

Granello, D. H., P. M. Beamish, and T. E. Davis. 1997. "Supervisee Empowerment: Does Gender Make a Difference?" *Counselor Education and Supervision* 36:305–317.

Granello, D. H., A. Kindsvatter, P. Granello, J. Underfer-Babalis, and H. Moorhead. 2008. "Multiple Perspectives in Supervision: Using a Peer Consultation Model to Enhance Supervisor Development." *Counselor Education and Supervision* 48 (1):32–47.

Grant, J. and M. Schofield. 2007. "Career-Long Supervision: Patterns and Perspectives." *Counseling and Psychotherapy Research* 7 (1):3–11.

Granvold, Donald K. 1978. "Training Social Work Supervisors to Meet Organizational and Worker Objectives." *Journal of Education for Social Work* 14 (2):38–46.

Gravina, N. and B. Siers. 2011. "Square Pegs and Round Holes: Ruminations on the Relationship Between Performance Appraisal and Performance Management." *Journal of Organizational Behavior Management* 31 (4):277–287.

Gray, S. 2005. "Critical Incidents in Psychotherapy and Supervision: A Search for Parallel Process." Doctoral dissertation, Lehigh University.

Gray, S. 1986. "The Impact of State Licensure on the Structure, Content and Context of Supervision in Social Work Practice." Doctoral dissertation, Barry University.

Gray, S. W., D. E. Alperin, and R. Wik. 1989. "Multidimensional Expectations of Student Supervision in Social Work." *The Clinical Supervisor* 7 (1):89–102.

Gray, S. W. and M. S. Smith. 2009. "The Influence of Diversity in Clinical Supervision: A Framework for Reflective Conversations and Questioning." *The Clinical Supervisor* 28 (2):155–179.

Green, A. D. 1966. "The Professional Social Worker in the Bureaucracy." *Social Service Review* 40:71–83.

Green, D. and G. Latchford. 2012. *Maximizing the Benefits of Psychotherapy: A Practice-Based Approach*. Hoboken, NJ: Wiley-Blackwell.

Green, H. 1972. "Educational Assessments of Student Learning through Practice in Field Instruction." *Social Work Education Reporter* 20:48–54.

———. 2011. "Skills Training and Self-Esteem: Educational and Clinical Perspectives on Giving Feedback to Clinical Trainees." *Behaviour Change* 28 (2):87–96.

Green, M. and T. Dekkers. 2010. "Attending to Power and Diversity in Supervision: An Exploration of Supervisee Learning Outcomes and Satisfaction with Supervision." *Journal of Feminist Family Therapy* 22 (4):293–312.

Green, R. 2003. "Social Work in Rural Areas: A Personal and Professional Challenge." *Australian Social Work* 56 (3):209–219.

Greene, K. 2002. "Paternalism in Supervisory Relationships." *Social Thought* 21 (2):17–31.

Greenleigh Associates. 1960. *Addenda to Facts, Fallacies, and Future: A Study of the AFDC Program, Cook County, Ill.* New York: Greenleigh Associates.

Greenspan, R., S. Hanfling, E. Parker, S. Primm, and D. Waldfogel. 1992. "Supervision of Experienced Agency Workers: A Descriptive Study." *The Clinical Supervisor* 9 (2):31–42.

Greer, J. A. 2002. "Where to Turn to for Help: Responses to Inadequate Clinical Supervision." *Clinical Supervisor* 21 (1):135–143.

Groshong, L. 2009. *Clinical Social Work Practice and Regulation: An Overview*. Lanham, MD: University Press of America.

Grossbard, Hyman. 1954. "Methodology for Developing Self-Awareness." *Social Casework* 35:380–385.

Grotjohn, M. 1949. "The Role of Identification in Psychiatric and Psychoanalytic Training." *Psychiatry* 12 (2):141–151.

Gruenberg, Peter B., Edward H. Liston, Jr., and George J. Wayne. 1969. "Intensive Supervision of Psychotherapy with Videotape Recording." *American Journal of Psychotherapy* 23:95–105.

Gruman, J. and A. Saks. 2011. "Performance Management and Employee Engagement." *Human Resource Management Review* 21 (2):123–136.

Gushue, G., and Constantine, M. 2007. "Color-Blind Racial Attitudes and White Racial Identity Attitudes in Psychology Trainees." *Professional Psychology: Research and Practice* 38(3): 321–328.

Guest Jr., C. L. and K. Dooley. 1999. "Supervisor Malpractice: Liability to the Supervisee in Clinical Supervision." *Counselor Education and Supervision* 38 (4):269–279.

Gummer, Burton. 1979. "On Helping and Helplessness: The Structure of Discretion in the American Welfare System." *Social Service Review* 53:215–228.

———. 1990. *The Politics of Social Administration: Managing Organizational Politics in Social Agencies*. Englewood Cliffs, N.J.: Prentice Hall.

Gurka, M. D. and E. D. Wicas. 1979. "Generic Models of Counseling, Supervision, Counseling Instruction, Dichotomy and Consultation Meta-Model." *The Personnel and Guidance Journal* 57:407–409.

Gurteen, Humphrey S. 1882. *A Handbook of Charity Organizations*. Buffalo, N.Y.: privately published.

Gypen, J. 1981. "Learning Style Adaptation in Professional Careers: The Case of Engineers and Social Workers." Doctoral dissertation, Case Western Reserve University

H. C. D. 1949. "Through Supervision with Gun and Camera: The Personal Account of a Beginning Supervisor." *Social Work Journal* 30:161–163.

Haber, R., D. Marshall, K. Cowan, A. Vanlandingham, M. Gerson, and J. C. Fitch. 2009. "'Live' Supervision of Supervision: 'Perpendicular' Interventions in Parallel Process." *The Clinical Supervisor* 28 (1):72–90.

Hage, Jerald and Michael Aiken. 1967. "Relationship of Centralization to Other Structural Properties." *Administrative Science Quarterly* 12:72–91.

Haggerty, G. and M. Hilsenroth. 2011. "The Use of Video in Psychotherapy Supervision." *British Journal of Psychotherapy* 27 (2):193–210.

Hagler, P. and P. L. Casey. 1990. "Games Supervisors Play in Clinical Supervision." *American Speech-Language-Hearing Association* 32 (2):53–56.

Hahn, W. K. 2001. "The Experience of Shame in Psychotherapy Supervision." *Psychotherapy: Theory, Research, Practice, and Training* 38:272–282.

Hair, H. 2008. "Perspectives on the Post-Degree Supervision Needs of Ontario Social Workers." Doctoral dissertation, Wilfrid Laurier University.

———. 2012. "The Purpose and Duration of Supervision, and the Training and Discipline of Supervisors: What Social Workers Say They Need to Provide Effective Services." *British Journal of Social Work*, doi:10.1093/bjsw/bcs071.

Hair, H. and M. Fine. 2012. "Social Constructionism and Supervision: Experiences of AAMFT Supervisors and Supervised Therapists." *Journal of Marital & Family Therapy* 38:604–620.

Hair, H. and K. O'Donoghue. 2009. "Culturally Relevant, Socially Just Social Work Supervision. Becoming Visible Through a Social Constructionist Lens." *Journal of Ethnic and Cultural Diversity in Social Work* 18:70–88.

Halbesleben, J. 2006. "Sources of Social Support and Burnout: A Meta-Analytic Test of the Conservation of Resources Model." *Journal of Applied Psychology* 91 (5):1134–1145.

Haley, J. 1977. *Problem Solving Therapy*. San Francisco: Jossey–Bass.

Hall, Richard H. 1968. "Professionalization and Bureaucratization." *American Sociological Review* 33:92–104.

Halpert, S. C. and J. Pfaller. 2001. "Sexual Orientation and Supervision: Theory and Practice." *Journal of Gay and Lesbian Social Services: Issues in Practice, Policy, and Research* 13 (3):23–40.

Halpert, S. C., B. Reinhardt, and M. J. Toohey. 2007. "Affirmative Clinical Supervision." In K. J. Bieschke, R. M. Perez, and K. A. DeBord, *Handbook of Counseling And Psychotherapy With Lesbian, Gay, Bisexual, And Transgender Clients*, 2nd edition, pp. 341–358. Washington, DC: American Psychological Association.

Hammoud, M., H. Morgan, M. Edwards, J. Lyon, and C. White, C. 2012. "Is Video Review of Patient Encounters an Effective Tool for Medical Student Learning? A Review of the Literature." *Advances in Medical Education and Practice* 12:19–30.

Handler, J. 1973. *The Coercive Social Worker*. Chicago: Rand McNally.

———. 1979. *Protecting the Social Service Client—Legal and Structural Controls on Official Discretion*. New York: Academic Press.

Hanlan, Archie. 1972. "Changing Functions and Structures." In *Issues in Human Services*, ed. Florence W. Kaslow et al., pp. 39–50. San Francisco: Jossey–Bass.

Hanley, B., S. Cooper, and G. L. Dick. 1994. "Videotaping as a Teaching Tool in Social Work Education." *Journal of Continuing Social Work Education* 6:10–14.

Hanna, M. 2009. "The Child Welfare Unit." In *Child Welfare Supervision: A Practical Guide for Supervisors, Managers, and Administrators*, ed. C. Potter and C. Brittain, pp. 83–118. New York: Oxford.

Harbin, J. J., M. M. Leach, and G. T. Eells. 2008. "Homonegativism and Sexual Orientation Matching in Counseling Supervision." *Counselling Psychology Quarterly* 21 (1):61–73.

Hardcastle, D. 1977. "Public Regulation of Social Work." *Social Work* 22 (1):14–19.

Hardy, E. 2011. "Clinical and Counseling Psychology Graduate Students and Postdoctorate Supervisees' Perceptions and Experiences of Boundary Crossings and Boundary Violations in the Supervisory Relationship." Doctoral dissertation, Fielding Graduate University.

Hare, Rachel T. and Susan T. Frankena. 1972. "Peer Group Supervision." *American Journal of Orthopsychiatry* 42:527–529.

Haring, Barbara. 1974. *Workload Measurement in Child Welfare: A Report of CWLA Member Agencies, Activities, and Interests*. New York: Child Welfare League of America.

Harkness, D. 1995. "The Art of Helping in Supervised Practice: Skills, Relationships, and Outcomes." *The Clinical Supervisor* 13 (1):63–76.

———. 1997. "Testing Interactional Social Work Theory: A Panel Analysis of Supervised Practice and Outcomes." *The Clinical Supervisor* 15 (1):33–50.

———. 2010. "The Diagnosis of Mental Disorders in Clinical Social Work: A Review of Standards of Care." *Clinical Social Work Journal* 39 (3):223–231.

Harkness, D. and H. Hensley. 1991. "Changing the Focus of Social Work Supervision: Effects on Client Satisfaction and Generalized Contentment." *Social Work* 36 (6):506–512.

Harkness, L. and P. Mulinski. 1988. "Performance Standards for Social Workers." *Social Work* 33:339–344.

Harkness, D. and J. Poertner. 1989. "Research and Social Work Supervision: A Conceptual Review." *Social Work* 34 (2):115–119.

Harkness, D., M. Swenson, K. Madsen-Hampton, and R. Hale. 2001. "The Development, Reliability, and Validity of a Clinical Rating Scale for Co-dependency." *Journal of Psychoactive Drugs* 33(2): 159-171.

Harmon, S. C., M. J. Lambert, D. M. Smart, E. Hawkins, S. L. Nielson, and K. Slade. 2007. "Enhancing Outcome for Potential Treatment Failures: Therapist-Client Feedback and Clinical Support Tools." *Psychotherapy Research* 17:379–392.

Harmse, A. D. 2000. "Support Systems for Supervisors in the Social Work Profession." Doctoral dissertation, University of Pretoria (South Africa).

Harrar, W. R., L. VandeCreek, and S. Knapp. 1990. "Ethical and Legal Aspects of Clinical Supervision." *Professional Psychology: Research and Practice* 21 (1):37–41.

Harris, J. 2003. *The Social Work Business*. London: Routledge.

Harris, M. and J. Schaubroeck. 1988. "A Meta-Analysis of Self-Supervisor, Self-Peer, and Peer-Supervisor Ratings." *Personnel Psychology* 41 (1):43–62.

Harris, Patrick. 1977. "Staff Supervision in Community Work." In *Community Work: Learning and Supervision*, ed. Catherine Briscoe and David N. Thomas, pp. 33–42. London: Allen and Unwin.

Harris–Jenkins, G. 1970. "Professionals in Organizations." In *Professions and Professionalization*, ed. J. A. Jackson, pp. 55–108. Cambridge University Press.

Harshbarger, Dwight. 1973. "The Individual and the Social Order: Notes on the Management of Heresy and Deviance in Complex Organizations." *Human Relations* 26:251–270.

Hart, G. M. and D. Nance. 2003. "Styles of Counselor Supervision as Perceived by Supervisors and Supervisees." *Counselor Education and Supervision* 43 (2):146–158.

Hartl, T., R. Zeiss, C. Marino, A. Zeiss, L. Regev, and C. Leontis. 2007. "Clients' Sexually Inappropriate Behaviors Directed Toward Clinicians: Conceptualization and Management." *Professional Psychology: Research and Practice* 38 (6):674–681.

Hartman, C. and K. Brieger. 1992. "Cross-Gender Supervision and Sexuality." *The Clinical Supervisor* 10 (1):71–81.

Hašek, J., P. Selver, and J. Lada. 1962. *The Good Soldier Schweik*. New York: Ungar.

Hasenfeld, Yeshkel. 1983. *Human Service Organizations*. Englewood Cliffs, NJ: Prentice–Hall.

Hawkins, P. and R. Shohet. 1989. *Supervision in the Helping Professions*. Milton Keynes, UK: Open University Press.

Hawthorne, Lillian. 1975. "Games Supervisors Play." *Social Work* 20:179–183.

Hayes, Richard L., Lorie S. Blackman, and Carolyn Brennan. 2001. "Group Supervision." In *Counselor Supervision: Principles, Process, and Practice*, 3rd edition, ed. Loretta J. Bradley and Nicholas Ladany, pp. 183–206. Philadelphia: Brunner-Routledge.

Haywood, Christine. 1979. *A Fair Assessment—Issues in Evaluating Counselors*. London: Central Council for Education and Training in Social Work.

Heckman-Stone, C. 2003. "Trainee Preferences for Feedback and Evaluation in Clinical Supervision." *Clinical Supervisor* 22 (1):21–33.

Hegarty, W. H. 1974. "Using Subordinate Ratings to Elicit Behavioral Changes in Supervisors." *Journal of Applied Psychology* 59:764–766.

Heidemeier, H. and K. Moser. 2009. "Self-Other Agreement in Job Performance Ratings: A Meta-Analytic Test of a Process Model." *Journal of Applied Psychology* 94 (2):353–370.

Heilman, M., and Haynes, M. 2006. "Affirmative Action: Unintended Adverse Effects." In *Gender, Race, and Ethnicity in the Workplace*, ed. M. Karsten, pp. 1–24, Vol. 2, Westport, Conn.: Praeger.

Heller, S. and L. Gilkerson. 2009. *A Practical Guide to Reflective Supervision*. Washington, DC: Zero to Three.

Helms, J. 1990. *Black and White Racial Identity: Theory, Research, and Practice*. Westport, Conn.: Greenwood.

Henderson, C., C. Cawyer, and C. E. Watkins. 1999. "A Comparison of Student and Supervisor Perceptions of Effective Practicum Supervision." *The Clinical Supervisor* 18 (1):47–74.

Henderson, P. 2009. *The New Handbook of Administrative Supervision in Counseling*. New York: Routledge.

Hendrickson, S., P. Veach, and B. LeRoy. 2002. "A Qualitative Investigation of Student and Supervisor Perceptions of Live Supervision in Genetic Counseling." *Journal of Genetic Counseling* 11 (1):25–49.

Henry, Charlotte S. 1955. "Criteria for Determining Readiness of Staff to Function without Supervision." In *Administrative, Supervision and Consultation*, pp. 34–45. New York: Family Service Association of America.

Henry, P., G. Hart, and D. Nance. 2004. "Supervision Topics as Perceived by Supervisors and Supervisees." *The Clinical Supervisor* 23 (2):139–152.

Heppner, P. P. and H. Roehlke. 1984. "Differences among Supervisees at Different Levels of Training: Implications for a Developmental Model of Supervision." *Journal of Counseling Psychology* 31 (1):76–90

Heppner, P. P., Kivlighan, Dennis M., Burnett, Jeffery W., Berry, Thomas R., et al. 1994. "Dimensions that Characterize Supervisory Interventions Delivered in the Context of Live Supervision of Practicum Counselors." *Journal of Counseling Psychology* 41 (2):227–235.

Heppner, P. P. and P. G. Handley. 1981. "A Study of Interpersonal Influence Process in Supervision." *Journal of Counseling Psychology* 28 (5):437–444.

Heraud, Brian. 1981. *Training for Uncertainty—A Sociological Approach to Social Work Education.* Boston: Routledge and Kegan Paul.

Herd, C., R. Epperly, and K. Cox, K. 2011. "Technology: Clinical and Technological Innovations: Use of the Apple iPad in Clinical Supervision." *Perspectives on Administration and Supervision* 21 (3):112–116.

Herek, G. 2000. "The Psychology of Sexual Prejudice." *Current Directions in Psychological Science* 9 (1):19–22.

Herek, G., A. Norton, T. Allen, and C. Sims. 2010. "Demographic, Psychological, and Social Characteristics of Self-Identified Lesbian, Gay, and Bisexual Adults in a US Probability Sample." *Sexuality Research and Social Policy* 7 (3):176–200.

Herrick, Christine D. 1977. "A Phenomenological Study of Supervisees' Positive and Negative Experiences in Supervision." Ph.D. dissertation, University of Pittsburgh.

Herzberg, F. 1968. "One More Time—How Do You Motivate Employees?" *Harvard Business Review* 46:220–238.

Herzberg, F., B. Mausner, and B. Snyderman. 2005. *The Motivation to Work* (trans. edition). New Brunswick: Transaction Publishers.

Herzlinger, Regina E. 1981. "Management Control Systems in Human Service Organizations." In *Organization and the Human Services Cross Disciplinary Reflections,* ed. Herman D. Stein, pp. 205–232. Philadelphia: Temple University Press.

Hess, A., K. Hess, and T. Hess. 2008. *Psychotherapy Supervision: Theory, Research, and Practice,* 2nd edition. Hoboken, NJ: Wiley.

Hess, P., S. Kanack, and J. Atkins. 2009. *Building a Model and Framework for Child Welfare Supervision.* National Resource Center for Permanency Family Connections, Children's Bureau, U.S. Department of Health and Human Services.

Hess, S. A., S. Knox, J. M. Schultz, C. E. Hill, L. Sloan, S. Brandt, et al. 2008. "Predoctoral Interns' Nondisclosure in Supervision." *Psychotherapy Research* 18 (4):400–411.

Hicks, K. 2009. "Postdoctoral Supervision: An Exploratory Study of Recent Practices and Experiences." Doctoral dissertation, Oklahoma State University.

Hildebrand, J. 1995. "Learning Through Supervision: A Systemic Approach." In *Learning and Teaching in Social Work: Towards Reflective Practice,* ed. M. Yelloly and M. Henkel, pp. 182–188. London: Kingsley.

Hirsh, Herman and Herbert Freed. 1970. "Pattern Sensitization in Psychotherapy Supervision by Means of Video Tape Recording." In *Videotape Technique in Psychiatric Training and Treatment,* ed. Milton M. Berger. New York: Bruner-Mazel.

Hochshild, A. 1983. *The Managed Heart: The Commercialization of Human Feeling.* Los Angeles: University of California Press.

Hoese, J. A. 1987. "An Exploratory Investigation of Group Supervision: Trainees, Supervisors, and Structure." Unpublished Ph.D. dissertation, University of Wisconsin, Madison.

Hoff, T. 2003. "How Physician-Employees Experience Their Work Lives in a Changing HMO." *Journal of Health and Social Behavior* 44 (1):75–96.

Hoffman, M. A., C. E. Hill, S. E. Holmes, and G. F. Frietas. 2005. "Supervisor Perspective on the Process and Outcome of Giving Easy Difficult, or No Feedback to Supervisees." *Journal of Counseling Psychology* 52 (1):3–13.

Hoge, M., S. Migdole, M. Farkas, A. Ponce, and C. Hunnicutt. 2011. "Supervision in Public Sector Behavioral Health: A Review." *The Clinical Supervisor* 30 (2):183–203.

Hojat, M. and G. Xu. 2004. "A Visitor's Guide to Effect Sizes: Statistical Significance Versus Practical (Clinical) Importance of Research Findings." *Advances in Health Sciences Education* 9 (3):241–249.

Hollis, Florence. 1964. *Casework: A Psycho-Social Therapy.* New York: Random House.

Holloway, E. 1995. *Clinical supervision: A Systems Approach.* Thousand Oaks, CA: Sage.

———. 1987. "Developmental Models of Supervision: Is it Development?" *Professional Psychology: Research and Practice* 18:209–216.

Holloway, S. and G. Brager. 1989. *Supervising in the Human Services: The Politics of Practice.* New York: Free Press.

Honkonen, T., K. Ahola, M. Pertovaara, E. Isometa, R. Kalimo, E. Nykyri, A. Aromaa, and J. Lonnqvist. 2006. "The Association Between Burnout and Physical Illness in the General Population: Results from the Finnish Health 2000 Study." *Journal of Psychosomatic Research* 61 (1):59–66.

Hopkins, K. 2002. "Organizational Citizenship in Social Service Agencies." *Administration in Social Work* 31 (3):95–109.

Hornsey, M., E. Robson, J. Smith, S. Esposo, and R. Sutton. 2008. "Sugaring the Pill: Assessing Rhetorical Strategies Designed to Minimize Defensive Reactions to Group Criticism." *Human Communication Research* 34 (1):70–98.

Horvath, A., A. Del Re, C. Flückiger, and D. Symonds. 2011."Alliance in Individual Psychotherapy." *Psychotherapy* 48 (1):9–16.

Horvath, A. and L. Greenberg. 1989. "Development and Validation of the Working Alliance Inventory." *Journal of Counseling Psychology* 36 (2): 223-233.

House, A., E. Van Horn, C. Coppeans, and L. Stepleman. 2011. "Interpersonal Trauma and Discriminatory Events as Predictors of Suicidal and Nonsuicidal Self-Injury in Gay, Lesbian, Bisexual, and Transgender Persons." *Traumatology* 20 (10):1–11.

Howard, M. O., J. Himleb, J. Jenson, and M. Vaughn, M. 2009. "Revisioning Social Work Clinical Education: Recent Developments in Relation to Evidence-Based Practice." *Journal of Evidence-Based Social Work* 6 (3):256–273.

Howard, M. O., C. McMillen, and D. Pollio, D. 2003. "Teaching Evidence-Based Practice: Toward a New Paradigm for Social Work Education." *Research on Social Work Practice* 13 (2):234–259.

Hudson, D. N. (2007). *The Impact of Supervisors' Race and Years of Experience on The Focus of Supervision.* Doctoral dissertation, Ohio University.

Hughes, L. and P. Pengelly. 1997. *Staff Supervision in a Turbulent Environment: Managing Process and Task in Front-Line Services.* London: Kingsley.

Huhra, H., C. Yamokoski-Maynhart, and L. Prieto. 2008. "Reviewing Videotape in Supervision: A Developmental Approach." *Journal of Counseling and Development* 86 (4):412–418.

Hunt, C. and L. Sharpe, L. 2008. "Within-Session Supervision Communication in the Training of Clinical Psychologists." *Australian Psychologist* 43 (2):121–126.

Hunt, Winslow. 1981. "The Use of Countertransference in Psychotherapy Supervision." *Journal of the American Academy of Psychoanalysis* 9 (3):361–373.

Hurlbert, D. F. 1992. "Changing the Views of Social Work Supervision: An Administrative Challenge." *The Clinical Supervisor* 10 (2):57–69.

Huxley, P., S. Evans, C. Gately, M. Webber, A. Mears, S. Pajak, T. Kendall, J. Medina, and C. Katona. 2005. "Stress and Pressure in Mental Health Social Work: The Worker Speaks." *British Journal of Social Work* 35 (7):1063–1079.

Hymans, D. 2012. "Regulatory Happenings." *ASWB Association News* 22 (2):15–16.

Ilgen, D. R, J. L. Barnes-Farrell, and D. B. McKellin. 1992. "Performance Appraisal Process Research in the 1980s: What Has It Contributed to Appraisals in Use?" *Organizational Behavior and Human Decision Processes* 54 (3):321–368.

Ilgen, D. R., C. Fisher, and M. Taylor. 1979. "Consequences of Individual Feedback on Behavior in Organizations." *Journal of Applied Psychology* 64 (4):349–371.

Ing, C. 1990. "The Application of Learning Style Research in the Supervisory Process." *Child and Youth Services* 13 (1):143–155.

Inman, A. 2006. "Supervisor Multicultural Competence and its Relation to Supervisory Process And Outcomes." *Journal of Marital and Family Therapy* 32 (1):73–85.

Inman, A. and N. Ladany. 2008. "Research: The State of the Field." In *Psychotherapy Supervision: Theory, Research, and Practice,* 2nd edition, ed. A. Hess, K. Hess, and T. Hess, pp. 500–517. Hoboken, NJ: Wiley.

Institute of Medicine. 2001. *Crossing the Quality Chasm: A New Health System for the 21st Century.* Washington, DC: Author.

Itzin, Frank. 1960. "The Use of Tape Recording in Field Work." *Social Casework* 41:197–202.

Itzhaky, H. 2000. 'The Secret in Supervision: An Integral Part of the Social Worker's Professional Development." *Families in Society* 81 (5):529–537.

———. 2001. "Factors Relating to 'Interferences' in Communication Between Supervisor and Supervisee: Differences Between External and Internal Supervisor." *The Clinical Supervisor* 20 (1):73–85.

Itzhaky, H. and R. Aloni. 1996. "The Use of Deductive Techniques for Developing Mechanisms of Coping with Resistance in Supervision." *The Clinical Supervisor* 14 (1):65–76.

Itzhaky, H. and R. Atzman. 1999. "The Role of the Supervisor in Training Social Workers Treating HIV Infected Persons in a Hospital." *Social Work in Health Care* 29 (1):57–74.

Itzhaky, H. and A. Aviad-Hiebloom. 1998. "How Supervision and Role Stress in Social Work Affect Burnout." *Arete* 22 (2):29–43.

Itzhaky, H. and A. Eliahou. 1999. "Do Students Reflect their Field Instructors? The Relationship Between Supervisory and Learning Styles in Social Work Field Instruction." *The Clinical Supervisor* 18 (1):75–84.

———. 2001. "The Effect of Learning Styles and Empathy on Perceived Effectiveness of Social Work Student Supervision." *The Clinical Supervisor* 20 (2):19–29.

Itzhaky, H. and D. S. Ribner. 1998. "Resistance as a Phenomenon in Clinical and Student Social Work Supervision." *Australian Social Work* 51 (3):25–29.

Jacobs, Jerry. 1969. "Symbolic Bureaucracy: A Case Study of a Social Welfare Agency." *Social Forces* 47:513–522.

Jacobsen, C. and L. Tanggaard. 2009. "Beginning Therapists' Experiences of What Constitutes Good and Bad Psychotherapy Supervision with a Special Focus on Individual Differences." *Nordic Psychology* 61 (4):59–84.

Jacquet, S., S. Clark, J. Morazes, and R. Withers. 2007. "The Role of Supervision in the Retention of Public Child Welfare Workers." *Journal of Public Child Welfare* 1 (3):27–54.

Janeway, Elizabeth. 1980. *Power of the Weak.* New York: Knopf.

Janssen, O. and G. Van der Vegt. 2011. "Positivity Bias in Employees' Self-Ratings of Performance Relative to Supervisor Ratings: The Role of Performance Type, Performance-Approach Goal Orientation, and Perceived Influence." *European Journal of Work and Organizational Psychology* 20 (4):524–552.

Jawahar, I. 2006. "Correlates of Satisfaction with Performance Appraisal Feedback." *Journal of Labor Research* 27 (2):213–236.

Jay, Anthony. 1967. *Management and Machiavelli*. New York: Bantam Books.

Jayaratne, S., H. V. Brabson, L. M. Gant, B. A. Nagda, A. K. Singh, and W. A. Chess. 1992. "African-American Practitioners' Perceptions of their Supervisors: Emotional Support, Social Undermining, and Criticism." *Administration in Social Work* 16 (2):27–43.

Jayaratne, S and W. A. Chess. 1982. "Some Correlates of Job Satisfaction Among Social Workers." *The Journal of Applied Social Sciences* 7 (1):1–17.

Jayaratne, S., T. Croxton, and D. Mattison. 2004. "A National Survey of Violence in the Practice of Social Work." *Families in Society* 85 (4):445–453.

Jayaratne, S., D. Vinokur-Kaplan, B. Nagda, and W. Chess. 1996. "A National Study on Violence and Harassment of Social Workers by Clients." *Journal of Applied Social Sciences* 20 (1):1–14.

Jean-Francois, J. 2008. "Medicaid Managed Behavioral Health Care and Clinical Social Workers' Perceptions of Their Role and Mission, Client Problem Definition and Professional Domain." Doctoral dissertation, Columbia University.

Jeanquart-Barone, S. 1993. "Trust Differences Between Supervisors and Subordinates: Examining the Role of Race and Gender." *Sex Roles* 29 (1/2):1–10.

Jenaro, C., N. Flores, and B. Arias. 2007. "Burnout and Coping in Human Service Practitioners." *Professional Psychology: Research and Practice* 38 (1):80–87.

Jencius, M., M. Baltimore, and H. Getz. 2010. "Innovative Uses of Technology in Clinical Supervision." In *State of the Art in Clinical Supervision*, ed. J. Culbreth and L. Brown, pp. 63–85. New York: Routledge.

Jenkins, O. M. Nicolescu, and M. Mataric. 2004. "Autonomy and supervision for Robot Skills and Tasks Learned from Demonstration." Paper presented at American Association for Artificial Intelligence workshop on Supervisory Control of Learning and Adaptive Systems, San Jose, California.

Jernigan, M. M., C. E., Green, J. E. Helms, L. Perez-Gualdron, and K. Henze. 2010. "An Examination of People of Color Supervision Dyads: Racial Identity Matters as Much as Race." *Training and Education in Professional Psychology* 4 (1):62–73.

Jeyasingham, D. 2008. "Knowledge/Ignorance and the Construction of Sexuality in Social Work Education." *Social Work Education* 27 (2):138–151.

Johnson, S. 2006. "The Neuroscience of the Mentor-Learner Relationship." In *The Neuroscience of Adult Learning: New Directions for Adult and Continuing Education*, ed. S. Johnson and S. Taylor, pp. 63–69. New York: Jossey-Bass.

Johnson, S., C. Cooper, S. Cartwright, I. Donald, P. Taylor, and C. Millet. 2005. "The Experience of Work-Related Stress Across Occupations." *Journal of Managerial Psychology* 20 (2):178–187.

Johnson, S. and S. Taylor. 2006. *The Neuroscience of Adult Learning: New Directions for Adult and Continuing Education*. New York: Jossey-Bass.

Jones, B., P. Litzelfelner, and J. Ford. 2003. "The Value and Role of Citizen Review Panels in Child Welfare: Perceptions of Citizens Review Panel Members and Child Protection Workers." *Child Abuse and Neglect* 27:699–704.

Jones, B. and D. Royse. 2008. "Citizen Review Panels for Child Protective Services: A National Profile." *Child Welfare* 87 (3):143–162.

Jones, J., G. Washington, and S. Steppe. 2007. "The Role of Supervisors in Developing Clinical Decision-Making Skills in Child Protective Services (CPS)." *Journal of Evidence-Based Social Work* 4 (3/4):103–116.

Jordan, K. 2006. "Beginning Supervisees' Identity: The Importance of Relationship Variables and Experience Versus Gender Matches in the Supervisee/Supervisor Interplay." *The Clinical Supervisor* 25 (1/2):43–51.

Juby, C. and M. Scannapieco. 2007. "Characteristics of Workload Management in Public Child Welfare Agencies." *Administration in Social Work* 31 (3):95–109.

Jud, C. and T. Bibus. 2009. "Applying the Involuntary Perspective to Supervision." In *Strategies for Work with Involuntary Clients*, 2nd edition, ed. R. Roomey, pp. 424–448. New York: Columbia University Press.

Judge, T. A. and G. Ferris. 1993. "Social Context of Performance Evaluation Decisions." *Academy of Management Journal* 361:80–105.

Jumper, A. 1998. "Immediate Feedback Using the "Bug-In-The Ear" in Counselor Training: Implications for Counseling Self-Efficacy, Trainee Anxiety and Skill Development." Doctoral dissertation, The University of North Dakota.

Kadushin, Alfred. 1956a. "The Effects of Interview Observation on the Interviewer." *Journal of Counseling Psychology* 3:130–135.

———. "Interview Observation as a Teaching Device." *Social Casework* 37:334–341.

———. 1957. "The Effect on the Client of Interview Observation at Intake." *Social Service Review* 31:22–38.

———. 1968. "Games People Play in Supervision." *Social Work* 13:23–32.

———. 1974. "Supervisor-Supervisee: A Survey." *Social Work* 19:288–298.

———. 1976. *Supervision in Social Work*. New York: Columbia University Press.

———. 1981. "Professional Development: Supervision, Training, and Education." In *Handbook of the Social Services*, ed. Neil Gilbert and Harry Specht, pp. 638–665. Englewood Cliffs, NJ: Prentice-Hall.

———. 1990. *Final Report of Updated Survey: Supervisors-Supervisees*. Madison, Wis.: School of Social Work, University of Wisconsin.

———. 1992a. "Social Work Supervision: An Updated Survey." *The Clinical Supervisor* 10 (2):9–27.

———. 1992b. "What's Wrong, What's Right with Social Work Supervision." *The Clinical Supervisor* 10 (1):3–19.

Kadushin, G., C. Berger, C. Gilbert, and M. de St. Aubin. 2009. "Models and Methods in Hospital Social Work Supervision." *The Clinical Supervisor* 28 (2):180–199.

Kaduvettoor A., T. O'Shaughnessy, Y. Mori C. Beverly III, R. D. Weatherford, and N. Ladany. 2009. "Helpful and Hindering Multicultural Events in Group Supervision: Climate and Multicultural Competence." *Counseling Psychologist* 37 (6):786–820.

Kagan, H. K. and N. I. Kagan. 1997. "Interpersonal Process Recall: Influencing Human Interaction." In *Handbook of Psychotherapy Supervision*, ed. C. E. Watkins, Jr., pp. 296–309. New York: Wiley.

Kagan, Morris. 1963. "The Field Instructor's Evaluation of Student Performance: Between Fact and Fiction." *Social Worker* 3:15–26.

Kagan, Norman, David R. Krathwohl, and Ralph Miller. 1963. "Stimulated Recall in Therapy Using Video-Tape: A Case Study." *Journal of Counseling Psychology* 10:237–243.

Kagle, J. D. 1979. "Evaluating Social Work Practice." *Social Work* 24:292–296.

Kagle, J. and S. Kopels. 2008. *Social Work Records*, 3rd edition. Long Grove, IL: Waveland.

Kahill, S. 1988. "Symptoms of Professional Burnout: A Review of the Empirical Evidence." *Canadian Psychology* 29 (3):284–297.

Kahn, Robert L. 1964. *Organizational Stress*. New York: Wiley.

Kaib, N. 2010. "Attachment Style, Affect Regulation, and Supervision Outcomes. Doctoral dissertation," The George Washington University.

Kaiser, T. L. 1997. *Supervisory Relationships*. Pacific Grove, CA: Brooks/Cole.

Kaiser, T. L. and C. F. Kuechler. 2008. "Training Supervisors of Practitioners: Analysis of Efficacy." *The Clinical Supervisor* 27 (1):76–96.

Kane, M. N. 2002. "Are Social Work Students Prepared for Documentation and Liability in Managed Care Environments?" *The Clinical Supervisor* 20 (2):55–65.

Kaplan, R. E. 1987. "The Current Use of Live Supervision Within Marriage and Family Therapy Training Programs." *The Clinical Supervisor* 5 (3):43–52.

Kaslow, F. W. et al. 1977. *Supervision, Consultation, and Staff Training in the Helping Professions*. San Francisco: Jossey-Bass.

Kaslow, N., C. Grus, L. Campbell, N. Fouad, R. Hatcher, and E. Rodolfa. 2009. "Competency Assessment Toolkit for Professional Psychology." *Training and Education in Professional Psychology* 3 (4):S27–S45.

Kaufman, H. 1960. *The Forest Ranger*. Baltimore: Johns Hopkins University Press.

———. 1973. *Administrative Feedback: Monitoring Subordinate Behavior*. Washington, DC: Brookings Institution.

Kavanagh, D. J., S. H. Spence, J. Strong, J. Wilson, H. Sturk, and N. Crow. 2003. "Supervision Practices in Allied Mental Health: Relationships of Supervision Characteristics to Perceived Impact and Job Satisfaction." *Mental Health Services Research* 5 (4):187–195.

Kavanagh, D., S. Spence, H. Sturk, J. Strong, J. Wilson, L. Worrall, N. Crow, and R. Skerrett. 2008. "Outcomes of Training in Supervision: Randomised Controlled Trial." *Australian Psychologist* 43 (2):96–104.

Kaye, L. and A. E. Fortune. 2002. "Coping Skills and Learning in Social Work Field Education." *The Clinical Supervisor* 20 (2):31–42.

Keller, J. F., H. O. Protinsky, M. Lichtman, and K. Allen. 1996. "The Process of Clinical Supervision: Direct Observation Research." *The Clinical Supervisor* 14 (1):51–63.

Kelly, M. and P. Sundet. 2007. "Using 360 Degree Evaluation to Improve Clinical Skill Development by First Line Child Protective Services Supervisors." *Journal of Evidence-Based Social Work* 4 (3):145–161.

Kennedy, M. and L. Keitner. 1970. "What is Supervision: The Need for a Redefinition." *Social Worker* 38:51–52.

Kerl, S. B., J. L. Garcia, C. S. McCullough, and M. E. Maxwell. 2002. "Systematic Evaluation of Professional Performance: Legally Supported Procedure and Process." *Counselor Education and Supervision* 41 (4):321–334.

Kernberg, O. 2010. "Psychoanalytic Supervision: The Supervisor's Tasks." *The Psychoanalytic Quarterly* 79 (3):603–627.

Kettner, Peter M. 1973. "Some Factors Affecting Use of Professional Knowledge and Skill by the Social Worker in Public Welfare Agencies." D.S.W. dissertation, School of Social Work, University of Southern California.

Kilminster, S., D. Cottrell, J. Grant, and B. Jolly. 2007. "AMEE Guide No. 27: Effective Educational and Clinical Supervision." *Medical Teacher* 29 (1):2–19.

Kilminster, S. M. and B. C. Jolly. 2000. "Effective Supervision in Clinical Practice Settings: A Literature Review." *Medical Education* 34:827–840.

Kim, H. 2008. "A Longitudinal Study of Job Resources, Burnout, and Turnover Among Social Workers: Implications for Evidence-Based Organizational Practices." Doctoral dissertation, University of Southern California.

Kim, H., J. Ji, and D. Kao. 2011. "Burnout and Physical Health Among Social Workers: A Three-Year Longitudinal Study." *Social Work* 56 (3):258–268.

Kim, H. and S. Y. Lee. 2009. "Supervisory Communication, Burnout, and Turnover Intention Among Social Workers in Health Care Settings." *Social Work in Health Care* 48 (4):364–385.

Kim, H. and M. Stoner. 2008. "Burnout and Turnover Intention Among Social Workers: Effects of Role Stress, Job Autonomy, and Social Support." *Administration in Social Work* 32 (3):5–25.

Kim, D. I, L. Sung Boo, and Allan Wheeler. 1979. "Professional Competency, Autonomy, and Job Satisfaction Among Social Workers in an Appalachian Rural Area." *Social Thought* 5:47–59.

King, M., J. Semlyen, H. Killaspy, I. Nazareth, and D. Osborn. 2007. *A Systematic Review of Research on Counselling and Psychotherapy for Lesbian, Gay, Bisexual and Transgender People*. Lutterworth, Leicestershire: British Association for Counselling and Psychotherapy.

Kinman, G. and L. Grant. 2011. "Exploring Stress Resilience in Trainee Social Workers: The Role of Emotional and Social Competencies." *British Journal of Social Work* 41 (2):261–275.

Kirk, S. and H. Kutchins, H. 1988. "Deliberate Misdiagnosis in Mental Health Practice." *Social Service Review* 62 (2):225–237.

Kivlighan, D., E. Angelone, and K. Swafford. 1991. "Live Supervision in Individual Psychotherapy: Effects on Therapist's Intention Use and Client's Evaluation of Session Effect and Working Alliance." *Professional Psychology: Research and Practice* 22:489–495.

Klein, D. N., J. E. Schwartz, N. J. Santiago, D. Vivian, C. Vocisano, L. G. Castonguay, et al. 2003. "Therapeutic Alliance in Depression Treatment Controlling for Prior Change and Patient Characteristics." *Journal of Consulting and Clinical Psychology* 71 (6):997–1006.

Kleinman, L. S. and J. W. Lounsbury. 1978. "Validating Procedures for Selecting Social Work Personnel." *Social Work* 23 (6):481–488.

Kleinpeter, C., E. Pasztor, and T. Telles-Rogers. 2003. "The Impact of Training on Worker Performance and Retention: Perceptions of Child Welfare Supervisors." *Professional Development* 6 (3):40–49.

Kline, T. and L. Sulsky. 2009. "Measurement and Assessment Issues in Performance Appraisal." *Canadian Psychology* 50 (3):161–171.

Kluger, A. and A. DeNisi. 1996. "The Effects of Feedback Interventions on Performance: A Historical Review, a Meta-Analysis, and a Preliminary Feedback Intervention Theory." *Psychological Bulletin* 119 (2):254–284.

Knapp, Samuel. 1997. "Professional Liability and Risk Management in an Era of Managed Care." In *Ethical and Legal Issues in Professional Practice with Families*, ed. Diane Marsh and Richard Magee, pp. 271–288. New York: Wiley.

Knapp, S. and L. VandeCreek. 1997. *Treating Patients with Memories of Abuse: Legal Risk Management*. Washington, DC: American Psychological Association.

Knaup, C., M. Koesters, D. Schoefer, T. Becker, and B. Puschner. 2009. "Effect of Feedback of Treatment Outcome in Specialist Mental Health: Meta-Analysis." *The British Journal of Psychiatry* 195 (1):15–22.

Kneebone, E. and E. Garr. 2009. *The Landscape of Recession: Unemployment and Safety Net Services Across Urban and Suburban America*. Metropolitan policy program at Brookings. www.brookings.edu/research/papers/2009/07/22-recession-kneebone (accessed September 14, 2013).

Knight, C. 2001. "The Process of Field Instruction: BSW and MSW Students' Views of Effective Field Supervision." *Journal of Social Work Education* 37 (2):357–379.

Knox, S., A. W. Burkard, L. M Edwards, J. J. Smith, and L. Z. Schlosser. 2008. "Supervisors' Reports of the Effects of Supervisor Self-Disclosure on Supervisees." *Psychotherapy Research* 18 (5):543–559.

Koeske, G. and S. Kirk. 1995. "The Effect of Characteristics of Human Service Workers on Subsequent Morale and Turnover." *Administration in Social Work* 19 (1):15–31.

Koeske, G. and W. Krowinski. 2004. "Gender-Based Salary Inequity in Social Work: Mediators of Gender's Effect on Salary." *Social Work* 49 (2):309–317.

Kogan, Leonard S. 1950. "The Electrical Recording of Social Casework Interviews." *Social Casework* 31:371–378.

Kolb, David A. 1981. "Learning styles and Disciplinary Differences." In *The Modern American College*, ed. Arthur A. Chickering et al., pp. 232–255. San Francisco: Jossey-Bass.

Kolevson, Michael. 1979. "Evaluating the Supervisory Relationship in Field Placements." *Social Work* 24 (3):241–244.

Komiskey, C. A. 2004. "Supervisors' Perceptions About Giving and Receiving Corrective Feedback: Implications for Counselor Education and Supervision." Doctoral dissertation, University of New Orleans.

Koob, J. and J. Funk. 2002. Kolb's Learning Style Inventory: Issues of Reliability and Validity. *Research on Social Work Practice* 12 (2):293–308.

Korner, Ija N. and William H. Brown. 1952. "The Mechanical Third Ear." *Journal of Consulting Psychology* 16 (1):81–84.

Kornfeld, D. S. and L. C. Kolb. 1964. "The Use of Closed Circuit Television in the Teaching of Psychiatry." *Journal of Nervous and Mental Diseases* 138:452–459.

Kornhauser, William. 1962. *Scientists in Industry: Conflict and Accommodation*. Berkeley, Calif.: University of California Press.

Kossek, E., S. Pichler, T. Bodner, and L. Hammer, L. 2011. "Workplace Social Support and Work-Family Conflict: A Meta-Analysis Clarifying the Influence of General and Work-Family-Specific Supervisor and Organizational Support." *Personnel Psychology* 64 (2):289–313.

Kraus, D., L. Castoguay, J. Boswell, S. Nordberg, and J. Hayes. 2011. "Therapist Effectiveness: Implications for Accountability and Patient Care." *Psychotherapy Research* 21 (3):267–276.

Kruzich, J. M., B. Friesen, and D. Van Soest. 1986. "Assessment of Student and Faculty Learning Styles: Research and Application." *Journal of Social Work Education* 3 (Fall):22–29.

Kuechler, C. F. 2006. "Practitioners' Voices: Group Supervisors Reflect on their Practice." *The Clinical Supervisor* 25 (1/2):83–103.

Kuechler, C. F. and A. Barretta-Herman. 1998. "The Consultation Circle: A Technique for Facilitating Peer Consultation." *The Clinical Supervisor* 17 (1):83–94.

Kurzman, P. 2006. "Managing Liability and Risk in Nonprofit Settings." In *Effectively Managing Nonprofit Organizations*, ed. R. Edwards and J. Yankey, pp. 275–290. Washington, DC: NASW Press.

Kwok, Lai Yuk Ching, S. 1995. "The Use of Supervision by Objectives in Fieldwork Teaching." *Asia Pacific Journal of Social Work* 5 (2):88–102.Ladany, N. 2004. "Psychotherapy Supervision: What Lies Beneath?" *Psychotherapy Research*, 14 (1):1–19.

Ladany, N. and L. Bradley. 2010. *Counselor Supervision* (4th ed.). New York: Routledge.

Ladany, N., C. S. Brittan-Powell, and R. K. Pannu. 1997. "The Influence of Supervisory Racial Identity Interaction and Racial Matching on the Supervisory Working Alliance and Supervisee Multicultural Competence." *Counselor Education and Supervision* 36 (4):284–303.

Ladany, N., M. V. Ellis, and M. L. Friedlander. 1999. "The Working Alliance in Clinical Supervision: Relations with Trainees' Self-Efficacy and Satisfaction." *Journal of Counseling and Development* 77:447–455.

Ladany, N., M. L. Friedlander, and M. L. Nelson. 2005. *Critical Events in Psychotherapy Supervision: An Interpersonal Approach*. Washington DC: American Psychological Association.

Ladany, N., D. Lehrman-Waterman, M. Molinaro, and B. Wolgast. 1999. "Psychotherapy Supervisor Ethical Practices: Adherence to Guidelines, the Supervisory Working Alliance, and Supervisee Satisfaction." *The Counseling Psychologist* 27 (3):443–475.

Ladany, N., S. Marotta, and J. Muse-Burke. 2001. "Counselor Experience Related to Complexity of Case Conceptualization and Supervision Preference." *Counselor Education and Supervision* 40 (3):203–219.

Ladany, N., K. O'Brien, C. Hill, D. Melincoff, S. Knox, and D. Peterson. 1997. "Sexual Attraction Toward Clients, Use of Supervision, and Prior Training: A Qualitative Study of Predoctoral Psychology Interns." *Journal of Counseling Psychology* 44 (4):413–424.

Ladany, N. and J. A. Walker. 2003. "Supervisor Self-Disclosure: Balancing the Uncontrollable Narcissist with the Indomitable Altruist." *JCLP/In Session* 59:611–621.

Laitinen-Vaananen, S., U. Talvitie, and M. R. Luukka. 2007. "Clinical Supervision as an Interaction Between the Clinical Educator and the Student." *Physiotherapy Theory and Practice* 23 (2):95–103.

Lambert, M. J. and G. Burlingame. 2007. "Using Practice-Based Evidence with Evidence-Based Practice." *Behavioral Healthcare* 27 (10):16–20.

Lambert, M. J. and E. J. Hawkins. 2001. "Using Information about Patient Progress in Supervision: Are Outcomes Enhanced?" *Australian Psychologist* 36:131–138.

Lambert, M. J. and B. M. Ogles. 1997. "The Effectiveness of Psychotherapy Supervision." In *Handbook of Psychotherapy Supervision*, ed. C. Watkins, pp. 421–446. New York: Wiley.

Lambert, M. and K. Shimokawa. 2011. "Collecting Client Feedback." *Psychotherapy* 48 (1):72–79.

Landau, R. and P. Baerwald. 1999. "Ethical Judgement, Code of Ethics and Supervision in Ethical Decision Making in Social Work: Findings from an Israeli Sample." *The Journal of Applied Social Sciences* 23 (2):21–29.

Landsman, M. 2007. "Supporting Child Welfare Supervisors to Improve Worker Retention." *Child Welfare* 86 (2):105–124.

Langs, R. 1979. *The Supervisory Experience*. New York: Aronson.

———. 1994. *Doing Supervision and Being Supervised*. London: Karnac.

Lankau, M., Riordan, C., and Thomas, C. (2005). "The effects of Similarity and Liking in Formal Relationships Between Mentors and Protégés." *Journal of Vocational Behavior* 67 (2): 252–265,

Lanning, W. L. 1971. "A Study of the Relation Between Group and Individual Counseling Supervision and Three Relationship Measures." *Journal of Counseling Psychology* 18 (5):401–406.

Lanning, W., S. Whiston, and J. Carey. 1994. "Factor Structure of the Supervisor Emphasis Rating Form." *Counselor Education and Supervision* 34 (1):41–51.

Lassiter, P., L. Napolitano, J. Culbreth, and K. Ng. 2008. "Developing Multicultural Competence Using the Structured Peer Group Supervision Model." *Counselor Education and Supervision* 47 (3):164–178.

Latawiec, T. 2008. "When the Professional Is Personal: How Psychology Trainees Experience And Address Disturbing Countertransference, with Implications for Supervision and Personal Growth." Doctoral dissertation, Rutgers University.

Latham, G. and S. Mann. 2006. "Advances in the Science of Performance Appraisal: Implications for Practice." *International Review of Industrial and Organizational Psychology* 21:295–337.

Latham, G., J. Almost, S. Mann, and C. Moore. 2005. "New Developments In Performance Management." *Organizational Dynamics* 34 (1):77–87.

Latting, J. K. 1991. "Eight Myths on Motivating Social Services Workers: Theory-Based Perspectives." *Administration in Social Work* 15 (3):49–66.

Laufer, H. 2003. "Long-Experienced Social Workers and Supervision: Perceptions and Implications." *Clinical Supervisor* 22 (2):153–170.

Lawler, E. and S. Mohrman. 1985. "Quality Circles After the fad." *Public Welfare* 43 (2):37–44.

Lazar, A. and Z. Eisikovits. 1997. "Social Work Students' Preferences Regarding Supervisory Styles and Supervisor's Behavior." *The Clinical Supervisor* 16 (1):25–37.

Lazar, A. and Itzhaky. 2000. "Field Instructors' Organizational Position and their Instructional Relationships with Students." *Arete* 24 (2):80–90.

Lazar, A. and A. Mosek. 1993. "The Influence of the Field Instructor-Student Relationship on Evaluation of Students' Practice." *The Clinical Supervisor* 11 (1):111–120.

Leader, Arthur L. 1957. "New Directions in Supervision." *Social Casework* 38:462–468.

———. 1968. "Supervision and Consultations through Observed Interviewing." *Social Casework* 49: 288–293.

LeCroy, C. and E. Stinson. 2004. "The Public's Perception of Social Work: Is It What We Think It Is?" *Social Work* 49 (2):164–174.

Lee, Porter. 1923. "A Study of Social Treatment." *Family* 4:191–199.

Lees, A., E. Meyer, J. Rafferty. 2013. "From Menzies Lyth to Monro: The Problem of Managerialism." *British Journal of Social Work* 43 (3):542–558.

Lehrman-Waterman, D. E. and N. Ladany. 2001. "Development and Validation of the Evaluation Process Within Supervision Inventory." *Journal of Counseling Psychology* 48 (2):168–177.

Lemkau, J. P. 1984. "Men in Female Dominated Professions: Distinguishing Personality and Background Factors." *Journal of Vocational Behavior* 24 (1): 110–122.

Levay, C. and C. Waks. 2009. "Professions and the Pursuit of Transparency in Healthcare: Two Cases of Soft Autonomy." *Organization Studies* 30 (5):509–527.

Levine, F. M. and H. A. Tilker. 1974. "A Behavior Modification Approach to Supervision of Psychotherapy." *Psychotherapy: Theory, Research, and Practice* 11 (2):182–188.

Levinson, Daniel and Gerald Klerman. 1967. "The Clinician-Executive." *Psychiatry* 30:13–15.

———. 1972. "The Clinician-Executive Revisited." *Administration in Mental Health* 6:53–67.

Levinson, H., D. Price, K. Munden, and C. Solley. 1962. *Men, Management, and Mental Health*. Cambridge, MA: Harvard University Press.

Levy, Charles S. 1960. "In Defense of Supervision." *Journal of Jewish Communal Service* 37:194–201.

———. 1982. *Guide to Ethical Decisions and Action for Social Science Administrators—A Handbook for Managerial Personnel*. New York: Haworth Press.

Levy, Gerald. 1970. "Acute Workers in a Welfare Bureaucracy." In *Social Problems and Social Policy*, ed. Deborah Offenbacher and Constance Poster, pp. 168–175. New York: Appleton.

Levy, P. and J. Williams. 2004. "The Social Context of Performance Appraisal: A Review and Framework for the Future." *Journal of Management* 30 (6): 881–905.

Lewis, W. 1988. "A Supervision Model for Public Agencies." *The Clinical Supervisor* 6 (2):85–92.

———. 2001. "Transference in Analysis and in Supervision." In *The Supervisory Alliance: Facilitating the Psychotherapist's Learning Experience*, ed. S. Gill, pp. 75–80. Northvale, NJ: Aronson.

Leyendecker, Gertrude. 1959. "A Critique of Current Trends in Supervision." In *Casework Papers, National Conference on Social Welfare*. New York: Family Service Association of America.

Liddle, B. 1997. "Gay And Lesbian Clients' Selection of Therapists and Utilization of Therapy." *Psychotherapy* (0033–3204) 34 (1):11–18.

———. 2000. "Gay and Lesbian Clients' Ratings of Psychiatrists, Psychologists, Social Workers, and Counselors." *Journal of Gay and Lesbian Psychotherapy* 3 (1):81–93.

Lieberman, S. 1956. "The Effects of Change in Roles on the Attitudes of Role Occupants." *Human Relations* 9 (4):385–402.

Lietz, C. and T. Rounds. 2009. "Strengths-Based Supervision: A Child Welfare Supervision Training Project." *The Clinical Supervisor* 28 (2):124–140.

Light, P. 2003. *The Health of the Human Services Workforce*. New York: The Brookings Institution.

Ligon, J. and J. Ward. 2005. "A National Study of the Field Liaison Role in Social Work Education Programs in the United States and Puerto Rico." *Social Work Education* 24 (2):235–243.

Likert, Rensis. 1967. *The Human Organization: Its Management and Value*. New York: McGraw.

Liljegren, M. and K. Ekberg. 2008. "The Longitudinal Relationship Between Job Mobility, Perceived Organizational Justice, and Health." *BMC Public Health* 8:164–173.

Lindblom, K., S. Linton, C. Fedeli, and I. L. Bryngelsson. 2006. "Burnout in the Working Population: Relations to Psychosocial Work Factors." *International Journal of Behavioral Medicine* 13 (1):51–59.

Lindenberg, R. 1957. "Changing Traditional Patterns of Supervision." *Social Work* 2:42–46.

Lindenberg, Sidney. 1939. *Supervision in Social Group Work*. New York: Association Press.

Lindsay, C. and B. Feigenbaum. 1984. "Rationing by Waiting Lists." *The American Economic Review* 74 (3):404–417.

Link, B. and J. Phelan. 1995. "Social Conditions and Fundamental Causes of Disease." *Journal of Health and Social Behavior* 35 (extra issue):80–94.

Linton, J. M. and S. Hedstrom. 2006. "An Exploratory Qualitative Investigation of Group Processes in Group Supervision: Perceptions of Masters-Level Practicum Students." *The Journal for Specialists in Group Work* 31 (1):51–72.

Lipsky, Michael. 1980. *Street Level Bureaucracy—Dilemmas of the Individual in Public Services*. New York: Russell Sage Foundation.

Liston, E, J. Yager, and G. D. Strauss. 1981. "Assessment of Psychotherapy Skills: The Problem of Interrater Agreement." *American Journal of Psychiatry* 138 (8):1069–1074.

Littlechild, B. 2002. "The Effects of Client Violence on Child-Protection Networks." *Trauma, Violence, and Abuse* 3 (2):144–158.

———. 2005. "The Nature and Effects of Violence Against Child-Protection Social Workers: Providing Effective Support." *British Journal of Social Work* 35 (3):387–401.

Litwak, Eugene. 1964. "Models of Bureaucracy Which Permit Conflict." *American Journal of Sociology* 67 (2):177–184.

Litzelfelner, P. 2001. "The Use of Citizen Review Boards With Juvenile Offender Cases: An Evaluation of the Effectiveness of a Pilot Program." *Juvenile and Family Court Journal* 52 (1):1–9.

Lizzio, A., K. Wilson, and L. MacKay. 2008. "Managers' and Subordinates' Evaluations of Feedback Strategies: The Critical Contribution of Voice." *Journal of Applied Social Psychology* 38 (4):919–946.

Lizzio, A., K. Wilson, and J. Que. 2009. "Relationship Dimensions in the Professional Supervision of Psychology Graduates: Supervisee Perceptions of Processes and Outcome." *Studies in Continuing Education* 31 (2):127–140.

Lloyd, C., R. King, and L. Chenoweth. 2002. "Social Work, Stress, and Burnout: A Review." *Journal of Mental Health* 11 (13):255–266.

Locke, L. and E. McCollum. 2001. "Client's Views of Live Supervision and Satisfaction With Therapy." *Journal of Marital and Family Therapy* 27 (1):129–133.

Logan, J. (2010). "The Relationship Between Supervisors' and Supervisees' Race and Racial Attitudes in the Supervisory Working Alliance." Doctoral dissertation, University of Massachusetts Amherst.

Lohmann, R. 1997. "Managed Care: A Review of Recent Research." In *1997 Supplement to the Encyclopedia of Social Work*, 19th edition, pp. 200–213. Washington, DC: NASW Press.

Lombardo, C., D. Milne, and R. Proctor. 2009. "Getting to the Heart of Clinical Supervision: A Theoretical Review of the Role of Emotions in Professional Development." *Behavioural and Cognitive Psychotherapy* 37 (2):207–219.

Long, J. K. 2002. "Sexual Orientation: Implications for the Supervisory Process." In *The Complete Systemic Supervisor*, ed. T. Todd and C. Storm, pp. 59–71. Lincoln, NE: Authors Choice.

———. 2004. "The Sexual Orientation Matrix for Supervision a Tool for Training Therapists to Work with Same-Sex Couples." *Journal of Couple and Relationship Therapy* 3 (2–3):123–135.

Lothane, Z. 2008. "The Uses of Humor in Life, Neurosis and in Psychotherapy: Part 2." *International Forum of Psychoanalysis* 17 (4):232–239.

Lowe, T. 2003. "Management Practices as a Factor in Male Social Workers Increased Exposure to Client-Related Violence in Mental Health Service Settings." Doctoral dissertation, University of Pittsburgh.

———. 2011. "Practitioners' Risk Exposure to Client Violence: A Test of Gender-Sensitive Case Assignment Among Supervisors." *The Clinical Supervisor* 30 (1):19–35.

Lowe, T. and W. Korr. 2007. "Workplace Safety Policies in Mental Health Settings." *Journal of Workplace Behavioral Health* 22 (4):29–47.

Lowenstein, Sophie and Peter Reder. 1982. "The Consumer Response: Trainees' Discussion of the Experience of Live Supervision." In *Family Therapy Supervision—Recent Developments in Practice*, ed. Rosemary Whiffen and John Byng–Hall, pp. 115–130. New York: Grune and Stratton.

Luongo, G. 2007. "Re-Thinking Child Welfare Training Models to Achieve Evidence-Based Practices." *Administration in Social Work* 31 (2):87–96.

Lutz, Werner A. 1956. *Student Evaluation: Workshop Report, 1956*. Buffalo, NY: New York Council on Social Work Education.

Lynch-Cerullo, K. and K. Cooney. 2011. "Moving from Outputs to Outcomes: A Review of the Evolution of Performance Measurement in the Human Service Nonprofit Sector." *Administration in Social Work* 35 (4):364–388.

Lynn, R. 2010. "Mindfulness in Social Work Education." *Social Work Education* 29 (3):289–304.

Lyon, R. and K. Potkar. 2010. "The Supervisory Relationship." In *Counselor Supervision*, 4th edition, ed. N. Ladany and L. Bradley, pp. 15–52. New York: Routledge.

Lyon, A., S. Stirman, S. Kerns, and E. Bruns. 2011. "Developing the Mental Health Workforce: Review and Application of Training Approaches from Multiple Disciplines. *Administration and Policy in Mental Health* 38 (4):238–253.

Lyons, H., K. Bieschke, A. Dendy, R. Worthington, and R. George Miller. 2010. "Psychologists Competence to Treat Lesbian, Gay and Bisexual Clients: State of the Field and Strategies for Improvement." *Professional Psychology* 41 (5):424–434.

Maccoby, M. 1976. *The Gamesman*. New York: Simon and Schuster.

McCullough, C. and B. Schmitt. 2000. "Managed Care and Privatization: Results of a National Survey." *Children and Youth Services Review* 22 (2):117–130.

McCullough, L, M. Bhatia, P. Ulvenes, L. Berggraf, and K. Osborn. 2011. "Learning How to Rate Video-Recorded Therapy Sessions: A Practical Guide for Trainees and Advanced Clinicians." *Psychotherapy* 48 (2):127–137.

Macdonald, G. and F. Sirotich. 2001. "Reporting Client Violence." *Social Work* 46 (2):107–114.

Maceachron, A., N. Gustavsson, M. Lavitt, E. Bartle. 2009. "Supervisor Preferences for the Design and Delivery of Services." *Journal of Public Child Welfare* 3 (2):173–289.

Mackey, R. 1994. "Personal Psychotherapy and the Development of a Professional Self." *Families in Society* 75 (8):490–498.

Magnuson, S., S. A. Wilcoxon, and K. Norem. 2000. "A Profile of Lousy Supervision: Experienced Counselors' Perspectives." *Counselor Education and Supervision* 30 (3):189–202.

Maidment, J. 2000. "Methods Used to Teach Social Work Students in the Field: A Research Report from New Zealand. *Social Work Education* 19 (2):145–154.

Majcher, J. and J. Daniluk. 2009. "The Process of Becoming a Supervisor for Students in a Doctoral Supervision Training Course" *Training and Education in Professional Psychology*, 3 (2):63–71.

Malcomson, J. 1999. "Individual Employment Contracts." In *Handbook of Labor Economics*, ed. Orley C. Ashenfelter and David Card, 3(B):2291–2372. Amsterdam: Elsevier.

Mallinckrodt, B. 2011. "Addressing the Decline in Counseling and Supervision Process and Outcome Research in the Journal of Counseling Psychology." *The Counseling Psychologist* 39 (5):701–714.

Malos, S. 2005. "The Importance of Valid Selection and Performance Appraisal: Do Management Practices Figure in Case Law?" In *Employment Discrimination Litigation*, ed. F. Landy, pp. 373–409. San Francisco: Jossey-Bass.

Mandell, Betty. 1973. "The 'Equality' Revolution and Supervision." *Journal of Education for Social Work* 9:43–54.

Marcus, Grace. 1927. "How Casework Training May Be Adapted to Meet Workers' Personal Problems." In *Proceedings of the National Conference of Social Work, 1927*. Chicago: University of Chicago Press.

Marks, J. L. and D. F. Hixon. 1986. "Training Agency Staff Through Peer Group Supervision." *Social Case Work* 67:418–423.

Maroda, K. 2003. "Self-Disclosure and Vulnerability: Countertransference in Psychoanalytic Treatment and Supervision." *Psychoanalytic Social Work* 10 (2):43–52.

Martin, A., K. Sanderson, and F. Cocker. 2009. "Meta-Analysis of the Effects of Health Promotion Intervention in the Workplace on Depression and Anxiety Symptoms." *Scandinavian Journal of Work, Environment and Health* 35 (1):7–18.

Martin, L. 1993. "Total Quality Management: The New Managerial Wave." *Administration in Social Work* 17 (2):1–16.

Martinez-Ingo, D., P. Totterdell, C. Alcover, and D. Holman. 2007. "Emotional Labour and Emotional Exhaustion: Interpersonal and Intrapersonal Mechanisms." *Work and Stress* 21 (1):30–47.

Marty, D., C. Rapp, G. McHugo, and R. Whitley. 2008. "Factors Influencing Consumer Outcome Monitoring in Implementation of Evidence-Based Practices: Results from the National EBP Implementation Project." *Administration and Policy in Mental Health* 35 (3):204–211.

Maslach, C. and S. Jackson. 1986. *The Maslach Burnout Inventory*. Palo Alto, CA: Consulting Psychologists Press.

Maslach, C. and M. Leiter. 2008. "Early Predictors of Job Burnout and Engagement." *Journal of Applied Psychology* 93 (3):498–512.

Maslach, C., W. Schaufeli, and M. Leiter. 2001. "Job Burnout." *Annual Review of Psychology* 52:397–422.

Maslow, A. H. 1943. "A Theory of Human Motivation." *Psychological Review* 50:370–396.

Mastekaasa, A. 2011. "How Important is Autonomy to Professional Workers?" *Professions and Professionalism* 1 (1):36–51.

Mathews, G. 1983. *Supervision in Human Services in Kent and Muskegon Counties, Michigan*. Kalamazoo, Mich.: Western Michigan University.

Matorin, Susan. 1979. "Dimensions of Student Supervision—A Point of View." *Social Casework* 60:150–156.

Mauch, D., C. Kautz, and S. Smith, S. 2008. *Reimbursement of Mental Health Services in Primary Care Settings*. Rockville, MD: U.S. Department of Health and Human Services.

Maurer, T., D. Mitchell, and F. Barbeite, F. 2002. "Predictors of Attitudes Toward a 360-Degree Feedback System and Involvement in Post-Feedback Management Development Activity." *Journal of Occupational and Organizational Psychology* 75 (1):87–107.

Mauzey, E. and P. Erdman, P. 1997. "Trainee Perceptions of Live Supervision Phone-Ins: A Phenomenological Inquiry." *The Clinical Supervisor* 15 (2):115–128.

Mauzey, E., M. B. C. Harris, and J. Trusty. 2001. "Comparing the Effects of Live Supervision Interventions on Novice Trainee Anxiety and Anger." *The Clinical Supervisor* 19 (2):109–122.

May, P. and C. Søren, 2009. "Politicians, Managers, and Street-Level Bureaucrats: Influences on Policy Implementation." *Journal of Public Administration Research and Theory* 19 (3):453–476.

Mayer, John E. and Aaron Rosenblatt. 1973a. "Sources of Stress Among Student Practitioners in Social Work: A Sociological Review." Paper from the annual Council on Social Work Education meeting, San Francisco.

———. 1973b. "Strains Between Social Work Students and Their Supervisors: A Preliminary Report." Paper from the National Conference on Social Welfare, Atlantic City, NJ.

———. 1975a. "Encounters with Danger—Social Workers in the Ghetto." *Sociology of Work and Occupations* 2:227–245.

———. 1975b. "Objectionable Supervisory Styles: Students' Views." *Social Work* 20:184–189.

Maypole, Donald E. 1986. "Sexual Harassment of Social Workers at Work: Injustice Within." *Social Work* 31:29–34.

Maypole, Donald and Rosemarie Skaine. 1982. "Sexual Harassment of Blue Collar Workers." *Journal of Sociology and Social Welfare* 9:682–695.

Mays, V. and S. Cochran. 2011. "Sexual Orientation and Mortality Among US Men Aged 17 to 59 Years: Results from the National Health and Nutrition Examination Survey III." *American Journal of Public Health* 101 (6):1133–1138.

McAdam, P. G. 2001. "A Question of Boundaries: The Dynamics of Power in the Clinical Supervision of Psychotherapy." Doctoral dissertation, Harvard University.

McAdams III, C. R. and K. L. Wyatt. 2010. "The Regulation of Technology-Assisted Distance Counseling and Supervision in the United States: An Analysis of Current Extent, Trends, and Implications." *Counselor Education and Supervision* 49 (3): 179–192.

McAleavey, A., S. Nordberg, D. Kraus, and L. Castonguay. 2012. "Errors in Treatment Outcome Monitoring: Implications for Real-World Psychotherapy." *Canadian Psychology* 53 (2):105–114.

McBeath, B., C. Collins-Comargo, and E. Chuang, E. 2011. *Portrait of Private Agencies in the Child Welfare System: Principal Results from the National Survey of Private Child and Family Serving Agencies.* www.gahsc.org/nm/2011/NSPCFSAprivatizationreport20111215.pdf (accessed July 7, 2012).

McBeath, B. and W. Meezan. 2009. "Governance in Motion: Service Provision and Child Welfare Outcomes in a Performance-Based, Managed Care Contracting Environment." *Journal of Public Administration and Theory* 20 (1):101–123.

McCarthy, P., D. Kulakowski, and J. A. Kenfeld. 1994. "Clinical Supervision Practices of Licensed Psychologists." *Professional Psychology: Research and Practice* 25:177–181.

McClelland, D. C. and D. H. Burnham. 1976. "Power: The Great Motivator." *Harvard Business Review* 54:100–110.

McColley, S. H. and E. L. Baker, 1982. "Training Activities and Styles of Beginning Supervisors: A Survey." *Professional Psychology: Theory and Practice* 13 (2):283–292.

McCollum, E. E. and J. L. Wetchler. 1995. "In Defense of Case Consultation: Maybe 'Dead' Supervision Isn't Dead After All." *Journal of Marital and Family Therapy* 21 (2):155–166.

McCulloch, A. and L. O'Brien. 1986. "The Organizational Determinants of Worker Burnout." *Children and Youth Services Review* 8 (2):175–190.

McCullough, C. and B. Schmitt. 1999. *Managed Care and Privatization Child Welfare Tracking Project: 1998 State and County Survey Results.* Washington, DC: Child Welfare League of America Press.

McDaniel, S. H., T. Weber, and S. McKeever. 1983. "Multiple Theoretical Approaches to Supervision: Choices in Family Therapy Training." *Family Process* 22 (4):491–500.

McGann, K. 2010. "Trainees' Use of Supervision for Clinical Work with Lesbian, Gay, and Bisexual Clients: A Qualitative Study." Doctoral dissertation, University of Maryland.

McGee, A. and W. Martin. 1978. "The Games Nurses Play." *The Canadian Nurse* 74 (7):49–52.

McGowan, B., C. Auerbach, and J. Strolin-Goltzman. 2009. "Turnover in the Child Welfare Workforce: A Different Perspective." *Journal of Social Service Research* 35 (3):228–235.

McGregor, D. 1960. *The Human Side of Enterprise.* New York: McGraw-Hill.

McHugh, R. K. and D. Barlow. 2010. "The Dissemination and Implementation of Evidence-Based Psychological Treatments: A Review of Current Efforts." *American Psychologist* 65 (2):73–84.

McIntosh, N., A. Dircks, J. Fitzpatrick, and C. Shuman. 2006. "Games in Clinical Genetic Counseling Supervision." *Journal of Genetic Counseling* 15 (4):225–243.

McKenzie, P. N., B. J. Atkinson, W. H. Quinn, and A. W. Heath. 1986. "Training and Supervision in Marriage and Family Therapy: A National Survey." *American Journal of Marriage and Family Therapy* 14 (4):293–303.

McLaughlin, A., M. Rothery, R. Babins-Wagner, and B. Schleifer. 2010. "Decision-Making and Evidence in Direct Practice." *Clinical Social Work Journal* 38 (2):155–163.

McNeely, R. L. 1987. "Predictions of Job Satisfaction Among Three Racial Ethnic Groups of Professional Female Human Service Workers." *Journal of Sociology and Social Welfare* 14 (4):115–136.

McNeely, R. L., Beth Schultz, and Frederick Naatz. 1997. "Quality Circles, Human Service Organizations, and the Law." *Administration in Social Work* 21 (1):65–71.

McRoy, R., E. Freeman, S. Logan, and B. Blackmon. 1986. "Cross-cultural Field Supervision: Implications for Social Work Education." *Journal of Social Work Education* 22:50–56.

Mechanic, D. 1964. "Sources of Power of Lower Participants in Complex Organizations." In *New Perspectives in Organizational Research*, ed. W. W. Cooper, M. W. Shelly, and H. J. Leavitt, pp. 136–149. New York: Wiley.

———. 2011. "Behavioral Health and Health Care Reform." *Journal of Health Politics, Policy and Law* 36 (3):527–531.

———. 2012. "Seizing Opportunities Under the Affordable Care Act for Transforming the Mental and Behavioral Health System." *Health Affairs* 31 (2):376–382.

Meezan, W. and B. McBeath. 2011. "Moving Toward Performance-Based, Managed Care Contracting in Child Welfare: Perspectives on Staffing, Financial Management, and Information Technology." *Administration in Social Work* 35 (2):180–206.

Mehr, K., N. Ladany, and G. Caskie. 2010. "Trainee Nondisclosure in Supervision: What Are They Not Telling You?" *Counselling and Psychotherapy Research* 10 (2):103–113.

Melamed, S., A. Shirom, S. Toker, S. Berliner, and I. Shapira. 2006. "Burnout and Risk of Cardiovascular Disease: Evidence, Possible Causal Paths, and Promising Research Directions." *Psychological Bulletin* 132 (3):327–353.

Memmott, J. and E. Brennan. 1998. "Learner-Learning Environment Fit: An Adult Learning Model for

Social Work Education." *Journal of Teaching in Social Work* 16 (1/2):75–95.

Mena, K. and J. Bailey. 2007. "The Effects of the Supervisory Working Alliance on Worker Outcomes." *Journal of Social Service Research* 34 (1):55–65

Menefee, D. and J. Thompson. 1994. "Identifying and Comparing Competencies for Social Work Management: A Practice Driven Approach." *Administration in Social Work* 18 (3):1–25

Mersha, T., V. Sriram, and L. Herron. 2009. "The Impact of TQM Implementation in a Human Service Agency." *International Journal of Productivity and Quality Management* 4 (1):1–19.

Merton, Robert. 1957. *Social Theory and Social Structure*, Revised ed. New York: Free Press.

Messinger, L. 2007. "Supervision of Lesbian, Gay, and Bisexual Social Work Students by Heterosexual Field Instructors: A Qualitative Dyad Analysis." *The Clinical Supervisor* 26 (1–2):195–122.

Metzl, M. 2012. "Managed Mental Health Care: An Oxymoron of Ethics?" *The Jefferson Journal Of Psychiatry* 13 (1):35–41.

Meyer, Carol H. 1966. *Staff Development in Public Welfare Agencies*. New York: Columbia University Press.

Meyer, F., J. Peteet, and R. Joseph. 2009. "Models of Care for Co-Occurring Mental and Medical Disorders." *Harvard Review of Psychiatry* 17 (6):353–360.

Middleman, R. R. and G. B. Rhodes. 1985. *Competent Supervision: Making Imaginative Judgements*. Englewood Cliffs, NJ: Prentice–Hall.

Miehls, D. 2010. "Contemporary Trends in Supervision Theory: A Shift from Parallel Process to Relational and Trauma Theory." *Clinical Social Work Journal* 38 (4):370–378.

Milford Conference Report. 1929. *Social Work: Generic and Specific*. New York: American Association of Social Workers.

Milkovich, T. and J. Newman. 2002. *Compensation*. New York: McGraw Hill.

Millán, Fred. 2010. "On Supervision: Reflections of a Latino Psychologist." *Training and Education in Professional Psychology* 4 (1): 7–10.

Millar, K. L. 1990. "Performance Appraisal of Professional Social Workers." *Administration in Social Work* 14 (1):65–75.

Miller, A. and J. Archer. 2010. "Impact of Workplace Based Assessment on Doctors' Education and Performance: A Systematic Review." *British Journal of Medicine* 341 (7775):710–715.

Miller, C. and C. Thornton. 2006. "How Accurate Are Your Performance Appraisals?" *Public Personnel Management* 35 (2):153–162.

Miller, Harry L., Sidney Mailick, and Marilyn Miller. 1973. *Cases in Administration of Mental Health and Human Service Agencies*. New York: Institute for Child Mental Health.

Miller, Irving. 1960. "Distinctive Characteristics of Supervision in Group Work." *Social Work* 5 (1):69–76.

———. 1977. "Supervision in Social Work. In J. B. Turner (Ed.), *Encyclopedia of Social Work* (17th ed.), pp. 1544–1551. Washington, DC: National Association of Social Workers.

Miller, R. and I. Sim. 2004. "Physicians' Use of Electronic Medical Records: Barriers and Solutions." *Health Affairs* 23 (2):116–126.

Miller, Ronald and Lawrence Podell. 1970. *Role Conflict in Public Social Services*. New York: State of New York Office of Community Affairs, Division of Research and Innovation.

Milne, D. 2007. "An Empirical Definition of Clinical Supervision." *British Journal of Clinical Psychology* 46 (4):437–447.

———. 2009. *Evidence Based Clinical Supervision: Principals and Practice*. Oxford, UK: BPS Blackwell.

Milne, D. L., H. Aylott, H. Fitzpatrick, and M. V. Ellis. 2008. "How Does Clinical Supervision Work? Using a "Best Evidence Synthesis" Approach to Construct a Basic Model of Supervision." *The Clinical Supervisor* 27 (2):170–190.

Milne, D. and C. Dunkerley. 2010. "Towards Evidence-Based Clinical Supervision: The Development and Evaluation of Four CBT guidelines." *The Cognitive Behavior Therapist*, 3 (2):43–57.

Milne, D., C. Leck, and N. Choudhri. 2009. "Collusion in Clinical Supervision: Literature Review and Case Study in Self-Reflection." *The Cognitive Behavior Therapist* 2 (2):106–114.

Milne, D. and V. Oliver. 2000. "Flexible Formats of Clinical Supervision: Description, Evaluation, and Implementation." *Journal of Mental Health* 9 (3):291–304.

Milne, D. and R. Reiser. 2012. "A Rationale For Evidence-Based Clinical Supervision." *Journal of Contemporary Psychotherapy* 42 (3):139–149.

Milne, D., A. Sheikh, S. Pattison, and A. Wilkinson. 2011. "Evidence-Based Training for Clinical Supervisors: A Systematic Review of 11 Controlled Studies." *The Clinical Supervisor* 30 (1):53–71.

Milne, D. and C. Westerman. 2001. "Evidence-Based Clinical Supervision: Rationale and Illustration." *Clinical Psychology and Psychotherapy* 8 (6):444–457.

Minami, T. and B. Wampold. 2008. "Adult Psychotherapy in the Real World." In *Biennial Review of Counseling Psychology*, ed. B. W. Walsh, pp. 27–45. New York: Routledge/Taylor Francis.

Mishna, F. and M. Bogo. 2007. "Reflective Practice in Contemporary Social Work Classrooms." *Journal of Social Work Education* 43 (3):529–541.

Mishna, F., M. Bogo, J. Root, J. L. Sawyer, and M. Khoury-Kassabri. 2012. "'It Just Crept in': The Digital Age and Implications for Social Work Practice." *Clinical Social Work Journal* 40 (3):277–286.

Miville, M. L., D. Rosa, and M. G. Constantine. 2005. "Building Multicultural Competence in Clinical Supervision." In *Strategies for Building Multicultural Competence in Mental Health and Educational*

Settings, ed. M. G. Constantine and D. W. Sue, pp. 192–211. New York: Wiley.

Mohren, D., G. Swaen, I. Kant, C. Van Schayck, and J. Galama. 2005. "Fatigue and Job Stress as Predictors for Sickness Absence During Common Infections." *International Journal of Behavioral Medicine* 12 (1):11–20.

Montalvo, Braulio. 1973. "Aspects of Live Supervision." *Family Process* 12:343–359.

Moore, Elon H. 1934. "How Accurate are Case Records?" *Social Forces* 12:501.

Moore, J. 2004. "The Influence of Live Supervision on Therapeutic Working Alliance and Client Satisfaction: A Client's Perspective." Doctoral dissertation, University of Louisiana at Monroe.

Moore, S. 1970. "Group Supervision: Forerunner or Trend Reflector: Part I—Trends and Duties in Group Supervision." *Social Worker* 38:16–20.

———. 1971. "Group Supervision: Forerunner or Trend Reflector: Part II—Advantages and Disadvantages." *Social Worker* 39:3–7.

Moore, T., C. Rapp, and B. Roberts. 2000. "Improving Child Welfare Performance Through Supervisory Use of Client Outcome Data." *Child Welfare* 79 (5):475–497.

Moorhouse, A. and A. Carr. 2002. "Gender and Conversational Behavior in Family Therapy and Live Supervision." *Journal of Family Therapy* 24 (3):46–56.

Mor Barak, M. 2005. *Managing Diversity: Toward a Globally Inclusive Workplace*. Thousand Oaks, CA.: Sage.

Mor Barak, M., A. Levin, J. Nissly, and C. Lane. 2006. "Why Do They Leave? Modeling child Welfare Workers' Turnover Intentions." *Children and Youth Services Review* 28 (5):548–577.

Mor Barak, M, J. Nissly, and A. Levin. 2001. "Antecedents to Retention and Turnover Among Child Welfare, Social Work, and Other Human Service Employees: What Can We Learn From Past Research? A Review and Metanalysis." *Social Service Review* 75 (4):625–661.

Mor Barak, M., D. Travis, H. Pyun, and B. Xie. 2009. "The Impact of Supervision on Worker Outcomes: A Meta-Analysis." *Social Service Review* 83 (1):3–32.

Moradi, B., J. Mohr, R. Worthington, and R. Fassinger. 2009. "Counseling Psychology Research on Sexual (Orientation) Minority Issues: Conceptual and Methodological Challenges and Opportunities." *Journal of Counseling Psychology* 56 (1):5–22.

Morago, P. 2010. "Dissemination and Implementation of Evidence-Based Practice in the Social Services: A UK Survey." *Journal of Evidence-Based Social Work* 7 (5):452–465.

Morgen, S. 2001. "The Agency of Welfare Workers: Negotiating Devolution, Privatization, and the Meaning of Self-Sufficiency." *American Anthropologist* 103 (3):747–761.

Morrissette, P. 2004. *The Pain of Helping: Psychological Injury of Helping Professionals*. New York: Brunner-Routledge.

Morrissey, J. and R. Tribe. 2001. "Parallel Process in Supervision." *Counseling Psychology Quarterly* 14 (2):103–110.

Morse, Gary, Michelle P. Salyers, Angela L. Rollins, Maria Monroe-DeVita, and Corey Pfahler. 2012. "Burnout in Mental Health Services: A Review of the Problem and Its Remediation." *Administration and Policy in Mental Health and Mental Health Services Research* 39 (5):341–352.

Moses, T., D. Weaver, W. Furman, and D. Lindsey, D. 2003. "Computerization and Job Attitudes in Child Welfare." *Administration in Social Work* 27 (1):47–67.

Mothersole, G. 1999. "Parallel Process: A Review." *The Clinical Supervisor* 18 (2):107–121.

Mueller, William S. and Bill L. Kell. 1972. *Coping with Conflict: Supervisory Counselors and Psychotherapists*. New York: Appleton.

Mullen, E. and W. Bacon. 2004. "A Survey of Practitioner Adoption and Implementation of Practice Guidelines and Evidence-Based Treatments." In *Evidence-Based Practice Manual: Research and Outcome Measures in Health and Human Services*, ed. A. Roberts and K Yeager, pp. 210–218. New York: Oxford.

Mullen, E., S. Bledsoe, and J. Bellamy. 2008. "Implementing Evidence-Based Social work." *Research on Social Work Practice* 18 (4):325–338.

Mullins, J. 2011. "A framework for Cultivating and Increasing Child Welfare Workers' Empathy Toward Parents." *Journal of Social Service Research* 37 (3):242–253.

Munro, E. 1999. Common Errors or Reasoning in Child Protection Work. *Child Abuse and Neglect* 23 (8):745–758.

Munson, Carlton. 1979a. "An Empirical Study of Structure and Authority in Social Work Supervision." In *Social Work Supervision—Classic Statements and Critical Issues*, ed. Carlton E. Munson, pp. 286–296. New York: Free Press.

———. 1979b. "Evaluation of Male and Female Supervisors." *Social Work* 24 (2):104–110.

———. 1980. "Differential Impact of Structure and Authority in Supervision." *Arete* 6:3–15.

———. 1981. "Style and Structure in Supervision." *Journal of Education for Social Work* 17 (1):66–72.

———. 1996. "Autonomy And Managed Care in Clinical Social Work Practice." *Smith College Studies in Social Work* 66 (3):241–260.

———. 1997. "Gender and Psychotherapy Supervision." In *Handbook of Psychotherapy Supervision*, ed. C. Watkins, pp. 549–569. New York: Wiley.

———. 1998a. Societal Change, Managed Cost Organizations, and Clinical Social Work Practice." *The Clinical Supervisor* 17 (2):1–41.

———. 1998b. "Evolution and Trends in the Relationship Between Clinical Social Work Practice and

Managed Cost Organizations." In *Humane Managed Care?*, ed. Gerald Schamess and Anita Lightburn, pp. 308–324. Washington, DC: NASW Press.

———. 2002. *Handbook of Clinical Social Work Supervision*, 3rd edition. Binghampton, New York: Haworth Press.

———. 2004. "The Evolution of Protocol-Based Supervisory Practice." In *Supervision as Collaboration in the Human Services: Building a Learning Culture*, ed. M. Austin and K. Hopkins, pp. 85–96. Thousand Oaks, CA: Sage.

Murdach, A. 2011. "Mary Richmond and the Image of Social Work." *Social Work* 56 (1):92–94.

Murphy, K. 2008. "Explaining the Weak Relationship Between Job Performance and Ratings of Job Performance." *Industrial and Organizational Psychology* 1 (2):148–160.

Murphy, K. R. and W. K. Balzar. 1989. "Rating Errors and Rating Accuracy." *Journal of Applied Psychology* 74:619–624.

Murphy, K. R. and J. N. Cleveland. 1995. *Understanding Performance Appraisal: Social, Organizational, and Goal-Based Perspectives*. Thousand Oaks, CA.: Sage.

Murphy, M. J. 2002. "Developing A Theory of Power in the Clinical Supervisory Relationship." Doctoral dissertation, University of Georgia.

Muslin, Hyman, Robert J. Thurnblad, and George Meschel. 1981. "The Fate of the Clinical Interview: An Observational Study." *American Journal of Psychiatry* 138 (6):822–825.

Nadelson, Carol and Notman Maikan. 1977. "Psychotherapy Supervision: The Problem of Conflicting Values." *American Journal of Psychotherapy* 31 (2):275–283.

Nader, Ralph, Peter J. Petkas, and Kate Blackwell. 1974. *Whistle Blowing: Report of the Conference on Professional Responsibility*. New York: Grossman Publishers.

Nash, V. C. 1975. "The Clinical Supervisor of Psychotherapy." Ph.D. Dissertation, Yale University.

Nathanson, Theresa. 1962. "Self-Awareness in the Educative Process." *Social Casework* 43:31–38.

———. 1981. *NASW Standards for Social Work Practice in Child Protection*. Washington DC: Author.

———. 1990. *NASW Standards for Social Work Personnel Practices*. Washington DC: Author. www.socialworkers.org/practice/standards/personnel_practices.asp (accessed September 13, 2013).

———. 2001. *NASW Standards for Cultural Competence in Social Work Practice*. Washington, DC: NASW Press.

———. 2003. "Supervision and the Clinical Social Worker." *Clinical Social Work Practice Update* 3 (2):1–4.

———. 2005a. *NASW Standards for Clinical Social Work in Social Work Practice*. www.socialworkers.org/practice/standards/NASWClinicalSWStandards.pdf (accessed July 16, 2010).

———. 2005b. *NASW Standards for Social Work Practice in Health Care Settings*. www.socialworkers.org/practice/standards/NASWHealthCareStandards.pdf (accessed July 16, 2010).

———. 2007. *Indicators for the Achievement of the NASW Standards for Cultural Competence in Social Work Practice*. www.socialworkers.org/practice/standards/NASWCulturalStandardsIndicators2006.pdf (accessed November 16, 2011).

———. 2008. *NASW code of ethics* (Revised). www.naswdc.org/pubs/code/code.asp (accessed July 15).

National Association of Social Workers and Association of Social Work Boards. 2005. *NASW and ASWB Standards for Technology and Social Work Practice*. www.socialworkers.org/practice/standards/naswtechnologystandards.pdf (accessed July 15, 2010).

National Association of Social Workers Center for Workforce Studies. 2004. *A study of the Role and Use of Licensed Social Workers in the United States*. Washington, DC: National Association of Social Workers.

———. 2011. *Social Workers and Safety*. workforce.socialworkers.org/whatsnew/safety.pdf (accessed December 19, 2011).

National Association of Social Workers National Council on the Practice of Clinical Social Work. 1994. *Guidelines for Clinical Social Work Supervision*. National Association of Social Workers: Washington DC.

National Institute for Occupational Safety and Health. 2004. *Workplace Violence Prevention Strategies and Research Needs*. www.cdc.gov/niosh/docs/2006-144/pdfs/2006-144.pdf (accessed December 22, 2011).

National Practitioner Data Bank Public Use Data File. 2009. www.npdb-hipdb.hrsa.gov/ (accessed September 27, 2009).

Nelsen, Judith C. 1973. "Early Communication Between Field Instructors and Casework Student." D.S.W. dissertation, School of Social Work, Columbia University.

———. 1974. "Relationship Communication in Early Fieldwork Conferences, part I–II." *Social Casework* 55:237–243.

Nelson, M. L., K. L. Barnes, A. L. Evans, and P. J. Triggiano. 2008. "Working with Conflict in Clinical Supervision: Wise Supervisors' Perspectives." *Journal of Counseling Psychology* 55 (2):172–184.

Nelson, M. L. and M. L. Friedlander. 2001. "A Close Look at Conflictual Supervisory Relationships: The Trainee's Perspective." *Journal of Counseling Psychology* 48 (4):384–395.

Nelson, M. L., L. A. Gray, M. L. Friedlander, N. Ladany, and J. A. Walker. 2001. "Toward Relationship-Centered Supervision: Reply to Veach (2001) and Ellis (2001)." *Journal of Counseling Psychology* 48 (4):407–409.

Nelson, M. L. and E. L. Holloway. 1990. "Relation of Gender to Power and Involvement in Supervision." *Journal of Counseling Psychology* 37 (4):473–481.

Nelson, K. R. and Merighi, J. 2003. "Emotional Dissonance in Medical Social Work Practice." *Social Work in Health Care* 36 (3):63–79.

Neufeldt, S., L. Beutler, and R. Banchero. 1997. "Research on Supervisor Variables in Psychotherapy Supervision." In *Handbook of Psychotherapy Supervision*, ed. C. Watkins, pp. 508–524. New York: Wiley.

Neufeldt, S. and M. Nelson. 1999. "When Is Counseling an Appropriate and Ethical Supervision Function?" *The Clinical Supervisor* 18 (1):125–135.

Newgent, R. A., H. Davis Jr, and R. C. Farley. 2006. "Perceptions of Individual, Triadic, and Group Models of Supervision." *The Clinical Supervisor* 23 (2):65–79.

Newhill, C. 2002. "Client Threats Toward Social Workers: Nature, Motives, and Responses." *Journal of Threat Assessment* 3 (2):1–19.

Newman, P. A., M. Bogo, and A. Daley. 2008. "Self-Disclosure of Sexual Orientation in Social Work Field Education: Field Instructor and Lesbian and Gay Student Perspectives." *The Clinical Supervisor* 27 (2):215–237.

Newsome, M. Jr., and V. Pillari. 1991. "Job-Satisfaction and the Worker-Supervisor Relationship." *The Clinical Supervisor* 9 (2):119–130.

Nichols, Margo and Judy Cheers. 1980. "The Evaluation of the Practicum." *Contemporary Social Work Education* 3 (1):54–71.

Nielsen, K., R. Randall, A. Holten, and E. Gonzalez. 2010. "Conducting Organizational-Level Health Interventions: What Works?" *Work and Stress* 24 (3):234–259.

Niland, Thomas M., John Duling, Jada Allen, and Edward Panther. 1971. "Student Counselors' Perception of Videotaping." *Counselor Education and Supervision* 11 (2):97–101.

Nilsson, J., D. Barazanji, C. Schal, and A. Bahner. 2008. "Gender and Sexual Orientation in Supervision." In *Psychotherapy Supervision: Theory, Research, and Practice*, 2nd edition, ed. A. Hess, K. Hess, and T. Hess, pp. 560–575. Hoboken, NJ: Wiley.

Noble, C. and J. Irwin. 2009. "Social Work Supervision: An Exploration of the Current Challenges in a Rapidly Changing Social, Economic and Political Environment." *Journal of Social Work* 9 (3):345–358.

Noelle, M. 2002. "Self-Report in Supervision: Positive and Negative Slants." *Clinical Supervisor* 21 (1):125–134.

Norcross, J. and B. Wampold. 2011. "Evidence-Based Therapy Relationships: Research Conclusions and Clinical Practice." *Psychotherapy* 48 (1):98–102.

Norman, S. S. 1987. "Supervision: The Effective Process." *Social Casework* 68:374–379.

Norris, Dan. 1990. *Violence Against Social Workers—The Implications for Practice*. London: Kingley.

Nummenmaa, L., J. Hirvonen, R. Parkkola, and J. Hietanen. 2008. "Is Emotional Contagion Special? An FMRI Study on Neural Systems for Affective and Cognitive Empathy." *NeuroImage* 43 (3):571–580.

Nye, C. 2007. "Dependence And Independence in Clinical Supervision: An Application of Vygotsky's Developmental Learning Theory." *Clinical Supervisor* 26 (1–2):81–98.

O'Brien, A. and K. Calderwood. 2010." Living in the Shadows: A Canadian Experience of Mental Health Social Work." *Social Work in Mental Health* 8 (4):319–335.

O'Bryne, K., and J. I. Rosenberg. 1998. "The Practice of Supervision: A Sociocultural Perspective." *Counselor Education and Supervision* 38 (1):34–42.

O'Connor, Robert and Larry Spence. 1976. "Communication Disturbances in a Welfare Bureaucracy: A Case for Self-Management." *Journal of Sociology and Social Welfare* 4 (2):178–204.

O'Dell, T. 2008. "Strength of the Working Alliance and Subsequent Development of the Goal, Task, and Bond Between Supervisor and Supervisee Using Various Supervision Modalities." Doctoral dissertation, University of Wyoming.

O'Donoghue, K. and M. Tsui. 2013. "Social Work Supervision Research (1970–2010): The Way We Were and the Way Ahead." *British Journal of Social Work*, doi:10.1093/bjsw/bet115.

Occupational Safety and Health Administration. 2004. *Guidelines for Preventing Workplace Violence for Health Care and Social Service Workers*. www.osha.gov/Publications/osha3148.pdf (accessed June 23, 2011).

Ogren, M. L. and C. O. Jonsson. 2003. "Psychotherapeutic Skill Following Group Supervision According to Supervisors and Supervisees." *Clinical Supervisor* 22 (1): 25–58.

Okon, S. 2010. "Graduate Student Preferences of Social Power Use in Clinical Supervision." Master's Thesis, Southern Illinois University.

O'Leary-Kelly, A. M., L. Bowes-Sperry, C. Bates, and E. Lean. 2009. "Sexual Harassment at Work: A Decade (Plus) of Progress." *Journal of Management* 35 (3):503–536.

Olkin, R. 2002. "Could You Hold the Door for Me? Including Disability in Diversity." *Cultural Diversity and Ethnic Minority Psychology* 8 (2):130–137.

Olmstead, J. A. 1973. *Organizational Structure and Climate: Implications for Agencies*. National Study of Social Welfare and Rehabilitation Workers, Work and Organizational Contexts, Working Paper no. 2, Washington, DC: United States Government Printing Office.

Olmstead, J. A. and H. E. Christensen. 1973. *Effects of agency Work Contexts: An Intensive Field Study*. Research Report no. 2. Washington, DC: Department of Health, Education, and Welfare, Social and Rehabilitation Service.

Olson, M., C. Russell, and M. White. 2001. "Technological Implications for Clinical Supervision and Practice." *The Clinical Supervisor* 20 (2):201–215.

Olyan, Sidney D. 1972. "An Explanatory Study of Supervision in Jewish Community Centers as Compared to Other Welfare Settings." Ph.D. dissertation, University of Pittsburgh.

O'Neil, J. M. 2008. "Summarizing 25 Years of Research on Men's Gender Role Conflict Using the Gender Role Conflict Scale: New Research Paradigms and Clinical Implications." *The Counseling Psychologist* 36 (3):358–445.

Onyett, S. 2011. "Revisiting Job Satisfaction and Burnout in Community Mental Health Teams." *Journal of Mental Health* 20 (2):198–209.

Orlinsky, D. E., M. H Ronnestad, and U. Willutzki. 2004. "Fifty Years of Psychotherapy Process-Outcome Research: Continuity and Change." In *Handbook of Psychotherapy and Behavior Change*, 5th edition, ed. M. J. Lambert, pp. 307–389. New York: Wiley.

Osborn, C. J. and T. E. Davis. 1996. "The Supervision Contract: Making It Perfectly Clear." *The Clinical Supervisor* 14 (2):121–134.

Osborn, C. and B. Kelly. 2010. "No Surprises: Practices for Conducting Supervisee Evaluations." In *State of the Art in Clinical Supervision*, ed. J. Culbreth and L. Brown, pp. 19–44. New York: Routledge.

Osborn, C. J. and T. E. Davis. 1996. "The Supervision Contract: Making It Perfectly Clear." *The Clinical Supervisor* 14 (2):121–134.

Overholser, James C. 1991. "The Socratic Method as a Technique in Psychotherapy Supervision." *Professional Psychology: Research and Practice* 22 (1):68–74.

Pace, P. 2010. "Salary Survey Released: Report Finds Median Annual Base Pay of $55,000." *NASW News* 8.

Packard, T. 1981. *"The Quality of Working Life in a Social Work Bureaucracy: Participation, Performance, and Job Satisfaction.* Los Angeles: University of California (Social Welfare).

Paessler-Chesterton, H. N. 2009. "A Qualitative Examination of Counseling Supervision: An Analysis of Modality and Experience." Doctoral dissertation, Regent University.

Paetzold, R., A. O'Leary-Kelly, and R. Griffin. 2007. "Workplace Violence, Employer Liability, and Implications for Organizational Research." *Journal of Management Inquiry* 16 (4):362–370.

Paludi, M., R. Nydegger, and C. Paludi. 2006. *Understanding Workplace Violence: A Guide for Managers and Employees.* Westport, Conn.: Praeger.

Panos, P. T., A. Panos, S. E. Cox, J. L. Roby, and K. W. Matheson. 2002. Ethical Issues Concerning the Use of Videoconferencing to Supervise International Social Work Field Practicum Students. *Journal of Social Work Education* 38 (3):421–437.

Pardeck, J. T. 2001. "Using Americans with Disabilities Act (ADA) as a Tool for Helping Social Work Faculty Develop Cultural Competence in the Area of Disability." *The Clinical Supervisor* 20 (1):113–125.

Parihar, E. 1983. "Group Supervision: A Naturalistic Field Study in a Specialty Unit." *The Clinical Supervisor* 1 (4):3–14.

Paris, M. and M. Hoge, M. 2010. "Burnout in the Mental Health Workforce: A Review." *The Journal of Behavioral Health Services and Research* 37 (4):519–528.

Parker, C. 2011. "Into the Wild West: An Exploratory Study of Videoconference Telemental Health in Social Work Practice." Master's thesis, Smith College School for Social Work.

Parsloe, Phyllida and Olive Stevenson. 1978. *Social Service Teams: The Practitioner's View.* London: Her Majesty's Stationery Office.

Parsons, T. 1951. *The Social System.* Glencoe, Ill.: Free Press.

Parton, N. 2009. "Challenges to Practice and Knowledge in Child Welfare Social Work: From the 'Social' to the 'Informational'?" *Children and Youth Services Review* 31 (7):715–721.

Pashler, H., M. McDaniel, D. Rohrer, and R. Bjork. 2008. "Learning Styles: Concepts and Evidence." *Psychological Science in the Public Interest* 9(3):105–119.

Patterson, H. 2004. "Social Workers' Attitudes Toward Lesbians and Gay Men: A Survey of Recent MSW Graduates." Doctoral dissertation, New York University.

Patti, R. 2009. *The Handbook of Social Welfare Management*, 2nd edition. Thousand Oaks, CA.: Sage.

Patti, Rino J. 1977. "Patterns of Management's Activity in Social Welfare Agencies." *Administration in Social Work* 1 (1):5–18.

———. 1983. *Social Welfare Administration: Managing Social Programs in a Developmental Context.* Englewood Cliffs, NJ: Prentice-Hall.

———. 1984. "Who Leads the Human Services—The Prospects for Social Work Leadership in the Age of Political Conservatism." *Administration in Social Work* 8 (1):17–29.

———. 1987. "Managing for Service Effectiveness in Social Welfare Organizations." *Social Work* 32 (5):377–381.

Patti, Rino J., E. Diedreck, D. Olson, and J. Crowell. 1979. "From Direct Service to Administration: A Study of Social Workers' Transitions to Clinical to Management Roles." *Administration in Social Work* 3:131–151.

Patton, M. J. and D. M. Kivlighan, Jr. 1997. "Relevance of the Supervisory Alliance to the Counseling Alliance and to Treatment Adherence in Counselor Training." *Journal of Counseling Psychology* 44 (1):108–115.

Paul, M., M. Graef, E. Robinson, and K. Saathoff. 2009. "Managing Performance." In *Child Welfare Supervision*, ed. C. Potter and C. Brittain, pp. 330–362. New York: Oxford University Press.

Pawlak, Edward J. 1976. "Organizational Tinkering." *Social Work* 21 (5):376–380.

Peabody, Robert L. 1964. *Organizational Authority: Superior-Subordinate Relationships in Three Public Service Organizations.* New York: Atherton.

Peach, J. and N. Horner, N. 2007. "Using Supervision: Support or Surveillance." In *Social Work: A*

Companion to Learning, ed. M. Lymbery and K. Postle, pp. 228-239. London: Sage.

Pearson, Geoffrey. 1975. "Making Social Workers." In Radical Social Work, ed. Roy Bailey and Mike Brake, pp. 18-45. New York: Pantheon Books.

Pecora, P. 1984. "Improving The Quality of Child Welfare Services: Needs Assessment of Training Staff." Child Welfare 68 (4):403-419.

———. "Managing Human Resources: Administrative Issues." In The Handbook of Social Welfare Management, 2nd edition., ed. R. Patti, pp. 255-282. Thousand Oaks, CA: Sage.

———. 2010. Strategic Supervision: A Brief Guide for Managing Social Service Organizations. Thousand Oaks, CA: Sage.

Pelling, N. 2008. "The Relationship of Supervisory Experience, Counseling Experience, and Training in Supervision to Supervisory Identity Development." International Journal for the Advancement of Counselling 30 (4):235-248.

Peng-Sui Tan, J. 2006. "Safe Practice: A Resource Manual on Violence Prevention and Management for Mental Health Professionals." Doctoral dissertation, Pepperdine University.

Perlman, Helen H. 1947. "Content in Basic Social Casework." Social Service Review 21:76-84.

Perlmutter, F. D. 1990. Changing Hats: From Social Work Practice to Administration. Silver Spring, Md.: NASW Press.

Perron, B., H. Taylor, J. Glass, and J. Margerum-Leys. 2010. "Information and Communication Technologies in Social Work." Advances in Social Work 11 (2):67-81.

Perry, R. E. 2006. "Education and Child Welfare Supervisor Performance: Does a Social Work Degree Matter?" Research on Social Work Practice 16 (6):591-604.

Peters, Charles and Taylor Branch. 1972. Blowing the Whistle: Dissent in the Public Interest. New York: Praeger.

Petr, C. 2009. Multidimensional Evidence-Based Practice: Synthesizing Knowledge, Research, and Values. New York: Routledge.

Petty, M. M. and R. H. Miles. 1976. "Leader Sex Role Stereotyping in a Female-Dominated Work Culture." Personnel Psychology 29 (3):393-404.

Petty, M. M. and C. A. Odewahn. 1983. "Supervisory Behavior and Sex Role Stereotypes in Human Service Organizations." The Clinical Supervisor 1 (2):13-20.

Pfohl, A. H. 2004. "The Intersection of Personal and Professional Identity: The Heterosexual Supervisor's Role in Fostering the Development of Sexual Minority Supervisees." The Clinical Supervisor 23 (1):139-164.

Phelps, David L. 2013. "Supervisee Experiences of Corrective Feedback in Clinical Supervision: A Consensual Qualitative Research Study." Doctoral dissertation, Marquette University.

Pickvance, D. 1997. "Becoming a Supervisor." In Supervision in Psychotherapy and Counseling—Making a Place to Think, ed. G. Shipton, pp. 131-142. Philadelphia: Open University Press.

Pignotti, A. 2007. "If You Grab the Honey, You Better Have the Money: An In-Depth Analysis of Individual Supervisor Liability for Workplace Sexual Harassment." Ave Maria Law Review 5 (1):207-235.

Pine, B., R. Warsh, and A. Malluccio. 1998. "Participatory Management in a Public Child Welfare Agency: A Key to Effective Change." Administration in Social Work 22 (1):19-32.

Pines, A. 1982. "On Burn-Out and the Buffering Effects of Social Support." In Stress and Burn-out in Human Service Professions, ed. Barry A. Farber, pp. 155-169. New York: Pergamon Press.

Pines, A, E. Aronson, and Ditsa Kafry. 1981. Burn-Out—From Tedium to Personal Growth. New York: The Free Press.

Pines, A., A. Ben-Ari, A. Utasi, and D. Larson. 2002. "A Cross-Cultural Investigation of Social Support and Burnout." European Psychologist 7 (4):256-264.

Pines, A. and C. Maslach. 1978. "Characteristics of Staff Burn-Out in Mental Health Settings." Hospital and Community Psychiatry 29:233-237.

Pisani, A. 2005. "Talk to Me: Supervisee Disclosure in Supervision." Smith College Studies in Social Work 75 (1):29-47.

Pistole, M. C. and J. C. Fitch. 2008. Attachment Theory in Supervision: A Critical Incident Experience. Counselor Education and Supervision 47:193-205.

Pitariu, G. V. 2007. "Prediction of Impression Management in Clinical Supervision among Practicum Students." Doctoral dissertation, University of South Carolina.

Pithouse, A. 1985. "Poor Visibility—Case Talk and Collegial Assessment in a Social Work Office." Work and Occupations 12 (1):77-89.

———. 1987. Social Work: The Social Organization of an Invisible Trade. Brookfield, England: Avebury.

Piven, Herman and Donald Pappenfort. 1960. "Strain Between Administrator and Worker: A View from the Field of Corrections." Social Work 5:37-45.

Platt, J. J. 2003. "Supervision and Clinical Competency Evaluations: The Influence of the Supervisor's Gender." Doctoral dissertation, Syracuse University.

Podsakoff, P., S. MacKenzie, J. Lee, and N. Podsakoff. 2003. "Common Method Biases in Behavioral Research: A Critical Review of the Literature and Recommended Remedies." Journal of Applied Psychology 88 (5):879-903.

Poertner, J. 1986. "The Use of Client Feedback to Improve Practice: Defining the Supervisor's Role." The Clinical Supervisor 4 (4):57-67.

———. 2009. "Managing for Service Outcomes: The Critical Role of Information." In The Handbook of Human Services Management, ed. R. Patti, pp. 165-181. Thousand Oaks, CA.: Sage.

Poertner, J. and C. Rapp. 1983. "What Is Social Work Supervision?" Journal of Clinical Supervision 1:53-67.

———. 2007. *Textbook of Social Administration.: The Consumer-Centered Approach.* New York: Haworth.

Pointer, A. Y. and J. R. Fishman. 1968. *New Careers: Entry Level Training for the Human Service Aide.* Washington, DC: New Careers Development Program, University Research Corp.

Polanyi, M. 1996. *The Tacit Dimension.* Garden City, NY: Doubleday.

Ponniah, K., M. Weissman, S. Bledsoe, H. Verdeli, M. Gameroff, L. Mufson, H. Fitterling, and P. Wickramaratne. 2011. Training in Structured Diagnostic Assessment Using DSM-IV Criteria. *Research on Social Work Practice* 21 (4):452–457.

Poole, M., R. Mansfield, and J. Gould-Williams. 2006. "Public and Private Sector Managers Over 20 Years: A Test of the 'Convergence Thesis.'" *Public Management* 84 (4):1051–1076.

Pope, K. S., J. L. Sonne, and B. Greene. 2006. *What Therapists Don't Talk About and Why: Understanding Taboos That Hurt Us and Our Clients.* Washington, DC: American Psychological Association.

Potter, C. and C. Brittain. 2009. *Child Welfare Supervision: A Practical Guide for Supervisors, Managers, and Administrators.* New York: Oxford.

Poulin, J. 1995. "Job Satisfaction of Social Work Supervisors and Administrators." *Administration in Social Work* 19 (4):35–49.

Powell, David J. 1996. "A Peer Consultation Model for Clinical Supervision." *Clinical Supervisor.* 14 (2):163–169.

Preslar, D. A. 2001. "Perceptions of Counselors-In-Training and their Supervisors: Social Power, Mentoring Functions, and Satisfaction in Clinical Supervision." Doctoral dissertation, Auburn University.

Preston, M. 2004. "Mandatory Management Training for Newly Hired Child Welfare Supervisors: A Divergence Between Management Research and Training Practice." *Administration in Social Work* 28 (2):81–97.

Pretzer, Clarence A. 1929. "Significant Facts Regarding the Turnover of Case Workers in Family Welfare Agencies During 1927 and 1928." *Family* 10:163–173.

Probst, B. 2013. " 'Walking the Tightrope': Clinical Social Workers' Use of Diagnostic and Environmental Perspectives." *Clinical Social Work Journal* 41 (2): 184–191.

Proctor, B. 2008. *Group Supervision*, 2nd edition. London: Sage.

Proctor, B. and C. Sills. 2006. "Therapy Contracts with Trainee Practitioners." In *Contracts in Counseling and Psychotherapy*, 2nd edition, ed. C. Sills, pp. 152–160. London: Sage.

Protinsky, H. 2002. "Dismounting the Tiger: Using Tape in Supervision." In *The Complete Systemic Supervisor*, ed. T. Todd and C. Storm, pp. 298–308. Lincoln, NE: Authors Choice Press.

Prottas, Jeffrey. 1979. *People Processing—The Street Level Bureaucrat in Public Service Bureaucracies.* Lexington, Mass.: Lexington Books.

Purvanova, R. and J. Muros. 2010. "Gender Differences in Burnout: A Meta-Analysis." *Journal of Vocational Behavior* 77 (2):168–185.

Quarto, C. J. 2002. "Supervisors' and Supervisees' Perceptions of Control and Conflict in Counseling Supervision." *Clinical Supervisor* 21 (2):21–37.

Raelin, J. A. 1986. *The Clash of Cultures: Managers and Professionals.* Boston: Harvard Business School Press.

Rafferty, Y., R. Friend, and P. A. Landsbergis. 2001. "The Association Between Job Skill Discretion, Decision Authority and Burnout." *Work and Stress* 15 (1):73–85.

Raichelson, S. H., W. G. Herron, L. R. Primavera, and S. M. Ramirez. 1997. "Incidence and Effects of Parallel Process in Psychotherapy Supervision." *The Clinical Supervisor* 15 (2):37–48.

Raider, Melvyn C. 1977. "Installing Management By Objectives in Social Agencies." *Administration in Social Work* 1 (3):235–244.

Ramirez, Noe. 2002. "Supervisors' Personal-Professional Attributes and Approaches to Supervision in Organizations Providing Clinical Services to Mexican-American Persons." *The Clinical Supervisor* 20 (2): 117–131.

Ramirez, Noe. 2003. "Supervisors' Personal-Professional Attributes and Approaches to Supervision in Organizations Providing Clinical Services to Mexican-American Persons." *The Clinical Supervisor* 21 (2): 67–82.

Ramos-Sanchez, L., E. Esnil, A. Goodwin, S. Riggs, L. Touster, L. Wright, P. Ratanasiripong, and E. Rodolfa. 2002. "Negative Supervisory Events: Effects on Supervision Satisfaction and Supervisory Alliance." *Professional Psychology: Research and Practice* 33 (2):197–202.

Rapoport, Lydia. 1954. "The Use of Supervision as a Tool in Professional Development." *British Journal of Psychiatric Social Work* 2:66–74.

Rapp, Charles A. and Poertner, John. 1987. "Moving Clients Center Stage Through the Use of Client Outcomes." *Administration in Social Work* 11 (3/4):23–38.

Raschick, Michael, Donald E. Maypole, and Priscilla A. Day. 1998. "Improving Field Education Through Kolb Learning Theory." *Journal of Social Work Education* 34 (1):31–42.

Rasheed, M. 1997. "The Experiences of African American Male Clinical Social Work Supervisors in Cross-Racial Supervision: A Hermeneutic Phenomenological Analysis." Doctoral dissertation, Loyola University of Chicago.

Rasmussen, B. and D. Salhani. 2010. "A Contemporary Kleinian Contribution to Understanding Racism." *Social Service Review* 84 (3):491–513.

Ratliff, D. A., K. S. Wampler, and G. H. Morris. 2000. "Lack of Consensus in Supervision." *Journal of Marital and Family Therapy* 26 (3):373–384.

Ray, D. and M. Alterkruse. 2000. "Effectiveness of Group Supervision Versus Combined Group and

Individual Supervision." *Counselor Education and Supervision* 40 (1):19–30.

Reamer, F. 1989. "Liability Issues in Social Work Supervision." *Social Work* 34 (5):445–448.

———. 1994. *Social Work Malpractice and Liability: Strategies for Prevention*. New York: Columbia University Press.

———. 1995. "Malpractice Claims Against Social Workers: First Facts." *Social Work* 40 (5):595–601.

———. 1997. "Ethical Standards in Social Work: The NASW Code Of Ethics." In *1997 Supplement to the Encyclopedia of Social Work*, 19th edition, 113–123. Washington, DC: NASW Press.

———. 1998. *Ethical Standards in Social Work: A Critical Review of the NASW Code of Ethics*. Washington, DC: NASW Press.

———. 2003. *Social Work Malpractice and Liability*. New York: Columbia University Press.

———. 2004. "Ethical Decisions and Risk Management." In *Supervision as Collaboration in the Human Services: Building a Learning Culture,* ed. M. Austin and K. Hopkins, pp. 97–109. Thousand Oaks, CA: Sage.

———. 2005. Documentation in Social Work: Evolving Ethical and Risk-Management Standards. *Social Work* 50 (4):325–334.

———. 2006. *Social Work Values and Ethics* (3rd ed.). New York: Columbia University Press.

———. 2012. *Managing Social Media and Electronic Communication in Social Work Practice: Ethical and Risk-Management Issues*. Presentation to the Association of Social Work Boards 2012 Spring Education Meeting. www.aswb.org/pdfs/2012SpringMeeting/EthicsInTheEWorldPresentations.pdf (accessed June 11, 2012).

Redmond, D. 2007. "Measuring the Influence of Strength-Based and Normalizing Statements on Supervisee Perceptions of Supervision." Doctoral dissertation, University of North Carolina at Chapel Hill.

Reese, R., F. Aldarondo, C. Anderson, S. J. Lee, T. Miller, and D. Burton. 2009. "Telehealth in Clinical Supervision: A Comparison of Supervision Formats." *Journal of Telemedicine and Telecare* 15 (7):356–361.

Reese, R., L. Norsworthy, and S. Rowlands. 2009. "Does a Continuous Feedback System Improve Psychotherapy Outcome?" *Psychotherapy Theory, Research, Practice, Training* 46 (4):418–431.

Reese, R., E. Usher, D. Bowman, L. Norsworthy, J. Halstead, and S. Rowlands. 2009. "Using Client Feedback in Psychotherapy Training: An Analysis of its Influence on Supervision and Counselor Self-Efficacy." *Training and Education in Professional Psychology* 3 (3):157–168.

Reeser, Linda C. and Irwin Epstein. 1990. *Professionalization and Activism in Social Work: The Sixties, the Eighties and the Future*. New York: Columbia University Press.

Regehr, C., S. Chau, B. Leslie, and P. Howe. 2002. "An Exploration of Supervisor's and Manager's Responses to Child Welfare Reform." *Administration in Social Work* 26 (3):17–36.

Regehr, C. and G. Glancy. 2011. "When Social Workers are Stalked: Risks, Strategies, and Legal Protections." *Clinical Social Work Journal* 39 (3):232–242.

Rehr, Helen, and Gary Rosenberg. 2000. "Social Work and Health Care Yesterday, Today, and Tomorrow." In *Social Work at the Millennium: Critical Reflections on the Future of the Profession*, ed. June Gary Hopps and Robert Morris, pp. 86–122. New York: The Free Press.

Reich, Charles A. 1970. *The Greening of America*. New York: Random House.

Reiser, R. and D. Milne, D. 2012. "Supervising Cognitive-Behavioral Psychotherapy: Pressing Needs, Impressing Possibilities. "*Journal of Contemporary Psychotherapy* 42 (3):161–171.

Renfro-Michael, E. C. and J. Sheperis. 2009. "The Relationship Between Counseling Supervisee Attachment Orientation and Perceived Bond with Supervisor." *The Clinical Supervisor* 28 (2):141–154.

Respass, G. and B. Payne. 2008. "Social Services Workers and Workplace Violence." *Journal of Aggression, Maltreatment and Trauma* 16 (2):131–143.

Rey, L. 1996. "What Social Workers Need To Know About Client Violence." *Families in Society* 77 (1):33–39.

Reynaga-Abiko, Geneva. 2010. "Opportunity Amidst Challenge: Reflections of a Latina Supervisor." *Training and Education in Professional Psychology* 4 (1):19–25.

Reynolds, B. C. 1936. "Art of Supervision." *Family* 17:103–107.

———. 1942. *Learning and Teaching in the Practice Of Social Work*. New York: Farrar.

Rich, P. 1992. "Barriers to the Clinical Supervision of Direct Care Staff in a Human Service Organization: A Case Study." Doctoral dissertation, University of Massachusetts.

Richard, R. and M. R. Rodway. 1992. "The Peer Consultation Group: A Problem-Solving Perspective." *The Clinical Supervisor* 10 (1): 83–100.

Richardson, K. and H. Rothstein. 2008. "Effects of Occupational Stress Management Intervention Programs: A Meta-Analysis." *Journal of Occupational Health Psychology* 13 (1):69–93.

Richardson, R. 2010. "360-Degree Feedback: Integrating Business Know-How With Social Work Values." *Administration in Social Work* 34 (3):259–274.

Richman, Leon. 1939. "Continued Stimulation of Growth and Staff Experience." In *Proceedings of the National Conference on Social Work, June 26–July 2, 1938*, 251–265. Chicago, Ill.: University of Chicago Press.

Richmond, Mary. 1897. "The Need for a Training School in Applied Philanthropy." In *Proceedings of the National Conference of Social Welfare, 1897.*

———. 1899. *Friendly Visiting Among the Poor: A Handbook for Charity Workers.* New York: Macmillan.
Ringstad, R. 2005. "Conflict in the Workplace: Social Workers as Victims and Perpetrators." *Social Work* 50 (4):305–313.
———. 2009. "CPS: Client Violence and Client Victims." *Child Welfare* 88 (3):127–144.
Riordan, C. 2000. "Relational Demography Within Groups: Past Developments, Contradictions, and New Directions." *Research in Personnel and Human Resources Management* 19:131–173.
Rivas, F. 1984. "Perspectives on Dismissal as a Management Prerogative in Social Service Organizations." *Administration in Social Work* 8 (4):787–791.
Rivera, R. 2010. "New York Missed or Ignored Signs on Girl Who Died." *The New York Times.* www.nytimes.com/2010/10/06/nyregion/06acs. html?scp=1&sq=welfare%20girl&st=cse (accessed June 18, 2011).
Robiner, W., S. Saltzman, H. Hoberman, and J. Schirvar. 1997. "Psychology Supervisors' Training, Experiences, Supervisory Evaluation and Self-rated Competence." *The Clinical Supervisor* 16 (1):117–144.
Robinson, K. and R. Dow. 2001. "Using Graphical Feedback to Increase Social Workers' Productivity." *Administration in Social Work* 25 (3):53–64.
Robinson, Virginia. 1936. *Supervision in Social Casework,* Chapel Hill, N. C.; University of North Carolina Press.
———. 1949. *The Dynamics of Supervision Under Functional Controls.* Philadelphia: University of Philadelphia Press.
Rodenhauser, P. 1995. "Experiences and Issues in the Professional Development of Psychiatrists for Supervising Psychotherapy." *The Clinical Supervisor* 13 (1):7–22.
Rodwin, M. 2010. "The Metamorphosis of Managed Care: Implications for Health Reform Internationally." *Journal of Law, Medicine, and Ethics* 38 (2):352–364.
Rosario, Margaret 2010. "Different Patterns of Sexual Identity Development Over Time: Implications for the Psychological Adjustment of Lesbian, Gay, and Bisexual Youths." *The Journal of Sex Research* 48 (1):3–15.
Rose, M. 2003. "Good Deal, Bad Deal? Job Satisfaction in Occupations." *Work, Employment, and Society* 17 (3):503–530.
Rose, T. 2009. "Supervisors' Perspectives: Variables Influencing the Quality of Supervision." Doctoral dissertation, Marshall University.
Rosen, A. 1994. "Knowledge Use in Direct Practice." *Social Service Review* 68:561–577.
Rosen, A. and Proctor, E. 2003. *Developing Practice Guidelines for Social Work Intervention: Issues, Methods, and a Research Agenda.* New York: Columbia University Press.
Rosen, A., E. Proctor, N. Morrow-Howell, and M. Staudt. 1995. "Rationales for Practice Decisions: Variations in Knowledge Use By Decision Task and Social Work Service." *Research on Social Work Practice* 5 (4):501–523.
Rosenberg, Louis M., Sam S. Rubin, and Hilda Finzi. 1968. "Participation Supervision—The Teaching of Psychotherapy." *American Journal of Psychotherapy* 22:280–295.
Rosenfeld, H. 2008. "Addressing Personal Issues in Supervision: Positive and Negative Experiences of Supervisees." Doctoral dissertation, Widener University.
Rosenthal, L. 1999. "Group Supervision of Groups: A Modern Analytic Perspective." *International Journal of Group Psychotherapy* 49 (2):197–213.
Rothman, Beulah. 1973. "Perspectives on Learning and Teaching in Continuing Education." *Journal of Education for Social Work* 9:39–52.
Rothman, Jack. 1974. *Planning and Organizing for Social Change: Action Principles from Social Science Research.* New York: Columbia University Press.
Rowbottom, Ralph, Anthea Hay, and David Billis. 1976. *Social Service Departments—Developing Patterns of Work and Organization.* London: Heinemann.
Rowell, P. C. 2010. "Group Supervision of Individual Counseling." In *Counselor Education: Principles, Process, and Practice,* 4th edition, ed. N. Ladany and L. J. Bradley, pp. 197–214. New York: Routledge.
Roysircar, G. 2005. "Culturally Sensitive Assessment, Diagnosis, and Guidelines." In M. G. Constantine and W. D. Sue, *Strategies for Building Multicultural Competence in Mental Health And Educational Setting,* 19–38. Hoboken, NJ: Wiley.
Royster, Eugene C. 1972. "Black Supervisors: Problems of Race and Role." In *Issues in Human Services,* ed. Forence W. Kaslow et al., pp. 72–84. San Francisco: Jossey–Bass.
Rubak, S., A. Sandboek, T. Lauritzen, and B. Christensen. 2005. "Motivational Interviewing: A Systematic Review and Meta-Analysis." *British Journal of General Practice* 55 (513):305–312.
Rubenstein, Mark and David Hammond. 1982. "The Use of Video Tape in Psychotherapy Supervision." In *Applied Supervision in Psychotherapy,* ed. Michael Blumenfield, pp. 143–163. New York: Grune and Stratton.
Rubin, S. S. 1997. "Balancing Duty to Client and Therapist in Supervision: Clinical, Ethical and Training Issues." *The Clinical Supervisor* 16 (1):1–23.
Ryan, Angela Shen, and Carmen Ortiz Hendricks. 1989. "Culture and Communication: Supervising the Asian and Hispanic Social Worker." *The Clinical Supervisor* 7 (1): 27–40.
Ryan, C. 1969. "Video Aids in Practicum Supervision." *Counselor Education and Supervision* 8 (2):125–129.
Ryan, Francis. 1964. "Joint Interviewing by Field Instructor and Student." *Social Casework* 45:471–474.
Rzepnicki, T. and P. Johnson. 2005. "Examining Decision Errors in Child Protection: A New Application

of Root Cause Analysis." *Children and Youth Services Review* 27 (4):393–407.
Sabin, J. E. 1999. "How to Teach Residents about Ethical Managed Care—Even if the Mention of 'Managed Care' Makes Your Blood Boil." *Harvard Review of Psychiatry* 7 (1):64–67.
Sabin, J. E. and Daniels, N. 1994. "Determining 'Medical Necessity' in Mental Health Practice." *The Hastings Center Report* 24 (6):5–13.
Sabini, J., B. Garvey, and A. L. Hall. 2001. "Shame and Embarrassment Revisited." *Personality and Social Psychology Bulletin* 27 (1):104–117.
Sackett, D., W. Rosenberg, J. Gray, R. Haynes, and W. Richardson. 1996. "Evidence Based Medicine: What It Is And What It Isn't: It's About Integrating Individual Clinical Expertise and the Best External Evidence." *British Medical Journal* 312:71–72.
Saffo, C. 1996. "The Experience of the New Supervisor: A Phenomenological Study." Doctoral dissertation, Massachusetts School of Professional Psychology.
Sales, Esther and Elizabeth Navarre. 1970. *Individual and Group Supervision in Field Instruction: A Research Report*. Ann Arbor, Mich.: School of Social Work, University of Michigan.
Saltzburg, S., G. Greene, and H. Drew. 2010. "Using Live Supervision in Field Education: Preparing Social Work Students for Clinical Practice." *Families in Society* 91 (3):293–299.
Salus, M. 2004. *Supervising Child Protective Services Caseworkers*. Washington, DC: U.S. Department of Health and Human Services.
Salvendy J. T. 1984. "Improving Interviewing Techniques Through the Bug-in-the-Ear." *Canadian Journal of Psychiatry Revue Canadienne De Psychiatrie*. 29 (4):302–5.
Sangganjanavanich, V. and L. Black. 2011. "The Initial Development of the Multicultural Supervision Scale." *Journal of Professional Counseling: Practice, Theory, and Research* 38 (2):18–36.
Sapper, E. 2011. *Sticks and Stones: A Federal Definition of Workplace Violence May Not Match Yours. HR Magazine* 115–118.
Sarnat, J. E. 1992. "Supervision in Relationship: Resolving the Teach-Treat Controversy in Psychoanalytic Supervision." *Psychoanalytic Psychology* 9 (3):387–403.
Sarratt, W. 1999. "Hospital Liability for Negligent Hiring and Supervision." *Hospital Security and Safety Management* 19 (11):12–14.
Satterly, B. A. and D. Dyson. 2008. Sexual Minority Supervision. *The Clinical Supervisor* 27 (1):17–38.
Satyamurti, Carole. 1981. *Occupational Survival*. Oxford, England: Basil Blackwell.
Savaya, R., F. Gardner, and D. Stange. 2011. "Stressful Encounters with Social Work Clients: a Descriptive Account Based on Critical Incidents." *Social Work* 56 (1):63–71.
Savaya, R. and S. E. Spiro. 1997. " Reactions of Practitioners to the Introduction of a Standard Instrument to Monitor Clinical Outcomes." *Journal of Social Service Research* 22 (4):39–55.
Savickas, M. L., C. D. Marquart, and C. R. Supinski. 1986. "Effective Supervision in Groups." *Counselor Education and Supervision* 14:17–25.
Savicki, V. 2002. *Burnout Across Thirteen Cultures: Stress and Coping in Child and Youth Care Workers*. Westport, Conn.: Praeger.
Schaufeli, W., M. Leiter, and C. Maslach. 2009. Burnout: 35 Years of Research and Practice. *Career Development International* 14 (3):204–220.
Scheel, M., M. Berman, M. Friedlander, C. Conoley, C. Duan, and S. Whiston. 2011a. "Whatever Happened to Counseling in Counseling Psychology?" *The Counseling Psychologist* 39 (5):673–692.
———. 2011b. Counseling-Related Research in Counseling Psychology: Creating Bricks, Not Edifices. *The Counseling Psychologist* 39 (5):719–734.
Scheeler, M., K. McKinnon, and J. Stout. 2012. "Effects of Immediate Feedback Delivered Via Webcam and Bug-in-Ear Technology on Pre-Service Teacher Performance." *Teacher Education and Special Education* 35 (1):77–90.
Schein, E. H. 1970. *Organizational Psychology*, 2nd edition, Englewood Cliffs, N.J.: Prentice-Hall.
———. 2010. *Organizational Culture and Leadership*. San Francisco: Jossey-Bass.
Scher, Maryonda. 1981. "Gender Issues in Psychiatric Supervision." *Comprehensive Psychiatry* 22 (2):179–183.
Schilit, Warran K. and Edwin Locke. 1982. "A Study of Upward Influence in Organizations." *Administrative Science Quarterly* 27 (2):304–315.
Schmidt, Frances and Martha Perry. 1940. "Values and Limitations of the Evaluation Process. I: As Seen by the Supervisor. II: As Seen by the Worker." In *Proceedings of the National Conference of Social Work*, pp. 629–647. New York: Columbia University Press.
Schoenwald, S. K., A. J. Sheidow, and J. E. Chapman. 2009. "Clinical Supervision in Treatment Transport: Effects on Adherence and Outcomes." *Journal of Consulting and Clinical Psychology* 77 (3):410–421.
Schreiber, Pamela and Elaine Frank. 1983. "The Use of a Peer Supervision Group by Social Work Clinicians." *The Clinical Supervisor* 1 (1):29–36.
Schroffel, A. 1999. "How Does Clinical Supervision Affect Job Satisfaction?" *Clinical Supervisor* 18 (2):91–105.
Schubert, G. and J. Nelson. 1976. "An Analysis of Verbal Behaviors Occurring in Speech Pathology Supervisory Sessions." *The Journal of the National Student Speech and Hearing Association* 4:17–26.
Schuster, Daniel B., John J. Sandt, and Otto F. Thaler. 1972. *Clinical Supervision of the Psychiatric Resident*. New York: Brunner/Mazel.
Schutz, Benjamin M. 1982. *Legal Liability in Psychotherapy*. San Francisco: Jossey-Bass.
Schwartz, H. 1990. "Transition to Administration: A Comparative Study of Social Workers and

Psychologists." Doctoral dissertation, University of Tennessee, Knoxville.

Scott, R. W. 1969. "Professional Employees in a Bureaucratic Structure." In *The Semiprofessions and Their Organization*, ed. Amitai Etzioni, pp. 82–140. New York: Free Press.

Scott, T., N. Pachana, and K. Sofronoff. 2011. Survey of Current Curriculum Practices Within Australian Postgraduate Clinical Training Programmes: Students' and Programme Directors; Perspectives. *Australian Psychologist*, 46 (2):77–89.

Scurfield, Raymond, M. 1981. "Clinician to Administrator: Difficult Role Transition?" *Social Work* 26 (6):495–501.

Searles, Harold F. 1955. "The Informational Value of the Supervisor's Emotional Experiences." *Psychiatry* 18 (2):135–146.

Secret, M. (2011, March). "Welfare Worker and Supervisor Charged in Death of Child." *The New York Times*. www.nytimes.com/2011/03/24/nyregion/24acs.html (accessed March 23, 2012).

Seligman, M. 1995. "The Effectiveness of Psychotherapy: The Consumer Reports Study." *American Psychologist* 50 (12):965–974.

Sennett, Richard. 1981. *Authority*. New York: Vintage Books.

Shackelford, K., M. Harper, K. Sullivan, and T. Edwards. 2007. "Systematic Case Review Data and Child Protective Services Outcomes: The Development of a Model In Mississippi." *Journal of Evidence-Based Social Work* 4 (3/4):117–131.

Shamai, M. 1998. "Therapist in Distress: Team-Supervision of Social Workers and Family Therapists Who Work and Live Under Political Uncertainty." *Family Process* 37 (2):245–259.

Shamay-Tsoory, Simone 2011. "The Neural Bases for Empathy." *The Neuroscientist* 17 (1):18–24.

Shanfield, S. B., P. C. Mohl, K. L. Matthews, and V. Hetherly. 1992. "Quantitative Assessment of the Behavior of Psychotherapy Supervisors." *American Journal of Psychiatry* 149 (3):352–357.

Shapiro, Constance H. 1982. "Creative Supervision—An Underutilized Antidote." In *Job Stress and Burnout: Research, Theory, and Intervention Perspectives*, ed. Whiton S. Paine. Beverly Hills, Calif.: Sage Publications.

Shapiro, Deborah. 1976. *Agencies and Foster Children*. New York: Columbia University Press.

Shapiro, S., J. Astin, S. Bishop, and M. Cordova. 2005. "Mindfulness-Based Stress Reduction for Health Care Professionals: Results From a Randomized Trial." *International Journal of Stress Management* 12 (2): 164–176.

Sharf, J., L. Primavera, and M. Diener. 2010. "Dropout and Therapeutic Alliance: A Meta-Analysis of Adult Individual Psychotherapy." *Psychotherapy* 47 (4):637–635.

Shelton, K. and E. Delgado-Romero. 2011. "Sexual Orientation Microaggressions: The Experience of Lesbian, Gay, Bisexual, and Queer Clients in Psychotherapy." *Journal of Counseling Psychology* 58 (2):210–221.

Shen-Miller, D., D. Olson, and T. Bolling. 2011. "Masculinity in Nontraditional Occupations: Ecological Constructions." *American Journal of Men's Health* 5 (1):18–29.

Shimokawa, K., M. Lambert, D. Smart. 2010. "Enhancing Treatment Outcomes of Patients at Risk of Treatment Failure. Meta-Analytic and Mega-Analytic Review of a Psychotherapy Quality Assurance System." *Journal of Counseling and Clinical Psychology* 78 (3):298–311.

Shin, J. 2011. "Client Violence and its Negative Impacts on Work Attitudes of Child Protection Workers Compared to Community Service Workers." *Journal of Interpersonal Violence* 26 (16):3338–3360.

Shinn, Marybeth and Hanne Morch. 1982. "A Tripartite Model of Coping With Burn-Out." In *Stress and Burn-out in the Human Service Professions*, ed. Barry A. Farber, pp. 227–238. New York: Pergamon Press.

Shriberg, L. et al. 1975. "The Wisconsin Procedures for Appraisal of Clinical Competence." *American Speech-Language-Hearing Association* 17 (3):158–165.

Shulman, L. 1982. *Skills of Supervision and Staff Management*. Itasca, Ill.: Peacock Publishers.

———. 1991. *Interactional Social Work Practice: Toward an Empirical Theory*. Itasca, Ill: Peacock.

———. 2005. "The Clinical Supervisor-Practitioner Working Alliance: A Parallel Process." *The Clinical Supervisor* 24 (1/2):23–47.

———. 2010. *Interactional Supervision*, 3rd edition. Washington, DC: NASW Press.

Shulman, L. and A. Safyer. 2007. "Editorial." *The Clinical Supervisor* 26 (1/2):1–2.

Shumaker, T. and A. Feldstein. 2004. "Employer Liability for Workplace Violence." *Public Management* 86 (3):34–35.

Shute, V. 2008. "Focus on Formative Feedback." *Review of Educational Research* 78 (1):153–189.

Shyne, Ann W. 1980. "Who Are The Children? A National Overview of Services." *Social Work and Abstracts*. 16:28–33.

Sidall, Lawrence B. and Barbara J. Bosma. 1976. "Co-Therapy as a Training Process." *Psychotherapy: Theory, Research Practice* 13 (3):209–213.

Siebert, D. 2001. "Work and Well Being: A Survey of Distress and Impairment Among North Carolina Social Workers." Doctoral Dissertation: University of North Carolina at Chapel Hill.

———. 2006. "Personal and Occupational Factors in Burnout Among Practicing Social Workers: Implications for Researchers, Practitioners, and Managers." *Journal of Social Service Research* 32 (2):25–44.

Siebert, D., C. Siebert, and A. Taylor-McLaughlin. 2007. "Susceptibility to Emotional Contagion: Its Measurement and Importance to Social Work." *Journal of Social Service Research* 33 (3):47–56.

Silver, P. T., J. E. Poulin, and R. C. Manning. 1997. "Surviving the Bureaucracy: The Predictors of Job Satisfaction for the Public Agency Supervisor." *The Clinical Supervisor* 15 (1):1–20.

Simon, Herbert A. 1976. *Administrative Behavior. A Study of Decision-Making Processes in Administrative Organization*, 2nd edition. New York: Free Press.

Simpson, Richard L. and Ida H. Simpson. 1969. "Women and Bureaucracy in the Semiprofessions." In *The Semiprofessions and Their Organization*, ed. Amitai Etzioni, pp. 96–265. New York: Free Press.

Singh, A. 2010. "Introduction to the Special Issue: Translating the Competencies for Counseling with Transgender Clients into Counseling Practice, Research, and Advocacy." *Journal of LGBT Issues in Counseling* 4 (3/4):126–134.

Singh A. A. and T. R. Burnes. 2010. "Introduction to the Special Issue: Translating the Competencies for Counseling with Transgender Clients into Counseling Practice, Research, and Advocacy." *Journal of LGBT Issues in Counseling* 4 (3):126–134.

Sleight, C. 1984. "Games People Play in Clinical Supervision." *American Speech-Language-Hearing Association* 26 (1):27–29.

Slovenko, Ralph. 1980. "Legal Issues in Psychotherapy Supervision." In *Psychotherapy Supervision-Theory Research and Practice*, ed. Allen K. Hess, pp. 453–473. New York: Wiley.

Smerek, R., and M. Peterson. 2007. "Examining Herzberg's Theory: Improving Job Satisfaction Among Non-Academic Employees at a University." *Research in Higher Education* 48 (2):229–250.

Smith, D. M. 1972. "Group Supervision: An Experience." *Social Work Today* (London) 3:13–15.

Smith, H. L. and C. P. Doeing. 1985. "Japanese Management: A Model for Social Work Administration?" *Administration in Social Work* 9 (1):1–11.

Smith, G., G. Glass, and T. Miller, T. 1980. *The Benefits of Psychotherapy*. Baltimore: Johns Hopkins University Press.

Smith, R. C., D. E. Mead, and J. A. Kinsella. 1998. "Direct Supervision: Adding Computer-Assisted Feedback and Data Capture to Live Supervision." *Journal of Marital and Family Therapy* 24 (1):113–125.

Smith, Zilpha D. 1884. "Volunteer Visiting, the Organization Necessary to Make it Effective." In *Proceedings of The National Conference of Charities and Corrections*. Boston: George H. Ellis.

———. 1887. "How to Get and Keep Visitors." In *Proceedings of the National Conference of Charities and Corrections*, pp. 156–162. Boston: George H. Ellis.

———. 1892. "The Education of the Friendly Visitor." *The Charities Review* 2 (1):48–58.

———. 1901a. "Friendly Visitors." *Charities* 7:159–160.

———. 1901b. "How to Win and How to Train Charity Visitors." *Charities* 7:46–47

Smither, J., M. London, and R. Reilly. 2005. "Does Performance Improve Following Multisource Feedback? A Theoretical Model, Meta-Analysis, and Review of Empirical Findings." *Personnel Psychology* 59 (1):33–66.

Sobell, L. C., H. L. Manor, M. B. Sobell, and M. Dum. 2008. "Self-Critiques of Audiotaped Therapy Sessions: A Motivational Procedure for Facilitating Feedback During Supervision." *Training and Education Professional Psychology* 2 (3):151–155.

Sosin, M. 2010. "Discretion in Human Service Organizations." In *Human Services as Complex Organizations*, 2nd edition, ed. Y. Hasenfeld, pp. 381–403. Thousand Oaks, CA: Sage.

Southwick, S., M. Vythilingam, and D. Charney. 2005. "The Psychobiology of Depression and Resilience to Stress: Implications for Prevention and Treatment." *Annual Review of Clinical Psychology* 1:255–291

Spence, J. and L. Keeping. 2011. "Conscious Rating Distortion in Performance Appraisal: A Review, Commentary, and Proposed Framework for Research." *Human Resource Management Review* 21 (2):85–95.

Spence, S. H., J. Wilson, D. Kavanagh, J. Strong, and L. Worrall. 2001. "Clinical Supervision in Four Mental Health Professions: A Review of the Evidence." *Behaviour Change* 18 (3):135–155.

Spencer, P. C. and S. Munch. 2003. "Client Violence Towards Social Workers: The Role of Management in Community Mental Health Programs." *Social Work* 48 (4):532–544.

Spitzer, Robert, A. Skodol, J. Williams, M. Gibbon, and F. Kass. 1982. "Supervising Intake Diagnosis: A Psychiatric 'Rashomon.'" *Archives of General Psychiatry* 39 (11):1297–1305.

Spitzer, W. 2006. *Supervision of Health Care Social Work*. Petersburg, VA: Dietz Press.

Springer, M. and M. A. Newman. 1983. "Improving Productivity in Child Welfare Programs." *Child Welfare* 57 (5):409–420.

Stalker, C., J. Mandell, K. Frensch, C. Harvey, and M. Wright. 2007. "Child Welfare Workers Who Are Exhausted yet Satisfied with Their Jobs: How Do They Do It?" *Child and Family Social Work* 12 (2):182–191.

Starling, B., S. Baker, and L. Campbell. 1996. "The Impact of Structured Peer Supervision on Practicum Supervisees." Paper presented at the American Psychological Association, Toronto, Canada.

Staw, B. and Y. Cohen-Charash. 2005. "The Dispositional Approach to Job Satisfaction: More Than a Mirage, But Not Yet an Oasis." *Journal of Organizational Behavior* 26 (1):59–78.

Steggert, Frank X. 1970. "Organization Theory: Bureaucratic Influences and the Social Welfare Task." In *Social Work Administration: A Resource Book*, ed. Harry A. Schatz, pp. 43–56. New York: Council on Social Work Education.

Stein, H. 1961. "Administrative Implications of Bureaucratic Theory." *Social Work* 6 (3):14–21.

———. 1965. "Administration." In *Encyclopedia of Social Work*, ed. Robert Morris. New York: National Association of Social Workers.

Stein, L. 2005. "An Exploratory Study of Social Work Supervision in Not-For-Profit Agencies: The Supervisee's Perception of Its Usefulness in Direct Practice with Clients." Doctoral dissertation, Adelphi University.

Stein, S. P, T. B. Karasu, E. S. Charles, and P. J. Buckley. 1975. "Supervision of the Initial Interview—A Study of Two Methods." *Archives of General Psychiatry* 32:265–268.

Steiner, Richard. 1977. *Managing the Human Service Organization—From Survival to Achievement*. Beverly Hills, Calif.: Sage.

Stelling, Joan and Rue Bucher. 1973. "Vocabularies of Realism in Professional Socialization." *Social Science and Medicine* 7 (9):661–675.

Sterling, E. 2009. "Clinical Supervision for Hospital Social Workers: Promise Versus Reality." Master's thesis, McMaster University.

Sterner, W. 2009. "Influence of the Supervisory Working Alliance on Supervisee Work Satisfaction and Work-Related Stress." *Journal of Mental Health Counseling* 31 (3):249–263.

Stevens, M. 2008. "Workload Management in Social Work Services: What, Why and How?" *Practice: Social Work in Action* 20 (4):207–221.

Stevens, Ruth N. and Fred A. Hutchinson. 1956. "A New Concept of Supervision is Tested." *Social Work* 1 (3):50–55.

Stiles, Evelyn. 1963. "Supervision in Perspective." *Social Casework* 44:19–25.

Stodgill, R. M. and A. E. Coons. 1957. *Leader Behavior: Its Description and Measurement*. Columbus Ohio: Bureau of Business Research, Ohio State University.

Stoesz, D. and H. Karger. 1990. "Welfare Reform: From Illusion to Reality." *Social Work* 35 (2):141–147.

Stoesz, D., H. Karger, and T. Carrilio. 2010. *A Dream Deferred: How Social Work Education Lost Its Way and What Can Be Done*. New Brunswick: Aldine Transaction.

Stoltenberg, C. D. and B. W. McNeill. 1997. "Clinical Supervision from Developmental Perspective: Research and Practice." In *Handbook of Psychotherapy Supervision*, ed. C. Watkins, pp. 184–202. New York: Wiley.

Stoltenberg, C. D., B. W. McNeill, and H. C. Crethar. 1994. "Changes in Supervision as Counselors and Therapists Gain Experience: A Review." *Professional Psychology: Research and Practice* 25 (4):416–449.

Stoltenberg, C. D. and T. M. Pace. 2008. "Science and Practice in Supervision: An Evidence-Based Practice in Psychology Approach." In *Biennial Review of Counseling Psychology*, ed. B. W. Walsh, pp. 71–95. New York, NY: Routledge/Taylor & Francis Group.

Stoltenberg, C. D., R. A. Pierce, and B. W. McNeill. 1987. "Effects of Experience on Counselor Trainees' Needs." *The Clinical Supervisor* 5 (1):23–32.

Strand, V. C. and L. Badger. 2005. "Professionalizing Child Welfare: An Evaluation of a Clinical Consultation Model for Supervisors." *Children and Youth Services Review* 27 (8):865–880.

Strand, V. and M. Dore. 2009. "Job Satisfaction in a Stable State Child Welfare Workforce: Implications for Staff Retention." *Children and Youth Services Review* 31 (3):391–397.

Strassle, C., J. Borckardt, L. Handler, and M. Nash. 2011. "Video-Tape Role Induction for Psychotherapy: Moving Forward." *Psychotherapy* 48 (2):170–178.

Strawgate-Kanefksky, L. 2000. "A National Survey of Clinical Social Workers' Knowledge, Attitudes, and Practice Regarding Sexuality." Doctoral dissertation, New York University.

Strolin, J., M. McCarthy, and J. Caringi. 2006. "Causes and Effects of Child Welfare Workforce Turnover: Current State of Knowledge and Future Directions." *Journal of Public Child Welfare* 1 (2):29–52.

Strom-Gottfired, K. 1998. "Is 'Ethical Managed Care' and Oxymoron?" *Families in Society* 79 (3):297–307.

———. "When Colleague Accuses Colleague: Adjudicating Personnel Matters Through the Filing of Ethics Complaints." *Administration in Social Work* 23 (2):1–16.

———. 2006. "Managing Human Resources." In *Effectively Managing Nonprofit Organizations*, ed. R. Edwards and J. Yankey, pp. 141–178. Washington DC: NASW Press.

Studt, E. 1959. "Worker Client Authority Relationships in Social Work." *Social Work* 4:18–28.

Suazo, M. 2009. "The Mediating Role of Psychological Contract Violation on the Relations Between Psychological Contract Breach and Work-Related Attitudes and Behaviors." *Journal of Managerial Psychology* 24 (2):136–160.

Suazo, M. and E. Stone-Romero. 2011. "Implications of Psychological Contract Breach: A Perceived Organizational Support Perspective." *Journal of Managerial Psychology* 26 (5):366–382.

Sue, Derald Wing, C. Capodilupo, G. Torino, J. Bucceri, A. Holder, K. Nadal, and M. Esquilin. 2007. "Racial Microaggressions in Everyday Life: Implications for Clinical Practice." *American Psychologist* 62 (4):271–286.

Sue, Derald Wing and D. Sue. 2012. *Counseling the Culturally Diverse: Theory and Practice*, 6th edition. Hoboken, NJ: Wiley.

Suess, James F. 1970. "Self-Confrontation of Videotaped Psychotherapy as a Teaching Device for Psychiatric Students." *Journal of Medical Education* 45 (5):271–282.

Sumerel, M. B. and L. D. Borders. 1996. "Addressing Personal Issues in Supervision: Impact of Counselors' Experience Level on Various Aspects of the Supervisory Relationship." *Counselor Education and Supervision* 35 (4):268–286.

Sussman, T., M. Bogo, and J. Globerman, J. 2007. "Field Instructor Perceptions in Group Supervision." *The Clinical Supervisor* 26 (1/2):61–80.

Suter, E., S. Deutschlander, G. Mikelson, Z. Nurani, J. Lait, L. Harrison, S. Jarvis-Selinger, L. Bainbridge, C. Achilles, K. Ho, and R. Grymonpre. 2012. "Can Interprofessional Collaboration Provide Human Resources Solutions? A Knowledge Synthesis." *Journal of Interprofessional Care*, 26 (4):261–268.

Sutter, E., R. H. McPherson, and R. Geeseman. 2002. "Contracting for Supervision." *Professional Psychology: Research and Practice* 33:495–498.

Swain, K., R. Whitley, G. McHugo, and R. Drake. 2010. "The Sustainability of Evidence-Based Practices in Routine Mental Health Agencies." *Community Mental Health Journal* 46 (2):119–129.

Swank, E. and L. Raiz. 2010. "Attitudes Toward Gays and Lesbians Among Undergraduate Social Work Students." *Affilia: Journal of Women and Social Work* 25 (1):19–29.

Swanson, Al and John A. Brown. 1982. "Racism, Supervision, and Organizational Environment." *Administration in Social Work* 5 (2):59–67.

Szakacs, J. 1977. "Survey Indicates Women Losing Ground in Leadership." *NASW News* 22:12.

Taibbi, R. 1995. *Clinical Supervision: A Four-Stage Process of Growth and Recovery.* Milwaukee: Families International, Inc.

Talen, M. R. and N. Schindler. 1993. "Goal-Directed Supervision Plans: A Model for Trainee Supervision and Evaluation." *The Clinical Supervisor* 11 (2):77–88.

Tanner, M. 2011. "An Examination of the Effectiveness of Co-Therapy Supervision on Treatment Outcome, Client Retention, and Therapy Training." Doctoral dissertation, The American University.

Taylor, J. L. 1980. "A Practice Note on Staff Reorganization." *Child Welfare* 59 (9):583–587.

Taylor J. and J. H. Westover. 2011. "Job Satisfaction in the Public Service: The Effects of Public Service Motivation, Workplace Attributes and Work Relations." *Public Management Review* 13 (5):731–751.

Tebb, S., D. W. Manning, and T. K. Klaumann. 1996. "A Renaissance of Group Supervision in Practicum." *The Clinical Supervisor* 14 (2):39–51.

Tebes, J., S. Matlin, S. Migdole, M. Farkas, R. Money, L. Shulman, L. and M. Hoge. 2011. "Providing Competency Training to Clinical Supervisors Through an Interactional Supervision Approach." *Research on Social Work Practice* 21 (2):190–199.

Tenny, Mrs. 1895–96. "Aid to Friendly Visitors." *The Charity Review* 5:202–211.

Terrell, F., J. Taylor, J. Menzise, and R. Barrett. 2009. "Cultural Mistrust: A Core Component of African American Consciousness." In *Handbook of African American Psychology*, ed. H. Neville, B. Tynes, and S. Utsey, pp. 299–310. Thousand Oaks, CA.: Sage

Thomas, G. and A. LaCavera. 1979. "Evaluation of the South Carolina Department of Social Services Child Protective Services Certification Training Program." Thesis, Georgia Regional Institute of Social Welfare Research.

Thomas, J. 2007. "Informed Consent Through Contracting for Supervision: Minimizing Risks, Enhancing Benefits." *Professional Psychology: Research and Practice* 38 (3):221–231.

Thurber, S. 2005. "The Effects of Direct Supervision on Therapist Behavior: An Initial Functional Analysis." Doctoral dissertation, Brigham Young University.

Thwing, A. W. 1893. "The 'Friendly Visitor' at Boston, U.S.A." *Charity Organization Review* 19:234–236.

Thyer, B. and L. Meyers. 2010. The Quest or Evidence-Based Practice: A View From the United States. *Journal of Social Work* 11 (1):8–25.

Todd, T. 2002. "Privately Contracted Supervision." In *The Complete Systemic Supervisor,* ed. T. Todd and C. Storm, pp. 125–134. Lincoln, NE: Authors Choice Press.

Todd, T. and C. Storm. 2002. *The Complete Systemic Supervisor.* Lincoln, NE: Authors Choice Press.

Toldson, I. and S. Utsey, S. 2008. "Racial and Cultural Aspects of Psychotherapy and Supervision." In *Psychotherapy Supervision: Theory, Research, and Practice,* 2nd edition, ed. A. Hess, K. Hess, and T. Hess, pp. 537–559. Hoboken, NJ: Wiley.

Toren, Nina. 1972. *Social work: The Case of a Semiprofession.* Beverly Hills, Calif.: Sage Publications.

Towle, Charlotte. 1945. *Common Human Needs.* Washington, DC: United States Government Printing Office.

———. 1954. *The Learner in Education for the Professions: As Seen in Education for Social Work.* Chicago: University of Chicago Press.

———. 1962. "Role of Supervision in the Union of Cause and Function in Social Work." *Social Service Review* 36 (4):396–411

Tracy, S., K. Myers, and C. Scott. 2006. "Cracking Jokes and Crafting Selves: Sense Making and Identity Management Among Human Services Workers." *Communication Monographs* 73 (3):283–308.

Travis, D. and M. Mor Barak. 2010. "Fight or Flight? Factors Influencing Child Welfare Workers' Propensity to Seek Positive Change or Disengage from Their Jobs." *Journal of Social Service Research* 36 (3):188–205.

Tromski-Klingshirn, D. 2006. "Should the Clinical Supervisor Be the Administrative Supervisor? The Ethics Versus the Reality." *Clinical Supervisor* 25 (1–2):53–67.

Tromski-Klingshirn, D. M. and T. Davis. 2007. "Supervisees' Perceptions of Their Clinical Supervision: A Study of the Dual Role of Clinical and Administrative Supervisor." *Counselor Education and Supervision* 46 (4):294–304.

Tsang, Nai-Ming. 1993. "Shifts of Students' Learning Styles on a Social Work Course." *Social Work Education* 12 (1):62–76.

Tsong, Y. V. 2004. "The Roles of Supervisee Attachment Styles and Perception of Supervisors' General and Multicultural Competence in Supervisory Working

Alliance, Supervisee Omissions in Supervision, and Supervision Outcome." Doctoral dissertation, University of Southern California.

Tsui, Anne S., and Charles A. O'Reilly. 1989. "Beyond Simple Demographic Effects: The Importance of Relational Demography in Superior-Subordinate Dyads." *Academy of Management Journal* 32 (2): 402–423.

Tsui, M.-S. 1997. "Empirical Research on Social Work Supervision: The State of the Art (1970–1995)." *Journal of Social Service Research* 23 (2):39–51.

———. 2004. "The Supervisory Relationship of Chinese Social Workers in Hong Kong." *The Clinical Supervisor* 22 (2): 99–120.

———. 2005. *Social Work Supervision: Context and Concepts*. Thousand Oaks, CA: Sage.

Tsui, M.-S. and W. Ho. 1997. "In Search of a Comprehensive Model of Social Work Supervision." *The Clinical Supervisor* 16 (2):181–205.

Tsui, M.-S., W. S. Ho, and C. M. Lam. 2005. "The Use of Supervisory Authority in Chinese Cultural Context." *Administration in Social Work* 29 (4):51–68.

Tuckman, A. and H. Finkelstein. 1999. "Simultaneous Roles: When Group Co-Therapists Also Share a Supervisory Relationship." *The Clinical Supervisor* 18:185–202.

Tummala-Narra, P. 2004. "Dynamics of Race and Culture in the Supervisory Experience. *Psychoanalytic Psychology* 21 (2):300–311.

Turcotte, D., G. Lamonde, and A. Beaudoin. 2009. "Evaluation of an In-Service Training Program for Child Welfare Practitioners." *Research on Social Work Practice* 19 (1):31–41.

Turnbull, S. 2011. "Wisconsin Protests: Do Americans Agree with Tea Party View of Unions?" *The Christian Science Monitor*. www.csmonitor.com/USA/Politics/2011/0219/Wisconsin-protests-Do-Americans-agree-with-tea-party-view-of-unions (accessed July 5, 2011).

Tusting, K. and D. Barton. 2003. *Models of Adult Learning: A Literature Review*. London: National Research and Development Centre for Adult Literacy and Numeracy, Institute of Education, University of London.

Twohey, D. and J. Volker. 1993. "Listening for the Voices of Care and Justice in Counselor Supervision." *Counselor Education and Supervision* 32 (3):189–197.

Tyler, Ralph W. 1971. *Basic Principles of Curriculum and Instruction*. Chicago: University of Chicago Press.

Tziner, A., K. Murphy, and J. Cleveland. 2005. "Contextual and Rater Factors Affecting Rater Behavior." *Group and Organizational Management* 30 (1):89–98.

United States Census Bureau. 2004. *Census Bureau Projects Tripling of Hispanic and Asian Populations in 50 Years*. U.S Census Bureau News. Washington, DC: U.S. Department of Commerce. www.census.gov/PressRelease/www/releases/archives/population/001720.html (accessed May 16, 2010).

United States Civil Service Commission. 1955. *Leadership and Supervision: A Survey of Research Findings*. Washington, DC: United States Civil Service Commission, Personnel Management Series.

United States Department of Education. 2008. *Sexual Harassment: It's Not Academic*. www2.ed.gov/about/offices/list/ocr/docs/ocrshpam.pdf (accessed December 22, 2011).

United States Department of Health, Education and Welfare. 1978. *Systems of Social Services for Children and Families: Detailed Design*. DHEW Publication no. (OHDS) 73–30131. Washington, DC: United States Government Printing Office.

United States Department of Health and Human Services. 2001. *National Practitioner Data Bank Guidebook*. www.npdb-hipdb.hrsa.gov/resources/NPDBGuidebook.pdf (accessed October 8, 2013).

———. 2010. *The Health Insurance Portability and Accountability Act of 1996 (HIPAA) Privacy and Security Rules*. www.hhs.gov/ocr/privacy/ (accessed July 1, 2010).

United States Department of Justice. 1996. *The Freedom of Information Act 5 U.S.C. § 552, As Amended By Public Law No. 104-231, 110 Stat. 3048. FOIA Update*, Vol. XVII, No. 4. www.justice.gov/oip/foia_updates/Vol_XVII_4/page2.htm (accessed July 1, 2010).

United States Department of Labor. 2011. *E-laws—First Step Employment Law Advisor*. www.dol.gov/elaws/firststep/ (accessed July 14, 2011).

United States Government Printing Office. 2011. *Code of Federal Regulations: Guidelines on Discrimination Because of Sex*. www.gpo.gov/fdsys/pkg/CFR-2011-title29-vol4/xml/CFR-2011-title29-vol4-part1604.xml (accessed December 22, 2011).

Ungar, M. and L. Costanzo. 2007. "Supervision Challenges when Supervisors are Outside Supervisees' Agencies." *Journal of Systemic Therapies* 26 (2):68–83.

Utsey, S. O., C. A. Gernat, and L. Hammar. 2005. "Examining White Counselor Trainees' Reactions to Racial Issues in Counseling and Supervision Dyads." *The Counseling Psychologist* 33 (4):449–478.

Valle, M. and D. Bozeman. 2002. "Interrater Agreement on Employees' Job Performance: Review and Directions." *Psychological Reports* 90 (3):975–983.

Van Atta, R. E. 1969. "Co-Therapy as a Supervisory Process." *Psychotherapy: Theory, Research and Practice* 6 (2):137–139.

Van Emmerik, H., H. Wendt, and M. Euwema. 2010. "Gender Ratio, Societal Culture, and Male and Female Leadership." *Journal of Occupational and Organizational Psychology* 83 (4):895–914.

Van Heugten, K. 2010. "Bullying of Social Workers: Outcomes of a Grounded Study Into Impacts and Interventions." *British Journal of Social Work* 40 (2):638–655.

Van Soest, D. and J. Kruzich. 1994. "The Influence of Learning Styles on Student Field Instructor

Perceptions of Field Placement Success." *Journal of Teaching in Social Work* 9 (1/2):49–69.

Van Voorhis, R. and M. Wagner. 2002. "Among the Missing: Content on Lesbian and Gay People in Social Work Supervisors." *Social Work* 47 (4):345–354.

Vance v. Ball State University, No. 11-556. Decided June 24. 2013. www.supremecourt.gov/opinions/12pdf/11-556_1102.pdf (accessed June 24, 2013).

VanderKolk, C. 1974. "The Relationship of Personality, Values, and Race to Anticipation of the Supervisory Relationship." *Rehabilitation Counseling Bulletin* 18 (1):41–46.

Vanderstraeten, Raf. 2007. "Professions in Organizations, Professional Work in Education." *British Journal of Sociology of Education* 28 (5):62–635.

VanDerWege, A. 2011. "Counselor Trainees' Experience of Analyzing Their Counseling Sessions During a Master's-Level Practicum." Doctoral dissertation, Western Michigan University.

Vandiver, V. 2008. "Managed Care." In *Encyclopedia of Social Work*, 20th edition, ed. T. Mhzrahi and L. Davis, pp. 144–148. New York: Oxford University Press.

Vargus, Ione D. 1980. "The Minority Administrator." In *Leadership in Social Administration*, ed. Simon Slavin and Felice D. Perlmutter, pp. 216–229. Philadelphia: Temple University Press.

Vasquez, M. J. T. 2007. "Cultural Differences and the Therapeutic Alliance: An Evidence-Based Analysis." *American Psychologist* 62 (8):878–885.

Veeder, N. W. 1990. "Autonomy, Accountability, and Professionalism: The Case Against Close Supervision in Social Work." *The Clinical Supervisor* 8 (2):33–47.

Veigel, R. 2009. "Community Perceptions of Social Workers." Master's thesis, University of Texas at Arlington. dspace.uta.edu/bitstream/handle/10106/2043/Veigel_uta_2502M_10473.pdf?sequence=1 (accessed June 4, 2011).

Veloski, J., J. R. Boex, M.J. Grasberger, A. Evans, and D. B. Wolfson. 2006. "Systematic Review of the Literature on Assessment, Feedback and Physicians' Clinical Performance." *Medical Teacher* 28 (2):117–128.

Vergara, E. 2006. "Social Workers' Perceptions of Personal Safety and Level of Satisfaction with Safety Policies and Procedures." Master's thesis, California State University, Long Beach.

Vinter, Robert D. 1959. "The Social Structure of Service." In *Issues in American Social Work*, ed. Alfred J. Kahn, pp. 242–269. New York: Columbia University Press.

Vinton, K. L. 1989. "Humor in the Workplace: It's More Than Telling Jokes." *Small Group Behavior* 20 (2):151–166.

Vinton, L. and D. Wilke. 2011. "Leniency Bias in Evaluating Clinical Social Work Student Interns." *Clinical Social Work Journal* 39 (3):288–295.

Vonk, M. E. and B. A. Thyer. 1997. "Evaluating the Quality of Supervision: A Review of Instruments for Use in Field Instruction." *The Clinical Supervisor* 15 (1):103–113.

Vonk, M. E. and E. Zucrow. 1996. "Female MSW Students' Satisfaction with Practicum Supervision: The Effect of Supervisor Gender." *Journal of Social Work Education* 32 (3):415–420.

Wade, K, N. Beckerman, and E. J. Stein. 1996. "Risk of Posttraumatic Stress Disorder Among AIDS Social Workers: Implications for Organizational Response." *The Clinical Supervisor* 14 (2):85–98.

Wade, K. and K. Neuman. 2007. "Practice-Based Research: Changing the Professional Culture and Language of Social Work." *Social Work In Health Care* 44 (4):49–64.

Wade, W. 2010. "Increasing Novice Teacher Support in 21st Century Classrooms: Induction and Mentoring for Beginning Teachers Through Bug-In-Ear Technology." Doctoral dissertation: University of Central Florida.

Walker, J. 2010. "Supervision Techniques." In *Counselor Supervision: Principles, Process, and Practice*, 4th edition, ed. N. Ladany and L. J. Bradley, pp. 97–122. New York: Routledge.

Walsh, B. B. 2001. "Factors Affecting Self-Disclosure by Pastoral Counseling Students in Clinical Supervision." Doctoral dissertation, Loyola College in Maryland.

Walsh, B. B., C. K. Gillespie, J. M. Greer, and B. E. Eanes. 2002. "Influence of Dyadic Mutuality on Counselor Trainee Willingness to Self-Disclose Clinical Mistakes to Supervisors." *Clinical Supervisor* 21 (2):83–98.

Walsh, J. 2002. "Supervising The Countertransference Reactions of Case Managers." *Clinical Supervisor* 21 (2):129–144.

Walter, C. and T. Young. 1999. "Combining Individual and Group Supervision in Educating for the Social Work Profession." *The Clinical Supervisor* 18 (2):73–89.

Walter, X. and M. Lopez. 2008. "Physician Acceptance of Information Technologies: Role of Perceived Threat to Professional Autonomy." *Decision Support Systems* 46 (1):206–215.

Walton, Mary. 1967. "Rats in the Crib, Roaches in the Food." *Village Voice* (May 11).

Walz, G. R. and J. A. Johnston. 1963. "Counselors Look at Themselves on Video Tape." *Journal of Counseling Psychology* 10 (3):232–236.

Wampold, B. E. 2010. "The Basics of Psychotherapy: An Introduction to Theory and Practice." Washington DC: American Psychological Association.

Wampold, B. and G. Brown. 2005. "Estimating Variability in Outcomes Attributable to Therapists: A Naturalistic Study of Outcomes in Managed Care." *Journal of Counseling and Clinical Psychology* 73 (5):914–923.

Wampold, B., G. Mondin, M. Moody, F. Stich, K. Benson, H. Ahn. 1997. "Meta-Analysis of Outcome

Studies Comparing Bona Fide Psychotherapies: Empiricially, "All Must Have Prizes." *Psychological Bulletin* 122 (3):203–215.

Ward, C. H. 1960. "An Electronic Aide for Teaching Interviewing Techniques." *Archives of General Psychiatry* 3:357–358.

———. 1962. "Electronic Preceptoring in Teaching Beginning Psychotherapy." *Journal of Medical Education* 37:1128–1129.

Warr, P. 2007. *Work, Happiness, and Unhappiness*. Mahwah, NJ: Lawrence Erlbaum Associates.

Warren, D. I. 1968. "Power, Visibility and Conformity in Formal Organizations." *American Sociological Review* 6:951–970.

Washington, K., D. Yoon, C. Galambos, and M. Kelly. 2009. "Job Satisfaction Among Child Welfare Workers in Public and Performance-Based Contracting Environments." *Journal of Public Child Welfare* 3 (2):159–172.

Wastell, D., S. White, K. Broadhurst, S. Peckover, and A. Pithouse. 2010. "Children's Services in the Iron Cage of Performance Management: Street-Level Bureaucracy and the Spectre of Švejkism." *International Journal of Social Welfare* 19 (3):310–320.

Watkins, C. E., Jr. 1990. "The Separation-Individuation Process in Psychotherapy Supervision." *Psychotherapy: Theory Research and Practice* 27 (2):202–209.

———. 1993 "Development of a Psychotherapy Supervisor: Concepts, Assumptions, and Hypotheses of the Supervisor Complexity Model." *American Journal of Psychotherapy* 48, 417–431.

———. 1997. "The Ineffective Psychotherapy Supervisor: Some Reflections About Bad Behaviors, and Offensive Outcomes." *The Clinical Supervisor* 16 (1):163–170.

———. 1999. "The Beginning Psychotherapy Supervisor: How Can We Help?" *The Clinical Supervisor* 18 (2):63–72.

———. 2010. "Considering Characterological Resistances in the Psychotherapy Supervisor." *American Journal of Psychotherapy* 64 (3):239–256.

———. 2011a. "Does Psychotherapy Supervision Contribute to Patient Outcomes? Considering Thirty Years of Research." *The Clinical Supervisor* 30 (2):235–256.

———. 2011b. "Psychotherapy Supervision in the New Millennium: Competency-Based, Evidence-Based, Particularized, Energized." *Journal of Contemporary Psychotherapy* 42 (3):193–203.

Watkins, C. E., Jr., ed. 1997. *Handbook of Psychotherapy Supervision*. New York: Wiley.

Watkins, C. E., Jr., L. J. Schneider, J. Haynes, and R. Nieberding. 1995. "Measuring Psychotherapy Supervisor Development: An Initial Effort at Scale Development and Validation." *The Clinical Supervisor* 13 (1):77–90.

Watson, C. 1988. "When a Woman is the Boss: Dilemmas in Taking Charge." *Group and Organization Studies*, 13 (2):163–181.

Wax, John. 1963. "Time-Limited Supervision." *Social Work* 8 (3):37–43.

Weatherford, R., T. O'Shaughnessy, Y. Mori, and A. Kaduvettoor. 2008. "The New Supervisee: Order from Chaos." In *Psychotherapy Supervision: Theory, Research, and Practice*, 2nd edition, ed. A. Hess, K. Hess, and T. Hess, pp. 40–54. Hoboken, NJ: Wiley.

Weatherly, Richard, C. Kottwitz, D. Lishner, K. Reid, G. Roset, and K. Wong. 1980. "Accountability of Social Service Workers at the Front Line." *Social Service Review* 54 (4):556–571.

Webb, A. and S. Wheeler. 1998. "How Honest Do Counselors Dare to Be in the Supervisory Relationship? an Exploratory Study." *British Journal of Guidance and Counseling*, 26 (4):509–524.

Weber, Max. 1946. *Essays in Sociology*, trans. and ed. H. H. Gerth and C. Wright Mills. New York: Oxford University Press.

Weber, Shirley and Donald Polm. 1974. "Participatory Management in Public Welfare." *Social Casework* 55:297–306.

Weikel-Morrison, D. 2002. "Employee Job Satisfaction, Retention, and Turnover in Three Public Child Welfare Programs in the Central San Joaquin Valley of California." Master's thesis, California State University, Fresno.

Weinbach, R. 2003. *The Social Worker As Manager: A Practical Guide to Success*, 4th edition. Boston: Allyn & Bacon.

Weinger, Susan. 2000. *Security Risk: Preventing Client Violence Against Social Workers*. Washington, DC: NASW Press.

Weiss, D. 2011. "Compassion Fatigue in Public Child Welfare Casework Supervisors." Doctoral dissertation, University of Alabama.

Weiss-Gal, I. 2008. "The Professionalisation of Social Work: A Cross-National Exploration." *International Journal of Social Welfare* 17 (4):281–290.

Weissman, M. 2009. "The Paradox of Evidence-Based Psychotherapy." In *Depressive Disorders*, 3rd edition, ed. H. Herrman, M. Maj, and N. Sartorius, pp. 132–134. Chichester, UK: Wiley.

Weissman, M. M., H. Verdeli, M. J. Gameroff, S. E. Bledsoe, K. Betts, L. Mufson, H. Fitterling, and P. Wickramaratne. 2006. "National Survey of Psychotherapy Training in Psychiatry, Psychology, and Social Work." *Arch Gen Psychiatry* 63 (8):925–934.

Wells, R. 2006. "Managing Child Welfare Agencies: What Do We Know About What Works?" *Children and Youth Services Review* 28 (10):1181–1194.

Wermeling, L. 2009. "Social Work Retention Research: Three Major Concerns." *Journal of Sociology, Social Work, and Social Welfare* 3 (1):1–7.

Wharton, T. 2010. "Exploring the Uptake of Evidence-Based Practice in Social Work." Doctoral dissertation, University of Alabama.

Wheeler S. and K. Richards. 2007. "The Impact of Clinical Supervision on Counselors and Therapists, Their

Practice and Their Clients. A Systematic Review of the Literature." *Counselling and Psychotherapy Research* 7 (1):54–65.

Wetchler, J. L., F. P. Piercy, and D. H. Sprenkle. 1989. "Supervisors' and Supervisees' Perceptions of the Effectiveness of Family Therapy Supervisory Techniques." *American Journal of Family Therapy* 17 (1):35–47.

Whipple, J. and M. Lambert. 2011. "Outcome Measures for Practice." *Annual Review of Clinical Psychology* 7:87–111.

Whitaker, T. and P. Arrington. 2008. *Social Workers at Work: NASW Membership Workforce Study*. Washington, DC: National Association of Social Workers. workforce.socialworkers.org /studies/SWatWork.pdf (accessed May 16, 2010).

Whitaker, T., T. Weismiller, and E. Clark. 2006a. *Assuring the Sufficiency of a Frontline Workforce: A National Study of Licensed Social Workers. Executive Summary*. Washington, DC: National Association of Social Workers.

———. 2006b. *Assuring the Sufficiency of a Frontline Workforce: A National Study of Licensed Social Workers. Special Report: Social Work Services for Older Adults*. Washington, DC: National Association of Social Workers.

White, K. 1997. "Patterns of Communication and Perceptions of Group Functioning and Productivity in Human Service Delivery Work Teams: A Descriptive Study." Doctoral dissertation, Temple University.

White, V. and J. Queener. 2003. "Supervisor and Supervisee Attachments and Social Provisions Related to the Supervisory Working Alliance." *Counselor Education and Supervision* 42 (3):203–218.

Wilbur, M. P., J. Roberts-Wilbur, J. R. Morris, J. R. Morris, R. L. Betz, and G. M. Hart. 1991. "Structured Group Supervision: Theory into Practice." *The Journal of Specialists in Group Work* 16 (2):91–100.

Wilbur, M. P., J. Roberts-Wilbur, G. Hart, J. Morris, and R. Betz. 1994. "Structured Group Supervision (SGS): A Pilot Study." *Counselor Education and Supervision* 33 (4):262–269.

Wilding, Paul. 1982. *Professional Power and Social Welfare*. Boston: Routledge and Kegan Paul.

Wilkinson, A. D. and R. M. Wagner. 1993. "Supervisory Leadership Styles and State Vocational Rehabilitation Counselor Job Satisfaction and Productivity." *Rehabilitation Counseling Bulletin* 37 (1):15–24.

Williams, S. and R. P. Halgin. 1995. "Issues in Psychotherapy Supervision between the White Supervisor and the Black Supervisee." *The Clinical Supervisor* 13(1): 39–61.

Wilmot. C. 1998. "Public Pressure and Private Stress." In *Stress in Social Work*, ed. Richard Davies, pp. 21–32. London: Jessica Kinsley.

Wilson, Gertrude and Gladys Ryland. 1949. *Social Group Work Practice*. Boston: Houghton.

Wilson, K. 2010. "An Analysis of Bias in Supervisor Narrative Comments in Performance Appraisal." *Human Relations* 63 (12):1903–1933.

Wilson, Paul A., Victor Voth, and Walter A. Hudson. 1980. "Professionals and the Bureaucracy: Measuring the Orientations of Social Workers." *Journal of Social Service Research* 4 (1):15–30.

Wimpfheimer, S. M. Klein, and M. Kramer. 1993. "The Impact of Liability Concerns on Intraorganizational Relationships." *Administration in Social Work* 17 (4):41–55.

Winstanley, S. and L. Hales. 2008. "Prevalence of Aggression Towards Residential Social Workers: Do Qualifications and Experience Make a Difference?" *Child Youth Care Forum* 37 (2):103–110.

Wisconsin Department of Health and Social Services. 1977. *A Study in the Job Tasks and Associated Knowledge Areas of the Supervisor I Position in Wisconsin*. Milwaukee, Wis.: School of Social Welfare, Center for Advanced Studies in the Human Services, University of Wisconsin.

Wise, C. A. 2006. "Supervisor Emphasis and Supervisee Counseling Self-Efficacy in Counseling Supervision." Doctoral dissertation, Temple University.

Wolberg, Lewis R. 1977. *The Techniques of Psychotherapy*, 3rd ed., part 2. New York: Grune and Stratton.

Woldsfeld, L. and M. Haj-Yahia. 2010. "Learning and Supervisory Styles in the Training of Social Workers." *The Clinical Supervisor* 29 (1):68–94.

Wolfsfeld, Lauren, and Muhammad M. Haj-Yahia. 2010. "Learning and Supervisory Styles in the Training of Social Workers." *The Clinical Supervisor* 29 (1): 68–94.

Wolfson, Abby and Harold Sampson. 1976. "A Comparison of Process Notes and Tape Recordings." *Archives of General Psychiatry* 33 (5):558–563.

Wong, Y. S. 1997. "Live Supervision in Family Therapy: Trainee Perspectives." *The Clinical Supervisor* 15 (1):145–158.

Wood, G. and R. R. Middleman. 1989. *The Structured Approach to Direct Practice in Social Work*. New York: Columbia University Press.

Woodcock, G. D. C. 1967. "A Study of Beginning Supervision." *British Journal of Psychiatric Social Work* 9:66–74.

Wooster, M. 2010. Sexual Harassment Law— The Jury is Wrong As a Matter of Law. *32 U. Ark. Little Rock L. Rev. 215*.

Worthen, V. E. and M. J. Lambert. 2007. "Outcome Oriented Supervision: Advantages of Adding Systematic Client Tracking to Supportive Consultations." *Counselling and Psychotherapy Research* 7 (1):48–53.

Worthington, E. L. 2006. "Changes in Supervision as Counselors and Supervisors Gain Experience: A Review." *Training and Education in Professional Psychology* S (2):133–160.

Yabusaki, A. S. 2010. "Clinical Supervision: Dialogues on Diversity." *Training and Education in Professional Psychology* 4 (1):55–61.

Yelaja, Shankar A., ed. 1971. *Authority and Social Work: Concept and Use.* Toronto. University of Toronto Press.

Yerushalmi, H. 1992. "On the Concealment of the Interpersonal Therapeutic Reality in the Course of Supervision." *Psychotherapy* 29 (3):438–496.

———. 1993. "Stagnation in Supervision as a Result of Developmental Problems in the Middle-Aged Supervisor." *The Clinical Supervisor* 11 (1):63–82.

Yoo, J. and D. Brooks. 2005. "The Role of Organizational Variables in Predicting Service Effectiveness: An Analysis of a Multilevel Model." *Research on Social Work Practice* 15 (4):267–277.

York, R. O. 1988. "Sex Role Stereotypes and the Socialization of Managers." *Administration in Social Work* 12 (1):25–40.

York, R. O. and R. T. Denton. 1990. "Leadership Behavior and Supervisory Performance: The View from Below." *The Clinical Supervisor* 8 (1):93–108.

York, R. O. and T. Hastings. 1985–86. "Worker Maturity and Supervisory Leadership Behavior." *Administration in Social Work* 9 (4):37–46.

Yoshie, S., T. Saito, M. Takahashi, and K. Ichiro. 2008. "Effect of Work Environment on Care Managers' Role Ambiguity: An Exploratory Study in Japan." *Case Management Journals* 9 (3):113–121.

Yourman, D. B. 2003 "Trainee Disclosure in Psychotherapy Supervision: The Impact of Shame." *Journal of Clinical Psychology* 59 (5):601–609.

Yourman, D. B. and B. A. Farber. 1996. "Nondisclosure and Distortion in Psychotherapy Supervision." *Psychotherapy* 33 (4):567–575.

Zapata, A. 2010. "A Qualitative Study Examining Discussions of Multicultural Perspectives in Clinical Supervision." Doctoral dissertation, Arizona State University.

Zarbock, G., M. Drews, A. Bodansky, B. Dahme. 2009. "The Evaluation of Supervision: Construction of Brief Questionnaires for the Supervisor and the Supervisee." *Psychotherapy Research* 19 (2):194–204.

Zeira, A. and M. Schiff. 2010. Testing Group Supervision in Fieldwork Training for Social Work Students. *Research on Social Work Practice* 20 (4):427–434.

Zetzel, E. 1953. "The Dynamic Basis of Supervision." *Social Casework* 34:143–149.

Zlotnik, J. 2006. "No Simple Answers to a Complex Question: A Response to Perry." *Research on Social Work Practice* 16 (4):414–416.

Zugazaga, C., M. Mendez, R. Surette, and C. Otto. 2006. "Social Worker Perceptions of the Portrayal of the Profession in the News and Entertainment Media: An Exploratory Study." *Journal of Social Work Education* 42 (3):621–636.

Zugelder, M., P. Champagne, and S. Maurer. 2006. "An Affirmative Defense to Sexual Harassment by Managers and Supervisors: Analyzing Employer Liability and Protecting Employee Rights in The United States." *Employee Responsibility and Rights Journal* 18 (2):111–122.

Zunz, S. 1998. "Resiliency and Burnout: Protective Factors for Human Services Managers. *Administration in Social Work* 22 (3):39–53.

索　引

あ
アイソモーフィズム　254
愛着スタイル　298
アイデンティティ　352, 363
　―の変化　352
アセスメント　189, 416, 430
温かみ　188
アフリカ系アメリカ人のスーパーバイジー　372-375
アルコール　299, 301
安心できる環境　219
安全体制　387
安全な職場　387
安全な雰囲気　219

い
怒り　310
異性　378
異性愛　382
異性愛者　382
異性愛主義　383, 386
逸脱　84-86
異動　348
異文化　372
異文化間のスーパービジョン　372
移民　27
イヤホーン　536
医療過誤　93
医療ソーシャルワーカー　511
異論　84-86
飲酒　300
インフォーマル・コンサルテーション　561
インフォームド・コンセント　523

う
ウェブカム　522
うつ状態　300, 301, 321
運動　300

え
影響力　98
エビデンスに基づく実践　576
エビデンス・ベイスドのスーパービジョン　588
エビデンスベースの実践　227
遠隔スーパービジョン　546

お
教えるテクニック　214
教わる内容の有用性　215
思いやり　320

か
改革　86-88
学位　346
学士号　346, 347
学習環境　225
学習志向性　230
学習スタイル　230
学習スタイル・アセスメント　230
学習内容　227
学習パターン　230
学習プロセス　225
学習ペース　234
学習への抵抗　231
学習満足感　223
過誤　92, 93
　―の請求　93
過失責任　92
カタルシス　320

活動記録　439
家庭のストレス　302
家庭の問題　275
我慢強さ　298
カミングアウト　384
カメラ　522
関係性のパワー　104-110
感情移入　285
感情サポート　299
緩衝装置　82-85
感情表出　375
感情表出的な配慮　268
感情表出的ニーズ　377
感情表出的配慮行動　376
感情労働　285
関心　320
間接業務　18
カンファレンス　430
管理運営　346
管理業務　21
管理構造　562
管理者　346, 397, 407
管理者責任　92, 93, 111
管理責任者　33
管理的権限　121
　　―の行使　120
管理的スーパービジョン　22, 48, 157-161, 172, 268, 278, 407, 554
　　―の機能　98
管理的評価　456
官僚化　160
官僚志向　562
官僚制　46, 578-582
官僚組織　46

き
機械による第三の耳　533
機関　31, 46
　　―の脱官僚体験　566
　　―の方針　356
技術的スキルの成長　260
規制　122

規則　122, 131-139
　　―の機能的価値　131
機能的権限　106
機能的パワー　105, 106
虐待　94, 298
逆転移　256
求人説明会　52
給与　295, 320, 585
給料　346, 348
教育　298, 346
教育者　408
教育スタイル　182
教育的課題中心志向型　187
教育的機能　22
教育的診断　229, 232, 233
教育的スーパービジョン　152, 268, 279, 280, 351, 553
　　―と管理的スーパービジョンとの関係　157
　　―とクライエントにとっての成果　157
　　―とセラピー　241
　　―とマネジド・ケア　571
　　―におけるスーパーバイザー―スーパーバイジー関係　234
　　―の意義　154
　　―の事例　202-211
　　―の定義　152
　　―の内容　162
　　―を実施する際のスーパーバイザーの問題　237
教育的・臨床的スーパービジョン　407
共感　188
共感的なスーパーバイザー　283
共感的理解　320
共感疲労　286
行政運営学　347
強制のパワー　102, 103, 106, 108-110
業績　416
業務　56
　　―に対する不満足　267
　　―に対する満足　267
　　―の委託　62

―の計画作成　56
　　―の経験　298
　　―のスケジュール　57
　　―の調整　71
　　―のフィードバック　416
　　―のプランニング　56
　　―のモニタリング　68
　　―への満足感　324
業務記録　430, 432
業務配分　57-62
　　―の基準　57
　　―の手続き　59
　　―の問題点　61
業務評価　414, 439
業務量　295
拒否的な態度　220
記録　430, 438, 513
記録資料　512
筋骨格系障害　300
勤務時間表　438

く

クライエント　32, 38, 39, 292, 311, 325, 357
　　―からの暴力のリスク　388
　　―との関係　284
　　―に対する攻撃　311
　　―の生活　311
　　―のニーズ　238
　　―のプライバシー　311
　　―の保護　111
クライエント関係　292
グループ　325, 479
　　―の目標設定　481
　　―のリーダーシップ　482
グループ形成　479
グループ・スーパービジョン　172, 326, 466, 559, 562, 563
　　―でのスーパーバイザーの役割　488-494
　　―におけるユーモア　494-496
　　―におけるロールプレイ　486

　　―に関する研究　496-501
　　―の事例　501-506
　　―の定義　466
　　―の話し合いの内容　484
　　―の不利点　475-478
　　―の目標　481
　　―の利点　467-474
グループ・セッション　518
グループ・ディスカッション　562
グループ・プロセス　488
グループ・ミーティング　560
グループ・リーダー　481
グループワーカー　510
グループワーク　163

け

ケアワーカー　347
ゲイ　382
経営学　347
経験　346
経験主義的実存主義的志向型　187
経済的生産性　267
形式的権限　106
形式的パワー　105, 106
継続的なスーパービジョン　552
契約システム　565
ケース記録　485, 511-513
ケースの配分計画　57
ケースファイル　438, 447
ケース・マネジメント　572
ケースマネジャー　347
ケースワーク　163
欠勤　69
月報　447
限界の認識　314
現業スタッフ　355
権限　98-100, 111-130
　　―とパワーの区別　101
　　―の委譲　98
　　―の正統性　111, 126
健康上の問題　275
現任訓練　153, 215

権利擁護　80

こ

公益　99
効果的教育　214
口述評価　445
肯定的な評価　425
口頭報告　447, 511, 512
公平な評価　436
個人スーパービジョン　171, 466
個人セラピー　300
個人的正義　357
コ・スタッフ　519
コ・セラピー　519-522
コ・セラピー・スーパービジョン　519-522
コ・セラピスト　519
個別化　132
個別スーパービジョン　280, 519
コミュニケーション　73
　—における問題点　76
　—のプロセス　74
コミュニケーション機能　73
コミュニティ　24, 35, 37, 297
　—からのプレッシャー　36
コミュニティ・オーガニゼーション　163, 511
コミュニティワーカー　510
雇用前のスクリーニング　50
コ・リーダーシップ　519
根拠に基づいた実践　571（「EBP」も参照のこと）

さ

罪悪感　310
サイバー・スーパービジョン　546
採用　49
裁量　64, 122-124, 133
　—の縮小　67
裁量権　122, 124, 581
挫折感　300, 310
参画型管理　566

し

支援　272
支援者—クライエント関係　256
ジェンダー　296, 298, 375-381, 385, 390, 584
ジェンダーマッチング　379
支援的フィードバック　191
支援プロセス　236
指揮命令系統　74
自己覚知　165-170, 241, 242, 293, 402, 418
自己決定　132, 164
自己効力感　298, 324
自己認識　352
自己評価　418
自己報告　512
支持　409
支持的機能　22, 272
支持的心理療法　320
支持的スーパービジョン　158, 266, 407
　—とマネジド・ケア　573
　—のポジティブな効果　323
慈善組織協会　2
示談　94
示談金　94
視聴覚記録　513
叱責　146
実践経験　226, 346
実践的技能の教育　154
実践的専門知識　238
失敗　312-315
失敗体験　313
弱点　313
週間予定表　447
自由裁量権　371
修士号　346, 347
州ソーシャルワーク審査委員会　29, 30, 420
収入　295, 298
収入以外の満足感　295
就任　51

受容　320
循環器機能の問題　300
準拠集団　356
遵守違反　136-149
　―の監視　142
生涯教育プログラム　561
昇給　320
称賛　223, 317, 318
称賛メモ　317
上昇志向　303
昇進　348, 353
冗談　495
承認　216, 513
情報源　511
情報の留保　513
職位　47, 103, 349, 356, 363
　―に関連する問題　397
　―のパワー　103-105, 108-110
職員研修　153
職業上の満足感　216
職業上の問題　275
職業的アイデンティティ　164, 352
職業的満足感　317
職業トレーニング　40
職責　356
職場環境　294
職場における暴力　387-391
職場の安全性　387
職場のストレス　302
女性　375, 414
　―の管理職登用　584
　―のスーパーバイザー　377-381, 390
　―のステレオタイプ　376
女性管理者　376
女性スーパーバイザー　377-381
女性的なリーダーシップ行動　376
女性マネジャー　376
処罰　423
処方薬　300
書面の記録　447
書面の評価　445
自律性　124, 132, 133, 371, 551, 552, 555, 557-562, 581
事例　188
事例相談　154
人事異動　363
人事考課　414, 432
人種　298, 372, 373, 385, 386
人種差別　164
人種差別主義　386
新人　53, 62
　―の採用　53
　―の就任　53
　―のソーシャルワーカー　53
新人スーパーバイザー　351-364
新人ソーシャルワーカー　569
身体的危険　288
身体的ストレス症状　300
心理的な報酬　108
心理的満足感　267
心理療法　243-246, 250, 310

す

睡眠障害　300
スーパーバイザー　19, 32, 355, 357, 406
　―（新人の―）　351-364
　―が感じるストレス　358
　―が直面するストレス　400
　―であることのストレス　363, 371
　―との同一化　235
　―に対するスーパーバイジーの評価　452
　―になるときのストレス　362
　―の影響力　98
　―の機能　22
　―の義務　84, 97
　―の業務の評価　450-454
　―の業務量　364
　―の勤務時間　34
　―の権限　98
　―の自己評価　451
　―のストレス　346
　―の責任の限界　364
　―の責務　152

—のセクシャルハラスメント行為　393
　　—の年収　34
　　—のヒエラルキー上の地位　16
　　—の評価　450-454
　　—の役割（グループ・スーパービジョン
　　　での—）　488-494
スーパーバイザー—スーパーバイジー関係
　234, 240, 247, 256, 260, 281, 359, 409
　　—の再定義　331
スーパーバイザー—スーパーバイジー—ク
　ライエントの相互作用　254
スーパーバイザー—スーパーバイジーサブ
　システム　254
スーパーバイジー　19, 32, 327, 369
　　—の過失　97
　　—のゲーム　327-340
　　—の裁量　64
　　—の成長　259
　　—のセクシャルハラスメント行為　392
　　—の専門家としての成長　155
　　—の対抗のパワー　125
　　—の遅刻や欠勤　69
　　—の発達　261
　　—のパワー　131
スーパーバイジー中心志向型　187
スーパービジョン　2, 346, 357
　　—がもたらす付加的ストレスの源　283
　　—での評価　414
　　—という用語　2
　　—とセラピーの違い　242, 250
　　—に当てられる時間の不足　173
　　—におけるスーパーバイジーの不満の源
　　　283
　　—の意義　34
　　—の開始期　172
　　—の課題　546
　　—の感情表出的要素　267
　　—の機能　14
　　—の基本ルール　54
　　—の業務分析　21
　　—の記録　430
　　—の継続　552

　　—の権限　100, 111-130
　　—の肯定的価値　589
　　—の支持的要素　268
　　—の終了　196
　　—の準備　175
　　—の相互作用　199
　　—の中間段階　178
　　—の定義　14, 19
　　—のトレーニング　586
　　—の日誌　430
　　—の話し合い　196
　　—の標準化　588
　　—のマニュアル化　588
　　—の目標　16
　　—のユーモア　340-343
スーパービジョン関係　281
　　—の重要性　236
スーパービジョン教育　586
スーパービジョン契約　565
スーパービジョン相互作用　181
スーパービジョントレーニング　352
スケジュール管理　59, 172
スタッフ　46-53
　　—の管理　21
　　—の権利　219
　　—の就任と部署配属　51
　　—の性格　298
　　—の募集と選考　48
スタッフ会議　441
スタッフ—クライエント関係　255
スタッフ—クライエントサブシステム
　254
ストレス　266, 268, 274, 275, 278-315,
　320, 321, 354, 358, 362, 366-368, 370,
　371
　　—（家庭の—）　302
　　—（職場の—）　302
　　—（スーパーバイザーが感じる—）
　　　346, 400-406
　　—（スーパーバイジーが感じる—）
　　　346
　　—の管理　307

―の源　278, 289
―の源としての管理的スーパービジョン　278
―の源としての教育的スーパービジョン　279
―の源としてのクライエント　284
―の源としてのスーパーバイザー―スーパーバイジー関係　281
―の源としてのソーシャルワークに対するコミュニティの姿勢　297
―の源としての組織　294
―の予防　306
―への対処　400
ストレス管理方法　309
ストレス管理ワークショップ　308
ストレス緩和　301
ストレス対処法　300
ストレングス　237, 320

せ

性格　298
成功　315-317
成功事例　316
成功例　313
性差別　164, 296, 584
性差別主義　386
生産性への配慮　267
成人学習者　229, 233
精神科研修医のスーパービジョン　243
精神的疲労度　322
生体自己制御　308
性的関係　390
性的行為　390
性的志向　381-386
性的魅力　395
性別　386, 414
責任　216
責任感　317
セクシャルハラスメント　390-396
―の告訴　391
セクシュアリティ　383
説明責任　356, 419, 450, 580

セラピー　241, 244-248, 251, 252
セラピスト　245-248, 251, 252
―の機能　243
前進　216
全米ソーシャルワーカー協会　29（「NASW」も参照のこと）
全米ソーシャルワーカー協会倫理綱領　28, 54（「NASW Code of Ethics」「NASW倫理綱領」も参照のこと）
専門職　28, 347, 578-582
―としての発達　259
―の時系列的発達　260
―の自律性　557-562, 580
―の説明責任　580
―のニーズ　580
専門職アイデンティティの成長　260
専門職化　160
専門性　105
―のパワー　105-110
専門知識　109, 238, 347

そ

総合的品質管理　564
相談面接　196
ソーシャル・ケースワーク　236
ソーシャルサポートネットワーク　326
ソーシャルワーカー　2, 32, 34-44
―の過誤　93
―の倫理綱領　415
―への教育　2
ソーシャルワーク　2
―に対するコミュニティの態度　297
―の使命　41
―の専門職文化　161
―の免許交付　29
―のライセンス　49
―の倫理違反　172
ソーシャルワーク学士　346
ソーシャルワーク学士号　33, 49
ソーシャルワーク管理者　358
ソーシャルワーク教育　156, 230, 280, 571
ソーシャルワーク資格制度　557-559

ソーシャルワーク資格認定州委員会　94, 99
ソーシャルワーク修士　346
ソーシャルワーク修士号　33, 109, 346
ソーシャルワーク審査委員会　29, 30, 37, 42, 46, 55, 311
ソーシャルワーク・スーパービジョン　20
　─の人口構成　32
　─の定義　19
ソーシャルワーク専門職　28
ソーシャルワーク博士　346
ソーシャルワーク博士号　33
ソーシャルワーク免許　54
ソーシャルワーク養成校　587
ソーシャルワーク理事会　30
組織　46, 294
　─の維持管理　21
　─のニーズ　580
組織運営管理者　67
組織的コミュニケーション　74
尊敬　188, 320

た
代位責任　92, 172
体系的なトレーニング　188
体験的トレーニング　188
第三者機関　73
第三者評価機関　27
対処方法　298
対人援助スキル　188
タイムアウト　308
対面スーパービジョン　546
代理トラウマ　286
脱官僚化　562
達成感　216, 303, 317
男性　378
男性スーパーバイジー　378
男性ソーシャルワーカー　378, 390

ち
地域社会　99

　─との交流　21
チーム　563
　─によるサービス提供　563
チーム・スーパービジョン　566
チームメンバー　563
チーム・リーダー　563
遅刻　69, 276
中間管理職　16
懲戒処分　131, 144
長所　313
調整カウンセラー　266
治療効果への疑問　287

つ
通信文　447

て
ディスカッション　226
適応能力　327
敵対的職場環境型ハラスメント・ケース　391
転移　256
天職　303
電話でのコミュニケーション　75

と
同一化　104, 259
　─による学習　235
動悸　300
動機づけ　215-218
　─の高い領域　215
　─の低い領域　215
動機づけ面接　192
統計フォーム　447
同性愛嫌悪　383
同席　518
同僚　325
　─との関係の変化　360
　─による評価　455
トップダウン方式　60
トラウマ　286, 298
トランスジェンダー　384

トレーニング　40, 352
トレーニング不足　352

な
内面化　259
仲間　325
仲間集団　325

に
二次的トラウマ　286
日記　438
日誌　309, 430, 438, 447
ニューヨーク COS　10
人間性への配慮　267
認知行動療法　309
認知の再構築　315

ね
年功序列　349
年齢　298
年齢差別　164

は
バーンアウト　403, 404（「燃え尽き」も参照のこと）
賠償金　93
賠償請求　93
バイセクシャル　382
配属　51
配分的正義　357
博士号　346
白人のスーパーバイザー　372-375
発達的アプローチ　259
発達的スーパービジョン　258, 261
発達的評価　456
ハラスメント・ケース　391
パラレリズム　257
パラレルプロセス　252-258
パワー　100-117, 120, 125-131
　―の過剰　103
　―の発生源　105, 110
　―の源　101

反ハラスメントの方針　394

ひ
ピア・グループ　518
ピア・グループ・スーパービジョン　559, 561
ピア・コラボレーション　562
ピア・コンサルテーション　326, 561, 562, 566
ピア・スーパービジョン　326, 560-562, 566
ヒエラルキー　47
ひきこもり　310
非公式のコミュニケーション　80
被雇用者支援プログラム　310
非支持的スーパービジョン　323, 324
非審判的態度　164
否定的評価　426
ビデオ　522
ビデオ録画　516
批判　513
批判的なフィードバック　201, 431
秘密保持　164
ヒューマンサービスの従事者　304
評価　414
　―（口述による―）　445
　―（書面による―）　445
　―（同僚による―）　455
　―に対する反発　422
　―の活用　444
　―の管理的目標　456
　―の教育的目標　456
　―の結果　444
　―の精度　430
　―のための情報源　447-450
　―の定義　414-416
　―の手続き　428-438
　―の伝達　444
　―の必要条件　425
　―の目的　421
　―の有用性　417-421
　―の有用性（機関にとっての―）　419

―の有用性（クライエントにとっての―）　420
―の有用性（スーパーバイザーにとっての―）　420
―の有用性（スタッフにとっての―）　417
評価会議　416, 434, 438-444
　　―の相互作用　442
評価項目　448
評価手続き　414
評価プロセス　435
評価面接　434, 442
平等雇用委員会　421
平等主義志向　562
疲労　276
疲労症状　300
品質管理サークル　564

ふ
不安　321
フィードバック　68, 69, 188-196, 226, 431, 439-442, 451-454
　　―の体系的な言語分析　201
服従　136
不遵守　136
不適切なスーパービジョン　93, 94, 130
不服申し立て　414
不履行　131, 136
ブルートゥースのイヤホン　533
ブルックリン COS　11
プロセス分析　197
プロセス・レコード　513
文化　27
分業　47
文書によるコミュニケーション　76

へ
ベストを尽くす　313
ヘルスケア提供者　304

ほ
防衛　310

報告書　438, 447
報告の歪み　513
報酬　101, 102, 295, 423
報酬のパワー　101-103, 106-110
暴力　387-390
　　―を受けるリスク　288
保護観察官　95
ポジティブフィードバック　224
募集　49
ボストン COS　5, 6
補正的フィードバック　191, 192
褒めること　223
ボルチモア COS　9-11

ま
マイノリティー　414
マインドフルネス　188, 304
　　―のトレーニング　305
学び　214
　　―の一般的原則　214
　　―への動機づけ　215-218
マネジド・ケア　8, 28, 163, 300, 301, 305, 347, 567-576
マネジド・ケア改革　25
マネジメント　21, 357, 361, 363
マネジメントチーム　357
マネジャー　355, 357
マルチプル・セラピー　519
慢性的倦怠感　276

み
ミス　512
ミラーニューロン　253, 254
ミルフォード会議報告書　143
民族　298
民族性　372, 386, 414

む
無断欠勤　276
無知　280

め

瞑想　300, 308
メール　76
メディケア　568
メディケイド　568
メモ　438
免疫機能障害　300
面接　518, 546
　　—への同席　518
面接スキル　188

も

燃え尽き　274-279, 285, 298-307（「バーンアウト」も参照のこと）
燃え尽き尺度　323
燃え尽き症候群　274
燃え尽き症状　321, 322
　　—に対する脆弱性　321
目標管理　563
目標設定　188
モデリング　180, 188, 586
モデル　181
モニタリング　68
模倣　259, 586

や

薬物　299
薬物使用　298
薬物乱用　298, 301
役割葛藤　361
役割採用　586

ゆ

友愛訪問　3
友愛訪問員　2-13
　　—に対するスーパービジョン　4
有資格ソーシャルワーカー　19, 346
ユーモア　340-343, 494-496
ユニット会議　326

よ

「良い」スーパーバイザー　406
ヨガ　309
横へのコミュニケーション　79

ら

ライセンス　49
ライブ・スーパービジョン　517, 532-544

り

リアリズムの語彙　313
リーダーシップ　266, 267, 269, 358
離職　550
離職者　346
離職防止　324
離職率　321
リハーサル　188
リフレイミング　315
リフレクションプロセス　252
両性具有　376
リラクゼーション・テクニック　308
理論的知識　238
臨床知識　238
臨床的スーパービジョン　152
　　—の定義　152
倫理違反　172
倫理基準　28
倫理綱領　28, 584
倫理的ガイドライン　97
倫理的ジレンマ　582

れ

レーガン改革　24, 25
レシーバー　533, 536
レズビアン　382

ろ

労働組合　421
ロールショック　353
ロールプレイ　182, 486
ロールモデル　180

録音　197, 198, 201, 516, 522-532
録画　200, 516, 522-532

わ
笑い　495
ワンウェイ・ミラー　518, 522, 546

A
Association of Social Work Boards, The　30
ASWB　30

B
BITE　533
BITE スーパービジョン　534
BITE フィードバック　534
Board of Social Work Examiners　311
Bug-in-the-Ear　533

C
claims-made　93
Code of Ethics of the NASW, The　143
COS　2
COS 運動　3

E
EBP　571, 576, 578
Equal Employment Commission　421
Evidence Based Practice　576
E メール　76

K
KSAs　31

L
LGBT　384

M
malpractice　92
MBO　563, 566
Milford Conference Report, The　143

MSW　33, 346

N
NASW　29, 55, 93, 97, 311
NASW Center for Workforce Studies　156
NASW Code of Ethics　54, 420, 523
　（「NASW 倫理綱領」も参照のこと）
NASW Membership Workforce Study　300
NASW Workforce Study　288
NASW 会員　55
NASW 従業員調査　288, 300
NASW 倫理綱領　28, 143, 347, 390, 523, 584
NASW 労働力調査　156

P
PTSD　322

Q
QC　566
QC システム　564
QC プログラム　564
Quality Circle　564

R
Richmond, Mary　2, 10, 12, 13

S
State boards of social work examiners　420（「州ソーシャルワーク審査委員会」も参照のこと）

T
total quality management　564
TQM　565, 566

V
vocabularies of realism　313

あとがき

　2015年に日本福祉大学スーパービジョン研究センター（顧問：福山和女，センター長：田中千枝子）が Kadushin, Alfred & Harkness, Daniel の編著である *Supervision in Social Work* の翻訳本の出版を企画した。本書の底本は，2014年に出版された第5版（1976年初版）であり，翻訳には，実に多くの訳者たち，研究者たちの努力が結集され，彼らの集大成となった。監訳者として着手して，はや1年以上が経過した。今，全頁の再校校閲を終えて，ほっと一息をついてニュースを観ている。

　人間の成長には，周期的に「更地と化す」ことが必要なのだろうか。ずっと積み上げて発展していくことはできないのだろうか。そのテレビ画面には，「計画撤回」「取り壊し」「移転中止」「新規開発」などの言葉が飛び交っている。

「更地と化す」現象とは

　2016年の今年は，自然災害に日本全体が遭遇し，農業をはじめとして，人々がこれまで積み上げてきた成果がすべて無に帰する場面に茫然と立ちすくむ人，怒りをあらわにする人，無言で無表情の人を，画面を通して目の当たりにした。自然の脅威をひしひしと感じ，自然の力の巨大さ，マクロ環境の影響力に屈せざるを得ない現実に人々は向き合っている。

　一方，科学というマクロレベルの力を用いて，人間の創意，工夫がなされ，人工頭脳までもが現実に活躍して，ロボットが単なる冷たい機械の域を超え，「学習能力」を備える人間味をもつレベルにまで進歩したとのニュースに接する。このような科学の発展の速度であれば，人間を作り上げることに挑戦できるまでに進歩したといえるわけであるが，ならば，台風を方向転換させたり消滅させることも可能になるのではないかとの期待を抱いてもよいだろうか。しかし，今回の自然災害から受けた被害の大きさを考えると，実に，はかない微々たる積み上げしか人間の努力ではできていなかったことに直面せざるを得ない。

　そして，「これまでにない」「観測史上初めての」「最強の」「最大級の」という修飾語がつく予測状況を聞くたびに，それらには対応不可能で，じっと耐えるしかないと覚悟を強いられるだけで，なすすべをもたない現実を受け入れざるを得ない。

日本の場合，自然災害だけでなく，原爆や戦争という人為的なものによる破壊を経験し，建築物だけでなく文化や科学，芸術までもが「更地と化す」「瓦礫と化す」経験をもっている。しかし，人々は根気よく努力を積み重ね，目覚ましい発展を遂げてきたこともまた現実である。彼らは言う。「瓦礫ではなく，これらは，私たちの大切な思い出のあるものであり，自分たちの血と肉なのである」と。

　話をスーパービジョンに戻すが，スーパービジョンの歴史を振り返ってみてもこの更地と化す経験をしてきたように思えてならない。日本では，ソーシャルワークの専門領域でのスーパービジョンが脚光を浴びはじめたのは，1950年代である。すでに半世紀以上の取り組みの歴史がある。社会福祉の領域でソーシャルワークを展開してきた専門職の人たちが，自らの専門性のさらなる向上をめざして，スーパービジョンを受けるようになったのもこのころからである。このころの社会背景としては，非情にも更地化された人間の生きる原点である「ふるさと」での生きるための取り組みを開始して軌道に乗せたころであり，生きるためのさまざまな問題や課題に取り組むうえで，人はひとりでは行うことができず，周りからの支援が必要であった。その例の1つとして，生活困窮者への生活保護の支援をするケースワーカーのためのスーパービジョン体制が構築されたのもこのころである。異動のはげしい新人のケースワーカーが支援を展開するうえで，査察指導官がそのスーパーバイザーの任を受けもったのである。そのスーパービジョン体制に貢献した人々のなかに，『ケースワーク・スーパービジョン』（ミネルヴァ書房，1970年）を著したDessau, Dorothyの活躍がある。彼女は，1950年から地域でのFamily Clinicを開設し，さまざまな社会問題に取り組むためのソーシャルワーカーの教育現場・実践現場での育成に携わってきた。その中核をなすスーパービジョンを理論的に体系化した人でもある。

　ところが，50〜60年経った現在，福祉領域の現場では，諸機関，施設で活躍する専門職にスーパービジョンに関する深刻な問題や課題が発生した。「人材不足」「高い離職率」「専門性の低下」「燃え尽き症候群」「社会資源の不足」など，余りに多く列挙しがたい量や質である。

　人材育成や確保など，スーパービジョン関係の社会事象が，人口動態の変化，少子高齢化，国基盤の財政困難等の影響を受けて生じてきていることから，現場レベルでのこれまでの地道な努力が功を奏していないのかもしれない。人材についても「更地と化した」のであろうか。これまでの専門職育成の努力や，法整備などの努

力の成果では太刀打ちできないほど，今のこのような社会事象は巨大なものなのであろうか。あるいは，まったく新しい方法論や視点を，価値観をもたなければ，前進できないのであろうか。

　Kadushin は，本書の第 1 章で，アメリカでのソーシャルワークの歴史に見るスーパービジョンについて，丁寧に精査された事実を踏まえて紹介している。それは，1880年代から40年ほどの歩みであるが，そこには，前述の日本での人材不足の社会事象とまったく類似したものが見られ，人びとがそれに取り組むさまが詳細に述べられている。スーパービジョンを展開して現場の人材を育ててはいるが，そのときの現場のスーパーバイザーの言葉が，実に今の現場での状態を如実に表している。人材を得ることは困難であり，しかし，人材を手放すことは実にたやすいことであると。その当時はボランティアを採用し，専門知識を備えた高度な人材を訓練し，実際の現場に送り込んだのであるが，その人たちは，これ以上続けることができないといって，その現場を去って行ったとのことである。それは自動的な循環性をもっていて，つねに採用から実践へのこの取り組みを繰り返し行わなければならなかったということである。その後，教育や資格を体系化して，専門職の制度を確立してきたのである。

　米国での取り組みでは，ソーシャルワークの発展は素晴らしいものであり，このような苦悩を繰り返してきているとは考えもしなかった。日本も，同じような歴史をもち，ソーシャルワーカーの国家資格や研修体制を充実させてきたことは間違いのない事実であるが，今や，専門職の発展は，「更地と化して」しまったのだろうか。

　訳者たちは，現場で，人材の育成に貢献をしてきたという自負があり，スーパービジョンの研修会を40年以上続けてきて，相当の普及がなされていると理解している。しかし，実際に研修会に参加する人々から，いまだに「スーパービジョンは受けていません」「上司は専門性が異なるので，スーパービジョンなんかしてくださいません」という言葉が出てくる。十分に重要な役割を果たしている資格を有する専門家ですら，そのようにとらえているということは，これも，すべて「更地にして」，新しいスーパービジョンをつくろうとしているのであろうか。逆に言えば，40年から50年すれば，それまで培ってきたものは，老朽化しているので，改築するというのだろうか。

　確かに，科学が進歩し，理論や視点が新しいものでなければ適用できないことが

増えてきてはいるが，これまでの努力や積み重ねを廃棄するのではなく，活用することで，深みのある，重厚な新しいものを作り上げることができないのであろうか。

第6章で，スーパービジョンの支持的機能の必要性について説明している。スーパーバイザーもスーパーバイジーもそれなりにストレスを抱えるものであり，ストレスの起こらない現場というのは存在しないのだと強調している。だからこそ，スーパービジョンによる支持的機能が重要であることを説いている。それは，スーパービジョンを実施している上司も，スタッフである部下も人間という生の有機体であり，生物だからこそ，ストレスが生まれるのだと訴えている。ストレスが悪いものであるのかどうかについて考えさせられる文章なので，紹介しておこう。

「生産手段としてロボットに大きく頼っている組織でも，この〔スタッフに対する支持的〕配慮が機能するのであれば，サービスを仲介するソーシャルワークの支援組織においては，その重要性はさらに高まるだろう。ロボットは業務を遂行するうえで，自己の行為に信念をもつ必要はない。憂鬱・罪悪感・不平等感に苦しむことも決してない。他の機械が成し遂げたことに対し嫉妬やねたみを感じることもない。最適レベルで業務を行うのに，他から触発される必要はない」（本書268頁）。

社会福祉の現場での対人援助者は，ロボットではなく，人間であることが最重要要件である。温もりと，尊厳をもって，利用者に接することの意義が，ソーシャルワークの原則でもある。それを伝えていくことが，スーパービジョンでの役割でもある。

本書は，全10章からなり，スーパービジョンという実体を多方面から考察し，実際の研究調査により，根拠に基づく理論づけをしている，まさにソーシャルワークのバイブル的存在意義を十分に醸し出しているものと実感する。

現場の人々に，大切なエネルギー供給源になる書物であることを期待したい。

当プロジェクトでは日本福祉大学スーパービジョン研究センター（文部科学省私立大学戦略的研究助成金）の補助金により，翻訳作業がスタートできました。本事業の遂行を支えていただいた日本福祉大学研究担当副学長，平野隆之先生に感謝いたします。

また，湯原悦子氏（第2章），山口みほ氏（第3章），野尻紀恵氏（第4章），大谷京子氏（第5章），石河久美子氏（第6章），浅野正嗣氏（第7章），青木聖久氏（第8章），北村育子氏（第9章），菱川愛氏（第10章）の研究同志のみなさまの真摯な取り組みのご努力に感謝申し上げます。そして，渾身の力を込めて総合的に本作業をバックアップしていただきました依田義丸氏と依田真奈美氏（英文学），ならびに萬歳芙美子氏と荻野ひろみ氏（精神保健医学）からの専門的知見からのご指導に感謝いたします。

　最後に，中央法規出版の荘村明彦社長と野池隆幸氏に謝意を表します。編集者としての氏らの的確な助言と忍耐強いご支援を賜りました。私たちがこの重厚な訳書を誕生させることができたのも皆様の温かなお力添えがあったからこそであると，しみじみと完訳の喜びを味わっております。本当にありがとうございました。

　　恵比寿にて

福山　和女
田中千枝子

監　修

福山 和女（ふくやま　かずめ）

略歴

　同志社大学卒。同大学大学院修士課程修了。カリフォルニア州立大学バークレイ校修士課程修了。公衆衛生学修士（MPH）。アメリカカトリック大学大学院博士課程修了。社会福祉学博士（DSW）。

　2016年現在，ルーテル学院大学名誉教授。大学院付属包括的臨床コンサルテーション・センター長，日本福祉大学スーパービジョン研究センター顧問。

著書

福山和女ほか監訳『介護・福祉の支援人材養成開発論：尊厳・自律・リーダーシップの原則』勁草書房，2016年

福山和女ほか監訳『統合的短期型ソーシャルワーク』金剛出版，2014年5月

福山和女ほか監訳『家族療法のスーパーヴィジョン──統合的モデル』日本家族研究家族療法学会，2011年

福山和女編著『ソーシャルワークのスーパービジョン』ミネルヴァ書房，2005年

福山和女ほか監訳『家族評価』金剛出版，2001年

福山和女ほか監訳『家族療法』創元社，1984年

監　訳

萬歳芙美子（ばんざい　ふみこ）　　ルーテル学院大学大学院附属包括的臨床コンサルテーション・センター　研究員

荻野ひろみ（おぎの　ひろみ）　　文教町クリニック　スーパーバイザー

責任編集

田中千枝子（たなか　ちえこ）　　日本福祉大学社会福祉学部　教授

翻訳者一覧

翻訳主体……日本福祉大学スーパービジョン研究センター
　　　　　　　センター顧問　　福山　和女
　　　　　　　センター長　　　田中千枝子

田中千枝子（たなか ちえこ）　　（前掲）　　　　　　　　　　　　　　はじめに，第1章
湯原　悦子（ゆはら えつこ）　日本福祉大学社会福祉学部　准教授　第2章
山口　みほ（やまぐち みほ）　日本福祉大学社会福祉学部　准教授　第3章
野尻　紀恵（のじり きえ）　　日本福祉大学社会福祉学部　准教授　第4章
大谷　京子（おおたに きょうこ）　日本福祉大学社会福祉学部　准教授　第5章
石河久美子（いしかわ くみこ）　日本福祉大学社会福祉学部　教授　　第6章
浅野　正嗣（あさの まさし）　金城学院大学人間科学部　　教授　　第7章
青木　聖久（あおき きよひさ）　日本福祉大学福祉経営学部　教授　　第8章
北村　育子（きたむら いくこ）　日本福祉大学社会福祉学部　教授　　第9章
菱川　愛　（ひしかわ あい）　東海大学健康科学部　　　　准教授　第10章

スーパービジョン イン ソーシャルワーク　第5版

2016年11月20日　初　版　発　行
2019年12月1日　初版第2刷発行

著　　者	アルフレッド・カデューシン	
	ダニエル・ハークネス	
監　　修	福山和女	
監　　訳	萬歳芙美子／荻野ひろみ	
責任編集	田中千枝子	
発 行 者	荘村明彦	
発 行 所	中央法規出版株式会社	

〒110-0016　東京都台東区台東 3-29-1　中央法規ビル
営　　業　Tel 03（3834）5817　Fax 03（3837）8037
書店窓口　Tel 03（3834）5815　Fax 03（3837）8035
編　　集　Tel 03（3834）5812　Fax 03（3837）8032
https://www.chuohoki.co.jp/

印刷・製本　株式会社アルキャスト

ISBN978-4-8058-5425-9
定価はカバーに表示してあります。

本書のコピー，スキャン，デジタル化等の無断複製は，著作権法上での例外を除き禁じられています。また，本書を代行業者等の第三者に依頼してコピー，スキャン，デジタル化することは，たとえ個人や家庭内での利用であっても著作権法違反です。
落丁本・乱丁本はお取替えいたします。